CURSO DE DIREITO CIVIL

VOLUME 4

DIREITO DAS COISAS

FABRÍCIO ZAMPROGNA MATIELLO

Advogado

CURSO DE DIREITO CIVIL

VOLUME 4

DIREITO DAS COISAS

Editora LTr
SÃO PAULO

Dados Internacionais de Catalogação na Publicação (CIP)
(Câmara Brasileira do Livro, SP, Brasil)

Matiello, Fabrício Zamprogna
　　Curso de direito civil, volume 4 : direito das coisas / Fabrício Zamprogna Matiello. — São Paulo : LTr, 2008.

　　Bibliografia.
　　ISBN 978-85-361-1213-8

　　1. Direito — Brasil 2. Direito das coisas — Brasil I. Título

---

08-07264 　　　　　　　　　　　　　　　　　　CDU-347.2(81)

Índices para catálogo sistemático:

1. Brasil : Direito das coisas: Direito civil　347.2(81)
2. Brasil : Direitos reais : Direito civil　347.2(81)

Produção Gráfica e Editoração Eletrônica: **Peter Fritz Strotbek**
Capa: **Eliana C. Costa**
Impressão: **Cromosete**

© Todos os direitos reservados

LTr
EDITORA LTDA.

Rua Apa, 165 – CEP 01201-904 – Fone (11) 3826-2788 – Fax (11) 3826-9180
São Paulo, SP – Brasil – www.ltr.com.br

LTr 3719.6　　　　　　　　　　　　　　　　　　Outubro, 2008

SUMÁRIO

Parte I — DIREITO DAS COISAS

1. Introdução ao direito das coisas 17
   1.1. Conceito e alcance 17
   1.2. Direitos reais e direitos pessoais 19
   1.3. Constituição e transmissão dos direitos reais 21
   1.4. Características dos direitos reais 23
   1.5. Classificação dos direitos reais 25
   1.6. Situações peculiares 25

2. Da posse 28
   2.1. Introdução ao estudo do tema 28
      2.1.1. Conceito e teorias 28
      2.1.2. Fundamento da posse 29
      2.1.3. Natureza jurídica da posse 30
      2.1.4. Objeto da posse 31
      2.1.5. Posse e detenção 33
   2.2. Da classificação da posse 38
      2.2.1. Posse direta e posse indireta 38
      2.2.2. Posse justa e posse injusta 39
      2.2.3. Posse de boa-fé e posse de má-fé 40
      2.2.4. Posse *ad interdicta* e posse *ad usucapionem* 41
      2.2.5. Posse nova e posse velha 42
      2.2.6. Composse 43
   2.3. Da aquisição da posse 44
      2.3.1. Pressupostos da aquisição 44
      2.3.2. Modos de aquisição da posse 45
         2.3.2.1. Caracterização dos modos aquisitivos 45
         2.3.2.2. Principais modos originários 47
            2.3.2.2.1. Apreensão da coisa 47
            2.3.2.2.2. Exercício do direito 48
            2.3.2.2.3. Disposição da coisa ou do direito 48
         2.3.2.3. Tradição como modo derivado 49
         2.3.2.4. Posição jurídica do sucessor 51

2.4. Agentes da aquisição 52
2.5. Da perda da posse 54
   2.5.1. Configuração da perda 54
   2.5.2. Principais modos de perda 55
      2.5.2.1. Abandono e renúncia 55
      2.5.2.2. Tradição 56
      2.5.2.3. Perda ou destruição da coisa 57
      2.5.2.4. Coisa posta fora do comércio 58
      2.5.2.5. Posse de outrem 58
      2.5.2.6. Perda da posse dos direitos 59
      2.5.2.7. Reivindicação de coisas móveis e de títulos 59
      2.5.2.8. Perda da posse por quem não presenciou o esbulho 61
2.6. Dos efeitos da posse 62
   2.6.1. Considerações iniciais 62
   2.6.2. Proteção possessória 63
      2.6.2.1. Interdito proibitório 64
      2.6.2.2. Ação de manutenção de posse 66
      2.6.2.3. Ação de reintegração de posse 68
      2.6.2.4. Ação de imissão de posse 69
      2.6.2.5. Embargos de terceiro 71
      2.6.2.6. Nunciação de obra nova 72
      2.6.2.7. Normas de aplicação comum à tutela da posse 74
      2.6.2.8. Princípio da fungibilidade das ações possessórias 77
   2.6.3. Legítima defesa da posse e desforço imediato 78
   2.6.4. Aquisição da propriedade por usucapião 80
   2.6.5. Indenização e retenção por benfeitorias e acessões 80
      2.6.5.1. Conceito e classificação das benfeitorias 80
      2.6.5.2. Cabimento da indenização 82
   2.6.6. Cabimento da retenção 86

3. Percepção dos frutos 88
3.1. Conceito e classificação 88
3.2. Direito do possuidor sobre os frutos 89
3.3. Responsabilidade por deterioração ou perda da coisa 92

4. Dos direitos reais tipificados 94
4.1. Considerações gerais 94
4.2. Elenco dos direitos reais 94

5. Da propriedade 96
5.1. Da propriedade em geral 96
5.1.1. Conceito 96
5.1.2. Características da propriedade 97
5.1.3. Elementos constitutivos 98
5.1.4. Função social da propriedade 99
5.1.5. Restrições ao direito de propriedade 103
5.1.6. Da descoberta 106
5.2. Da aquisição da propriedade imóvel 108
5.2.1. Modos de aquisição 108
5.2.2. Aquisição originária e aquisição derivada ... 109
5.2.3. Aquisição a título singular e a título universal ... 110
5.3. Do usucapião 111
5.3.1. Considerações gerais 111
5.3.2. Objeto do usucapião 113
5.3.3. Requisitos de usucapião 114
5.3.3.1. Posse 115
5.3.3.2. Tempo de duração da posse 119
5.3.3.3. Justo título 120
5.3.3.5. Boa-fé 122
5.4. Modalidades de usucapião 123
5.4.1. Usucapião extraordinário 124
5.4.2. Usucapião ordinário 125
5.4.3. Usucapião especial constitucional urbano ... 126
5.4.4. Usucapião especial constitucional rural 129
5.4.5. Usucapião individual do Estatuto da Cidade ... 130
5.4.6. Usucapião coletivo do Estatuto da Cidade ... 131
5.5. Considerações processuais 133

6. Da aquisição pelo registro do título 135
6.1. Importância do registro 135
6.2. Presunção de titularidade 136
6.3. Outras conseqüências do registro 138
6.4. Eficácia do registro 140
6.5. Retificação ou anulação do registro 141

7. Da aquisição por acessão 142
7.1. Conceito e características 142
7.2. Acessões naturais ou físicas 143
7.2.1. Das ilhas 143
7.2.2. Da aluvião 144

7.2.3. Da avulsão	145
7.2.4. Do álveo abandonado	146
7.3. Acessões artificiais ou industriais	147
7.3.1. Das construções e plantações	147

8. Da aquisição da propriedade móvel ... 153
    8.1. Observações preliminares ... 153
    8.2. Do usucapião ... 153
    8.3. Da ocupação ... 155
    8.4. Do achado do tesouro ... 156
    8.5. Da tradição ... 157
    8.6. Da especificação ... 161
    8.7. Da confusão, da comistão e da adjunção ... 163

9. Da perda da propriedade ... 165
    9.1. Identificação das causas de perda ... 165
    9.2. Classificação das causas de perda ... 166
    9.3. Exame individualizado das causas ... 167
        9.3.1. Alienação ... 167
        9.3.2. Renúncia ... 167
        9.3.3. Abandono ... 168
        9.3.4. Perecimento da coisa ... 169
        9.3.5. Desapropriação ... 170
            9.3.5.1. Conceito e pressupostos ... 170
            9.3.5.2. Objeto da desapropriação ... 172
            9.3.5.3. Hipóteses de incidência ... 172
            9.3.5.4. Partes e processo ... 173
            9.3.5.5. Retrocessão ... 175

Parte II — DOS DIREITOS DE VIZINHANÇA

1. Introdução ao estudo do tema ... 179
    1.1. Conceito e delineamento geral ... 179
    1.2. Natureza jurídica das relações ... 180
    1.3. Uso anormal da propriedade ... 181
        1.3.1. Colocação do tema ... 181
        1.3.2. Direito de ação contra interferências ... 182
        1.3.3. Outras soluções previstas na lei ... 184
        1.3.4. Anterioridade da ocupação ... 185
    1.4. Das árvores limítrofes ... 186

1.5. Da passagem forçada 188
1.6. Da passagem de cabos e tubulações 191
1.7. Das águas 192
   1.7.1. Disciplina da matéria 192
   1.7.2. Escoamento das águas 193
   1.7.3. Poluição das águas 195
   1.7.4. Possibilidade de represamento 195
   1.7.5. Construção de aquedutos 196
1.8. Dos limites entre prédios e do direito de tapagem 199
1.9. Do direito de construir 202
   1.9.1. Configuração e limitações 202
   1.9.2. Despejo de águas 204
   1.9.3. Resguardo da privacidade e da intimidade 205
   1.9.4. Construção e utilização de paredes divisórias 208
   1.9.5. Proteção ao suprimento de água 211
   1.9.6. Acesso ao imóvel vizinho 212

Parte III — DO CONDOMÍNIO

1. Do condomínio geral 217
   1.1. Conceito 217
   1.2. Classificação do condomínio 218
   1.3. Do condomínio voluntário 220
      1.3.1. Considerações preliminares 220
      1.3.2. Direitos básicos dos condôminos 220
      1.3.3. Concurso nas despesas e ônus 222
      1.3.4. Responsabilidade por frutos e danos 225
      1.3.5. Divisão da coisa comum 226
      1.3.6. Venda da coisa indivisível 228
      1.3.7. Administração do condomínio 229
   1.4. Do condomínio necessário 231

2. Do condomínio edilício 234
   2.1. Origem e disciplina 234
   2.2. Caracterização e natureza jurídica 235
   2.3. Instituição e constituição do condomínio 238
   2.4. Direitos dos condôminos 241
   2.5. Deveres dos condôminos 244
   2.6. Penalização dos infratores 248
   2.7. Realização de obras no condomínio 250

2.8. Administração do condomínio edifício 254
    2.8.1. Eleição e atribuições do síndico 254
    2.8.2. Destituição do síndico 257
    2.8.3. Realização de assembléias 257
    2.8.4. Alteração da convenção 258
    2.8.5. *Quorum* e deliberação 259
2.9. Da extinção do condomínio 260

Parte IV — DA PROPRIEDADE RESOLÚVEL E DA PROPRIEDADE FIDUCIÁRIA

1. **Da propriedade resolúvel** 265
    1.1. Conceito e natureza jurídica 265
    1.2. Resolução por causa expressa no título 266
    1.3. Resolução por causa superveniente 267

2. **Da propriedade fiduciária** 269
    2.1. Conceito e características 269
    2.2. Constituição da propriedade fiduciária 271
    2.3. Condição jurídica do depositário 273
    2.4. Nulidade do pacto comissório 275
    2.5. Venda da coisa por inadimplemento 276
    2.6 Aplicação de outras normas codificadas 278

Parte V — DOS DIREITOS REAIS EM ESPÉCIE

1. **Da superfície** 283
    1.1. Conceito e características 283
    1.2. Constituição da superfície 285
    1.3. Transmissão da superfície 286
    1.4. Extinção da superfície 289

2. **Das servidões** 291
    2.1. Conceito e características 291
    2.2. Classificação das servidões 292
    2.3. Constituição das servidões 293
        2.3.1. Negócio jurídico *inter vivos* 295
        2.3.2. Sucessão *causa mortis* 295
        2.3.3. Constituição por sentença 296
        2.3.4. Constituição por usucapião 297
        2.3.5. Destinação do proprietário 298
    2.4. Execução de obras nas servidões 299
    2.5. Exercício das servidões 301

2.6. Indivisibilidade das servidões 305
2.7. Extinção das servidões 306

3. Do usufruto 309
3.1. Conceito e objeto 309
3.2. Classificação do usufruto 311
3.3. Espécies diferenciadas de usufruto 312
    3.3.1. Usufruto impróprio 312
    3.3.2. Usufruto de florestas e de recursos minerais 313
    3.3.3. Usufruto de universalidade ou de quota-parte 314
    3.3.4. Usufruto de rebanho 315
    3.3.5. Usufruto de títulos de crédito 316
3.4. Constituição do usufruto 317
3.5. Inalienabilidade do direito real 318
3.6. Direitos do usufrutuário 320
3.7. Deveres do usufrutuário 323
    3.7.1. Deveres que antecedem o usufruto 324
    3.7.2. Deveres contemporâneos ao usufruto 325
    3.7.3. Deveres subseqüentes ao usufruto 330
3.8. Extinção do usufruto 331

4. Do uso 335
4.1. Conceito e características 335
4.2. Constituição do direito real de uso 336
4.3. Objeto do direito real de uso 337
4.4. Extensão do direito do usuário 338

5. Da habitação 340
5.1. Conceito e características 340
5.2. Particularidades do direito real 341
5.3. Exercício por diversos beneficiários 342

6. Da concessão de uso especial para fins de moradia e da concessão de direito real de uso 343
6.1. Considerações gerais 343
6.2. Concessão de uso especial para fins de moradia 344
6.3. Concessão de direito real de uso 346

7. Do direito do promitente comprador 348
7.1. Conceito e requisitos 348
7.2. Breve apanhado sobre o instituto 349

7.3. Repercussões do direito real 351
7.4. Particularidades da adjudicação compulsória 352

8. Dos direitos reais de garantia 354
   8.1. Considerações preliminares 354
   8.2. Espécies e características 355
   8.3. Legitimidade para dar em garantia real 357
   8.4. Objeto da garantia real 359
   8.5. Aspectos formais da constituição 361
   8.6. Indivisibilidade do direito real 362
   8.7. Direito de excutir 364
   8.8. Vencimento antecipado da dívida 365
   8.9. Outorga de garantia real por terceiro 368
   8.10. Insubsistência da cláusula comissória 369
   8.11. Responsabilidade pelo saldo da dívida 370

9. Do penhor 371
   9.1. Conceito e características 371
   9.2. Aspectos formais da constituição 372
   9.3. Direitos do credor pignoratício 373
   9.4. Deveres do credor pignoratício 376
   9.5. Direitos e deveres do devedor pignoratício 379
   9.6. Do penhor rural 379
      9.6.1. Bipartição do penhor rural 379
      9.6.2. Do penhor agrícola 382
      9.6.3. Do penhor pecuário 384
   9.7. Do penhor industrial e mercantil 386
   9.8. Do penhor de direitos e títulos de crédito 388
   9.9. Do penhor de veículos 395
   9.10. Do penhor legal 398
   9.11. Extinção do penhor 401

10. Da hipoteca 405
   10.1. Conceito e características 405
   10.2. Objeto da hipoteca 406
   10.3. Obrigações passíveis de garantia 411
   10.4. Legitimidade para hipotecar 413
   10.5. Pluralidade de hipotecas 414
   10.6. Remição da hipoteca 416
   10.7. Abandono do imóvel pelo adquirente 420

10.8. Perempção da hipoteca 422
10.9. Desmembramento do ônus 423
10.10. Da hipoteca legal 424
10.11. Da hipoteca de vias férreas 428
10.12. Registro da hipoteca 429
10.13. Extinção da hipoteca 733

11. Da anticrese 437
   11.1. Conceito e características 437
   11.2. Direitos e deveres do credor 439
   11.3. Conseqüências da seqüela 441
   11.4. Extinção da anticrese 442

Bibliografia 445

Parte I

DIREITO DAS COISAS

Capítulo 1

INTRODUÇÃO AO DIREITO DAS COISAS

1.1. Conceito e alcance

Clássica é a definição de *Clóvis Bevilacqua*: *"Direito das Coisas é o complexo das normas reguladoras das relações jurídicas referentes às coisas suscetíveis de apropriação pelo homem"* (*apud* Washington de Barros Monteiro, *Curso de Direito Civil*, p. 1). Dela se extrai, inicialmente, a noção de que nem todas as coisas despertam o interesse do legislador. E realmente assim se dá, pois ao Direito importam apenas as que podem ser apropriadas com exclusividade pelo ser humano, que delas se torna dono, ou as que figuram como objeto de outra modalidade de relação jurídica fundada na propriedade de alguém.

É preciso esclarecer que a definição de *coisa* não é a mesma de *bem*, pois este é apenas espécie daquela. Ainda que na prática exista, no mais das vezes, coincidência entre a idéia de coisa e de bem (*v. g.*, um automóvel é, a um só tempo, coisa e bem), nem todas as coisas existentes no universo são consideradas bens em sentido jurídico. Estes se caracterizam pela economicidade e pela viabilidade de sua apropriação, ou, noutras palavras, carregam teor econômico e podem ser alvo de titularidade exclusiva do sujeito que se enquadrar em determinadas regras. Partindo-se do pressuposto de que as coisas são sempre elementos tangíveis, corpóreos, ocupando espaço no plano físico e sendo perceptíveis aos sentidos humanos, mesmo assim se revela a circunstancial ausência de ao menos um dos elementos caracterizadores dos bens. É o que acontece no caso de itens insuscetíveis de apropriação exclusiva, porque compõem a natureza e a todos servem indistintamente, citando-se como exemplo o ar atmosférico. É uma *coisa*, porque tangível, mas não é um *bem*, por lhe faltarem os dois requisitos acima ventilados, haja vista que ninguém pode avocar a condição de dono, disso resultando, por conseguinte, a inexistência de conteúdo econômico. Por outro lado, nem todo bem jurídico é coisa, porque ausente a tangibilidade, como na hipótese dos direitos oriundos da personalidade: vida, liberdade, dignidade e assim sucessivamente. Embora recebam tutela normativa, não são alvo de norteamento a partir da incidência de regras pertencentes ao Direito das Coisas, mas sim com suporte em normas de conformação diversa.

Pode-se afirmar que bens são coisas apropriáveis e dotadas de expressão econômica, ao passo que coisas são todos os elementos corpóreos existentes no universo. É bem verdade, entrementes, que em sentido jurídico coisas e bens geralmente não precisam ser estremados em compartimentos estanques, pois ambos pressupõem a perspectiva de submissão a alguma espécie de relação jurídica. O que dá o tom exato dessa coincidência é o fato de haver a possibilidade de que o sujeito se transforme em proprietário, daí emergindo a idéia de *Direito das Coisas* como complexo de normas disciplinadoras das relações jurídicas pertinentes a tais elementos.

Em suma, é o Direito das Coisas que dispõe sobre as prerrogativas e faculdades do sujeito sobre os bens jurídicos de natureza corpórea e dotados de expressão econômica, fixando os mecanismos relativos ao seu adequado aproveitamento. Marcado por forte influência romana, esse ramo do direito passa por constante e inevitável aperfeiçoamento, dada a dinâmica e a mutabilidade dos liames interpessoais. Assim, passou-se de uma fase em que a propriedade era rigorosamente absoluta para outras em que o interesse privado cede à conveniência coletiva, impondo profundas alterações no direito positivo. O Código Civil de 2002, atento a isso, fez-se integrar por preceitos modernos, o que representou importante avanço na visão jurídica em torno do assunto.

Não se admite mais que o titular do direito real simplesmente lhe dê a amplitude de uso, fruição e disposição que desejar, quando as condicionantes da hipótese concreta indicarem a necessidade de adequação da conduta ao interesse social. Assim, a propriedade do solo não se estende infinitamente para o espaço aéreo e para o subsolo que lhe corresponder, eis que o legislador adotou o critério da utilidade para limitar a extensão da prerrogativa exercida pelo sujeito (art. 1.229 do Código Civil), definindo, ainda, que ela não abrange as jazidas, minas e demais recursos minerais, os potenciais de energia hidráulica, os monumentos arqueológicos e outros bens referidos por leis especiais (art. 1.230 do mesmo diploma). Nisso se percebe a grande mutação havida no tratamento da matéria, que, ademais, sofre a influência de inúmeras outras normas positivadas, inclusive de índole constitucional.

Fixados os aspectos basilares do Direito das Coisas, importa agora estabelecer o seu alcance, ou seja, a delimitação dos temas de que cuida. A rigor, e de maneira absolutamente sintética, pode-se afirmar que a posse, a propriedade e os direitos reais dela resultantes são o objeto do Direito das Coisas. A posse é um elemento de suma relevância nas relações jurídicas; embora se controverta acerca da sua efetiva natureza (há quem a aponte como direito real, qualidade negada por outros), é indesmentível o fato de que ela tem tamanho vigor a ponto de ensejar a aquisição do domínio, quando conjugada aos demais pressupostos elencados na lei. Por seu turno, a propriedade é o mais vigoroso dos direitos reais, e o único que se exerce sobre coisa própria; todos os outros, cuja existência está prevista em lei (*v. g.*, usufruto, hipoteca, penhor, etc.) são meras derivações do domínio e incidem sobre coisa alheia. Em verdade, o domínio se fraciona e dá origem a direitos reais munidos de caracteres específicos, embora sempre permaneçam vinculados, na essência, à sua fonte, que é a propriedade. Por óbvio, a disciplina legal de tais institutos não se encontra, necessariamente, apenas no Código Civil, mas também em regras postas na legislação especial (*v. g.*, Lei n. 8.245/91 — Lei do Inquilinato; Decreto n. 24.643/34 — Código de Águas; Decreto-lei n. 1.985/40 — Código de Mineração, etc.).

Qualquer referência à expressão *Direito das Coisas* passa pela análise dos chamados *direitos reais*, pois aquele nada mais representa do que a disciplina destes e de institutos que lhes são umbilicalmente atrelados. Daí que a temática relacionada aos direitos reais precisa ser definida em suas fronteiras, pois entre eles e os denominados *direitos pessoais* existe abismal distância, realçada pelo fato de que o Direito das Coisas ocupa-se com primazia daqueles e não destes.

1.2. Direitos reais e direitos pessoais

Já se disse anteriormente que o Direito das Coisas dita regras destinadas à disciplina das relações jurídicas concernentes aos bens corpóreos passíveis de apropriação exclusiva pelo ser humano. Logo, surgindo em destaque a inflexão do poder do sujeito sobre a coisa, resta forçoso concluir no sentido de que o Direito das Coisas é o ramo jurídico incumbido da regência dos direitos reais. A palavra *real* tem origem em *res* ou *rei*, que se traduz como *coisa*, aspecto a fundamentar a assertiva anterior.

Fixada essa base, cumpre agora distinguir *direitos reais (jus in re)* e *direitos pessoais (jus ad rem)*, pois disso dependerá o estabelecimento das fronteiras do estudo atinente ao Direito das Coisas. As primeiras notícias acerca do efetivo interesse em promover a aludida diferenciação provêm do Direito Canônico, dentro do século XII. Ainda que as discussões atravessem séculos, não se chegou, até hoje, a uma definição exata acerca da distinção proposta. O máximo que se consegue é estabelecer as bases estruturais dos institutos e disso extrair, com a maior aproximação possível, os elementos que mais notadamente os diferenciam.

Segundo a *teoria personalista*, que tem em *Planiol* o maior expoente, isso não seria rigorosamente correto, pois a relação jurídica jamais se daria entre a pessoa e uma coisa, mas apenas e exclusivamente entre pessoas. Em todos os direitos — e inclusive nos de índole real — estariam presentes três elementos essenciais: sujeito ativo, sujeito passivo e objeto, do que emergiria a relação jurídica. O direito real consistiria, portanto, no vínculo jurídico entabulado entre sujeitos, havendo um titular (sujeito ativo) e um conjunto indeterminado de indivíduos (sujeitos passivos) obrigados a uma prestação negativa, qual seja, a de não turbar as prerrogativas daquele sobre a coisa (objeto). Essa visão coloca o direito das obrigações como núcleo de tudo o que é disciplinado pelo Direito Civil, já que as relações jurídicas estabelecidas entre sujeitos, relegando-se o objeto a um papel coadjuvante, são próprias dos direitos pessoais ou obrigacionais.

A *teoria impersonalista*, por sua vez, pretende que os direitos pessoais fiquem absorvidos pelos reais, com atribuição de maior relevância para o aspecto patrimonial da relação do que para os sujeitos nela envolvidos. Funda-se na idéia de que toda obrigação, à míngua de quais sejam os sujeitos, reveste-se, imediata ou mediatamente, de expressão econômica. Em suma, qualquer obrigação estaria fadada a ser tida como modalidade de direito real, porque o sujeito ativo e o sujeito passivo — e especialmente este — não desempenhariam um papel fundamental no vínculo, já que o direito do credor estaria concentrado unicamente na prestação.

Todas essas teorias, ditas *unitárias*, pecam por dedicar aos direitos reais e aos pessoais praticamente um só espaço, determinando quase que uma fusão entre eles e desconsiderando os caracteres que os estremam. É tradicional em nosso sistema jurídico a bipartição dos direitos em reais, ou sobre coisas, e direitos pessoais, ou contra as pessoas. Assim, a adoção pura e simples de alguma das teorias unitárias desvirtuaria tudo o que sempre se afirmou em torno do tema no ordenamento brasileiro.

A escola clássica, base das teorias *dualistas*, afirma que o direito real instala uma relação entre a pessoa e uma determinada coisa, do que resultaria um dever geral de abstenção de todos os indivíduos, obrigados que ficariam a respeitar o liame assim gerado. Valoriza e destaca, à evidência, o poder do sujeito sobre a coisa, de modo que a inflexão daquele sobre esta redundaria no que se denomina direito real. A sua composição se dá a partir da existência de três elementos: o sujeito ativo da relação jurídica, a coisa postada como objeto do direito e o poder imediato do sujeito sobre a coisa. Oponível contra todos, o direito real impõe a todos os indivíduos que não integram a relação jurídica um dever genérico de abstenção, vedando a prática de qualquer conduta capaz de afetar as prerrogativas do titular.

Com isso, vêem os clássicos o direito pessoal como uma relação estabelecida entre pessoas, mais precisamente entre o sujeito ativo e o sujeito passivo, aparecendo como objeto a prestação que este deve àquele. Esta não é oponível *erga omnes*, mas apenas contra o devedor, ao contrário do que ocorre no caso de direito real, cuja oponibilidade contra terceiros é a sua marca registrada. Enquanto o direito pessoal tem por objeto um ato ou uma abstenção, o objeto do direito real é a coisa material que sofre a inflexão imediata das prerrogativas do titular.

Baseado na escola clássica, que separa em duas seções distintas os direitos reais e os pessoais, *Washington de Barros Monteiro* (obra citada, p. 12) conceitua direito real como *"a relação jurídica em virtude da qual o titular pode retirar da coisa, de modo exclusivo e contra todos, as utilidades que ela é capaz de produzir"*. Também é do eminente autor a conceituação de direito pessoal, que afirma ser a *"relação jurídica mercê da qual ao sujeito ativo assiste o poder de exigir do sujeito passivo determinada prestação, positiva ou negativa"*.

Tanto as concepções unitaristas como as dualistas não podem ser tomadas isoladamente para definir os direitos reais. Embora o legislador brasileiro, sem sombra de dúvidas, tenha enveredado pelo rumo dualista, não o fez a ponto de inviabilizar a busca de aperfeiçoamento da posição que vê no direito real um instituto marcado pela relação, oponível *erga omnes*, estabelecida entre o sujeito ativo e a coisa. Por mais que se queira distender a análise do tema, não há como deixar de reconhecer que todo vínculo jurídico se dá, em derradeira análise, entre pessoas, e que qualquer assertiva em torno da existência de um liame exclusivamente formado entre pessoa e coisa não passa de abstração despida de efetiva razoabilidade. Entretanto, muito mais equivocado seria colocar o direito real como mera derivação ou espécie de direito pessoal, já que eles apresentam claros fatores distintivos.

A solução mais plausível parece ser a consistente em reconhecer, no direito real, a presença de um sujeito passivo indeterminado na relação formada com o sujeito ativo, igualando-se tais personagens, em valoração jurídica, à coisa sobre a qual se dá a inflexão imediata do direito do sujeito ativo. Essa análise não infirma a relevância da coisa no liame gerado, mas abre espaço para a existência do sujeito passivo como personagem da relação. O sujeito passivo é indeterminado, pois toda a coletividade fica obrigada a respeitar o direito do sujeito ativo sobre a coisa. Não obstante, a partir do momento em que se especifica o liame, como no caso dos direitos reais de garantia, há duas relações de trajetória paralela: a) uma, formada entre o titular do direito real (*v. g.*, credor hipotecário) e quem suporta diretamente as suas conseqüências (*v. g.*, titular do bem hipotecado), figurando a coisa como elemento material que sofre a incidência do direito; a outra, constituída nos moldes anteriormente expostos, tendo como personagens o sujeito ativo (no exemplo dado, o credor hipotecário), o sujeito passivo indeterminado (os membros da coletividade, a quem se impõe um dever geral de abstenção) e a coisa sobre a qual recai o direito do sujeito ativo.

Simples exame dessa fórmula permite entrever a ocorrência do mesmo fenômeno em todos os direitos reais, eis que sempre se parte de uma relação geral e se pode chegar a outra de índole específica. É claro que em determinadas circunstâncias a criação deste último vínculo poderá depender da verificação de certos pressupostos. A propriedade, por exemplo, é direito real exercido pelo titular sobre uma coisa, tendo como sujeito passivo indeterminado todas as demais pessoas. Somente se houver concreta afronta ou ameaça a tal direito é que se formará um liame específico entre o titular e — tendo em vista a inflexão deste sobre a coisa — quem agiu contrariamente às faculdades emergentes do direito, pois do contrário a relação se dará apenas entre o proprietário e os dois outros elementos, igualitariamente valorados em termos jurídicos, que são o sujeito passivo indeterminado e a coisa.

Em suma, o reconhecimento de que no direito real a relação se instala entre sujeitos não o faz derivação do direito pessoal, já que neste o objeto é a prestação, enquanto naquele o objeto é a coisa, valendo aqui, portanto, os mesmos argumentos que os dualistas sempre sustentaram como marco de distinção entre os institutos. A única mudança na visão original consiste em inserir na relação o sujeito passivo, trazendo para o mesmo patamar de importância jurídica a coisa.

1.3. Constituição e transmissão dos direitos reais

O art. 1.226 estabelece: *"Os direitos reais sobre coisas móveis, quando constituídos, ou transmitidos por atos entre vivos, só se adquirem com a tradição"*. Tradição é a passagem da coisa do patrimônio de um dos sujeitos envolvidos na relação jurídica para o patrimônio do outro, de forma real ou simbólica. Para que produza em favor de alguém a aquisição de direito real sobre móvel, a *traditio* deve estar acompanhada do ânimo de implementar os efeitos visados pelas partes, pois nem toda tradição é feita com intenção de constituir ou transmitir direitos reais.

Depende de tradição a aquisição de direitos reais sobre móveis, em se tratando de atos promovidos *inter vivos;* antes disso existe simples direito de natureza pessoal ou obrigacional. A exigência de tradição não se limita exclusivamente às operações envolvendo a propriedade, embora em torno dela se concentre a imensa maioria dos negócios jurídicos relativos a coisas móveis. Também os demais direitos reais, diversos da propriedade, são adquiridos dessa maneira; inegável, de outra banda, a utilidade que representam no contexto moderno da vida em sociedade. Exemplo disso é o penhor, de vez que a perfectibilização desse negócio jurídico tem lugar no instante em que acontece a tradição da coisa ao credor pignoratício.

Não obstante essa realidade, a própria lei cuida de eliminar ou amenizar o seu rigor em certas situações, como acontece, por exemplo, no penhor rural, industrial, mercantil e de veículos, pois neles a posse da coisa permanece com o devedor por força de expressa disposição legal. Portanto, a tradição é reclamada como requisito de aquisição do direito real sobre móveis, constituído ou transmitido *inter vivos*, apenas na hipótese de não haver norma que exclua a exigência colocada como regra geral.

No caso de direitos reais — sobre móveis — com origem *mortis causa*, a tradição não é necessária à sua aquisição. Com a morte do *de cujus* o acervo por ele deixado passa imediatamente para a titularidade dos sucessores, sem que se imponha a *traditio* como fator de transferência. Isso se dá em virtude do princípio da *saisina* (art. 1.784 do Código Civil). É o que ocorre, por exemplo, no caso do veículo que passa ao herdeiro-filho por força da morte do proprietário. A tradição não se opera e nem é reclamada para fins de transmissão, bastando o só evento morte como fator de repasse das coisas que integravam o patrimônio do *de cujus*.

O art. 1.227 da codificação preconiza: "*Os direitos reais sobre imóveis constituídos, ou transmitidos por atos entre vivos, só se adquirem com o registro no Cartório de Registro de Imóveis dos referidos títulos (arts. 1.245 a 1.247), salvo os casos expressos neste Código*". A propriedade dos imóveis é adquirida pelo registro, também chamado de transcrição ou inscrição, do respectivo título junto ao Cartório de Registro de Imóveis. O negócio jurídico *inter vivos* é mero ato causal da transferência, funcionando como elemento gerador do dever de transmitir o domínio ao outro pólo celebrante. Nessa mesma linha de raciocínio, a aquisição dos demais direitos reais sobre imóveis, quando constituídos ou transmitidos por atos *inter vivos*, também depende do registro. Sem ele, não se terá percorrido por inteiro o caminho que leva à perfeição do ato e à verificação dos efeitos que lhe são peculiares, ficando patenteado apenas um direito de caráter pessoal ou obrigacional. Excepcionalmente, pode o legislador excluir essa exigência, de maneira que em tais hipóteses a falta de registro não afetará a operacionalidade do ato constitutivo ou translativo de direito real sobre imóvel.

Quando houver constituição ou transmissão *causa mortis* de direito real sobre imóvel, o registro não será elemento definidor da aquisição. Isto porque a morte do *de cujus* opera de pleno direito a incorporação dos itens do acervo ao patrimônio dos sucessores (art. 1.784 do Código Civil), inexistindo exigência de qualquer ato formal para que se promova a aquisição dos direitos reais por aqueles.

Diante do exposto, também é possível vislumbrar, no atinente ao mecanismo de constituição e de transmissão, outra diferença marcante entre os direitos reais e os pessoais. Estes são criados pela vontade das partes e transmitidos por mera cessão, ao passo que aqueles somente existem em virtude de expressa previsão legal e são transferidos por tradição ou registro, nos moldes já frisados.

1.4. Características dos direitos reais

Em primeiro lugar, é preciso dizer que o direito real *adere* à coisa, acompanhando-a por onde estiver e independentemente de quem a tenha consigo. O titular do direito real tem nela o elemento material sobre o qual exerce as prerrogativas conferidas pela lei. O art. 1.228 do Código Civil não deixa margem para dúvidas: *"O proprietário tem a faculdade de usar, gozar e dispor da coisa, e o direito de reavê-la do poder de quem quer que injustamente a possua ou detenha"*. É tão vigoroso o grau da adesão acima referida que se faz prescindível qualquer participação de outrem para que o titular possa tornar efetivo e imediato o exercício dos atributos que lhe são peculiares. Esse atributo, pelo qual o direito real adere à coisa, é chamado de *ambulatoriedade*. A ele se soma a denominada *seqüela*, consistente na faculdade que tem o titular de, no plano concreto, buscar a coisa com quem estiver (*jus persequendi*). A seqüela, portanto, traduz-se na faculdade de perseguir o bem independentemente de quem esteja com ele e de onde ele esteja. A ambulatoriedade, por seu turno, é o atributo qualificado da prerrogativa de seqüela, e faz com que a coisa, mesmo transmitida a outrem pelo titular original, permaneça na condição jurídica primitiva. Daí que o direito real se desloca ou deambula juntamente com o bem, de maneira que o titular do direito real poderá buscá-lo onde e com quem estiver.

A característica frisada *retro* não está presente no direito pessoal, pois nele o sujeito ativo pode voltar-se contra o passivo em busca da prestação. Ainda que esta se traduza em um bem corpóreo, a atuação do credor não se dá imediatamente sobre a coisa, mas sim contra o devedor, com vistas à obtenção daquela. O direito real, como salientado, permite a atividade incontinenti do sujeito sobre o elemento material visado, independentemente de quem o detenha ou possua. Em resumo, no direito pessoal o sujeito passivo se depara sempre com o sujeito passivo antes de chegar ao objeto, ao passo que no direito real ele se volta diretamente contra o objeto, colocando-se o sujeito passivo — geralmente indeterminado — em plano secundário.

Desse quadro resulta que o direito real não se resolve em perdas e danos, exceto quando desaparecer o próprio objeto sobre o qual se exerceria. A sua eventual transmissão a outrem não afeta a posição jurídica do titular, haja vista a aderência acima explicitada. Já a impossibilidade de recebimento da prestação concernente a um direito pessoal faz evidenciada, como única perspectiva, a resolução em perdas e danos.

Como segunda característica, o direito real é *absoluto*, porque, sendo oponível contra todos (*erga omnes*) a partir do momento em que adquire publicidade, a vontade do titular se sobrepõe a qualquer outro fator, exceto quando afrontar o ordenamento jurídico ou os princípios gerais norteadores do instituto. Impõe-se a toda a coletividade um dever geral de abstenção, isto é, de não praticar atos que molestem a substância e o exercício das prerrogativas emergentes do direito real. Caso haja infração a esse dever, poderá o ofendido, invocando os atributos da seqüela e da ambulatoriedade, reivindicar a coisa de quem injustamente a possua ou detenha.

A terceira característica é a da *exclusividade*, porque não há dois direitos reais de igual teor sobre a mesma coisa, e ninguém pode colocar-se acima do titular exclusivo no exercício que lhe compete. Mesmo no condomínio mantém-se o caráter da exclusividade, pois, não obstante prevaleça entre os condôminos o dever de respeitar as frações ideais dos demais consortes, perante terceiros cada um é considerado titular do todo e nessa qualidade pode agir em defesa do direito. Por outro lado, nos direitos reais em que dois sujeitos estão em condição jurídica de avocar o exercício de faculdades relativas a uma só coisa sem serem donos comuns, há perfeita distinção entre os níveis de atividade individual. Assim, por exemplo, no usufruto de imóvel aparecem os personagens denominados nu-proprietário e usufrutuário. Cabe àquele a propriedade, temporariamente despida dos atributos do uso e da fruição, mas ainda munida do direito de disposição; enquanto a este é alcançada apenas a possibilidade de usar a coisa e dela extrair frutos, ficando obrigado a respeitar o domínio do outro. Essas qualidades coexistem e não colidem, de modo que permanece intacta a natureza exclusiva do direito real.

Como quarta característica aparece a *irrevogabilidade*, porque o titular não precisa exercer o direito real que lhe compete para conservá-lo consigo. A inércia do sujeito não o afeta, salvo se, como na hipótese de usucapião, a lei estabelecer que a soma desse fator ao agir positivo de outrem acaba por conferir a terceira pessoa alguma prerrogativa sobre o direito alheio. De banda diversa, a ninguém é dado, por ato unilateral — inerente à revogação — suprimir a faculdade real em que outra pessoa está investida. A rigor, nem o próprio titular pode fazê-lo por meio de revogação, embora lhe seja dado renunciar ao direito ou até, em certo casos, abandoná-lo, abdicando dos atributos a ele pertinentes.

O quinto aspecto a destacar é o da *temporariedade* do direito real, eis que à exceção da propriedade e da enfiteuse, cuja tônica é a perpetuidade, todas as demais espécies perduram durante o período estabelecido na lei ou definido pelos interessados, não se prolongando indefinidamente no tempo. Com a supressão da possibilidade de constituir enfiteuse a partir da vigência do Código Civil de 2002, a propriedade tornou-se o único direito real com nuanças de perpetuidade, pois nem mesmo a falta de exercício pelo titular afeta a sua substância, ressalvadas as hipóteses já aventadas anteriormente. A morte do titular apenas faz com que ela se transmita, sem que aconteça a sua extinção, de modo que a duração temporal é indeterminada, cabendo apenas ao dono o poder de se desfazer da propriedade. Com as outras espécies não é assim, sendo exemplo disso a hipoteca, que se extingue ordinariamente em circunstâncias várias, mormente pelo desaparecimento da obrigação a que acede. A preservação legislativa do cunho perpétuo da propriedade se justifica na medida em que todos os demais direitos reais não passam de derivativos dela, que funciona, destarte, como matriz e base daqueles. Frise-se, por relevante, o fato de os direitos pessoais serem essencialmente temporários e muito mais frágeis, extinguindo-se por múltiplas razões jurídicas apontadas pelo ordenamento ou idealizadas pelos sujeitos envolvidos.

A sexta característica é a da *tipicidade*, eis que os direitos reais são essencialmente típicos, possuindo estrutura individual prevista em lei que os dissocia dos demais. Somente a lei pode criá-los, ficando vedada qualquer iniciativa das partes, por ato *inter vivos* ou *causa mortis*, no sentido de gerar espécies que não estejam definidas no ordenamento.

Saliente-se, outrossim, que a obediência aos ditames normativos de cada modalidade deve ser rigorosa, eis que marcadas pelo interesse público na definição dos seus contornos. Sabe-se que a situação dos direitos pessoais é diametralmente oposta, haja vista a perspectiva da geração de outras espécies, que não as referidas na lei, por simples manifestação volitiva dos interessados. Pode-se afirmar que é infinito o número de direitos pessoais, ao passo que os reais são limitados e instituídos com *numerus clausus*.

O art. 1.225 do Código Civil indica quais são os direitos reais, mas isso não impede o estabelecimento de outros, na própria codificação ou em diplomas específicos, desde que inequivocamente determinada no texto a sua natureza jurídica. Destaque-se, ainda, como exceção à regra da tipicidade, a existência de um direito real codificado que não se encontra no rol do dispositivo acima apontado. A posse é direito real extremamente vigoroso, e a circunstância de não estar posto na listagem do art. 1.225 do diploma civilista não inviabiliza essa assertiva, de vez que o legislador lhe deu atributos próprios dos direitos reais. De resto, é da posse que nasce a propriedade adquirida por meio de usucapião, sendo evidente que um instituto de tamanha força jurídica, a ponto de dar ensejo à instalação do domínio, por certo tem formatação real.

1.5. Classificação dos direitos reais

Quanto ao objeto que suporta a sua incidência, os direitos reais são sobre coisa própria ou sobre coisa alheia. No primeiro caso tem-se a propriedade ou domínio, vocábulos aqui lançados como sinônimos porque não há maior utilidade prática em considerar eventuais distinções teóricas entre os seus conceitos. No segundo enquadramento situam-se todas as demais espécies, que são apenas derivativos da propriedade.

Quanto à finalidade, com base na lição de *Washington de Barros Monteiro* (obra citada, p. 14), os direitos reais são: a) de posse, uso, fruição e disposição, sem restrições (propriedade) ou com limitações pautadas no interesse de outrem (superfície); b) de posse, uso, fruição, mas sem o poder de disposição (usufruto e anticrese); c) limitados a certas utilidades da coisa (servidões, uso, habitação, concessão de uso especial para fins de moradia e concessão de direito real de uso); d) do promitente comprador de imóvel; e) de garantia (penhor, hipoteca e anticrese). Acrescente-se a essa clássica listagem a posse, que é um direito real de natureza especial, verificado a partir da presença, na esfera jurídica do possuidor, de quaisquer dos atributos inerentes à propriedade (usar, fruir e dispor).

1.6. Situações peculiares

Embora na comparação entre direitos reais e direitos pessoais se façam perceptíveis acentuadas diferenças, alguns institutos situam-se em zona fronteiriça que torna difícil a sua exata caracterização. Imagine-se o caso aventado por *Carlos Roberto Gonçalves* (*Direito Civil Brasileiro*, Editora Saraiva, p. 20), do vizinho que tem a obrigação de concorrer para a construção do muro que, pertencendo a ambos, separa os terrenos contíguos. Haverá nesse contexto uma obrigação de natureza real ou simples vínculo de natureza pessoal?

Criou-se, a partir disso, a noção de obrigação *propter rem*, ou seja, aquela que surge em virtude da coisa, e, mais precisamente, da relação entre ela e o devedor.

A relação jurídica acima ventilada tem semelhanças com o direito real e também com o direito pessoal, de modo que na doutrina recebeu de vários autores o nome de *obrigação real*. Essa terminologia é contraditória em si mesma, já que a idéia de um liame exclusivamente entre pessoas pertence ao plano obrigacional, ao passo que o vínculo entre pessoas, tendo uma coisa situada em patamar de igualdade valorativa, assume conformação real. Logo, ou é um instituto ou é outro, não podendo ser, de forma pura e simples, chamado de *obrigação real*.

No dizer de Sílvio Rodrigues (*Direito Civil*, Editora Saraiva, p. 79), "*obrigação propter rem é aquela em que o devedor, por ser titular de um direito sobre uma coisa, fica sujeito a determinada prestação que, por conseguinte, não derivou da manifestação expressa ou tácita de sua vontade*". Logo, da titularidade do direito real é que resulta, para o sujeito, a sua posição jurídica de devedor. No exemplo anteriormente citado, se o dono do imóvel renunciar ao direito de propriedade, ficará livre da obrigação inerente à qualidade de vizinho, circunstância a revelar a umbilical ligação entre o direito real e o direito pessoal que nele deita raízes.

Percebe-se que a obrigação *propter rem* se posta na fronteira dos direitos reais com os pessoais, apresentando caracteres encontrados naqueles e outros elementos localizados nestes. Todavia, não é relação genuinamente real, pois o seu objeto não é uma coisa, mas sim a prestação a que se atrela o devedor. Mas também se afigura incorreto dizer que se trata de liame pessoal, já que tal obrigação "*não se extingue pelo abandono, não se transmite ao sucessor a título singular e, ademais, obedece à regra de quem, na cessão de débito, torna-se indispensável a anuência do credor*" (Sílvio Rodrigues, obra citada, p. 82). Assim, se o condômino é obrigado, na proporção de sua parte, a concorrer para as despesas de conservação ou divisão da coisa, e a suportar os ônus a que estiver sujeita (art. 1.315 do Código Civil), aí está uma obrigação dita *propter rem*. Ela acompanha a coisa independentemente de quem seja o dono, mas tem origem exatamente no direito de propriedade. Daí a sua natureza híbrida, porque estranha ao rol dos direitos reais e também ao elenco dos direitos pessoais. Tem como fonte a lei e permanece ligada a direitos reais sem com eles se confundir. A rigor poder-se-ia dizer que em geral a obrigação *propter rem* surge da rivalidade entre direitos reais de força semelhante (*v. g.*, a propriedade de cada vizinho sobre os terrenos contíguos). Outra categoria situada em zona fronteiriça, eis que disputa espaço conceitual com os direitos reais, é a dos ônus reais. Estes podem ser definidos como obrigações, decorrentes da lei ou da vontade das partes, que restringem o uso e a fruição da propriedade. Ou, no dizer de *José Náufel* (*Dicionário Jurídico Brasileiro*, p. 721), ônus real é o "*gravame que recai sobre coisas móveis ou imóveis, em virtude de direitos reais sobre coisas alheias*". Juridicamente vigoroso, acompanha a coisa por onde estiver, independentemente de quem seja o titular dominial. Exemplo disso é a penhora registrada, gravame capaz de aderir à coisa enquanto perdurar a sua causa geradora. Serve ainda como exemplo o imposto imobiliário, incidente sobre o bem e não apenas sobre o titular. Na verdade, também são ônus reais a hipoteca, o usufruto, o penhor etc., vistos sob a ótica do comprometimento que fazem incidir sobre a coisa.

O direito real, por sua vez, consiste no *"poder jurídico do homem sobre uma coisa determinada, afetando-a direta e imediatamente, sob todos ou sob certos respeitos"* (José Náufel, obra citada, p. 477). Como se percebe, trata-se de uma visão centrada a partir das prerrogativas do titular do direito real (*v. g.*, usufrutuário), enquanto o ônus real é o contraponto do direito assim estabelecido. Não obstante, há outra posição, que não se afigura rigorosamente acertada, no sentido de que a diferença mais acentuada entre os ônus reais e os direitos reais diz respeito ao fato de que naqueles o titular da coisa e o devedor são o mesmo sujeito, ao passo que nestes o exercício da prerrogativa se dá sobre coisa alheia, com exceção da propriedade.

Por fim, cumpre asseverar a existência de obrigações despidas de natureza genuinamente real, mas que possuem a chamada *eficácia real*. É o que acontece, por exemplo, com o contrato preliminar registrado, que permite ao credor reclamar a execução do ajuste e, por conseguinte, a titularidade da coisa sobre a qual versa (art. 464 do Código Civil). Até mesmo o contrato preliminar não registrado pode levar à mesma solução, desde que não exista quem tenha melhor direito sobre a coisa. Tratando-se especificamente de promessa de compra e venda registrada de imóvel, a situação precisa ser examinada de maneira diversa, pois então ficará constituído efetivo direito real — a partir de uma obrigação que na origem apresenta nuanças de liame pessoal — em favor do promitente comprador (art. 1.417 do Código Civil). Isto porque a lei assim determina, inclusive arrolando o direito real do promitente comprador de imóvel dentre aqueles apontados no art. 1.225 do Código Civil.

Capítulo 2

DA POSSE

2.1. Introdução ao estudo do tema

2.1.1. Conceito e teorias

A discussão em torno da posse vem atravessando séculos e suscita, ainda hoje, polêmicas variadas. Trata-se de um instituto de peculiar formatação e intrincada estrutura jurídica, prestando-se para as mais diferentes análises acerca do seu conceito e dos demais aspectos que envolvem a sua composição. Todavia, o debate pode ser resumido às posições de *Savigny*, baluarte das posições subjetivistas, e de *Ihering*, defensor das sustentações objetivistas.

Dentro dessas concepções técnicas, é preciso ressaltar que ambos reconhecem e afirmam a presença, na configuração da posse, de dois elementos básicos. O primeiro é o *corpus*, elemento material, de índole objetiva e externo ao sujeito que exercita a posse. O segundo é o *animus*, elemento de cunho volitivo, subjetivo e interno. Noutras palavras, tanto *Savigny* como *Ihering* pugnam pela existência de posse a partir da verificação dos dois componentes acima referidos, mas destoam quanto à definição de cada um, à relevância que projetam para a configuração da posse e ao posicionamento deles na relação estabelecida.

Savigny, maior expoente da teoria subjetivista, sustenta que a posse resulta da conjugação de dois pressupostos: a) poder de disposição física da coisa; b) vontade de ser dono *(animus domini)* ou de ter a coisa como sua *(animus rem sibi habendi)* e de defendê-la contra investidas de terceiros. Há o enfeixamento, na esfera jurídica do titular, dos elementos material e anímico, subjetivo e objetivo, sinteticamente definidos como *corpus* e *animus*. São acontecimentos que, respectivamente, ocorrem no âmbito externo e no íntimo do sujeito, atribuindo-lhe a condição de possuidor. O poder físico imediato sobre a coisa, sem a presença do *animus*, daria ao indivíduo apenas a condição de detentor. O inverso — vontade de ser dono ou de ter a coisa como sua, mas sem o *corpus* — não representaria nada no plano do direito.

Ao longo do aperfeiçoamento da sua visão sobre o assunto, *Savigny* alterou o significado do elemento *corpus*, passando a afirmar que ele não existiria apenas no caso de estar presente o poder de disposição física da coisa, sendo suficiente que houvesse a efetiva possibilidade do exercício de um contato imediato e permanente com ela. Isso se traduziria na concreta viabilidade de dispor da coisa, mesmo sem a manutenção de uma presença física constante. Porém, o *animus* continuou sendo visto como originalmente concebido, tornando difícil, senão impossível, auscultá-lo de forma adequada. Subjetivo que é, não se deixa aferir por meios seguros, pois reside no íntimo do indivíduo.

Contrapondo-se à tese acima explicitada, *Ihering*, vulto de maior destaque da teoria objetivista, diz que a posse fica configurada a partir da presença do elemento *corpus*, entendido como o poder de fato exercido pelo sujeito sobre a coisa. Diante disso, o *animus* estaria implícito no *corpus*, pois ao se portar como dono o indivíduo automaticamente revelaria o comportamento necessário para o reconhecimento da sua condição de possuidor. Importa destacar que *Ihering* não preconiza a supressão do *animus* como requisito de caracterização, mas sim a subsunção dele no *corpus*, aspecto que, por ser objetivo e externo, faz-se perceptível aos sentidos e juridicamente apurável.

Em célebre assertiva, *Ihering* afirma que a posse é a *visibilidade do domínio*, ou seja, a conduta do indivíduo que o faz parecer dono aos olhos de quem analisa determinada situação fática. Possuidor, em suma, é aquele que aparenta ser dono, pois nisso se conjugam o *corpus* (poder do sujeito sobre o objeto) e o *animus* (emergente da aparência de dono).

O Código Civil de 2002, seguindo a trajetória delineada pela codificação de 1916, adotou a teoria objetivista de *Ihering* como base da disciplina possessória. Tal opção deflui do conteúdo do art. 1.196 do atual diploma civilista, segundo o qual considera-se possuidor todo aquele que tem de fato o exercício, pleno ou não, de algum dos poderes inerentes à propriedade. De outra banda, a mesma conclusão emerge do exame do art. 1.223, onde é dito que se perde a posse quando cessa, embora contra a vontade do possuidor, o poder sobre o bem, ao qual se refere o art. 1.196. Daí que a circunstância de alguém externar conduta similar à de dono é suficiente para atribuir-lhe a condição de possuidor, exceto quanto houver óbice normativo a incidir, como será visto na seqüência deste trabalho. E, por conseguinte, deixa de ser possuidor quem abdica do comportamento que exterioriza o exercício de qualquer dos atributos da propriedade, pois então terá desaparecido o elemento *corpus*, base de revelação do *animus*.

2.1.2. Fundamento da posse

Tradicionalmente, o ordenamento jurídico brasileiro prestigia por demais o instituto da posse, vendo nela um mecanismo adequado de aproveitamento das riquezas e de distribuição de justiça social. Se o indivíduo não consegue tornar-se dono de uma coisa, o fato de ser possuidor já é visto como algo relevante sob o prisma coletivo. Há interesse da sociedade, por exemplo, na preservação da posse de quem nela se investe *sponte propria* e não é molestado pelo antigo possuidor. A tal ponto chega a preocupação da lei em conservar esse estado possessório que admite a aquisição da propriedade com suporte exclusivo na posse qualificada, o que se dá por meio de usucapião. Em sintética análise, mostra-se correto afirmar que o legislador tende a assegurar a posse a quem a exerce, salvo nas hipóteses — expressas no ordenamento — de cabal demonstração de que a outrem deva ser alcançada.

Denota-se, assim, a inclinação do direito pela proteção de quaisquer das espécies de posse, nisso incluídas as de aquisição violenta, clandestina ou precária, embora em relação a elas existam severas restrições tendentes a viabilizar ao legítimo possuidor a dedução de pleito judicial destinado ao restabelecimento das suas prerrogativas. Em momento algum é imposta, como condição da defesa possessória, a qualidade de proprietário por parte de quem aparelha demanda judicial ou exerce desforço imediato. Basta o fato da posse, fundada ou não na preexistência de domínio.

A visão expendida *retro* permite entrever o duplo fundamento da posse, resumido, no âmbito jurídico, pelas expressões *jus possidendi* e *jus possessionis*. Quando o direito ao exercício da posse deita raízes na qualidade de proprietário ou de titular de outro direito real, denomina-se *jus possidendi*, circunstância que faz dela apenas mais um dos vários elementos da propriedade. Verificado esse quadro, posse e domínio andam juntos, havendo proteção daquela, por meio do uso dos interditos, especificamente em virtude da necessidade de tutelar o estado jurídico do dono.

A posse, considerado o que se expôs, não dispõe de autonomia. Liga-se a determinado direito real e fica a ele atrelada em relação de rigorosa dependência. Não obstante, pode ser defendida isoladamente, com suporte nos mesmos dispositivos que autorizam a tutela do *jus possessionis* e sem diferença alguma de força entre um e outro procedimento defensivo. Afinal, a qualidade da posse não afeta a perspectiva de proteção jurídica contra atos provindos de quem não disponha de direito melhor do que o submetido ao possuidor.

Noutras ocasiões, a posse existe por si mesma, ou seja, como fato, independentemente de outras perquirições, não se ressentindo nem mesmo pela inexistência de título. Trata-se do *jus possessionis*, ou direito à posse autônoma, que admite defesa tão logo constituída, exceto contra quem acaso tenha melhor direito ao seu exercício. Assim, terceiros ficarão obrigados a respeitar a posse, havendo situações em que inclusive o titular da coisa terá de abster-se de condutas capazes de molestar o possuidor. É o caso do indivíduo que tem posse velha, cuja posição jurídica não cederá, em sede liminar, sequer em proveito do dono do bem, a quem o ordenamento só autoriza retomar a posse depois de prolatada decisão definitiva em lide ordinária.

2.1.3. Natureza jurídica da posse

Discussão sempre em voga, a natureza jurídica da posse desafia os defensores da sua visualização como fato ou como direito. A pergunta relacionada ao tema é exatamente esta: enquadra-se a posse como fato ou como um direito? Poderia ainda ser somada outra: a consagração jurídica da posse deriva do fato de que esta se origina ou apenas da previsão legal que lhe dá existência e vida? Grandes embates se deram — e ainda ocorrem — acerca de tão melindroso assunto.

No tópico antecedente foi dito que o Código Civil, no art. 1.196, considera possuidor quem tem *de fato* o exercício de algum dos poderes inerentes à propriedade. Isso dá idéia de que o fato se sobrepõe à previsão normativa, tendo esta se limitado a reconhecer o que já no plano concreto se fazia efetivo. Todavia, é preciso considerar que a discussão se torna desnecessária na hipótese de posse resultante da condição de dono (*jus possidendi*), já que então, sem sombra de dúvidas, ela será apenas um dos atributos do titular, que tem, por estar situado nessa posição, o direito de possuir. Logo, a posse do dono é um direito, e não apenas um fato reconhecido pelo ordenamento em si mesmo. A conduta de possuir, aliás, é uma das mais vigorosas manifestações externas da propriedade exercida pelo sujeito, revelando o poder que sobre a coisa recai.

O quadro muda de figura quando analisada a situação de quem, sem ser dono, investe-se na qualidade de possuidor ou tem direito — *jus possessionis* — a se colocar nessa condição. Não havendo direito à posse em razão da propriedade, é mister esclarecer se ela tem sustentáculo unicamente no fato ou se antes de tudo é um genuíno direito. Entram em cena, outra vez, *Savigny* e *Ihering*, cada qual buscando afirmar o pensamento científico a que se filiou. De acordo com o primeiro, a posse é um evento que acarreta repercussões jurídicas, estando no mesmo patamar de relevância o acontecimento e o seu resultado. Logo, posse é a um só tempo fato e direito. Vai além disso, afirmando que ela tem natureza pessoal e não real. No pólo adverso dessa concepção encontra-se *Ihering*, para quem a posse é direito, ou seja, uma relação jurídica que tem origem em determinado fato. Define-se como *interesse juridicamente protegido*. Ao contrário de *Savigny*, considera a posse um direito real, pois vê nela um mecanismo de resguardo da propriedade e não apenas um dos atributos desta.

Afora os posicionamentos explicitados acima, merece referência ainda a concepção de *Clóvis Bevilacqua*, para quem a posse não é genuinamente fato e tampouco puramente direito. Diz o renomado doutrinador que a posse é um *direito especial* emergente da propriedade ou de qualquer dos seus derivativos. *"Segundo ainda sua lição, posse é estado de fato. A lei protege-a em atenção à propriedade, de que constitui manifestação exterior. Assume o fato, assim, a posição de um direito, não propriamente a categoria de direito, imposta essa anomalia pela necessidade de manter a paz na vida econômico-jurídica"* (Washington de Barros Monteiro, obra citada, p. 20).

Na verdade, já foi obtemperado antes que a posse efetivamente é um direito real. Não apenas porque nela se vislumbra tamanha força a ponto de gerar a aquisição do mais candente dos direitos reais — a propriedade — em virtude de usucapião, mas também porque ela congrega todos os atributos e características dos direitos reais, *v. g.*, aderindo à coisa, permitindo ao titular a busca do bem e assim por diante. Isso tudo não infirma a percepção de que a posse tem como base um fato. Porém, ele é qualificado pelo enquadramento na lei, de maneira que se sobrepõe à idéia de posse como fato a da posse como direito. Imperioso asseverar, entrementes, que a conservação do estado fático gerador da posse é imprescindível para o reconhecimento do direito possessório.

2.1.4. Objeto da posse

Grassa severa discussão doutrinária em torno do objeto da posse, mais precisamente no que diz respeito à aceitação ou não do exercício possessório sobre direitos de natureza pessoal. O legislador brasileiro não se pronunciou acerca do tema, mas deixou seguros indicativos de que apenas os direitos reais podem ser alvo de posse. Tanto é assim que considera possuidor quem tiver o exercício de algum dos poderes inerentes à propriedade. Esta, tomada em sentido estrito e com sentido igual ao do vocábulo domínio, concerne às coisas corpóreas suscetíveis de serem apropriadas com exclusividade pelo indivíduo, assim como aos direitos que lhes forem relacionados. Logo, a primeira observação a fazer é que podem ser possuídas as coisas corpóreas passíveis de submissão à propriedade. Excluem-se, destarte, as coisas postas fora de comércio *(ex commercium)*, pois ninguém se tornará senhor delas no sentido jurídico do termo.

Sendo certo que as coisas sujeitas à propriedade — direito real matriz — são potencial alvo de posse, é preciso reconhecer que os direitos reais derivados da propriedade também podem ser possuídos, contanto que recaiam sobre coisas corpóreas alheias que estejam à mercê do exercício possessório de sujeito que não o dono. Assim, o usufruto, o uso, a habitação, o penhor e a anticrese são exemplos de direitos reais que figuram como objeto da posse. No pertinente às servidões, o titular terá posse desde que o seu exercício se materialize efetivamente em uma coisa. Isso se dá em relação às servidões aparentes (*v. g.*, de trânsito, de aqueduto etc.) e não se verifica no tocante às não aparentes (*v. g.*, servidão de tirada de água). Se não há base material capaz de suportar e de fazer revelar *in concreto* o exercício do direito pelo titular, inexistirá posse do direito real de servidão. Isso repercute na questão atinente à feitura de usucapião da servidão, pois a posse qualificada na forma da lei é pressuposto indeclinável da sua estrutura. Se não há posse, não há como usucapir.

Os direitos pessoais não podem ser objeto de posse, já que eles não se traduzem em derivativos da propriedade. Como o legislador reclama do possuidor o exercício de algum dos atributos dela, a inviabilidade da exteriorização de conduta análoga à de dono sobre os direitos pessoais revela a impertinência de qualquer ânimo de possuí-los. De resto, a proteção possessória idealizada pelo legislador tradicionalmente não abrange elementos de índole pessoal. Seria esdrúxulo imaginar alguém protegendo por meio dos interditos possessórios uma prerrogativa contratual comum (*v. g.*, crédito) ameaçada ou violada por outrem. O mesmo vale para os direitos decorrentes da personalidade, como são os relativos à vida, à honra, à dignidade e assim por diante. Idem quanto às faculdades oriundas de questões afetas à esfera familiar ou sucessória que não envolvam a propriedade ou os direitos reais que dela dimanam. Em suma, afetações da posse são superáveis por meio dos interditos (*v. g.*, reintegração ou manutenção de posse), enquanto as ofensas aos direitos insuscetíveis de exercício possessório são tuteláveis por vias específicas mencionadas na lei (*v. g.*, mandado de segurança para direito líquido e certo, *habeas corpus* para proteger a faculdade de ir e vir, etc.). Essa realidade é percebida em todas as situações que deixam entrever a existência de direitos reais ou de direitos pessoais, não havendo exceções à regra do mecanismo de resguardo jurídico.

Fixada a idéia de que a posse incide sobre direitos reais vinculados a coisas corpóreas, é preciso asseverar que os bens gravados com cláusulas de inalienabilidade, impenhorabilidade e incomunicabilidade podem ser alvo de posse, seja pelo titular — circunstância óbvia — como por terceiros. É claro que, quanto a estes últimos, vai desde logo a ressalva quanto à amplitude da liberdade de possuir, já que determinadas pessoas não poderão tornar-se possuidoras de coisas assim gravadas. Exemplo disso é o cônjuge do titular de imóvel submetido à cláusula de incomunicabilidade, eis que jamais terá legitimidade para invocar o *jus possidendi*, cujo pressuposto é a propriedade.

Importa observar que os bens acessórios somente poderão ser objeto de posse quando factível a sua separação das coisas principais sem prejuízo da substância daqueles e destas. Caso contrário, o exercício possessório somente poderá ocorrer sobre o todo, nunca em relação aos itens corpóreos individualmente tomados.

2.1.5. Posse e detenção

A importância de estabelecer distinções entre a posse e a detenção decorre da circunstância de que ambas apresentam aspectos externos capazes de torná-las muito semelhantes. Daí que, sendo institutos cujos efeitos se revelam muito diferentes, é preciso estremá-los com vistas à eliminação de dúvidas em torno da sua exata configuração e alcance.

A posse e a detenção nascem de fatos que têm características exteriores bastante parecidas, pois o elemento mais visível é a aparência de dono que o sujeito transmite a quem, estranho à relação jurídica, analisa o contexto. Como se sabe, a exteriorização de uma conduta similar à de proprietário funciona como fator decisivo no momento de afirmar a constituição de liame de natureza possessória. Acontece que na detenção se verifica fenômeno semelhante, em que o detentor mantém intensa proximidade com a coisa a ponto de deixar a impressão de ser, senão dono, ao menos possuidor. Todavia, não é nem uma nem outra coisa, pois o seu estado jurídico fica postado em patamar inferior sob o prisma da eficácia gerada.

Em histórica lição, *Savigny* assevera que a existência isolada do *corpus*, sem a concorrência do *animus*, é que consubstancia a detenção. Somente há posse quando ao elemento material ou externo se associa o de índole psíquica ou interna, traduzido na vontade de ser dono (*animus domini*) ou de ter a coisa para si *(animus rem sibi habendi)*. Observa o ilustre jurista que também é caso de mera detenção a hipótese em que o indivíduo tem apenas a vontade de possuir a coisa para outra pessoa ou em nome dela.

No contraponto da tese acima explicitada encontra-se, outra vez, *Ihering*, para quem o elemento distintivo entre posse e detenção não reside na presença, naquela, do ânimo específico de ser dono ou de manter a coisa consigo, pois em ambas há o *corpus* e o *animus*, ou seja, os fatores material e psíquico, em conformação muito próxima. Considera, então, que a simples tentativa de percepção de diferenças extrínsecas não é capaz de transmitir ao observador a exata noção do fenômeno que se esteja desenvolvendo em determinada relação jurídica. Faz-se mister, destarte, atentar para outro aspecto de natureza objetiva, que é a edição de regra de direito apta a conferir a determinadas situações, que parecem ser possessórias, a qualidade de mera detenção. Assim, é a norma legal que diz quando o estado fático examinado se enquadra como singela detenção, embora transmitindo a aparência de genuína posse. Afinal, tanto nesta como naquela o sujeito pode comportar-se de maneira a impressionar terceiros com a aparência de domínio preconizada como base do vínculo possessório, confundindo o intérprete que ousar valer-se unicamente dos caracteres externamente vislumbrados.

Um exemplo auxiliará melhor na compreensão do assunto. Imagine-se que Paulo ingresse em determinado imóvel e comece a atuar como se dono fosse. Os vizinhos não sabem a que título aquela pessoa teve acesso ao bem, sendo-lhes inviável afirmar peremptoriamente tratar-se de uma situação de domínio, posse ou detenção. Realmente, Paulo talvez seja dono em virtude da aquisição da casa, ou esteja ali como possuidor direto por força de contrato de locação celebrado com o proprietário. Não se descarta, ainda, a hipótese de ser possuidor com base em invasão, ingresso às ocultas ou com abuso de confiança. Por fim, talvez se invista na qualidade de mero detentor, porque cuida do imóvel a pedido do titular, que se encontra em viagem. De qualquer modo, supondo-se que Paulo não é dono torna-se impraticável dizer com exatidão, a partir da análise dos comemorativos extrínsecos, se o indivíduo é possuidor ou detentor, pois ao aparentar a todos o exercício de atributos inerentes à propriedade fixa ampla dificuldade na investigação. Logo, é preciso saber o porquê da presença do indivíduo na casa e o enquadramento normativo dado àquela situação.

A detenção, embora parecida externamente com a posse, não tem desta os efeitos jurídicos. A lei assim determina, colocando o detentor em posição muito menos vigorosa e intensamente mais fragilizada. Considerada a lição de *Ihering*, parece adequado dizer que detenção é um estado fático similar ao possessório, a que a lei não atribui conseqüências de posse. Enquanto o detentor desempenha atividades em nome de outrem, o possuidor o faz em seu próprio nome, mas reside na regra de direito a afirmação das qualidades aptas a fazerem de certo acontecimento uma relação de detenção ou de posse. O *caput* do art. 1.198 do Código Civil deixa clara essa perspectiva: *"Considera-se detentor aquele que, achando-se em relação de dependência para com outro, conserva a posse em nome deste e em cumprimento de ordens ou instruções suas"*. Como se denota por simples leitura da norma, o detentor é um servo ou fâmulo da posse, não tendo autodeterminação no desenvolvimento da sua conduta, eis que deve atenção às orientações e imposições provindas do titular. Já o possuidor age conforme melhor lhe pareça, assumindo integral controle da atividade materializada sobre a coisa.

A aludida relação de dependência não implica necessariamente na existência de liame contratual, bastando que o detentor seja postado em situação hábil a submetê-lo às determinações da outra pessoa. Ao findar o vínculo de dependência, o detentor fica obrigado a restituir a coisa, pois se assim não o fizer estará cometendo esbulho possessório e sujeitando-se ao uso dos interditos e às penalidades cíveis e penais estatuídas no ordenamento jurídico.

Visando a preservar eventuais interesses possessórios de quem mantiver outra pessoa sob suas ordens e orientações, o legislador comete à parte adversa o ônus da prova em se tratando de situação que deixe entrever a existência de detenção. É o que consta do parágrafo único do art. 1.198 do Código Civil: *"Aquele que começou a comportar-se do modo como prescreve este artigo, em relação ao bem e à outra pessoa, presume-se detentor, até que prove o contrário"*. Em virtude disso, o indivíduo que estiver inserido em contexto do qual resultem indicativos de que se acha em relação de dependência para com outro, deve provar que ocupa posição diferente daquela de mero possuidor, eis que contra ele, nesse particular, vigora presunção relativa. Caso não se libere a contento da obrigação de provar a existência de posse, subsistirá a presunção de que há simples detenção, do que se extrai a obrigação de restituir a coisa a quem melhor direito tiver, ou seja, ao possuidor ou ao proprietário.

O vínculo de dependência a que se submete o detentor impede que tenha legitimidade para praticar em nome próprio qualquer conduta relacionada à posse. Isso se projeta inclusive para o campo da defesa possessória, eis que ao detentor não é dado agir na proteção de uma posse que não tem. Ele não adquire para si direito possessório, de modo que a fragilidade da sua posição não lhe confere a prerrogativa de lançar mão dos interditos em defesa da coisa, seja contra terceiros como contra o proprietário ou o possuidor. Assim, por exemplo, não há direito possessório a reconhecer em favor de quem jamais exerceu posse em nome próprio, mas simplesmente ocupava imóvel residencial para evitar o acesso de estranhos. De outra banda, também fica privado de legitimidade para defendê-la em nome alheio no âmbito judicial, pois somente ao genuíno possuidor é franqueado assim proceder.

Tampouco se faz lídimo ao detentor praticar desforço imediato com viés possessório (§ 1º do art. 1.210 do Código Civil), face à sua simples condição de servo. Todavia, poderá defender a coisa a partir da prerrogativa geral, a todos conferida pela lei, da autodefesa e da legítima defesa de terceiros, que encontra respaldo inclusive na seara penal. E com muito mais razão adotará tal iniciativa, uma vez que sob os seus cuidados estão coisas pertencentes a outrem, do que emerge um poder — que também é dever — de zelo e resguardo. Salienta-se, todavia, a circunstância de que assim procedendo não estará ao abrigo de dispositivos específicos de proteção possessória, mas sim sob o amparo de regras concernentes à faculdade genérica de defender a si próprio e a terceiros. Afinal, no dizer do inciso I do art. 188 do Código Civil, não constituem atos ilícitos os praticados em legítima defesa ou no exercício regular de um direito reconhecido.

Do exposto se percebe que o legislador civilista pátrio optou pela teoria objetivista de *Ihering* quanto ao estabelecimento de diferenças entre detenção e posse. Aceita, portanto, a idéia de que o ânimo do possuidor e do detentor talvez difiram na essência, mais precisamente quando o primeiro quer a coisa com *animus domini* ou com *animus rem sibi habendi*, e o segundo sabe que a tem — e assim deseja que aconteça — em nome de outrem. Porém, não descartando a hipótese de que ambos aparentem o mesmo elemento anímico, ou que inclusive tenham efetivamente igual desiderato interno, o legislador carreia à norma a tarefa de identificar quadros de posse e de detenção, fixando os corolários daqueles e destes.

O art. 1.208 do Código Civil também dispõe, por via indireta, acerca da detenção: *"Não induzem posse os atos de mera permissão ou tolerância assim como não autorizam a sua aquisição os atos violentos, ou clandestinos, senão depois de cessar a violência ou a clandestinidade"*. Nesses casos existe apenas detenção, despida de maiores repercussões jurídicas. Exemplo: Francisco permite a Marcos que acampe em certa fazenda durante cinco dias por mês. Ao longo desse tempo de ocupação do território não terá havido aquisição da posse por parte de Marcos, que ficará postado apenas como detentor, figura cujo papel consiste em exercer posse precária em nome alheio. O legítimo possuidor poderá a qualquer instante fazer cessar o ato de permissão ou tolerância, cabendo à parte adversa, daí em diante, abster-se de todos os atos que perturbem a posse, sob pena de cometimento de ilicitude.

A porção inicial do dispositivo menciona a ocorrência de *permissão* do possuidor, ato expresso pelo qual admite que outra pessoa fique em posição análoga à oriunda da posse, sem, todavia, que esta se caracterize. Também alude à *tolerância*, conduta passiva de aceitação do acesso de outrem à coisa, sem configuração da posse. A prova de que não existe relação de posse — mas sim um dos atos acima referidos — deverá ser feita por quem em defesa de seu suposto direito fizer a alegação. Essa espécie de argüição é bastante produtiva em se tratando de lide de usucapião ou ação possessória, pois a demonstração de que a parte adversa não chegou a adquirir a posse da coisa elide qualquer pretensão que tenha por base hipotético liame possessório. Isto porque os interditos somente são aplicáveis na tutela da posse, e a usucapião tem nela seu principal e inarredável elemento; derrubada a afirmativa de que houve posse, as ações judiciais acima referidas deixam de ser cabíveis.

Por outro lado, conforme preconizado na etapa final da norma, não autorizam a aquisição da posse os atos violentos ou clandestinos, senão a partir do momento em que findar a violência ou a clandestinidade. Portanto, tais vícios não podem ser considerados permanentes, desaparecendo a partir do momento em que cessada a sua incidência sobre determinada situação jurídica. Logo, enquanto persistir a violência ou a clandestinidade, o agente será apenas detentor. Investe-se, então, na chamada *detenção autônoma*, que é aquela originada de um ato independente praticado pelo sujeito, sem permissão ou tolerância do possuidor e inclusive contra a vontade dele. Superado o defeito começa a vigorar daí em diante o estado possessório, mesmo porque incumbe ao titular original adotar as medidas pertinentes visando a evitar a consolidação do direito da parte contrária. Se fica resignado com a situação e mantém-se inerte, sujeita-se às conseqüências decorrentes da passividade adotada. Importa observar que a posse assim obtida se classificará como injusta frente ao legítimo possuidor, face ao vício original de que padecia. Frente a terceiros, porém, o novo possuidor terá melhor direito à posse, ficando legitimado a defendê-la na forma prevista no ordenamento jurídico.

A continuidade da posse ao longo do tempo, embora defeituosa na origem, faz com que se consolide o direito em favor daquele que passou a exercê-la. Tanto isso é verdade que, após o transcurso do prazo definido em lei, e contanto que implemente o tempo de posse imposto pelo ordenamento, o possuidor injusto adquire a propriedade da coisa independentemente do ânimo de que estava imbuído, e inclusive se presente a má-fé ao longo de todo o fluxo temporal.

O mecanismo de funcionamento da posse no direito brasileiro é marcado por peculiaridades, sempre visando a evitar contradição e incompatibilidade entre os vários dispositivos legais que regulam a matéria. Destarte, mesmo que a posse produza efeitos extremamente fortes, solidificando-se com o passar do tempo e inclusive viabilizando a aquisição da propriedade se preenchidos os requisitos normativos, a procedência de ação possessória ou petitória ajuizada pelo indivíduo esbulhado importa na negação da existência de qualquer relação de posse do agente da ilicitude com a coisa que esteve em seu poder. Mesmo que essa situação se estenda por anos a fio, o posterior reconhecimento de que a posse cabe de direito a quem se disse esbulhado faz apagar todo o tempo transcorrido desde o início do esbulho até a data da restituição da coisa ao titular, de maneira que este, juridicamente, jamais perdeu a posse, e a parte adversa nunca a teve consigo.

Também no art. 1.224 do Código Civil encontra-se referência indireta à detenção: *"Só se considera perdida a posse para quem não presenciou o esbulho, quando, tendo notícia dele, se abstém de retornar a coisa, ou, tentando recuperá-la, é violentamente repelido"*. Apenas a título de esclarecimento, frisa-se que o legislador empregou na redação da norma, por equívoco, a palavra *retornar*, quando é evidente que se deve ter como redigido o vocábulo *retomar*. Enquanto o possuidor mantiver conduta análoga à de proprietário e em termos psicológicos continuar perseguindo a coisa que foi objeto de esbulho, não se considerará perdida a posse. Em razão disso, o agente que tenciona tomar a coisa será tido como mero detentor frente àquele.

O vínculo psíquico do possuidor com a coisa conserva intacta a relação possessória, ainda que fisicamente não tenha acesso ao objeto do direito. Isto porque a posse, segundo a teoria objetiva de *Ihering* (adotada pelo legislador pátrio), consiste na visibilidade do domínio, ou seja, no portar-se como verdadeiro dono. Se o possuidor, cientificado do esbulho, nenhuma providência legal toma em tempo hábil, está abrindo mão do direito de defesa da posse e, portanto, perdendo-a para o esbulhador. Afinal, tendo a faculdade de se valer do desforço imediato ou das ações possessórias, preferiu o silêncio e a abstenção, que no caso equivalem ao assentimento com a conduta ilídima alheia, em renovada afirmação do vetusto adágio segundo o qual *quem cala consente*.

O tempo que terá o possuidor para adotar as providências cabíveis não está definido em lei, e nem seria lógico que estivesse. Isto porque o exercício da defesa da posse não fica necessariamente ao alcance de todos em igual lapso temporal, dadas peculiaridades como a demora em chegar a notícia ao interessado, a distância física entre este e o local dos fatos, as maiores ou menores facilidades de acesso à Justiça e assim por diante. O importante é que o esbulhado não se conforme com a situação e dentro de prazo razoável tome as providências cabíveis, pois se resignar-se com o esbulho romperá o liame subjetivo com a coisa e perderá a posse.

Finalmente, importa asseverar que os bens públicos não podem ser alvo de posse *ad usucapionem*, haja vista a edição de normas que vedam a aquisição dominial como resultado do transcurso do tempo no exercício de atributos inerentes à propriedade, notadamente os arts. 183 (§ 3º) e 191 (parágrafo único) da Constituição Federal e o art. 102 do Código Civil. Não obstante, nem por isso haverá unicamente a perspectiva de detenção sobre eles, pois nada impede que ocorra posse *ad interdicta*, da qual emerge a faculdade de proteção contra quem não tenha melhor direito. Tal posse tem origem não somente em atos próprios da Administração Pública em favor de particulares (*v. g.*, concessão), mas também em contratos celebrados entre aquela e estes (*v. g.*, locação), assim como na iniciativa unilateral de quem passa a atuar como possuidor de coisa alheia nos mesmos moldes até agora examinados.

2.2. Da classificação da posse

2.2.1. Posse direta e posse indireta

A qualidade de proprietário atribui ao titular, em princípio, a perspectiva de ser possuidor da coisa e de nesse estado se conservar. Como indicado no art. 1.196 do Código Civil, considera-se possuidor todo aquele que tem de fato o exercício, pleno ou não, de algum dos poderes inerentes à propriedade. Logo, é preciso conciliar a idéia de que o dono tem a posse com a de que ele tem a faculdade de transmitir a outrem o exercício possessório. Pura e simplesmente analisada a questão, poder-se-ia afirmar a integral perda da posse no momento em que o proprietário concede o seu exercício a outro sujeito. Todavia, cuida-se de equívoco assim supor, haja vista a necessidade de harmonizar a prerrogativa possessória do dono com aquela oriunda de inúmeras hipóteses em que ele a transmite para terceiro, sem, contudo, deixar de possuir.

Essa harmonização somente é viável a partir de quando seja aceita a tese de que a posse, inicialmente vista como instituto uno e indiviso, sofre bifurcação em dado momento. Não obstante, permanece na esfera jurídica do titular primitivo, sem deixar de compor, daí em diante, o acervo do outro indivíduo, também guindado ao patamar de possuidor. Aí é que surge a noção de posse direta e de posse indireta, cuja verificação se dá pela divisão do estado possessório primitivo em duas novas figuras, que coexistem e não se excluem, preservando cada qual nuanças específicas. Em geral, a mencionada divisão da posse origina-se de ato volitivo do proprietário, que concede a outrem uma fração das suas faculdades. Porém, não há óbice na bifurcação como resultado de ato de pessoa que não seja dono, como na hipótese de quem, tendo apenas o *jus possessionis*, empresta o bem a terceiro. Seja qual for a fonte de que se origina, normalmente acontece por meio de liame negocial (*v. g.*, contrato de empréstimo), mas também tem lugar por meio de declaração unilateral ou de última vontade (*v. g.*, testamento).

O art. 1.197 do Código Civil estabelece as bases em que esse fenômeno tem lugar: "*A posse direta, de pessoa que tem a coisa em seu poder, temporariamente, em virtude de direito pessoal, ou real, não anula a indireta, de quem aquela foi havida, podendo o possuidor direto defender a sua posse contra o indireto*". Do texto se extrai conclusão no sentido de que a posse, como originalmente concebida e encontrada, pode sofrer bifurcação em virtude de relação jurídica de natureza real ou pessoal que sobre ela venha a recair. Nas ocasiões em que isso ocorre, surgem a posse direta e a posse indireta, que existem a um só tempo e não entram em rota de colisão. A relação possessória direta é sempre temporária, pois decorre de um liame jurídico firmado para durar por certo período, após cujo transcurso deixará de existir a bifurcação, com retorno, ao titular, dos atributos circunstancialmente deslocados para proveito de outro indivíduo. Exemplo disso é a locação, contrato pelo qual a uma das partes (possuidor direto) se faculta o uso da coisa, enquanto a outra (possuidor indireto), que tem o direito de retomar a coisa ao final do liame jurídico, recebe a contrapartida econômica ajustada. Enquanto válido o contrato de locação, o locatário tem o direito de uso, gozo e fruição do imóvel, como decorrência de sua posse direta. Nessa condição, pode o locatário, sem comprometimento de seu direito, dar ao imóvel a destinação que melhor lhe aprouver, não proibida por lei ou pelo contrato, podendo, inclusive, se assim for sua vontade, mantê-lo vazio e fechado (STJ, Recurso Especial n. 588714/CE). Também provocam a divisão da posse em direta e indireta, entre outros, os seguintes vínculos: comodato, depósito, penhor, usufruto, arrendamento rural, etc.

Tanto o possuidor direto como o indireto estão legitimados a defender a respectiva posse, sendo de salientar que ao possuidor indireto é permitido, em conjunto com o direto ou isoladamente, promover o resguardo da posse contra terceiros que a molestem. O possuidor direto, haja vista a prerrogativa de uso que acompanha a formação da relação jurídica, pode defender sua posse inclusive contra o possuidor indireto, sempre que este descumprir o dever de abster-se de condutas capazes de injustamente prejudicar o exercício possessório da parte adversa. Por iguais razões, o possuidor indireto não poderá ajuizar interditos possessórios contra o direto, eis que neste estão temporariamente enfeixados os atributos jurídicos, relativos ao domínio, que imediatamente incidem sobre a coisa, em especial o *jus utendi* ou direito de usar.

2.2.2. Posse justa e posse injusta

A classificação da posse em justa ou injusta atende a critérios relacionados à existência ou não de vícios na sua origem. Adquirida sem defeitos, aparece como justa; caso contrário, resulta injusta. Os defeitos que maculam a posse e a tornam injusta são a violência, a clandestinidade e a precariedade, conforme resulta do teor do art. 1.200 do Código Civil: *"É justa a posse que não for violenta, clandestina ou precária"*. Dada a natural tendência de conservar o caráter de que inicialmente foi revestida, a posse assim viciada mantém essa imperfeição enquanto perdurar o evento que a gerou.

Violência é toda iniciativa de natureza física ou moral que, dirigida contra o titular, arrebate-lhe a posse até então exercida. Pode consistir em agressões corporais ou em sérias ameaças que incutam na vítima fundado temor de vir a sofrer determinado mal. De outra banda, é *clandestina* a posse que se firma às ocultas de quem sobre ela tem legítimo direito e interesse; traduz-se em atitude sorrateira, esquiva ou dissimulada que afronta a posse da pessoa que até então a exercia, *v. g.*, ocupação de imóvel à noite, enquanto ausente o titular. O oposto da posse clandestina é a dotada de publicidade, pois então a todos, e em especial a quem sobre ela acaso tiver legítimo interesse, ficará evidenciada. Por fim, é *precária* a posse adquirida em razão de abuso e quebra de confiança por parte de quem recebera a coisa com a obrigação de posteriormente restituí-la, mas acaba não cumprindo o dever assumido, *v. g.*, o comodatário ou o detentor.

Ausência qualquer dos vícios acima arrolados, a posse é tida como justa. Essa classificação tem por objetivo principal definir a extensão do direito de proteção legal atribuído ao possuidor. Na verdade, tanto a posse justa como a injusta conferem ao possuidor meios de defesa contra quem perturbar o seu exercício; porém, a pessoa investida em posse injusta não terá resguardo possessório contra o indivíduo de quem a arrebatou, podendo aplicar os interditos tão-somente no que diz respeito a terceiros. Isto porque o indivíduo de quem a posse foi tomada de maneira violenta, clandestina ou precária tem melhor direito do que o novo titular, sendo-lhe facultado retomá-la mediante ação judicial própria. Em suma, a prerrogativa do exercício de defesa possessória estará ao alcance de todo aquele que provar melhor situação jurídica em relação a outrem; destarte, mesmo o exercício de posse injusta não impede a sua defesa perante terceiros, eis que quanto a estes tal condição é suficiente para ensejar o resguardo judicial. A posse pode ser a um só tempo injusta, face àquele de quem foi tomada, e justa, no pertinente a todos os demais indivíduos.

2.2.3. Posse de boa-fé e posse de má-fé

É de boa-fé a posse, se o possuidor ignora o vício, ou o obstáculo que impede a aquisição da coisa (*caput* do art. 1.201). A posse de boa-fé é caracterizada pelo espírito desarmado e pelo bom ânimo do possuidor, que se mostra imbuído da mais plena certeza de estar legitimamente investido na titularidade da coisa. Possuidor de boa-fé é aquele que imagina estar no mais perfeito exercício de um direito próprio, e que nem de longe desconfia da lesão que sua atitude causa ao direito alheio. Essa convicção, elaborada no plano mental do possuidor, não precisa corresponder à realidade fática, pois mesmo quando existe vício ou obstáculo a impedir a efetiva aquisição da coisa, restará prestigiada a posse exercida com boa-fé. O simples ignorar do agente acerca do defeito faz com que seja tido pelo ordenamento jurídico como possuidor de boa-fé, circunstância que lhe traz diversas conseqüências positivas, mais ainda no concernente à indenização das benfeitorias e ao possível estreitamento dos prazos para usucapir a coisa. Exerce posse de boa-fé, por exemplo, quem recebe um veículo pensando tratar-se de doação, quando na realidade cuida-se de comodato.

Caso o possuidor saiba da existência do vício ou obstáculo que impede a aquisição da coisa, sua posse será de má-fé, apresentando-se mais frágil à luz do direito. Assim, por exemplo, a pessoa que sabe do melhor direito de outrem sobre certo imóvel, mas ainda assim o invade, está de má-fé e se sujeita aos efeitos daí resultantes. Isso não significa que ficará impedido de exercer toda defesa que tiver contra terceiros; porém, ficará fragilizado perante o indivíduo que tiver legítimo direito à posse, e geralmente não conseguirá valer-se de meios defensivos eficazes.

O possuidor com justo título tem por si a presunção de boa-fé, salvo prova em contrário, ou quando a lei expressamente não admite esta presunção (parágrafo único). Considera-se justo título o instrumento escrito que, dada sua configuração extrínseca, seria hábil, em tese, a transferir o domínio, mas que por força de um vício intrínseco não tem prestabilidade para aquele fim. Exemplo disso é a escritura pública de venda de imóvel firmada por pessoa que se faz passar pelo titular da propriedade, enganando a todos. Ela não servirá para a realização da transferência da coisa ao adquirente, mas será levada em consideração quando pleiteada medida que dependa da existência de justo título, *v. g.* usucapião ordinário.

Constatada a existência de justo título, em proveito do possuidor forma-se presunção *juris tantum* de boa-fé, que somente será elidida mediante prova robusta em sentido contrário, ou nos casos em que a lei expressamente rechaçar a sua incidência. Logo, nas situações em que for aceita a presunção caberá ao interessado em contestar a boa-fé fazer a apresentação de provas capazes de derrubar a verdade jurídica fixada pelo legislador. Tais provas deverão versar sobre a ciência do possuidor, originariamente ou em momento subseqüente, acerca da presença do vício ou do obstáculo que impedia a aquisição da coisa.

A posse de boa-fé só perde este caráter no caso e desde o momento em que as circunstâncias façam presumir que o possuidor não ignora que possui indevidamente (art. 1.202). Tradicionalmente em nosso direito, a posse inclina-se a manter o caráter com que foi adquirida. Isso serve também para a aferição da boa ou má-fé do possuidor, uma vez que o momento da aquisição é que define as nuanças do direito possessório. Destarte, se originariamente tratava-se de posse de boa-fé, a tendência natural é que se mantenha com essa característica. Por igual motivo, se havia má-fé por parte do possuidor, sua posse seguirá curso com essa mácula. Não obstante a realidade desse contexto, a posse de boa-fé pode perder o caráter com que se apresentava, bastando para tanto que o possuidor deixe de ignorar o vício ou o obstáculo que impedia a aquisição da coisa possuída. Portanto, se alguém possui uma obra de arte com a plena convicção de ser dono, mas ao depois descobre que ela fora roubada de um museu, a partir do instante em que toma conhecimento do defeito em sua posse esta passará a ser de má-fé para todos os efeitos previstos em lei.

A desconstituição da boa-fé que guarnece a posse depende de apresentação, pelo interessado, de circunstâncias probantes que façam presumir a ciência do possuidor acerca do defeito de seu estado possessório, ou, ao menos, revelem que não poderia ignorar a mácula. É o que acontece, por exemplo, quando o possuidor tem consigo título cuja nulidade é evidente a qualquer pessoa, como no caso da compra e venda de imóvel firmada em escrito particular por indivíduo portador da Síndrome de Down.

2.2.4. Posse ad interdicta e posse ad usucapionem

Como deflui da própria denominação, posse *ad interdicta* é aquela suscetível de defesa pelo emprego dos denominados interditos possessórios, lides judiciais disponibilizadas ao possuidor com vistas à proteção do seu direito, *v. g.*, reintegração ou manutenção de posse, interdito proibitório etc. Porém, dela não emerge, como conseqüência da sua dilação no tempo, a perspectiva de aquisição da propriedade da coisa por força de usucapião. É o que se dá, por exemplo, com todo aquele que estiver investido na posse direta do bem em virtude de negócio jurídico (locatário, comodatário, arrendatário e assim por diante). A defesa pode ser exercida contra quem praticar ameaça, turbação ou esbulho, seja terceiro ou mesmo o titular dominial, quando a faculdade jurídica deste não se sobrepuser à daquele.

Posse *ad usucapionem* é a que, afora permitir ao sujeito a defesa por meio do emprego das defesas supracitadas, revela um *plus* em relação à posse *ad interdicta*, qual seja, o de produzir, em favor do possuidor, a aquisição da propriedade em virtude de usucapião. Realmente, o exercício possessório qualificado pelo tempo e pelos demais requisitos explicitados na lei oportuniza ao possuidor tornar-se titular dominial. Em suma, a posse assim ornada funciona como semente da aquisição do maior e mais vigoroso dos direitos reais, que é a propriedade.

O enquadramento da posse na categoria de *ad usucapionem* não depende apenas do cumprimento de pressupostos como o transcurso do tempo, a ausência de oposição eficaz, a continuidade etc. É mister, ainda, que não haja óbice de natureza diversa a impedir a geração da propriedade. Nesse contexto, a posse direta não será *ad usucapionem* enquanto mantiver tal caráter, pois nela existe melhor direito do proprietário, ou até mesmo, de acordo com as circunstâncias, do possuidor indireto que não seja dono. O mesmo se dá e todas as demais situações em que alguém enseja a outrem o exercício de prerrogativas semelhantes às do exercício possessório sem perder a condição de possuidor, *v. g.*, no caso de mera detenção.

2.2.5. Posse nova e posse velha

Considera-se nova a posse que tiver menos de ano e dia, prazo contado a partir da sua aquisição, com exclusão do *dies a quo* e inclusão do *dies ad quem* (art. 132 do Código Civil). Velha é a posse que houver completado ano e dia, ou lapso temporal superior, aferido em conformidade com a operação acima citada. A importância desse enquadramento reside no maior vigor da posse velha, que se consolida na esfera jurídica do possuidor e permite mais eficiente defesa. Ainda que se trate de *jus possessionis* ou seja, do estado fático da posse considerada em si mesma e sem substrato na qualidade de proprietário, a proteção jurídica conferida ao sujeito é bastante acentuada na hipótese de posse velha.

Por outro lado, ainda que inicialmente se classifique como injusta (porque violenta, clandestina ou precária), a posse, atingindo o marco temporal de ano e dia, é guindada a um patamar jurídico que ignora tais vícios para fins de resguardo do possuidor. Tanto é assim que ele não poderá ser liminarmente afastado do exercício possessório, somente ficando submetido à perda da posse após o trânsito em julgado da decisão proferida em lide ordinária. Não se trata de supressão, pela fluência do tempo, dos defeitos com que originalmente foi adquirida; cuida-se, isto sim, da sua desconsideração no caso de alguém pleitear a posse que se encontra sob exercício alheio durante o período de ano e dia ou mais.

O art. 1.211 do Código Civil estabelece que quando mais de uma pessoa se disser possuidora, manter-se-á provisoriamente a que tiver a coisa, se não estiver manifesto que a obteve de alguma das outras por modo vicioso. Logo, absteve-se o legislador de fazer menção a qualquer prazo de duração da posse como requisito de manutenção provisória. Porém, o teor dos arts. 924 e 928, ambos do Código de Processo Civil, indica que o procedimento de manutenção e de reintegração de posse intentado dentro de ano e dia da turbação ou do esbulho viabiliza o deferimento de liminar pelo juiz; passado esse prazo, será ordinário, não perdendo, contudo, o caráter possessório.

As regras processuais que tratam da matéria permitem o ajuizamento da chamada *ação de força nova* e também da denominada *ação de força velha*. A primeira tem por base a posse com menos de ano e dia, ao passo que a segunda se funda na posse igual ou superior a ano e dia de duração. Embora a classificação da posse como nova ou velha seja de índole civilista, e as ações mencionadas tenham conteúdo processual, não há como deixar de perceber que o fundamento destas é a espécie de enquadramento dada àquela. Assim, a ação de força nova reclama a existência de posse nova, enquanto a de força velha pressupõe a posse velha. Daí que o autor, por exemplo, ao pleitear reintegração não terá deferida liminar em seu favor se o réu estiver com a posse do bem há ano e dia ou mais. *"Considerando que o procedimento adequado para as demandas possessórias, fundadas em esbulho ou turbação datados de mais de ano e dia, é o comum ordinário, não é possível o deferimento de pedido liminar para a manutenção da posse, que somente pode ser concedida no procedimento especial, na hipótese de posse nova"* (TJDF, Agravo de Instrumento n. 20060020009870).

2.2.6. Composse

Nos primórdios da disciplina da posse, abominava-se a idéia de que fosse dado a várias pessoas exercer posse sobre uma só coisa. Tal posicionamento decorria da compreensão restritiva adotada a respeito do atributo da exclusividade, que indicava ser a posse um elemento cabível por inteiro ao titular do direito. Porém, sabe-se hoje que a exclusividade da posse não impede que mais de um sujeito a exerça ao mesmo tempo, sobre o mesmo bem, contanto que nenhum invada a seara de competência dos outros consortes.

O art. 1.199 do Código Civil estabelece: *"Se duas ou mais pessoas possuírem coisa indivisa, poderá cada uma exercer sobre ela atos possessórios, contanto que não excluam os dos outros compossuidores"*. Tem-se a chamada *composse*, destarte, quando duas ou mais pessoas, fundadas em relação contratual, hereditária ou de natureza diversa, exercem posse concomitante sobre a mesma coisa indivisa. A mencionada indivisão pode ter origem na lei, na vontade das partes ou na própria natureza do objeto. Há composse dos membros do casal, sobre os bens pertencentes a ambos; dos herdeiros, desde o óbito do autor da herança até a partilha; dos condôminos, sobre a coisa comum etc. O direito de cada compossuidor no todo é determinado em frações ideais, cabendo aos demais respeitar os limites impostos por essa situação. Nenhum deles possui a coisa por inteiro em relação aos outros, porque sujeitos, sem exceção, às limitações impostas pela condição desfrutada; porém, todos são incluídos no contexto possessório na medida das quotas ideais que lhes forem destinadas.

Os compossuidores podem, individualmente ou em conjunto, promover a defesa da composse contra terceiros que a molestem em quaisquer de seus aspectos. Independentemente da quota ideal que tiver, ao compossuidor é facultado defender a totalidade da composse perante terceiros, eis que a estes cabe o dever insofismável de respeitar o estado reinante entre os titulares da posse comum. Logo, nas relações com estranhos cada compossuidor é visto como se fosse o único titular da posse, descabendo questionar a sua legitimidade para promover a defesa que entender cabível, a origem da composse, a extensão da sua quota e outros aspectos ligados à matéria.

As relações internas travadas na composse dizem respeito apenas aos integrantes do conjunto. Cabe-lhes a autolimitação de suas condutas interventivas sobre o todo. Se perante terceiros há plena liberdade de atuação no exercício dos atributos possessórios, entre os consortes deve imperar o respeito às prerrogativas de uso da coisa, pois a lei a todos destina iguais direitos, em correspondência às respectivas quotas individuais. Ao compossuidor é dado exigir dos demais total abstenção de atos que importem em potencial ou efetivo prejuízo ao exercício da posse sobre a coisa comum, sendo viável, para tanto, a aplicação dos interditos possessórios. O lançamento desses mecanismos de defesa é admissível na hipótese de algum dos consortes perturbar o exercício da composse pelos outros, mas não pode ser descartado como instrumento hábil a fazer cessar o excesso de poderes de um dos titulares sobre a posse comum, eis que em ambas as hipóteses tem-se a infringência do dever de respeito aos atributos possessórios das pessoas que compartilham do mesmo *status* jurídico.

Nada impede que os compossuidores, ao disciplinarem suas relações internas, especifiquem qual a porção física da coisa que será destinada ao uso exclusivo de cada um. Caso isso ocorra, estar-se-á diante da denominada composse *pro diviso*, que consiste na existência de uma indivisão jurídica — inerente a toda composse — associada a um estado de divisão fática convencionada. Por outro lado, se nenhum dos compossuidores tiver direito de usar especificamente determinada parcela física do todo, haverá a chamada composse *pro indiviso*, caracterizada por dupla indivisão, ou seja, a conservação da indivisibilidade jurídica e fática que marca na origem toda posse comum, mas que por acordo de vontades pode ser modificada para fins de constituição da composse *pro diviso*. A circunstância de o uso da coisa submetida à posse comum ser ou não dividido em parcelas físicas não afeta a legitimidade individual dos consortes para a defesa da composse contra terceiros, nem altera as relações endógenas.

As relações entre os titulares, em se tratando da forma *pro diviso*, experimentam algumas alterações, mormente no que diz respeito à faculdade de promover usucapião. Isto porque a posse exclusiva exercida pelo compossuidor em virtude do fracionamento fático da coisa, sem oposição dos demais, e desde que não tenha iniciado com base em consentimento deles, permite a invocação dessa condição jurídica para fins de aquisição da propriedade, se preenchidos os demais pressupostos definidos pelo legislador. O compossuidor tem legitimidade, também, para defender a sua posse contra os demais, relativamente ao espaço que corresponde à fração *pro diviso*. Já na hipótese de composse *pro indiviso*, o usucapião somente será pleiteado em conjunto pelos interessados, eis que nenhum deles poderá invocar a condição de possuidor exclusivo de qualquer das partes do todo com vistas à aquisição da propriedade.

2.3. Da aquisição da posse

2.3.1. *Pressupostos de aquisição*

A posse, já se disse anteriormente, tem origem no fato de alguém externar conduta semelhante à de dono, ainda que não o seja. Logo, a relação possessória independe da existência de título que confira ao possuidor o direito em que se investe. Basta o acontecimento no plano fático e restará patenteada, com suporte no respaldo normativo positivado, a condição de possuidor, e legitimada a defesa do estado assim constituído.

Ao contrário, a propriedade é adquirida por meio de um título ou de uma causa jurídica bastante. Os imóveis somente são adquiridos pelo registro, instrumentalizado no cartório competente e apto a dar nascedouro à oponibilidade *erga omnes* que o caracteriza.

Se a posse tem origem em um fato, a propriedade é elemento eminentemente de direito, reclamando prova capaz de revelar a sua identidade jurídica. Enquanto o domínio exercido sobre a coisa precisa estar estribado em antecedentes jurídicos suscetíveis de demonstração cabal, a posse não fica subordinada, necessariamente, a uma origem mais remota, sendo suficiente que naquele momento a conduta do possuidor se compatibilize com a de quem exerce um dos elementos dominiais.

O art. 1.204 do Código Civil preconiza: *"Adquire-se a posse desde o momento em que se torna possível o exercício, em nome próprio, de qualquer dos poderes inerentes à propriedade"*. Tendo o legislador optado pela adoção da teoria objetiva na definição da posse, escorado nas lições de *Ihering*, e considerando que possuidor é todo aquele que tem de fato o exercício, pleno ou não, de algum dos poderes inerentes à propriedade (art. 1.196 do Código Civil), mostra-se lógica a afirmação de que a posse é adquirida a partir do instante em que fica viável à pessoa o exercício, em nome próprio, de qualquer dos poderes inerentes à propriedade. Como se sabe, os atributos que caracterizam a propriedade são o *jus utendi* (direito de usar), o *jus fruendi* (direito de fruir) e o *jus abutendi* (direito de dispor). Todo indivíduo a quem se faça possível investir-se de um desses elementos, ou que esteja no efetivo exercício de qualquer deles, sem submeter-se a uma relação de dependência ou subserviência para com outrem, adquirirá a posse. A lei não exige o exercício concreto, nem impede que a aquisição da posse se dê pessoalmente pelo interessado; basta que algum dos poderes inerentes à propriedade fique à mercê da sua atividade e ingerência.

A aquisição da posse, ao contrário do que se dava na anterior codificação, tornou-se alvo de disciplina genérica. O legislador preferiu editar fórmula ampla para definir o mecanismo de aquisição da posse, ao invés de elencar hipóteses específicas. Destarte, a análise de cada caso e o sopesar de suas peculiaridades é que oferecerá elementos de aferição da existência ou não de liame possessório. Impõe-se considerar, todavia, que a aquisição da posse somente terá lugar se o indivíduo comportar-se como se fosse dono, eis que a posse nada mais é do que a visibilidade do domínio. A conduta do possuidor deve ser análoga à do proprietário, pois a aparência exterior da atitude de quem possui não pode diferir daquela protagonizada pelo proprietário. Quem, sem ser dono, age em nome próprio como se o fosse, estará investido de atributos característicos da posse.

2.3.2. Modos de aquisição da posse

2.3.2.1. Caracterização dos modos aquisitivos

O Código Civil de 2002 não discriminou, em elenco exaustivo exemplificativo, os mecanismos pelos quais se adquire a posse. A codificação de 1916 optara pela apresentação do elenco de hipótese que viabilizava o referido fenômeno. A atual fórmula, de índole genérica, permite guindar à condição de possuidor todo aquele que se enquadrar nos pressupostos genéricos ditados pela ordenamento jurídico, conforme será visto adiante.

Antes de adentrar no exame dessa particularidade, porém, é necessário observar que os modos de aquisição da posse dividem-se em *originários* e *derivados*. Os *originários* consistem em uma relação criada de maneira autônoma entre o sujeito e a coisa, sem que tenha havido ato ou negócio jurídico, *inter vivos* ou *causa mortis*, translativo de direitos. Não se fala em possuidor anterior, eis que a coisa nunca fora alvo de relação possessória, ou já não mais é objeto de posse por desaparecimento do liame precedente. O interessado, por iniciativa própria e sem a participação de terceiros, apodera-se da coisa e passa a construir com ela um vínculo jurídico. Exemplo: os peixes apanhados na rede do pescador passam de imediato à posse deste, sem que haja necessidade da adoção de qualquer medida pelo interessado. Outro exemplo é o da prática de ato de esbulho violento não repelido por ato do antigo possuidor a ponto de ensejar o desaparecimento do vício aquisitivo, circunstância a tornar originária, para o novo titular, a posse assim obtida. Destaque-se, todavia, que a posse originária não pressupõe, em sentido obrigatório, a ausência de anterior vínculo, mas sim a geração de novo liame tão vigoroso que o legislador simplesmente ignora qualquer relação antecedente.

Já os modos *derivados* de aquisição da posse sempre pressupõem a existência de posse anterior e a ocorrência de um ato ou negócio de transferência dela do antigo para o novo possuidor, seja entre vivos (contratos como compra e venda, cessão, dação em pagamento, doação, etc.) ou por força da morte (confecção de testamento). Existe, em derradeira análise, o consentimento do antigo possuidor em proveito do novo. Não há iniciativa autônoma, mas relação jurídica que leva à alteração do pólo subjetivo da titularidade possessória, fazendo transmitir de uma pessoa para outra a condição de possuidor, geralmente pela tradição real ou ficta. É o que acontece, por exemplo, na cessão de direitos possessórios com entrega da coisa ao cessionário.

Sob o prisma jurídico, a diferença entre a aquisição originária e a derivada se faz sentir já no aspecto concernente aos defeitos da posse. Quem adquire originariamente tem consigo uma posse libertada de qualquer vício, desconsiderando-se aqueles que acaso existissem antes do encontro com o atua possuidor. Assim, se a posse era clandestina e cessou o vício por alguma das razões admitidas em direito, o indivíduo tem à sua mercê um direito livre de máculas, do que resulta maior amplitude defensiva. Já no caso de posse adquirida por modo derivado, o novo possuidor a recebe do anterior com os mesmos defeitos que ela portava. É o que ocorre com o filho do possuidor, a quem coube posse em virtude de transmissão sucessória. Se ela era violenta, continuará mantendo tal caráter, enquanto não sobrevier causa jurídica bastante para purgá-la.

O art. 1.203 do Código Civil é claro quanto ao aspecto supracitado: *"Salvo prova em contrário, entende-se manter a posse o mesmo caráter com que foi adquirida"*. Em nome da segurança das relações jurídicas, e tendo em vista a necessidade de proteção a quem efetivamente tiver direito à posse, mantém esta, presumivelmente, o caráter que apresentava no momento da aquisição com que foi adquirida. Trata-se de presunção *juris tantum*, e que, portanto, admite prova em sentido posto, desde que robusta o suficiente para reverter o quadro jurídico estabelecido pelo legislador. Diante disso, a posse de boa-fé tende a se conservar assim indefinidamente, o mesmo ocorrendo quando violenta, clandestina, precária, etc.

Ninguém altera as características da sua posse por meio de simples manifestação pessoal de vontade, ou de um ato jurídico qualquer. Apenas em situações excepcionais, devidamente comprovadas em ação judicial adequada, é que a posse deixará de pertencer a certo grupo de classificação para deslocar-se até outro. Isso geralmente acontece por meio de substancial alteração no fundamento jurídico da posse, ou seja, no elemento nuclear que a sustenta, como é o caso, *v. g.*, do sujeito que usou de abuso de confiança para tomar o imóvel de terceiro e ao depois acaba firmando com ele contrato de compra da coisa, tornando-se proprietário. A causa que o mantinha na posse de má-fé deixou de existir, dando lugar à boa-fé que do título aquisitivo resulta.

Os defeitos que afetam a posse no momento de sua aquisição, e que não são suprimidos porque ausentes quaisquer das hipóteses admitidas em lei, acompanham a coisa por onde quer que vá. Portanto, transmitem-se aos herdeiros e aos eventuais adquirentes por negócio *inter vivos* as máculas que atingiam originariamente a posse, exceto se elididas na forma estatuída pelo ordenamento jurídico. Exemplo: é injusta a posse de quem adquire terreno de pessoa que praticara esbulho possessório, e que, por isso, não podia transferi-lo.

Quanto à posse transmitida pela via sucessória, o art. 1.206 do Código Civil mantém igual linha de entendimento ao dispor: *"A posse transmite-se aos herdeiros ou legatários do possuidor com os mesmos caracteres"*. No exato instante da morte de alguém, por força do denominado *princípio da saisina* (art. 1.784 do Código Civil), originado do francês *droit de saisine*, seus sucessores investem-se, *pleno jure*, da propriedade e da posse de todos os itens integrantes do acervo. Entre eles situa-se a posse, que é elemento transmissível *causa mortis* em razão de seu conteúdo econômico e da utilidade social que representa.

Se como regra geral a posse mantém o caráter vislumbrado quando da aquisição, afigura-se lógico que se transmita aos herdeiros ou legatários com os mesmos caracteres. Afinal, a morte do possuidor não é causa jurídica de alteração das feições com que a posse fora por ele adquirida, de maneira que a sua transferência aos sucessores dar-se-á mediante repasse também dos vícios, defeitos e vantagens anteriores. Se era de má-fé, continuará portando esse peso; se de boa-fé, igualmente favorecida irá para os herdeiros ou legatários, e assim por diante. A supressão dos vícios originais somente se dará pela posterior verificação de algum dos fatos que produzem esse efeito, como, *v. g.*, quando o herdeiro compra o objeto cuja posse lhe foi transmitida, e que era fruto de clandestinidade protagonizada pelo antecessor.

2.3.2.2. Principais modos originários

2.3.2.2.1. Apreensão da coisa

A apreensão da coisa não é apenas um modo de aquisição da posse, servindo também, cumpridos determinados pressupostos, para que o sujeito se torne proprietário. Trata-se de ato unilateral pelo qual o indivíduo se torna possuidor ao exercer algum dos atributos inerentes à propriedade sobre coisa de ninguém *(res nullius)* ou coisa abandonada *(res derelicta)*. O mesmo acontece nos casos em que a posse é arrebatada do antigo titular contra a sua vontade, e até mesmo de maneira violenta ou clandestina, contanto que aquele não tome providências adequadas à recuperação da posse (arts. 1.210 do Código Civil e 926 do Código de Processo Civil), quedando-se inerte e permitindo que o direito do novo possuidor seja purgado dos vícios que primitivamente o assolavam. Tal fenômeno ocorre ao ser atingido o lapso de ano e dia, que converte a posse nova em velha e a solidifica, purificando-a.

Incidindo sobre móveis, a apreensão tem lugar no momento em que verificado o contato físico, seguido do deslocamento do bem para o âmbito de submissão à vontade do possuidor. Exemplo: apreende-se um livro, com titularização da posse, desde quando a pessoa o apanha e o põe em lugar seguro, ou o carrega consigo. Na hipótese de imóveis, a apreensão acontece no instante da sujeição dele ao poder do indivíduo, mediante ingresso no seu interior ou revelação do poder desempenhado sobre a coisa (ato de cercar, murar, defender, usar, etc.).

2.3.2.2.2. Exercício do direito

Também provindo de ato unilateral, o exercício do direito como modo de aquisição possessória é, na prática, evento menos freqüente e de mais difícil caracterização. Isto porque ele somente se aplica às situações em que direitos reais suscetíveis de posse (*v. g.*, servidões aparentes), incidentes sobre coisa alheia, são alvo de exercício possessório por alguém, figurando no lado oposto o antigo possuidor, que se mantém inerte por tempo suficiente para consolidar o estado fático assim estabelecido. Tal prazo é de ano e dia, haja vista a transformação da posse nova em velha e a sua conseqüente purificação.

Tradicional exemplo é o da pessoa que faz passar por terras alheias, sem consentimento do dono, águas destinadas à irrigação de lavoura. Com o fluir do tempo, esse fato adquire robustez bastante para ser considerado servidão de aqueduto. Daí que o sujeito se transforma em possuidor da área por onde correm as águas, legitimando-se à defesa da mesma inclusive contra o titular dominial.

O exercício do direito não induz aquisição da posse quanto a prerrogativas cuja titularidade não se reflete sobre coisas alheias. A ausência de materialização do exercício é óbice intransponível à percepção do direito. Nenhuma das faculdades atreladas à personalidade (vida, honra, liberdade, etc.) submete-se à posse alheia, o mesmo ocorrendo com direitos reais cujo desempenho não se materializa, como no caso de servidões não aparentes (*v. g.*, simples tirada de água, por atos independentes e reiterados, no terreno vizinho).

2.3.2.2.3. Disposição da coisa ou do direito

Adquire-se a posse, ainda, pela circunstância de ser factível ao indivíduo a disposição da coisa, no sentido da sua destinação como melhor aprouver àquele, por meio de qualquer ato compatível com a exteriorização do poder que de fato sobre ela recai. Exemplo disso é a faculdade de transmitir, ceder, destruir, deixar sem utilização e fazer tudo o mais que a condição de possuidor permite. Não se confunde a faculdade de dispor da coisa com o ato de disposição propriamente dito, pois neste último fica cristalizado o modo derivado de aquisição em favor de quem se transforma em novo possuidor, embora indique a posse pretérita do transmitente. Se o sujeito que exerce *jus possidendi* decide vender o automóvel de que é dono, desloca a posse por ato bilateral de vontade, e não por conduta exclusivamente unilateral. Porém, desde o momento em que tem consigo o poder de dispor da coisa, evidencia a qualidade de possuidor e fica legitimado a proceder como previsto em lei para fins de exercício e defesa.

Igual quadro decorre do poder de disposição do direito, circunscrita a sua abrangência, pelas mesmas razões expostas no tópico antecedente, aos direitos reais cujo desempenho se materializa em certa coisa, já que os pessoais não são alvo de posse em sentido jurídico. Quem dispõe do direito patenteia o elemento interno que o move, ou seja, o *animus domini* ou o *animus rem sibi habendi*. Logo, é possuidor pelo simples fato de estar legitimado a dispor do direito como faria o dono da coisa sobre a qual inflete o seu poder.

Cumpre salientar, ainda, que os atos de efetiva disposição, posta agora no plano concreto, permitem concluir no sentido de que o alienante adquirira a posse em momento anterior ao da transmissão operada. Imagine-se o caso de quem empresta um computador para um amigo. O comodato é negócio jurídico bilateral e importa na aquisição da posse, pelo comodatário, por modo derivado. Todavia, sob o prisma do comodante é viável extrair da sua conduta — de entregar a coisa — a circunstância de ter anteriormente adquirido a posse, pois só dela dispõe quem ocupa a posição de possuidor. Logo, do ato material de disposição exsurge a qualidade de possuidor, que pode ser perdida ou não em virtude do negócio. No quadro apresentado, o comodante recebe a posse indireta, ficando com o comodatário a direta, enquanto perdurar a eficácia do contrato. Se houvesse ocorrido a venda, o ato de disposição da posse evidenciaria a sua existência em momento anterior e acarretaria a perda para o comprador do bem.

2.3.2.3. Tradição como modo derivado

Considera-se tradição, como modo aquisitivo da posse, o ato material de entrega da coisa de uma pessoa a outra, com o ânimo de transmitir o exercício possessório. A *traditio* reclama a ocorrência prévia de negócio jurídico, ou seja, de acordo de vontades entre o alienante e o adquirente, quer a título gratuito ou oneroso. Dentre os atos de transmissão da posse, o mais comum é exatamente a tradição, dada a facilidade com que se implementa e a eficiência da sua consecução.

Na grande maioria das vezes, o ato de alienação da posse se traduz na efetiva entrega física do bem, do que resulta a chamada *tradição real*. Ela se funda em negócio jurídico anterior, que embasa a sua realização. É o caso, por exemplo, de quem alcança diretamente às mãos do novo possuidor o livro que está sendo doado. O fator anímico dos envolvidos é essencial, pois nem toda passagem física da coisa transmite a posse ao sujeito que toma contato físico com ela. Imagine-se o caso de quem esteja indo viajar e deixa a casa aos cuidados de um amigo. Este será mero detentor, pois atingirá a condição de possuidor em virtude da inserção de um componente volitivo incompatível com aquele necessário ao deslocamento da posse. Fosse hipótese de locação, o locatário seria possuidor direto desde o instante da entrega do bem, mantendo-se o dono como possuidor indireto até quando voltasse a integrar ao seu acervo os atributos jurídicos momentaneamente congregados na titularidade da parte contratual adversa. Logo, é admissível a ocorrência de episódios de tradição despidos do ânimo de alterar a qualidade possessória; eles se diferenciam daqueles geradores da transferência da posse apenas pelo aspecto anímico dos interessados.

Em determinadas situações, há igual resultado de transmissão da posse na denominada *tradição simbólica*, consubstanciada não no ato de promover a entrega da coisa propriamente dita, mas de algo que a represente com adequação. É assim quando o vendedor alcança ao comprador a chave do veículo ou do imóvel negociado, disso emergindo a constituição de nova posse, fundada no encontro de vontades gerador do ato final de transmissão possessória. O vigor do simbolismo — elemento externo — permite auscultar a intenção — elemento interno — que reveste o ato praticado, fazendo com que dele seja captada manifestação coincidente com a de quem tenciona transferir a posse. Aqui, pelas mesmas razões já expostas, o ânimo dos indivíduos é fundamental para caracterizar o fenômeno.

Existe ainda uma terceira espécie, conhecida como *tradição ficta*, que não pressupõe a passagem direta da coisa e tampouco de um elemento apto a simbolizá-la; surge, isto sim, de previsão legal específica associada à vontade das partes envolvidas. Dá-se, basicamente, com a *traditio brevi menu* e com o *constituto possessório*, também chamado de *cláusula constituti*. Quando o possuidor de coisa alheia altera a sua condição e se torna possuidor com ânimo de dono, tem-se a chamada *traditio brevi manu*, que resulta da celebração de negócio jurídico entre as partes. Exemplo: o comodatário, que tomara emprestado um automóvel, adquire o veículo do comodante e passa a ser proprietário. A posse direta dá lugar ao *animus domini*, produtor do *jus possidendi*. Logo, quem era possuidor direto galga o posto de dono, alterando o estado possessório até então desfrutado. A operação encontra respaldo em tradição ficta, pois no instante em que desaparece a posse direta o antigo comodatário, agora proprietário, não devolve a coisa ao antigo comodante, já que a simples mudança do título que embasava a posse primitiva é suficiente para constituir a nova posse, de maneira automática e sem atos reais ou simbólicos de *traditio*.

Idêntico resultado é atingido com a verificação da *cláusula constituti*, mas em direção inversa à acima estampada. Pelo constituto possessório, o sujeito que até então possuía em razão do ânimo de dono vem a possuir com substrato na bifurcação da posse em direta e indireta. Exemplo: o proprietário de um apartamento, que residia no imóvel em virtude do domínio, vende-o a outrem, mas no contrato é inserida previsão que autoriza a permanência do alienante no bem por mais um ano, contado da celebração da avença. Com isso, o antigo proprietário, titular da posse plena, fica sendo possuidor direto, enquanto o novo dono vira possuidor indireto. Quem possuía em nome próprio e de forma completa adquire outro *status*, possuindo porque contratualmente legitimado. Altera-se, por assim dizer, a qualidade possessória em razão do indicativo acrescido ao ajuste. Tal cláusula não se presume, devendo figurar expressamente no respectivo instrumento, por menção direta ou por meio de referência que a faça inequívoca. Assim como na *traditio brevi manu*, não há operação dupla de transmissão da posse, já que o ex-proprietário não precisa entregar a coisa vendida a terceiro para depois recebê-la outra vez, então como possuidor direto. Ele adquire nova posse — escudado em veiculação ficta — unicamente porque modificado o seu estado jurídico, dispensado qualquer ato adicional, seja real ou simbólico.

Tanto o constituto possessório com a *traditio brevi manu* continuam a ser institutos pautados na tradição ficta, e, como tal, modos de aquisição derivada da posse. Embora o Código Civil de 2002 não tenha repetido a fórmula fechada adotada pelo legislador na codificação de 1916, as características das referidas espécies jurídicas deixam claro o seu enquadramento como mecanismos aquisitivos da posse.

2.3.2.4. Posição jurídica do sucessor

O art. 1.207 do Código Civil traz situação peculiar e que tem provocado certo dissenso exegético ao longo do tempo. O dispositivo tem a seguinte construção: *"O sucessor universal continua de direito a posse do seu antecessor; e ao sucessor singular é facultado unir sua posse à do antecessor, para os efeitos legais"*. No que concerne à posse, a sucessão é sempre modo derivado de aquisição, pois parte do princípio de que há concreta transferência dos atributos possessórios de uma pessoa a outra. Logo, jamais alguém os adquirirá originariamente pelo mecanismo da sucessão, restando patente, destarte, que o sujeito receberá uma posse com todos os ônus e os bônus que até então evidenciava.

Afora o detalhe posto acima, há uma particularidade a ser esclarecida no tocante ao verdadeiro alcance do vocábulo *sucessor* com vistas à aplicação do conteúdo da aludida norma. Sucessor a título universal é aquele que *mortis causa* recebe do antecessor todos os itens patrimoniais deixados pelo *de cujus*, ou uma fração ideal deles (um quinto, vinte por cento, etc.), tomando para todos os fins o lugar jurídico de quem o precedeu na titularidade das coisas e direitos transmitidos. Sucessor a título singular é o indivíduo que, por ato entre vivos (contratos de compra e venda, cessão, doação, etc.) ou em razão da morte de alguém (legado em testamento), recebe do antecessor itens específicos e determinados, e não universalidades de composição inicialmente indefinida.

Não há sucessão por ato entre vivos, sendo certo, portanto, que a aquisição da posse como resultado dessa modalidade se dará *causa mortis*, por força de lei ou de última vontade do testador. Neste último caso, somente o herdeiro terá a qualidade de sucessor universal, pois a previsão testamentária que institui legatário acaba por determinar a sucessão a título singular, cuja disciplina jurídica difere substancialmente. A propósito, a real amplitude da sucessão singular na posse é alvo de controvérsia, pois de um lado há entendimento de que ela somente se verifica *causa mortis*, por ser matéria de direito sucessório *stricto sensu*, enquanto outra corrente entende viável a sua implementação tanto entre vivos como por disposição testamentária. Como a posse é elemento capaz de acarretar a aquisição da propriedade por usucapião, e considerada a finalidade social de que esta se reveste, parece mais adequado dizer que a sucessão singular ocorre também quando há transmissão *inter vivos* da posse, emergindo daí a perspectiva de soma de períodos possessórios com o fito de usucapir a coisa, nos moldes indicados na parte final do art. 1.207 do Código Civil. Tal entendimento facilita a aquisição da propriedade com suporte na posse qualificada, estabilizando a relação jurídica primitivamente frágil.

Em se tratando de sucessão na posse, o sucessor universal é investido em todos os proveitos e vícios que em torno dela orbitavam, sem que lhe reste outra alternativa. Em virtude disso, no exato momento da morte do antecessor o novo titular continua de direito o exercício da posse, que se era de boa-fé continuará assim prestigiada, e se de má-fé conservará essa característica. Já no caso de sucessão singular, o indivíduo pode optar entre continuar a posse do antecessor ou cortar o fluxo possessório e iniciar outro absolutamente dissociado daquele. Na primeira hipótese, receberá e continuará a posse com a totalidade dos caracteres que a cercavam, fossem positivos ou negativos. Logo, a posse violenta persistirá na trajetória até então desenvolvida; a justa igualmente não sofrerá alteração, e assim por diante. Na segunda hipótese, o sucessor prefere romper o antigo liame a apagar o passado daquela posse, fazendo-a completamente nova e revestida dos caracteres com que foi por último adquirida. Nessa linha de raciocínio, pode-se perceber que o sucessor começa do zero a relação de posse, motivo pelo qual não poderá somar o período cumprido pelo antecessor na titularidade da posse que acabou sendo destruída em virtude da escolha feita.

A opção por uma ou outra das alternativas conferidas pelo ordenamento jurídico ao sucessor singular produz efeitos peculiares. Caso decida somar a sua posse à do antecessor, o tempo que já fluiu será somado ao que sobrevier, permitindo ao possuidor alcançar mais rapidamente a propriedade da coisa por meio do usucapião. Todavia, nem sempre isso representará vantagem, pois a existência de vícios na posse do antecessor acarretará a necessidade de cumprimento de prazo maior para que se viabilize a usucapião. Por outro lado, decidindo pela supressão do tempo de posse anterior o novo possuidor poderá dar início a uma relação livre de defeitos, e, com isso, mais facilmente atingir os objetivos a que se propuser, mormente em se tratando de usucapião constitucional, cuja exigência acerca do prazo de posse é menor. Perdendo na quantidade de tempo de posse, poderá ganhar na qualidade do seu estado possessório.

Analisada a partir dos modos aquisitivos da posse, a sucessão *causa mortis* apresenta particularidades que a fazem *sui generis*, pois ao mesmo tempo em que há repasse de um estado possessório antecedente, isso não acontece por meio de negócio translativo celebrado entre os interessados, mas sim por força de lei (sucessão legítima) ou por derradeira manifestação volitiva (sucessão testamentária). Logo, a transmissão da posse em razão da morte de alguém, oportunizando ao sucessor universal ou singular a continuidade do seu exercício com características iguais às do momento da aquisição, impedem o enquadramento como modo derivado puro, mas também não aponta para um modo genuinamente originário. Daí a sua configuração *sui generis*, disciplinada de forma especial pelo Direito das Sucessões, apoiado nos dispositivos — já analisados — do Direito das Coisas.

Quanto à sucessão na posse por ato *inter vivos*, classifica-se como modo derivado de aquisição, porque operada a partir de tradição fundada em negócio jurídico. Destarte, segue o rumo traçado no tópico antecedente, guardando obediência aos parâmetros nele estabelecidos.

2.4. Agentes da aquisição

O art. 1.205 do Código Civil indica as pessoas que podem adquirir a posse, apontando também o mecanismo de intervenção, direta ou não, para que isso aconteça. Diz a citada norma: "*A posse pode ser adquirida: I – pela própria pessoa que a pretende ou por seu representante; II – por terceiro sem mandato, dependendo de ratificação*". Em termos subjetivos, destarte, a posse é adquirida não apenas por meio da intervenção pessoal do interessado, mas também por meio da participação de terceiro, que atua em lugar de quem tenciona tornar-se possuidor. Em ambas as hipóteses, os efeitos jurídicos da posse adquirida em nada diferirão, de vez que o resultado final é idêntico, qual seja, o enfeixamento das qualidades possessórias em torno do sujeito que a adquire.

Na imensa maioria das vezes é o próprio interessado em adquirir a posse que pratica os atos necessários à obtenção do resultado pretendido. Para tanto, deverá ter plena capacidade para os atos da vida civil. Isto se dá por meio da direta intervenção do pretendente, que cria um vínculo com a coisa sem a intermediação de outrem. Tanto nos casos em que originariamente é adquirida a posse, como naqueles em que ela é recebida por derivação, a captação dos elementos possessórios procede-se imediatamente pela pessoa que tenciona tornar-se possuidora. Exemplo: a apreensão de um mineral jamais apropriado, a celebração de um contrato de cessão de direitos sobre a posse, etc.

A aquisição da posse também pode dar-se por intervenção de representante do adquirente. Ao reportar-se genericamente à figura do representante, o legislador abarca os que legalmente o são (progenitores ou pais adotivos), os apontados judicialmente (tutor ou curador) e os nomeados por iniciativa do pretendente (mandatário). Nessas situações, o ato de aquisição da posse é praticado por alguém que age como se fosse proprietário, mas que o faz tendo em vista o exclusivo interesse jurídico de outrem, a quem representa e em cujo nome está adquirindo a posse. O direito a ela relativo será constituído em proveito do representado, titular das faculdades e vinculado aos deveres inerentes à condição assumida.

Embora o incapaz não tenha vontade jurídica própria, o seu representante legal detém poderes equivalentes em forças à manifestação volitiva que seria externada pelo adquirente da posse, se capaz fosse. Assim, os pais apresentam a vontade presumida dos filhos, assim como os tutores e os curadores procedem no pertinente à vontade dos pupilos e curatelados. Não há distinção jurídica entre essa manifestação volitiva e a perpetrada diretamente pelo pretendente capaz, eis que o legislador contornou o obstáculo, consistente na ausência de vontade válida e eficaz dos incapazes, pela atribuição de amplos poderes aos representantes, que estão aptos a adquirir a posse em nome dos representados como se a vontade emitida fosse mesmo a destes.

Quanto ao incapaz por menoridade ou por qualquer outra razão prevista em lei, admite-se que adquira diretamente a posse das coisas, sem atuação de representante, nos casos em que não se exija manifestação formal de vontade. É o que acontece, por exemplo, no ato de apreender um bem móvel abandonado ou que nunca teve dono. Nesse caso, basta a vontade natural do indivíduo, comum a todos os seres humanos, embora ele não tenha vontade jurídica *stricto sensu*. Por outro lado, nas ocasiões em que se faz mister a exteriorização de elemento anímico negocial (*v. g.*, em contrato de empréstimo), o incapaz não poderá adquirir a posse pela via direta, pois carece de vontade juridicamente vigorosa. Necessária, então, a intervenção do seu representante legal, que apresentará uma vontade que, por presunção, equivale à que o representado teria.

A posse também pode ser adquirida por meio da atuação de terceiro sem mandato, em verdadeira gestão de negócios. Quando alguém se apresenta como adquirente da posse em proveito de terceiro, os atos correspondentes somente obrigarão a pessoa em cujo nome foram praticados se houver a adequada ratificação. Ratificar significa referendar, ter por firme e valiosa a conduta, com assunção das obrigações a ela pertinentes. A partir do instante em que se der a ratificação, os atos praticados seguirão as regras relativas ao mandato, ficando por eles responsável a pessoa para quem se adquiriu a posse. O gestor simplesmente esgota a sua participação naquele momento, deixando de ser pessoalmente vinculado aos efeitos da conduta levada a cabo, de vez que a outro caberão os benefícios e os ônus decorrentes. A ratificação opera retroativamente, alcançando para todos os fins a data em que realizados os atos de gestão. Não havendo ratificação, o gestor ficará pessoalmente obrigado pelos atos que praticou, respondendo pelas conseqüências — inclusive perdas e danos — perante as pessoas com quem tratou.

Em atenção à regra de que o acessório segue o principal, o legislador estabeleceu a presunção relativa de que a aquisição da posse do imóvel faz presumir a das coisas móveis que nele estiverem (art. 1.209 do Código Civil). Essa presunção, por ser *juris tantum*, admite prova em contrário, desde que seja forte o suficiente para afastar a proteção legal conferida ao possuidor de imóveis. Diante do conteúdo da norma, é possível afirmar, em princípio, que a posse dos móveis encontrados dentro da residência, ou dos animais colocados no território de certa fazenda, está concentrada no possuidor do imóvel, elemento principal em relação àqueles itens, juridicamente considerados acessórios. Porém, se for demonstrado, por exemplo, que alguns dos animais somente estão naquela área de terras porque fugiram do potreiro pertencente ao vizinho, não se terá formado qualquer posse diferente ou em substituição da original.

2.5. Da perda da posse

2.5.1. Configuração da perda

O Código Civil de 2002 traz um dispositivo de alcance e sentido amplos com vistas à disciplina da perda da posse. Filiado à teoria objetivista de *Ihering*, que entende adquirida a posse desde quando o sujeito tenha de fato o exercício, pleno ou não, de algum dos poderes inerentes à propriedade, o legislador cuidou de considerar perdida a posse quando essa aparência de domínio se desfizer. Com efeito, o art. 1.223 do Código Civil preceitua: *"Perde-se a posse quando cessa, embora contra a vontade do possuidor, o poder sobre o bem, ao qual se refere o art. 1.196"*. Se a aquisição da posse acontece pela exteriorização de conduta semelhante à de dono, a perda da posse ocorre desde quando o indivíduo percorra caminho inverso ao que gerou o seu estado possessório. O art. 1.224 traz uma variante dessa realidade ao dizer que só se considera perdida a posse para quem não presenciou o esbulho, quando, tendo notícia dele, se abstém de retornar a coisa, ou, tentando recuperá-la, é violentamente repelido.

Sendo a posse a visibilidade exterior da propriedade, o desinteresse do possuidor pela coisa sobre a qual desempenho o direito faz com que perca a condição ostentada. No momento em que o sujeito, não sendo dono, deixa de externar conduta análoga à de proprietário, cessa a relação possessória até então mantida. Isso ocorre mesmo que o exercício do poder sobre a coisa tenha sido interrompido por circunstâncias alheias à vontade do possuidor, como no caso de sobrevir decisão judicial que encaminhe a posse a outrem, ou na hipótese de esbulho violento não repelido com presteza.

O Código Civil de 1916, em seu art. 520, discriminava explicitamente os mecanismos pelos quais a posse era perdida. Tal procedimento não tinha razão de subsistir, já que todo elenco que se pretenda estabelecer não conseguirá definir, em *numerus clausus*, as exatas hipóteses fáticas e jurídicas em que se verifica a perda da posse. Logo, agiu melhor o legislador da atual codificação ao idealizar fórmula aberta quanto às situações capazes de produzir o fenômeno, limitando-se a dizer que a cessação do exercício de atributos inerentes à propriedade, até então congregados na pessoa do possuidor, faz imediatamente fenecer a qualidade desfrutada. Assim, deixou de editar situações particulares e idealizou norma de considerável amplitude, o que permite ao intérprete analisar cada caso concreto para fins de afirmação da existência ou não de posse.

Não obstante o acima exposto, o rol contido no revogado art. 520 do Código Civil de 1916 continua sendo o balizador das hipóteses de perda da posse, somando-se a ele, pelos fundamentos já deduzidos, todos os demais casos enquadráveis na previsão genérica contida no art. 1.223 do Código Civil atual. Dizia a norma anterior: *"Perde-se a posse das coisas: I – pelo abandono; II – pela tradição; III – pela perda, ou destruição delas, ou por serem postas fora do comércio; IV – pela posse de outrem, ainda contra a vontade do possuidor, se este não foi manutenido, ou reintegrado em tempo competente; V – pelo constituto possessório. Parágrafo único. Perde-se a posse dos direitos, em se tornando impossível exercê-los, ou não se exercendo por tempo, que baste para prescreverem"*.

2.5.2. Principais modos de perda

2.5.2.1. Abandono e renúncia

Abandono é a deliberada abdicação da posse pelo sujeito, por ato unilateral revelador do seu inequívoco desiderato de não mais conservar a qualidade possessória, *v. g.*, pela colocação de um livro no lixo. Há nisso dois elementos básicos: um de natureza objetiva, traduzido na eliminação do poder físico até então exercido sobre o bem; outro, de índole subjetiva, consistente no ânimo de abandonar, motivo pelo qual se exige do sujeito capacidade para os atos da vida civil e manifestação volitiva isenta de máculas.

A perda da posse em virtude do abandono é mais facilmente perceptível em se tratando de móveis, pois em relação a eles se torna menor difícil captar o elemento anímico do sujeito, já que o seu afastamento físico da coisa, dependendo das circunstâncias em que ocorre, deixa entrever a vontade de não mais possuir. Já no tocante a imóveis a situação é outra, porque em geral não há como auscultar em definitivo o ânimo do indivíduo, dado que o simples fato de não se afastar da coisa, embora por longo tempo, é insuficiente para externar com rigor o aspecto volitivo. Tanto é assim que o possuidor não sofrerá abalo no seu direito mesmo deixando de usar o bem por vários anos, exceto quando a isso se somar a conduta positiva de novo possuidor, a quem a lei, observados os pressupostos que fixa, atribui inclusive a faculdade de adquirir o domínio por usucapião. Em tese, porém, não se descarta a hipótese de abandono de imóveis, contanto que inequivocamente demonstrado o intuito do possuidor, no sentido de fazer cessar o próprio exercício possessório.

Como visto, o fator anímico é fundamental para a caracterização do abandono. Imagine-se o caso de quem coloca um relógio em certo terreno baldio. Se a intenção era de abandoná-lo, estará perdida a posse; se era de ocultá-lo de ladrões, para posterior retomada, não houve afetação do estado jurídico do possuidor. Como o abandono fica patenteado no comportamento do sujeito, sem reclamar qualquer formalização, a conjugação dos elementos objetivo e subjetivo mencionados *retro* é que dirá da ocorrência ou não da perda da posse.

Ao contrário do abandono, cuja verificação decorre de um fato associado ao ânimo do sujeito, a renúncia é ato formal, e dependente, portanto, de instrumentalização. Somente pode renunciar quem tem capacidade civil para os atos em geral e exerce poder de disposição da coisa. No caso de imóveis, a renúncia da posse reclama confecção de escritura pública, já que diz respeito a um direito real sobre bem de raiz. Tratando-se de móveis, pode ser feita por escrito particular. Não há renúncia tácita, pois o ato que se caracterizaria como tal revela, na verdade, abandono, que é outro mecanismo de geração da perda da posse. Para renunciar faz-se mister a expressa manifestação do possuidor, que abdica do seu direito sem transferi-lo a outrem. A aquisição da posse por indivíduo diverso será, então, originária (*v. g.* pela ocupação do móvel), pois não se fundará em ato causal de transmissão, mas em ato unilateral abdicativo.

2.5.2.2. Tradição

Tradição é ato voluntário que consiste na passagem da coisa de uma pessoa a outra, com ânimo de transferir a posse — acompanhada ou não do domínio — em caráter definitivo ou temporário. É o que ocorre, por exemplo, quando o vendedor alcança ao comprador o livro vendido, ato capaz de, a um só tempo, transferir o domínio e a posse. O mesmo se dá, mas sem repasse dominial, quando o locador entrega a chave do imóvel ao inquilino, fazendo deste o possuidor direto e mantendo consigo a posse indireta. Se não está presente o elemento volitivo, a entrega do bem não provoca a aludida transmissão, servindo apenas para constituir detenção sobre a coisa. Como exemplo pode ser mencionada a situação em que o dono do veículo pede a um vizinho que tome conta dele enquanto estiver empreendendo viagem de negócios.

Ao se perfectibilizar, a tradição acarreta a perda da posse até então mantida com o transmitente e a aquisição da posse em favor de quem recebe a coisa. É, portanto, acontecimento de dupla conseqüência jurídica, funcionando como mecanismo de perda e de aquisição possessória. A bilateralidade é que distingue a tradição do abandono, pois neste o sujeito, sozinho, abdica da posse, enquanto naquela intervêm dois personagens, sendo um deles o alienante, e o outro, o adquirente. Quando alguém abandona a posse, ninguém a adquirirá como resultado daquele ato individual, embora seja possível a aquisição da posse daquela mesma coisa com suporte noutro fundamento jurídico que não a transmissão. Nada impede que após o abandono da coisa uma pessoa a ocupe, segundo o modo estabelecido no art. 1.263 do Código Civil, tornando-se dono e possuidor.

Embora já se tenha feito anterior exposição em torno da caracterização da *traditio*, cabe repisar que ela tem três espécies básicas: real, simbólica e ficta. Será real com a passagem física da coisa de uma pessoa a outra; simbólica, quando algo que representa o bem é entregue em seu lugar (*v. g.*, a chave do veículo); ficta, pela *traditio brevi manu* e pelo *constituto possessório*. Quando o sujeito possui em nome próprio e se transforma em possuidor a título diverso, tem-se o constituto possessório (*v. g.*, dono que, ao vender o imóvel, continua a possuí-lo por força da cláusula *constituti*); se o sujeito é possuidor sem ser dono e vem a adquirir o domínio, ocorre a *traditio brevi manu* (*v. g.*, comodatário que compra o automóvel). São dois mecanismos de funcionamento oposto e que ocasionam a tradição sem a efetiva entrega da coisa, pois a alteração do ânimo de possuir é bastante para ocasionar o surgimento da nova qualidade possessória.

2.5.2.3. Perda ou destruição da coisa

O legislador de 1916, no art. 520, inciso III da codificação revogada, empregou a expressão *perda da coisa* como sinônimo de *extravio de coisa móvel*. Ninguém perde um imóvel, porque a sua própria natureza impede esse acontecimento. Assim, perde-se a posse quando se torna impossível encontrar o bem móvel extraviado, ou nos casos em que, mesmo sendo teoricamente viável localizá-lo, o possuidor desfaz o vínculo psicológico que o unia ao objeto, *v. g.*, cessando as buscas e sobrevindo absoluto desinteresse na localização. Nesse momento é que ocorre a perda da posse, haja vista revelarem-se impraticáveis quaisquer atos compatíveis com a exteriorização de uma conduta de dono, exigidos pelo art. 1.196 do Código Civil como requisito da afirmação da posse. É o que acontece, por exemplo, se o proprietário de um telefone celular não sabe onde ficou o aparelho, mas envida buscar com o fito de recuperá-lo, seja empreendendo esforços pessoais ou por intermédio de prepostos, como também veiculando anúncios, pedindo ajuda a terceiros etc. Enquanto assim proceder, não deixará de ser possuidor, porque nítido o liame que mantém com o equipamento. Porém, se fica demonstrada a inutilidade dos esforços e o dono abdica do interesse em retomá-lo, dá-se a perda da posse.

Como visto, sem que fique caracterizada a impossibilidade de reencontrar a coisa, e conservado o interesse do sujeito, este não perde a posse. Ao depois, se vier a localizar o objeto, simplesmente continuará no exercício da posse original, não havendo interrupção alguma no seu curso normal. Por outro lado, se a posse é efetivamente perdida em virtude do extravio da coisa, o indivíduo que posteriormente voltar a exercer poder imediato sobre ela começará nova relação possessória, caso preencha os requisitos comuns de instalação do vínculo.

Também na hipótese de descaracterização da coisa original haverá perda da posse, pois a supressão das qualidades essenciais do objeto inviabiliza o exercício do direito. A junção de substâncias líquidas (confusão), a mistura de coisas sólidas (comistão) e a justaposição de uma coisa sólida a outra em igual estado (adjunção) são exemplos de situações que ocasionam o desaparecimento da posse sobre a coisa em sua formatação inicial, dando lugar, se previsto em lei, ao surgimento de um direito possessório sobre o bem que resultou da operação.

Diferente é a situação ocasionada pela destruição parcial ou total da coisa possuída. O princípio básico a ser empregado nesse contexto é o de que não há direito sem objeto, restando certo, por assim dizer, que a destruição integral da coisa provoca a perda da posse e inclusive obsta a sua aquisição por outrem. Logo, se os livros de uma biblioteca perecem em inundação, o dono deixa de ser possuidor. Se um edifício é totalmente destruído por incêndio, igual resultado ocorre. No caso de destruição parcial, a posse é conservada apenas em relação à porção remanescente, desaparecendo quanto à afetada.

2.5.2.4. Coisa posta fora do comércio

O fato de alguém possuir certa coisa não autoriza pensar que adquire direito permanente à manutenção daquela no contexto jurídico. O Estado pode, por meio de legislação específica, vedar a posse de determinados bens pelos particulares e mesmo por entes públicos. Trata-se da aplicação do princípio da supremacia do interesse coletivo sobre o individual, fundado em questões ligadas à segurança, saúde, educação, economia etc. Exemplo disso seria a superveniência de lei que retirasse de circulação armas cujo calibre, inicialmente, as incluía no rol das suscetíveis de aquisição pelos interessados. Daí que os possuidores não mais poderão sê-lo, e, mesmo que conservem consigo o poder físico sobre tais armas, isso não implicará em posse jurídica, mas em quadro fático que configura ilicitude passível até mesmo de reprimenda penal, se prevista no ordenamento. A um só tempo, extingue-se a posse e se torna juridicamente impossível a alienação da coisa, seja a título gratuito ou oneroso, do que decorre a ausência de tolerância do legislador quanto ao exercício de poder imediato sobre ela.

A coisa *ex commercium* poderá voltar a ser alvo de posse, desde que revertida a previsão geradora da vedação. Nesse caso, o mesmo sujeito, ou outro, estabelecerá uma relação possessória original, e que em termos temporais se computará desde então para todos os fins. A defesa da posse, antes suprimida, ficará novamente viabilizada, assim como a invocação de todos os demais efeitos que lhe são inerentes.

2.5.2.5. Posse de outrem

A posse de outrem, ainda contra a vontade do possuidor, acarreta a perda da posse que este exerce, se não foi manutenido, ou reintegrado em tempo competente. A consolidação do direito em mãos de outra pessoa tem lugar em virtude da inércia de quem estaria legitimado a defendê-lo, mas se mantém inerte. A turbação e o esbulho permitem a invocação dos interditos como mecanismo de proteção, além de ficar viabilizado o emprego do desforço imediato, que consiste em reação física contra o turbador ou esbulhador com vistas à manutenção ou recuperação da posse. A omissão na prática de atos defensivos, ou a utilização de meios inadequados determina a perda da posse e a constituição de nova relação possessória, desta feita na esfera jurídica de quem a tomou para si, ainda que, na origem, de maneira viciada por clandestinidade ou violência.

O tempo de inação do possuidor para que se firme o estado acima referido é o de ano e dia, que transforma a posse nova em velha e solidifica a relação. Desde quando isso aconteça, o novo possuidor não será desalojado do exercício possessório senão em virtude de lide ordinária, assegurados o contraditório e a ampla defesa. O deferimento de liminar ficará obstado, haja vista a incidência de proibição contida no art. 924 do Código de Processo Civil. Somente o trânsito em julgado da decisão que determinar o restabelecimento do exercício possessório ensejará ao possuidor primitivo a continuidade da sua posse. Nesse caso, será desconsiderado o período de ilídima intervenção alheia, como se nunca houvesse existido. Vale dizer, em termos jurídicos nunca terá sido perdida a posse, mesmo com a serôdia iniciativa de defesa aparelhada pelo possuidor original.

2.5.2.6. Perda da posse dos direitos

Assim como a cessação do exercício dos poderes inerentes à propriedade acarreta a perda da posse da coisa, o mesmo ocorrerá se o possuidor deixar de externar conduta de dono em relação a qualquer direito suscetível de posse. Sabe-se que apenas os direitos cujo exercício é materializado em determinado bem são alvo de posse. Daí que ficam excluídos desse rol aqueles de natureza pessoal, inserindo-se no elenco dos objetos da posse unicamente os direitos de cunho real, e, dentre estes, os submetidos à materialização acima aludida.

Perde-se a posse dos direitos, em se tornando impossível exercê-los, ou não se exercendo por tempo, que baste para prescreverem. Imagine-se a hipótese de uma servidão de trânsito, que, enquadrada como aparente, encontra concretização na área de terras franqueada pelo prédio serviente ao dominante. O possuidor de tal servidão deixa entrever a sua posse mediante atos de uso, fruição e disposição. Quando isso deixa de ocorrer por longo período (no caso, dez anos), a posse do direito acaba sendo perdida, eis que incidente na espécie a norma contida no art. 1.389, III, do Código Civil. Em suma, qualquer direito que, submetido à posse de alguém, venha a ter o seu exercício impossibilitado por lei, ato de vontade ou razão jurídica diversa, levará à perda da qualidade possessória.

2.5.2.7. Reivindicação de coisas móveis e de títulos

Ao dono de coisa móvel é facultado recobrá-la junto àquele que dela se apossou ou a terceiro que com ela esteja injustamente. O Código Civil de 1916, no art. 521, trazia norma específica acerca da matéria: *"Aquele que tiver perdido, ou a quem houverem sido furtados, coisa móvel, ou título ao portador, pode reavê-los da pessoa que os detiver, salvo a esta o direito regressivo contra quem lhos transferiu. Parágrafo único. Sendo o objeto comprado em leilão público, feira ou mercado, o dono, que pretender a restituição, é obrigado a pagar ao possuidor o preço por que o comprou"*. A regra, portanto, legitimava o proprietário a recuperar a posse de que foi privado em função de perda ou furto, relativamente ao bem móvel que lhe pertence. Sujeito passivo da demanda era o terceiro que tinha a coisa consigo, e que, independentemente de estar ou não imbuído de boa-fé, devia restituí-la ao legítimo possuidor. "*O direito é exercitado contra o detentor, a quem se ressalva ação regressiva contra quem lho transferiu*" (Washington de Barros Monteiro, obra citada, p. 71) Não se permitia tal procedimento contra o terceiro de boa-fé, quanto à posse que houvesse sido arrebatada por força de outras condutas similares, *v. g.*, apropriação indébita ou estelionato, exceto contra o agente do ilícito. Quando este a tivesse transferido a terceiro de boa-fé, restaria inviabilizada a reivindicação, havendo apenas a alternativa de buscar contra o próprio causador direto do evento a composição das perdas e dos danos verificados.

O Código Civil de 2002 não repetiu a citada norma, mas ao proprietário de coisa móvel ou imóvel alcançou regra de adequado alcance. Trata-se do art. 1.228, segundo o qual o proprietário tem a faculdade de usar, gozar e dispor da coisa, e o direito de reavê-la do poder de quem quer que injustamente a possua ou detenha. Logo, a retomada do bem pode ser dirigida contra todo aquele que não tiver melhor direito do que o do proprietário. O terceiro de boa-fé, em princípio, não tem proteção contra o dono, pois, feita por quem não seja proprietário, a tradição não aliena a propriedade, exceto se a coisa, oferecida ao público, em leilão ou estabelecimento comercial, for transferida em circunstâncias tais que, ao adquirente de boa-fé, como a qualquer pessoa, o alienante se afigurar dono (art. 1.268).

Cumpre destacar, porém, que a lição deixada pelo art. 521 da codificação revogada ainda tem grande utilidade prática. Se o possuidor sofre furto, roubo ou perde a coisa, ela saiu da sua esfera jurídica contra a sua vontade. Logo, pode reclamá-la de qualquer pessoa, nisso incluídos terceiros de boa-fé, ressalvado a estes o direito regressivo junto a quem a transferiu. No caso de entrega do bem pelo possuidor a outrem, a situação muda de figura. Ainda que que induzido a erro, ludibriado por dolo, vítima de estelionato ou de apropriação indébita, o objeto saiu da sua posse por ato pessoal do possuidor, chegando às mãos de alguém que o transmitiu a terceiro. Este, agindo de boa-fé, fica protegido contra a incursão do dono, haja vista o mecanismo pelo qual houve a perda da posse. Restará ao antigo possuidor, como derradeira alternativa, reclamar do agente direto do dano a indenização dos prejuízos sofridos.

No concernente à recuperação de títulos, a solução também está retratada no art. 1.228 do Código Civil, nos moldes já explanados *retro*. Não obstante, o art. 907, I, do Código de Processo Civil, cuida especificamente do assunto: "*Aquele que tiver perdido título ao portador ou dele houver sido injustamente desapossado poderá: I – reivindicá-lo da pessoa que o detiver*". Cabe a retomada, destarte, no caso de extravio ou de qualquer outro acontecimento que retire do proprietário a posse regularmente desenvolvida. Não se aplica, todavia, às situações em que tenha, por ato volitivo, feito a entrega de título — embora enganado ou iludido — que posteriormente foi transmitido a terceiro de boa-fé. Quando for réu o próprio sujeito que praticou a ilicitude, não haverá entraves à recuperação do instrumento pelo meio previsto na supracitada norma legal. A reivindicação do título ao portador não impede que o interessado, visando à preservação dos seus direitos, ajuíze demanda tendente a impedir o pagamento do mesmo a outra pessoa.

2.5.2.8. Perda da posse por quem não presenciou o esbulho

O art. 1.224 do Código Civil, acerca do qual já foram feitas referências no tópico pertinente à detenção, traz regra a respeito da perda da posse pelo ausente, assim considerado aquele que não assistiu ao ato de arrebatamento: *"Só se considera perdida a posse para quem não presenciou o esbulho, quando, tendo notícia dele, se abstém de retornar a coisa, ou, tentando recuperá-la, é violentamente repelido".* Cumpre novamente frisar que o legislador empregou na redação, por engano, a palavra *retornar*, quando notadamente tencionava lançar o vocábulo *retomar*.

Para o possuidor que estava no local do esbulho, a perda da posse acontece no exato instante em que fica impedido de exercer os atributos inerentes à propriedade, *v. g.*, quando o vizinho lindeiro instala cerca que avança para o interior do terreno alheio. A norma em questão, todavia, reporta-se a outro contexto, qual seja, o do sujeito ausente do local da prática do esbulho, e que, por isso, não teve meios imediatos de rechaçar a agressão. Nesse caso, há conservação da posse com a vítima da afronta até o momento em que tome conhecimento do ato e opte por não a retomar, ou até que se frustre a tentativa acaso empreendida por ele. Enquanto não houver perda, a posse continuará pertencendo ao sujeito com fundamento na preservação do seu ânimo de possuir, fruto da ignorância quanto à conduta da outra parte.

Observe-se que o termo *ausente*, aqui, tem significado diverso e de nenhuma relação com o instituto disciplinado pelos arts. 22 e seguintes do Código Civil, que regula a situação jurídica da pessoa que desaparece do seu domicílio sem dela haver notícia, não deixando representante ou procurador a quem caiba administrar-lhe os bens. Para os fins previstos no art. 1.224 do Código Civil, *ausente* é, pura e simplesmente, o indivíduo que não presencia o esbulho de que foi vítima.

Entre as medidas defensivas colocadas à disposição do possuidor inclui-se o desforço imediato, entendido como legítima defesa da posse e caracterizado pelo uso moderado dos meios necessários à repulsa da agressão perpetrada. A frustração dessa iniciativa acarreta a perda da posse, o que se dá no momento em que o lesado tenta retomá-la por meio da autotutela aventada em lei e sofre violenta repulsa partida do esbulhador. Embora perdendo a posse, o interessado poderá recorrer ao Poder Judiciário visando a recuperá-la, eis que o fato de o ordenamento reconhecer a perda não importa em assegurar ao esbulhador a consolidação desse estado.

Mesmo que a perda da posse ocorra porque o sujeito legitimado a recuperá-la se manteve inerte, continua existindo a perspectiva de defesa possessória em favor do antigo titular. Isso se dará mediante ajuizamento de reintegração de posse com suporte no art. 1.210 do Código Civil, que assegura ao esbulhado o direito de perseguir a reposição das coisas ao estado anterior. Não há fixação legal de prazo para a adoção das medidas defensivas aptas a evitarem a perda da posse em caso de esbulho. E nem poderia ser de outra forma, eis que não é factível a definição normativa do tempo em que o esbulhado terá efetiva ciência do ato praticado pelo oponente. O que se pretende é o exercício da defesa da posse tão logo a vítima saiba da afronta, pois a demonstração de vivo interesse na preservação do direito é fundamental para impedir a ruptura do liame subjetivo do possuidor com a coisa.

2.6. Dos efeitos da posse

2.6.1. Considerações iniciais

Ninguém nega a circunstância de que da posse emergem vários e relevantes efeitos, pois isso é corolário natural do direito. Ademais, é nisso que reside a mais candente diferença entre a posse e a mera detenção, cuja guarida jurídica é praticamente nenhuma. O debate que sempre se travou, na verdade, concerne à enumeração de tais efeitos, pois não é tarefa simples perfilar todos eles por meio de identificação autônoma, haja vista o entrelaçamento de uns nos outros. Ao longo da discussão em torno da matéria, houve quem afirmasse existir na posse apenas um efeito, qual seja, o da prerrogativa de invocação dos interditos possessórios. De outra banda, também se defendeu a tese da presença de somente um efeito, mas que seria o de gerar presunção de domínio sobre a coisa em favor do possuidor. *Savigny*, por seu turno, reconheceu dois efeitos: a faculdade de invocar proteção por meio dos interditos e a aquisição da propriedade em virtude de usucapião.

Clóvis Bevilacqua (apud Maria Helena Diniz, *Curso de Direito Civil Brasileiro*, Saraiva, p. 74), elencou sete efeitos: a) direito ao uso dos interditos; b) percepção dos frutos; c) direito de retenção por benfeitorias; d) responsabilidade pelas deteriorações; e) contestado o direito de possuidor, o ônus da prova cabe ao adversário, pois a posse se estabelece pelo fato; f) o possuidor goza de posição mais favorável em atenção à propriedade, cuja defesa se completa pela posse. *Carlos Roberto Gonçalves* (*Direito Civil Brasileiro*, Saraiva, p. 110) afirma que cinco são os efeitos mais evidentes: a) proteção possessória, abrangendo a autodefesa e a invocação dos interditos; b) percepção dos frutos; c) responsabilidade pela perda ou deterioração da coisa; d) indenização pelas benfeitorias e direito de retenção; e) usucapião.

Com suporte nos entendimentos expendidos *retro*, e pelo mais que será exposto na continuidade do trabalho, afigura-se adequado afirmar que os principais efeitos da posse, que se associam a outros de natureza secundária, são: a) faculdade de realizar proteção possessória por meio dos interditos e da autodefesa; b) aquisição da propriedade por usucapião; c) indenização e retenção por benfeitorias e acessões; d) percepção dos frutos; e) responsabilidade por deterioração ou perda da coisa.

A rigor, há efeitos que não surgem como produto exclusivo da posse, eis que a sua consecução depende da conjugação com outros fatores. É o que acontece, por exemplo, com a usucapião, cujo êxito emerge do somatório da posse com adjetivações suas, rigidamente concebidas e impostas por lei. Também a percepção dos frutos é fenômeno nascido da agregação de dois elementos: a posse e a boa-fé do sujeito. Porém, em todos os efeitos indicados acima a posse é o fator essencial à sua produção, de maneira que a eventual necessidade da presença de outros elementos é mera complementação daquela. A análise individualizada dos efeitos, a ser implementada a seguir, revelará as suas características básicas.

2.6.2. Proteção possessória

O principal efeito da posse é a prerrogativa de defesa que confere ao possuidor, o que se dá por meio do ajuizamento dos chamados interditos possessórios, ações dotadas de mecanismo próprio e ágil destinado a propiciar ao interessado pronto resguardo da posse quando turbada, esbulhada ou ameaçada. Para que se viabilize o uso dos interditos basta a existência da posse, dispensando-se qualquer outro elemento para a configuração da faculdade defensiva. É que toda posse pode ser resguardada, haja vista a sua condição *ad interdicta*; senão contra todos, ao menos contra quem menos vigoroso direito tenha sobre ela. Isso não significa que o possuidor está sempre investido em uma posse firme e produtora de múltiplos efeitos, eis que muitas vezes a sua atuação encontra limites e se esgota exatamente na singela prerrogativa de defender a posse, nada mais extraindo dela. A aquisição da propriedade pelo decurso do tempo de posse qualificada, por exemplo, é efeito que somente será produzido em circunstâncias específicas, fruto da denominada posse *ad usucapionem*, muito mais ampla e valiosa do que a mera posse *ad interdicta*, embora também naquela encontre-se toda a autoridade defensiva vislumbrada nesta.

O efeito mais visível da posse, destarte, é a faculdade de utilização dos interditos pelo possuidor que tiver o seu direito ameaçado, turbado ou esbulhado. O fundamento da tutela possessória é a necessidade de resguardar a posição de quem se coloca em condição fática de exercício de atributos inerentes à propriedade, já que disso se infere a perspectiva de melhor aproveitamento e distribuição das riquezas. Ademais, ao tutelar a posse o ordenamento jurídico preserva a paz social e a convivência dos indivíduos, pois regula um quadro que coincide com o ânimo natural de todo ser humano, voltado para a apropriação individual das coisas. Ao resguardar a posse, o legislador nada mais faz do que ofertar guarida àquilo que da natureza humana, nesse particular, deflui.

A grande maioria das codificações civilistas alienígenas não se ocupa da disciplina dos interditos possessórios, eis que se trata de matéria de caráter eminentemente processual. Todavia, o legislador brasileiro optou por regrar o tema tanto no Código Civil como no Código de Processo Civil, conferindo ao primeiro a tarefa de apresentar a definição básica dos institutos, e ao segundo, as normas que indicam o rumo a ser seguido a partir de quando o sujeito decide interpor lide tendente a proteger a posse. Apesar disso, o legislador pátrio não destoa da linha de pensamento majoritariamente adotada noutros países, outorgando à posse ampla e minuciosa tutela.

A base da proteção possessória vem do Direito Romano, em que originalmente foi admitido o uso dos interditos. O vocábulo tem raiz na expressão latina *interim dicuntur*, contendo em si, em tradução livre, o sentido da outorga de proteção ágil e expedita da posse, ainda que em caráter efêmero e reversível ao longo ou ao final da demanda plantada. Das várias espécies primitivas de interditos, algumas sobreviveram e se transpuseram para as modernas codificações, e inclusive para a disciplina brasileira do assunto. Há, modernamente, três ações que deitam raízes mais próximas dos antigos interditos romanos: interdito proibitório, manutenção de posse e reintegração de posse. A elas somam-se lides como os embargos de terceiro, a nunciação de obra nova e a imissão de posse, cuja faceta possessória é dada pelo tipo de resguardo judicial buscado pelo sujeito ativo. A estrutura de cada uma das ações mencionadas será alvo de pormenorizado exame na seqüência do trabalho.

É relevante frisar, já neste momento, que a proteção da posse tem, dentre outras características, natureza dúplice. Ao contrário do que se verifica nas demandas em geral, em que o réu apenas se defende e tenta rechaçar a tese autoral, nas lides possessórias é viável o encaminhamento de contra-ataque pelo sujeito passivo. Em favor dele, contanto que observados certos requisitos, o ordenamento jurídico disponibiliza o mecanismo da indenização de perdas e danos, fazendo recair sobre o autor a obrigação de compor os prejuízos suportados pelo adversário. De outra banda, faculta ao autor pleitear junto à parte adversa a composição das perdas e dos danos experimentados. Assim, a sentença não apenas definirá a questão possessória em si mesma, como também aquela relativa aos prejuízos alegados por ambos os litigantes, sem necessidade de que o réu apresente reconvenção no prazo defensivo. Basta que pleiteie, na própria contestação, a improcedência da lide aparelhada e a indenização dos prejuízos verificados. Além disso, contra o demandante vencido, quer figure como autor ou como réu na origem, pode ser fixada sanção pecuniária para a hipótese de afrontar a posse alheia, que fica obrigado a respeitar nos moldes postos na sentença.

A dinâmica das ações possessórias, destarte, evidencia a intensa preocupação do legislador em ofertar mecanismos eficientes de tutela da posse a quem tiver o seu direito afrontado. Resta neste capítulo, a partir de agora, examinar individualmente as ações possessórias, visando a delinear a estrutura de cada tipo idealizado pelo legislador nacional.

2.6.2.1. Interdito proibitório

O art. 1.210 do Código Civil estabelece que o possuidor tem direito a ser segurado de violência iminente, se tiver justo receio de ser molestado. A posse ameaçada pode ser defendida por meio do interdito proibitório, ação destinada a obter do juiz uma ordem, direcionada ao réu, no sentido de que se abstenha de qualquer ato destinado a transformar a ameaça em turbação ou esbulho. Para tornar efetiva a determinação, deve haver cominação de pena pecuniária, que incidirá sobre o sujeito passivo na hipótese de praticar algum ato contra a posse do demandante. Cuida-se, à evidência, de iniciativa judicial que visa ao resguardo preventivo da posse do autor, ameaçado pelo réu por meio de palavras, atos concretos, gestos etc. É o caso, por exemplo, da instalação de acampamento de integrantes de movimentos ditos sociais, conhecidos por atos de invasões, nas cercanias de determinada fazenda. Embora não existam ainda atos de efetiva perturbação da posse, há seguros indicativos de que logo poderão ocorrer. Patenteada a ameaça, o interdito proibitório é o mecanismo adequado para combatê-la.

Para que se torne factível o ajuizamento de interdito proibitório, é mister mais do que o simples temor do possuidor quanto à integridade da sua posse. Exige-se que a parte contrária esteja a ameaçá-la objetivamente, isto é, que o temor não seja apenas uma criação da mente da vítima em razão do quadro fático que presencia, mas sim uma situação da qual toda pessoa medianamente dotada de compreensão e inteligência extrairia a presença do risco de perturbação da posse. Também é preciso que a ameaça seja injusta, pois se a parte contrária simplesmente revela a disposição de fazer uso de um direito legítimo (*v. g.*, dizendo que irá ajuizar certa demanda, ou afirmando que tenciona retomar regularmente o bem), isso não constitui afronta apta a desafiar o emprego do interdito proibitório. Além disso, a viabilidade do interdito proibitório depende da inexistência de concreta atitude de turbação ou de esbulho, pois se isso ocorrer será caso de ajuizamento, respectivamente, de ação de manutenção e de reintegração de posse. Como o interdito tem por desiderato a expedição de ordem que proíba o réu de molestar a posse alheia, de nada adiantaria o seu aparelhamento se já estivesse afetado o exercício possessório.

O possuidor direto ou indireto, que tenha justo receio de ser molestado na posse, poderá impetrar ao juiz que o segure da turbação ou esbulho iminente, mediante mandado proibitório, em que se comine ao réu determinada pena pecuniária, caso transgrida o preceito (art. 932 do Código de Processo Civil). Caberá ao autor, nos moldes do art. 927 do mesmo caderno processual, provar: a) a sua posse; b) a ameaça, e a iminência de que haja turbação ou esbulho; c) que o réu é o agente dessa ameaça. Recebida a inicial, e ante expresso pedido de concessão de liminar, poderá o juiz, constatando que estão presentes o *fumus boni juris* e o *periculum in mora*, deferir a pretensão e fazer expedir imediatamente o mandado proibitório.

Há importante corrente doutrinária (*v. g.*, Maria Helena Diniz, obra citada, p. 80) afirmando que o interdito só produz seus efeitos depois de julgado por sentença. Todavia, como o art. 933 do Código de Processo Civil diz que se aplica — em caráter subsidiário, obviamente — à ação a disciplina da reintegração e da manutenção de posse, afigura-se mais produtivo admitir o deferimento de liminar, cabível naquelas demandas. Afora isso, mostra-se necessário observar que a morosidade na tramitação da lide poderia fazer inútil o pronunciamento final, cujo objetivo maior é evitar a transformação da simples ameaça em turbação ou esbulho. Destarte, nada obsta a proteção incontinenti da posse ameaçada, por meio de mandado *initio litis* do qual conste ordem de abstenção, inclusive com fixação de pena pecuniária, uma vez comprovados os requisitos elencados na lei para a tutela possessória em geral. A jurisprudência vem adotando esse posicionamento: "*Correto se mostra provimento jurisdicional que, em sede de ação de interdito proibitório, defere o pleito liminar nela postulado, máxime porquanto demonstrados pelo autor/agravado os três requisitos que viabilizavam o seu acolhimento, quais sejam: a posse atual, a fundada ameaça e o justo receio de que fosse efetivada, caracterizado por fatos e atitudes que indicavam a iminência de moléstia à sua posse*" (TJDF, Ag. de Instrumento n. 0020074266).

Cabe interdito proibitório contra ato da Administração Pública, quando houver ameaça à posse do particular ou de outro ente público. Vale destacar que o direito possessório não é resguardável por mandado de segurança, já que este não tem pertinência na defesa de direitos reais, mas somente como mecanismo de tutela de direitos pessoais não amparáveis por *habeas corpus*. Por outro lado, o interdito proibitório não serve para defesa de direitos pessoais, tendo campo de aplicação limitado à esfera possessória.

2.6.2.2. Ação de manutenção de posse

A ação de manutenção de posse tem por objetivo conservar no exercício do direito o possuidor turbado. Turbar significa molestar, perturbar a posse de que alguém é titular, sem que, contudo, ocorra a seu arrebatamento. Aliás, a diferença entre turbação e esbulho consiste exatamente na circunstância de que o possuidor turbado se mantém no desempenho da atividade possessória mesmo sendo afrontado por outrem; já o esbulhado perde a posse em razão da conduta alheia, ficando totalmente privado do seu exercício. Logo, enquanto a ação de manutenção de posse tem o fito de conservar o possuidor nessa qualidade, a ação de reintegração de posse visa a repor o estado original das coisas, restituindo o antigo possuidor ao exercício do direito que lhe foi tolhido.

Em geral, a turbação decorre de um fato praticado materialmente contra a posse, ou seja, o turbador age sobre a coisa possuída por outrem, de molde a emperrar, dificultar ou de outra maneira prejudicar o desenvolvimento da conduta normal do possuidor. Tem-se, então, a denominada *turbação de fato*, mecanismo comum de afetação da posse. Entrementes, nada impede que o ato de turbar parta do litigante em uma relação processual. Nos próprios autos da lide, ele atinge a posse alheia de modo a prejudicar o seu natural desenrolar. É o que acontece, por exemplo, quando o exeqüente requer e obtém — ainda que por erro — a penhora de um bem que não pertence ao devedor, mas sim a terceiro, dificultando, com isso, a atividade do legítimo possuidor. Nesse caso, tem-se a chamada *turbação de direito*, pois o seu palco é a lide judicialmente instalada, e a moléstia incidente sobre a posse não provém de ato material do turbador contra o direito alheio, mas sim a partir da inflexão do poder estatal.

É relevante destacar, ainda, que a turbação pode ser direta ou indireta. Chama-se *turbação direta* aquela efetivada imediatamente sobre a coisa, ou seja, o indivíduo atua de maneira a prejudicar o exercício possessório alheio sem a colocação de anteparos ou elementos oblíquos, já que o seu alvo é atingido na conduta própria de turbar. Como exemplo pode ser citado o caso de quem começa a abrir caminho físico na mata do vizinho para chegar à sede da fazenda e invadi-la. De banda diversa, denomina-se *turbação indireta* aquela que se perfaz mediante emprego de artifício colateral, que não afeta em caráter material a coisa, mas tumultua o desempenho do direito possessório em virtude de acontecimentos capazes de repercutir na esfera jurídica do lesado. Exemplo clássico é o de quem espalha falso boato no sentido de que certa casa, posta para locar, está com a estrutura abalada e ameaça ruir. Com isso, o titular terá problemas no desenvolvimento do *jus fruendi*, já que aumentará a dificuldade na obtenção de candidatos a locatário. Tanto a turbação direta como a indireta desafiam o aparelhamento de ação de manutenção de posse, eis que representam concreto óbice à plenitude possessória do titular.

O art. 1.210 do Código Civil diz que o possuidor tem direito a ser mantido na posse em caso de turbação. A viabilidade da ação depende da prova, pelo autor, dos elementos constantes do art. 927 do Código de Processo Civil, a saber: a) a sua posse; b) a turbação praticada pelo réu; c) a data da turbação; d) a continuação da posse, embora turbada. Estando a petição inicial devidamente instruída, o juiz deferirá, sem ouvir o réu, a expedição do mandado liminar de manutenção; no caso contrário, determinará que o autor justifique previamente o alegado, citando-se o réu para comparecer à audiência que for designada (art. 928 do Código de Processo Civil). Tal audiência, de justificação prévia da posse, tem por desiderato revelar ao magistrado a presença dos elementos exigidos por lei para o deferimento da manutenção liminar. Essa medida reclama, como toda que tenha índole cautelar, a existência de *fumus boni juris*, consubstanciado nos supracitados elementos, e *periculum in mora*, ou seja, o risco que a demora na prestação jurisdicional provisória possa causar ao autor, traduzido no simples ônus de ficar privado do exercício possessório quando demonstrado o seu direito.

À audiência de justificação comparecerão o autor e o réu, mas somente aquele tem o direito de fazer ouvir as suas testemunhas e apresentar documentos, obstando-se ao demandado qualquer iniciativa nesse sentido. Pode ele, todavia, fazer indagações às testemunhas levadas à solenidade pelo sujeito ativo. Julgada procedente a justificação, o juiz fará logo expedir mandado de manutenção ou de reintegração (art. 929 do Código de Processo Civil). Importa destacar que contra as pessoas jurídicas de direito público não será deferida a manutenção ou a reintegração liminar sem prévia audiência dos respectivos representantes judiciais (parágrafo único do art. 928 do Código de Processo Civil).

Concedido ou não o mandado liminar de manutenção ou de reintegração, o autor promoverá, nos cinco dias subseqüentes, a citação do réu para contestar a ação. Quando for ordenada a justificação prévia, o prazo para contestar contar-se-á da intimação do despacho que deferir ou não a medida liminar (art. 930 e parágrafo único do Código de Processo Civil). Aplica-se, quanto ao mais, o procedimento ordinário, colhendo-se provas, seguindo-se a sentença e os meios recursais a ele inerentes, conforme preconizado no art. 931 do caderno processual.

A concessão de liminar depende da interposição da lide dentro de ano e dia contado da turbação, pois do contrário a demanda seguirá, desde o princípio, o procedimento ordinário e não ensejará o resguardo incontinenti da posse. O itinerário adequado para as demandas possessórias, fundadas em esbulho ou turbação datados de mais de ano e dia, é o comum ordinário, não sendo possível o deferimento de pedido liminar para a manutenção da posse, que somente pode ser concedida no procedimento especial, na hipótese de posse nova. Havendo apenas um ato de turbação (*v. g.*, remoção de uma cerca), a contagem do prazo não apresenta maiores dificuldades, fluindo do evento único. Ocorrendo diversos atos de moléstia à posse, mas verificando-se que um deles surge como principal, será este o marco inicial do cômputo. Exemplo: o agente remove a cerca em determinado dia — ato principal — e passa a abrir caminho na mata nos dias subseqüentes — atos derivados. Caso todas as condutas sejam de igual expressão, cada uma delas propiciará o início autônomo da contagem do prazo com vistas ao seu combate individual. Exemplo: o agente remove a cerca da pastagem do gado em determinado dia e começa a obstruir a estrada que dá acesso de máquinas agrícolas à lavoura noutra data.

É lícito ao autor cumular ao pedido possessório o de condenação em perdas e danos, cominação de pena para caso de nova turbação e de desfazimento de construção ou plantação feita em detrimento de sua posse (art. 921 do Código de Processo Civil). Cabe ao autor provar que houve prejuízos e demonstrar a sua expressão econômica, pois do contrário não terá direito à pretendida reparação. De banda diversa, a multa cominatória não é uma penalidade em si mesma, mas sim mecanismo tendente a obter o cumprimento do dever principal, que consiste em abstenção quanto à reiteração do comportamento ilegal coibido pela decisão do juízo.

2.6.2.3. Ação de reintegração de posse

Esbulho é o ato pelo qual é tolhido do possuidor o exercício da posse por meio de ato violento, clandestino ou de qualquer modo viciado. Tanto configura o esbulho a conduta de tomar a posse do sujeito por mecanismo de força física ou psíquica como aquele comportamento que, embora não tenha por substrato alguma forma de *vis*, ceifa do indivíduo a posse até então exercida, *v. g.*, por negativa de restituição de uma casa originalmente emprestada ao esbulhador.

O art. 1.210 do Código Civil diz que o possuidor tem direito a ser restituído na posse no caso de esbulho. É por meio da ação de reintegração de posse que isso acontece, viabilizando-se ao esbulhado a retomada do exercício que lhe foi ceifado por outrem, desde que preenchidos os requisitos legais previstos no art. 927 do Código de Processo Civil. O citado dispositivo aponta os elementos que o autor deve provar: a) a sua posse; b) o esbulho praticado pelo réu; c) a data do esbulho; d) a perda da posse. Uma vez patenteados, e estando em ordem a inicial, o juiz deferirá liminarmente o mandado de reintegração de posse.

Assim como ocorre na lide de manutenção, o ajuizamento no prazo de ano e dia, contado do ato de esbulho, é essencial para que seja admitida a tutela liminar da posse esbulhada, caracterizando ação de força nova. A contagem do prazo se dá a partir da conduta ilícita, competindo obtemperar que, como o esbulho acontece de uma só vez, não existe a possibilidade da ocorrência de atos principais e secundários de arrebatamento da posse. Ela é tomada em dado momento, fluindo deste o cômputo do prazo de aparelhamento de ação com força nova. Havendo vários esbulhos contra o mesmo possuidor (*v. g.*, tomada da sua casa e, depois, do seu carro), cada ilicitude dará princípio do fluxo temporal para a busca da reintegração da posse.

Datando de mais de ano e dia, a posse adquirida pelo esbulhador assumirá o caráter de velha e somente poderá ser desfeita por meio de sentença final transitada em julgado, observado o procedimento ordinário desde o início da tramitação. No caso de posse nova, o procedimento será aquele indicado nos arts. 928 a 930 do Código de Processo Civil. O deferimento de liminar reintegratória independe de prévia ouvida do réu, admitindo-se, portanto, a sua concessão *inaudita altera pars*. Havendo lacunas na instrução da inicial, feita de plano pelo autor, poderá o juiz, ao invés de indeferir a tutela imediata, ordenar a realização de justificação prévia da posse, citando-se o réu para comparecer à audiência que for designada (art. 928 do Código de Processo Civil). Nela, o demandante poderá ouvir testemunhas e apresentar novos elementos probantes, objetivando convencer o juízo acerca do direito invocado. Ao réu é vedado ofertar elementos de prova, cingindo-se a sua participação à reinquirição das testemunhas indicadas pelo autor. Julgada procedente a justificação, o juiz fará logo expedir mandado de manutenção ou de reintegração (art. 929 do Código de Processo Civil).

Impende observar que contra as pessoas jurídicas de direito público não será deferida a manutenção ou a reintegração liminar sem prévia audiência dos respectivos representantes judiciais (parágrafo único do art. 928 do Código de Processo Civil). Sobrepõe-se, aqui, o interesse público ao particular, razão pela qual o oferecimento de oportunidade adicional de resistência, mediante oitiva do representante judicial da pessoa jurídica de direito público demandada, é providência adequada à tutela do interesse coletivo que pode estar inserido na lide.

Concedido ou não o mandado liminar de reintegração, o autor promoverá, nos cinco dias subseqüentes, a citação do réu para contestar a ação. Quando for ordenada a justificação prévia, o prazo para contestar contar-se-á da intimação do despacho que deferir ou não a medida liminar (art. 930 e parágrafo único do Código de Processo Civil). Contestada a lide, aplicar-se-á quanto ao mais o procedimento ordinário, conforme estatuído no art. 931 do caderno processual. Na verdade, o que leva à adoção do *iter* ordinário ou do especial é, apenas, a caracterização da demanda como sendo de força nova ou velha, já que em relação àquela é admitido o deferimento de liminar, o que não ocorre na outra. Contudo, a partir da contestação ambas transcorrem sob a égide do procedimento ordinário, não havendo diferença procedimental a registrar.

Com base no art. 921 do Código de Processo Civil, é lícito ao autor cumular ao pedido possessório o de: condenação em perdas e danos, cominação de pena para caso de novo esbulho e desfazimento de construção ou plantação feita em detrimento de sua posse. Não obstante a regra autorize que seja agregado ao pedido possessório o de condenação em perdas e danos, é imprescindível que eventuais prejuízos, sofridos pela parte esbulhada em sua posse, estejam devidamente comprovados no processo de conhecimento, de vez que não se presume a sua ocorrência e nem é suficiente a feitura de apontamento genérico no sentido de que se teriam verificado. Por outro lado, a multa acaso aplicada não tem finalidade indenizatória, mas apenas visa a desestimular novas condutas antijurídicas, razão pela qual é admissível, cumulativamente, a fixação de multa e a condenação ao reparo de perdas e danos.

2.6.2.4. Ação de imissão de posse

A ação de imissão de posse não é típica, ou seja, não tem disciplina estruturada especificamente na legislação brasileira. Tanto o Código de Processo Civil como o Código Civil simplesmente silenciaram a respeito do tema, deixando de fazer qualquer menção à referida demanda. Ela estava tipificada no antigo Código de Processo Civil de 1939, que, no art. 381, dispunha sobre a ação e sobre o seu cabimento. Daí que, pelo regramento revogado, a ação de imissão de posse era disponibilizada: a) aos adquirentes de bens, para haverem a respectiva posse, contra os alienantes ou terceiros, que os detenham; b) aos administradores e demais representantes das pessoas jurídicas de direito privado, para haverem dos seus antecessores a entrega dos bens pertencentes à pessoa representada; c) aos mandatários, para receberem dos antecessores a posse dos bens do mandante.

Dadas as hipóteses de aplicabilidade indicadas pelo revogado caderno processual, constata-se que a demanda tinha pertinência em casos como o do comprador da casa que não conseguia receber o imóvel do vendedor, o do novo gerente da empresa que não obtinha junto ao antigo a posse dos livros de registros contábeis e assim por diante. Nisso se percebe a grande relevância da imissão como elemento de captação de uma posse que nunca antes fora atribuída ao sujeito ativo. Por isso, mesmo desaparecendo como lide típica, essa modalidade de tutela continua tendo extrema utilidade prática, viabilizando o acesso do autor à posse que lhe foi indevidamente sonegada. Ela não é *genuinamente possessória*, pois o seu objetivo não consiste em amparar a posse do autor; mas, inegavelmente, apresenta *nuanças possessórias*, ensejando ao sujeito ativo a captação da posse a que tem direito.

Diante da falta de previsão legal exclusiva, e face à inviabilidade de se tomar como parâmetro o regramento idealizado pelo legislador para as espécies tipificadas, é forçoso concluir que o emprego da ação de imissão de posse deve obedecer ao procedimento ordinário comum. Assim, nada impede o deferimento de liminar de imissão requerida pelo autor, contanto que demonstrados: a) o direito ao recebimento da posse; b) que o autor nunca teve aquela posse; c) que ela lhe está sendo sonegada pelo réu. Caso o demandante esteja sendo ameaçado no exercício possessório que já tem, ou sofra turbação ou esbulho, não terá cabimento a imissão, mas sim, respectivamente, o interdito proibitório, a manutenção e a reintegração de posse. Isto porque a imissão não se destina a proteger a posse anteriormente obtida pelo autor a qualquer título, mas sim a assegurar o acesso à posse que lhe é devida.

Ao contrário do que acontece nas lides possessórias típicas analisadas nos tópicos antecedentes, a ação de imissão de posse admite a discussão dominial, tendo nela uma de suas bases de sustentação. Embora não se destine a declarar a propriedade do autor sobre a coisa, a demanda serve para reconhecer o seu direito à obtenção da posse, com base na demonstração de que, como dono, tem a faculdade de fazer concreto o exercício do *jus possidendi*. Pode-se afirmar, nesse contexto, que é a ação do proprietário que não tem posse, contra o possuidor que não tem a propriedade. Em tal caso, a procedência da lide exige a conjugação de dois elementos: o domínio do autor e a posse injusta do réu. Releva observar, contudo, que essa demanda não é sucedâneo da ação reivindicatória, cuja formatação específica, voltada à afirmação definitiva do domínio, é muito mais vigorosa nesse particular. Não há como optar entre uma e outra, porque são inconfundíveis os seus desideratos. Configura grave equívoco ajuizar pedido de imissão quando o que se busca é o reconhecimento da titularidade da coisa, com discussão do título dominial sobre a qual se funda a pretensão.

Para evitar a impressão de que a lide de imissão de posse tem, unicamente, finalidade petitória ou dominial, é preciso dizer que ela cabe também em todas as hipóteses versadas no art. 381 do revogado Código de Processo Civil, assim como naquelas em que exista o direito à obtenção da posse por quem jamais a teve. Exemplos que podem ser citados são os do promitente comprador que registrou o contrato e quitou a dívida, mas não recebeu a coisa no momento aprazado, e o do usufrutuário que não recebeu a posse do imóvel no tempo previsto.

Como se percebe, na imissão inexiste o requisito da posse anterior, mesmo porque, consoante afirmado *retro*, quem já é possuidor não tem direito à imissão, mas sim ao resguardo da sua qualidade por meio das demais lides possessórias. Aí está outra diferença importante em relação às ações típicas destinadas à efetiva tutela da posse.

O Código de Processo Civil em vigor e a Lei do Inquilinato fazem algumas referências esparsas à imissão. Todavia, nenhuma delas diz respeito à ação ora analisada, pois tratam de episódios em que alguém pode reclamar um bem dentro de certa lide. O art. 625 do diploma processual diz que, na execução para entrega de coisa, não sendo entregue ou depositada, nem admitidos embargos suspensivos da execução, expedir-se-á, em favor do credor, mandado de imissão na posse ou de busca e apreensão, conforme se tratar de imóvel ou de móvel. O inciso I do art. 879 do mesmo diploma, por seu turno, afirma que comete atentado a parte que no curso do processo viola penhora, arresto, seqüestro ou imissão na posse. A Lei n. 8.245/91, no art. 66, assegura ao locador o direito de imitir-se na posse do imóvel se este for abandonado após ajuizada a ação. Em todos os casos acima explicitados, o acesso do interessado à posse se dá por via muito diferente daquela relativa à ação ordinária de imissão, não obstante a peculiar coincidência terminológica.

2.6.2.5. Embargos de terceiro

Diferentemente do que ocorre com o interdito proibitório e com as ações de manutenção e de reintegração de posse, os embargos de terceiro não têm exclusiva natureza possessória. Servem para defender tanto a propriedade como a posse, dependendo do contexto em que se verifique o seu emprego. Quando utilizado na defesa da posse, revela-se tão vigoroso quanto a manutenção e a reintegração, embora existam nítidas diferenças processuais em relação a estas. É adequado dizer, inclusive, que o uso dos embargos se dá em situações fáticas semelhantes às que ensejam o ajuizamento das lides possessórias específicas acima referidas; porém, dada a circunstância de que o resguardo da posse se faz quando já existe uma lide judicial em andamento, o legislador preconizou a aplicabilidade dos embargos como remédio escorreito.

O ordenamento processual não atribuiu aos embargos caráter unicamente possessório, nem os arrolou dentre as ações típicas dessa natureza. Todavia, a sua feição possessória emerge da finalidade que lhes foi conferida por lei, tendo como uma de suas destinações a tutela da posse do embargante contra ato de apreensão judicial que ocasiona turbação ou esbulho. O art. 1.046 do Código de Processo Civil estabelece: *"Quem, não sendo parte no processo, sofrer turbação ou esbulho na posse de seus bens por ato de apreensão judicial, em casos como o de penhora, depósito, arresto, seqüestro, alienação judicial, arrecadação, arrolamento, inventário, partilha, poderá requerer lhes sejam manutenidos ou restituídos por meio de embargos"*. O Supremo Tribunal Federal, porém, tem entendido que basta para o uso do remédio a ameaça de turbação, sem que seja necessário efetivá-la (RF 119/106), quadro que, na tutela possessória baseada em ato extrajudicial, corresponderia à hipótese de viabilidade do interdito proibitório.

O § 1º do art. 1.046 afirma que os embargos podem ser de terceiro senhor e possuidor, ou apenas possuidor, restando evidenciada a perspectiva de que assumam índole eminentemente possessória em determinadas situações. Exceção à regra existe no caso de executivos fiscais, pois nesse caso o Decreto-lei n. 960, de 17 de dezembro de 1938, que dispõe sobre a cobrança judicial da dívida ativa da Fazenda Pública em todo o território nacional, estabelece requisito diverso. Com efeito, o art. 42 do citado diploma diz que somente o terceiro que ao mesmo tempo for senhor e possuidor dos bens penhorados poderá opor embargos.

Admitem-se ainda embargos de terceiro, segundo o art. 1.047 do caderno processual civil: I – para a defesa da posse, quando, nas ações de divisão ou de demarcação, for o imóvel sujeito a atos materiais, preparatórios ou definitivos, da partilha ou da fixação de rumos; II - para o credor com garantia real obstar alienação judicial do objeto da hipoteca, penhor ou anticrese. Também aí fica consubstanciada a natureza possessória da iniciativa.

Em qualquer das hipóteses reguladas pelo Código de Processo Civil, os embargos podem ser opostos a qualquer tempo no processo de conhecimento enquanto não transitada em julgado a sentença, e, no processo de execução, até cinco dias depois da arrematação, adjudicação ou remição, mas sempre antes da assinatura da respectiva carta (art. 1.048). O qüinqüídio é contado a partir da ciência da constrição, ou na falta desta, da data em que houve a concreta afetação da posse. O embargante, em petição elaborada com observância do disposto no art. 282 da lei processual, fará a prova sumária de sua posse e a qualidade de terceiro, oferecendo documentos e rol de testemunhas. Os embargos serão distribuídos por dependência e correrão em autos distintos perante o mesmo juiz que ordenou a apreensão (arts. 1.049 e 1.050). Julgando suficientemente provada a posse, o juiz deferirá liminarmente os embargos e ordenará a expedição de mandado de manutenção ou de restituição em favor do embargante, que só receberá os bens depois de prestar caução de os devolver com seus rendimentos, caso sejam a final declarados improcedentes (art. 1.051).

Consoante estipulado na Súmula n. 84, do Superior Tribunal de Justiça, é admissível a oposição de embargos de terceiro fundados em alegação de posse advinda do compromisso de compra e venda de imóvel, ainda que desprovido do registro. Bastará, nesse caso, a demonstração da posse do embargante e que ele a teve molestada ou tolhida por ato do embargado. Outro aspecto a merecer referência está colocado na Súmula n. 134, do Superior Tribunal de Justiça, pela qual, embora intimado da penhora em imóvel do casal, o cônjuge do executado pode opor embargos de terceiro para defesa de sua meação. Isto porque a constrição do bem é suficiente para turbar a posse que o consorte do executado exerce sobre a fração ideal que lhe couber em razão do regime de bens vigente no casamento.

Os embargos de terceiros não podem ser empregados como meio de revisão de contratos de financiamento de imóveis, e tampouco com o fito de transferir direitos sobre a coisa a outrem, matérias que precisam ser discutidas em lide ordinária própria. O seu alcance limita-se, destarte, à proteção do domínio ou da posse, levando à desconstituição do ato judicial de turbação ou esbulho, que, via de regra, traduz-se em penhora determinada a partir de requerimento do autor da ação em que não figura como parte o embargante.

2.6.2.6. Nunciação de obra nova

A nunciação de obra nova também não foi assentada pelo legislador civil dentre os procedimentos específicos de guarda da posse. É que ela tem cunho dúplice, servindo tanto para a tutela possessória como para a defesa da propriedade, observadas as hipóteses de cabimento definidas na lei. Contudo, o seu emprego como mecanismo tendente a essa finalidade encontra respaldo no inciso I do art. 934 do Código de Processo Civil, que afirma competir a demanda ao proprietário ou possuidor, a fim de impedir que a edificação de obra nova em imóvel vizinho lhe prejudique o prédio, suas servidões ou fins a que é destinado. Daí a perspectiva da assunção de caráter possessório, porque enseja ao dono ou possuidor o sobrestamento da obra alheia inconclusa, visando a evitar a consecução de danos ao pleno exercício da posse.

É importante observar que a ação não tem cabimento se a obra vizinha estiver pronta ou em vias de ultimação, pois aí o remédio adequado terá de ser outro (*v. g.*, indenização dos prejuízos), já que a demora do lesado em buscar a paralisação dos trabalhos acarreta grande risco de danos ao titular da obra. De resto, a sua conclusão traz em si, a *priori*, o direito de conservação do estado das coisas, pois a rigor seria potencialmente mais prejudicial demolir o que já foi executado. Assim, consoante emerge da própria denominação da lide, a nunciação objetiva sobrestar a continuidade de obra *nova*, não se prestando para atingir aquela que ultrapassou esse estágio. Entende-se como *nova* a obra cujo desenvolvimento ainda não chegou às etapas finais, *v. g.*, a casa somente em paredes, o pavilhão apenas com alicerces em colocação etc. Refira-se, por interessante, que se considera obra não só o trabalho de edificação, mas todo ato material de labor humano, tais como: desvio do curso de águas, demolições em geral, reformas e assim por diante.

Não há prazo indicado na lei para a propositura da ação, pois a fronteira do limite temporal de ajuizamento é marcada por um acontecimento fático, qual seja, o ingresso da obra na fase de ultimação. Quanto aos requisitos que viabilizam a lide, resumem-se a estes: a) que o autor tenha a posse ou a propriedade do imóvel prejudicado; b) contigüidade dos bens, ou, pelo menos, alguma proximidade física entre eles, pois somente imóveis limítrofes ou situados na mesma zona acarretam a necessidade de impedir que a edificação de obra nova em um deles prejudique o outro, suas servidões ou fins a que é destinado; c) que a obra transcorra em prédio alheio, pois se o vizinho atua sobre imóvel pertencente ao próprio lesado (*v. g.*, avançando os trabalhos no terreno lindeiro), este terá de ajuizar lide possessória comum (manutenção ou reintegração de posse); d) que da obra resultem riscos ou danos ao prédio vizinho; e) que a obra não esteja finalizada e nem em vias de conclusão.

O requisito da contigüidade de prédios vem sendo mitigado pela doutrina, de vez que as atuais técnicas de engenharia fazem possível a produção de resultados lesivos a distâncias consideráveis. Assim, o que interessa para a pertinência da nunciação é que a obra nova acarrete as repercussões previstas na lei, estendendo-se o sentido da expressão *prédios vizinhos* também para as hipóteses em que, não obstante fisicamente afastados, os riscos e os danos para um deles advenham de obra nova feita no outro.

Caso os vizinhos estejam a disputar a propriedade do território sobre o qual se faz a obra, total ou parcialmente, não caberá nunciação. A demanda adequada será então a reivindicatória, cujo desiderato consiste em afirmar, em favor de um dos litigantes, a titularidade da coisa. Nada obsta que a reivindicação se faça acompanhar de pedido — cautelar ou antecipatório da tutela — de sobrestamento dos trabalhos e até de demolição daquilo que já foi executado, circunstância a fazer menos eficaz a nunciação em tal contexto.

Considerada a proeminência do interesse coletivo em relação ao privado, descabe o emprego da nunciação de obra nova contra o poder público quando este se empenha na realização de trabalhos inerentes às suas funções, *v. g.*, abertura de ruas, colocação de esgotos etc. Todavia, pode ser utilizada a demanda nos casos em que a atuação se dá à semelhança do particular, *v. g.*, quando certa prefeitura amplia um jardim com finalidade estética. Afinal, se não está em jogo estritamente o bem-estar comum, é vedado aos entes públicos invocar a prerrogativa de dar continuidade a obras lesivas a membros da coletividade. Demonstrada a presença dos requisitos comuns exigidos em lei, admitir-se-á, então, a propositura da nunciação de obra nova.

Em qualquer das hipóteses de viabilidade supracitadas, ao prejudicado também é lícito, se o caso for urgente, fazer o embargo extrajudicial, notificando verbalmente, perante duas testemunhas, o proprietário ou, em sua falta, o construtor, para não continuar a obra (art. 935 do Código de Processo Civil). Porém, essa iniciativa é de pouca utilidade prática com vistas à suspensão dos trabalhos, já que eventual desatendimento da notificação pelo destinatário — fato mais do que previsível — fatalmente acarretaria a necessidade de aparelhamento da lide. Daí o porquê de ser afirmado, no parágrafo único, que dentro de três dias requererá o nunciante a ratificação em juízo, sob pena de cessar o efeito do embargo. Logo, o que tem concreta eficácia sobre o notificado não é exatamente a iniciativa extrajudicial, mas sim a sua posterior ratificação judicial, que assumirá feição de ordem de sobrestamento da obra.

Segundo preconiza o art. 936 do Código de Processo Civil, a petição inicial da ação de nunciação de obra nova será elaborada com observância dos requisitos do art. 282. Nela, o nunciante requererá: I – o embargo para que fique suspensa a obra e se mande afinal reconstituir, modificar ou demolir o que estiver feito em seu detrimento; II – a cominação de pena para o caso de inobservância do preceito; III – a condenação em perdas e danos. Tratando-se de demolição, colheita, corte de madeiras, extração de minérios e obras semelhantes, pode incluir-se o pedido de apreensão e depósito dos materiais e produtos já retirados (parágrafo único).

É lícito ao juiz conceder o embargo liminarmente ou após justificação prévia (art. 937 do caderno processual). Designada audiência de justificação, o autor poderá arrolar testemunhas, o que não se permitir ao réu; este, todavia, poderá reinquirir as da parte contrária. Deferido o embargo, o oficial de justiça, encarregado de seu cumprimento, lavrará auto circunstanciado, descrevendo o estado em que se encontra a obra; e, ato contínuo, intimará o construtor e os operários a que não continuem a obra sob pena de desobediência e citará o proprietário a contestar em cinco dias a ação (art. 938). O nunciado poderá, a qualquer tempo e em qualquer grau de jurisdição, requerer o prosseguimento da obra, desde que preste caução e demonstre prejuízo resultante da suspensão dela (art. 940).

2.6.2.7. Normas de aplicação comum à tutela da posse

O ordenamento jurídico pátrio disciplinou tanto a defesa da posse, considerada em si mesma e de maneira autônoma, como o resguardo da propriedade. Para aquela existem os interditos possessórios, em cujo âmbito não se discute o título de propriedade, mas sim a quem, nas circunstâncias, cabe a condição de possuidor. Já para a defesa dominial existe a ação reivindicatória, em que se discute e aponta aquele a quem toca o direito de propriedade. Logo, os juízos petitório e possessório situam-se em níveis distintos e independentes, ainda que por vezes revelem a existência de elementos de contato que não devem ser desprezados.

A *priori*, são situações absolutamente distintas e que não se confundem, não obstante seja imperioso reconhecer que o dono, em princípio, tem direito à posse em razão do denominado *jus possidendi*, ou seja, a faculdade de ser investido e conservado na posse da coisa adquirida. Mas isso nos casos em que se discute a propriedade, ainda que por via oblíqua se decida também acerca da posse. Estando em debate exclusivamente o *jus possessionis*, isto é, a prerrogativa de estar na posse de certa coisa independentemente da questão relativa à propriedade, a simples e isolada alegação de uma das partes no sentido de que é dono não poderá ser levada em consideração para fins de atribuição da posse. O debate em torno desta visa conduzir, unicamente, à definição final do sujeito a quem caberá o seu exercício. Tanto é assim que o § 2º do art. 1.210 do Código Civil dispõe: *"Não obsta à manutenção ou reintegração na posse a alegação de propriedade, ou de outro direito sobre a coisa"*. Portanto, no embate possessório descarta-se o aspecto dominial, ficando alijado do contexto qualquer desiderato relacionado ao reconhecimento da propriedade.

A exceção de domínio *(exceptio dominii)*, que se traduz na alegação da qualidade de proprietário como fundamento do suposto direito de posse, não tem força de definição em se tratando de controvérsia envolvendo o *jus possessionis*. Tal argüição não impede que o juiz mantenha ou reintegre na posse a parte que foi alvo da alegação referida *retro*, assim como também não obstará igual medida qualquer invocação de outro direito sobre a coisa, diverso do aspecto puramente possessório. Afinal, mesmo o dono pode não ter direito à posse que lhe foi arrebatada por outrem; tanto é verdade que a usucapião surge a partir da posse prolongada exercida por alguém sobre coisa que não lhe pertence. Em razão disso, a discussão acerca da posse, quando não tiver ligação direta com o debate da propriedade, deve ser feita com base nas peculiaridades relacionadas apenas à questão possessória, eis que todo o restante será secundário.

Quando mais de uma pessoa se disser possuidora, manter-se-á provisoriamente a que tiver a coisa, se não estiver manifesto que a obteve de alguma das outras por modo vicioso (art. 1.211 do Código Civil). Com suporte nessa norma, havendo disputa da posse entre várias pessoas que se dizem titulares do direito possessório, o juiz determinará, em princípio, que a coisa objeto do litígio permaneça provisoriamente com quem até então a tiver. Por força dessa decisão, a pessoa assumirá a condição de depositária da coisa para todos os efeitos, sujeitando-se inclusive ao risco de prisão civil se desatender às obrigações decorrentes do encargo que lhe foi atribuído.

A orientação colocada na parte inicial da norma somente não será observada se for notório que a obtenção da coisa pela pessoa com quem esteja houver sido maculada pelos vícios da violência, clandestinidade ou precariedade, pois então restará abalada a necessária idoneidade que se espera da pessoa incumbida da tutela do bem durante a discussão da lide possessória. Nesse caso, o juiz determinará a sua entrega ao depositário que prudentemente escolher, ou mesmo ao integrante do pólo processual contrário, se isso representar adequado encaminhamento da questão. Cabe lembrar que a conservação da coisa com este ou aquele indivíduo, quando mais de uma pessoa se disser possuidora, será provisória e se estenderá até o momento em que definitivamente decidida a controvérsia, quando então se dará o encaminhamento final e restará apontado o destino da posse disputada.

Outro ditame genérico a respeito da tutela possessória encontra-se no art. 1.212 do Código Civil, segundo o qual o possuidor pode intentar a ação de esbulho, ou a de indenização, contra o terceiro, que recebeu a coisa esbulhada sabendo que o era. Como visto nos tópicos antecedentes, a ação de reintegração de posse é o meio adequado para a retomada da posse esbulhada por outrem. Ao ajuizar a demanda, o autor pode cumular pretensão indenizatória contra o esbulhador, a fim de ver cobertos os danos experimentados por causa do evento, sendo exemplo disso a derrubada de cercas e os estragos feitos na casa de moradia pelo invasor. Nada impede que o lesado ajuíze duas demandas, sendo uma delas visando à recuperação da posse da coisa, e, a outra, objetivando o ressarcimento dos prejuízos suportados.

Na hipótese de a coisa já ter sido repassada pelo esbulhador a terceiro, cabe perquirir da ciência ou não deste acerca da origem da coisa recebida. Sabendo que era fruto de esbulho, terá cometido o crime de receptação, e, tendo em vista a ilicitude cível que também afeta a conduta, ficará sujeito não apenas à demanda de reintegração de posse, como igualmente ao pleito indenizatório que nela estiver contido ou que for deduzido em apartado. Cabe frisar que o terceiro somente responderá pelos prejuízos a que der causa a partir do recebimento ilídimo da coisa, mas não poderá ser obrigado a indenizar os danos anteriormente produzidos pela conduta do esbulhador. Se o terceiro não conhecia a origem ilegal da coisa, ainda assim terá de restituí-la à pessoa legitimada a ajuizar ação de reintegração de posse, mas ficará livre da composição dos prejuízos, que serão imputados em sua totalidade diretamente ao esbulhador.

O resguardo possessório por meio dos interditos e de todos os demais preceitos a eles relativos não se aplica às servidões não aparentes (primeira parte do art. 1.213). As servidões tidas como não aparentes são assim classificadas porque não se materializam em algo capaz de indicar a ocorrência de efetiva posse (v. g., servidão de tirada de água). Logo, ficam à margem da proteção normativa concedida ao genuíno estado possessório, já que este consiste na exteriorização de conduta análoga à do proprietário, restando patente a sua inexistência em se tratando de servidões destituídas de qualquer elemento material probante do seu exercício.

Exceção à regra surge no caso em que os títulos relativos às servidões não aparentes provierem do possuidor do prédio serviente, ou daqueles de quem este o houve (segunda parte do art. 1.213). Isto porque nessas circunstâncias haverá prova documental da existência da servidão não aparente em favor do prédio dominante, impedindo que se a confunda com ato de mera permissão ou tolerância provindo do titular do prédio que serve. Portanto, contornada a ausência de sinais visíveis do direito real e atestada de maneira indubitável a sua efetiva existência, confere-se integral proteção possessória a quem for turbado, esbulhado ou ameaçado no direito de posse.

2.6.2.8. Princípio da fungibilidade das ações possessórias

Como regra geral, o juiz não pode decidir além daquilo que foi explicitado na petição inicial, ou seja, o pedido do autor limita a prestação jurisdicional. Essa conclusão é extraída do art. 460 do Código de Processo Civil: *"É defeso ao juiz proferir sentença, a favor do autor, de natureza diversa da pedida, bem como condenar o réu em quantidade superior ou em objeto diverso do que lhe foi demandado"*. Caso contrário, haverá julgamento *extra petita*, e, à evidência, insubsistente.

A situação precisa ser examinada com cautela, porém, quando entra em exame a questão atinente às demandas possessórias *stricto sensu*, a saber, interdito proibitório, manutenção de posse e reintegração de posse. Isso porque o art. 920 do Código de Processo Civil altera o alcance do ditame contido no art. 460 do mesmo diploma ao afirmar: *"A propositura de uma ação possessória em vez de outra não obstará a que o juiz conheça do pedido e outorgue a proteção legal correspondente àquela, cujos requisitos estejam provados"*. Ao receber a inicial e constatar que a narrativa feita pelo autor entra em choque com a espécie possessória escolhida, o juiz receberá a demanda como se fosse a lide pertinente. Logo, se a descrição é de esbulho, mas o pedido é de manutenção, a demanda será processada como reintegração de posse. Por igual razão, se há apenas ameaça, mas é postulada reintegração, o juiz aceitará a lide como interdito proibitório.

O quadro delineado faz ver que as ações possessórias se submetem ao *princípio da fungibilidade*. Justifica-se esse posicionamento legislativo na medida em que o juiz não fica adstrito aos fatos narrados pelo autor, cabendo-lhe, com suporte na realidade emergente do caso concreto, dizer o direito aplicável à espécie. A isso é somada a circunstância de que nas demandas possessórias o que o autor busca é a proteção da posse, independentemente do modo pelo qual ela se perfectibiliza em razão do pronunciamento judicial. Ao decidir, o magistrado defere ou não o resguardo buscado, ainda que, ao acolher o pleito, não aborde o tema sob o ângulo proposto na peça incoativa.

Tendo em vista a excepcionalidade da providência, não há como empregá-la fora das hipóteses previstas na lei. Portanto, se o caderno processual admite a medida em relação às demandas possessórias, é preciso entender como tais apenas as que portam conteúdo possessório em sentido estrito. Daí que não se aplica o princípio da fungibilidade quando, por exemplo, o sujeito ativo propõe nunciação de obra nova ao invés de reintegração de posse, já que a diferença entre elas não enseja qualquer transmutação. Com muito mais razão, não será viável converter a imissão de posse ou a reivindicatória em demanda de tutela da posse, face à natureza petitória que naquelas se incrusta, o que não ocorre nesta. Haverá, em casos desse jaez, carência de ação e conseqüente extinção do processo sem julgamento do mérito.

Há diversos momentos processuais em que o julgador pode corrigir o rumo da lide equivocadamente proposta. Um deles é ao despachar a inicial e examinar eventual pleito liminarmente deduzido. Nada obsta, por outro lado, que ao proferir sentença o juiz assim proceda, já que terá consigo todos os elementos de instrução do litígio, ficando mais inteirado das suas nuanças fáticas. Por fim, também é admissível a conversão em sede recursal, ou seja, quando do reexame da matéria em apelação.

2.6.3. Legítima defesa da posse e desforço imediato

É inerente ao ser humano o instinto de autodefesa, tanto no plano físico como no âmbito patrimonial e dos direitos em geral. Já nas crianças se faz visível esse comportamento, circunstância a revelar que provém da natureza e a todos se incorpora desde o nascimento. Transmudada para o plano jurídico, a autoproteção do indivíduo encontra respaldo tanto na legislação penal como na de índole civil. Nesta última, o § 1º do art. 1.210 do Código Civil estabelece: *"O possuidor turbado, ou esbulhado, poderá manter-se ou restituir-se por sua própria força, contanto que o faça logo; os atos de defesa, ou de desforço, não podem ir além do indispensável à manutenção, ou restituição da posse"*. Estão aí previstas as duas modalidades básicas pelas quais o indivíduo pode resguardar a sua posse: a legítima defesa e o desforço imediato, conforme tencione repelir, respectivamente, ato de turbação ou de esbulho. Não há equívoco em considerá-las com um só mecanismo de proteção, mas convém expor as peculiaridades que envolvem o aparato disponibilizado ao possuidor afrontado. Saliente-se, todavia, que em ambas as situações aplica-se o disposto no art. 188, I, do Código Civil, que exclui a ilicitude dos atos praticados em legítima defesa ou no exercício regular de um direito reconhecido.

Assim como a lei penal permite a todos o exercício da legítima defesa como meio de supressão de lesão ou ameaça atual ou iminente a direito próprio ou alheio (art. 25 do Código Penal), chancelando a conduta e livrando o agente de qualquer reprimenda, também a lei civil idealizou uma forma de legítima defesa, desta feita voltada para a tutela da posse. A sua utilização é franqueada ao possuidor turbado, ou seja, àquele que está sendo alvo de conduta capaz de molestar o exercício possessório. Essa atividade, frise-se, traz consigo também o risco de perda da posse, eis que a continuidade dos atos de perturbação tendem, via de regra, a resultado final mais amplo. Logo, é de todo conveniente legitimar o possuidor à própria defesa pelos meios adequados que tiver.

A legítima defesa, admitida pelo ordenamento jurídico civilista, consiste no imediato emprego moderado dos meios necessários à manutenção da posse turbada por outrem. Para tanto, poderá o possuidor valer-se de força física, desde que a utilize na exata medida das necessidades do momento, visando a repelir a afronta e conservar o exercício possessório. A agressão precisa ser real, não se afigurando lídima a repulsa à simples ameaça, que pode ser refreada pelo emprego do interdito proibitório. Caso ultrapasse a barreira do tolerável, que é medido a partir das circunstâncias concretas vislumbradas em cada caso, o possuidor cometerá ilicitude e ficará sujeito às correspondentes sanções, inclusive indenizando os danos derivados do excesso defensivo.

Além do possuidor pleno, que congrega em si todos os atributos da posse, estão aptos a empreender legítima defesa o possuidor direto (*v. g.* inquilino, comodatário) e o indireto (*v. g.*, locador, comodante), em conjunto ou separadamente. Embora não exerça posse em nome próprio, o detentor tem implícita autorização do titular da coisa para agir em legítima tutela do direito deste. Nisso não há qualquer afronta à idéia de que a faculdade de promover autoproteção é limitada, pois o detentor funciona, para essa finalidade, como a *longa manus* do indivíduo em favor de quem está agindo. De resto, se o Direito Penal admite a legítima defesa de terceiro, não há razão para obliterar iniciativa de semelhante jaez no plano civil. E sem que se tenha de recorrer à figura do possuidor como terceiro, mas sim como alguém que está tendo o seu direito resguardado pelo sujeito — detentor — a quem circunstancialmente confiou o bem.

Igual faculdade não se dá, entrementes, ao preposto e ao mandatário, haja vista que a posição jurídica de ambos não enseja qualquer iniciativa pessoal. Não há como imaginar a delegação de poderes contratuais capazes de legitimar investidas físicas contra outrem em tutela da posse. Isso não inviabiliza a legítima defesa da posse com o auxílio de empregados, funcionários, etc., desde que à frente das manobras esteja diretamente colocado o possuidor.

Para a defesa prevista no dispositivo legal não se exige que o agente disponha de justo título ou esteja de boa-fé. Basta a qualidade de possuidor, associada à existência de ato turbativo real, e estará autorizada a providência, já que a natureza da posse não é elemento normativo relevante à espécie.

A autodefesa da posse também é feita por meio do chamado *desforço imediato*, que tem como finalidade a retomada da posse por quem foi alvo de esbulho. Por sua própria força, o possuidor esbulhado tenta restituir-se no exercício do direito afrontado. Neste compasso, terá de valer-se moderadamente dos meios necessários à repulsa, sendo-lhe vedado exceder daquilo que a situação recomenda, sob pena de responder por perdas e danos experimentados pelo adversário. Em suma, o desforço imediato tem como requisitos os mesmos que norteiam a conduta do indivíduo entregue à tarefa da legítima defesa da posse. A única diferença reside no fato de que esta rechaça a turbação, enquanto aquele é aplicado contra o esbulho.

Na execução do desforço imediato, a vítima poderá solicitar auxílio de outras pessoas, pois não é justo que se exija do lesado o enfrentamento pessoal e solitário de forças que invariavelmente são superiores à sua capacidade de autotutela. Destarte, a intervenção de ajudantes é plenamente admitida, observados os pressupostos de moderação e necessidade estatuídos na lei. Não se admite, todavia, que a iniciativa de proteção seja de pessoa diversa, exceto no caso de atuação oriunda do detentor; a decisão de promover a defesa e o comando intelectual da operação devem obrigatoriamente concentrar-se na vítima, porque se assim não for haverá prática de ilicitude pelo agente que, *sponte propria* e sem autorização do genuíno interessado, tomar providências físicas de resguardo da posse alheia.

Para a adequada compreensão do imediatismo temporal apregoado no § 1º do art. 1.210 do Código Civil, colocado como vértice da defesa possessória, reclama-se do intérprete bastante cautela. O que pretendeu dizer o legislador ao admitir a legítima defesa e o desforço imediato do possuidor, *contanto que o faça logo*? Não se pode exigir como dogma que a vítima tenha à sua disposição um tempo previamente determinado para o exercício da defesa que tiver, pois nem sempre a notícia da turbação ou do esbulho guarda instantaneidade em relação ao momento fático da ocorrência.

O que se exige do possuidor, na verdade, é que desencadeie os procedimentos pessoais de defesa prontamente, isto é, assim que lhe chegar ao conhecimento o evento lesivo. A legítima defesa da posse e o desforço imediato não são compatíveis com a inércia e o conformismo, de maneira que o decurso de tempo razoável entre a ciência dos fatos, pelo possuidor esbulhado ou turbado, e as iniciativas defensivas que porventura decida adotar, tolhe a legitimidade que inicialmente haveria em seu proceder, abrindo espaço para o uso dos interditos possessórios previstos em lei. A atividade do possuidor afrontado guarda certa correlação com a legítima defesa penal no que diz respeito aos pressupostos de viabilização do seu emprego, razão pela qual deve o possuidor agir prontamente, ou, ao contrário, optar pelo ajuizamento das ações cabíveis. Saliente-se que a intempestiva repulsa do ato de afetação pode caracterizar o crime tipificado no art. 345 do Código Penal, qual seja, exercício arbitrário das próprias razões.

2.6.4. Aquisição da propriedade por usucapião

Na seqüência do trabalho, quando serão apresentados em detalhes os modos de aquisição da propriedade, haverá exame dos mecanismos pelos quais o possuidor se torna titular do domínio da coisa submetida ao seu crivo possessório. Por ora, basta dizer que a aquisição da propriedade em virtude da usucapião tem como pressuposto a existência da posse, e, mais do que isso, da qualificação dela a partir do implemento de requisitos explicitados na lei, dentre os quais se destacam o tempo de duração, a ausência de oposição, a continuidade e assim por diante.

É mister inserir esse efeito dentre os principais que dimanam da posse, haja vista a sua relevância na manutenção da paz social e na promoção da segurança nas relações jurídicas. Ainda que posse e domínio sejam institutos muito diferentes, revela-se inegável o fato de que este brota daquela em determinas situações definidas na lei, surgindo a usucapião, portanto, como efeito da posse. Ela é a semente que faz brotar a propriedade, fertilizada pelas qualificadoras elencadas no ordenamento.

2.6.5. Indenização e retenção por benfeitorias e acessões

2.6.5.1. Conceito e classificação das benfeitorias

Ao investir-se na posse de um bem, o sujeito recebe-o em determinado estado físico, que pode ser péssimo, regular, bom, excelente etc. Independentemente disso, ao fazer agregar à coisa o resultado do seu próprio trabalho ou de terceiros, o possuidor estará promovendo mudanças na condição original do objeto. Daí a necessidade de averiguar se essa alteração foi relevante a ponto de ensejar, em favor de quem a realizou, a recuperação do montante investido, no caso de ser compelido a restituir o bem. O citado exame pressupõe não apenas a observação do volume econômico do investimento, mas também a repercussão dele na expressão valorativa da coisa e o ânimo com que se houve o possuidor ao assim proceder.

A questão básica, portanto, diz com a comparação do estado primitivo da coisa ao iniciar a posse e aquele verificado no instante da devolução a que for compelido o sujeito. Disso se parte para a apreciação do elemento anímico do possuidor ao realizar os incrementos, para chegar-se a conclusões em torno da existência ou não do direito de ser indenizado e de reter a coisa enquanto isso não ocorrer.

Em se tratando de acréscimos, melhorias e despesas executados pelo possuidor na coisa, eles podem ser classificados em duas modalidades: benfeitorias e acessões. Enquanto aquelas representam a agregação de determinado componente a um bem que já existe (*v. g.*, piscina no terreno onde há uma casa), estas importam na criação de algo novo em razão da atividade humana (*v. g.*, construção de uma casa sobre terreno baldio). As benfeitorias têm natureza complementar e acessórias, e são consubstanciadas em trabalhos ou gastos, feitos em móveis ou imóveis, para conservação, melhoria, valorização, aumento de utilidade ou simplesmente para embelezamento ou satisfação. De banda diversa, as acessões, geralmente traduzidas em construções ou plantações, não funcionam como elemento secundário, pois surgem exatamente onde nada as antecedia em relevância jurídica. Não obstante as diferenças acima explicitadas, há pontos comuns na disciplina da matéria pelo legislador, conforme será visto adiante.

A colocação das benfeitorias no rol dos acessórios independe do valor que tenham, eis que se leva em consideração o fato de aderirem a bens que já existem de maneira autônoma para o mundo jurídico. Destarte, embora venham a multiplicar a cotação econômica das coisas, as benfeitorias nunca assumirão o posto daquelas, porque isso poderia representar sérios transtornos no momento em que os responsáveis pelos acréscimos reclamassem a indenização das despesas feitas.

As benfeitorias são classificadas pelo Código Civil, no art. 96, em necessárias, úteis e voluptuárias. São necessárias as que têm por fim conservar o bem ou evitar que se deteriore (§ 3º). Elas visam fundamentalmente à preservação da substância da coisa, de tal modo que a sua ausência importaria na destruição do bem, em diminuição da expressão econômica ou em depreciação da capacidade de uso e fruição, sendo exemplo disso a reconstrução de parte do telhado que desabou, a colocação de estrutura reforçada em local onde ocorre infiltração que periclita a segurança do prédio etc. Quando se fala em conservação do bem, isso não adquire apenas conotação física, mas também jurídica. Assim, entende-se que tanto é benfeitoria o trabalho material de manutenção do objeto como o esforço econômico destinado a evitar óbices à sua normal utilização, sendo exemplo disso o pagamento de impostos sobre veículos de via terrestre, cuja preterição impede a circulação do automotor.

São úteis as benfeitorias que aumentam ou facilitam o uso do bem (§ 2º). Elas não aparecem como elementos imprescindíveis à conservação ou manutenção da coisa, mas incrementam o uso e se mostram efetivamente importantes como acréscimo econômico objetivo. Servem para melhorar as qualidades do bem ou a sua capacidade de exploração. Como exemplos pode-se citar a edificação de uma garagem para servir aos habitantes de casa e a colocação de grades nas janelas de moradia urbana.

Finalmente, são voluptuárias as benfeitorias de mero deleite ou recreio, que não aumentam o uso habitual do bem, ainda que o tornem mais agradável ou sejam de elevado valor (§ 1º). Também chamadas de voluntárias, apenas oferecem maior comodidade ou satisfação a quem as idealizou, sem que isso represente acréscimo capaz de melhorar o uso do bem em si, mesmo, ou, necessariamente, valorização deste. Servem para mero embelezamento, ornamentação da coisa a que se juntam, mas ocasionalmente pode haver aumento do valor daquela em razão da melhor aparência, o que não desvirtua o caráter voluntário da benfeitoria. Nessa categoria incluem-se a construção de floreiras, a aplicação de cor diferente na casa quando a pintura anterior está em perfeitas condições, a colocação de piso de mármore onde havia outro em adequado estado etc.

O que determina o enquadramento das espécies acima examinadas não é o seu valor econômico, mas sim aquilo que representam para a coisa a que se juntam. Destarte, a substituição de torneiras comuns por outras de metal nobre, sem que isso decorra de defeito nas primeiras, não permite dizer que se trata de benfeitoria necessária ou útil, mas simplesmente voluntária. O mesmo vale para a colocação de uma piscina, que em uma escola de natação é benfeitoria necessária, enquanto na casa situada em região de altas temperaturas é útil, e em local muito frio é apenas voluntária. Logo, a classificação depende mais da relevância da benfeitoria para a coisa principal do que da sua expressão pecuniária, embora a experiência revele, sem cunho vinculativo, que as necessárias e úteis geralmente têm maior valor, ao passo que as voluntárias são de inferior amplitude econômica.

Não se consideram benfeitorias os melhoramentos ou acréscimos sobrevindos ao bem sem a intervenção do proprietário, possuidor ou detentor (art. 97 do Código Civil). Já se disse anteriormente que as benfeitorias diferem das acessões feitas pela atividade humana. Neste momento, também é importante afirmar que não se confundem as benfeitorias com as acessões chamadas naturais, eis que estas consistem, por força de evento da natureza, na união ou incorporação de imóvel a imóvel (avulsão, aluvião, formação de ilhas e abandono de álveo) e de móvel a imóvel (vegetação espontaneamente surgida), de tal modo que a nova fração passa a integrar o bem primitivo sem qualquer forma de interferência ativa do proprietário, possuidor ou detentor, mantendo, contudo, seu caráter de acessoriedade. Cabe salientar que não configura acessão — mas, no máximo, benfeitoria — a junção de um bem móvel a outro, porque aquela configura modo de aquisição da propriedade imóvel. Estando fora da classificação destinada às benfeitorias, os acréscimos que sobrevierem independentemente de específica atividade humana refogem ao tratamento normativo previsto para aquelas, devendo sobre eles incidir as demais regras pertinentes aos bens e as referentes a acessões.

Derivando de eventos ocasionais, fortuitos, eventuais e sem ingerência volitiva do ser humano, esses acréscimos não são indenizáveis, porque resultantes da natureza. Somam-se ao bem original gerando proveito ao proprietário, sem que terceiros tenham direito a qualquer espécie de indenização. Isso acontece ainda que o acréscimo resulte, por exemplo, de acúmulo do solo que se vai desprendendo de um imóvel, diminuindo-o em extensão, e aderindo a outro, no fenômeno conhecido como aluvião. A acessão natural é considerada tecnicamente acessório em relação ao bem a que vem somar-se, seguindo-lhe, portanto, o destino jurídico.

2.6.5.2. Cabimento da indenização

A questão atinente à indenização das benfeitorias e acessões não prescinde do exame acurado do ânimo com que se conduz o possuidor. Ao editar normas a respeito da matéria, o legislador leva em consideração não apenas a natureza dos acréscimos ou melhorias, mas também — e com igual vigor — o elemento anímico de quem as introduziu. Variam os efeitos legais segundo a boa-fé ou a má-fé do possuidor, exatamente para que a realização de tais atividades não se transforme em elemento capaz de dificultar ou obstar a retomada da coisa por quem sobre ela tiver melhor direito.

Conforme dispõe a primeira parte do art. 1.219 do Código Civil, o possuidor de boa-fé tem direito à indenização das benfeitorias necessárias e úteis, bem como, quanto às voluptuárias, se não lhe forem pagas, a levantá-las, quando o puder sem detrimento da coisa. Recai sobre a pessoa a quem couber o recebimento da coisa o pagamento do valor que vier a ser apurado. Realizando benfeitorias necessárias ou úteis, o possuidor estará promovendo a valorização da coisa em termos de mercado, ou então evitando que sofra diminuição em seu valor normal. Estando o possuidor de boa-fé, automaticamente ficará patenteado o direito de postular a referida indenização, a fim de que se evite o locupletamento ilícito da parte contrária e o conseqüente empobrecimento da pessoa que até então desfrutava da posse. A boa-fé se traduz na convicção do possuidor quanto à legitimidade da posição jurídica ocupada, normalmente estribada em título que o faz acreditar que seja dono da coisa, embora na realidade isso não aconteça.

No que concerne às benfeitorias voluptuárias, por serem de menor ou de nenhuma expressão para fins de valorização da coisa, incrementação ou preservação da sua utilidade, poderá o possuidor de boa-fé levantá-las, se não lhe forem pagas pelo retomante, quando de seu ato não resultar prejuízo à substância da coisa principal. Duas portanto, as alternativas pertinentes na situação em exame: a) levantamento das benfeitorias, que consiste na separação delas em relação à coisa a que foram acrescidas; b) indenização pelo valor das benfeitorias, solução que, contudo, depende da vontade livre daquele a quem será restituída a coisa, pois não se lhe pode impor a obrigação de pagar. A opção de permitir a retirada ou indenizar é exclusiva do retomante.

Caso não haja indenização das benfeitorias voluptuárias, e nem possibilidade de levantá-las, face à afetação da substância da coisa se tomada essa medida, o possuidor simplesmente perdê-las-á para a parte contrária. Com efeito, não pode tomar qualquer iniciativa judicial visando a compelir o oponente a indenizar, pois a integração das benfeitorias voluptuárias ao seu patrimônio, dada a menor expressão que têm frente ao todo, não caracteriza enriquecimento ilícito.

Tratando-se de benfeitorias executadas em imóvel locado, cuja relação contratual esteja submetida às regras da Lei do Inquilinato (Lei n. 8.245/91), o princípio aplicável é outro, especificamente disciplinado no aludido diploma normativo. Salvo expressa disposição contratual em contrário, as benfeitorias necessárias introduzidas pelo locatário, ainda que não autorizadas pelo locador, bem como as úteis, desde que autorizadas, serão indenizáveis (primeira parte do art. 35). As benfeitorias voluptuárias não serão indenizáveis, podendo ser levantadas pelo locatário, finda a locação, desde que sua retirada não afete a estrutura e a substância do imóvel (art. 36). Saliente-se, por relevante, que salvo estipulação contratual averbada no Registro Imobiliário, não responde o adquirente pelas benfeitorias do locatário (Súmula n. 158, do Supremo Tribunal Federal). Por outro lado, importa destacar a circunstância de que é nula de pleno direito a cláusula contratual, inserida em avença locatícia regida pelo Código de Defesa do Consumidor (Lei n. 8.078/90, art. 51, XVI), que possibilite a renúncia do direito de indenização por benfeitorias necessárias.

A diferença de tratamento, explicitada acima, resulta da necessidade de proteger com maior ênfase o possuidor indireto, já que ele entregou a posse ao inquilino por força de contratação regularmente celebrada. Já a posse extracontratual, embora também receba proteção da lei, muitas vezes tem origem em violência, clandestinidade ou abuso de confiança, de modo que o seu resguardo quanto a benfeitorias não é tão alargado.

Mesmo que não haja disciplina específica a indicar o destino das acessões feitas na coisa pelo possuidor, é forçoso concluir no sentido de que elas se submetem a tratamento similar ao dispensado às benfeitorias necessárias. Isto porque, sob o prisma da sua relevância econômica e da prestabilidade que têm para a coisa, as acessões, de um modo geral, são mais expressivas do que aquela espécie de benfeitorias. Logo, dedicar solução diversa implicaria em carrear injusto enriquecimento ao retomante e inadequado empobrecimento ao possuidor. Apenas a título de complemento, cabe referir que a indenização das acessões independe da boa-fé ou da má-fé do possuidor, já que idêntico norte legal é dado quanto às benfeitorias necessárias.

A propósito, ao possuidor de má-fé serão ressarcidas somente as benfeitorias necessárias, consoante dispõe o art. 1.220 do Código Civil. Assim, o possuidor de má-fé não poderá pedir indenização das benfeitorias úteis e voluptuárias que houver realizado, perdendo-as pura e simplesmente em proveito da parte contrária. A prerrogativa de ser indenizado limita-se exclusivamente às benfeitorias de caráter necessário, que são feitas com vistas à conservação da coisa ou objetivam impedir que se deteriore, motivo pelo qual é imperioso o pagamento da correspondente importância ao possuidor. Ademais, independentemente do ânimo que movia o possuidor as benfeitorias necessárias teriam de ser executadas, de vez que importam em meio imprescindível de proteção da coisa. Isso justifica por si só a desconsideração do elemento anímico do possuidor como fator de outorga ou não do direito de ser indenizado.

A mesma norma veda o levantamento das benfeitorias voluptuárias, que serão perdidas em proveito do retomante, pois a primeira etapa do art. 1.220 também obsta qualquer pedido de indenização a elas relativo. Nisso não se vislumbra enriquecimento ilícito da pessoa a quem, será entregue a coisa, haja vista o fato de que melhoramentos dessa espécie não são juridicamente expressivos diante do todo, nem deles depende a manutenção da qualidade do bem ou o seu valor.

A realização de benfeitorias, cuja indenização pelo respectivo valor esteja prevista pela lei em proveito do possuidor, faz surgir um crédito deste contra a pessoa que receberá a coisa de volta. Por outro lado, ela mesma, constituída devedora em função do exposto *retro*, torna-se credora do possuidor em relação aos danos que a este cabe indenizar. Havendo débitos e créditos recíprocos, originados dos mesmos fatos, o legislador instituiu uma situação especial de compensação entre os respectivos valores, até onde se encontrarem. As benfeitorias compensam-se com os danos, e só obrigam ao ressarcimento se ao tempo da evicção ainda existirem (art. 1.221 do Código Civil). Uma vez feita a compensação total, considera-se solvida a obrigação de indenizar benfeitorias, razão pela qual ficará desde logo obrigado o possuidor a entregar a coisa a quem de direito, fazendo cessar eventual retenção que estivesse promovendo.

Dá-se a evicção sempre que o adquirente de certa coisa a título oneroso dela se vê privado, total ou parcialmente, por sentença judicial que a atribui a terceiro, seu verdadeiro dono. No caso de o possuidor perder a sua condição por força de evicção, as benfeitorias que houver realizado na coisa somente serão indenizadas se ainda existirem ao tempo em que for determinado o afastamento da posse. Os acréscimos que, feitos pelo possuidor, não forem aproveitáveis em razão de seu prévio desaparecimento, estarão fora do rol das benfeitorias indenizáveis, pois proveito algum levarão à pessoa a quem se deferiu a posse. Esta somente será obrigada a pagar ao possuidor pelas benfeitorias que efetivamente continuarem integrando a coisa a partir do recebimento da posse. Se assim não fosse, o legítimo titular da posse ficaria vinculado a uma despesa sem qualquer contrapartida de cunho econômico, o que acabaria produzindo indevido empobrecimento.

Cumpre observar que o ressarcimento previsto na norma legal não se limita às hipóteses em que houverem sido acrescidas benfeitorias à coisa submetida a juízo de evicção, mas também às acessões que, feitas pelo possuidor, ainda existirem ao tempo da entrega da posse a quem de direito. Os fundamentos que embasam esse raciocínio são os mesmos que sustentam o cabimento de indenização das benfeitorias feitas pelo possuidor e presentes na coisa quando da sua entrega a outrem.

Sendo de má-fé a posse, a indenização das benfeitorias será feita pelo valor atual que tiverem, ou pelo seu custo de realização (primeira parte do art. 1.222 do Código Civil). A opção por uma das alternativas elencadas pelo legislador cabe à pessoa em cujo proveito foi reconhecido o direito de retomar a coisa, não sendo permitido ao possuidor impugnar a escolha feita. O valor atual consiste na expressão pecuniária alcançada pelas benfeitorias ao tempo da análise da matéria, geralmente resultante de avaliação promovida por peritos especialmente nomeados pelo juízo. Já o custo das benfeitorias corresponde ao valor despendido pelo possuidor na sua execução, monetariamente atualizado a contar do desembolso, nos moldes dos índices oficiais. Pretende o ordenamento jurídico, ao apresentar a citada opção, oferecer ao retomante a oportunidade de integrar ao seu patrimônio as benfeitorias pelo menor valor possível, sem que isso provoque locupletamento ilídimo de uma das partes e empobrecimento injustificado de outra. É bem verdade que foi outorgada ao reivindicante especial consideração, de vez que poderá eleger a base sobre a qual será assentada a indenização devida ao oponente; todavia, isso se justifica na medida em que o possuidor está de má-fé, elemento anímico desde sempre repudiado pelo direito nacional.

Diversa a solução no caso de posse exercida com boa-fé, pois então o montante devido ao possuidor corresponderá sempre ao valor atual das benfeitorias, ou seja, à expressão econômica que tiverem ao tempo em que devam ser indenizadas. Logo, se entre a data da realização das benfeitorias e a do pagamento da indenização sobrevier valorização dos acréscimos, o possuidor terá direito à percepção do valor atual, e não apenas do que despendeu. Porém, se as benfeitorias diminuírem de valor, e a indenização procedida com base na estimativa atual não atingir o montante do dispêndio feito pelo possuidor, não poderá este reclamar pagamento que corresponda ao custo original, pois isso provocaria excessiva oneração da pessoa obrigada a indenizar. Destarte, nem sempre a indenização prevista em favor do possuidor de boa-fé assegurará a este o reembolso da totalidade das despesas efetuadas, situação tolerada pelo legislador face à necessidade de resguardar os direitos do retomante.

O pedido de indenização por benfeitorias e acessões deve ser feito na contestação da lide proposta pelo retomante. Todavia, nada impede que seja deduzido em ação autônoma, posterior ou concomitante ao transcurso da lide de que resulta a obrigação de restituir a coisa até então mantida sob posse de quem fez os acréscimos ou melhorias.

2.6.6. Cabimento da retenção

Direito de retenção é a faculdade, conferida pela lei ao credor, de negar a restituição e manter consigo determinado bem do devedor, cuja posse esteja regularmente exercendo, até que seja satisfeita certa obrigação. A invocação do *jus retentionis* depende de expressa previsão legal, descabendo a sua invocação com base na analogia, haja vista a severidade das repercussões que provoca. A retenção não tem conteúdo punitivo e tampouco repressivo, traduzindo-se apenas em mecanismo de tutela ao direito do credor e de coerção sobre o devedor. O tema atinente às benfeitorias é um daqueles que enseja, nos limites normativos, o exercício do *jus retentionis*.

A realização de benfeitorias necessárias e úteis autoriza o possuidor de boa-fé a argüir direito de retenção sobre a coisa, até que lhe seja pago o valor correspondente (parte final do art. 1.219 do Código Civil). Destarte, a permanência dela em poder do possuidor subsistirá enquanto não for satisfeito o crédito, constituindo meio legal de defesa e de pressão sobre a parte contrária, visando acelerar o recebimento do valor das benfeitorias e evitar a prematura retomada da coisa, que poderia levar à indefinida procrastinação da pendência.

Também o possuidor de boa-fé que promove acessões — em geral, construções e plantações — tem a faculdade de reter a coisa até ser indenizado. Tal solução não está posta expressamente na lei, mas emerge da equiparação, para esse fim, do tratamento jurídico dispensado às benfeitorias necessárias. Em atenção ao princípio da eqüidade, é de todo conveniente evitar que o retomante agregue ao seu acervo patrimonial, gratuitamente, acessões feitas pelo possuidor, a quem, por outro lado, não se deve impingir injusto empobrecimento.

Outra é a solução na hipótese de haver má-fé do possuidor, pois então, como resultado do seu elemento anímico, ele não poderá exercer direito de retenção visando a obter indenização pelas benfeitorias necessárias (segunda parte do art. 1.220 do Código Civil). Isto significa que somente pelos meios ordinários poderá postular o valor a que tiver direito, valendo-se, para tanto, dos procedimentos comuns de constrição patrimonial elencados no caderno processual. As acessões feitas pelo possuidor de má-fé também são indenizáveis, mas igualmente sem que lhe assista o *jus retentionis*, haja vista as razões acima explicitadas.

Discute-se acerca da natureza jurídica do direito de retenção, se é real ou pessoal. Para ser real, em primeiro lugar dependeria de *tipicidade*, isto é, de explícita inserção no rol posto no art. 1.225 do Código Civil, o que não acontece. Disso se conclui não ter sido intuito do legislador atribuir tal índole ao supracitado direito. Todavia, ainda que se admitisse a existência de outros direitos reais que não os arrolados naquele dispositivo (como é o caso da posse), ao menos a retenção deveria apresentar as demais características que revestem as formas reais, a saber: seqüela, ambulatoriedade, absolutismo, exclusividade etc.

Um exame mais acurado, todavia, demonstra que o *jus retentionis* não adere à coisa como um genuíno direito real, inclusive porque na hipótese de desaparecimento dela por culpa do retomante (*v. g.*, quando tenta resgatá-la do credor e acidentalmente a inutiliza), não há conversão da obrigação original em perdas e danos, mas apenas a persistência do crédito pelo valor das benfeitorias e acessões, que será exercido sobre qualquer item patrimonial existente no acervo do retomante. Aliás, nisso vai outra diferença, pois o ato de reter a coisa não se transmuda em garantia, mas unicamente em meio de pressão, de maneira que o crédito, em si mesmo, não encontra segurança jurídica no objeto retido. Por outro lado, a retenção também não se enquadra no elenco dos direitos pessoais, já que, embora de forma indireta, encontra naquela específica coisa — e não genericamente no patrimônio do devedor, que efetivamente servirá para a composição do crédito — o alvo do seu exercício. Logo, o *jus retentionis* tem natureza *sui generis*, não parecendo adequado classificá-lo em uma das modalidades citadas acima.

O direito de retenção deve ser alegado, em princípio, na própria contestação da lide aparelhada, sob pena de preclusão. Nas ações possessórias, cuja sentença tem natureza dúplice, o direito de retenção por benfeitorias e acessões deve ser invocado durante a fase cognitiva, já que em tais demandas não há execução em sentido estrito que viabilize, por meio de embargos de retenção, o debate do tema. Nas referidas ações, segue-se à prolação da sentença a expedição de mandado de cumprimento, de maneira que o momento apropriado ao exercício do direito é aquele em que o réu oferece defesa. Por outro lado, é relevante observar que se a questão não for discutida no juízo originário, não poderá ser processada e decidida em sede recursal, pois do contrário haveria supressão de instância.

Em sede de cumprimento de título judicial descabe aparelhar embargos de retenção, que constituem outro mecanismo destinado a assegurar a permanência do bem com o possuidor até que seja indenizado. Já tendo sido fixadas na fase cognitiva as bases da sentença, não há como inovar a lide quando do cumprimento do *decisum*. Logo, também aqui vale a observação de que o tema precisa ser explicitado pelo réu no momento em que oferece contestação. Admite-se, todavia, o pedido de retenção quando apresentados embargos à execução fundada em título extrajudicial gerador de obrigação para entrega de coisa certa (art. 745, IV, do Código de Processo Civil).

Ao sujeito estranho à relação processual é permitido, preenchidos os requisitos legais do art. 1.046 do Código de Processo Civil, argüir o direito de retenção por benfeitorias e acessões em sede de embargos de terceiro, pois somente nesse momento é que terá oportunidade de intervir efetivamente com vistas ao resguardo dos seus interesses jurídicos.

Capítulo 3

PERCEPÇÃO DOS FRUTOS

3.1. Conceito e classificação

Os frutos são elementos produzidos pela coisa, cuja separação da matriz não retira dela a utilidade ou o valor, porque se renovam continuamente. Dentro da classificação dos bens reciprocamente considerados, os frutos são acessórios e a coisa de onde provêm é principal. A propósito, o art. 92 do Código Civil informa que principal é o bem que existe sobre si, abstrata ou concretamente; acessório, aquele cuja existência supõe a do principal. É exatamente essa a relação entre a coisa e os frutos por ela gerados.

Como o acessório segue a sorte do principal (*accessorium sequitur principale*), a regra geral indica que os frutos pertencem ao dono da coisa de onde surgiram. Todavia, em homenagem à boa-fé com que conduz o possuidor, e tendo em linha de conta a necessidade de coibir o enriquecimento sem causa, o legislador traça soluções diferentes para as situações especiais que elenca. Antes de adentrar nesse terreno, porém, é preciso fazer breve referência à classificação dos frutos, pois disso depende o encaminhamento da questão atinente ao destino que terão nas relações jurídicas estabelecidas.

O art. 95 do Código Civil estabelece que apesar de ainda não separados do bem principal, os frutos e produtos podem ser objeto de negócio jurídico. Disso resulta a conclusão de que o dono tem direito aos frutos e aos produtos oriundos da coisa. Somente por exceção, nas hipóteses previstas no art. 92 do mesmo diploma, é que se admite a titularidade dos frutos — e apenas deles — pelo possuidor. Trata-se de rara medida, já que no mais das vezes o legislador, ante eventual conflito entre o direito do proprietário e o do possuidor, opta por resguardar as prerrogativas jurídicas daquele. As excepcionais hipóteses estatuídas visam a prestigiar a boa-fé do indivíduo durante o exercício possessório, funcionando, também, como mecanismo destinado a evitar indevido proveito em favor do proprietário que retoma a coisa.

É muito importante, neste compasso, observar que as definições de *frutos* e de *produtos* são bastante diferentes. Tal aspecto é de extrema relevância para o adequado estudo da destinação dos frutos originados da coisa possuída. Como se verá adiante, o ordenamento jurídico assegura ao possuidor, observados os requisitos nele postos, unicamente o direito de ficar com os frutos, mas não com os produtos do bem. Entende-se por frutos todas as utilidades que a coisa produz, de maneira renovável, cuja separação dela não afeta e nem suprime a substância, a prestabilidade e o valor que tem. Podem ser citados como exemplos as laranjas em relação à planta, as crias e a lã dos animais, os juros do dinheiro e assim por diante. De outra banda, os produtos não se originam da coisa; na verdade, são extraídos dela em caráter singular, único e definitivo, porque não se renovam e, captados, acabam reduzindo a substância, a utilidade e a expressão econômica do próprio bem. É o que acontece, por exemplo, com os minerais e metais retirados do solo, que, uma vez retirados de onde se encontram, não serão mais repostos. Como não há reprodução dos elementos extraídos, é certo que a operação reduzirá qualitativa e quantitativamente, evidenciando-se nisso inequívoca diferença no tocante aos frutos, que são eminentemente renováveis. Em comum, porém, existe o fato de que tanto os frutos como os produtos são acessórios da coisa, seguindo-lhe o destino jurídico.

Quanto à origem, os frutos podem ser *naturais, industriais* ou *civis*. Consistem os primeiros nas riquezas produzidas pela coisa e renováveis por força da própria natureza, como, por exemplo, o que se colher em um pomar de pêssegos. Os frutos industriais, por sua vez, são os que derivam de atividade econômica empreendida pelo ser humano, mas cujo resultado não emerge especificamente da força da natureza, e sim do trabalho, *v. g.*, as peças automotivas produzidas por uma fábrica. O tratamento jurídico que lhes é dispensado mostra-se idêntico àquele destinado aos frutos naturais, dada a similitude da sua configuração. Por fim, são frutos civis os rendimentos auferidos pela aplicação de coisas ou valores, como é o caso dos juros do capital e do montante captado em arrendamento de imóvel.

Quanto à situação em que se encontram relativamente à coisa, podem ser *pendentes* ou *percebidos*. Estes últimos também recebem a denominação de *colhidos*. Consideram-se pendentes aqueles que ainda estão atrelados à coisa de que se originaram, como é o caso das frutas no tocante à planta. Os frutos ainda pendentes, mas que podiam ser captados e não foram, denominam-se *percipiendos*. Por outro lado, diz-se percebidos os que já foram separados da matriz, como se dá na hipótese de recebimento dos juros derivados do dinheiro aplicado. Os frutos já percebidos, que foram armazenados ou embalados, chamam-se *estantes*. Tendo sido empregados em sua destinação final, recebem o nome de *consumidos*.

3.2. Direito do possuidor sobre os frutos

Para que o possuidor tenha direito à percepção dos frutos, nos moldes indicados no ordenamento, o legislador exige que ele esteja de boa-fé. Possuidor de boa-fé é aquele que age como dono, estribado em elementos concretos que o autorizam a assim proceder, convicto do seu direito, embora esteja equivocado quanto a essa certeza íntima. Exemplo: Marcelo celebra contrato de compra e venda de imóvel com pessoa que se faz passar por proprietário da coisa e outorga escritura iludindo o tabelião e incutindo na parte adversa a mais ampla convicção de que passa a ser dono, quando na realidade chegará, no máximo, ao patamar de possuidor.

O *caput* do art. 1.214 do Código Civil dispõe: *"O possuidor de boa-fé tem direito, enquanto ela durar, aos frutos percebidos"*. A norma reconhece a grandeza do elemento anímico do indivíduo e considera que ele empregou a coisa de maneira adequada, fazendo-a cumprir a sua finalidade econômica. Destarte, ele tomará para si todos os frutos que, produzidos ao longo do período de posse, enquadrarem-se na categoria de percebidos, ou seja, tornados autônomos por separação da fonte que os gerou. A cessação do estado anímico referido na norma legal, porém, rompe o permissivo jurídico que viabilizava a percepção dos frutos, devendo o possuidor entregá-los a quem tiver melhor direito, ou indenizá-los pelo equivalente em dinheiro, caso tornado impossível o repasse *in natura*. É o que acontece, *v. g.*, quando o adquirente toma ciência extrajudicial do vício que impede a transmissão dominial, ou recebe citação para responder aos termos de uma lide possessória.

Os frutos pendentes ao tempo em que cessar a boa-fé devem ser restituídos, depois de deduzidas as despesas da produção e custeio; devem ser também restituídos os frutos colhidos com antecipação (parágrafo único). Reputam-se pendentes os frutos ainda ligados à fonte geradora, sendo exemplo disso as plantas comestíveis ainda em fase de maturação. Tais frutos, desaparecida a boa-fé do possuidor, devem ser entregues ao retomante. Apenas se houvesse persistido a boa-fé até o momento da completa percepção é que o possuidor incorporaria em definitivo tais frutos ao seu acervo. Todavia, do total devido serão abatidas as despesas de produção e custeio, a fim de evitar o enriquecimento sem causa da parte a quem será restituída a coisa, de vez que não se mostra justo impor, à pessoa que devolve, o empobrecimento ínsito na eventual obrigação de suportar os gastos e ainda entregar os frutos à parte contrária.

Cessada a boa-fé, também os frutos colhidos com antecipação serão restituídos ao pólo contrário. Quando o possuidor força a percepção dos frutos antes da época adequada, está agindo com mau ânimo, objetivando incorporá-los ao seu patrimônio e torná-los juridicamente percebidos, com o que evitaria a devolução. Trata-se de manobra ilídima rechaçada pelo direito por meio da imposição, ao possuidor, do dever de entregar os frutos assim colhidos. Mesmo nos casos em que a antecipação não se deva a qualquer artifício utilizado pelo possuidor, caberá a este entregá-los à parte contrária, eis que a cessação da boa-fé impede em quaisquer circunstâncias a integração dos frutos à sua esfera jurídica, exceto quanto aos normalmente percebidos antes da mudança de ânimo.

Os frutos naturais e industriais reputam-se colhidos e percebidos, logo que são separados; os civis reputam-se percebidos dia por dia (art. 1.215 do Código Civil). Objetivando disciplinar a matéria relativa à percepção dos frutos pelo possuidor em determinadas situações, e à restituição dos mesmos a quem de direito, noutras, o legislador cuidou de editar regra básica acerca do momento em que considera percebidas as diversas espécies de frutos. Os naturais e os industriais reputam-se colhidos e percebidos logo que são apartados da matriz que os sustentava, ou seja, a partir de quando adquirem autonomia e passam a ter existência jurídica independente.

Desimporta o local em que estejam ou quaisquer outros fatores exógenos, pois a solução apontada na norma leva em linha de conta tão-somente a questão temporal como fator relevante para a fixação do momento em que são tidos como percebidos os frutos em geral. Um limão, por exemplo, é juridicamente percebido no instante em que retirado da árvore; uma peça ou produto fabricado na indústria, quando acabado e pronto para cumprir a finalidade a que se destina. Os frutos civis, haja vista a circunstância de serem produzidos contínua e ininterruptamente, reputam-se percebidos dia a dia por presunção legal, de maneira que a pessoa a quem a lei os endereçar recebê-los-á como conjunto auferido até determinada data, ou a contar dela. Também aqui prevalece a regra de que os frutos auferidos antecipadamente devem ser entregues ao retomante, para evitar enriquecimento sem causa do possuidor, independentemente do estado de ânimo com que obrou e da categoria em que se enquadram os frutos. Impende observar, outra vez, que o possuidor só tem direito a se apropriar dos que houverem sido captados regularmente e apenas enquanto perdurar a boa-fé.

O possuidor de má-fé responde por todos os frutos colhidos e percebidos, bem como pelos que, por culpa sua, deixou de perceber, desde o momento em que se constituiu de má-fé; tem direito às despesas da produção e custeio (art. 1.216). Se ao agente de boa-fé o legislador confere certas vantagens, chegando mesmo a admitir que tome para si os frutos já percebidos, não outorga direito algum ao possuidor de má-fé em relação à propriedade dos frutos, sejam eles percebidos ou pendentes. Com efeito, terá de responder por todos os que, independentemente da espécie (naturais, industriais ou civis), já chegaram em definitivo à sua esfera de atuação jurídica, como no caso dos cereais cuja colheita foi ultimada. O mau ânimo obriga o possuidor a restituir ao retomante a totalidade dos frutos; se não mais existirem ao tempo em que houverem de ser entregues, responderá pelo equivalente em valor, mais perdas e danos cuja existência restar demonstrada.

Afora suportar a obrigação de responder pelos frutos colhidos e percebidos, o possuidor também arcará com os encargos econômicos relacionados aos frutos que, por culpa sua, deixou de perceber desde o momento em que constituído de má-fé, como no caso dos aluguéis que não cobrou do inquilino. Enquanto estiver de boa-fé, não suportará os ônus ligados aos frutos que culposamente deixou de auferir. A má-fé no exercício da posse produz múltiplos efeitos contrários aos interesses do possuidor, inclusive porque faz presumir a existência do elemento anímico negativo em todos os demais aspectos que envolvem a relação possessória. Disso emerge a obrigação de responder pelos resultados nocivos culposamente protagonizados, de vez que ao portar-se com má-fé chamou para si a integral responsabilidade por tudo o que viesse a interferir negativamente, em termos econômicos, sobre a coisa possuída ou seus frutos.

Com o fito de evitar o enriquecimento sem causa da pessoa que tiver direito legítimo sobre a coisa, o ordenamento jurídico impõe a ela o dever de reembolsar ao possuidor de má-fé as despesas de produção e custeio dos frutos. Seria injusto admitir que a má-fé fosse tão extensa ao ponto de carrear empobrecimento ao possuidor e conseqüente locupletamento da parte contrária. A finalidade da norma, em sua parte primeira, consiste em repor o estado original, fazendo volverem ao titular a coisa e os frutos a ela relacionados; todavia, não se compraz o legislador com qualquer vantagem econômica de uma parte sobre a outra, eis que nisso iria irregularidade tão grave e ilegítima quanto a própria má-fé com que se houve o possuidor. Portanto, à percepção dos frutos corresponderá a obrigação de pagar as despesas de produção e custeio, que são todas aquelas razoavelmente empregadas pelo possuidor no processo de geração.

A pessoa a quem couber efetuar o reembolso previsto na parte final da norma não estará obrigada pecuniariamente além do limite demarcado pela expressão econômica contida nos frutos que lhe foram restituídos ou indenizados. Logo, se essa expressão atingiu o valor de 100, e as despesas de produção e custeio alcançaram 150, o teto do pagamento a ser feito ao possuidor será equivalente àquele primeiro número referido. Não fosse assim, estar-se-ia admitindo que a culpa do possuidor de má-fé teria o condão de multiplicar os prejuízos da pessoa que esteve injustamente privada da posse, situação incompatível com a finalidade perseguida pelo legislador ao editar a supracitada regra e com as demais normas pertinentes às relações possessórias em geral.

3.3. Responsabilidade por deterioração ou perda da coisa

A existência de boa-fé faz com que a situação jurídica do possuidor seja sob certos aspectos prestigiada pela lei, mormente no que concerne aos encargos econômicos que lhe são atribuídos. A perda, a deterioração e os danos que afetarem a coisa não poderão ser imputados ao possuidor de boa-fé que não ocasionou tais eventos (art. 1.217 do Código Civil). A sua obrigação, nesse particular, consiste exclusivamente na restituição da coisa no estado em que se encontrar. Mesmo se nada mais houver a restituir, a ausência de culpa ou dolo por parte do possuidor de boa-fé, na verificação dos prejuízos, fará com que fique imune a qualquer pretensão indenizatória provinda da parte adversa.

Tendo agido com culpa ou dolo na provocação da perda, deterioração ou danificação da coisa, o possuidor de boa-fé terá de indenizar pelo montante correspondente à depreciação econômica constatada. Tal solução evita que o titular legítimo sofra mais reveses do que aqueles inerentes à privação da posse; ademais, o direito pátrio consagra a reparabilidade dos danos causados a partir da culpa do agente, e não poderia agora fugir à regra geral, até mesmo em atenção à necessidade de escorreita reposição do *status quo ante*.

Diversa é a solução quando o possuidor estiver de má-fé, pois então responderá pela perda, ou deterioração da coisa, ainda que acidentais, salvo se provar que de igual modo se teriam dado, estando ela na posse do reivindicante (art. 1.218). Quem de má-fé ingressa na posse de coisa pertencente a outrem sujeita-se à reparação de todo e qualquer prejuízo decorrente da sua perda, deterioração ou danificação. Com isso pune-se o ânimo ruim, mas também se evita que a pessoa, a quem a lei atribui legitimamente a posse, suporte os prejuízos causados à coisa enquanto estiver em poder de outrem e continuar a privação. A circunstância de haver obrigação de reparar inclusive na hipótese de caso fortuito ou força maior deriva do fato de que, estando ciente da ilegitimidade da sua posse, o agente assume a totalidade dos riscos e dos acontecimentos lesivos que sobrevierem. Exemplo: o possuidor de má-fé é obrigado a indenizar, pelo valor do animal, se este foi atingido e morto por descarga elétrica provinda de torre de alta tensão localizada no pasto para o qual foi levado a partir do início da posse; afinal, se tivesse permanecido no local onde originalmente estava colocado, o evento lesivo não se teria verificado.

A obrigação de responder pelos acontecimentos danosos acidentais que ocasionarem perda — parcial ou total — ou deterioração somente será elidida se o possuidor de má-fé produzir inequívoca prova no sentido de que os prejuízos ocorreriam mesmo se a coisa estivesse na posse do reivindicante. Há, por assim dizer, presunção de culpa em desfavor de quem possui com má-fé, do que resulta a inversão do ônus da prova acerca da causa dos prejuízos. Nesse caso, ficando demonstrado que os fatos nocivos não tiveram inarredável relação com a circunstância de a coisa estar sob posse do sujeito "A" e não do indivíduo "B", e que sobreviriam independentemente do elemento anímico com que aquele se portava, estará afastada a hipótese de responsabilização. Exemplo: o possuidor de má-fé não responderá pela deterioração de uma casa como resultado da ação repentina e imprevista das águas do mar, eis que acontecimento fora do controle e da prevenção de qualquer pessoa que sobre a coisa tivesse direito à época dos fatos.

Ao referir-se à figura do *reivindicante*, o legislador não teve em mente abranger apenas o autor de ação reivindicatória, pois em inúmeras ocasiões a atribuição da posse a alguém é por completo independente de qualquer alegação ou discussão em torno da propriedade da coisa. Aliás, o que mais ocorre é justamente o contrário, ou seja, a disputa envolve exclusivamente o direito de possuir, e não a qualidade de dono. Em assim sendo, para os fins propostos na norma legal *reivindicante* é sinônimo de *retomante*, ou seja, todo aquele que consegue, em juízo, ver reconhecida a alegação de que tem melhor direito à posse de determinada coisa. Isso inclui, portanto, o sujeito ativo de quaisquer dos interditos possessórios, bem como, por óbvio, o autor de ação reivindicatória.

Capítulo 4

DOS DIREITOS REAIS TIPIFICADOS

4.1. Considerações gerais

Todo direito real deixa entrever a presença de um sujeito passivo indeterminado no liame formado com o sujeito ativo. Tais personagens se igualam, em valoração jurídica, à coisa sobre a qual se dá a inflexão imediata do direito do sujeito ativo. Isso não afeta a importância da coisa no vínculo gerado, mas abre espaço para a existência do sujeito passivo como personagem da relação. Desse raciocínio se extrai certo afastamento da idéia de que a relação jurídica, no direito real, é travada exclusivamente entre o titular e a coisa, pois a despersonalização completa não parece ser o caminho mais adequado em se tratando de vínculos dessa natureza. É mais pertinente a noção de que no direito real existem sujeitos ativo e passivo dotados de tanta expressão jurídica quanto a coisa sobre a qual recai o direito daquele.

O sujeito passivo é indeterminado, já que toda a coletividade precisa respeitar o direito do sujeito ativo sobre a coisa. Todavia, desde o instante em que se especifica o liame, como no caso dos direitos reais de garantia, há duas relações de trajetória paralela: a) a primeira, constituída entre o titular do direito real (*v. g.*, credor hipotecário) e quem experimenta diretamente as suas repercussões (*v. g.*, titular do bem hipotecado), aparecendo a coisa como elemento material que suporta a inflexão do direito; a segunda, gerada consoante explicitado *retro*, abrigando como personagens o sujeito ativo (no exemplo dado, o credor hipotecário), o sujeito passivo indeterminado (os membros da coletividade, a quem se impõe um dever geral de abstenção) e a coisa sobre a qual recai o direito do sujeito ativo.

4.2. Elenco dos direitos reais

O art. 1.225 do Código Civil arrola, em listagem taxativa, os direitos reais. São eles: I – a propriedade; II – a superfície; III – as servidões; IV – o usufruto; V – o uso; VI – a habitação; VII – o direito do promitente comprador do imóvel; VIII – o penhor; IX – a hipoteca;

X – a anticrese. A eles é preciso agregar a posse, instituto que, embora não figure expressamente na supracitada norma, enfeixa todas as características de direito real e, saliente-se, é capaz de gerar a usucapião, que atribui a propriedade — maior dos direitos reais — a quem era apenas possuidor.

Outros direitos reais poderão ser criados por lei, mas somente ascenderão a esse patamar jurídico quando de maneira expressa o legislador construir a sua estrutura e disser da sua índole real. Não há como estender a qualidade real a outros institutos por analogia ou mecanismo diverso. Daí que o art. 1.225 do Código Civil faz *tollitur quaestio*, trazendo em si todos os direitos genuinamente reais admitidos pelo ordenamento brasileiro, com exceção da posse, que ao referido elenco se associa pela própria estrutura indicada na lei. Os demais direitos, portanto, ainda que atinjam a propriedade alheia, terão apenas cunho obrigacional ou pessoal.

O Código Civil em vigor excluiu do rol dos direitos reais a enfiteuse, prevista como tal na codificação revogada. A partir da vigência da novel disciplina, e por direta previsão do art. 2.038, ficou proibida a constituição de enfiteuses e subenfiteuses, subordinando-se as existentes, até sua extinção, às disposições do diploma anterior e leis posteriores.

Vale referir que a propriedade é o direito real *matriz* pois dela derivam todos os demais, que lhe são, portanto, inferiores em vigor e amplitude. Às partes interessadas não é permitido criar direitos reais, podendo unicamente valer-se daqueles disponibilizados na legislação nacional. Esse fenômeno não se repete no campo dos direitos pessoais, já que inexiste um rol taxativo das suas espécies, facultando-se às partes inclusive a criação de outros que não estejam tipificados na lei. Prova disso é que o elenco dos contratos, fonte de obrigações, não se esgota nas figuras nominadas estatuídas no Código Civil, já que os interessados podem lançar mão de estruturas idealizadas a partir das modalidades típicas e de princípios gerais do direito negocial com vistas à geração de uma figura híbrida ou inominada.

Capítulo 5

DA PROPRIEDADE

5.1. Da propriedade em geral

5.1.1. Conceito

Ao invés de partir diretamente para a edição de um conceito do que seja o direito real de propriedade, o legislador preferiu tomar posição mais cautelosa e arrolar os atributos conferidos ao dono. E agiu bem, pois não é adequado exarar uma fórmula definitiva e fechada quanto a um instituto de reconhecida complexidade. Tanto é assim que da propriedade derivam todos os outros direitos reais listados pelo Código Civil, sendo correto dizer que ela funciona como base estrutural e matriz deles. Prova disso é que o único direito real incidente sobre coisa própria é exatamente a propriedade, pois no tocante a todos os demais o que se verifica é a inflexão do direito real sobre coisa alheia.

Desaconselha-se a conceituação taxativa, igualmente, porque o senso de domínio sobre as coisas é inerente à natureza humana. Todo ser humano, do mais poderoso ao mais simples, é dotado do instinto de ter coisas para si, seja para saciar necessidades primárias como a fome e a sede, ou com o intuito de ascender a uma condição de vida melhor. Longe de se tratar, por si só, de anseio que fomenta sentimentos como o egoísmo e a cobiça (estes consubstanciam, na verdade, deturpações do natural instinto), a vontade equilibrada de se apropriar de coisas desempenha importante papel no crescimento da sociedade e dos indivíduos. Em vista disso, não cabe ao direito estampar uma construção sacramental que defina a propriedade, sendo muito mais pertinente deixar que essa impressão se forme a partir da realidade social, sopesadas variantes como o tempo e o espaço.

A rigor, existe propriedade sempre que o indivíduo assume a titularidade de coisas corpóreas ou incorpóreas, mas as nuanças do instituto são ditadas a partir da configuração jurídica da espécie que se esteja concretamente analisando. Em tese, pode-se diferenciar *domínio* e *propriedade*. O primeiro consiste no *"direito real que vincula e legalmente submete ao poder absoluto da vontade de uma pessoa a coisa corpórea, na substância, acidentes e acessórios"* (Lafayete, *apud* José Náufel, *Dicionário Jurídico Brasileiro*, Ícone Editora, p. 493).

O segundo é *"o poder assegurado pelo grupo social à utilização dos bens da vida psíquica e moral"* (Clóvis Bevilacqua, *apud* José Náufel, obra citada, p. 764). Disso se infere que no plano teórico a propriedade é gênero, tendo maior amplitude do que o domínio, que é espécie. Isso porque ela abrange elementos incorpóreos (*v. g.*, propriedade intelectual), ao passo que o domínio concerne aos itens corpóreos. A distinção, porém, não repercute no ambiente prático, sendo tecnicamente correto empregar os termos como sinônimos, no sentido de abarcarem tanto a titularidade do indivíduo sobre coisas incorpóreas como o direito relativo às corpóreas.

A condição de proprietário atribui ao sujeito o denominado *jus possidendi*, ou seja, o direito de possuir a coisa em razão da propriedade. Isso não significa que o titular tenha necessariamente consigo o *jus possessionis*, que implica no reconhecimento da posse em favor daquele que tiver melhor direito, ainda que não seja o dono. Quem é mantido na posse por decisão judicial tem reconhecido o *jus possessionis*, enquanto quem vence ação reivindicatória e alcança em juízo autorização para retomar a coisa é protegido em razão do *jus possidendi*.

5.1.2. Características da propriedade

Pode-se afirmar que o direito de propriedade é exclusivo, absoluto e irrevogável. Acerca do tema, o art. 1.231 do Código Civil afirma que a propriedade se presume exclusiva até prova em contrário. Diz-se *exclusiva* porque ninguém mais que não o dono exerce as prerrogativas relacionadas à propriedade, sendo-lhe inclusive permitido repelir injustas agressões mediante o emprego dos meios previstos no ordenamento jurídico. Destarte, perante terceiros o direito de propriedade é exclusivo e deve ser respeitado, sendo permitido ao dono valer-se das ações adequadas quando molestado injustamente. Mesmo no condomínio mantém-se o caráter exclusivo, pois não obstante o dever de respeitar as frações ideais dos demais consortes, perante terceiros cada condômino é considerado titular do todo e nessa qualidade pode agir em defesa do direito. As limitações existem apenas no que diz com o necessário respeito que cada titular deve no tocante aos interesses dos demais integrantes do pólo dominial, mas isso em razão da abstrata partição da propriedade, característica básica do condomínio. A exclusividade decorre ainda da circunstância de que o domínio sobre a coisa persiste no tempo indefinidamente, enfeixando no titular os seus atributos até que sobrevenha manifestação volitiva do dono, ou causa jurídica bastante, capazes de alterar a relação jurídica e a titularidade da coisa.

O direito real do proprietário é *absoluto* porque a vontade do titular se sobrepõe a qualquer outro fator, exceto quando afrontar o ordenamento jurídico ou os princípios gerais norteadores do instituto. Como será visto adiante, o absolutismo da propriedade perdeu muito do seu significado original, já que a moderna concepção desse instituto reclama que seja posto a serviço do desenvolvimento e da melhoria da vida em sociedade. O dono já não mais pode fazer tudo o que quiser, mas somente aquilo que, observados os limitadores legais, puder. Embora seja titular dominial, a satisfação dos seus interesses singulares precisa entrar em sintonia com a relevância que a coisa acaso tenha para o universo coletivo.

Por fim, a propriedade é *irrevogável* porque o dono não precisa exercer o direito que lhe compete para conservá-lo consigo; a inércia do titular não afeta a propriedade, a menos que se some ao agir positivo de outrem e acabe conferindo a este a posse qualificada, que, fluindo ao longo do tempo exigido em lei, promove a aquisição dominial pelo até então possuidor. De toda sorte, o dono tem inclusive a prerrogativa de se quedar inerte frente à coisa de que é titular, nada fazendo para dela extrair vantagens. Exceto, por óbvio, quando prevalecer o interesse geral, pois dele poderá advir a supressão do direito real por meio dos mecanismos previstos em lei (*v. g.*, desapropriação).

5.1.3. Elementos constitutivos

O art. 1.228 do Código Civil dispõe, em caráter genérico, sobre os atributos ou poderes do proprietário. Diz, em seu *caput*, a citada norma: *"O proprietário tem a faculdade de usar, gozar e dispor da coisa, e o direito de reavê-la do poder de quem quer que injustamente a possua ou detenha"*. Os três principais atributos da propriedade são o *jus utendi* (direito de usar), o *jus fruendi* (direito de fruir) e o *jus abutendi* (direito de dispor).

Consiste o primeiro na faculdade de utilização e defesa da coisa como melhor convier ao titular, retirando dela todas as vantagens que puder propiciar. A idéia de uso da coisa viabiliza inclusive a total inércia do titular quanto ao seu efetivo emprego em alguma destinação concreta. Logo, ainda que nada faça com o bem, considera-se que esteja dando a ele um fim lícito. Todavia, a prerrogativa de usar é alvo de limitações oriundas da prevalência do interesse coletivo sobre o privado, e até mesmo da circunstancial maior valia do direito particular alheio, como ocorre na disciplina das relações de vizinhança.

O direito de fruir traduz-se na prerrogativa de fazer a coisa frutificar e produzir rendimentos ou ganhos, que são auferidos pelo proprietário diretamente ou por quem o representa. Os frutos e mais produtos da coisa pertencem, ainda quando separados, ao seu proprietário, salvo se, por preceito jurídico especial, couberem a outrem (art. 1.232 do Código Civil). A diferenciação entre frutos e produtos, já abordada noutra etapa do trabalho, dá-se na medida em que estes não são renováveis natural ou artificialmente (*v. g.*, ouro da mina), enquanto aqueles se reproduzem (*v. g.*, uva de um vinhedo).

Em atenção ao princípio de que o acessório segue o principal, consideram-se pertencentes ao proprietário da coisa os frutos naturais, civis e industriais, bem como os produtos que dela foram extraídos. Essa realidade persiste mesmo quando estiverem separados da coisa, pois o que interessa não é a sua situação física, mas sim a circunstância de terem origem em determinada coisa. Não obstante, preceitos jurídicos especiais podem prever destinação diferente, forte em motivos de ordem social ou na necessidade de promover adequada distribuição das riquezas entre particulares. É o que acontece, por exemplo, no que concerne ao possuidor de boa-fé, pois a lei determina serem seus os frutos percebidos ao longo do tempo em que perdurava o estado anímico original.

O direito de dispor envolve a possibilidade de dar à substância da coisa e ao direito de propriedade o destino que o titular desejar, seja alienando-a onerosa ou gratuitamente, gravando-a de ônus, consumindo-a ou de qualquer modo desfazendo-se dela. Também se inclui no rol de faculdades originais do *jus abutendi* a de reivindicar a coisa de quem injustamente a detenha ou possua, haja vista a incidência da *seqüela*, peculiar a todo direito real. A *priori*, é lícito ao dono destruir o bem, tamanha a amplitude das prerrogativas que enfeixa. Todavia, a conduta do proprietário não pode ultrapassar os limites impostos pelo interesse social e pelo bem-estar comum, pois isso é coibido pelo ordenamento jurídico pátrio e configura uso nocivo da propriedade, abuso de direito ou irregularidade similar.

No direito de disposição está concentrada a maior demonstração externa de poder do proprietário sobre a coisa, já que ao dispor ele faz muito mais do que simplesmente usar e fruir. Note-se que não é raro o mero possuidor ter a faculdade de usar e de fruir, mas a de dispor, nos moldes juridicamente atribuídos ao dono, só a este fica acessível. Qualquer disposição feita por quem está na posse será sempre inferior, em vigor jurídico, ao *jus abutendi* conferido ao proprietário do bem.

Quando todos os elementos constitutivos acima elencados estiverem reunidos sob a titularidade de um só sujeito, diz-se que a propriedade é *plena*. Aliás, toda propriedade se presume plena, até prova em contrário (art. 1.231 do Código Civil). Se, ao revés, algum dos atributos for circunstancialmente deslocado para outra pessoa, vindo a formar novo direito real, a propriedade chama-se *limitada*. Exemplo disso é o usufruto, instituto que tem como personagens o nu-proprietário, a quem cabe o domínio, e o usufrutuário, munido dos direitos de usar e fruir. Cabe observar, porém, que nesse contexto a tendência da propriedade limitada é de recuperar a original formatação, o que se dá por meio do reagrupamento, no titular dominial, dos elementos que haviam sido desmembrados em favor de outrem.

Afora carregar consigo os três atributos básicos da propriedade, o dono, exatamente com fundamento neles, pode reaver a coisa de quem quer que injustamente a possua, ou detenha. Essa faculdade é exercida contra o possuidor ou o detentor por meio de ação reivindicatória, proteção específica criada pelo legislador em favor do dono; somente a ele é dado ajuizá-la visando a obter o mencionado resguardo. Afora a lide reivindicatória, que objetiva exclusivamente tutelar a propriedade, ao proprietário é assegurado o direito de lançar mão de qualquer dos interditos possessórios contra quem esteja molestando a sua posse, sem discutir a questão relativa ao domínio. Os interditos não são instrumentos adequados para a proteção da propriedade, mas sim da posse, cabendo salientar, contudo, que o êxito de demandas dessa natureza estará na dependência da prova, pelo autor, de que tem melhor direito possessório sobre a coisa do que os oponentes. Logo, a importância prática do debate em torno do direito de possuir acaba interferindo, muitas vezes, na tutela final da propriedade e até no direito de ser dono, já que a privação da titularidade por usucapião se dá em virtude da posse qualificada exercida por outro sujeito que não o dono.

5.1.4. Função social da propriedade

Na época áurea do Direito Romano, a propriedade atendia a objetivos eminentemente individuais, reservando-se ao proprietário a prerrogativa de fazer da coisa, posta sob seu domínio, o que mais lhe fosse adequado e servisse. Posteriormente abrandada, essa noção voltou com vigor no período da Revolução Francesa, mas outra vez cedeu espaço no transcorrer do século XX, desta feita em proveito de uma concepção orientada pelo interesse social.

Atualmente, cada vez mais o direito de propriedade abandona o cunho individualista e se transforma em mecanismo de realização do bem comum, de maneira que ao proprietário são conferidas prerrogativas amplas, mas restringidas por normas de índole pública sempre que essa for a melhor solução para a coletividade. A evolução dessa forma de pensar acarreta constantes alterações nos ordenamentos jurídicos, mormente os ocidentais. Idealizou-se, daí, a função social da propriedade como encargo do titular e prerrogativa do organismo coletivo. É da essência do sistema jurídico pátrio que a propriedade, afora levar proveito ao titular, cumpra a função social que lhe é legalmente determinada, sem o que não obtém o pleno reconhecimento do Estado.

Todavia, como em qualquer outra situação, os exageros descambam para o retrocesso, motivo por que desde logo é relevante frisar que a propriedade não tem exclusiva razão de existir na função que possa desempenhar em benefício da coletividade. A satisfação dos anseios do proprietário, embora fique condicionada ao cumprimento da missão social atribuída ao seu direito real, ainda surge como prerrogativa de destaque e digna de preservação. Do contrário, a demasiada abertura do conceito de *função social* poderia acarretar inclusive a supressão completa do direito de propriedade, bastando para isso que em tudo se visse e afirmasse, segundo juízo subjetivo e até mesmo político, o desatendimento da carga geradora de proveito coletivo que lhe foi imposta. *"Estando em confronto a função social da propriedade e o direito de propriedade propriamente dito, ambos com previsão constitucional, prevalece in casu o direito de propriedade"* (TJSC, Ap. Cível n. 042600-3).

O art. 5º, XXIII, da Constituição da República, diz que a propriedade atenderá à sua função social. Esse preceito, dotado de natureza genérica, permite ao legislador infraconstitucional disciplinar o direito real de propriedade e estabelecer as fronteiras do seu exercício, para que o interesse individual ceda espaço às necessidades coletivas. Por seu turno, o art. 170, III, da Lei Maior, afirma que a função social da propriedade é um dos princípios da ordem econômica, e que esta se funda na valorização do trabalho humano e na livre iniciativa, tendo por fim assegurar a todos existência digna, conforme os ditames da justiça social. Houve sensível reflexo das citadas orientações no âmbito do Código Civil, já que em diversas oportunidades é visível, nele, a preocupação com a busca de um fim social na propriedade.

O § 1º do art. 1.228 estatui: *"O direito de propriedade deve ser exercido em consonância com as suas finalidades econômicas e sociais e de modo que sejam preservados, de conformidade com o estabelecido em lei especial, a flora, a fauna, as belezas naturais, o equilíbrio ecológico e o patrimônio histórico e artístico, bem como evitada a poluição do ar e das águas"*. Como se percebe, a qualidade de proprietário não importa na total liberdade de agir, eis que ao direito de propriedade contrapõe-se o dever de fazer com que cumpra as finalidades econômicas e sociais que dele possam ser extraídas. O exercício desse direito, embora originalmente absoluto e exclusivo, sofre restrições e limitações, sempre tendo em vista o princípio constitucional já transcrito.

A legislação, no mesmo dispositivo precitado, condiciona o exercício do direito de propriedade à observância de imposições voltadas para a preservação dos elementos da natureza. Todos esses aspectos da propriedade visam a amenizar o caráter individualista com que foi idealizado. Hoje não mais se admite que o proprietário exerça seus direitos de maneira abusiva ou que venha em detrimento do bem estar-comum, eis que o ordenamento jurídico, mormente a partir da edição da Carta Magna de 1988, voltou-se ainda mais para o aspecto coletivo e adequou o exercício das prerrogativas individuais aos interesses maiores do todo. A transgressão de normas destinadas à proteção do meio ambiente e ao patrimônio histórico e artístico tem sido tomada como verdadeira afronta aos pares, sendo por isso sancionada de maneira rigorosa, pois a ninguém é dado sobrepor os próprios anseios aos da sociedade como universo organizado.

Na mesma linha de raciocínio, o § 2º do art. 1.228 diz serem defesos os atos que não trazem ao proprietário qualquer comodidade, ou utilidade, e sejam animados pela intenção de prejudicar outrem. Daí se vê que a atividade do dono precisa ser marcada por um critério de normalidade e utilidade. Em virtude do primeiro, pode o proprietário fazer tudo o que não estiver vedado em lei, e, quanto àquilo que a lei permite, tem de ser praticado dentro de uma faixa de razoabilidade e sem que caracterize abuso. Excedendo dos limites do normal, o titular estará abusando do direito que lhe confere a lei, de maneira que a conduta se torna nociva aos direitos alheios, seja especificamente ou em relação ao conjunto social. De outra banda, deve o proprietário utilizar a coisa dentro das fronteiras da utilidade que dela puder extrair, abstendo-se de atitudes que não lhe carreiem qualquer comodidade ou utilidade, e sejam motivadas pela intenção de prejudicar outrem. Assim, mesmo no pertinente aos comportamentos admitidos pela lei impõe-se ao dono a obrigação de somente atuar com vistas à obtenção de algum proveito, ainda que destituído de conotação econômica, e sem o ânimo de lesar terceiros.

O princípio insculpido na aludida norma não tem por desiderato impedir o proprietário de fazer valer os atributos dominiais inerentes à posição que desfruta. Tenciona, isto sim, evitar que a liberdade de ação decorrente dos poderes de usar, fruir e dispor seja mal direcionada e venha a causar prejuízos a terceiros. Portanto, em interpretação extensiva do conteúdo do mandamento é possível afirmar que todas as condutas expressa ou tacitamente aceitas pelo ordenamento jurídico podem ser praticadas, mas sempre com o necessário respeito aos direitos dos demais integrantes da coletividade. Por outro lado, a simples intenção de prejudicar alguém não é punida, contanto que não se transmude em concreta ameaça ou lesão a terceiros; a mera elaboração mental não interessa ao mundo normativo. Logo, nesse patamar abstrato da previsão normativa, considera-se que os atos efetivamente vedados são os que, afora não apresentarem utilidade ou comodidade para o proprietário, ultrapassem as fronteiras do direito que lhe assiste e passem a interferir noutra esfera jurídica.

O legislador também pode, entre outras coisas, determinar a desapropriação de terras improdutivas para fins de reforma agrária, ou impor tributação mais elevada para territórios urbanos sobre os quais nada se edificou. Exemplo concreto é o § 3º do art. 1.228 do Código Civil: *"O proprietário pode ser privado da coisa, nos casos de desapropriação, por necessidade ou utilidade pública ou interesse social, bem como no de requisição, em caso de perigo público iminente"*. Levando em consideração as funções sociais e econômicas de toda propriedade, o legislador muniu o Poder Público de autoridade suficiente para quebrar o caráter irrevogável e absoluto do direito real, autorizando a desapropriação por necessidade ou utilidade pública, ou por interesse social. Com isso, o proprietário é privado do domínio e recebe a correspondente indenização, mas não se pode opor à iniciativa senão com base na inobservância das normas legais. Além da desapropriação, sujeita-se o dono também à requisição oriunda de iniciativa do Poder Público, que consiste na temporária privação da posse das coisas para fins de combate a risco público iminente. Cuida-se de instituto que enseja posterior indenização dos prejuízos que forem causados ao titular em razão da medida coercitiva adotada pelas autoridades competentes, à qual não se pode contrapor o dono, salvo no que diz com o desrespeito à legislação que disciplina a matéria.

O § 4º do art. 1.228 contém uma inovação: *"O proprietário também pode ser privado da coisa se o imóvel reivindicado consistir em extensa área, na posse ininterrupta e de boa-fé, por mais de cinco anos, de considerável número de pessoas, e estas nela houverem realizado, em conjunto ou separadamente, obras e serviços considerados pelo juiz de interesse social e econômico relevante"*. Em atenção à função social e ao adequado aproveitamento da propriedade, foi idealizado um instituto semelhante à desapropriação, mas que com ela não se confunde, pois a iniciativa de privação do domínio alheio não é do Poder Público, e sim deferida ao particular, desde que preenchidos os pressupostos normativos. Se a posse de um imóvel estiver com pessoa que não o proprietário há mais de cinco anos, a iniciativa de reivindicação porventura adotada por este poderá culminar com a privação da propriedade.

Para tanto é necessária a conjugação de diversos aspectos: a) posse ininterrupta e de boa-fé ao longo de pelo menos cinco anos. A boa-fé resulta da ignorância, pelos possuidores, do defeito que lhes obstaculiza a aquisição do domínio pelas vias ordinárias; b) que se trate de área extensa, circunstância a ser analisada com base nas peculiaridades locais e regionais, pois o que se considera latifúndio em determinado Estado federado talvez configure média ou pequena propriedade noutro; c) que a posse seja exercida por considerável número de pessoas, fator a ser apurado a partir da confrontação entre a extensão da área possuída, a quantidade de indivíduos que exercem a posse e o proveito que dela resulta em favor da coletividade; d) realização de obras e serviços de interesse social e econômico relevante, situação que deflui da natureza do trabalho desenvolvido e da aferição das vantagens coletivas que o exercício da posse por aquelas pessoas produziram.

Ao atribuir ao juiz a tarefa de considerar ou não socialmente relevantes as obras e serviços, o legislador não conferiu poder arbitrário e irrestrito; quer, isto sim, que o julgador tenha bom senso e serenidade ao decidir, e que se valha, sempre que necessário, de pareceres e opiniões de *experts*, a fim de apurar a verdadeira gama de proveitos produzida pelos indivíduos investidos na posse do imóvel. Por obras e serviços entende-se todo melhoramento que tenha ocasionado mais racional aproveitamento econômico da coisa e que traga benefícios em prol da sociedade (*v. g.*, produção agrícola, geração de empregos, etc.). É admissível que as obras e serviços tenham sido feitos em conjunto ou separadamente pelos possuidores, de maneira que não se faz necessário provar que todos efetivamente executaram os trabalhos diretamente. Muitas vezes o apoio moral, a presença de incentivo e o incondicional amparo psicológico redundam em um resultado final que a todos pertence, mas com variações quanto à natureza da participação individual.

No caso de incidência do instituto apontado no § 4º do art. 1.228 do Código Civil, o juiz fixará a justa indenização devida ao proprietário; pago o preço, valerá a sentença como título para o registro do imóvel em nome dos possuidores. É o que diz o § 5º da mesma norma, extraindo-se dele a idéia de que, perdendo a propriedade nessas circunstâncias, o titular perceberá indenização correspondente ao valor de mercado do imóvel à época em que privado do domínio. O valor será fixado pelo juiz, atendendo aos dados objetivos que colher acerca da avaliação, que normalmente deve ser deixada a cargo de perito. Cabe salientar que a expressão *justa indenização* implica na necessidade de que o proprietário atingido não venha a sofrer minoração patrimonial, sendo-lhe devido montante capaz de preencher totalmente a lacuna deixada pela sentença que o privou da propriedade.

5.1.5. Restrições ao direito de propriedade

Embora assegurado pela Constituição da República, o direito de propriedade encontra limitações em seu exercício, haja vista a sua função social — a cujo cumprimento se atrela — e a predominância do interesse estatal frente ao do indivíduo. Coexistem, portanto, as prerrogativas individuais e coletivas, cabendo ao legislador a tarefa de harmonizá-las da melhor maneira possível. É de J. M. *Carvalho Santos* lição no sentido de que *"a propriedade no seu conceito moderno está sujeita a restrições não só impostas pela utilidade pública e interesses da coletividade, mas também a outras, motivadas por interesses particulares, oriundas da solidariedade social"*. (*Código Civil Brasileiro Interpretado*, Livraria Freitas Bastos, Vol. III, 10. ed., p. 5).

Ao legislador é dado impor restrições ao direito de propriedade pelos mais variados mecanismos, que vão desde a edição de normas constitucionais até a feitura de leis ordinárias, decretos, portarias e assim por diante. Especificamente no que diz respeito às riquezas naturais, o ordenamento jurídico idealizou diversas limitações às prerrogativas do dono do solo em que se encontram. Exemplos passíveis de referência são: o Código de Águas (Decreto n. 24.643, de 10.7.1934), o Código de Mineração (Decreto-lei n. 227, de 28.2.1967), o Código Florestal (Lei n. 4.771, de 15.9.1965) e as normas do direito de vizinhança, entre outros.

Além disso, restrições de ordem administrativa podem ser estipuladas, afetando o direito do proprietário sobre a coisa, como na hipótese de fixação de altura máxima de edificação, zoneamento de atividades na área urbana etc. Admite-se, também, a aposição de cláusulas contratuais ou testamentárias com caráter limitador do direito de propriedade, das quais resulta a inalienabilidade, a impenhorabilidade ou a incomunicabilidade dos bens. Tais cláusulas concernem mais ao interesse privado do que ao público, mas figuram dentre as que a lei expressamente viabiliza, observadas as condições jurídicas nela definidas.

Como se percebe, a moderna concepção do direito de propriedade assemelha-se pouco àquela erigida pelos glosadores, segundo os quais, em peculiar linguagem, ao proprietário cabia a titularidade da superfície e de tudo o que estivesse acima e abaixo dela, *desde o céu até o inferno*. Os poderes do dono foram paulatinamente sendo amoldados à realidade social. Isso não importa na supressão das suas faculdades básicas, mas, apenas, no redimensionamento da amplitude dos atributos inerentes ao direito real.

Quanto à extensão da propriedade, o legislador brasileiro encampou o denominado *princípio da utilidade*, fazendo com que não sejam conferidos ao titular poderes ilimitados. Quanto ao solo, a propriedade abrange também a da porção territorial que lhe vai abaixo e a do espaço aéreo que se situa acima. Todavia, não vai além da altura e da profundidade úteis ao exercício dos atributos dominiais (art. 1.229 do Código Civil), de modo que toda a medida excedente, seja para cima ou para baixo da superfície, estará excluída do alcance dos poderes outorgados ao proprietário pela lei. Diante do conteúdo da norma, é fácil inferir que existirão consideráveis variações de uma situação para outra, pois cada titular terá necessidade específica de utilização da propriedade do solo. Assim, por exemplo, quem pretende construir um arranha-céu estende o exercício dos poderes dominiais até a altura que se mostrar necessária à conclusão da obra, enquanto o dono que deseja edificar uma casa simples não precisará de tanto espaço aéreo. De igual modo, são diferentes os limites do subsolo no caso de alguém que tencione usar o solo apenas para plantio, se comparado com a necessidade do indivíduo que almeja perfurar poços artesianos para captação de água. O primeiro estenderá minimamente o exercício da propriedade para o subsolo; já o segundo terá de exercê-la com amplitude bem mais acentuada sob essa ótica.

O alcance do exercício da titularidade não é estabelecido de uma só vez e em definitivo. O fato de alguém ser proprietário do solo contém implícita a admissibilidade de que a extensão do direito de propriedade, no que concerne ao subsolo e ao espaço aéreo, sofra alterações correspondentes às necessidades do sujeito. É certo que as de hoje poderão não equivaler às de amanhã; por isso, o proprietário exercerá plenamente os atributos dominiais até os limites do que for preciso, não lhe sendo exigível qualquer espécie de autorização ou ato jurídico, exceto quanto ao que for reclamado comumente por leis e regulamentos (licença para construir, para captação de água, etc.).

Diante da circunstância de que as normas legais impõem limites ao exercício do direito de propriedade, e sabendo-se que isso é definido pelo critério da utilidade, corolário lógico desse quadro é a proibição, incidente sobre o proprietário, de condutas que possam importar em oposição às atividades que sejam realizadas, por terceiros, a uma altura ou profundidade tais, que não tenha ele interesse legítimo em impedi-las. Destarte, não pode o dono de uma área de terras impedir o tráfego aéreo por sobre o território, eis que não tem legitimidade para tanto, haja vista a absoluta ausência de interesse jurídico em assim portar-se, e o fato de que a atividade em nada o prejudica. Tampouco poderá contrapor-se à exploração de jazidas minerais, pois a lei diz não serem de sua propriedade, situação que patenteia a ilegitimidade no que concerne à oposição de empecilhos ao desenvolvimento das atividades.

Embora não tenha legitimidade para se opor aos trabalhos realizados por terceiros, o proprietário do solo poderá pleitear a reparação de todos os danos que em razão deles lhe forem causados. A circunstância de a lei assegurar a terceiros o acesso ao espaço aéreo e ao subsolo, correspondentes à superfície que está sob domínio alheio, não impede o titular de buscar a composição dos prejuízos eventualmente experimentados, tendo por base as regras gerais que disciplinam a responsabilidade civil.

O art. 176 da Constituição da República informa que as jazidas, em lavra ou não, e demais recursos minerais e os potenciais de energia hidráulica pertencem à União, garantida ao concessionário a propriedade do produto da lavra. Seguindo essa orientação, o art. 1.230 do Código Civil dispõe no sentido de que a propriedade do solo não abrange as jazidas, minas e demais recursos minerais, os potenciais de energia hidráulica, os monumentos arqueológicos e outros bens referidos por leis especiais. Acrescenta, no parágrafo único, que o proprietário do solo tem o direito de explorar os recursos minerais de emprego imediato na construção civil, desde que não submetidos a transformação industrial, obedecido o disposto em lei especial. Incluem-se nessa categoria produtos como a areia, a argila, as pedras de uso *in natura* e assim por diante.

Como se vê, pertencem ao Poder Público, nos termos ditados pelo ordenamento, alguns dos mais importantes elementos naturais, geralmente considerados como coisas imóveis distintas do solo em que se encontram. Logo, a propriedade exercida sobre este não os abrange, ainda que estejam postados no subsolo em profundidade útil ao dono. A determinação legal objetiva permitir a racional exploração de tais recursos, podendo inclusive ser feita por particulares, desde que mediante prévia aquiescência dos órgãos competentes. Os monumentos arqueológicos e outros bens referidos por leis especiais também são excluídos da propriedade privada. Não necessariamente com o específico desiderato de promover mais adequado aproveitamento econômico, mas sim visando a oportunizar estudos científicos, conservação de informações e preservação do passado histórico.

Em atenção ao princípio de que o acessório segue o principal, consideram-se pertencentes ao proprietário da coisa os frutos naturais, civis e industriais, bem como os produtos que dela foram extraídos (art. 1.232). Essa realidade persiste ainda quando estiverem separados da coisa, pois o que interessa para fins de aplicação da norma não é a situação física dos frutos e produtos, mas sim a circunstância de terem origem em determinada coisa. Não obstante a solução prevista na regra acima referida, preceitos jurídicos especiais podem fixar outra destinação, baseados em motivos de ordem social ou na necessidade de promover adequada distribuição das riquezas entre particulares. É o que acontece, por exemplo, no concernente ao possuidor de boa-fé, pois a lei determina serem seus os frutos percebidos ao longo do tempo em que perdurava o estado anímico original.

O art. 1.231 do Código Civil afirma que a propriedade presume-se plena e exclusiva, até prova em contrário. Essa plenitude, conforme asseverado, pressupõe a conjugação dos três atributos básicos *(jus utendi, jus fruendi e jus abutendi)* em um só titular. Não sendo assim, a propriedade será limitada, o que, para o dono, também se traduz em certo grau de restrição ao exercício do direito. A propriedade limitada é aquela sobre a qual incide um ônus de natureza real (*v. g.*, hipoteca, usufruto, etc.), cuja verificação confere a outrem que não o dono as prerrogativas correspondentes a um ou alguns dos atributos, parcial ou totalmente. Também no caso de propriedade resolúvel (*v. g.*, a do credor fiduciário) existirá limitação ao direito, que desaparece para o titular se verificada a causa prevista como capaz de levar a esse resultado. O dono do bem tem uma propriedade que já traz consigo a semente da sua aniquilação, elemento suficiente para restringir a extensão dos atributos que originalmente congregava. Resolvida a propriedade pelo implemento da condição ou pelo advento do termo, entendem-se também resolvidos os direitos reais concedidos na sua pendência, e o proprietário, em cujo favor se opera a resolução, pode reivindicar a coisa do poder de quem a possua ou detenha (art. 1.359 do Código Civil).

5.1.6. Da descoberta

Consiste a descoberta, ou achado, na localização de coisa alheia perdida. Não se trata de modo de aquisição da propriedade móvel, eis que o legislador impõe ao descobridor a obrigação de restituir o que encontrou, vedando que desde logo fique com a coisa para si. Aliás, quem encontra objeto alheio e não restitui comete a ilicitude penal denominada apropriação de coisa achada, punível na forma do art. 169, II, do Código Penal.

Quem quer que ache coisa alheia perdida há de restituí-la ao dono ou legítimo possuidor (art. 1.233 do Código Civil). As normas relativas à descoberta somente se aplicam àquele que, encontrando a coisa alheia móvel perdida, dela se apossar. O desinteresse absoluto pelo achado isenta o indivíduo de qualquer dever jurídico. Disso se infere que ninguém está obrigado a tomar a coisa encontrada, mas se o fizer terá de procurar o dono ou legítimo possuidor.

Não o conhecendo, o descobridor fará por encontrá-lo, e, se não o encontrar, entregará a coisa achada à autoridade competente (parágrafo único). Não se exige empenho hercúleo do descobridor na procura da pessoa a quem se tem de entregar a coisa; o emprego dos esforços normais e comuns, *v. g.*, divulgação em rádio ou jornal, comunicação a pessoas próximas etc., é suficiente para liberar o agente da incumbência legal. Não logrando êxito na busca do dono ou legítimo possuidor, deverá o descobridor entregar a coisa à autoridade competente, entendendo-se como tal a que estiver lotada na zona territorial em que se deu o achado, via de regra na pessoa de servidor da polícia civil ou militar. A este caberá de imediato fazer a remessa da coisa ao juiz que atuar no local, a fim de que tome as medidas adequadas.

Havendo fundada suspeita de que a coisa foi criminosamente subtraída, a autoridade policial, tão logo lhe chegue a coisa por entrega do achador, converterá a arrecadação em inquérito. Nessa hipótese, competirá ao juiz criminal mandar entregar a coisa a quem provar que é o dono ou legítimo possuidor, nos moldes do art. 1.176 do Código de Processo Civil.

Em contrapartida ao dever de restituir a coisa achada, tem o descobridor o direito de receber uma recompensa da pessoa a quem regularmente entregá-la. A fim de evitar que seja irrisório e vil o aludido prêmio, o ordenamento jurídico fixa o seu piso mínimo em cinco por cento do valor da coisa encontrada (*caput* do art. 1.234 do Código Civil). Trata-se de montante que pode ser reclamado em juízo pelos meios ordinários, pois com a restituição da coisa descoberta o agente adquire o direito de postular a gratificação. O pagamento do valor estipulado não é mera liberalidade ou obrigação moral do dono ou possuidor em favor do descobridor, mas sim efetiva contraprestação decorrente da recuperação da coisa perdida.

Afora a percepção da recompensa acima referida, o descobridor terá direito ao reembolso das despesas que razoavelmente houver feito com a coisa desde o momento do achado até o da restituição. Isso inclui gastos de conservação do móvel, deslocamento até o dono ou possuidor, anúncios para sua localização, alimentação do animal encontrado, etc. Tendo em vista a circunstância de que o valor das despesas feitas pelo descobridor pode vir a exceder em muito o da própria coisa, faculta-se ao dono abandoná-la, com o que perderá a propriedade. Não se haverá de olvidar, por assim dizer, que o abandono faz de ninguém a coisa *(res nullius)*, de maneira que o seu assenhoreamento pelo descobridor torna-o dono por força do instituto da ocupação. Exatamente por isso é que se exige do descobridor que apresente prova escorreita de todas as despesas efetuadas, pois no caso de malevolência ou fraude será negado o reembolso, e haverá simples entrega da coisa ao dono ou possuidor, sem ônus algum para este.

O percentual de cinco por cento sobre o valor da coisa é o mínimo que se deferirá como recompensa ao descobridor. As peculiaridades do evento poderão recomendar que tal montante seja elevado, a fim de que se torne justa a contrapartida econômica. No dimensionamento da recompensa, consoante estatui o parágrafo único do art. 1.234 do Código Civil, será levado em linha de conta o esforço desenvolvido pelo achador para encontrar o dono ou legítimo possuidor; quanto maiores as dificuldades de localização do titular, mais acentuado o merecimento do agente. Também serão consideradas as possibilidades que o titular teria de encontrar por si mesmo a coisa, eis que por vezes o extravio se dá em local tão próximo e acessível que o encontro pelo dono era iminente e extremamente provável, fator que importa na minoração dos méritos do descobridor e na colocação da recompensa em patamares mais razoáveis.

Por derradeiro, importa destacar que a recompensa não deve ser fonte de enriquecimento sem causa para o achador e nem de empobrecimento injustificado para o dono ou legítimo possuidor, razão pela qual na definição do montante da recompensa não se deixará de considerar a situação econômica do descobridor e da parte adversa, de vez que tal aspecto é de fundamental relevância para a manutenção do necessário equilíbrio e racionalidade na fixação do *quantum* cabível ao achador.

Como visto, o dever básico do descobridor é o de restituir a coisa ao dono ou legítimo possuidor, entregando-a à autoridade competente na hipótese de não lograr êxito nas buscas que promover. Contudo, incumbe-lhe ainda zelar pela integridade da coisa achada, resguardando-a de tudo quanto possa ocasionar danos e evitando condutas potencialmente lesivas. Pelos prejuízos dolosamente causados, responderá o achador segundo as regras gerais da responsabilidade civil (art. 1.235). Quanto aos decorrentes de culpa, em princípio não se inserem na obrigação reparatória, eis que a lei é expressa ao disciplinar a matéria e somente imputa ao descobridor a indenização dos prejuízos que com dolo provocar. Todavia, quando houver culpa tão grave a ponto de praticamente se equiparar ao dolo, será lídimo, segundo as circunstâncias do evento, cogitar da obrigação acima referida.

A apuração dos prejuízos causados ao proprietário ou possuidor legítimo se realizará nos moldes ordinários, cabendo ao lesado fazer prova no sentido da sua existência e do dolo com que se houve a parte contrária. Em favor do descobridor milita a presunção de que se houve com cautela e zelo no trato com a coisa encontrada, ou, então, que seu proceder, quando lesivo, foi meramente culposo e não enseja reparação.

Entregue a coisa pelo descobridor à autoridade competente, passa a ser dela o dever de localizar a pessoa a quem cabe receber o achado (art. 1.236). Essa busca será feita por meio de divulgação pela imprensa escrita, falada ou de imagens, panfletos, cartazes e outros métodos acessíveis e de custo razoável, em que se fará menção às características da coisa descoberta e ao modo pelo qual poderá ser recuperada.

Tendo em vista a onerosidade da expedição de editais, e mesmo da divulgação acima citada, à autoridade incumbe eleger meios de publicidade minimamente dispendiosos, levando em consideração o valor da coisa. Seria de todo inaceitável que a autoridade fizesse despesas de divulgação do achado maiores do que a sua própria expressão econômica. Destarte, a publicação de editais somente será realizada se o valor da coisa comportar essa despesa e mostrar-se vantajosa a relação entre o custo da providência e o benefício que poderá carrear ao interessado. Não se pode olvidar que também no caso de entrega da coisa à autoridade competente as despesas de publicidade e a recompensa, prevista em favor do descobridor, serão suportadas pelo titular do móvel, o que reclama extrema cautela e seriedade quando da promoção de dispêndios visando à localização da pessoa a quem se fará a restituição.

A espera pelo titular da coisa não se prolongará *ad infinitum*, haja vista as dificuldades e gastos que isso representaria para a autoridade incumbida da sua guarda. Assim, passados sessenta dias desde o noticiar do achado pela imprensa, ou fluído igual período a contar da publicação do edital, sem que apareça alguém reclamando a coisa e provando a condição jurídica que viabiliza o pleito, a autoridade competente promoverá a venda do móvel em hasta pública (art. 1.237). Essa alienação, quando não for feita pelo próprio Poder Judiciário, será precedida de autorização do juiz do lugar, não podendo ser executada de modo diverso.

Após a mencionada venda, abatidas as despesas de publicidade feitas com vistas à localização do titular e a recompensa que tem de ser entregue ao descobridor, o valor que remanescer caberá de direito aos cofres do Município onde foi encontrada a coisa. Trata-se de solução que tenciona dar total lisura ao procedimento, evitando que qualquer pessoa, servidora do Estado ou não, maneje a verba apurada com a venda do objeto. Ao Município beneficiado faculta-se aplicar o montante em qualquer atividade de interesse coletivo, não havendo setor específico para o qual deva ser direcionado.

Superado o prazo de aguardo, poderá o Município em que se deu a descoberta optar pelo abandono da coisa em proveito do achador (parágrafo único). Isso poderá ocorrer quando o valor do objeto for de tal forma inexpressivo que não justifique a realização de despesas de venda ao público, por acarretar oneração ao erário comum e nenhuma perspectiva de reposição integral dos gastos que seriam efetuados. Com o abandono protagonizado pelo Município, o descobridor torna-se proprietário da coisa e pode dar-lhe o destino que quiser.

5.2. Da aquisição da propriedade imóvel

5.2.1. Modos de aquisição

O legislador estabeleceu modos específicos de aquisição da propriedade, disciplinando em separado aqueles capazes de gerar a titularidade de bens móveis e os que a originam sobre imóveis. Estes são adquiridos pelo registro do título no cartório competente, ao passo que aqueles o são por tradição, ocupação, especificação, comistão, confusão e adjunção. Todavia, existem espécies comuns a ambos, integrando-se a essa categoria os institutos do usucapião, da acessão e da sucessão por morte.

O tratamento distinto se justifica na medida em que as coisas de natureza imóvel geralmente apresentam mais acentuado valor, reclamando, por isso mesmo, e também em virtude da complexidade das relações que produzem, adicional cautela legislativa. Não obstante, o regramento também se direciona à aquisição da propriedade móvel, haja vista a relevância que paulatinamente vêm assumindo no meio social, especialmente como fonte de conforto e de geração de riquezas.

Segundo definição contida no Código Civil são bens imóveis o solo e tudo quanto se lhe incorporar natural ou artificialmente (art. 79). Todavia, consideram-se imóveis para os efeitos legais os direitos reais sobre imóveis e as ações que os asseguram, além do direito à sucessão aberta (art. 80). De outra banda, não perdem o caráter de imóveis as edificações que, separadas do solo, mas conservando a sua unidade, forem removidas para outro local, nem tampouco os materiais provisoriamente separados de um prédio, para nele se reempregarem (art. 81). Malgrado essas definições, o legislador se preocupou fundamentalmente, ao reger os modos de aquisição da propriedade imóvel, com as situações envolvendo o solo e as edificações nele contidas.

Ao abordar o assunto, o Código Civil tripartiu o seu exame, cuidando inicialmente de tecer a estrutura da aquisição pelo usucapião (arts. 1.238 a 1.244), para depois se dedicar àquela fundada no registro do título (arts. 1.245 a 1.247), e, por fim, ditando regras concernentes à acessão (arts. 1.248 a 1.259). Afora essas três espécies, também é viável enquadrar como mecanismo de apropriação de bens imóveis a sucessão *causa mortis*, disciplinada a partir do art. 1.784 do Código Civil. Tal norma, que consagra o *princípio da saisina*, atribui aos herdeiros do falecido a propriedade e a posse da herança desde o instante do óbito do *de cujus*. Assim, os herdeiros se tornam titulares dos direitos relativos às coisas que pertenciam ao falecido, assumindo, destarte, inclusive a propriedade dos bens de raiz, ou seja, dos imóveis que compõem o acervo patrimonial deixado. Porém, esse modo de aquisição será abordado no tomo dedicado ao Direito das Sucessões, porque inerente àquele ramo do Direito Civil.

Os modos de aquisição da propriedade imóvel se submetem a uma classificação que leva em conta vários critérios de análise. Para melhor discorrer sobre o tema, ele será colocado, já na seqüência, em tópicos estanques.

5.2.2. Aquisição originária e aquisição derivada

Considerada a causa de que se origina, a aquisição se classifica em originária e derivada. Na primeira hipótese, tem-se uma aquisição feita à míngua de qualquer ato translativo. Não há negócio jurídico subjacente, seja a título gratuito ou oneroso, a fomentar a transmissão da propriedade do anterior titular ao atual. Em se tratando de ocorrência originária, a apropriação simplesmente se dá sem que exista um sujeito em cujo manancial jurídico pudesse estar abrigado o direito real pertinente à coisa. É o que acontece, por exemplo, quando o imóvel nunca teve dono e certo indivíduo o toma para si, tornando-se proprietário. Caso houvesse um dono anterior, essa relação jurídica seria simplesmente desconsiderada para todos os fins, como se jamais o bem tivesse sido postado sob o domínio de alguém.

Exemplo clássico é o da acessão natural, pela qual a propriedade é adquirida sem que ocorra qualquer ato de transmissão, já que resulta unicamente da força da natureza.

A aquisição derivada, por seu turno, pressupõe a realização de um ato transmissivo da propriedade, que deixa de pertencer a determinado sujeito, chamado de alienante, e se integra ao acervo patrimonial de outro, designado como adquirente. É a conjugação da vontade de ambos que enseja a ocorrência do fenômeno da alteração de titularidade sobre a coisa, fruto do negócio jurídico que entabularam (compra e venda, doação, dação em pagamento, etc.).

A importância maior de classificar, no plano concreto, a aquisição como sendo originária ou derivada reside na circunstância de que o adquirente originário recebe a coisa sem eventuais vícios, defeitos ou encargos que a pudessem macular, *v. g.*, tributos pendentes de pagamento. A investida do novo titular, quando antes havia outro, é livre de quaisquer elementos pertencentes ao passado jurídico do bem, como se nunca anteriormente alguém dele se houvesse apropriado. Aliás, a genuína aquisição originária é exatamente aquela que consubstancia a primeira apropriação, porque incidente sobre coisa de ninguém (*res nullius*).

Discussão das mais antigas diz respeito ao enquadramento do usucapião como modo originário ou derivado de aquisição da propriedade. Isto porque não acontece um ato de transmissão dominial do proprietário anterior ao adquirente, evidenciando-se aí a impossibilidade de caracterização do modo derivado. Mas, por outro lado, também não é possível deixar de constatar que havia um dono anterior, que veio a perder a titularidade em virtude da conjugação dos pressupostos contidos na lei, ficando obstada, em tese, a consumação da espécie originária. Logo, toda solução que se adote carregará sempre determinado grau de abstração dos elementos intrínsecos de cada mecanismo aquisitivo.

O entendimento predominante, consagrado pela jurisprudência, é o de que o usucapião se classifica como modo originário de aquisição da propriedade. O fundamento básico dessa posição consiste na ausência de relação jurídica entre o titular anterior e o adquirente da propriedade. Este não a recebe do sujeito precedente, mas, apenas, passa a ser dono em virtude do exercício da posse qualificada, nos moldes previstos na lei. A absoluta inexistência de ato transmissivo é a tônica do instituto do usucapião. Em função disso é que o direito real de propriedade, preexistente à aquisição operada, é desconsiderado para todos os fins, tratando-se o novel liame dominial como se nenhum outro o houvesse precedido. Daí o porquê de ser entregue ao titular um direito puro, liberado e isento de todas as marcas do seu passado jurídico. Os vícios e defeitos que acaso tenham existido são completamente apagados, não repercutindo no vínculo novo criado pelo usucapião. Fosse derivada, a aquisição implicaria na assunção, pelo usucapiente, das imperfeições jurídicas da propriedade recebida, assim como nos ônus que sobre ela até então recaíam.

5.2.3. Aquisição a título singular e a título universal

Quanto ao objeto, a aquisição da propriedade pode dizer respeito a bens perfeitamente individualizados ou a um acervo inespecífico em seu conteúdo. No primeiro caso, diz-se que o titular adquire a título singular; no segundo, a título universal. Enquanto nesta última hipótese o direito incide sobre as coisas que estejam a compor certo patrimônio em determinado momento (*v. g.*, os bens da herança, depois de pagas as dívidas), naquela outra o sujeito sabe desde sempre, e exatamente, qual é o objeto da propriedade que passa a titularizar (*v. g.*, a casa que comprou).

A aquisição a título universal somente ocorre na sucessão *causa mortis*, ou seja, quando os herdeiros se tornam donos e possuidores da herança deixada pelo *de cujus*, haja vista a aplicação do princípio da saisina (art. 1.784 do Código Civil). Não há outra maneira de alguém se transformar em dono de um universo cujo teor se define de acordo com circunstâncias postas na lei. Essa realidade não é infirmada nem mesmo quando o indivíduo se torna credor de uma obrigação de dar coisa incerta (*v. g.*, por adquirir um dentre vários animais, cuja escolha será feita na data da entrega), já que se faz perceptível a inflexão do seu direito sobre um bem determinável, embora temporariamente indeterminado. O mesmo não acontece na hipótese de herança, pois nela, ainda que conhecidos os seus itens patrimoniais, nada garante que, saldadas as dívidas, eles não possam ser consumidos nessa operação e deixar de integrar o patrimônio do sucessor.

A aquisição a título singular pode ocorrer por força de liame *inter vivos* ou por disposição de última vontade *(causa mortis)*. Em geral, deriva de negócio jurídico, gratuito ou oneroso, celebrado entre o alienante e o adquirente. Exemplo disso é a doação de um veículo, pois a sua perfeita identificação o diferencia de outros da mesma espécie, fazendo certo e determinado o direito. Nada impede, porém, que em testamento o autor da herança institua legatário, apontando com exatidão a coisa que lhe será entregue quando da partilha em inventário. Nesse caso, o legado acarretará a transmissão do bem a título singular.

5.3. Do usucapião

5.3.1. Considerações gerais

O usucapião é modalidade de aquisição da propriedade móvel ou imóvel, assim como de alguns outros direitos reais suscetíveis de submissão a exercício possessório, *v. g.*, servidões aparentes, usufruto, uso, etc. O elemento basilar do instituto é a posse qualificada, que se revela apta a produzir a aquisição dominial exclusivamente quando cumpridos todos os requisitos legais atinentes à matéria. O legislador vê no usucapião a perspectiva de melhor aproveitamento econômico das riquezas, seja pela atribuição da propriedade a quem não dispunha de imóvel para morar ou trabalhar, seja porque o adquirente terá demonstrado, pelo tempo de posse, efetivo interesse em se assenhorear da coisa, do que resulta o seu provável emprego em atividades proveitosas à coletividade.

O Código Civil menciona a palavra usucapião sempre no feminino, o que não é incorreto. Porém, seguindo a tradição do direito pátrio e observando o posicionamento majoritário das demais legislações, é preferível defini-lo como substantivo masculino. Com base nisso, o presente trabalho sempre se reportará à expressão *o usucapião* como indicativo da aquisição da propriedade em virtude da posse qualificada.

Há um aspecto que reclama desde logo específica menção, também vinculado à terminologia utilizada no exame do usucapião. Como é sabido, o Código Civil (arts. 205 e 206) admite a ocorrência da prescrição dita extintiva, fenômeno capaz de acarretar o desaparecimento da pretensão — e, reflexamente, da ação judicial até então cabível — por decurso do lapso temporal estabelecido em lei para o seu exercício. Nessa breve observação já é notada a circunstância de que a prescrição tem, a *priori*, conteúdo destruidor, afetando irremediavelmente a ação que guarnece o direito. Entretanto, em uma única oportunidade a prescrição, ao invés de destruir, cria a pretensão e viabiliza a demanda judicial. Tal hipótese é exatamente a do usucapião, pois ele, ao atribuir a titularidade dominial ao sujeito que exerce posse qualificada sobre a coisa, gera a chamada *prescrição aquisitiva*. Esta, fonte da propriedade embasada no usucapião, contrapõe-se à denominada *prescrição extintiva*, ou seja, aquela que produz o fenecimento da pretensão inicialmente assegurada em lei. Disso tudo se conclui que o único quadro jurídico caracterizador da prescrição aquisitiva é o concernente ao usucapião, existindo em todas as demais situações (arts. 205 e 206 do Código Civil) a incidência da prescrição extintiva. O ponto comum de ambas é o fato de estarem umbilicalmente atreladas ao decurso do tempo, pois nele é que reside o elemento nuclear do instituto da prescrição.

Quanto às ocorrências que afetam a prescrição, o art. 1.244 do Código Civil determina: *"Estende-se ao possuidor o disposto quanto ao devedor acerca das causas que obstam, suspendem ou interrompem a prescrição, as quais também se aplicam à usucapião"*. Causas que obstam o usucapião são aquelas que impedem o início da contagem do tempo de posse necessário à aquisição dominial. Assim, não corre a prescrição entre os cônjuges, na constância da sociedade conjugal; entre ascendentes e descendentes, durante o poder familiar; entre tutelados ou curatelados e seus tutores ou curadores, durante a tutela ou curatela (art. 197 do Código Civil). Também não corre a prescrição contra os incapazes de que trata o art. 3º do Código Civil (art. 198, I, do mesmo diploma), bem como nas hipóteses em que pende condição suspensiva ou não está vencido o prazo (art. 199, I e II, do Código Civil). Observe-se, por fim, que quando a ação se originar de fato que deva ser apurado no juízo criminal, não correrá a prescrição antes da respectiva sentença definitiva (art. 200 do Código Civil). Ao determinar que ao usucapião se aplicam as causas que obstam a prescrição, o legislador teve em mente proteger quem, por laços de família ou de dependência, estiver em posição de maior fragilidade em relação a outrem, pois se assim não fosse poderia haver abusos e manobras visando à obtenção de indevidas vantagens com suporte na supremacia jurídica e/ou econômica em que postada uma pessoa frente à outra.

Causas suspensivas da prescrição, por seu turno, são as que bloqueiam momentânea e precariamente o seu curso, permitindo a sua normal retomada, pelo tempo faltante, depois de cessadas. Suspende-se a contagem do tempo de posse para usucapião contra os ausentes do Brasil em serviço público da União, dos Estados, ou dos Municípios; igual efeito se verifica no tocante aos que se acharem servindo nas Forças Armadas, em tempo de guerra (art. 198, II e III, do Código Civil). Também fica suspenso o fluxo da posse enquanto pendente ação de evicção (art. 199, III, do Código Civil). Ao determinar que fica suspensa a fluência do tempo de posse *ad usucapionem* quando presente uma das causas legais acima arroladas, o legislador tenciona, basicamente, preservar os interesses dos entes federativos, que não podem ter seus serviços e ações prejudicados pelos naturais transtornos e instabilidade provocados pelo risco de que as pessoas sob sua orientação venham a ser afetadas patrimonialmente, em razão da superveniência de usucapião, enquanto servem aos anseios coletivos. Por outro lado, justifica-se plenamente a regra no sentido de que a pendência de ação de evicção suspende o curso do fluxo possessório, tendo em vista a necessidade de aguardar-se para saber quem realmente é o sujeito que suportará os efeitos da posse alheia, até mesmo para que tenha condições de promover eventual defesa que entender cabível.

Finalmente, causas interruptoras da prescrição são as que aniquilam o tempo de posse já transcorrido, fazendo com que tenha de começar de novo, e por inteiro, para que então gere a aquisição dominial por usucapião. Considera-se interrompida a contagem da posse qualificada: pelo despacho do juiz, ainda que incompetente, que ordenar a citação, se o interessado a promover no prazo e na forma da lei processual; pelo protesto, nas condições postas *retro*; pelo protesto cambial; pela apresentação do título de crédito em juízo de inventário, ou em concurso de credores; por qualquer ato judicial que constitua em mora o devedor; por qualquer ato inequívoco, ainda que extrajudicial, que importa reconhecimento do direito pelo devedor (art. 202 do Código Civil).

5.3.2. Objeto do usucapião

Todas as coisas postas em comércio, ou seja, suscetíveis de transmissão e apropriação pelo ser humano, podem figurar como objeto de prescrição aquisitiva. Logo, os bens *ex commercium* não serão alvo de usucapião, incluindo-se nessa categoria as coisas cuja alienação é vedada por lei (*v. g.*, entorpecentes, certas espécies de armamentos, etc.), as pertencentes a incapazes e as que fisicamente não se submetem à titularidade exclusiva e nem podem ser possuídas (*v. g.*, fundo do mar, ar atmosférico, etc.). Aquelas voluntariamente colocadas sob cláusula de inalienabilidade, em negócio jurídico de alienação onerosa ou gratuita, assim como as gravadas em testamento ficam sujeitas ao usucapião, pois do contrário estaria aberto o caminho para o emprego de artifícios lesivos ao possuidor, já que bastaria estabelecer a deliberada inalienabilidade e restaria inviabilizada a aquisição dominial com base na posse qualificada.

Quanto aos bens públicos, pertencentes a quaisquer das esferas de poder, veda-se usucapião sobre eles em virtude do interesse coletivo que despertam, motivo pelo qual a lei se encarregou de vedar a prescrição aquisitiva (arts. 183, § 3º, e 191, parágrafo único, da Constituição Federal, art. 102 do Código Civil e art. 200 do Decreto-lei n. 9.760/46).

Como as causas que impedem obstam, suspendem ou interrompem a prescrição também se aplicam à hipótese de usucapião em virtude do art. 1.244 do Código Civil, é preciso atentar para o fato de que não corre a prescrição aquisitiva: I – entre os cônjuges, na constância da sociedade conjugal; II – entre ascendentes e descendentes, durante o poder familiar; III – entre tutelados ou curatelados e seus tutores ou curadores, durante a tutela ou curatela (art. 197 do Código Civil). Também não corre a prescrição: I – contra os incapazes de que trata o art. 3º; II – contra os ausentes do País em serviço público da

União, dos Estados ou dos Municípios; III - contra os que se acharem servindo nas Forças Armadas, em tempo de guerra (art. 198 do mesmo diploma legal). Destarte, enquanto perdurar cada uma das situações explicitadas nos itens acima arrolados, não haverá contagem do prazo de usucapião, seja qual for a modalidade que se pretenda invocar. A título de exemplo, diga-se que o pai não poderá usucapir coisas do filho durante o período em que exercer o poder familiar, pois disso resultaria sério abalo no liame familiar e, por certo, a supremacia da ascendência paterna com vistas à imposição da sua vontade. Por igual fundamento, a mulher não poderá usucapir bens do marido, e nem este os daquela. Todos os dispositivos elencados têm por fundamento o resguardo da paz social, dos que estão em posição de circunstancial fragilidade e do interesse público.

Não somente a propriedade pode ser usucapida. Também certos direitos reais, dela emergentes, seguem o mesmo destino, contanto que sobre eles se revele factível o exercício possessório (*v. g.*, servidões aparentes, usufruto, uso, habitação, etc.).

5.3.3. Requisitos de usucapião

Como visto, usucapião é a aquisição do domínio ou de outro direito real pela posse qualificada da coisa, uma vez preenchidos os pressupostos legais. Trata-se de modo originário de aquisição dominial, de vez que inexiste ato translativo da propriedade, mas simples aquisição pelo possuidor em razão de seu agir positivo, análogo ao de proprietário, em relação à coisa possuída. À conduta positiva do possuidor, associada ao cumprimento dos demais requisitos, deve somar-se o comportamento negativo do dono, consistente em omissão acerca do exercício dos atributos decorrentes da propriedade. Dessa conjugação de fatores é que emerge a aquisição do domínio por quem até então era apenas possuidor da coisa, e que passa a enfeixar integralmente, a partir da implementação dos pressupostos normativos, todos os atributos da propriedade, quais sejam, o *jus utendi*, o *jus fruendi* e o *jus abutendi*. Sendo hipótese de aquisição de outro direito real por usucapião, o titular receberá os atributos que à espécie usucapida corresponderem.

Sucintamente, é correto dizer que os requisitos para todas as modalidades de usucapião são a *posse* e o *tempo* de sua duração. Há determinadas modalidades, porém, que reclamam, em caráter adicional, *justo título* e *boa-fé*. Cada um desses elementos será alvo de exame na seqüência do trabalho, a fim de que tenham as principais características explicitadas.

A sentença não é pressuposto para a aquisição da propriedade por usucapião, eis que isso acontece na data em que se completa o tempo de posse qualificada exigida do possuidor pela lei. O art. 1.241 do Código Civil estabelece: *"Poderá o possuidor requerer ao juiz seja declarada adquirida, mediante usucapião, a propriedade imóvel. Parágrafo único – A declaração obtida na forma deste artigo constituirá título hábil para o registro no Cartório de Registro de Imóveis"*. Logo, a decisão proferida em favor do usucapiente carrega natureza declaratória, e não constitutiva. Por meio dela, o juiz reconhece em favor do interessado a aquisição do domínio do imóvel possuído, fenômeno que na verdade aconteceu na data em que implementado o tempo colocado em lei como necessário à verificação daquele efeito. Logo, a sentença serve para gerar título oponível *erga omnes* e consolida a propriedade, mas não a constitui em proveito do usucapiente, que já adquirira o domínio no exato instante do integral cumprimento dos reclamos normativos. Com o trânsito em julgado, a sentença exarada na ação de usucapião servirá de título para registro junto ao Cartório de Registro de Imóveis de situação da coisa, produzindo todos os reflexos que lhe são pertinentes. A decisão será acompanhada de ofício expedido pelo juízo competente, por meio do qual determina-se ao Oficial Público que promova o devido registro.

Impende salientar que o usucapião pode ser argüido como matéria de defesa em qualquer processo movido contra o possuidor em disputa da posse ou da propriedade. A Súmula n. 237, do Supremo Tribunal Federal, consolidou esse entendimento. Se, por exemplo, o réu já tiver completado o período de posse qualificada exigido em lei, poderá defender-se, na ação de reintegração de posse, alegando aquisição dominial por usucapião. Caso reste vencedor, estará obstada a pretensão deduzida na lide, mas isso não significa que o réu terá a prerrogativa de tomar a sentença como base para registro da propriedade em seu nome. Deverá, inevitavelmente, propor demanda específica de usucapião, de onde, preenchidas as imposições legais, extrairá título hábil a ser registrado, que fará prova da propriedade adquirida na data em que cumpriu o tempo de posse qualificada.

5.3.3.1. Posse

O requisito básico do usucapião é a *posse*. Mas não qualquer posse, já que a lei impõe certas condições, extremamente rígidas, para reconhecê-la como apta a gerar a propriedade. Inicialmente, é necessário dizer que um dos mais relevantes efeitos da posse é a faculdade de defesa que confere ao possuidor. Ele pode valer-se dos interditos com vistas ao resguardo da posição jurídica ocupada. Mas isso não assegura que, mesmo exercendo por longo período a posse, e protegendo-a contra agressões exógenas, terá a prerrogativa de usucapir a coisa possuída. Afinal, a legitimidade para defender a posse deriva da circunstância de que todo estado possessório permite ao sujeito o emprego dos interditos contra quem não tiver melhor direito. O fundamento é simples, qual seja, o de que toda posse é *ad interdicta*, cuja característica maior é exatamente a de ensejar a proteção pelas vias arroladas no ordenamento.

Mesmo sendo verdade que toda posse é *ad interdicta*, não menos real é o fato de nem sempre existir posse capaz de produzir a aquisição do domínio. Tal peculiaridade é inerente, apenas, à chamada posse *ad usucapionem*, isto é, aquela que, qualificada pelos requisitos de lei (arts. 1.238 a 1.242 do Código Civil), transforma o possuidor em dono da coisa. Esse fenômeno encontra realização exclusivamente nos casos de total preenchimento das imposições legais, pois do contrário o direito do possuidor consistirá unicamente em executar atos defensivos, judiciais (aplicação dos interditos) ou extrajudiciais (desforço imediato ou legítima defesa).

Para que comece a trilhar o caminho conducente à natureza *ad usucapionem*, a posse deve ser exercida pelo sujeito com ânimo de dono *(animus domini)*. Somente se confere legitimidade para usucapir a quem aparenta ser dono e age como tal. Isso não significa que o possuidor tenha querido, desde a instalação do estado possessório, transformar-se em dono do bem. Implica, todavia, na circunstância de que aos olhos de todos deixe perceptível uma condição análoga à de dono, ou seja, que terceiros fiquem com a impressão de estarem diante do proprietário da coisa possuída, ou, ao menos, de alguém que se considera titular do domínio. E nem poderia ser de outra forma, pois seria absolutamente impraticável investigar e decifrar o elemento anímico puramente subjetivo do indivíduo, razão pela qual o seu ânimo, para fins de usucapião, é aquele representado nos atos externos que pratica enquanto investido na qualidade de possuidor.

De nada adiantaria o possuidor querer ser dono e não externar atitudes compatíveis com as de quem realmente tenciona ser titular da propriedade. De banda diversa, mesmo quem não tem convicção de ser dono, ou inclusive não se imagina como tal, pode estar exercendo posse *ad usucapionem*, desde que objetivamente pratique atos de senhorio, isto é, condutas ordinárias e comuns a quem é ou pretende ser dono, *v. g.*, cercando o terreno possuído, repelindo investidas alheias etc.

A lei é enfática ao dizer que o sujeito deve *"possuir como seu"* a coisa que pretende usucapir (art. 1.238 do Código Civil, entre outros dispositivos). Esse ato implica, destarte, em uma conduta ativa, positiva e concreta de zelo para com a posse. A ela deve contrapor-se o agir negativo do proprietário, de maneira que mesmo tendo legitimidade para defender a posse que está sob exercício de outrem, queda-se inerte e nada faz para retomar o estado original. O dono que se despreza a faculdade de tutelar a posse coloca-se voluntariamente a meio-caminho da perda do domínio por usucapião, bastando que à sua conduta negativa some-se a atuação positiva e qualificada de quem assumiu o exercício da posse nos moldes previstos na lei. Obviamente, a prerrogativa de usucapir não é atribuída a quem esteja exercendo mera posse direta, pois ela tem origem em ato jurídico que não prescinde da manifestação de aquiescência do proprietário, aspecto suficiente para afastar a qualidade *ad usucapionem* da relação estabelecida. Daí que figuras como o usufrutuário, o locatário, o comodatário, o arrendatário e todos os indivíduos que sabem não lhe pertencer a coisa, ou que conhecem o obstáculo à aquisição dominial, não podem promover usucapião enquanto persistente esse quadro jurídico. Do contrário, estaria instalada a mais completa insegurança nas relações interpessoais, fazendo medrar a desconfiança e o temor, inimigos da paz social.

Não exerce posse com *animus domini*, sob a ótica da lei, quem a assumiu com violência, clandestinidade ou de maneira precária, pois tais elementos a fazem injusta. Não obstante, assim que cessado o vício original da aquisição ocorre a mudança do caráter da posse, arredando-se o óbice à sua configuração *ad usucapionem* e tornando-se viável a contagem do lapso temporal exigido para a percepção do domínio. A alteração do elemento anímico do sujeito e das condições objetivas do exercício possessório, destarte, traz consigo a perspectiva de mudança do caráter da posse. É o que acontece, por exemplo, quando o sujeito ingressa clandestinamente em edificação alheia e nela faz morada provisória. Diante da inércia do dono, que toma ciência da invasão e nada faz, o novo possuidor passa a agir como se proprietário fosse, transparecendo nisso o seu intento de efetivamente adquirir o domínio. Percebe-se aí a ocorrência da transformação do ânimo e do contexto objetivo, de modo a ensejar a fluência do tempo de uma posse que já se afigura qualificada e apta a produzir o fenômeno do usucapião. Todavia, enquanto o dono resistir à consolidação da posse adquirida pelo invasor, adotando medidas destinadas ao restabelecimento do *status quo ante*, não terá havido a sua caracterização como *ad usucapionem*.

Esta última observação deixa margem para que se afirme não bastar o exercício da posse com ânimo de dono para fins de usucapião. Outra exigência prevista em lei é a de que a posse se revele *mansa* e *pacífica*. Entende-se como tal a exercida sem oposição eficaz de quem poderia contestá-la, ou seja, do proprietário da coisa possuída por terceiro. A inércia e a omissão da pessoa legitimada a tutelar a posse é fator conducente à solidificação do novo estado possessório instalado. Mas, para que haja contestação da posse não é suficiente a adoção de providências teoricamente adequadas; faz-se mister que tais medidas se mostrem eficazes e tenham vigor bastante para reverter o quadro instalado.

É mansa e pacífica a posse que, embora combatida por quem detinha legítimo interesse em assim proceder, não volve a este em virtude da insuficiência de vigor das atitudes executadas. Logo, se o dono tenta retomar a coisa por seus próprios meios (§ 1º do art. 1.210 do Código Civil), mas é repelido pelo novo possuidor, não terá havido ruptura da mansidão da posse. Tampouco se dará o rompimento do seu cunho pacífico no caso de ajuizamento de interdito que vem a ser julgado improcedente. Neste caso, o tempo de tramitação do processo será incluído na contagem do lapso necessário à aquisição dominial por usucapião. De tudo isso emerge inarredável conclusão: só deixa de ser mansa e pacífica a posse contestada de maneira produtiva, entendendo-se como tal qualquer iniciativa legítima que reponha o estado possessório original. Se assim não for, mesmo a posse sobre a qual pairem dúvidas, ou disputada em juízo, não deixará de ser mansa e pacífica com vistas à consecução do usucapião.

Além de cumprir os requisitos já identificados, a posse deve ser *contínua*, qualidade resultante da circunstância de não haver interrupção no exercício. Não é factível usucapir com suporte no somatório de intervalos autônomos de tempo, ainda que em cada um deles a posse tenha sido qualificada por todos os demais elementos apontados no ordenamento jurídico. Se o possuidor é esbulhado, deve imediatamente adotar providências no sentido de recuperar a posse perdida, já que se não lograr êxito em reverter o quadro fático encetado terá ocorrido interrupção na contagem do prazo, que retornará ao marco zero.

Questão relevante é a de saber de quanto tempo dispõe o possuidor esbulhado para agir com o fito de recuperar a posse que lhe foi arrebatada. Valerá aqui o período de ano e dia, que transforma a posse nova em velha e a consolida? Deverá ser incontinenti a iniciativa, admitindo-se com útil apenas quando tomada tão logo o esbulhado receba a notícia da perda? Enfim, cuida-se de tema árido e que exige cauteloso posicionamento. Não parece adequado admitir a idéia de que o possuidor molestado no seu direito tenha à disposição o lapso de ano e dia para promover a defesa. Quem se queda inerte por tanto tempo não merece ver afirmada a preservação da continuidade da sua posse para fins de usucapião. Mesmo nos casos em que recupere o exercício, a contagem do prazo de posse qualificada terá sido interrompida e voltará a fluir pelo todo.

Logo, a continuidade da posse somente não será rompida quando o possuidor, ciente da ofensa ao seu direito, imediatamente providencia a defesa, seja pela autotutela prevista no § 1º do art. 1.210 do Código Civil, seja por meio dos interditos. Considera-se imediato o agir de acordo com fatores objetivos como: a distância do ofendido em relação à coisa, o grau de dificuldade de acesso ao local, a demora no recebimento da informação etc. Não há como definir em horas ou dias o imediatismo acima referido, pois as variantes de cada situação concreta, a serem sopesadas pelo juiz, é que dirão da pertinência das medidas encetadas. Se o possuidor atacado proceder como acima referido, mesmo que a efetiva retomada da posse não ocorra imediatamente, o simples fato de haver demonstrado eficiente interesse no resguardo da posse conservará a sua qualidade de contínua. E o tempo transcorrido entre a privação da posse e a concreta recuperação do exercício será integralmente contado como *ad usucapionem*, já que exitosa a iniciativa.

Como exceção à regra de que a posse deve ser materialmente contínua, o legislador admite a *accessio possessionis*, ou seja, a soma dos períodos de posse do antecessor e do sucessor. Realmente, o art. 1.243 do Código Civil diz que o possuidor pode, para o fim de contar o tempo exigido, acrescentar à sua posse a dos seus antecessores, contanto que todas sejam contínuas, pacíficas e, nos casos indicados em lei, com justo título e de boa-fé. Vê-se, portanto, que o usucapião, em qualquer das suas modalidades, pode ser feito não apenas pelo possuidor que tiver pessoalmente implementado os requisitos necessários. Admite-se que o interessado em usucapir some à sua posse a do antecessor, visando com isso completar o lapso temporal e os pressupostos legais. Entretanto, para que seja viável acrescentar uma posse à outra é necessária a observância de determinados aspectos, a começar pela questão relativa aos sucessores a título universal e a título singular.

O art. 1.207 do Código Civil diz que o sucessor universal continua de direito a posse do seu antecessor; e ao sucessor singular é facultado unir sua posse à do antecessor, para os efeitos legais. Neste mesmo trabalho, em tópico relativo aos modos de aquisição da posse, a referida norma já foi examinada. Todavia, são agora reproduzidas as conclusões então exaradas, porque imprescindíveis para a compreensão da matéria em debate.

No concernente à posse, a sucessão é modo derivado de aquisição, tendo em vista a efetiva transferência dos atributos possessórios de uma pessoa a outra. Sucessor a título universal é aquele que *mortis causa* recebe do antecessor todos os itens patrimoniais deixados pelo *de cujus*, ou uma fração ideal deles, tomando para todos os fins o lugar jurídico de quem o precedeu na titularidade das coisas e direitos transmitidos. Sucessor a título singular é o indivíduo que, por ato entre vivos (contratos de compra e venda, cessão, doação, etc.) ou em razão da morte de alguém (legado em testamento), recebe do antecessor itens específicos e determinados, e não universalidades de composição inicialmente indefinida.

O sucessor universal é investido em todos os proveitos e vícios que em torno da posse orbitavam, sem que lhe reste alternativa. Em virtude disso, no exato momento da morte do antecessor o novo titular continua de direito o exercício da posse, que se era de boa-fé continuará assim prestigiada, e se de má-fé conservará essa característica. Já no caso de sucessão singular, o sucessor pode optar entre continuar a posse do antecessor ou cortar o fluxo possessório e iniciar outro absolutamente dissociado daquele. Na primeira hipótese, receberá e continuará a posse com a totalidade dos caracteres que a cercavam, fossem positivos ou negativos. Logo, a posse violenta persistirá na trajetória até então desenvolvida; a justa igualmente não sofrerá alteração, e assim por diante. Na segunda hipótese, o sucessor prefere romper o antigo liame a apagar o passado daquela posse, fazendo-a completamente nova e revestida dos caracteres com que foi por último adquirida. Nessa linha de raciocínio, pode-se perceber que o sucessor começa do zero a relação de posse, motivo pelo qual não poderá somar o período cumprido pelo antecessor na titularidade da posse que acabou sendo destruída em virtude da escolha feita pelo interessado.

A opção por uma ou outra das soluções previstas no ordenamento jurídico ao sucessor singular produz efeitos peculiares. Caso decida somar a sua posse à do antecessor, o tempo que já fluiu será somado ao que sobrevier, permitindo ao possuidor alcançar mais rapidamente a propriedade da coisa por meio do usucapião. Todavia, nem sempre isso representará vantagem, pois a existência de vícios na posse do antecessor acarretará a necessidade de cumprimento de prazo maior para que se viabilize o usucapião. Por outro lado, decidindo pela supressão do tempo de posse anterior o novo possuidor poderá dar início a uma relação livre de defeitos, e, com isso, mais facilmente atingir os objetivos a que se propuser, mormente em se tratando de usucapião constitucional, cuja exigência acerca do prazo de posse é menor.

Independentemente da modalidade de usucapião a ser invocada, exige-se que as posses — do antecessor e do sucessor — sejam contínuas e pacíficas, por tratar-se de requisito inarredável e presente em todos os dispositivos concernentes à aquisição da propriedade por usucapião. Em assim sendo, não poderá haver solução de continuidade entre a posse exercida pelo antecessor e aquela que começar a fluir sob a guarida do sucessor. Existindo qualquer interrupção no transcurso, retorna ao início a contagem do tempo, fazendo com que o possuidor somente tenha condições de usucapir o imóvel a partir do momento em que pessoalmente completar o tempo de posse qualificada. No caso de ser pretendida a soma de posses objetivando a promoção do usucapião ordinário previsto no art. 1.242 e parágrafo único do Código Civil, aos requisitos colocados acima se junta ainda o de que haja justo título e boa-fé, elementos que nesse particular funcionam como *conditio sine qua non* da viabilidade do pleito fundado na redução do tempo de posse qualificada.

5.3.3.2. Tempo de duração da posse

A fixação da posse ao longo do tempo é pressuposto essencial para o usucapião, pois de uma só vez revela o desinteresse de quem poderia defender o estado possessório original e o firme desiderato do possuidor no sentido de se tornar dono da coisa. O legislador confere ao titular da posse molestada a faculdade de reagir contra o ofensor, permitindo inclusive que obtenha liminar de proteção nos casos de posse com menos de ano e dia. Não bastasse, legitima-o a aparelhar demanda capaz de ensejar a recuperação da posse, ainda que velha, após o julgamento definitivo da lide, contanto que presentes os elementos normativos atinentes à espécie. Se mesmo diante de tudo isso o possuidor afrontado não tomar a iniciativa de recuperar a posse, ou não conseguir lograr êxito nas providências acaso adotadas, então surge, para o possuidor atual, a perspectiva de adquirir o domínio, ou direito real diverso, por usucapião.

Como se percebe, além de ser exercida com *animus domini*, de forma mansa, pacífica e contínua, a caracterização da posse *ad usucapionem* depende da sua duração pelo prazo estabelecido na lei para cada modalidade. O ordenamento jurídico faz variar esse lapso temporal desde cinco até vinte anos, passando por níveis intermediários de dez e quinze anos, segundo a finalidade do instituto e as nuanças objetivas que apresentam. Em geral, quanto menor o tempo de posse exigido, mais relevante o usucapião sob a ótica da coletividade. Porém, em determinadas situações o lapso de posse é reduzido em virtude da sua associação com outros elementos, fundamentalmente o justo título e a boa-fé, formando um conjunto jurídico sólido em favor do possuidor, a quem, por isso, é conferida mais rapidamente a titularidade da coisa.

Como referido antes, até mesmo o período transcorrido entre a data da propositura da ação e o seu julgamento pode ser computado como sendo de posse *ad usucapionem* em favor do possuidor, desde que reconhecida a improcedência da lide. Com isso, não terá havido oposição eficiente ao direito do usucapiente, ficando também mantido o requisito da continuidade da posse exercida.

Importa referir que o tempo de posse, necessário ao usucapião, é definido pela lei em anos. A sua contagem se faz mediante exclusão do dia em que iniciada a relação possessória *(dies a quo)* e inclusão do dia final de implemento do período *(dies ad quem)*. Observe-se que não se trata de prazo de índole processual, circunstância a tornar inaplicável a regra que desprestigia os dias considerados não úteis, *v. g.*, domingos e feriados. Eles serão normalmente integrados à operação, podendo tanto servir de marco inicial como de indicador final da contagem.

5.3.3.4. Justo título

Dentre os pressupostos que nem sempre integram o rol das exigências feitas por lei para viabilizar o usucapião está o *justo título*. Apenas em situações diferenciadas ele aparece como requisito a ser cumprido pelo possuidor, funcionando, basicamente, como elemento de redução do tempo de posse necessário para usucapir. O justo título não é reclamado no usucapião extraordinário e tampouco no especial, modalidades que prescindem completamente da sua apresentação. Todavia, a espécie ordinária, prevista no art. 1.242 do Código Civil, não será aplicada sem que o possuidor disponha desse instrumento jurídico.

Embora com algumas divergências em torno de aspectos secundários, na essência a doutrina não diverge quando cuida da definição do que seja justo título. Entende-se como tal o elemento escrito que, em tese, mostra-se formalmente hábil a transferir o domínio da coisa a respeito da qual versa, mas que no plano concreto não leva a esse resultado em função de alguma imperfeição relacionada à figura do transmitente. É o que acontece, por exemplo, quando ele não é dono da coisa que tenciona alienar, ou não tem poder suficiente para transferi-la. Noutras palavras, o título aparenta ser bastante para alcançar o objetivo almejado pelas partes, o que efetivamente aconteceria se não contivesse um defeito obstativo da transmissão desejada.

Para que seja tido como justo, o título deve incutir no sujeito a convicção de que está a se tornar proprietário da coisa negociada onerosa ou gratuitamente. Ele acredita piamente nessa circunstância, passando a agir como se dono fosse em virtude do título que recebeu de outrem. Importa salientar que o ato de crer na titularidade não significa que o indivíduo tem ânimo de dono (*animus domini*), ou seja, a intenção de ser dono e de se portar como proprietário. É mais do que isso, implicando, por conseguinte, na plena convicção íntima de titularizar o direito real, tendo suporte bastante no instrumento que porta consigo.

Não se considera justo o título afetado por nulidade absoluta (*v. g.*, quando incapaz o agente), já que então o indivíduo jamais poderá ter formado intimamente a certeza de ser dono, tão evidente e grave o defeito do escrito. Também não se tolera o vício de forma, dada a perspectiva da sua fácil constatação, suficiente para elidir qualquer argumento no sentido de ignorância do portador quanto a esse obstáculo. Já a anulabilidade (*v. g.*, por erro ao consentir) não impede a configuração do título como justo, por se tratar de vício de somenos envergadura e que inclusive convalida por simples inércia do interessado em ver afirmada a sua imperfeição.

A dificuldade de caracterizar o justo título está exatamente na necessidade de que desperte no sujeito a certeza da aquisição. Bem se vê que um resultado dessa envergadura não é produzido por qualquer escrito, mas apenas por aquele que congrega elementos tão próximos da perfeição jurídica a ponto de gerar na pessoa o ânimo acima referido. Há quem sustente a idéia de que o título só é justo se for registrado no cartório de registro de imóveis competente (*v. g.*, Washington de Barro Monteiro, obra citada, p. 127). Outros, porém, a tanto não chegam, admitindo a sua existência mesmo sem a iniciativa registral (*v. g.*, Caio Mário da Silva Pereira, obra citada, p. 149). Respeitadas as posições em contrário, não se afigura adequado impor o registro como condição para que o título seja tomado como justo. Imagine-se a situação do adquirente que, uma vez lavrada escritura pública de compra e venda de imóvel, opta por não efetuar o registro de imediato, optando por aguardar até que obtenha os recursos financeiros correspondentes aos emolumentos. Quando se dirige ao cartório, porém, vê obstado o seu intento em virtude de ser constatada a falsidade da assinatura do vendedor. Caso já tenha tempo de posse qualificada para usucapir com justo título, é impensável a hipótese de vedar o reconhecimento da escritura como fator de preenchimento de tal requisito. Isso porque o quadro fático e jurídico seria rigorosamente idêntico ao de quem logrou êxito em registrar a escritura com firma falsa, sem que o oficial do registro público se apercebesse do vício. Para contextos iguais, o tratamento não pode ser diferente, sob pena de medrar a injustiça.

Afirmada a circunstância de que também é justo título a escritura de compra e venda ou doação que, embora aparente perfeição, não foi alvo de registro imobiliário, resta examinar a possibilidade de reconhecer como justo o contrato preliminar, gênero que tem na promessa de compra e venda de imóvel o seu maior expoente. A solução não é diferente daquela exposta acima, pois o ordenamento atribui à promessa de compra e venda, devidamente registrada, tamanha força a ponto de gerar direito real em favor do promitente comprador, quando não houver cláusula de arrependimento (art. 1.417 do Código Civil). Ademais, permite inclusive que a sentença judicial supra a falta de emissão de vontade do promitente vendedor, ensejando a adjudicação da coisa (art. 1.418 do Código Civil).

Anote-se, por fundamental, que mesmo faltando o registro do compromisso de compra e venda haverá nele justo título. Como qualquer das partes tem o direito de exigir a celebração do contrato definitivo apontado no ajuste preliminar (art. 463 do Código Civil), e como ao promitente comprador se faculta até exigir a adjudicação da coisa, nada mais correto do que ver nesse quadro a justeza do título assim confeccionado. Nem a previsão contida no parágrafo único do art. 463 da codificação, pelo qual o contrato preliminar deverá ser levado ao registro competente, infirma a conclusão expendida. É que, faltando quem tenha melhor direito do que o seu, o promitente comprador pode obter a coisa pela via da exigência de celebração do contrato definitivo, independentemente do registro do contrato. Destarte, se o título constituído dessa maneira é capaz de acarretar a transmissão da coisa, com igual razão será justo para instruir demanda em favor do usucapiente. Reforça esse entendimento o conteúdo da Súmula n. 84 do Superior Tribunal de Justiça, segundo a qual é admissível a oposição de embargos de terceiro fundados em alegação de posse advinda do compromisso de compra e venda de imóvel, ainda que desprovido do registro. Isso demonstra que o registro é fonte geradora de direito real, mas não obstaculiza a configuração do justo título, haja vista a aceitação da promessa como elemento de tutela das prerrogativas do compromissário adquirente em variadas searas.

5.3.3.5. Boa-fé

Em linhas gerais, a questão atinente ao elemento anímico ínsito na posse já foi abordada neste trabalho. Em razão disso, aquelas noções básicas devem ser empregadas também agora, podendo ser buscadas e examinadas no tópico concernente à classificação da posse. Resta, portanto, analisar o tema sob a ótica do exercício possessório.

A boa-fé exigida do possuidor que pretende usucapir é aquela traduzida na ignorância do vício ou do obstáculo que impede a aquisição da coisa (art. 1.201 do Código Civil). Enquanto acredita que o ato de transmissão operado junto ao pretenso alienante foi capaz de acarretar a efetiva transferência da propriedade, o sujeito está imbuído de boa-fé, extraindo desse contexto as repercussões favoráveis previstas no ordenamento jurídico, *v.g*, a redução do prazo de usucapião. É preciso, destarte, que tenha convicção acerca do seu direito, imaginando-se dono do bem possuído ainda que outra seja a realidade jurídica.

Importa observar que não pode haver, da parte do possuidor, a certeza de não ser proprietário, de vez que esse estado de ânimo é inconciliável com a boa-fé. Desde que saiba do vício ou obstáculo, não terá início a posse de boa-fé, e, se já iniciada, a ciência do problema faz com que ela cesse. Daí em diante, será de má-fé, deixando de receber a mesma guarida do ordenamento, e submetendo-se às conseqüências desse estado possessório, *v. g.*, alongamento do prazo de usucapião ainda não completado.

O possuidor não pode alegar boa-fé invocando-a com base em erro de direito, pois a ignorância da lei, ou do seu concreto alcance é inescusável. A crença externada pelo possuidor diz respeito, à evidência, a um erro de fato, pois pensa estar investido na qualidade de dono, quando apenas exerce a posse. Mais do que isso, é preciso que o erro se mostre desculpável, entendendo-se como tal aquele que toda pessoa medianamente cautelosa poderia cometer. É o que ocorre, por exemplo, no caso da celebração de contrato público de compra e venda de certo imóvel com mandatário que não tem poderes suficientes para representar o proprietário, embora aparentemente esteja desenvolvendo plena e integral representação. Munido desse instrumento, o possuidor acredita estar apto a promover o registro e tornar-se dono, o que acaba por não ocorrer em virtude do defeito acima explicitado.

Eventuais dúvidas em torno da plenitude do título não afastam a boa-fé, se o possuidor se comportar como dono e tiver razoáveis motivos para acreditar na prevalência do direito que entende emergir do quadro em que está inserido. Admite-se, portanto, que a ocasional presença de dúvidas internas seja contornada pela exteriorização de conduta análoga à de dono. Ao agir como proprietário, o indivíduo acaba por revelar a circunstância de que em sua mente está mais robustecida a idéia de titularidade do que a apreensão referente ao estado jurídico em que se encontra. Com isso, prevalece a objetiva formatação da conduta adotada, ficando em plano secundário a relativa incerteza que o assolou. De resto, mesmo quem tem dúvidas quanto à regular conformação do seu título pode estar intimamente convicto quanto ao exercício de titularidade sobre a coisa, aspecto que se revela por meio do comportamento objetivamente exteriorizado. O que não se aceita é a convicção do possuidor em torno da ilegitimidade da aquisição realizada, pois então haverá notória má-fé.

Não há relação necessária entre a boa-fé e a existência de justo título, embora geralmente a forma mais adequada de buscar a afirmação do bom ânimo seja mediante apresentação de instrumento hábil, em tese, a transferir o domínio da coisa possuída. Nada obsta que haja posse de boa-fé sem justo título, como é o caso do adquirente de coisa móvel negociada junto a quem não era dono, sendo tal fato ignorado pelo comprador. Por outro lado, também se aventa como plausível a hipótese de justo título sem boa-fé, sendo exemplo disso a situação de quem registra a escritura pública de compra e venda do imóvel sabendo que é portadora de vício que obstaculiza a percepção do domínio.

Na verdade, a boa-fé, sendo evento ordinário, presume-se; já a má-fé, de índole extraordinária, deve ser provada. Não obstante, o legislador estabelece expressa presunção de boa-fé em favor de quem tiver justo título (parágrafo único do art. 1.210 do Código Civil). Com isso, e embora incorra em redundância porque a boa-fé é a regra e a má-fé a exceção que depende de prova, os dizeres da supracitada norma, de natureza específica, devem ser entendidos no sentido de que o justo título reforça a presunção genérica de boa-fé que milita em favor de todos, seja qual for a relação de que se estiver tratando, exceto quando a lei dispuser de maneira diversa. À evidência, cuida-se de presunção *juris tantum*, porque cede diante de prova inequívoca que venha a ser produzida em contrário.

5.4. Modalidades de usucapião

O legislador brasileiro consagrou várias espécies de usucapião, inserindo-as na Constituição da República, no Código Civil e na legislação esparsa. Cada uma delas deita raízes em requisitos que lhe são peculiares, mormente no que respeita ao tempo de posse reclamado para a viabilização do instituto. Dada essa circunstância, as modalidades impõem análise individualizada, visando à regular e precisa determinação dos seus contornos.

5.4.1. Usucapião extraordinário

Aquele que, por quinze anos, sem interrupção, nem oposição, possuir como seu um imóvel, adquire-lhe a propriedade, independentemente de título e boa-fé; podendo requerer ao juiz que assim o declare por sentença, a qual servirá de título para o registro no Cartório de Registro de Imóveis (art. 1.238 do Código Civil). A norma define o *usucapião extraordinário*, assim denominado porque prescinde de elementos vigorosos como o justo título e a boa-fé para gerar o direito de propriedade em favor do possuidor. Na realidade, entende o legislador que a propriedade deve cumprir uma função social e econômica relevante, circunstância que justifica a atribuição daquele direito a quem cumprir as exigências legais, voltadas para o melhor e mais racional aproveitamento da coisa. Isso dispensa maiores complexidades, pois ao estender a posse qualificada pelo prazo previsto na lei o possuidor dá mostras de que empresta à coisa muito mais utilidade e importância do que lhe era dedicada pelo dono, fazendo viável e socialmente proveitosa a aquisição da titularidade dominial.

Para que alguém adquira o domínio de coisa imóvel por meio de usucapião extraordinário, deverão ser rigorosamente atendidos os pressupostos colocados no ordenamento jurídico, a saber: a) quinze anos de posse, qualificada pelos elementos definidos na seqüência. Não se deve olvidar que a posse é a visibilidade do domínio, e por isso somente se considera possuidor quem mantém comportamento análogo ao de proprietário; b) que a posse seja ininterrupta, isto é, mantenha-se intacta e sem solução de continuidade ao longo de todo o transcurso do lapso temporal apontado *retro*, pois o rompimento da posse por outrem, judicialmente reconhecido, faz suprimir por inteiro o tempo já fluído até então; c) que a posse não receba oposição capaz de cortar o seu transcurso. Oposição é todo ato com potencial suficiente para romper o liame possessório, perfectibilizando-se por meio da apresentação de melhor direito de outrem sobre a coisa possuída; d) que o imóvel usucapiendo não seja dos classificados como públicos, pois expressamente vedada a incidência de usucapião sobre eles.

Para a verificação do usucapião extraordinário não se exige do possuidor título algum, e nem que esteja imbuído de boa-fé, pois esses são aspectos dispensados pela norma legal, que se contenta com a observância dos itens por ela arrolados. Assim, mesmo que comprovadamente estivesse de má-fé ao longo de todo o período, o possuidor que teve a coisa como sua por quinze anos de maneira ininterrupta e sem oposição adquire-lhe a propriedade. E, caso tenha justo título, ele será considerado apenas como fator de fortalecimento da prova que instrui a petição inicial.

O prazo acima citado reduzir-se-á a dez anos se o possuidor houver estabelecido no imóvel a sua moradia habitual, ou nele realizado obras ou serviços de caráter produtivo, conforme previsão ínsita no parágrafo único do art. 1.238 do Código Civil. Embora não conste expressa referência na norma, é evidente que a fixação de morada deverá ocorrer por período razoável, pois do contrário o possuidor poderia burlar a vigilância da lei, com vistas a reduzir o período necessário de posse, construindo uma morada sobre o território usucapiendo nos momentos imediatamente anteriores à implementação do decênio. Com isso, auferiria irregular vantagem ao forjar o preenchimento do requisito básico para a diminuição do tempo de posse *ad usucapionem*, o que não pode ser tolerado. Destarte, não obstante o silêncio da lei acerca do tempo durante o qual deverá o possuidor estabelecer morada no imóvel, o qualificativo *habitual* indica que terá de ser por prazo razoável, embora não necessariamente ao longo de todo o período de posse, de maneira que não se mostre inexpressivo.

Caso o possuidor não tenha fixado no imóvel morada habitual, ainda assim poderá ser favorecido pela redução do período de posse, contanto que nele realize obras ou serviços de caráter produtivo. É a chamada *posse-trabalho*, cuja utilidade social lhe confere maior relevância. São produtivos os serviços ou obras que melhoram o aproveitamento econômico da coisa e fazem com que cumpra a sua função social, *v. g.*, construção de açudes ou barragens, reflorestamento, implantação de lavouras etc. Como se trata de atividades que geralmente apresentam incontinenti resultado produtivo, a análise que se fizer em torno desse aspecto terá de levar em consideração o investimento econômico do possuidor em prol da coisa; quanto maior for, mais facilmente será considerada cumprida a exigência legal, até porque não se impõe a habitualidade como elemento definidor da redução do lapso temporal de posse qualificada. O empenho do possuidor em realizar obras e serviços produtivos na coisa é que dirá da possibilidade de minoração no tempo de posse para fins de usucapião.

A modalidade extraordinária serve também para a aquisição de direitos reais suscetíveis de posse, os quais, na forma da lei, são igualmente usucapidos. Como exemplos mencionam-se os seguintes direitos reais: usufruto, habitação, uso, servidões aparentes e assim por diante. Em todas as hipóteses, obviamente, a posse qualificada é o elemento essencial que permite a aquisição por usucapião.

5.4.2. Usucapião ordinário

Adquire também a propriedade do imóvel aquele que, contínua e incontestadamente, com justo título e boa-fé, o possuir por dez anos (art. 1.242). Na norma reproduzida o legislador consagrou o usucapião ordinário, assim denominado porque o possuidor está munido de justo título e imbuído de boa-fé, sendo a solução normativa, portanto, modo regular e lógico de adquirir a propriedade imóvel.

Encontra-se aqui uma exigência especial: a presença de justo título. Considera-se como tal aquele que se mostra viável, em abstrato, para operar a transferência da propriedade, mas que padece de vício intrínseco — nunca formal — capaz de impedir a produção do aludido efeito. Embora maculado pelo defeito, o título se apresenta com tamanha aparência de perfeição que tem o condão de tornar menos extenso o tempo de posse para fins de usucapião da coisa. Ao contrário do que preconiza uma das correntes do pensamento jurídico, justo título não é necessariamente aquele que está registrado no álbum imobiliário, pois seria exagerado impor tão rigoroso pressuposto como condição para considerar justa a titulação. Basta, para tanto, que cumpra as formalidades extrínsecas e demonstre qualidades internas suficientes para, não fosse o vício de que padece, transferir o domínio.

Os requisitos para a aquisição da propriedade imóvel por usucapião ordinário são os seguintes: a) posse qualificada durante dez anos; b) que a posse seja contínua, isto é, não sofra interrupção ao longo de seu transcurso; c) que a posse não seja contestada, situação verificada sempre que o possuidor não for alvo de demandas procedentes, ou de repulsa por desforço imediato exitoso, em torno da posse exercida; d) existência de justo título, consoante salientado *retro*; e) boa-fé do possuidor, requisito que se preenche a partir do momento em que ele tem plena convicção de ser dono ou de estar no exercício legítimo do direito.

Consoante estatuído no parágrafo único do art. 1.242 do Código Civil, será de cinco anos o prazo se o imóvel houver sido adquirido, onerosamente, com base no registro constante do respectivo cartório, cancelado posteriormente, desde que os possuidores nele tiverem estabelecido a sua moradia, ou realizado investimentos de interesse social e econômico. A solução se justifica em virtude de uma tamanha aparência de perfeição do justo título que ele logra ser registrado junto ao cartório competente, conferindo ao possuidor a certeza de que adquiriu o domínio. Ainda que depois o registro venha a ser tornado insubsistente em razão do vício intrínseco que macula título, o prazo de posse para que se viabilize o usucapião é reduzido para apenas cinco anos.

A invocação dessa variante de usucapião depende do preenchimento dos seguintes pressupostos: a) registro do justo título, seguido de cancelamento; b) que o negócio jurídico gerador do registro tenha sido oneroso, pois, se de natureza gratuita, o lapso temporal de posse continuará sendo o mesmo previsto no *caput* do artigo, ou seja, dez anos; c) que os possuidores tenham estabelecido a sua morada no imóvel durante período razoável, pois com isso estará demonstrado o cumprimento da função social da coisa, ou, alternativamente, que tenham realizado investimentos de interesse social ou econômico (*posse-trabalho*), de vez que assim também restará patente o proveito surgido a partir da posse *ad usucapionem* exercida.

Os investimentos de interesse social e econômico, referidos na parte final da norma, consistem em obras, serviços e melhorias acrescidos à coisa pelos possuidores, sendo exemplo disso a abertura de uma creche ou escola no local, o funcionamento de estabelecimento de comércio útil aos moradores das cercanias, a implantação de lavoura e conseqüente criação de empregos, etc. Enfim, a análise da situação concreta é que dirá se houve ou não a observância das exigências normativas aptas a reduzirem o tempo de posse com vistas ao usucapião.

5.4.3. Usucapião especial constitucional urbano

O art. 183 da Constituição Federal estabelece: "*Aquele que possuir como sua área urbana de até duzentos e cinqüenta metros quadrados, por cinco anos, ininterruptamente e sem oposição, utilizando-a para sua moradia ou de sua família, adquirir-lhe-á o domínio, desde que não seja proprietário de outro imóvel urbano ou rural. § 1º – O título de domínio e a concessão de uso serão conferidos ao homem ou à mulher, ou a ambos, independentemente do estado civil. § 2º – Esse direito não será reconhecido ao mesmo possuidor mais de uma vez. § 3º – Os imóveis públicos não serão adquiridos por usucapião*". Pioneiro na legislação brasileira, tal dispositivo criou o chamado *usucapião especial constitucional urbano*, que, posteriormente adotado também pelo Código Civil nos mesmos moldes, ficou também conhecido como *usucapião especial urbano*. A propósito, o art. 1.240 da codificação praticamente reproduziu a literalidade da norma constitucional: *"Aquele que possuir, como sua, área urbana de até duzentos e cinqüenta metros quadrados, por cinco anos ininterruptamente e sem oposição, utilizando-a para sua moradia ou de sua família, adquirir-lhe-á o domínio, desde que não seja proprietário de outro imóvel urbano ou rural. § 1º – O título de domínio e a concessão de uso serão conferidos ao homem ou à mulher, ou a ambos, independentemente do estado civil. § 2º – O direito previsto no parágrafo antecedente não será reconhecido ao mesmo possuidor mais de uma vez".*

Cuida-se de modalidade que tem por desiderato fomentar o cumprimento das finalidades econômicas e sociais das áreas situadas nos aglomerados urbanos. Assim, exceto no que diz respeito aos imóveis sobre os quais não pode incidir usucapião (*v. g.*, os pertencentes ao Poder Público), todos os demais, situados em área urbana, poderão ser usucapidos. Entrementes, a incidência da norma, com prazo de posse bastante reduzido, ocorre apenas se cumpridas as exigências legais nela apontadas: a) posse qualificada por cinco anos ininterruptos, de modo que o possuidor proceda como se dono fosse aos olhos de terceiros; b) que a posse seja exercida sobre imóvel urbano de área não superior a duzentos e cinqüenta metros quadrados; c) existência de posse sem oposição, caracterizada pela ausência de demandas ou litígios procedentes envolvendo a questão possessória; isso não importa na necessidade de absoluta falta de controvérsias acerca da posse, mas sim na ausência de melhor direito de terceiro, demonstrado em juízo, sobre ela; d) que o usucapiente não seja proprietário de outro imóvel rural ou urbano, pois uma das finalidades do usucapião especial consiste em atribuir uma área a quem não a tenha; e) que o território seja utilizado como moradia do possuidor ou de sua família, pois outro dos objetivos do legislador ao instituir o usucapião especial é viabilizar a obtenção de um lugar para que a pessoa habite com dignidade, mantendo os entes mais próximos e auferindo os proveitos resultantes da coisa; f) que o imóvel usucapiendo não seja daqueles classificados como públicos, porque vedada a incidência de usucapião sobre eles.

Assim como no pertinente ao usucapião extraordinário, também no especial a aquisição do domínio independe de justo título e boa-fé. Embora com má-fé e sem título algum, o possuidor tornar-se-á proprietário do imóvel urbano a partir do momento em que preencher os requisitos legais elencados acima. Não se trata de presunção de boa-fé, até porque se o fosse admitiria prova em contrário; cuida-se, isto sim, de completa dispensa de aferição do ânimo com que se porta o agente. Tanto é verdade que nem mesmo provando má-fé conseguirá a parte adversa impedir a prolação de sentença favorável ao usucapiente que atender às exigências normativas.

Somente as pessoas naturais têm legitimidade para usucapir com substrato na invocação da modalidade especial, dada a necessidade de habitar no local, conduta obviamente impraticável por pessoas jurídicas. Os seus efeitos aproveitam indistintamente ao homem ou à mulher que lograr preencher as determinações legais, independentemente do seu estado civil. A aquisição dominial opera em favor do possuidor ou da possuidora, isoladamente; tratando-se de posse exercida por ambos, os dois serão beneficiados pelo usucapião. A prerrogativa independe do estado civil do possuidor, eis que a finalidade do instituto consiste em oportunizar a obtenção da titularidade da área em que a pessoa habita, seja solteira ou casada, tenha ou não família consigo ao tempo do exercício da posse.

Sendo casados entre si os possuidores, a propositura da lide se dará em litisconsórcio ativo necessário. *"Viola literalmente as disposições dos arts. 10, caput, 11, parágrafo único, e 47, caput, do Código de Processo Civil, assim como do art. 1.647, inc. II, do Código Civil, a sentença meritória proferida em ação de usucapião movida por apenas um dos cônjuges, casado sob o regime da comunhão parcial de bens, sem o consentimento do outro e sem haver suprido judicialmente a ausência dessa condição de procedibilidade, por tratar-se de processo nulo desde a petição inicial"* (Ação Rescisória n. 040-9994, Secção Única do TJAP). Da mesma decisão se extrai que a circunstância de um dos cônjuges, ao se casar sob o regime da comunhão parcial de bens, já ser possuidor do imóvel usucapiendo há muitos anos, não o exime de ajuizar a ação de usucapião em litisconsórcio com o outro, ou de fazê-lo sozinho, mas com o consentimento deste ou, no impedimento, com suprimento judicial dessa formalidade, seja por tratar-se de ação real imobiliária, seja porque seu consorte tornou-se co-possuidor.

A oportunidade de obter a titularidade de área urbana por usucapião é única, somente podendo ser exercida uma vez pelo interessado. A ninguém é permitido usucapir duas vezes na modalidade especial, mas nada impede a invocação de outra espécie juridicamente admitida, desde que cumpridos os pressupostos indicados na lei. Seja qual for o destino que der ao território, a pessoa beneficiada não poderá outra vez invocar o direito de usucapir a mesma ou nova área em usucapião especial. Com isso, pretende o legislador evitar o mercantilismo, a negociação ou a simples doação de terrenos usucapidos, prevenindo novas investidas possessórias por parte de quem já foi agraciado com o favor legal.

Questão relevante diz respeito à limitação das dimensões do imóvel a ser usucapido. A área de duzentos e cinqüenta metros quadrados deve ser examinada sob ângulos diversos. Quando o interesse do possuidor se volta para uma casa construída em terreno de medida inferior a duzentos e cinqüenta metros quadrados, afigura-se relevante o tamanho da obra, que também não poderá ter área construída superior àquela metragem. É igualmente viável usucapir um apartamento por meio da modalidade especial, desde que ele, como unidade autônoma, não supere as medidas acima enunciadas. Como se sabe, a fração ideal referente a cada célula habitacional é mínima, principalmente nos edifícios com muitos apartamentos. Assim, faculta-se ao possuidor adquirir por usucapião a titularidade apenas dos que tiverem no máximo duzentos e cinqüenta metros quadrados. A apuração leva em conta o somatório das áreas de uso exclusivo e comum.

Exercendo posse sobre terreno cujas dimensões superam o permissivo legal, é lícito ao possuidor desprezar a área excedente, direcionando o pleito judicial no sentido de usucapir apenas até o limite normativamente aceito. Mesmo nos casos em que a porção abdicada seja inferior ao menor índice administrativo de parcelamento do solo urbano não haverá óbice à iniciativa, já que a lei não obriga o possuidor a apontar como objeto da demanda a totalidade da área que possui. Quanto à fração desprezada, poderá ser usucapida pelo emprego de outra modalidade aquisitiva, contanto que observadas as exigências do ordenamento jurídico. Evidentemente, se em qualquer circunstância a área construída — de casa ou apartamento — superar o limite legal, não se operará o usucapião, porque impossível desprezar uma parte da edificação.

Finalmente, mostra-se importante aduzir que a *accessio possessionis* é perfeitamente viável, ensejando a soma dos períodos de posse do antecessor, pelo possuidor atual, com vistas à implementação do lapso temporal necessário ao usucapião. Basta, para tanto, que o sucessor não altere a formatação original da posse recebida.

5.4.4. Usucapião especial constitucional rural

O art. 191 da Constituição Federal dispõe: *"Aquele que, não sendo proprietário de imóvel rural ou urbano, possua como seu, por cinco anos ininterruptos, sem oposição, área de terra, em zona rural, não superior a cinqüenta hectares, tornando-a produtiva por seu trabalho ou de sua família, tendo nela sua moradia, adquirir-lhe-á a propriedade. Parágrafo único. Os imóveis públicos não serão adquiridos por usucapião"*. É o denominado *usucapião especial constitucional rural*, posteriormente inserido no Código Civil, quando passou também a ser conhecido como *usucapião especial rural*. O art. 1.239 da codificação disciplina a matéria: *"Aquele que, não sendo proprietário de imóvel rural ou urbano, possua como sua, por cinco anos ininterruptos, sem oposição, área de terra em zona rural não superior a cinqüenta hectares, tornando-a produtiva por seu trabalho ou de sua família, tendo nela sua moradia, adquirir-lhe-á a propriedade"*.

A modalidade em exame tem por objetivo fomentar o cumprimento das finalidades econômicas e sociais da terra. Assim, exceto no que diz respeito aos imóveis rurais sobre os quais não pode incidir usucapião (*v. g.*, os pertencentes ao Poder Público), todos os demais, situados em área rural, poderão ser usucapidos. Porém, a incidência da norma, com prazo de posse bastante reduzido, somente ocorre se preenchidas as exigências legais nela explicitadas: a) posse qualificada por cinco anos ininterruptos; b) que a posse seja exercida sobre imóvel rural de extensão não superior a cinqüenta hectares; c) existência de posse sem oposição, caracterizada pela ausência de demandas ou litígios procedentes envolvendo a questão possessória; fluxo; isso não importa na necessidade de absoluta falta de controvérsias acerca da posse, mas sim na ausência de melhor direito de terceiro, demonstrado em juízo, sobre ela; d) que o usucapiente não seja proprietário de outro imóvel rural ou urbano, pois uma das finalidades do usucapião especial consiste em atribuir um território a quem não o tenha; e) que o possuidor torne produtiva a área (posse *pro labore*), por seu trabalho ou de sua família, tendo nela sua moradia, de vez que outro dos objetivos do legislador ao instituir o usucapião especial é viabilizar a obtenção de um lugar para que a pessoa habite com dignidade, mantendo os entes mais próximos e auferindo os proveitos resultantes da coisa; f) que o imóvel usucapiendo não seja daqueles classificados como públicos, eis que vedada a incidência de usucapião sobre eles.

Ficam compreendidas na zona rural as áreas que se situam fora dos limites urbanos do Município de localização, conforme definido em normas municipais ou noutras equivalentes. Mas isso não é suficiente para usucapir. Faz-se mister, ainda, que sejam empregadas na exploração agrícola ou pecuária, haja vista a finalidade perseguida pelo legislador. Frise-se, também, que a posse de área com medida superior a cinqüenta hectares não obsta a aquisição dominial pela modalidade em exame, contanto que o possuidor deduza a pretensão apenas até o máximo admitido, desprezando o excedente. Este poderá ser alvo posterior de outra prescrição aquisitiva, mediante invocação de modalidade diversa.

Assim como no pertinente ao usucapião extraordinário, também no especial a aquisição do domínio independe de justo título e boa-fé. Embora com má-fé e sem título algum, o possuidor se tornará proprietário do imóvel rural a partir do momento em que preencher os requisitos legais elencados acima. Não se trata de presunção de boa-fé, até porque se o fosse admitiria prova em contrário; cuida-se, isto sim, de completa dispensa de aferição do ânimo com que se porta o agente. Tanto é verdade que nem mesmo provando má-fé conseguirá a parte adversa impedir a prolação de sentença favorável ao usucapiente que atender às exigências normativas.

A pessoa jurídica não tem legitimidade para invocar essa modalidade de usucapião, já que a conduta de estabelecer moradia em determinado local é exclusiva das pessoas naturais. Por outro lado, admite-se o aproveitamento do tempo de posse do antecessor para fins de, somado ao do sucessor, completar o período necessário à aquisição dominial. Não há razão para entender de outra forma, já que, mantendo as características com que foi adquirida, a posse conserva os elementos indispensáveis à qualificação exigida por lei.

5.4.5. Usucapião individual do Estatuto da Cidade

Ao lado das previsões constitucionais e codificadas, há duas outras modalidades de usucapião estipuladas no ordenamento jurídico brasileiro. Ambas estão previstas no Estatuto da Cidade (Lei n. 10.257, de 11.7.2001), que é anterior ao Código Civil, dizendo respeito exclusivamente a imóveis situados em zona urbana. Aliás, o mencionado diploma legal tem por desiderato ordenar o pleno desenvolvimento das funções sociais da cidade e garantir o bem-estar de seus habitantes, conforme preconizado no art. 182 da Constituição Federal, e estabelecer diretrizes gerais da política urbana. Visa, em suma, à racional e adequada ocupação dos espaços urbanos, disciplinando os mecanismos pelos quais pretende alcançar as metas fixadas.

O art. 9º do Estatuto da Cidade tem redação semelhante à do art. 1.240 do Código Civil: *"Aquele que possuir como sua área ou edificação urbana de até duzentos e cinqüenta metros quadrados, por cinco anos, ininterruptamente e sem oposição, utilizando-a para sua moradia ou de sua família, adquirir-lhe-á o domínio, desde que não seja proprietário de outro imóvel urbano ou rural. § 1º – O título de domínio será conferido ao homem ou à mulher, ou a ambos, independentemente do estado civil. § 2º – O direito de que trata este artigo não será reconhecido ao mesmo possuidor mais de uma vez. § 3º – Para os efeitos deste artigo, o herdeiro legítimo continua, de pleno direito, a posse de seu antecessor, desde que já resida no imóvel por ocasião da abertura da sucessão"*. Na verdade, não há diferença prática no alcance da norma codificada, quando posta em confrontação com a gerada na lei especial. Ambas dizem respeito à possibilidade de usucapir área urbana, impondo os mesmos requisitos para que isso aconteça. O teor do § 3º do art. 9º não chega a alterar essa realidade, haja vista que a soma de períodos de posse também é viável no caso do art. 1.240 do Código Civil, observado o conteúdo do seu art. 1.243, já examinado noutro tópico.

A circunstância de se afirmar, no art. 1.240 do Código Civil, que o usucapião incide sobre *área*, enquanto no art. 9º do Estatuto da Cidade se diz que igual direito compete ao possuidor de *área ou edificação* não importa na criação de institutos diferentes, pois desde o momento em que se exige, nas duas hipóteses, que o possuidor tenha habitação no local, também para fins de invocação do art. 1.240 do Código Civil existirá, necessariamente, uma edificação sobre o terreno. Desse quadro se infere, portanto, que o Código Civil limitou-se, nesse particular, a reproduzir o intento do art. 9º da Lei n. 10.257/2001.

Os requisitos acerca da qualificação da posse *ad usucapionem* não diferem daqueles já explicitados quando da análise do usucapião previsto no art. 1.240 do Código Civil, de maneira que se faz dispensável a reprodução daquelas observações. Aduza-se, por relevante, que o usucapião especial de imóvel urbano poderá ser invocado como matéria de defesa, valendo a sentença que o reconhecer como título para registro no cartório de registro de imóveis (art. 13 do Estatuto da Cidade). Procedente o tema defensivo, deverá ser aparelhada ação de usucapião, servindo aquele como elemento de instrução da nova lide.

5.4.6. Usucapião coletivo do Estatuto da Cidade

O art. 10 do Estatuto da Cidade prevê modalidade de usucapião que não foi integrada ao Código Civil, razão pela qual a base da sua eventual aplicação é exclusivamente o Estatuto da Cidade. Diz o mencionado dispositivo: *"As áreas urbanas com mais de duzentos e cinqüenta metros quadrados, ocupadas por população de baixa renda para sua moradia, por cinco anos, ininterruptamente e sem oposição, onde não for possível identificar os terrenos ocupados por cada possuidor, são susceptíveis de serem usucapidas coletivamente, desde que os possuidores não sejam proprietários de outro imóvel urbano ou rural. § 1º – O possuidor pode, para o fim de contar o prazo exigido por este artigo, acrescentar sua posse à de seu antecessor, contanto que ambas sejam contínuas. § 2º – A usucapião especial coletiva de imóvel urbano será declarada pelo juiz, mediante sentença, a qual servirá de título para registro no cartório de registro de imóveis. § 3º – Na sentença, o juiz atribuirá igual fração ideal de terreno a cada possuidor, independentemente da dimensão do terreno que cada um ocupe, salvo hipótese de acordo escrito entre os condôminos, estabelecendo frações ideais diferenciadas. § 4º – O condomínio especial constituído é indivisível, não sendo passível de extinção, salvo deliberação favorável tomada por, no mínimo, dois terços dos condôminos, no caso de execução de urbanização posterior à constituição do condomínio. § 5º – As deliberações relativas à administração do condomínio especial serão tomadas por maioria de votos dos condôminos presentes, obrigando também os demais, discordantes ou ausentes".*

A norma tem aplicabilidade nos casos de agrupamentos residenciais urbanos (*v. g.*, favelas, ocupações coletivas, etc.) que não permitem a individualização exata das áreas de posse, de maneira que cada possuidor não consegue definir precisamente os contornos do seu território. Nesse caso, o legislador idealizou um mecanismo capaz de atribuir o domínio formalmente aos possuidores, embora sem possibilidade concreta de fixação dos marcos delimitadores da extensão da propriedade individual. A rigor, fica estabelecido um condomínio forçado entre os usucapientes, restando obstada qualquer iniciativa tendente à estipulação de unidades autônomas, ressalvada a hipótese do § 4º do art. 10 do Estatuto da Cidade. Não se tem, até agora, notícias mais alvissareiras do emprego do usucapião coletivo urbano, haja vista o fato de que, no plano concreto, quem ocupa certo espaço e nele estabelece moradia não vê vantagens em formalizar a titularidade condominial, que pode até mesmo transmitir a falsa idéia de ser uma divisão daquele direito que até então teria sido individualmente concebido.

Ultimada a ação de usucapião, cada autor será considerado proprietário de fração ideal sobre o todo, conforme estatuído no § 3º do art. 10 da lei especial. Haverá, então, uma indivisibilidade jurídica associada ao estado fático de divisão, resultante do exercício possessório singularizado. O exercício pressupõe a moradia no local, pois essa espécie de usucapião não enseja a aquisição apenas do solo. Embora, respeitadas as frações ideais, todos sejam donos de tudo, na prática cada usucapiente exerce o direito sobre porção definida do território. Se desde sempre é possível entrever os limites de cada área, não será factível o emprego do usucapião coletivo. Mas, se a posse de algumas áreas do todo era individualizável, enquanto a de outras não, caberá a feitura, respectivamente de usucapião individual e coletivo, em demandas autônomas.

As áreas de uso comum acaso existentes no todo maior (*v. g.*, praças, ruas, fontes, etc.) não pertencerão aos usucapientes, mas sim ao Poder Público, com base no inciso I do art. 99 do Código Civil, ainda que originalmente integrem o patrimônio particular. Se assim não fosse, o acesso de terceiros ao local ficaria ao alvedrio dos proprietários das áreas, o que, entre outras coisas, acarretaria transtornos para a prestação de serviços essenciais à coletividade e principalmente aos habitantes do território usucapido.

Não será alvo da modalidade coletiva de aquisição dominial o exercício possessório incidente sobre área de até duzentos e cinqüenta metros quadrados, já que a lei determina a sua aplicação apenas quando o território apresentar dimensões maiores. Por conseguinte, nenhum dos adquirentes exercerá titularidade sobre porção que corresponda a mais de duzentos e cinqüenta metros do todo. Frise-se que descabe, também aqui, usucapir imóveis públicos, pois as regras que impedem essa iniciativa (§ 3º do art. 183 da Constituição Federal, art. 102 do Código Civil e Súmula n. 240 do Supremo Tribunal Federal) não comportam exceções.

Questão controvertida é a que concerne ao significado da expressão *"população de baixa renda"*, inserida como pressuposto de viabilidade da aquisição dominial coletiva. Considerada a desigualdade econômica das várias regiões do país, e até mesmo a diferença interna na economia das zonas que formam cada região, é impossível criar uma fórmula estanque para a conceituação do que seja *baixa renda*. Somente no caso concreto, sopesadas pelo juiz as peculiaridades da situação, é que se avaliará o implemento ou não desse requisito. Por óbvio, os usucapientes deverão ser pobres, enquadrando-se nessa categoria toda pessoa que não tenha renda capaz de propiciar sequer uma qualidade mediana de vida, observada a realidade da região ou zona em que está inserido.

Estão legitimados a propor a ação de usucapião coletivo os possuidores ou compossuidores da área usucapienda, assim como, na condição de substituto processual, a associação de moradores da comunidade, regularmente constituída, com personalidade jurídica, desde que explicitamente autorizada pelos representados. Os demais requisitos para o usucapião coletivo, em especial os atinentes às qualidades reclamadas da posse, são os mesmos fixados para as outras espécies, o que faz desnecessária a repetição das observações anteriormente expendidas. Importa asseverar, porém, que os períodos de posse anteriores à data do início da vigência do Estatuto da Cidade — 10 de julho de 2001 - não poderão ser inseridos no cômputo geral do tempo para usucapir (TJMG, Ap. Cível n. 2.0000.00.482464-4/000).

Admite-se a invocação da modalidade coletiva como matéria de defesa, valendo a sentença que o reconhecer como título para registro no cartório de registro de imóveis (art. 13 do Estatuto da Cidade). Isso não quer significar, obviamente, que a procedência da incursão defensiva dispensará a propositura da ação específica de usucapião, já que esta é sempre imprescindível. Acolhida a invocação do tema em matéria de defesa, ela servirá, porém, como elemento de instrução daquela outra demanda.

5.5. Considerações processuais

A disciplina básica da ação de usucapião encontra-se nos arts. 941 a 945 do Código de Processo Civil. O primeiro dos dispositivos referidos afirma que compete a ação de usucapião ao possuidor para que se lhe declare, nos termos da lei, o domínio do imóvel ou a servidão predial. Como a sentença proferida em lide dessa natureza é meramente declaratória, a aquisição dominial ocorre assim que restar implementado o tempo de posse qualificada exigido por lei. Assim, mesmo o indivíduo que momentaneamente perdeu o exercício possessório, mas ainda tem a perspectiva de recuperá-lo do esbulhador, ficará legitimado a propor a ação, independentemente do prévio ajuizamento de reintegração de posse, se cumpriu os requisitos para usucapir. Nesse caso, o agente do esbulho, possuidor do imóvel ao tempo da propositura da demanda, deve ser citado, pessoalmente, para a ação de usucapião (Súmula n. 263, do Supremo Tribunal Federal).

Consoante estabelece o art. 942 do caderno processual, o autor, expondo na petição inicial o fundamento do pedido e juntando planta do imóvel, requererá a citação daquele em cujo nome estiver registrado o imóvel usucapiendo, bem como dos confinantes e, por edital, dos réus em lugar incerto e dos eventuais interessados, observado quanto ao prazo o disposto no inciso IV do art. 232, que atribui ao juiz a sua determinação, que variará entre 20 (vinte) e 60 (sessenta) dias, correndo da data da primeira publicação. De acordo com a Súmula n. 391, do Supremo Tribunal Federal, o confinante certo deve ser citado pessoalmente para a ação de usucapião.

Sendo casado o réu, o respectivo cônjuge deverá ser citado, por força do ditame incrustado no § 1º do art. 10 do Código de Processo Civil. Na hipótese de o usucapiente ser casado, ele dependerá da anuência do consorte para aparelhar a demanda, salvo se o regime de bens for o da separação convencional, eis que incidente na espécie o art. 1.647,

II, do Código Civil. Havendo composse exercida pelo casal, ambos figurarão como autores em litisconsórcio.

O ajuizamento de ação de usucapião de um condômino contra o outro é, em tese, factível. Entretanto, na prática essa iniciativa se revela praticamente inexeqüível, porque a aquisição dominial dependeria do exercício possessório exclusivo de um ou alguns dos condôminos, em detrimento dos outros. Ocorre que o *jus possidendi* dos proprietários comuns da coisa decorre do título aquisitivo registrado, cabendo ao interessado em usucapir o encargo de demonstrar que os co-titulares não se interessaram pela conservação da qualidade de possuidores, perdendo-a para quem desfruta da mesma condição jurídica original. Sabe-se que é corriqueira a permissão, autorização ou tolerância de certos condôminos quanto à atribuição da posse a outros, seja com vistas à adequada exploração, melhor aproveitamento econômico, estreitamento de laços familiares etc. Logo, ordinariamente o condômino até poderá exercer com exclusividade a posse direta, mas ela terá apenas natureza *ad interdicta*, ensejando o emprego dos interditos possessórios contra quem não tiver melhor direito. Tal posse não é *ad usucapionem*, ficando elidida, portanto, qualquer perspectiva de usucapião contra os co-titulares. Daí a dificuldade de fazer medrar a idéia de que a posse de somente um ou de alguns dos condôminos é capaz de legitimar a iniciativa de usucapir contra os demais.

Serão intimados por via postal, para que manifestem interesse na causa, os representantes da Fazenda Pública da União, dos Estados, do Distrito Federal, dos Territórios e dos Municípios (art. 943 do Código de Processo Civil). A falta dessa providência acarreta nulidade absoluta, haja vista que os entes públicos referidos na norma podem ter direto interesse em obstar ou alterar o pleito deduzido pelo autor da lide. Outra causa de nulidade é a falta de intimação do Ministério Público para intervir, em caráter obrigatório, em todos os atos do processo, conforme previsto no art. 944 do diploma adjetivo.

A sentença de procedência da ação de usucapião, transitada em julgado, será registrada no álbum imobiliário competente, que é o da localização da coisa. Isso se fará por meio da expedição de mandado judicial, mas dependerá da prévia satisfação das obrigações fiscais acaso pendentes (art. 945 do Código de Processo Civil).

Capítulo 6

DA AQUISIÇÃO PELO REGISTRO DO TÍTULO

6.1. Importância do registro

Há, basicamente, dois sistemas que disciplinam os mecanismos de aquisição da propriedade imóvel com suporte no contrato. O primeiro, denominado *sistema francês* considera que basta o ajuste contratual de vontades entre o alienante e o adquirente para que este adquira a titularidade da coisa imóvel. Porém, essa realidade prevalece unicamente entre os celebrantes, não gerando oponibilidade *erga omnes*. O posterior registro é que funciona como elemento carreador de publicidade à avença, tornando-a oponível contra terceiros. Existe, ainda, o chamado *sistema alemão*, pelo qual é necessário o registro do título para que o adquirente se transforme em dono do imóvel, já que a simples conjugação negocial de vontades não tem o condão de produzir a alteração da titularidade dominial. Efetuado o registro, o adquirente tem a seu favor um elemento de natureza absoluta — *júris et de jure* — e dotado de garantia estatal. Isso não significa que o registro não possa ser desfeito em razão de vícios, mas sim que o adquirente, que não houver dado causa à imperfeição, poderá voltar-se contra o Estado com vistas à indenização dos prejuízos sofridos.

O ordenamento jurídico brasileiro filiou-se ao sistema alemão, abrandando, todavia, a sua formatação rígida. No Brasil, o simples acordo de vontades não gera a transferência da propriedade. A esse ato deve seguir-se o do registro do título junto ao cartório competente, no caso de imóveis (art. 1.245 do Código Civil), ou a tradição, na hipótese de coisas móveis (art. 1.267 do mesmo diploma). Portanto, o contrato é apenas ato causal, uma das etapas da operação que, posteriormente concluída na forma supracitada, culmina com a translação dominial da coisa, que passa do alienante para o adquirente.

O *caput* do art. 1.245 do Código Civil estabelece: *"Transfere-se entre vivos a propriedade mediante o registro do título translativo no Registro de Imóveis"*. Portanto, o registro provoca a transferência da propriedade quando acordada por ato *inter vivos*. Surge daí presunção relativa — *juris tantum* — no sentido de que a pessoa em cujo nome consta o imóvel é titular do direito real correspondente. Ao contrário do que acontece noutras nações, filiadas ao sistema alemão, o fato de alguém registrar em nome próprio determinado imóvel não atribui segurança absoluta quanto à titulidade, eis que a presunção daí emergente não é *juris et de jure*, podendo sucumbir ante prova robusta em contrário ao teor do registro.

Sendo a morte a causa da alteração subjetiva da titularidade, a passagem das coisas aos herdeiros do *de cujus* não acontece pelo registro, pois se dá no exato instante do óbito (art. 1.784 do Código Civil), tendo em vista a necessidade de que não haja solução de continuidade no encadeamento dominial ao longo do tempo. Destarte, uma vez falecendo a pessoa, seus herdeiros imediatamente passam a ser titulares das coisas deixadas, ainda que não conheçam a qualidade jurídica (parentesco, testamento etc.) que os faz beneficiários do acervo. Pode-se inferir, por assim dizer, que a tradição e o registro não têm o condão de operar a aquisição do domínio em se tratando de transferência *causa mortis*. Todavia, no devido tempo os sucessores receberão as coisas que lhes foram destinadas e, sendo imóveis, terão de fazer inscrever o título — sentença judicial de partilha — no registro competente como forma de provar o domínio.

Outra situação na qual o registro não funciona como causa de aquisição dominial é o usucapião, eis que se considera dono o usucapiente desde o momento em que implementa o tempo de posse qualificada; tanto é assim que a sentença tem natureza puramente declaratória (art. 941 do Código de Processo Civil), e o registro serve apenas para consolidar a propriedade e produzir título em favor do interessado.

Em relação aos imóveis, o contrato que enseja a posterior transferência da propriedade deve ser lavrado por escritura pública, exceto no tocante a bens de valor superior a trinta vezes o maior salário mínimo vigente no país (art. 108 do Código Civil), sob pena de não surtir os efeitos que dele eram esperados. Antes do registro do título assim concebido, gera-se unicamente direito pessoal ou obrigacional entre as partes que o firmaram; somente com a efetivação do registro é que surgirá o direito real, ou seja, o poder do adquirente sobre a coisa e a conseqüente oponibilidade *erga omnes*, colocando no pólo passivo da relação jurídica todos os demais indivíduos, em universalidade abstrata.

6.2. Presunção de titularidade

Enquanto não se registrar o título translativo, o alienante continua a ser havido como dono do imóvel (§ 1º do art. 1.245 do Código Civil). Embora tendo sido confeccionado instrumento público visando à translação dominial do alienante para o adquirente, a falta de subseqüente registro faz com que o primeiro continue a ser havido como dono do imóvel. Isto porque o surgimento de titulação apta a produzir efeitos contra terceiros se dá com o ato de registro; logo, a contratação firmada faz lei entre os envolvidos, mas não atinge quem dela não tomou parte. Entre as principais consequências dessa realidade está a possibilidade de que o imóvel venha a ser constrito com vistas ao pagamento de dívidas do alienante, mesmo que tenha sido objeto de escritura pública de compra e venda em favor de outrem. Em princípio, o credor não pode ser cerceado em seu direito de obter o pagamento com base na alegação de que o devedor não mais é proprietário do imóvel, pois estando ainda registrado em nome deste fica patenteada a dificuldade de se opor a terceiros um título que limitou seus efeitos às partes contratantes, haja vista a ausência de registro e de seus corolários, entre os quais a publicidade, da qual deriva a oponibilidade *erga omnes*.

A menos que prove por outros meios — e de maneira absolutamente inequívoca — a titularidade do imóvel, carece de legitimidade ativa o indivíduo que interpõe embargos de terceiros com o fito de tornar inócua a penhora de imóvel que fora alvo de contrato de compra e venda, ou promessa, mesmo que isso tenha ocorrido antes da medida constritiva e até do ajuizamento da correspondente demanda. É que a figuração do devedor como proprietário da coisa no registro competente faz presumir que seja esta a sua real qualidade jurídica perante os demais membros da sociedade; a presunção assim posta não é suscetível de abalo mediante singela e isolada alegação de preexistência de contrato visando à translação dominial, não obstante firmado por escritura pública dotada dos elementos previstos em lei.

A falta de registro do título translativo da propriedade faz com que diante de terceiros o alienante seja tido como dono para todos os efeitos, sejam civis, tributários ou administrativos. É bem verdade que essa regra não pode ser vista de maneira absoluta, pois nem sempre terá havido tempo hábil para o registro; ademais, outros fatores podem interferir na efetivação imediata da medida, como a morosidade do próprio cartório, impedimentos de ordem física, etc. Assim, a presunção gerada pelo registro é relativa, admitindo prova em contrário, desde que se faça por meios idôneos e permita demonstrar que, não obstante constando em nome de certa pessoa, o imóvel na realidade cabe a outra.

O falecimento do alienante antes de realizado o registro em nada afeta o direito do adquirente, que poderá concretizar a medida sem qualquer óbice, haja vista a unilateralidade do ato. Falecendo o adquirente em momento anterior ao registro, passará aos herdeiros a prerrogativa de promovê-lo, eis que sucessores do *de cujus* em todos os aspectos de natureza econômica.

Por outro lado, enquanto não se promover, por meio de ação própria, a decretação de invalidade do registro, e o respectivo cancelamento, o adquirente continua a ser havido como dono do imóvel (§ 2º do art. 1.245 do Código Civil). Cabe observar que qualquer providência destinada a abalar essa presunção terá de ser deduzida em juízo e por meio de ação contenciosa, para a qual citar-se-á necessariamente o titular contra quem se pretende ver reconhecida a invalidade do registro.

Pendente lide de invalidade, e sobrevindo constrição judicial do imóvel em virtude de débito do titular da propriedade, caberá o sobrestamento da demanda executiva ou de cobrança até que se defina o mérito da ação que objetiva tornar sem efeito o registro. Se assim não for, corre-se o risco de que a evolução da lide e a prática de atos de excussão tragam prejuízos irreparáveis ao interessado em ver invalidada a medida registral, sujeitando os envolvidos a intermináveis controvérsias judiciais. Na verdade, somente ficará definida a pendência a partir do momento em que for cancelado o registro tornado inválido pelo Poder Judiciário, circunstância que recomenda máxima cautela no trato com o destino do imóvel enquanto tramitar a lide.

6.3. Outras conseqüências do registro

A base legal de disciplina do registro de imóveis é a Lei n. 6.015, de 31 de dezembro de 1973, a chamada Lei de Registros Públicos. Além de gerar *presunção juris tantum* de titularidade do imóvel, o registro produz ainda diversas conseqüências, todas elas muito relevantes para o dono e para a coletividade. Na condição de manancial de consulta a respeito da evolução jurídica de cada imóvel, o teor oficial precisa ser largamente protegido pelo legislador, sob pena de cair em descrédito e trazer nociva insegurança às relações interpessoais.

O registro carrega o atributo da *publicidade*, pelo qual se considera que todas as pessoas têm conhecimento do seu conteúdo e a ele se vinculam. Vai além, tomando como presumida a idéia de ciência geral acerca de cada alteração havida, seja quanto à mudança de proprietário como à existência de gravames ou ônus que acaso incidam sobre o imóvel, estendendo-se a todos os demais elementos consignados. Ninguém pode alegar ignorância do teor registral como forma de tentar elidir a presunção decorrente da citada publicidade, haja vista a sua oponibilidade *erga omnes*. É do interesse público que assim seja, pois ao mesmo tempo em que o legislador afirma ser o registro no cartório de localização do bem a única fonte de segurança jurídica quanto à situação de cada imóvel (art. 167 da Lei n. 6.015/73), legitima qualquer pessoa a pleitear certidões a respeito desse quadro, conforme permissivo ínsito no art. 17 do citado diploma, *verbis*: *"Qualquer pessoa pode requerer certidão do registro sem informar ao oficial ou ao funcionário o motivo ou interesse do pedido"*.

O mesmo interesse público que autoriza a obtenção de certidões preserva o sigilo de determinadas informações, haja vista que a sua divulgação indiscriminada poderia acarretar sérios transtornos às pessoas a que se referem. É o caso de dados relativos ao nome da pessoa que o modificou em virtude de ameaça (§ 7º do art. 57 da Lei n. 6.015/73), do mandado que determina a feitura de mudanças no assento do sujeito adotado (parágrafo único do art. 95 do mesmo diploma) e assim por diante.

Também é característica do registro a *legalidade*, eis que o oficial público examina com rigor toda a documentação recebida, verificando se preenche os requisitos para a efetivação do ato pleiteado. Logo, se considera apta a ser registrada é porque não há óbices legais à adoção da providência, de maneira que o Estado chancela a regularidade exógena e endógena do título. A partir disso, somente por meio de prova inequívoca da ocorrência de falsidade ou irregularidades graves é que se fará possível a terceiro questionar o teor das informações.

O oficial público não tem competência para argüir defeitos cuja invocação, por se tratar de matéria de cunho privado, caiba exclusivamente a eventuais prejudicados. É o caso, por exemplo, dos vícios do consentimento (erro, dolo, coação, etc.), pois a anulabilidade resultante da sua existência precisa ser deduzida em juízo por quem a tanto estiver legitimado. Ao agente cartorial incumbe, todavia, apontar todas as questões de índole pública que interfiram na regularidade registral, examinando a adequação dos documentos à lei em vigor e exarando nota de impugnação sempre que constatar imperfeições capazes de obstar, momentânea ou definitivamente, a feitura do ato requerido. Assim, por exemplo, deve sobrestar o registro quando verificar discrepância entre o nome do vendedor, apontado na escritura, e aquele constante da matrícula do bem negociado.

Estando em ordem os documentos, o oficial executará normalmente o registro. Havendo exigência a ser satisfeita pelo interessado, o agente indicá-la-á por escrito. Não se conformando o apresentante com a exigência do oficial, ou não a podendo satisfazer, será o título, a seu requerimento e com a declaração de dúvida, remetido ao juízo competente para dirimi-la (art. 198 da Lei n. 6.015/73).

É atributo do registro, ainda, a *força probante*, que encontra sustentação na fé pública atribuída aos atos cartorários. Como resultado disso há presunção de titularidade do direito real, militante em favor da pessoa em cujo nome foi registrado. Entende-se que ela efetivamente é destinatária das correspondentes prerrogativas, porque as informações registradas espelham a verdade jurídica. As certidões expedidas a partir do assento original servem como prova favorável ao titular, não podendo ser eficazmente questionadas quanto à forma e conteúdo em sede extrajudicial. Para derrubar a mencionada presunção é necessário o ajuizamento de demanda comum, pelo rito ordinário, em que se fará inequívoca prova em sentido contrário àquele emergente da literalidade do título.

Também a *obrigatoriedade* é característica do registro, sendo certo que a transferência do domínio de imóveis, assim como a geração de outros direitos reais a ele atinentes depende do registro do título aquisitivo junto ao cartório de situação da coisa. Caso o bem, dada a sua extensão, situe-se em mais de uma Comarca, será registrado em todas elas. É importante observar que a escritura pública, ato causal do registro, pode ser lavrada em qualquer tabelionato do país, independentemente do local onde se situe o imóvel transacionado. Porém, o registro obrigatoriamente será realizado no cartório daquela específica circunscrição territorial, permitindo, assim, que todos possam buscar informações sobre a coisa em um só centro de dados.

No elenco das características do registro vislumbra-se, igualmente, a *organização seqüencial*, já que toda a vida jurídica do imóvel é anotada junto à matrícula que identifica e individualiza a coisa. Cada alteração ou ocorrência, para ser oponível contra todos, tem de constar do registro, ordenado de modo seqüencial e cronológico. Essa organização é imprescindível para conferir segurança quanto aos dados inseridos no banco e, também, quanto à perspectiva de os encontrar adequadamente discriminados. Assim, o registro somente será efetivado no caso de o nome do alienante aparecer como sendo o titular. Se o imóvel não estiver matriculado ou registrado em nome do outorgante, o oficial exigirá a prévia matrícula e o registro do título anterior, qualquer que seja a sua natureza, para manter a continuidade do registro (art. 195 da Lei de Registros Públicos). Exemplo: se Paulo vendeu para João certo apartamento, mas no álbum imobiliário o dono ainda é Carlos, que vendera a coisa anteriormente para Paulo, será preciso antes fazer o registro do negócio celebrado entre Carlos e Paulo, para somente depois registrar a avença entre Paulo e João.

Do registro decorre a chamada *disponibilidade*, pela qual o titular do direito poderá aliená-lo onerosa ou gratuitamente, assim como dele extrair tudo o que puder gerar de proveitoso, observados os limites postos no ordenamento. Enquanto o direito sobre determinado imóvel não estiver registrado, o indivíduo que se diz titular não estará investido nas correspondentes prerrogativas da natureza real.

Finalmente, do registro resulta a *preferência* dos direitos reais nele arrolados, como fruto da prioridade do título apresentado em cartório (art. 186 da Lei n. 6.015/73). No momento da apresentação, o oficial público prenotará o título, atribuindo-lhe um número de ordem que estabelecerá a prioridade registral sobre as demais escrituras que acaso lhe sejam posteriores. A preferência assegura ao sujeito a faculdade de exigir, antes dos outros titulares de direitos reais diversos, que do seu título sejam extraídas as conseqüências que lhe forem inerentes. Exemplo: se determinada pessoa tem hipoteca e outra possui anticrese em seu favor, incidindo ambos os ônus sobre o mesmo imóvel, o direito real que primeiramente teve praticados atos de registro prevalecerá, haja vista a inexistência de hierarquia, com base apenas na sua natureza jurídica, entre direitos reais.

6.4. Eficácia do registro

O registro é eficaz desde o momento em que se apresentar o título ao oficial do registro, e este o prenotar no protocolo (art. 1.246 do Código Civil). Quando o interessado apresenta ao Oficial do Registro o título em que está consignado o seu direito sobre o imóvel, o servidor analisa a regularidade da documentação. Havendo matéria a impugnar, fará referência ao seu teor e comunicará ao interessado as inexatidões ou imperfeições constatadas, cabendo a este último solucioná-las pelos meios pertinentes, sejam judiciais ou administrativos. Entrementes, o Oficial do Registro, mesmo diante de problemas no título, fará a prenotação, que consiste em apontamento no sentido de que houve a apresentação de documentos para registro e a impossibilidade de levá-lo a efeito face aos vícios encontrados.

Feita a prenotação, e sobrevindo a solução de eventuais defeitos pelo interessado, ou o reconhecimento judicial da insubsistência da sua argüição pelo Oficial do Registro (art. 198 e seguintes da Lei n. 6.015/73), considera-se eficaz o registro desde o momento em que prenotado no protocolo o intento de inscrever o título. Portanto, mesmo que entre o prenotar e o efetivo registro flua lapso considerável, a posterior feitura do ato retrocede no tempo o seu alcance, de modo que será tida como eficaz a contar do exato instante da prenotação, que é feita sempre com indicativos de data e horário.

A norma legal tem em vista a circunstância de que muitas vezes o próprio Oficial do cartório, por sobrecarga de trabalho ou mesmo culpa, não efetua o registro imediatamente, deixando transcorrer considerável espaço de tempo entre o prenotar e o registro definitivo. Também é comum que as impugnações oferecidas sejam improcedentes. Nesse interregno, à evidência, poderiam sobrevir penhoras ou outras medidas capazes de complicar a situação e ameaçar ou violar o direito do adquirente, *v. g.*, falência, insolvência civil etc., o que torna essencial admitir-se a retroatividade dos efeitos do registro subseqüente à prenotação. Aliás, mesmo que não haja qualquer defeito no título o Oficial prenotará no protocolo a ocorrência, eis que se mostra impraticável a incontinenti realização do registro face às exigências burocráticas e a pequenos contratempos comuns. Estando prenotado o evento, ficará o adquirente resguardado contra medidas acaso provindas de terceiros enquanto não consumado o registro.

6.5. Retificação ou anulação do registro

O registro, no direito pátrio, gera presunção relativa — *juris tantum* — de titularidade do direito real em favor da pessoa cujo nome nele figura. Admite-se, portanto, prova em sentido contrário ao apontado no título, cabendo a interposição de demanda com vistas à retificação ou anulação do ato registral sempre que o seu teor não exprimir a verdade (art. 1.247 do Código Civil). Entre as imperfeições que maculam o título, e, por conseguinte, o registro encontram-se os vícios de consentimento (coação, dolo, erro, estado de perigo e lesão), que atingem irremediavelmente o momento primeiro do processo de transferência dominial, ou seja, a escritura pública em seu aspecto intrínseco. Qualquer pessoa com legítimo interesse na modificação do conteúdo do registro, ou na sua insubsistência, poderá tomar a aludida iniciativa. O próprio titular do direito real tem legitimidade para pleitear a alteração que entender pertinente, na hipótese de restar constatada a existência de imperfeição.

Demonstrada a insubsistência do registro e feito o seu cancelamento, o proprietário em favor de quem foi reconhecido o direito real sobre o imóvel poderá reivindicá-lo junto a qualquer pessoa que o tenha indevidamente consigo (parágrafo único). Tal solução aplica-se ainda que o imóvel esteja sob posse ou responsabilidade de terceiro adquirente imbuído de boa-fé, pois o melhor direito do reivindicante em relação ao bem já foi devidamente atestado dentro da lide por ele ajuizada, e que teve como resultado final o cancelamento do registro promovido por outrem. À vista de iguais razões, a reivindicação também não será obstada pela qualidade do título de quem estiver com o imóvel. Tanto a boa-fé como o título do terceiro adquirente não servirão como argumento hábil a impedir que o proprietário reivindique o imóvel e exerça sobre ele todos os atributos inerentes ao domínio.

Capítulo 7

DA AQUISIÇÃO POR ACESSÃO

7.1. Conceito e características

Acessão é modo originário de aquisição da propriedade, pois independe da conjugação de vontades entre um titular anterior e o sujeito que passa a essa condição. Só existe, com repercussão jurídica, nas situações indicadas pela lei, não podendo ser estabelecida em seus contornos apenas com base na vontade das partes. Consiste, basicamente, na aquisição da propriedade de uma coisa que se integra à outra por força natural ou trabalho humano, formando uma relação jurídica em que a primeira é considerada acessório da segunda. Daí a incidência da regra pela qual o acessório segue o principal (*accessorium sequitur principale*). Por isso, se algo vem a incorporar-se a um todo que já era independente, torna-se de imediato propriedade do titular da coisa principal, eis que não mais poderia ser separado desta sem prejuízo econômico ou dano. É de todo relevante que se evite a tentativa de separação ou mesmo a discussão entre interessados com vistas a outra solução, pois isso viria em detrimento do conteúdo econômico e social daquela coisa a que se juntou outra de menor expressão jurídica.

A acessão se chama *natural* ou *física* quando resultante de ocorrências da natureza, sem concorrência da vontade e do labor humanos, denominando-se *artificial* ou *industrial* nos casos em que decorre da atuação da pessoa, seja por meio de obras ou de atos conducentes à junção das coisas. Tradicionalmente, a acessão pode ocorrer de imóvel a imóvel (formação de ilhas, aluvião, avulsão e abandono de álveo), de móvel a imóvel (construções e plantações) ou de móvel a móvel. O último fenômeno não será objeto de abordagem neste capítulo, porque interessa apenas ao estudo das formas de aquisição da propriedade móvel.

Ao mesmo tempo em que faz prevalecer a idéia de que o acessório acompanha o destino do elemento principal, o legislador criou um mecanismo tendente a evitar o enriquecimento sem causa do titular da coisa que experimenta acréscimo. Para tanto, determina a indenização do *plus* auferido, observadas as hipóteses e a formatação que estabelece. Como reflexo disso, impede que o outro pólo, perdendo uma fração do bem que lhe pertence, sofra diminuição patrimonial imotivada.

O art. 1.248 do Código Civil diz que a acessão pode dar-se: Art. 1.248. A acessão pode dar-se: I – por formação de ilhas; II – por aluvião; III – por avulsão; IV – por abandono de álveo; V – por plantações ou construções. O exame de cada uma das possibilidades indicará as circunstâncias da sua verificação e a disciplina da matéria quanto à titularidade da porção acrescida e à eventual indenização estipulada.

7.2. Acessões naturais ou físicas

7.2.1. Das ilhas

Ilhas são porções de terras cercadas por águas em todos os lados, mas com extensão menor do que a dos continentes seculares. Podem resultar do acúmulo de materiais, do recuo das águas e até do desprendimento de considerável parte do solo que pertencia a uma das margens.

Segundo o art. 7º do Decreto n. 24.643, de 10 de julho de 1934 (Código de Águas), são denominadas *comuns* as correntes não navegáveis ou flutuáveis e de que essas não se façam. Conforme o art. 8º do mesmo estatuto, são *particulares* as nascentes e todas as águas situadas em terrenos que também o sejam, quando as mesmas não estiverem classificadas entre as águas comuns de todos, as águas públicas ou as águas comuns. Nos moldes do art. 1º do citado diploma legal, as águas *públicas* podem ser de uso comum ou dominicais. Consideram-se de uso comum (art. 2º): a) os mares territoriais, nos mesmos incluídos os golfos, baías, enseadas e portos; b) as correntes, canais, lagos e lagoas navegáveis ou flutuáveis; c) as correntes de que se façam estas águas; d) as fontes e reservatórios públicos; e) as nascentes quando forem de tal modo consideráveis que, por si só, constituam o *caput fluminis*; f) os braços de quaisquer correntes públicas, desde que os mesmos influam na navegabilidade ou flutuabilidade. Por outro lado, são públicas dominicais todas as águas situadas em terrenos que também o sejam, quando as mesmas não forem do domínio público de uso comum, ou não forem comuns (art. 6º).

As correntes em que se formam as ilhas podem ser públicas ou particulares; aquelas pertencem aos entes federados, enquanto estas constituem propriedade privada. Surgindo da primeira corrente acima citada, as ilhas não pertencerão aos donos das respectivas margens, eis que o caráter público das águas atribui igual qualidade às formações de terras que delas emergirem, conforme estampado nos arts. 20, IV e 26, III, da Constituição da República. Destarte, as ilhas que se enquadram no estudo ora proposto são as formadas em correntes comuns ou particulares de águas não navegáveis, nos termos do *caput* do art. 1.249 do Código Civil e também das disposições contidas no Código de Águas (art. 23 do Decreto n. 24.643, de 10.7.1934). Elas passam imediatamente ao domínio dos proprietários ribeirinhos fronteiros, ou seja, integram o patrimônio de quem estendia seu direito real até as margens do leito d'água de que emergiram.

Posta a regra geral, no sentido de que as ilhas formadas em correntes comuns ou particulares pertencem aos proprietários ribeirinhos fronteiros, passa o legislador a abordar, nos três incisos do já referido art. 1.249 do Código Civil, determinadas situações específicas, disciplinando-as mais detidamente.

As ilhas que se formarem no meio do rio consideram-se acréscimos sobrevindos aos terrenos ribeirinhos fronteiros de ambas as margens, na proporção de suas testadas, até a linha que dividir o álveo em duas partes iguais (inciso I). A regra é de fácil aplicação, traduzindo-se basicamente na colocação de uma linha imaginária no meio do leito de que surgiu a ilha, tomadas como ponto de partida as margens opostas. Assim, se de uma margem a outra houver um espaço de 44 metros, o leito será dividido em duas porções de 22 metros cada, fixando-se nele a linha abstrata que demarcará a propriedade da ilha surgida. Tudo o que estiver à esquerda da linha pertencerá ao proprietário das terras que fizerem fronteira com a margem esquerda das águas; o que existir à direita da linha imaginária caberá ao dono das terras formadoras da margem direita do leito. Sendo vários os proprietários de terras laterais, ao longo das quais formou-se a ilha, cada um deles se tornará dono de parte da formação, com base em corte promovido pela linha imaginária longitudinal (em meio ao leito) e noutro corte procedido perpendicularmente à fronteira entre os proprietários de cada margem.

Quanto às ilhas que se formarem entre a referida linha e uma das margens, consideram-se acréscimos aos terrenos ribeirinhos fronteiros desse mesmo lado (inciso II). Logo, é possível que a um só dos proprietários de margens caiba por inteiro a ilha, bastando para tal que a linha abstratamente traçada em meio ao leito não corte a novel formação, ficando toda ela situada apenas em um dos lados. No caso de serem vários os titulares de terrenos a partir dos quais, traçando-se uma linha perpendicular, corta-se a ilha, pertencerá cada fração ao respectivo proprietário do terreno da margem beneficiada.

Por fim, as ilhas que se formarem pelo desdobramento de um novo braço do rio continuam a pertencer aos proprietários dos terrenos à custa dos quais se constituíram (inciso III), ou seja, àqueles que com dispêndio deram causa ao desdobramento do rio em outro braço. Quanto às ilhas assim formadas, mas que se situam em águas de transporte, o Decreto n. 24.643, de 10.7.1934, no parágrafo único do art. 24, estabelece: *"Se a corrente, porém, é navegável ou flutuável, elas poderão entrar para o domínio público mediante prévia indenização"*. O montante a ser pago ao particular deve corresponder ao gasto que realizou, evitando, com isso, que o ente federativo beneficiado enriqueça sem causa jurídica bastante.

7.2.2. Da aluvião

A aluvião se caracteriza pelo depósito ou aterro paulatino e vagaroso de materiais, promovido ao longo das margens das correntes, que acede a um território preexistente e aumenta a sua extensão. Também pode ocorrer a aluvião por meio do desvio das águas de certas correntes, as quais conduzem a outro território fragmentos daqueles por onde fluíam, fazendo-os integrarem-se ao novo destino. Trata-se de fenômeno natural, razão por que não haverá aluvião se os acréscimos tiverem por origem obra ou engenho humano. Cuida-se de acontecimento imperceptível aos olhos, eis que alongado no tempo e resultante de inúmeros acréscimos mínimos sucessivos, decorrentes de depósito ou de aterro provocado por forças naturais. É o que acontece quando pequenas porções de terra vão encostando em território já formado, aumentando as suas dimensões e tornando-se parte integrante dele. Em vista disso, a sua disciplina jurídica é correspondente à de elemento acessório que se soma ao principal.

O *caput* do art. 1.250 do Código Civil dispõe: "Os acréscimos formados, sucessiva e imperceptivelmente, por depósitos e aterros naturais ao longo das margens das correntes, ou pelo desvio das águas destas, pertencem aos donos dos terrenos marginais, sem indenização". Destarte, verificada a aluvião o proveito territorial que dela resultar terá como beneficiários os donos dos terrenos marginais, sem que aos proprietários dos territórios de onde partiram os materiais formadores dos acréscimos tenham direito a qualquer indenização. Isso não configura locupletamento às custas de outrem, haja vista a relação natural e lenta de causalidade entre o evento e o resultado final, de modo que o proprietário de onde se desagregou o material, se eventualmente prejudicado, poderia ter contido a tempo o fenômeno. Como é cediço, classifica-se a aluvião como modo originário de aquisição da propriedade imóvel, porque inexistentes atos de translação dominial de um sujeito a outro.

Não se pode descartar a hipótese de que os acréscimos que consubstanciam a aluvião venham a se formar em frente a prédios pertencentes a donos diferentes. Caso isso aconteça, a cada um dos sujeitos caberá a porção que acrescer à frente de seu respectivo prédio, considerada a proporção da testada individual sobre a antiga margem. É o que diz o parágrafo único da supracitada norma. Assim, toma-se como ponto de partida para o apontamento da fração destinada a cada proprietário a linha de fronteira entre os territórios e o avanço original deles em direção à corrente, de onde seguirá adiante o traçado, sempre de forma perpendicular.

7.2.3. Da avulsão

A definição do instituto encontra-se no *caput* do art. 1.251 do Código Civil: *"Quando, por força natural violenta, uma porção de terra se destacar de um prédio e se juntar a outro, o dono deste adquirirá a propriedade do acréscimo, se indenizar o dono do primeiro ou, sem indenização, se, em um ano, ninguém houver reclamado"*. No fenômeno denominado avulsão tem-se o desprendimento repentino de terra, que se vai juntar a outro prédio, como fruto de força natural abrupta. Em geral, dá-se pela ação de correntes de água, mas pode ter origem em qualquer outro evento da natureza. Ao contrário do que acontece com a aluvião, na avulsão existe súbito rompimento da integridade territorial de um prédio e rápido acréscimo a outro, em ocorrência passível de constatação visual imediata. Todavia, a causa de ambos os fenômenos é comum, pois derivam de forças naturais, de maneira que inexistirá avulsão se o território acrescido tiver sido isolado de um prédio em razão de atividades humanas, *v. g.*, explosão artificial das margens dos rios com o fito de retirar minerais. Neste caso, a situação será regida pela normas ordinárias de responsabilidade civil, impingindo-se ao causador de eventuais danos, que agiu com dolo ou culpa, a obrigação de os reparar.

Caberá ao dono do território acrescido em virtude da avulsão a titularidade da porção de terra deslocada em seu proveito. Porém, como se trata de desagregação repentina e que geralmente toma de surpresa o dono do terreno diminuído, poderá este último reclamar indenização junto à parte beneficiada, em montante a ser fixado pelo juízo segundo a extensão do acréscimo final. O prazo para o exercício desse direito é decadencial e se esgota em um ano, contado da data em que verificada a avulsão. Silente durante o tempo acima referido, o dono do prédio prejudicado não mais poderá reclamar indenização, ficando o novo território gratuita e definitivamente incorporado ao prédio para o qual se deslocou.

Nos termos do parágrafo único do art. 1.251 do Código Civil, recusando-se ao pagamento de indenização, o dono do prédio a que se juntou a porção de terra deverá aquiescer a que se remova a parte acrescida. Disso resulta que, constatada a avulsão, o dono do prédio beneficiado poderá optar entre pagar o valor da parte somada ou aquiescer com a sua remoção. Caso prefira desprezar a porção nova, terá necessariamente de permitir a atividade alheia de levantamento. Em hipótese alguma será admitido que negue o pagamento e ao mesmo tempo impeça a retirada dos elementos materiais que vieram a somar-se ao território original, sob pena de restar caracterizado o enriquecimento sem causa e disso surgir a possibilidade de obtenção de ordem judicial para fins de remoção. Por outro lado, o dono do território beneficiado não poderá ser obrigado a indenizar a parte adversa, se decidir autorizar a retirada da fração acrescida; isto porque o ordenamento assegura a ele a livre faculdade de escolher qual o melhor caminho a seguir, sendo vedado impor-lhe solução diversa.

7.2.4. Do álveo abandonado

Nos termos do art. 9º do Decreto n. 24.643, de 10.7.1934 (Código de Águas), álveo é a superfície que as águas cobrem sem transbordar para o solo natural e ordinariamente enxuto. Noutras palavras, é o leito ocupado pela corrente de águas em seu curso normal. De acordo com o art. 10 do Código de Águas, o álveo será público de uso comum ou dominical conforme a propriedade das respectivas águas; e será particular, no caso das águas comuns ou das águas particulares. O Código Civil, no art. 1.252, trata da hipótese de abandono do leito, que se transforma em território seco e, portanto, suscetível de apropriação: *"O álveo abandonado de corrente pertence aos proprietários ribeirinhos das duas margens, sem que tenham indenização os donos dos terrenos por onde as águas abrirem novo curso, entendendo-se que os prédios marginais se estendem até o meio do álveo".*

É possível que as águas abandonem em definitivo o território sobre o qual fluíam, como resultado de ação natural ou humana, que provoca a secagem ou o desvio do trajeto original. Caso isso ocorra, seja em corrente particular ou pública, a porção de terras que ficar a descoberto pertencerá aos proprietários ribeirinhos das respectivas margens, na proporção de suas testadas, em operação que se promove por meio do traçado de uma linha imaginária perpendicular à fronteira entre as respectivas áreas, avançando em direção ao leito. O legislador estabeleceu que os prédios marginais estendem-se até o meio do álveo, tornando com isso bem mais factível a apuração do direito de cada proprietário, já que para a delimitação das frações que passarão a lhes pertencer basta traçar uma linha imaginária pelo meio do leito e outra no limite entre os prédios, ficando assim estabelecido o acréscimo territorial cabível aos interessados.

Os donos dos terrenos por onde acaso as águas abrirem novo curso natural não poderão reclamar indenização junto aos proprietários beneficiados pelo acréscimo de área decorrente do abandono do álveo. Todavia, se a alteração de rumo das águas for causada por atividade humana, o lesado poderá pleitear indenização correspondente ao valor das terras submergidas, e, no caso de conduta irregular da parte contrária, ser-lhe-á facultado inclusive exigir o desfazimento da obra, a volta das águas ao curso original e indenização de perdas e danos.

Na hipótese de as águas desviadas por força natural retornarem também naturalmente ao leito anterior, a situação dos proprietários que foram inicialmente beneficiados sofrerá reversão, voltando ao *status quo ante*, sem que a qualquer dos envolvidos caiba indenização de espécie alguma. Porém, se a mudança da corrente se fez por utilidade pública, o prédio ocupado pelo novo álveo deve ser indenizado, e o álveo abandonado passa a pertencer ao expropriante para que se compense da despesa feita (art. 27 do Código de Águas).

7.3. Acessões artificiais ou industriais

7.3.1. *Das construções e plantações*

As únicas acessões classificadas como artificiais ou industriais são as construções e plantações, eis que decorrem do engenho humano. Em função dessa particularidade, a disciplina da matéria segue orientação bastante diferente daquela que rege as acessões naturais ou físicas, que têm origem, via de regra, em acontecimentos integralmente relacionados às forças da natureza.

Toda construção ou plantação existente em um terreno presume-se feita pelo proprietário e à sua custa, até que se prove o contrário (art. 1.253 do Código Civil). Em atenção ao princípio de que o acessório segue o principal, tudo quanto incorporado ao solo, ou sobre ele colocado, presume-se ter sido feito pelo dono e com gastos por ele patrocinados. Desde logo cabe frisar a circunstância de que a norma legal acima referida não tem em vista a disciplina das benfeitorias e da indenização que a partir delas muitas vezes se pode exigir. Isto porque benfeitorias são atividades materiais destinadas a embelezar, conservar ou aprimorar uma coisa preexistente, *v. g.*, uma piscina no pátio da casa, enquanto as acessões se traduzem em obras humanas geradoras de elementos novos, até então inexistentes, e que agregam valor ao imóvel, *v. g.*, uma casa sobre terreno baldio. Como se denota, construções e plantações enquadram-se na categoria de acessões, e não de benfeitorias; estas são regidas por outros dispositivos específicos do Código Civil, ao passo que aquelas têm regramento no art. 1.253 e nos subseqüentes.

A presunção estabelecida pelo legislador é *juris tantum*, podendo ser derruída por prova robusta em sentido contrário. Como reflexo disso, a demonstração de que as acessões feitas no imóvel não provieram do proprietário incumbe a todo aquele que tiver interesse em ver reconhecida tal circunstância. Caso assim não ocorra, prevalecerá a verdade jurídica de que o dono incorpora ao seu patrimônio os elementos originalmente móveis fixados sobre o terreno, fenômeno resultante da acessão.

A solução jurídica muda de contornos quando evidenciada a situação posta no art. 1.254 do Código Civil: *"Aquele que semeia, planta ou edifica em terreno próprio com sementes, plantas ou materiais alheios, adquire a propriedade destes; mas fica obrigado a pagar-lhes o valor, além de responder por perdas e danos, se agiu de má-fé"*. A aquisição da propriedade de tais elementos independe da expressão pecuniária que tiverem em comparação com o valor do terreno sobre o qual se assentam. É que se considera mais útil e importante, sob os prismas jurídico e social, o deferimento da propriedade do acessório a quem domina o principal, mesmo porque isso evita grandes transtornos e dispêndios com o levantamento — quando possível — dos componentes materiais integrados ao solo.

Sendo certo que o proprietário do terreno torna-se dono dos elementos empregados nas atividades que sobre ele forem desenvolvidas, não menos indiscutível é a circunstância de que o titular das sementes, plantas ou materiais utilizados tem o direito de ser por eles indenizados, como forma de evitar o enriquecimento sem causa de um dos envolvidos em detrimento do patrimônio do outro. A indenização se faz com base no valor atual dos produtos, entendendo-se como tal a expressão pecuniária que tiverem por ocasião do efetivo pagamento.

Além de indenizar na forma acima mencionada, o proprietário do terreno, que se vale dos recursos alheios poderá ser obrigado a reparar perdas e danos acaso experimentados pelo dono das sementes, plantas ou materiais. Isso ocorrerá nos casos em que houver agido de má-fé, elemento anímico sempre combatido pelo legislador nacional. Assim, se por erro são entregues sementes ao titular do solo, quando se destinavam ao vizinho, e se o primeiro, ciente da situação, promove com elas o plantio da sua lavoura, caracterizada estará a má-fé, o que acarreta não apenas a obrigação de indenizar o valor das sementes, mas também a de reparar perdas e danos, *v. g.*, as decorrentes do atraso no plantio da lavoura da pessoa lesada. Havendo boa-fé por parte de quem semeou, plantou ou edificou, a única conseqüência será o dever de indenizar ao dono os materiais utilizados, descabendo qualquer pretensão no que diz respeito às perdas e danos eventualmente verificados.

Aquele que semeia, planta ou edifica em terreno alheio perde, em proveito do proprietário, as sementes, plantas e construções; se procedeu de boa-fé, terá direito a indenização (art. 1.255 do Código Civil). Quem promove acessões em tais circunstâncias age de má-fé, perdendo para o dono do solo tudo quanto empregou na feitura das obras, sem direito a indenização de qualquer espécie. Se, ao contrário, agir de boa-fé ao semear, plantar ou edificar em terreno alheio, embora perca os materiais utilizados terá direito a receber indenização correspondente ao seu valor, segundo a expressão que tiverem ao tempo do efetivo pagamento. O rumo apontado pelo legislador atende ao princípio de que, sendo acessórios, os elementos integrados ao solo devem incorporar-se ao patrimônio da pessoa que tem a titularidade do imóvel.

O parágrafo único do art. 1.255 da codificação traça regra de eqüidade ao afirmar que se a construção ou a plantação exceder consideravelmente o valor do terreno, aquele que, de boa-fé, plantou ou edificou, adquirirá a propriedade do solo, mediante pagamento da indenização fixada judicialmente, se não houver acordo. Portanto, é relevante e decisivo, nas situações em que alguém faz acessão em terreno alheio, o aspecto concernente ao valor dela em comparação com o do terreno sobre a qual se encontra. O legislador, nesse particular, excepcionou a regra *accessorium sequitur suum principale*, pois se a construção ou plantação for avaliada em patamar que supere consideravelmente o valor do terreno, o seu autor, tendo procedido de boa-fé, adquirirá a propriedade do imóvel.

Nesse caso, a boa-fé funciona como elemento essencial, pois sem ela jamais se aplicará o conteúdo da citada norma. Tem o legislador em vista, aqui, a maior importância econômica do acessório em relação ao principal, o que torna conveniente e adequada a inversão da regra geral, deferindo-se a quem promoveu a acessão a propriedade do terreno. À parte contrária, que deixará de ser dona do imóvel, caberá justa indenização, a ser definida pelo juiz em ação ordinária proposta pelo interessado, se não tiver havido acordo em torno da questão.

Para fins de aplicação da norma, será considerável a supremacia do valor da acessão em confronto com o do terreno quando não se mostrar razoavelmente oportuna, sob o ângulo social e jurídico, a aplicação do princípio de que o acessório segue o principal. Noutras palavras, o autor da plantação ou da construção adquirirá a propriedade do terreno sobre o qual plantou ou edificou sempre que houver nela aplicado tão expressivos recursos econômicos, e melhorado de tal forma o aproveitamento do imóvel, que seria inadequado preservar o domínio até então exercido e assegurar ao responsável pela acessão o simples reembolso das despesas feitas. É o que acontece, por exemplo, na hipótese de alguém construir um edifício comercial de vários andares sobre terreno de pequenas dimensões e cujo valor é muitas vezes menor do que o investimento feito pelo construtor. A lógica, o bom senso e a norma legal apontam como solução o deferimento do domínio do solo a quem nele investiu, mediante indenização ao antigo titular. Essa indenização, quando a cargo do juiz, deverá ser estabelecida com base no valor atual e real do imóvel, abstraída a acessão e considerada a data do pagamento.

Se de ambas as partes houve má-fé, adquirirá o proprietário as sementes, plantas e construções, devendo ressarcir o valor das acessões (*caput* do art. 1.256 do Código Civil). A má-fé bilateral impede que qualquer das partes seja privilegiada ou punida frente à outra. Trata-se de situação abominada pelo legislador, mas como repercute no mundo jurídico alguma solução teria de ser apontada. Chegou-se à conclusão, nesse contexto, de que o melhor a fazer seria determinar o restabelecimento da situação original, repondo as partes ao estado anterior na medida do possível. Constatada a má-fé com que agiram o dono do terreno sobre o qual foram feitas as acessões e o autor destas, ao primeiro caberá a propriedade das sementes, plantas ou materiais utilizados pela parte contrária, enquanto ao segundo é garantido o recebimento de indenização correspondente ao valor das acessões, tomada como base a avaliação encontrada no dia do pagamento.

A má-fé é elemento que se evidencia das mais variadas formas, mas principalmente por comportamentos comissivos ou omissivos que, favoráveis ao agente, contrariam o senso comum de moralidade e justiça. Quem semeia, planta ou constrói deixa entrever sua má-fé no fato de, mesmo ciente de que o faz em terreno alheio, ainda assim promover a acessão; ou, então, na circunstância de ignorar o aviso de que não deveria atuar, e assim por diante. O proprietário também pode deixar à mostra a má-fé de inúmeras formas,

mas a lei presume a existência do ânimo viciado quando, sendo feita a construção ou plantação em sua presença, não as impugna (parágrafo único do art. 1.256). Nisso vai ínsita, por presunção, a ciência do proprietário acerca da circunstância de que a atividade alheia era irregular; assim, entende-se que a opção pelo silêncio teve em vista a obtenção de vantagem ilídima, daí resultando a certeza jurídica quanto à presença da má-fé. Quem não se conforma com determinado estado de coisas deve imediatamente contra ele insurgir-se, sob pena de, não o fazendo, sujeitar-se às conseqüências legalmente estatuídas. Fora dessa hipótese de presunção, o ânimo negativo do titular do imóvel deve ser provado cabalmente pelo interessado.

Consoante explicitado no *caput* do art. 1.257 da codificação, o disposto no art. 1.256 aplica-se ao caso de não pertencerem as sementes, plantas ou materiais a quem de boa-fé os empregou em solo alheio. Quando alguém semeia, planta ou edifica em terreno que não lhe pertence, usando elementos que também são alheios, surge a necessidade de analisar a relação estabelecida entre o proprietário do solo, o dono dos itens empregados na plantação ou construção e o plantador ou construtor. O critério de aferição é o ânimo com que se portaram os envolvidos, sem que isso importe em desprezo ao princípio *accessorium sequitur suum principale*, que continua prestigiado também aqui.

Com suporte na realidade acima referida, pode-se afirmar que o proprietário do solo sempre adquirirá o domínio das acessões, independentemente do ânimo com que atue, eis que o acessório segue o principal. Em contrapartida, assumirá a posição de responsável subsidiário pela indenização das sementes, plantas ou materiais. Já o plantador ou construtor ficará obrigado a indenizar o proprietário das sementes, plantas ou materiais pelo valor deles, a menos que estivesse de boa-fé e o titular daqueles elementos houvesse agido de má-fé, pois então o dono das sementes, plantas ou materiais simplesmente os perderá para o titular do solo, com liberação do autor das acessões.

A responsabilidade do dono do solo, pela indenização devida ao proprietário das sementes, é meramente subsidiária. Assim, terá o interessado de postular junto ao plantador ou construtor a reparação que entender pertinente, somente ficando obrigado o titular do solo na hipótese de restar frustrada a incursão realizada contra o agente direto das acessões (parágrafo único do art. 1.257 do Código Civil).

Outra situação de grande relevância está descrita no *caput* do art. 1.258 da codificação: *"Se a construção, feita parcialmente em solo próprio, invade solo alheio em proporção não superior à vigésima parte deste, adquire o construtor de boa-fé a propriedade da parte do solo invadido, se o valor da construção exceder o dessa parte, e responde por indenização que represente, também, o valor da área perdida e a desvalorização da área remanescente"*. Supondo-se que determinada pessoa construa em terreno próprio, mas nessa atividade acabe invadindo solo alheio, a aquisição da propriedade da parte invadida dependerá da conjugação dos seguintes aspectos: a) existência de boa-fé na atuação do proprietário da construção parcialmente feita em solo alheio; b) que a fração invadida não supere o percentual de 5% (cinco por cento) da área total do terreno afetado; c) que o valor da construção seja superior ao da porção invadida, conforme avaliação feita à mesma época.

Constatada a presença dos fatores acima relacionados, o dono do solo parcialmente invadido não poderá opor-se à aquisição dominial da fração ocupada pelo proprietário do terreno sobre o qual se assenta a construção. Trata-se de faculdade conferida a este, objetivando a um só tempo prestigiar a boa-fé e impedir que desavenças entre proprietários lindeiros possam ocasionar a demolição de construções de valor considerável se comparado com o do solo que invadiu em pequena porção. Há nisso sério interesse coletivo e social, consubstanciado na clara intenção de conservar as melhorias e o mais adequado aproveitamento que se der ao solo.

Incorporando ao seu patrimônio a propriedade da fração afetada pela construção, o adquirente fica obrigado a indenizar o dono do solo invadido. Essa indenização será fixada de acordo com o valor da área territorial perdida, considerando-se nisso a desvalorização da remanescente. Destarte, não se pode singelamente tomar como substrato da indenização o valor da pequena parcela de terreno invadida pela construção alheia; será imprescindível que se tome em linha de conta a depreciação econômica experimentada pela área que sobrar, tendo em vista que a supressão de uma parte melhor localizada, ou que contenha maiores atrativos comerciais, pode levar a acentuada diminuição no valor de mercado do imóvel como um todo.

Negando-se a indenizar nos termos indicados, o construtor terá de demolir a construção naquilo que houver afetado a parte contrária, ou seja, até o limite territorial dos prédios confinantes. Se assim não fosse, haveria locupletamento indevido de um dos envolvidos em prejuízo do outro, o que encontra vedação no ordenamento jurídico pátrio.

Excepcionalmente, admite-se que mesmo o construtor de má-fé possa adquirir a propriedade da porção de terreno invadida pela construção feita. Para tanto, será imperiosa a conjugação dos seguintes fatores, previstos no parágrafo único do art. 1.258 do Código Civil: a) que a invasão parcial, fruto do avanço da construção, não exceda de 5% (cinco por cento), ou a vigésima parte, do terreno limítrofe; b) pagamento do equivalente a 10 (dez) vezes o valor da indenização estabelecida no *caput*, isto é, multiplica-se por dez o montante apurado a partir da análise que define qual é a indenização capaz de representar o valor da área perdida e a desvalorização da área remanescente; c) superioridade considerável do valor da construção em relação à parte de território ocupada no imóvel lindeiro. Para que o valor da construção exceda *consideravelmente* o da parcela territorial afetada, é necessário que do confronto entre os dados financeiros resulte a conclusão de que seria anti-econômica e socialmente inconveniente a reposição das coisas ao estado anterior e a conseqüente restituição do solo invadido; d) não se possa demolir a porção invasora sem grave prejuízo para a construção com um todo. Se a demolição não afetar a estrutura da obra e não causar expressiva diminuição no seu valor, a má-fé do construtor conduz ao caminho do desfazimento da edificação que avança por sobre o território alheio, como forma de restabelecimento do estado original, sem que ao construtor caiba qualquer espécie de compensação.

Faltando qualquer desses requisitos, o construtor de má-fé não adquirirá a parte do solo que invadiu, podendo ser obrigado a demolir e ficando sujeito, ainda, ao pagamento das perdas e danos comprovadamente ocorridos em razão do avanço da obra sobre o território alheio. A exceção prevista na lei tem o objetivo de evitar que se imponha sempre o desfazimento de construções que muitas vezes podem ser mantidas sem maiores percalços para os envolvidos. Assim, ao invés de facultar invariavelmente ao lesado o pedido de demolição da obra feita em detrimento de parte do terreno limítrofe, o ordenamento jurídico procura conciliar os interesses privados com o elemento social, facilitando a composição das controvérsias porventura surgidas.

Se o construtor estiver de boa-fé, e a invasão do solo alheio exceder a vigésima parte deste, adquire a propriedade da parte do solo invadido, e responde por perdas e danos que abranjam o valor que a invasão acrescer à construção, mais o da área perdida e o da desvalorização da área remanescente; se de má-fé, é obrigado a demolir o que nele construiu, pagando as perdas e danos apurados, que serão devidos em dobro (art. 1.259 do Código Civil). Há de ser considerada a circunstância de que em certas ocasiões o avanço de uma construção sobre o terreno vizinho excede em pequena monta o limite de 5% (cinco por cento) estabelecido no art. 1.258, e mesmo assim o contexto fático não experimenta alterações substanciais em função disso.

Atento a essa eventualidade, e tomando em linha de conta a boa-fé do construtor, o legislador aponta outra forma de resolução do problema, admitindo que o construtor adquira a propriedade da porção invadida. Para isso, haverão de estar presentes os seguintes aspectos: a) boa-fé do construtor, pois sem ela aplica-se, no máximo, a regra contida no parágrafo único do art. 1.258; b) que o construtor indenize o dono do terreno atingido, pagando-lhe perdas e danos. Serão estas apuradas a partir de cálculo que abranja o valor que a invasão acrescer à construção, ou seja, o *plus* econômico alcançado pelo construtor em virtude da obra. As perdas e os danos serão também integrados pelo valor da área territorial perdida pelo titular do solo invadido, considerando-se o preço de mercado à época do efetivo pagamento. Por fim, será igualmente devido ao lesado montante equivalente à desvalorização da área remanescente, pois é sabido que a perda de pequeno espaço de terra bem localizada, ou guarnecida por atrativos específicos, pode conduzir à minoração do valor do espaço que sobejar.

Para impedir que o permissivo legal acarrete episódios esdrúxulos como, por exemplo, a aquisição de grande parte do terreno vizinho mediante avanço da obra contra o espaço alheio, é importante que se analise em pormenores a conduta do construtor. Resta patente que a ocupação de muito mais do que a vigésima parte tolerada pela lei constitui forte indicativo de má-fé, por inadmissível que alguém não saiba que está ultrapassando as fronteiras do próprio direito real e ofendendo as faculdades de outrem. O caminho apontado pelo ordenamento jurídico não pode servir de subterfúgio para o abocanhar parcial de terrenos alheios sob o manto de aparente legitimidade.

Se o construtor estiver de má-fé, e a invasão atingir mais do que a vigésima parte do terreno alheio, em hipótese alguma a propriedade do solo afetado passará do lesado ao ofensor, salvo se por acordo de vontades assim o decidirem. Caberá ao prejudicado, então, exigir que se promova a demolição da obra naquela porção que invadiu o seu território, mais perdas e danos a serem apurados com base nas peculiaridades da situação. Impõe-se ao invasor, ainda, o pagamento em dobro das perdas e danos apuradas, como forma de reprimenda à má-fé com que se portou e meio de compensação cabal ao lesado.

Capítulo 8

DA AQUISIÇÃO DA PROPRIEDADE MÓVEL

8.1. Observações preliminares

A disciplina acerca da aquisição da propriedade imóvel foi estruturada com mais profundidade pelo legislador, haja vista a relevância que tem no plano das relações jurídicas em geral. Porém, o ordenamento não descurou da tarefa de regrar a aquisição da propriedade de coisas móveis, pois nela também se vislumbra grande número de vínculos jurídicos, todos permeados por inegável interesse social.

O Código Civil tratou da matéria em compartimentos autônomos, cada um deles reservado para determinada modalidade aquisitiva, à semelhança do que fez no tocante à aquisição imobiliária. Todavia, impôs menos avultadas formalidades para que o indivíduo se torne titular de móveis, visando exatamente a simplificar operações dessa natureza, tornando-as mais expeditas e eficientes. Exemplo disso são os prazos de usucapião, reduzidos bastante se comparados com aqueles necessários para a prescrição aquisitiva de bens imóveis.

A aquisição da propriedade móvel pode provir de negócios jurídicos (*v. g.*, compra e venda) ou de iniciativas unilaterais do interessado (*v. g.*, ocupação). Há também aqui, por assim dizer, modos originários e derivados, conforme, respectivamente, exista ou não um ato transmissivo da titularidade a embasar a alteração subjetiva promovida.

8.2. Do usucapião

O usucapião é forma originária de aquisição não apenas da propriedade imóvel, mas também da móvel, contanto que preenchidos os pressupostos apontados na lei. A posse *ad usucapionem*, geradora do direito de pleitear a declaração de domínio sobre coisas móveis, não difere em características daquelas referidas nos arts. 1.239 a 1.242 do Código Civil, relativos ao usucapião de imóveis. Destarte, evita-se a repetição de conceitos e ponderações, eis que no estudo daqueles dispositivos, realizado nos capítulos antecedentes, é possível encontrar os aspectos básicos que envolvem as qualidades da posse reclamada pelo ordenamento jurídico.

O art. 1.260 do Código Civil dispõe: *"Aquele que possuir coisa móvel como sua, contínua e incontestadamente durante três anos, com justo título e boa-fé, adquirir-lhe-á a propriedade".* Devido à titulação e ao ânimo do possuidor, cuida-se aqui da modalidade ordinária de usucapião. Durante o período indicado, o agente deverá exercer posse contínua e incontestada, ou seja, livre de persecuções fundadas em melhor direito e sem cortes em seu livre fluxo. O *animus domini*, elemento subjetivo que qualifica a posse, está presente na conduta adotada pelo possuidor, que, portando-se como se fosse titular da propriedade, exterioriza uma aparência de domínio que se implementará na data do cumprimento do triênio apontado na norma legal. A sentença prolatada em ação de usucapião de coisa móvel é, identicamente ao que ocorre em se tratando de aquisição da propriedade imóvel, meramente declaratória, eis que solidifica situação jurídica preexistente.

Com vistas ao usucapião de coisas móveis, justo título é aquele teoricamente hábil a transmitir o domínio, mas que, em virtude de defeito intrínseco, não produz essa conseqüência. É, em última análise, o escrito extrinsecamente completo, mas que padece de vício interno que impede a consecução dos objetivos para os quais foi originalmente concebido. De outra banda, a boa-fé revela-se a partir da análise das circunstâncias, sendo relevante destacar a necessidade de que o possuidor não conheça na origem o defeito que macula o seu título, pois se isso ocorrer estará derruída a boa-fé e vedada a aquisição do móvel por usucapião de prazo curto.

O art. 1.261 prevê a modalidade extraordinária de usucapião: *"Se a posse da coisa móvel se prolongar por cinco anos, produzirá usucapião, independentemente de título ou boa-fé".* Como resultado da inexigibilidade de título ou boa-fé, o prazo de posse qualificada é mais alongado, passando para cinco anos. Isso se justifica na medida em que o agente adquire o domínio a partir do fato isolado de possuir a coisa como sua durante um lustro, ainda que nenhum título tenha e mesmo que esteja imbuído de má-fé, fatores que não servem de impeditivo à aquisição dominial. Porém, também aqui o exercício da posse deverá ser contínuo e incontestado, requisitos exigidos em qualquer espécie de usucapião, recaia ou não sobre coisas móveis.

Por força do art. 1.262 do Código Civil, ao possuidor é facultado promover a acessão da posse, ou seja, somar a sua à do antecessor até completar o lapso temporal necessário, desde que observadas as exigências contidas no art. 1.243 da codificação. Também se estende ao possuidor o disposto quanto ao devedor acerca das causas que obstam, suspendem, ou interrompem a prescrição (art. 1.244 do Código Civil). Para evitar repetições, vale aqui tudo o que se disse acerca da matéria quando da análise do tema, no capítulo atinente ao usucapião de imóveis.

Cabe destacar a circunstância de que, cumpridas as exigências legais concernentes à posse qualificada, o usucapião pode ser empregado nas hipóteses em que o negócio relativo à transferência de veículo automotor padece de vícios que impedem a normal verificação dos efeitos da *traditio*. Logicamente, a prescrição aquisitiva não pode ser invocada como simples mecanismo de legalização do veículo que não foi registrado junto ao órgão competente em virtude de irregularidades não oponíveis ao legítimo titular dominial. Mas isso não impede a ocorrência da conjugação dos pressupostos legais atinentes à posse qualificada, com o que se escoimam imperfeições que não sejam absolutas.

A jurisprudência conforta essa solução: *"É consabido que a propriedade de bens móveis se transfere pela simples tradição; contudo, nos casos em que o veículo automotor tem seu chassi adulterado ou é constatada a ocorrência de furto anterior à aquisição do bem, a tradição não aliena a propriedade, motivo pelo qual é incontestável o interesse de agir daquele que ajuíza ação de usucapião buscando a aquisição do domínio"* (TJSC, Ap. Cível n. 017013-0). A doutrina também acompanha igual senda e reconhece a admissibilidade de usucapião de automóveis *"em casos onde a repartição pública recusa-se a fornecer documento de propriedade em razão de descoincidência do número do chassi. Neste caso, que costuma ocorrer, por exemplo, quando alguém adquire, de boa-fé, um veículo roubado, o usucapião é a única forma de regularizar o direito de propriedade sobre o bem"* (Nelson Luiz Pinto. *Ação de Usucapião*, RT, p. 64). Conforme asseverado, não é oponível o usucapião contra quem tiver melhor direito do que o usucapiente; todavia, se o proprietário da coisa ficar inerte frente ao exercício possessório alheio conhecido, o transcurso do tempo previsto em lei fará desaparecer o óbice até então presente.

8.3. Da ocupação

Quem se assenhorear de coisa sem dono para logo lhe adquire a propriedade, não sendo essa ocupação defesa por lei (art. 1.263 do Código Civil). Enquadram-se na definição de coisas sem dono as *res derelictae* e as *res nullius*. Consistem aquelas nas coisas que já tiveram dono, mas que foram abandonadas e passaram a um estado de vacância dominial, *v. g.*, um livro deliberadamente lançado ao lixo público, os animais domesticados que voltaram ao estado selvagem etc. O abandono não é presumido, devendo emergir da inequívoca demonstração no sentido de que esse foi o intento do antigo proprietário. Não se presume o abandono, por exemplo, na conduta do indivíduo que oculta um livro em terreno baldio com o fito de evitar que terceiros o apanhem. No que diz com as últimas, chamadas *coisas de ninguém*, correspondem às que nunca foram apropriadas, e, portanto, jamais pertenceram a alguém, *v. g.*, as conchas lançadas à praia pelas águas do mar, os animais selvagens no ambiente natural, etc. Tanto umas como as outras passam ao domínio de quem delas assenhorear-se, salvo quando a lei expressamente vedar essa aquisição.

Assenhorear-se significa tomar para si, com ânimo de ter a coisa em definitivo como dono. Pressupõe o ato inicial de apanhar o bem, mantendo em relação a ele conduta análoga à de proprietário. Ao assim proceder, o agente não precisa aguardar o transcurso de prazo algum, nem implementar qualquer outro requisito; basta o assenhoreamento para que imediatamente ocorra a aquisição da propriedade, tendo em vista a conveniência de que as coisas não permaneçam sem um titular que por elas responda e delas possa retirar a utilidade e os benefícios que tiverem. Novamente importa observar que a lei impõe inúmeras ressalvas à possibilidade de aquisição do domínio pela ocupação, sempre em nome da supremacia do interesse coletivo sobre o individual, *v. g.*, quanto a muitas espécies de animais silvestres, substâncias minerais e assim por diante.

A ocupação é modo originário de aquisição dominial, haja vista o fato de que, no caso das *res nullius*, realmente nunca tiveram dono, e no das *res derelictae*, a lei desconsidera o liame jurídico que anteriormente existia, tomando o agente do assenhoreamento como se fosse o primeiro titular daquela propriedade. Convém destacar que a ocupação diz respeito exclusivamente a coisas móveis, porque em relação aos imóveis somente se admite a aquisição originária do domínio por meio do usucapião. Destarte, podem ser adquiridos por meio de ocupação os animais (por caça ou pesca), os minerais, os objetos perdidos ou encontrados, etc.

8.4. Do achado do tesouro

O achado de tesouro, na codificação anterior, era tratado como uma das modalidades de ocupação. Todavia, com ela não se confunde, estando hoje disciplinada como meio autônomo de aquisição da propriedade móvel. Entende-se que o direito ao tesouro, em favor do dono do prédio, decorre do domínio exercido sobre o imóvel, pois isso faz com que ele seja juridicamente tido como principal em relação a tudo quanto nele estiver contido, e que, portanto, figura como acessório. Por outro lado, a atribuição de parte do tesouro à pessoa que o acha tem em vista recompensá-la, pois se o fato não houvesse acontecido o dono do prédio nada ganharia naquele momento.

O depósito antigo de coisas preciosas, oculto e de cujo dono não haja memória, será dividido por igual entre o proprietário do prédio e o que achar o tesouro casualmente (art. 1.264 do Código Civil). Para que se enquadre nos ditames normativos e seja considerado tesouro, o achado deverá preencher vários requisitos. O primeiro é a *vetustez do depósito*, pois somente com o fluir dos anos é que se perderá a memória do dono dos objetos preciosos. Não há medida temporal fixada para isso, de modo que a conjugação entre o tempo transcorrido e a ausência de conhecimento atual acerca do titular conduz à atribuição do domínio ao achador. Se o dono do tesouro for conhecido, ou posteriormente localizado, terá de ser restituído pelo descobridor sem direito a fração ou indenização alguma, pois então faltará um dos elementos que lhe atribuem parte do achado, qual seja, que não haja memória do titular original.

Outro requisito consiste em que *o depósito seja de coisas preciosas móveis*, já que o tesouro é constituído de elementos móveis de valor econômico, como moedas, objetos raros, metais, jóias etc. As coisas que têm expressão pecuniária em razão de qualidades especiais (obras de artistas famosos, por exemplo) também podem ser classificadas como tesouro, desde que presentes os demais elementos apontados na lei.

A terceira exigência é de que *o depósito tenha origem em conduta humana*, pois as ocorrências atribuíveis a outros fatores não desafiam a incidência da supracitada norma. Em geral, o tesouro é enterrado ou escondido em prédios ou até no mobiliário que os guarnece, mas também se considera como tal todo depósito feito deliberadamente por alguma pessoa. Se as coisas preciosas, por exemplo, houverem sido perdidas por força de antigo naufrágio em alto mar, quem as encontrar não estará submetido à disciplina especial ora abordada, mas sim àquela relativa à ocupação, eis que se tratará de achado de *res derelictae*, ou seja, coisa já sem dono, mas que não foi ocultada como tesouro.

É preciso, ainda que as coisas *sejam encontradas em prédio alheio*, eis que se o achado estiver em prédio próprio, o agente terá direito ao seu integral teor por força da acessoriedade do tesouro em relação ao imóvel em que se situa. Ao fazer menção à palavra *prédio*, o legislador não afastou do enquadramento como tesouro as coisas porventura encontradas dentro de peças do mobiliário. É possível, por exemplo, que moedas antigas estejam ocultadas dentro de um armário antigo, dotado de compartimentos secretos, enviado para conserto, o que torna titular do tesouro o achador e o dono do móvel em que jazia a fortuna. Quinto requisito é a *casualidade do achado*, pois se o agente ingressou no imóvel alheio sem autorização do dono e movido pelo interesse em explorar a possibilidade de nele estar guardado um tesouro, cometerá ilicitude, e dela não podem resultar direitos em favor do infrator.

De acordo com a dicção do art. 1.265 do Código Civil, o tesouro pertencerá integralmente ao dono do prédio quando for por ele encontrado. O mesmo ocorrerá nos casos em que o dono do prédio ordenar a prepostos ou empregados a realização de pesquisas e buscas com o objetivo de descobrir o tesouro que acreditava estar escondido no local. Nesse caso o encontro não terá sido mera casualidade, nem foi protagonizado por terceiros à míngua da ciência do titular do imóvel, consagrando, isto sim, o trabalho direcionado que sob ordens suas foi desenvolvido. Por outro lado, se uma pessoa está a serviço do dono do prédio e nele realiza tarefas, entre as quais não se situa a de pesquisar a eventual existência de tesouro no local, perceberá a fração do que casualmente encontrar, eis que em tal hipótese será beneficiado pelo disposto no art. 1.264 da codificação.

A pessoa que ingressa em imóvel sem autorização do dono, e acaba encontrando tesouro de titularidade ignorada, não terá direito à percepção de parte das coisas que o compõem. O tesouro pertencerá, então, exclusivamente ao proprietário do prédio, pois o acesso de terceiro a ele constituiu ilicitude, conduta que não pode ser prestigiada por meio da atribuição de qualquer vantagem de natureza econômica.

Achando-se em terreno aforado, o tesouro será dividido por igual entre o descobridor e o enfiteuta, ou será deste por inteiro quando ele mesmo seja o descobridor (art. 1.266 do Código Civil). Terrenos submetidos ao direito real denominado enfiteuse têm concentrados os atributos dominiais em dois personagens jurídicos: o enfiteuta, titular do domínio útil, e o senhorio direto, titular do domínio direto, e que antes da constituição do direito real desfrutava plenamente da condição de proprietário. Na prática, o primeiro deles enfeixa em si toda a utilidade da coisa, cabendo ao segundo a percepção de uma contrapartida econômica anual, denominada pensão ou foro. Sendo encontrado tesouro no imóvel aforado, e tendo essa descoberta sido feita por terceiro, haverá divisão de seu conteúdo em duas partes iguais, cabendo uma delas ao descobridor e outra ao enfiteuta. Na hipótese de o próprio enfiteuta ser o descobridor, integrará a totalidade do tesouro ao seu patrimônio. Tal solução faz ver que ao senhorio direto, titular do chamado domínio direto, nenhuma vantagem econômica perceberá em razão da descoberta do tesouro, salvo quando ele mesmo for o descobridor, pois então dividirá o achado com o enfiteuta.

8.5. Da tradição

Como é sabido, no direito brasileiro o simples acordo de vontades não opera a transferência do domínio das coisas, sendo necessária a tradição ou o registro, conforme se trate, respectivamente, de coisas móveis ou imóveis. Quanto àquelas, o art. 1.267 do

Código Civil preconiza: "*A propriedade das coisas não se transfere pelos negócios jurídicos antes da tradição*". Portanto, à conjugação de vontades, que se traduz em contratação verbal ou escrita, deve seguir-se a entrega da coisa ao adquirente, que somente assim se tornará dono.

Este último ato denomina-se *tradição*, fruto de ajuste translativo da propriedade constituído pela vontade das partes. Enquanto elas estiverem postadas apenas na primeira etapa da operação, existirá mero direito pessoal, dependendo, o surgimento do direito real, da tradição da coisa negociada. Se não houver a *traditio* e a coisa for transferida para terceiro com rigorosa observância das etapas de contratação e tradição, não poderá o anterior adquirente, munido de direito pessoal, reclamar a coisa junto ao alienante ou ao novo dono, restando-lhe apenas pleitear a devolução dos valores pagos e a indenização por perdas e danos acaso experimentados.

Cabe salientar, por oportuno, que a tradição acarreta a transferência da propriedade exclusivamente quando realizada com a intenção de produzir esse efeito. Mostra-se oportuna essa observação na medida em que é possível que a *traditio* tenha por finalidade sacramentar espécie de negócio jurídico que não envolva a alteração da titularidade dominial, *v. g.*, comodato, locação, penhor etc. Nesse caso, continuará sendo proprietário aquele que promoveu a tradição, porque desacompanhada do ânimo de modificar a titularidade sobre a coisa.

A tradição pode ser real, simbólica ou ficta. Consiste a primeira na entrega material da coisa ao adquirente, ou seja, na sua passagem física do patrimônio do alienante para o do adquirente, que a recebe e apreende, *v. g.*, entrega do livro vendido. Será simbólica quando, não obstante inocorrente a entrega física da coisa ao adquirente, este a recebe por meio de algo que fisicamente a simboliza, como acontece com o comprador de um veículo ao lhe serem entregues as chaves do mesmo. Por fim, tem-se tradição ficta nas hipóteses que serão examinadas na seqüência.

Com efeito, o parágrafo único do art. 1.267 da codificação estabelece: "*Subentende-se a tradição quando o transmitente continua a possuir pelo constituto possessório; quando cede ao adquirente o direito à restituição da coisa, que se encontra em poder de terceiro; ou quando o adquirente já está na posse da coisa, por ocasião do negócio jurídico*". A norma traz situações caracterizadoras da tradição ficta, isto é, aquela em que inexiste o ato físico do recebimento e apreensão da coisa, ou de algo dela representativo, pelo adquirente. Em todas elas, o que se tem é uma ficção jurídica no sentido de que o adquirente torna-se dono da coisa móvel por meio do acordo de vontades e da presença de situação peculiar que deixa subentendida a *traditio*.

Em primeiro lugar, considera-se operada a transferência da coisa ao adquirente por meio do constituto possessório, pelo qual o transmitente continua a possuir a coisa sob fundamento diverso do original. Exemplo: Marcos vende uma bicicleta para Emanuel, mas ambos estabelecem que a coisa continuará com o transmitente ainda por um mês, a contar da celebração do negócio. Isso caracteriza o constituto possessório, de vez que modificado o título da posse, a razão de possuir; se antes o transmitente tinha a coisa por ser proprietário, passou a dela desfrutar em razão do acordo de vontades feito com o adquirente, que nem por isso deixou de se tornar dono no exato instante em que concluído o negócio jurídico.

Também fica subentendida a *traditio* quando o transmitente cede ao adquirente o direito à restituição da coisa, que se encontra em poder de terceiro, como acontece na hipótese de José vender um aparelho de televisão para Carlos enquanto ainda emprestado a Elias. É a denominada *traditio longa manu*, consubstanciada no ato de colocar o bem à disposição do adquirente e que encontra aplicabilidade em várias situações negociais. Tendo o direito de receber a coisa de volta, o alienante cede-o de imediato ao outro celebrante, que naquele momento se torna dono e fica investido da qualidade necessária para, oportunamente, postular junto ao terceiro a entrega do objeto negociado. Como se percebe, a transferência do domínio se dá sem qualquer espécie de entrega efetiva do bem ou de algo que o represente, pois o legislador considera ocorrida ficticiamente a tradição.

O ordenamento jurídico também considera verificada a tradição nos casos em que o adquirente já está na posse da coisa negociada, por ocasião da celebração do contrato firmado com o transmitente. É a chamada *traditio brevi manu*. Se isso acontecer, a transferência da propriedade tem lugar pelo simples acordo volitivo, consolidando-se o domínio na pessoa a quem já se havia anteriormente atribuído a posse a título diverso. Exemplo: Anselmo empresta um refrigerador para Otaviano, mas durante o prazo contratual vende-o ao comodatário. Este já tem a posse direta da coisa, mas a partir da conclusão do negócio a conservará consigo como proprietário, resultado do acordo de vontades e da tradição ficta prevista na lei.

Existem ainda outras situações, postas noutros dispositivos da codificação, pelas quais se dá a mutação da titularidade independentemente de tradição. É o que ocorre, *v. g.* no caso do art. 1.784, em que está previsto que a propriedade e a posse da herança se transmitem de imediato aos herdeiros do falecido, em fenômeno provocado pelo que se chama *princípio da saisina*. O mesmo acontece na hipótese de casamento sob regime que implique na comunicação dos bens de um dos cônjuges ao outro, pois, sem que haja *traditio*, automaticamente o consorte que não era titular da coisa passa a tê-la por metade em virtude da lei.

Feita por quem não seja proprietário, a tradição não aliena a propriedade, exceto se a coisa, oferecida ao público, em leilão ou estabelecimento comercial, for transferida em circunstâncias tais que, ao adquirente de boa-fé, como a qualquer pessoa, o alienante se afigurar dono (art. 1.268 do Código Civil). A transferência da propriedade é prerrogativa exclusiva de quem traz consigo o direito de dispor ou *jus abutendi*. Quando a tradição da coisa móvel é realizada por pessoa diferente da titular do domínio, não produz a alienação indicada. Ressalvam-se as hipóteses, obviamente, de representação por terceiro munido de poderes bastantes, pois a *traditio* pode ser normalmente executada por meio de representantes legalmente investidos de prerrogativas jurídicas, sem que isso traga prejuízo algum ao negócio entabulado.

Em homenagem ao princípio da boa-fé, e com fundamento na teoria da aparência, o legislador dispõe que a transferência dominial excepcionalmente opera-se mesmo quando promovida por quem não seja proprietário, desde que atendidos certos pressupostos. Se a coisa é oferecida ao público em leilão ou estabelecimento comercial, e a isso for somado o fato de o transmitente, consideradas as circunstâncias, aparentar a todos ser concretamente o *dominus*, a alienação que fizer produzirá os efeitos jurídicos que lhe são peculiares. Todavia, para que assim aconteça o adquirente deverá estar de boa-fé, pois mesmo que à generalidade das pessoas o *tradens* apresente-se como dono, a transmissão não se verificará se o *accipiens* tiver conhecimento de que a coisa não pertence àquele.

Afinal, a produção do resultado que se espera do negócio jurídico dependerá da conjugação de fatores essenciais: a) boa-fé por parte do adquirente; b) aparência universal de domínio por parte do alienante; c) oferta pública da coisa, em leilão ou estabelecimento comercial. O ordenamento exige que a oferta se dê em leilão ou estabelecimento comercial para que fique patenteada a aparência de legitimidade daquele que promove a transmissão. Isto porque a antecipada publicidade da operação confere maior probabilidade de que se desvende qualquer ilicitude antes de consumado o negócio, evitando ou minorando prejuízos a terceiros de boa-fé.

Constatada a presença de todos esses componentes, a transmissão se perfaz como se efetivamente o *tradens* fosse dono da coisa. O adquirente se torna em definitivo proprietário dela, restando ao verdadeiro titular do domínio reclamar, junto ao alienante, indenização correspondente ao valor da coisa, mais as perdas e danos que houver suportado. Cabe salientar que se o alienante age de má-fé fica sujeito à responsabilização penal por delito de estelionato.

Em determinadas situações, que objetivam atribuir maior sustentação e segurança ao negócio concernente a coisas móveis de razoável expressão econômica ou finalidade social, o legislador exige que, afora a conjunção de vontades e a tradição, sejam tomadas outras providências pelos interessados. É o que se dá, *v. g.,* nas transferências de veículos automotores de via terrestre e barcos, em que se revela impositivo o registro junto aos órgãos competentes para que se torne perfeita a operação. Apesar disso, é certo que se admite prova em sentido contrário ao que consta dos arquivos oficiais, para o fim de demonstrar que houve a tradição e, portanto, a translação dominial mesmo sem anotação pelas autoridades indicadas na lei. Afinal, havendo prova irredutível da *traditio* com ânimo de dispor, considera-se perfectibilizada a transmissão dominial.

Se o adquirente estiver de boa-fé, e, posteriormente, o alienante, que não era dono ao tempo da celebração e a entrega, vier a adquirir a coisa que fora objeto do negócio jurídico, haverá transferência da titularidade (§ 1º). Noutras palavras, a aquisição posterior da coisa por quem não era dono ao tempo em que a alienara a outrem faz com que a relação jurídica vigore em toda a sua plenitude, transmitindo o domínio como se jamais houvesse existido qualquer percalço. Exemplo: Felipe não é dono de um computador, que na realidade pertence a Bernardo, mas ainda assim o vende para Auri; dias depois, acaba comprando a coisa do verdadeiro dono, a fim de repassá-la à pessoa com quem negociara anteriormente. Com isso, considerada a boa-fé do adquirente, este torna-se dono da coisa, para todos os efeitos, a partir da data em que operada a tradição.

Outra situação em que a venda feita por quem não é dono produz efeitos normais, mas sob fundamento diverso, apresenta-se quando o titular da propriedade ratifica posteriormente a vontade emitida sem a sua autorização por terceiro — colocado na posição de alienante — em favor do adquirente. Com isso, a transferência dominial considera-se feita desde o momento em que realizada a *traditio*. Esse quadro, porém, caracteriza gestão de negócios, não se confundindo com o teor da norma acima referida, que trata da venda por quem, não sendo dono no momento da celebração, vem posteriormente a incorporá-la ao patrimônio, transmitindo-a ao destinatário final.

Não transfere a propriedade a tradição, quando tiver por título um negócio jurídico nulo (§ 2º). Consoante asseverado, a transferência da propriedade móvel é composta por dois momentos, sendo um deles o da celebração do contrato, e, o outro, o da tradição. Para que aconteça a transferência da propriedade é necessário que essa operação seqüencial seja perfeita, sem mácula jurídica alguma, observadas as exceções previstas no *caput* e no § 1º do art. 1.268 do Código Civil. Em razão disso, sempre que a tradição for realizada tendo por substrato e titulação um negócio jurídico eivado de nulidade, não haverá translação dominial, nem a avença produzirá quaisquer dos efeitos que dela seriam esperados. Exemplo: Alberto é incapaz e vende uma jóia para Robson; mesmo com a *traditio*, o título de que ela se originou decorria de negócio jurídico maculado pela incapacidade do alienante, e, portanto, nulo, de maneira que não produzirá a alteração da titularidade da coisa. Restará ao adquirente, nos casos em que a lei não vedar a iniciativa, pleitear a repetição daquilo que foi pago.

8.6. Da especificação

Denomina-se *especificação* a transformação de matéria-prima em espécie nova, que não se pode volver à forma anterior. O art. 1.269 do Código Civil dá início à disciplina da matéria: *"Aquele que, trabalhando em matéria-prima em parte alheia, obtiver espécie nova, desta será proprietário, se não se puder restituir à forma anterior"*. Assim, se o especificador laborar sobre elemento material parcialmente alheio, e dele obtiver espécie nova irreversível, passará à condição de proprietário do objeto acabado, eis que o legislador prestigia a criação do intelecto e do trabalho em relação à matéria-prima não submetida a qualquer transformação. Isto porque se afigura importante incentivar as criações do espírito e a dedicação transformadora, como forma de aperfeiçoamento do ser humano e de prestígio ao engenho e às artes. O dono da matéria-prima perde a titularidade que exercia sobre ela, mas o ordenamento assegura-lhe a percepção de valor indenizatório correspondente à sua expressão econômica à época do efetivo pagamento. A indenização levará em conta o custo da matéria-prima bruta, e não o valor final agregado pelo trabalho do especificador.

Os requisitos para que haja aquisição da propriedade pelo especificador são: a) desenvolvimento de trabalho em matéria-prima alheia, embora apenas parcialmente; se feito sobre elemento próprio, evidente que o especificador sempre será proprietário do resultado de seu labor; b) obtenção de espécie nova que tenha algum valor econômico; não basta, pois, o surgimento de algo novo, sendo imprescindível que, embora mínimo, carregue algum interesse de natureza financeira; c) irredutibilidade da criação à forma anterior, pois se for possível volver ao estado original, o material continuará pertencendo ao dono primitivo.

Não ficam sujeitos às regras pertinentes à especificação os produtos resultantes da ação dos elementos da natureza sobre os materiais, como é o caso das águas em relação às rochas, do sol contra a madeira etc. A especificação sempre tem como fonte a conduta humana, o espírito inventivo e a dedicação física à transformação. Também não se enquadra nessa disciplina normativa o comportamento humano que, embora incidente sobre matéria-prima, conserva os traços e as formas originais, sem geração de espécie nova.

Do art. 1.270 do Código Civil extrai-se que o especificador adquire a propriedade da espécie nova, quando irreversível, mesmo que a matéria-prima de que se originou pertencesse inteiramente a outrem. Novamente revela sensibilidade o legislador, por prestigiar a dedicação do indivíduo à criação de espécies novas e representativas do exercício mental de seu autor. Exemplo: passa à condição de dono o escultor que, sem saber tratar-se de material alheio, toma para si um pedaço de madeira casualmente encontrado e o transforma em obra de arte. A base sobre a qual trabalhou perde a relevância se comparada com o resultado obtido, de maneira que ao criador tocará a criatura.

Sendo praticável a redução, ou quando impraticável, se a espécie nova se obteve de má-fé, pertencerá ao dono da matéria-prima (§ 1º). Para que pertença ao especificador, o resultado do trabalho deverá ser insuscetível de retorno ao estado anterior, pois se puder ser restituído à situação precedente continuará sob titularidade do dono original. Assim, se alguém pega uma rocha e, dando-lhe forma, faz surgir uma bela escultura, adquire-lhe de imediato a propriedade; porém, se simplesmente une pedras semi-preciosas em arranjo passível de desfazimento, dele não se torna dono.

Agindo de má-fé, por saber tratar-se de material alheio e estar imbuído do ânimo de obter vantagem, o especificador não terá direito à propriedade da espécie nova criada, permanecendo ela sob domínio do titular do material bruto. Nessa hipótese, nenhuma indenização caberá ao especificador de má-fé, pois o ordenamento jurídico abomina esse tipo de procedimento em qualquer circunstância. Entre vedar o enriquecimento do titular da matéria-prima e premiar a má-fé do especificador, entendeu por bem o legislador de fazer com que, via de regra, o agente perca o trabalho desenvolvido e nada possa reclamar em contrapartida, exatamente visando a evitar a multiplicação de atitudes lesivas ao direito alheio como produto do mau ânimo.

Em qualquer caso, inclusive o da pintura em relação à tela, da escultura, escritura e outro qualquer trabalho gráfico em relação à matéria-prima, a espécie nova será do especificador, se o seu valor exceder consideravelmente o da matéria-prima (§ 2º). Cuida-se, aqui, de exceção à regra ínsita no parágrafo primeiro. Independentemente da boa ou má-fé do especificador, atribui-se a ele a propriedade da espécie nova sempre que exceder de maneira notável, em valor, ao da matéria-prima de que se originou. Seria realmente equivocado determinar que o dono do material bruto tivesse o direito de tomar para si a criação alheia, com suporte na má-fé de quem a gerou, mesmo quando apresentasse importância econômica muito superior àquela alcançada pela base sobre a qual assentou-se.

A situação pode ser assim explicitada: sem entrar na análise do ânimo do especificador, pertencer-lhe-á integralmente a obra nos casos em que a sua avaliação suplantar de maneira expressiva o valor da matéria-prima; quando assim não for, aplicam-se as regras anteriores, que tomam em linha de consideração o ânimo do agente e os demais fatores já analisados.

O elenco apresentado no parágrafo segundo é meramente exemplificativo. A ele podem ser acrescidos tantos quantos colhidos na prática e suscetíveis de enquadramento nos ditames normativos vistos. A listagem destaca trabalhos como a pintura em relação à tela, a escultura, a escritura e outros trabalhos gráficos em relação à base de assento exatamente porque são as formas mais corriqueiras de especificação, merecendo expressa referência para que não se gere em torno delas qualquer dúvida no que diz com a sujeição ao princípio normativo que atribui ao especificador a titularidade do resultado final, se o seu valor exceder consideravelmente o da matéria-prima.

Objetivando evitar locupletamento indevido à custa do trabalho ou de materiais alheios, o art. 1.271 do Código Civil determina que aos prejudicados será ressarcido o dano que sofrerem, em qualquer das hipóteses de especificação. Entretanto, a própria norma indica exceções, que decorrem: a) do fato de o especificador agir de má-fé, quando o valor da obra não suplantar consideravelmente o da matéria-prima; b) da circunstância de ser viável o retorno do elemento material trabalhado ao estado primitivo. Na primeira hipótese o especificador simplesmente perderá o resultado de seu labor, que ficará sob domínio do titular do material empregado; na segunda situação, as partes simplesmente volverão ao contexto anterior, como se jamais houvesse existido a especificação.

8.7. Da confusão, da comistão e da adjunção

Confusão é a junção de substâncias líquidas; *comistão*, a mistura de coisas sólidas; *adjunção*, a justaposição de uma coisa sólida a outra em igual estado. Em qualquer delas existe a aproximação entre coisas que acabam formando novo elemento, ou adquirindo características econômicas diferentes das primitivas.

As coisas pertencentes a diversos donos, confundidas, misturadas ou adjuntadas sem o consentimento deles, continuam a pertencer-lhes, sendo possível separá-las sem deterioração (art. 1.272 do Código Civil). Separados os componentes, cada proprietário continuará na titularidade até então exercida. Importa observar que tal encaminhamento jurídico pressupõe boa-fé dos agentes envolvidos, pois a eventual presença de má-fé acarreta solução diversa, como será visto na seqüência.

Caso os donos dos elementos diferentes tenham aquiescido e livremente decidido juntá-los, estará formado um condomínio sobre o resultado final, de maneira que a ambos pertencerá. A convenção que houverem firmado valerá como fator de disciplina da nova situação gerada, podendo os interessados dispor da maneira que melhor lhes aprouver. Portanto, a disciplina legal, nesse particular, somente incide quando inexiste acordo de vontades e os materiais ainda assim são aproximados, formando novel realidade jurídica.

Na hipótese de as coisas serem insuscetíveis de separação sem prejuízo da substância de cada unidade original, ou se para separá-las for necessário excessivo dispêndio, considerar-se-á subsistente a indivisão formada, eis que na prática restará patenteada a inviabilidade física ou a inconveniência econômica do afastamento. Com isso, estará constituído um condomínio legal ou forçado, cabendo a cada proprietário quinhão proporcional ao valor da coisa, com que entrou para a mistura ou agregado (§ 1º). Assim, se a avaliação final do conjunto é de 100, e se as duas coisas de que se originou valiam, respectivamente, 70 e 30, um dos titulares participará do todo à razão de 70%, pertencendo ao outro os 30% restantes. Depois de formado o condomínio, que inicialmente não fora autorizado e nem ajustado, é lícito aos consortes estabelecer regras peculiares para a administração da situação gerada, visando ao melhor aproveitamento do seu potencial econômico.

Se uma das coisas puder considerar-se principal, o dono sê-lo-á do todo, indenizando os outros (§ 2º). Na adjunção esse quadro é comum, viabilizando a percepção de que, dentre os elementos indissociavelmente justapostos, um deles se destaca no plano jurídico. Na confusão e na comistão isso também acontece, embora em menor escala, porque geralmente as substâncias formadoras perdem as qualidades originais. Sendo viável afirmar a existência de um elemento principal, o seu dono adquirirá a propriedade do acessório, mas ficará obrigado a indenizar os demais proprietários. A indenização corresponderá ao valor que tiverem as coisas acessórias ao tempo do pagamento, considerada a relevância econômica da sua participação na formação do todo. Trata-se de regra equivalente à que vigora para a acessão, eis que nela também se verifica o fenômeno da aquisição dominial do acessório pelo dono do principal.

Havendo má-fé por parte de um dos proprietários das coisas de que se formou a confusão, adjunção ou comistão, ao inocente caberá optar entre adquirir o domínio sobre o todo formado ou renunciar ao que lhe pertencer na junção. Decidindo ficar com a propriedade do conjunto, pagará ao pólo contrário valor equivalente ao da coisa àquele pertencente, utilizada na formação da nova realidade jurídica. Porém, do montante a ser pago abater-se-á o correspondente à indenização que for devida em virtude de perdas e danos experimentados, pois a má-fé sempre agrava a situação do agente e gera a obrigatoriedade de compor os prejuízos causados. Optando por renunciar ao direito sobre a própria coisa aplicada na constituição do todo, poderá reclamar da parte adversa o seu valor, mais perdas e danos que puder comprovar. É o que se extrai da dicção do art. 1.273 do Código Civil.

As diretrizes postas até agora não são excepcionadas pelo simples fato de nova espécie surgir em virtude da confusão, comistão ou adjunção, sendo expressa a determinação do legislador quanto à incidência de tal norteamento quando a conjugação de matérias suprimir por completo os caracteres que originalmente apresentavam, gerando outra substância totalmente nova em relação àquelas (art. 1.274 do Código Civil). Isso ocorrerá, por exemplo, quando alguém juntar certa quantidade de metal fundido que lhe pertence com substâncias líquidas especiais de propriedade de terceiro, fazendo daí surgir uma liga com características diferentes das que os materiais utilizados na mescla possuíam.

Capítulo 9

DA PERDA DA PROPRIEDADE

9.1. Identificação das causas de perda

O art. 1.275 do Código Civil estabelece: *"Além das causas consideradas neste Código, perde-se a propriedade: I – por alienação; II – pela renúncia; III – por abandono; IV – por perecimento da coisa; V – por desapropriação. Parágrafo único. Nos casos dos incisos I e II, os efeitos da perda da propriedade imóvel serão subordinados ao registro do título transmissivo ou do ato renunciativo no Registro de Imóveis".* Esses mecanismos são aplicáveis tanto aos móveis como aos imóveis. Há ainda outras hipóteses, esparsamente distribuídas na codificação, que produzem idênticos reflexos, cabendo desde logo enunciar algumas delas: o usucapião, a acessão, a sentença judicial (imposição penal ou cível) e assim por diante. Conforme disposto no parágrafo único da norma, nos casos dos incisos I e II, os efeitos da perda da propriedade imóvel serão subordinados ao registro do título transmissivo ou do ato renunciativo no Registro de Imóveis.

O direito de propriedade é *perpétuo*, ou seja, mantém-se com o titular indefinidamente no tempo. Logo, a sua perda somente acontece quando o dono quer esse resultado, como ocorre na venda e na doação, ou, então, quando incidente outra causa legal capaz de romper o liame jurídico estabelecido, como se dá na desapropriação. Nisso reside a importância da menção e adequada disciplina das causas de perda da propriedade, tendo em linha de conta a circunstância de que ao dono se deve assegurar a preservação da qualidade jurídica do seu direito, a menos que ele mesmo deseje solução diversa ou a tanto seja compelido em virtude da lei.

Antes de ingressar na análise individualizada do elenco consagrado pelo art. 1.275 da codificação, cumpre salientar que a simples inércia do proprietário, como fator isolado, não pode ser incluída entre as causas de perda da propriedade. Aliás, ao deixar de fazer uso da coisa que lhe pertence o sujeito está exercendo uma das faculdades emergentes da qualidade de proprietário, qual seja, a de dar ao bem o fim desejado, observados os limites da lei. O titular pode fazer da coisa o que bem quiser, ressalvadas as vedações legais; disso decorre a circunstância de poder inclusive deixar de exercer materialmente os atributos dominiais, conservando-se absolutamente estático no que diz com a utilização e fruição do objeto de seu direito.

Essa postura de inércia e omissão, em verdade, traduz-se em concreta exteriorização do poder do proprietário, já que a lei confere-lhe até mesmo a faculdade de nada fazer em relação à coisa e ainda assim continuar sendo dono. Não há prescrição extintiva como causa de perda da propriedade, de maneira que a falta de exercício material dos poderes a ela inerentes somente conduzirá à perda do domínio se conjugada com o agir positivo de outrem, que ao longo do tempo previsto em lei se coloca na condição de possuidor e exerce posse qualificada hábil a ensejar o usucapião. Este resulta de algo que se convencionou denominar *prescrição aquisitiva*, por ser fruto mais do mérito possessório do usucapiente do que uma sanção ao proprietário inerte. Ele só perde o domínio em virtude do decurso do prazo de posse alheia qualificada na forma da lei, pois se tivesse permanecido por décadas a fio sem nada fazer com a coisa, e a isso não se somasse o agir positivo do usucapiente, o direito em nada seria afetado.

9.2. Classificação das causas de perda

A perda da propriedade pode ser dividida em três categorias, de vez que, quanto à fonte, ocorre: a) por fato relativo à pessoa; b) por fato relativo ao seu objeto; c) por fato relativo ao direito (Orlando Gomes, *Direitos Reais*. Rio de Janeiro: Forense, 2007. p. 209). A primeira tem como fundamento a circunstância de que o indivíduo deixa de ser titular em virtude de fato relacionado a si mesmo, como se dá no caso de morte real. Todavia, o mesmo acontece se houver morte presumida, seja por ausência conducente à sucessão definitiva (art. 6º do Código Civil) ou sem necessidade de afirmação da ausência (art. 7º da codificação). A morte presumida pode levar à transmissão definitiva da herança aos sucessores, de modo que nem mesmo o eventual reaparecimento do indivíduo é suficiente para reverter o quadro jurídico instalado. Destarte, configura modo de perda da propriedade com base em fato relativo ao dono.

A segunda categoria encontra lastro na ocorrência de fato atinente ao objeto do direito, e que o conduz à extinção. Dá-se quando perecer a coisa ou houver acessão, entendendo-se esta como a *"união ou incorporação a outra coisa pertencente a outrem"* (Orlando Gomes, obra citada, p. 209). Como não existe direito sem o correspondente objeto, é inegável a perda da propriedade quando fenece a coisa sobre a qual incidiam as prerrogativas do titular. Em geral, a destruição da coisa ou o seu consumo é que afetam irremediavelmente o domínio exercido sobre ela. Porém, igual efeito se extrai do extravio definitivo e quando a coisa deixa de ter qualidade jurídica, *v. g.*, armas que, originalmente passíveis de alienação, são postas *ex commercium* e têm a fabricação proibida.

Finalmente, a terceira categoria deita raízes na verificação de fato concernente ao direito de propriedade, *v. g.*, alienação, renúncia, abandono, desapropriação, imposição penal, arrematação, adjudicação e usucapião. Normalmente, a perda atribuível a evento que atinge o direito provoca, a um só tempo, a assunção da titularidade por outro sujeito, isto é, enquanto um dos envolvidos deixa de ser titular, outro passa a exercer o domínio sobre a coisa. Esse fenômeno não é de verificação necessária, pois é possível que à perda não corresponda qualquer aquisição imediata por sujeito diverso, sendo exemplo disso o abandono e a renúncia.

Sob o prisma volitivo, a perda da propriedade acontece de maneira voluntária ou involuntária, conforme tenha ou não origem na emissão de um querer destinado a desfazimento do vínculo dominial que até então havia. São voluntários o abandono, a renúncia e a alienação, pois todos dependem de iniciativa do titular. Por outro lado, são modos involuntários a desapropriação, a imposição penal, o implemento de condição resolutiva, a arrematação, a adjudicação e o usucapião.

9.3. Exame individualizado das causas

9.3.1. Alienação

As causas geradoras da perda da propriedade conservam, via de regra, direta relação com os fatores que provocam a aquisição dominial. Isto porque no exato momento em que alguém deixa de ser dono geralmente outra pessoa adquire a propriedade daquela mesma coisa. Essa situação se faz presente com maior ênfase nas modalidades derivadas de transmissão do domínio, pois nelas existe alienação e conseqüente conjugação das vontades do alienante e do adquirente, no sentido da alteração da titularidade até então exercida sobre a coisa. Na compra e venda, por exemplo, o comprador adquire a propriedade, ao passo que o vendedor sofre a sua perda. O mesmo se verifica na dação em pagamento, na doação e nos demais negócios em que houver acordo de vontades translativo do domínio. Por isso é que se diz ser, a alienação, forma de *extinção subjetiva* da propriedade, já que acarreta a mudança do sujeito em favor de quem se reconhecia o direito.

A alienação pode ser definida como ato pelo qual o proprietário transmite a outrem o domínio de uma coisa, a título oneroso (*v. g.*, compra e venda, dação em pagamento) ou gratuito (*v. g.*, doação), com as mesmas qualidades e as mesmas imperfeições com que o exerce. A declaração bilateral de vontade, formulada em negócio jurídico que atenda aos ditames legais, constitui o fundamento central da alienação.

Deve-se frisar, como já feito alhures, que no direito pátrio o contrato não transfere o domínio, pois somente com a tradição (para móveis) ou o registro (em se tratando de imóveis) é que estará efetivamente consumada a translação da propriedade do alienante para o adquirente. A perda da propriedade por alienação, e a correspondente aquisição do direito pela parte contrária da relação negocial, dependem fundamentalmente do ato final de todo o processo (tradição ou registro), pois sem ele haverá apenas direito pessoal que não enseja ao adquirente a oportunidade de reclamar a coisa perante o alienante, mormente se já transferida a terceiro com observância de todas as exigências normativas.

9.3.2. Renúncia

Renúncia é ato unilateral que consiste em declaração expressa de vontade, destinada a autodestituir o agente do direito de propriedade de que era titular. Por manifestação volitiva expressa, o dono assenta o interesse em deixar a titularidade da coisa, demitindo-se de todos os atributos em que se investia.

Difere a renúncia acerca de coisa móvel daquela relativa a imóvel. Para a consumação da primeira basta que o agente abandone a coisa com intenção inequívoca de não mais ser proprietário, sendo inexigível qualquer espécie de registro escrito para a sua implementação. Em razão disso é que se pode afirmar com segurança a coincidência entre renúncia e abandono quando o objeto da vontade emitida for móvel. Daí a necessidade do ato material de liberação (*v. g.*, jogar no lixo certo objeto), pois dessa conduta é que se infere o ânimo do agente. O elemento subjetivo deve estar presente de maneira inequívoca, pois a renúncia não se presume; todavia, é possível que o ânimo de renunciar aos direitos sobre móvel resulte das circunstâncias, sendo constatado a partir do absoluto desinteresse do dono em continuar figurando naquela condição jurídica.

Quanto à renúncia relacionada a imóvel, a questão é estritamente formal e até certo ponto singela, de vez que a sua perfectibilização somente se dá por meio de escritura pública devidamente registrada perante o cartório de registro de imóveis do local em que a coisa se situa. A vontade abdicativa constará do aludido escrito, e, feito o registro, o titular imediatamente se despe dos atributos até então conservados. A renúncia da propriedade imobiliária não resulta de atos compatíveis com o de quem não mais quer ser titular, reclamando sempre e invariavelmente escritura e registro.

9.3.3. *Abandono*

Como asseverado, o abandono e a renúncia concernentes a coisas móveis confundem-se em termos de verificação prática, pois em ambas existe a demonstração material, pelo dono, de que não mais deseja permanecer na condição jurídica que ostenta. De resto, não se exige que a manifestação volitiva seja feita por escrito, podendo mesmo defluir das circunstâncias, contanto que delas resulte inequivocamente provada a intenção de abdicar dos atributos dominiais. Então, o abandono de coisa móvel fica patenteado a partir do momento em que a pessoa deixa o que é seu com a intenção inarredável de não mais ser proprietária.

Em se tratando de coisa imóvel o abandono é de difícil caracterização, pois não basta ao dono deixar de ter os cuidados básicos normalmente adotados por qualquer titular minimamente zeloso. A omissão e o completo desinteresse pelo imóvel não são suficientes para gerar a convicção jurídica de que houve abandono, salvo quando expressamente previsto tal efeito em lei. Mesmo demonstrando o mais profundo e absoluto descaso pela coisa imóvel em seu aspecto físico, e ainda que tal situação perdure por décadas, o proprietário não perderá as qualidades concedidas por lei e continuará enfeixando todos os atributos dominiais. Prova disso é que o usucapião somente se verifica quando ao agir negativo do dono (omissão, inércia, desinteresse) soma-se a conduta positiva de outrem (possuidor) e o decurso do tempo previsto nas normas pertinentes.

Tanto no que diz com o abandono de coisa móvel, como na improvável ocorrência de abandono de imóvel, cumpre frisar que, à semelhança do que ocorre na renúncia, trata-se de ato jurídico unilateral, não podendo ser presumido. Logo, deve resultar sempre e exclusivamente da soberana vontade do proprietário em romper o liame com a coisa.

O abandono não acarreta, necessariamente, a imediata aquisição da propriedade por outro sujeito. Aliás, em se tratando de imóvel isso demanda o implemento dos pressupostos do usucapião, postergando-se, destarte, no tempo. Todavia, o abandono é apenas modo de perda e não de extinção do direito subjetivo, pois este não desaparece do mundo jurídico, deixando em aberto a possibilidade futura de que alguém se torne dono daquela mesma coisa abandonada. Haveria extinção da propriedade, *v. g.*, se um livro fosse inteiramente consumido pelo fogo, ao passo que o ato de abandonar o livro produziria só a perda do direito.

O imóvel urbano que o proprietário abandonar, com a intenção de não mais o conservar em seu patrimônio, e que se não encontrar na posse de outrem, poderá ser arrecadado, como bem vago, e passar, três anos depois, à propriedade do Município ou à do Distrito Federal, se se achar nas respectivas circunscrições (art. 1.276 do Código Civil). O imóvel situado na zona rural, abandonado nas mesmas circunstâncias, poderá ser arrecadado, como bem vago, e passar, três anos depois, à propriedade da União, onde quer que ele se localize (§ 1º). A incorporação do imóvel ao acervo público, nesse contexto, dependerá do somatório dos seguintes requisitos: a) abandono pelo proprietário; b) que o dono tenha intenção de não mais o conservar em seu patrimônio; c) que o imóvel não esteja na posse de outrem, pois se isso ocorrer terá primazia na conservação dos direitos quem o estiver possuindo; d) transcurso do período de três anos desde a arrecadação do bem como vago, porque nesse interregno poderá haver a regularização da situação pelo proprietário e o ajuizamento de demandas ou a interposição de pleitos administrativos por terceiros que aleguem ter melhor direito sobre o imóvel.

Ainda que seja difícil a caracterização do abandono de imóvel, presume-se que tenha ocorrido quando, não mais exercendo a posse, o proprietário deixar de satisfazer os ônus fiscais (§ 2º), ou seja, os tributos regularmente incidentes: impostos, taxas e contribuições de melhoria. É que essa conduta revela de maneira indelével o completo desinteresse do titular pela coisa, ensejando a aplicação das normas concernentes ao abandono e ocasionando a perda da propriedade. A presunção referida neste dispositivo é absoluta *(juris et de jure)* e não admite prova em sentido contrário, o que torna definitiva a incorporação do imóvel ao patrimônio de alguma das pessoas jurídicas de direito público referidas no *caput*.

Em respeito à garantia constitucional do direito de propriedade privada, deve-se considerar que a inércia do dono na satisfação dos ônus fiscais tem de perdurar desde quando deixou de possuir a coisa até o momento em que for definitivamente incorporada ao patrimônio de alguma das pessoas jurídicas de direito público interno referidas na lei. Logo, não será perdida a titularidade do imóvel quando o proprietário, sabendo da sua arrecadação como vago, providenciar a quitação dos débitos fiscais a ele relativos.

9.3.4. Perecimento da coisa

Não há direito sem objeto sobre o qual recaia. Destarte, perecendo a coisa desaparece para sempre o direito de propriedade, de maneira que ninguém mais o terá para si. Diz *Caio Mário da Silva Pereira* (obra citada, vol. IV, p. 157), e com total razão, que na realidade ocorre a *extinção* do direito, e não apenas a *perda*, pois se fosse o caso de simples perda outra pessoa poderia tornar-se dona da coisa, o que não acontece quando do perecimento. Aliás, a maior diferença entre a perda e a extinção reside exatamente no fato de que nesta última o direito fenece definitivamente, enquanto naquela há sempre a perspectiva de aquisição por outro sujeito. Todavia, como o ordenamento preferiu indicar a mera ocorrência de perda, assim será tratado o instituto, mas para fins exclusivamente didáticos.

O perecimento de móveis pode decorrer de conduta humana ou de acontecimento natural, o que não interfere no resultado final produzido: a perda do direito de propriedade. Assim, considera-se irremediavelmente perecida a coisa em hipóteses como o incêndio total de um veículo, a destruição de um computador por vontade de alguém ou em razão de enchente que atingiu o local onde estava, a morte do animal etc. Também é tida como perecimento a inacessibilidade física da coisa ou a impossibilidade absoluta de recuperá-la, *v. g.*, a queda de uma jóia em precipício, o extravio ou o arremesso de moedas de coleção em águas profundas do oceano e assim sucessivamente.

Os imóveis podem perecer, embora isso seja de mais rara ocorrência. O perecimento, nesse caso, caracteriza-se pela destruição física da coisa em razão de forças naturais ou de eventos provocados pelo homem, *v. g.*, incêndio de um prédio. Não obstante, permanece intacta a propriedade sobre o terreno que sustentava a edificação, perdendo-se apenas o direito relativo a esta.

9.3.5. *Desapropriação*

9.3.5.1. Conceito e pressupostos

Desapropriação é o *"ato do poder público, fundado em lei, por força do qual se retira total ou parcialmente um direito ou um bem inerente ao patrimônio individual em benefício de um empreendimento público. Em substância, é uma transformação dos direitos privados no interesse público, sob o princípio fundamental de estar o interesse do indivíduo subordinado ao interesse da coletividade"* (Serpa Lopes *apud* Sílvio Rodrigues, *Direito Civil*, vol. 5, Saraiva, 27. ed. 2002. p. 178). Também pode ser definido como sendo *"a transferência compulsória da propriedade particular (ou pública de entidade de grau inferior para o superior) para o Poder Público ou seus delegados, por utilidade ou necessidade pública, ou ainda por interesse social, mediante prévia e justa indenização em dinheiro, salvo as exceções constitucionais de pagamento em títulos da dívida pública e de pagamento em títulos da dívida agrária"* (Hely Lopes Meirelles, *Direito Administrativo Brasileiro*, 16. ed. RT, p. 497).

A desapropriação é instituto de direito público; seu regramento fundamental tem conotação mais especificamente vinculada ao Direito Administrativo, embora também diga respeito ao Direito Civil, por interferir substancialmente em relações de natureza privada. É de tão expressiva relevância em nosso meio que a Constituição da República dedicou todo o inciso XXIV de seu art. 5º à consagração da sua existência. O proprietário, mediante submissão ao devido processo legal, ou concordando com a iniciativa da Administração, perde a propriedade em nome dos superiores interesses da coletividade. Contudo, tem o direito de ser previamente indenizado pelo pagamento de justa contraprestação financeira. A indenização deve ser completa, abarcando não apenas o valor efetivo da coisa expropriada, mas também a perda acarretada por eventual desvalorização da parcela patrimonial que acaso remanescer (por exemplo, se expropriadas áreas de terras).

Ao contrário do que afirmado por vários autores de renome (*v. g.*, Sílvio Rodrigues, obra citada, p. 178), não se trata de mera limitação do direito de propriedade, mas sim de perda. Isto porque o dono, ao sofrer a incursão do Poder Público, por meio de ato unilateral, experimenta mais do que simples restrição ao seu direito, perdendo-o em nome da supremacia do interesse coletivo sobre o privado. De resto, à perda ocorrida corresponde a aquisição do direito pelo expropriante, consumando, assim, a forma ordinária de perda dominial. O vigor da desapropriação é tamanho que faz do direito privado, até então conservado pelo dono, genuíno direito público, consubstanciado na aquisição dominial verificada.

À evidência, cuida-se de mecanismo involuntário de perda do domínio móvel ou imóvel, eis que o dono é privado da titularidade da coisa em razão do ato expropriatório oficial. Não a perde, destarte, em virtude de conduta voluntária de translação dominial, mas de ato de força do Poder Público. Embora a desapropriação acarrete repercussões de grande vulto no âmbito particular, trata-se de instituto pertencente ao plano do Direito Público, haja vista a absoluta prevalência de princípios de ordem pública na sua estruturação. Tanto é assim que a Constituição Federal se ocupou, em diversas normas, do estabelecimento dos contornos básicos da matéria. No plano infraconstitucional, o regramento foi dado fundamentalmente pelo Decreto-lei n. 3.365, de 21 de junho de 1941, denominado Lei Geral de Desapropriação, com as modificações que lhe foram depois introduzidas.

O art. 5º, XXIV, da Carta Maior, diz que *"a lei estabelecerá o procedimento para desapropriação por necessidade ou utilidade pública, ou por interesse social, mediante justa e prévia indenização em dinheiro, ressalvados os casos previstos nesta Constituição"*. Qualquer imóvel urbano pode ser expropriado, mas o art. 182, § 4º prevê modalidade específica, como alternativa posterior ao parcelamento ou edificação compulsórios e à fixação de imposto sobre a propriedade predial e territorial urbana progressivo no tempo. Isso ocorrerá por iniciativa do Município, com pagamento mediante títulos da dívida pública, nos casos em que exigir do proprietário do solo não edificado, subutilizado ou não utilizado, que promova seu adequado aproveitamento e não for atendido.

Quanto aos imóveis rurais, o art. 184, *caput*, a Constituição Federal dispõe: *"Compete à União desapropriar por interesse social, para fins de reforma agrária, o imóvel rural que não esteja cumprindo sua função social, mediante prévia e justa indenização em títulos da dívida agrária, com cláusula de preservação do valor real, resgatáveis no prazo de até vinte anos, a partir do segundo ano de sua emissão, e cuja utilização será definida em lei"*. São insuscetíveis de desapropriação para fins de reforma agrária, consoante estatuído no art. 185 do mesmo diploma: I – a pequena e média propriedade rural, assim definida em lei, desde que seu proprietário não possua outra; II – a propriedade produtiva. Diz o parágrafo único que a lei garantirá tratamento especial à propriedade produtiva e fixará normas para o cumprimento dos requisitos relativos a sua função social.

Em qualquer das hipóteses, a desapropriação tem origem na presença de necessidade ou utilidade pública, ou então no interesse social da medida. Com a tradicional sabedoria, o saudoso *Hely Lopes Meirelles* (*apud* Gilmar Ferreira Mendes e outros, *Curso de Direito Constitucional*, Saraiva, 2007. p. 434) pronunciou-se acerca de tais requisitos. "*Necessidade pública surge quando a Administração defronta situações de emergência que, para serem resolvidas satisfatoriamente, exigem a transferência urgente de bens de terceiro para o seu domínio. Utilidade pública apresenta-se quando a transferência de bens de terceiros para a Administração é conveniente, embora não seja imprescindível. Interesse social ocorre quando as circunstâncias impõem a distribuição ou o condicionamento da propriedade para melhor aproveitamento, utilização ou produtividade em benefício da coletividade ou de categorias sociais merecedoras de amparo específico do Poder Público*". A Lei Geral de Desapropriações, no art. 5º, concentrou sob a denominação de *utilidade pública* casos que são também de *necessidade pública*, o que não modifica o quadro jurídico.

9.3.5.2. Objeto da desapropriação

Todos os bens móveis e imóveis sujeitam-se, em princípio, à possibilidade de desapropriação. Basta, para tanto, que sejam cumpridos os requisitos atinentes à necessidade ou utilidade pública, ou, então, ao interesse social. Devem, ademais, ser particulares ou estar sob domínio de algum dos entes cujo acervo patrimonial também fica à mercê de iniciativas expropriatórias (art. 2º, § 2º, da Lei Geral de Desapropriação).

Não somente os bens corpóreos podem ser desapropriados, já que também se incluem nesse rol os de natureza incorpórea, mormente os títulos de crédito. É bem verdade que se revela incomum tal prática, haja vista a maior relevância de coisas materiais destinadas à consecução das finalidades primaciais do Estado, *v. g.*, instalação de escolas e hospitais, abertura de rodovias, etc.

As pessoas jurídicas não podem ser desapropriadas, até mesmo como forma de evitar a estatização de atividades que mais adequadamente se desenvolvem sob regime privado. Todavia, ainda que sejam importantes para a coletividade, as pessoas jurídicas, independentemente da forma assumida em sua constituição, nunca serão expropriadas. Por esse motivo, também as ações e as quotas sociais desses entes ideais ficarão imunes a qualquer iniciativa desse jaez, pois do contrário o resultado final se traduziria, em derradeira análise, na completa tomada da pessoa jurídica pelo Poder Público. Em vista disso, resta patente que só os bens e os direitos da empresa admitem expropriação, contanto que observadas as imposições normativas aplicáveis à espécie.

9.3.5.3. Hipóteses de incidência

As situações caracterizadoras de utilidade pública estão elencadas no art. 5º do Decreto-lei n. 3.365/41. Dentre elas se encontram, também, hipóteses de necessidade pública, conforme lição de *Hely Lopes Meirelles* (*apud* Gilmar Mendes e outros, obra citada, p. 435), aceita pela doutrina e consagrada na jurisprudência. Indicam utilidade ou necessidade pública: a) a segurança nacional; b) a defesa do Estado; c) o socorro público em caso de calamidade; d) a salubridade pública; e) a criação e melhoramento de centros de população, seu abastecimento regular de meios de subsistência; f) o aproveitamento industrial das minas e das jazidas minerais, das águas e da energia hidráulica; g) a assistência pública, as obras de higiene e decoração, casas de saúde, clínicas, estações de clima e fontes medicinais; h) a exploração e a conservação dos serviços públicos; i) a abertura, conservação e melhoramento de vias ou logradouros públicos; a execução de planos de urbanização; o parcelamento do solo, com ou sem edificação, para sua melhor utilização econômica, higiênica ou estética; a construção ou ampliação de distritos industriais; j) o funcionamento dos meios de transporte coletivo; l) a preservação e conservação dos monumentos históricos e artísticos, isolados ou integrados em conjuntos urbanos ou rurais, bem como as medidas necessárias a manter-lhes e realçar-lhes os aspectos mais valiosos ou característicos e, ainda, a proteção de paisagens e locais particularmente dotados pela natureza; m) a preservação e a conservação adequada de arquivos, documentos e outros bens móveis de valor histórico ou artístico; n) a construção de edifícios públicos, monumentos comemorativos e cemitérios; o) a criação de estádios, aeródromos ou campos de pouso para aeronaves; p) a reedição ou divulgação de obra ou invento de natureza científica, artística ou literária; q) os demais casos previstos por leis especiais.

Os casos de interesse social, viabilizadores de desapropriação, foram listados no art. 2º da Lei n. 4.132, de 10 de setembro de 1962. São eles: I – o aproveitamento de todo bem improdutivo ou explorado sem correspondência com as necessidades de habitação, trabalho e consumo dos centros de população a que deve ou possa suprir por seu destino econômico; II – a instalação ou a intensificação das culturas nas áreas em cuja exploração não se obedeça a plano de zoneamento agrícola (vetado); III – o estabelecimento e a manutenção de colônias ou cooperativas de povoamento e trabalho agrícola; IV – a manutenção de posseiros em terrenos urbanos onde, com a tolerância expressa ou tácita do proprietário, tenham construído sua habitação, formando núcleos residenciais de mais de 10 (dez) famílias; V – a construção de casas populares; VI – as terras e águas suscetíveis de valorização extraordinária, pela conclusão de obras e serviços públicos, notadamente de saneamento, portos, transporte, eletrificação, armazenamento de água e irrigação, no caso em que não sejam ditas áreas socialmente aproveitadas; VII – a proteção do solo e a preservação de cursos e mananciais de água e de reservas florestais; VIII – a utilização de áreas, locais ou bens que, por suas características, sejam apropriados ao desenvolvimento de atividades turísticas.

Existe, além disso, uma hipótese que enseja a incidência da chamada *desapropriação-sanção*, cuja base é o art. 8º da Lei n. 10.257, de 10 de julho de 2001 (Estatuto da Cidade). O seu emprego deriva da contumaz falta de diligência do proprietário em relação aos deveres sociais que a condição jurídica ostentada lhe impõe. Tendo em conta esse quadro, decorridos cinco anos de cobrança do IPTU progressivo sem que o proprietário tenha cumprido a obrigação de parcelamento, edificação ou utilização, o Município poderá proceder à desapropriação do imóvel, com pagamento em títulos da dívida pública.

9.3.5.4. Partes e processo

Como resulta de singela leitura do art. 2º do Decreto-lei n. 3.365/41, têm legitimidade para a desapropriação a União, os Estados, os Municípios, o Distrito Federal e os Territórios.

O art. 3º afirma que os concessionários de serviços públicos e os estabelecimentos de caráter público ou que exerçam funções delegadas de poder público poderão promover desapropriações mediante autorização expressa, constante de lei ou contrato.

Ainda que em geral o expropriado seja um particular, nada impede que o alvo seja bem pertencente a outra pessoa jurídica de direito público interno. Com efeito, o § 2º da norma supracitada afirma que os bens do domínio dos Estados, Municípios, Distrito Federal e Territórios poderão ser desapropriados pela União, e os dos Municípios pelos Estados, mas, em qualquer caso, ao ato deverá preceder autorização legislativa.

O processo administrativo tem início com a publicação de edital, que deve explicitar as circunstâncias e as razões pelas quais será efetivada a providência, inclusive com perfeita identificação do bem sobre o qual incidirá. Querendo levar a matéria aos tribunais, o expropriado não terá muita margem para defesa, já que, embora lhe seja facultado contrapor-se à iniciativa, somente poderá alegar deficiências formais, sendo-lhe vedado questionar a presença ou não das causas motivadoras da desapropriação. Efetivamente, o art. 20 do Decreto-lei n. 3.365/41 estabelece que a contestação só poderá versar sobre vício do processo judicial ou impugnação do preço; qualquer outra questão deverá ser decidida por ação direta. Ora, se argüir defeitos de forma, conseguirá, no máximo, a postergação do pagamento da indenização, haja vista que o Poder Público, mantendo o interesse na expropriação, por certo sanará o problema e obterá o domínio.

O art. 9º do Decreto-lei n. 3.365/41 proíbe o Poder Judiciário de decidir se foram ou não verificados os casos de utilidade pública, o que se estende também por simetria, às hipóteses de necessidade pública e de interesse social. Porém, se houver flagrante ausência da causa apontada no edital, ou se a hipótese nele versada não tiver relação nenhuma com os objetivos da sociedade, o Poder Judiciário terá, sim, competência para examinar tais aspectos. Exemplo disso seria a desapropriação de um prédio tombado pelo patrimônio histórico sob o pretexto de nele instalar uma penitenciária. Sem dúvida, não haverá nesse contexto nenhuma necessidade ou utilidade pública, nem tampouco interesse social, viabilizando-se a intervenção judicial regularmente provocada, mesmo que se tenha de pronunciar acerca dos elementos acima referidos.

Caso o expropriado aceite o valor oferecido como indenização e não discuta aspecto algum da medida, tudo se concluíra no plano administrativo. Porém, se discordar do montante ofertado, terá de ir ao Poder Judiciário para debater o assunto. Aparelhada a demanda ordinária, que tem prazo decadencial de cinco anos, contados da data da expedição do respectivo decreto, o julgador nomeará perito, cuja tarefa consistirá em indicar os parâmetros econômicos da indenização. Na definição sentencial do montante, o julgador indicará na sentença os fatos que motivaram o seu convencimento e deverá atender, especialmente, à estimação dos bens para efeitos fiscais; ao preço de aquisição e interesse que deles aufere o proprietário; à sua situação, estado de conservação e segurança; ao valor venal dos da mesma espécie, nos últimos cinco anos, à valorização ou depreciação de área remanescente, pertencente ao réu (art. 27 da Lei Geral de Desapropriação). Como a citada norma faz menção à circunstância de que o julgador atenderá *especialmente* tais fatores, nada obsta que leve outros em consideração, de acordo com as peculiaridades do caso concretamente examinado. Encerrada a apuração e depositado o valor, o expropriante adquirirá a titularidade da coisa.

Se o expropriante alegar urgência e depositar quantia arbitrada de conformidade com o art. 685 do Código de Processo Civil, o juiz mandará imiti-lo provisoriamente na posse dos bens (art. 15 do Decreto-lei n. 3.365/41). Quando o valor arbitrado for superior à oferta, o juiz só autorizará a imissão provisória na posse do imóvel, se o expropriante complementar o depósito para que este atinja a metade do valor arbitrado (art. 3º do Decreto-lei n. 1.075/70). *"Assim, a imissão prévia na posse por parte do Poder Público não obriga ao depósito integral do valor estabelecido em laudo do perito avaliador, uma vez que tal depósito não se confunde com o pagamento definitivo e justo"* (Gilmar Mendes e outros, obra citada, p. 436). Todavia, a efetiva aquisição da propriedade somente ocorrerá quando for paga totalmente a indenização fixada.

Quanto aos juros acaso devidos pelo expropriante imitido provisoriamente na posse da coisa, o *caput* do art. 15-A da Lei Geral de Desapropriação estabelece: *"No caso de imissão prévia na posse, na desapropriação por necessidade ou utilidade pública e interesse social, inclusive para fins de reforma agrária, havendo divergência entre o preço ofertado em juízo e o valor do bem, fixado na sentença, expressos em termos reais, incidirão juros compensatórios de até seis por cento ao ano sobre o valor da diferença eventualmente apurada, a contar da imissão na posse, vedado o cálculo de juros compostos"*. Porém, o Supremo Tribunal Federal, na ADIn n. 2.332-2, deferiu liminarmente, por maioria de votos, a suspensão da expressão *"de até seis por cento ao ano"*. Ademais, a Corte, por maioria de votos, concedeu a liminar para dar, ao final do *caput* do art. 015-A, interpretação conforme à Carta da República, de que a base de cálculo dos juros compensatórios será a diferença eventualmente apurada entre 80% do preço ofertado em juízo e o valor do bem fixado na sentença (Plenário 5.9.2001, DOU de 13.9.2001). No concernente aos juros, a decisão enveredou para a idéia de que *"a redução dos juros compensatórios de 12% para 6% pareceria afrontar a garantia de justa indenização, se se pudesse compreender que aquela taxa, criada pela jurisprudência do Supremo Tribunal Federal, integrava o conceito de justa indenização"* (Gilmar Mendes e outros, obra citada, p. 437). Essa posição vai no mesmo sentido ditado pela Súmula n. 618 da Corte Suprema, base do entendimento de que na desapropriação, direta ou indireta, a taxa dos juros compensatórios é de 12% ao ano.

9.3.5.5. Retrocessão

O Poder Público expropriante tem a obrigação de empregar a coisa expropriada conforme estabelecido no edital ou em atividade congênere, pois do contrário terá de cumprir o disposto no art. 519 do Código Civil: *"Se a coisa expropriada para fins de necessidade ou utilidade pública, ou por interesse social, não tiver o destino para que se desapropriou, ou não for utilizada em obras ou serviços públicos, caberá ao expropriado direito de preferência, pelo preço atual da coisa"*. Esse fenômeno se chama *retrocessão*, que consiste no dever, incidente sobre o expropriante, de oferecer a coisa ao expropriado quando não lhe for dado o destino para o qual promoveu a desapropriação, ou não houver utilização da coisa em obras ou serviços públicos.

Para exercer esse direito, terá o expropriado de depositar o preço atual da coisa, ou seja, o montante pago pelo expropriante acrescido de atualização monetária segundo os índices oficiais. São vários os requisitos para que ocorra a retrocessão: a) desapropriação da coisa para fins de necessidade ou utilidade pública; b) que a coisa expropriada não tenha o destino para o qual se realizou a desapropriação; c) ausência de emprego da coisa noutra atividade caracterizada como obra ou serviço público; d) transcurso dos prazos previstos no parágrafo único do art. 513 do Código Civil (exercício em até cento e oitenta dias, se a coisa for móvel, ou até dois anos, se imóvel, contados da cientificação do expropriado). Enfim, a retrocessão somente terá lugar na hipótese de a coisa expropriada ser utilizada para finalidade totalmente divorciada do interesse público, ou permanecer sem qualquer destinação útil à coletividade.

Todo ato expropriatório contém implícita a cláusula de retrocessão, sendo inexigível consignação expressa no edital ou em qualquer outro documento pertinente à operação. Inobservada a preferência legal, caberá ao expropriado pleitear em juízo a recuperação da coisa, o que se dará mediante depósito do valor atual da mesma. Descabe a indenização do expropriado por eventuais perdas e danos ocorridos em virtude da privação temporária do bem, haja vista a circunstância de que à Administração Pública é dado modificar livremente a intenção inicial que motivou a feitura da desapropriação, sem que tal conduta caracterize ilicitude ou ato de natureza diversa capaz de gerar a obrigação de reparar prejuízos.

A retrocessão não sujeita o expropriado ao pagamento de tributos relativos à transmissão *inter vivos*, eis que nessa retomada do bem pelo titular primitivo não há transferência como ato bilateral de vontade não. Portanto, está-se diante de quadro jurídico semelhante ao que existiria se a coisa jamais houvesse saído do patrimônio do expropriado.

O art. 35 da Lei Geral de Desapropriação afirma que os bens expropriados, uma vez incorporados à Fazenda Pública, não podem ser objeto de reivindicação, ainda que fundada em nulidade do processo de desapropriação. Qualquer ação, julgada procedente, resolver-se-á em perdas e danos. Isso não infirma o que se falou acerca da retrocessão, pois se a incorporação patrimonial ao acervo coletivo se dá com o pagamento da indenização, a perspectiva de desvio de finalidade ou de falta de utilização, se concretizada, deixa margem para que haja a mencionada reversão ao expropriado, contra quem a transferência nunca terá sido, então, definitiva.

Parte II

DOS DIREITOS
DE VIZINHANÇA

Capítulo 1

INTRODUÇÃO AO ESTUDO DO TEMA

1.1. Conceito e delineamento geral

Embora ainda se afirme que a propriedade tem caráter absoluto, a assertiva não será correta se desconsiderar a circunstância de que o proprietário somente poderá agir com esse absolutismo dentro dos limites impostos pela lei. Exatamente em razão dessa peculiaridade é que muitos doutrinadores asseveram a ocorrência da *relativização* do direito de propriedade, por força das constantes limitações e restrições impostas pelo ordenamento jurídico ao exercício dos atributos dominiais. Tudo em nome dos interesses da coletividade, representada em cada indivíduo que a compõe. Protegendo as prerrogativas singulares, as normas estarão também resguardando as que têm conotação universal e contribuindo, assim, para a preservação da paz social e da harmonia que se espera da vida em sociedade.

Os limites das prerrogativas conferidas pelo ordenamento ao proprietário encontram variados fundamentos. Eles sempre vêm revestidos da idéia de supremacia do interesse coletivo sobre o privado, como se dá, por exemplo, no caso de proteção ao patrimônio histórico, defesa dos recursos naturais, realização dos fins comuns da sociedade, etc. Porém, certas limitações aparecem como produto das relações entre pessoas que dividem espaços geográficos e comungam de anseios que reclamam recíproca compreensão acerca da necessidade de adaptar o modo de agir ao conjunto de prerrogativas alheias. Se cada indivíduo atuar livremente e sempre da maneira que quiser, não haverá como conciliar interesses, que se tornarão muitas vezes antagônicos e até conflitantes, pondo em risco o ideal de harmonia.

Dessa noção de sacrifício de certos direitos em proveito do coletivo é que surgiu, também, a necessidade de disciplinar condutas no ambiente mais restrito da vizinhança. Embora esse proceder diga respeito, originalmente, a interesses particulares, é inegável o seu reflexo no plano maximizado dos vínculos. Afinal, a relação entre vizinhos é uma das principais células do tecido social, de modo que o seu normal funcionamento interfere decisivamente na harmonização dos interesses coletivos. A proximidade geográfica dos vizinhos, destarte, é fator que impõe a fixação de regramento capaz de evitar conflitos, ou, se assim não for, de solucioná-los da melhor maneira possível.

Tendo em linha de consideração essa realidade, o Código Civil disciplinou a matéria nos arts. 1.277 a 1.313, abordando as mais peculiares situações que comumente surgem em razão dos vínculos de vizinhança. É importante asseverar que ao assim proceder o legislador não tem como preocupação maior a tutela de interesses individuais, mas sim a de, cuidando dos relacionamentos entre vizinhos, preservar a integridade do convívio social como um todo. Isso, em última análise, nada mais significa do que atender ao interesse público, objeto maior de qualquer intervenção sobre o direito de propriedade.

Ao se reportar aos *"direitos de vizinhança"*, o ordenamento jurídico não cinge o seu alcance às relações entre pessoas que habitam ou de outra maneira ocupam imóveis limítrofes. A contigüidade de prédios não é requisito necessário para a incidência das regras legais. Para os fins previstos nos dispositivos referentes à vizinhança, tanto são considerados *vizinhos* os prédios que fazem fronteira entre si como os que, embora fisicamente separados por outros, experimentam as conseqüências jurídicas dessa proximidade. Logo, o conceito vulgar de vizinhança é bem menos amplo e não coincide com a definição indicada pelo legislador.

1.2. Natureza jurídica das relações

Ainda que se destinem a regular as relações travadas entre ocupantes de prédios vizinhos, independentemente de quem sejam os proprietários, as regras do direito de vizinhança não geram servidões, quer de índole convencional ou legal. Os ônus decorrentes daquelas normas não recaem sobre os prédios, mas sim sobre os donos ou ocupantes. Geram, portanto, liames pessoais *sui generis*, mas nunca reais. Aliás, aí se vislumbra outra grande diferença entre os direitos de vizinhança e a servidão, já que esta é arrolada, no art. 1.225 do Código Civil, como direito real. As obrigações criadas pelas regras de vizinhança têm fonte na existência e na proximidade dos prédios, mas não submetem juridicamente um imóvel ao outro, ao contrário do que ocorre nas servidões, nas quais há um prédio dominante e outro serviente. Na realidade, o fato de serem vizinhos propicia o surgimento, *ex vi legis*, de direitos e deveres que atingem todas as pessoas que, donas ou não, estiverem habitando ou de modo diverso tirando proveito dos imóveis.

Embora mais se adaptem à categoria de direitos pessoais do que à de reais, os vínculos jurídicos entre vizinhos são fontes de obrigações que aderem à coisa. Logo, mesmo que ela troque de dono ou de possuidor, o conjunto de imposições normativas continuará incidindo sobre o novo titular. Isso, em verdade, também ocorre, e com muito mais vigor, nos direitos reais. Tal fenômeno, contudo, não é capaz de estabelecer a existência dessa última modalidade jurídica, mas traz consigo a necessidade de que as obrigações produzidas sejam enquadradas na categoria de *propter rem*, ou seja, aquelas que vinculam pessoas e aderem à coisa.

As limitações e restrições impostas pelo direito de vizinhança não decorrem de acordo de vontade entre os indivíduos diretamente envolvidos. Para fazer respeitar os interesses relacionados a esse tema, ninguém está obrigado a reclamar de outra pessoa a celebração de um contrato ou a adoção de alguma medida qualquer. A própria lei encarrega-se de submeter as pessoas ao especial regime que deve nortear a convivência dos vizinhos. Nesse tópico, também, é que o direito de vizinhança diferencia-se das servidões prediais, de vez que para a constituição destas há necessidade de formalização, porque decorrem da vontade das partes ou de determinação normativa, mas sempre estarão ligadas a algum mecanismo de criação volitiva e controle. Ao contrário, as regras pertinentes ao direito de vizinhança existem e se aplicam por si mesmas, surgindo a um só tempo com a propriedade como instituto genérico, independentemente da pessoa que dela seja titular em determinado período. As normas legais atinentes ao direito de vizinhança sujeitam os ocupantes de quaisquer prédios ao seu conteúdo, sem distinção alguma fundada nas qualidades individuais que acaso tiverem.

As considerações tecidas fazem evidente a circunstância de que os chamados *direitos de vizinhança*, aos quais correspondem deveres de igual vigor, configuram limitações legais ao direito de propriedade. Fundam-se no interesse público em evitar e solucionar conflitos entre vizinhos, sejam decorrentes de condutas positivas dos titulares ou possuidores dos prédios ou resultado da omissão quanto às obrigações referentes aos imóveis propriamente ditos. Assim, tanto afronta as regras legais a pessoa que deposita lixo em seu terreno, causando mau cheiro prejudicial aos ocupantes de prédios próximos, como quem não faz obras de recuperação do muro que ameaça ruir sobre terreno alheio.

1.3. Uso anormal da propriedade

1.3.1. Colocação do tema

Ao proprietário é dado portar-se como quiser no tocante ao seu direito dominial, respeitadas as limitações incrustadas no ordenamento jurídico. Em princípio, portanto, todas as condutas que adotar, desde que se encontrem dentro das fronteiras da licitude, não sofrerão qualquer condicionamento. Nisso se evidencia o caráter absoluto da propriedade, que, todavia, sofre cada vez mais as repercussões do viés social que lhe vem sendo atribuído. Daí surgem restrições de variados matizes, nisso incluídas as referentes à vizinhança, e que envolvem até mesmo a responsabilização civil por atos que, lícitos, são tidos como abusivos.

Uma das mais importantes intervenções do legislador sobre a disciplina da propriedade privada imóvel diz respeito à obrigação, imposta ao titular ou possuidor, de que faça uso normal dos atributos que enfeixa. Sempre que houver utilização abusiva, irregular ou nociva, o prejudicado terá ação judicial para coibi-la, em nome da preservação da convivência em sociedade. Considera-se anormal o uso da propriedade quando ultrapassar os limites do tolerável em cada situação concreta. A iniciativa visando a buscar a proteção legal não depende da verificação da ilicitude da conduta, nem fica adstrita à apuração da culpa do agente. É claro que todo comportamento classificado como ilícito pelo ordenamento automaticamente autoriza o lesado a pleitear o devido reparo. E nem haverá necessidade de argüir normas de vizinhança, pois o art. 186 do Código Civil autoriza todo lesado a buscar indenização de prejuízos que lhe foram causados a partir de comportamento alheio culposo. Porém, mesmo os atos lícitos poderão ser coibidos com base em regras codificadas específicas, desde que se revelem como anormais sob o prisma do uso adequado da propriedade.

Anormal, em derradeira análise, é tudo quanto prejudique o vizinho e suplante as barreiras do razoável e admissível no contexto vivenciado, ainda que não seja genuinamente ilícito. Não há dúvida quanto à existência de conteúdo objetivo na responsabilidade assim estabelecida, mas isso é justificado pela necessidade de controle das relações interpessoais. Nesse caso, a responsabilização não deita raízes na culpa, mas sim na anormalidade da conduta do proprietário em relação ao seu direito. Havendo danos, eles serão reparados ainda que nenhuma culpa tenha sido patenteada. Restará como matéria defensiva, para o indivíduo acionado como responsável, a demonstração da culpa exclusiva da vítima na provocação do dano que a afetou.

1.3.2. Direito de ação contra interferências

Diz o *caput* do art. 1.277 do Código Civil: *"O proprietário ou o possuidor de um prédio tem o direito de fazer cessar as interferências prejudiciais à segurança, ao sossego e à saúde dos que o habitam, provocadas pela utilização de propriedade vizinha"*. Com suporte nesse dispositivo, o sujeito pode coibir o uso anormal — ainda que originalmente lícito — da propriedade considerada vizinha. É possível cumular ao pedido de cessação das interferências o de cominação de pena pecuniária para o caso de reiteração da conduta hostilizada.

Genericamente, as interferências prejudiciais que ensejam a invocação do art. 1.277 do Código Civil podem ser classificadas em três grupos: a) ilegais, traduzidas em comportamentos que violam norma jurídica positivada e também implicam na obrigação de reparar com suporte no art. 186 da codificação (*v. g.*, quando o vizinho derruba uma árvore que pertence a ambos os confinantes e causa danos); b) abusivas, consubstanciadas nas hipóteses em que o agente, com culpa ou dolo, pratica ato que, teoricamente lícito, excede os limites tolerados (*v. g.*, quando promove festividade familiar até altas horas, perturbando o sossego alheio); c) lesivas, representadas pelas situações que, não sendo ilegais e nem abusivas, causam danos ao vizinho (*v. g.*, no caso de emissão normal de fumaça por churrascaria, mas que em razão do vento afeta os pacientes internados em hospital próximo).

São prejudiciais à segurança todas as condutas que colocam em risco a integridade física alheia, seja por influência direta sobre o prédio em que habitam ou por perigo incidente sobre os próprios habitantes. Exemplos: funcionamento de máquinas pesadas que possam ocasionar ruína de edificação situada nas proximidades, instalação de estabelecimentos que lidam com materiais explosivos, etc. Afetam o sossego as atitudes que perturbam a tranqüilidade e a paz, tirando as pessoas do estado de serenidade exigível na situação concreta. Exemplos: excessivo barulho de motores, funcionamento de casas de espetáculos cujos freqüentadores fazem algazarras até altas horas, utilização de aparelhos sonoros em volume incompatível com o local, festas exageradamente ruidosas em residências particulares, etc. Por fim, consideram-se prejudiciais à saúde as condutas que potencial ou efetivamente atinjam a salubridade e a integridade orgânica e mental de outrem. Exemplos: emissão de fuligem ou gases tóxicos em níveis superiores aos permitidos, poluição de mananciais de águas com geração de odores desagradáveis, depósito de substâncias venenosas em condições inadequadas, etc.

Também as questões relativas ao meio ambiente vêm sendo vislumbradas como potenciais causadoras de incursões submetidas às normas especiais, desde que tenham como personagens os donos ou possuidores de prédios vizinhos. *"A função social da propriedade, preconizada pela Carta Política, refere-se, outrossim, à preservação do meio ambiente, consistindo degradação desse a existência de condições insalubres que comprometam o bem-estar de seus habitantes, estando o uso nocivo da propriedade vedado também pela norma inserta no art. 1.277 do novo Código Civil"* (TJDF, Ap. Cível n. 208994). Porém, se a afronta ao meio ambiente, com repercussões sobre o bem-estar das pessoas, não disser respeito às relações de vizinhança, o remédio jurídico será outro (*v. g.*, ação civil pública), dotado de força bastante para preservar os interesses de toda a coletividade.

Proíbem-se as interferências considerando-se a natureza da utilização, a localização do prédio, atendidas as normas que distribuem as edificações em zonas, e os limites ordinários de tolerância dos moradores da vizinhança (parágrafo único). Convém salientar que nem toda conduta aparentemente lesiva pode ser considerada juridicamente como tal, pois todos os indivíduos têm o dever de suportar os chamados *ônus de vizinhança*, ou seja, aqueles contratempos inerentes às relações de proximidade com outros indivíduos. Se todos os aborrecimentos do cotidiano gerassem demandas judiciais, a vida em sociedade seria impraticável. Há um certo grau de tolerância a ser suportado pelos vizinhos, cuja aferição somente se fará viável no plano concreto, sopesadas as variantes mencionadas na lei.

Na apuração da prejudicialidade ou não da interferência, serão sopesados diversos aspectos. Entre eles destacam-se a natureza da utilização e a localização do prédio, que, associados à análise das normas de disciplina de edificações, dirão se foram ou não ultrapassadas as fronteiras do tolerável. Exemplo: quem habita nas cercanias de zona industrial sujeita-se a suportar ruídos que em área puramente residencial seriam considerados anormais. Conforme asseverado, todas as pessoas têm de suportar determinado nível de inconveniências e contratempos provindos de outrem, ônus decorrentes da vizinhança e que se admitem em nome da harmonização de interesses.

Conforme preconiza o art. 1.278 do Código Civil, o direito a que se refere o art. 1.277 não prevalece quando as interferências forem justificadas por interesse público, caso em que o proprietário ou o possuidor, causador delas, pagará ao vizinho indenização cabal. Logo, mesmo que anormais e prejudiciais, as ocorrências nem sempre estarão sujeitas a coibição pelo Poder Judiciário, ensejando ao lesado, apenas, o recebimento de indenização. Pagará a referida indenização o proprietário ou possuidor que deu origem às interferências. O valor será apurado com base nas perdas e danos derivados da anormal utilização da propriedade vizinha, abrangendo inclusive a diminuição do valor do prédio pertencente ao lesado (danos emergentes), assim como tudo o que deixar de auferir em virtude da conduta alheia (lucros cessantes).

É tradicional no direito brasileiro a submissão dos interesses privados aos coletivos. O conteúdo do art. 1.278 da codificação nada mais representa do que a reafirmação dessa circunstância, mesmo porque o progresso social continuamente reclama sacrifícios individuais que noutras condições afigurar-se-iam anormais e danosos. Pode-se citar como exemplo de interferências justificadas pelo interesse público a instalação de aeroporto em zona até então classificada como residencial. Também seria o caso da exploração de jazidas em local próximo a prédios de habitação, causando trepidação por explosões e emissão de gases tóxicos.

1.3.3. Outras soluções previstas na lei

Ainda que por decisão judicial devam ser toleradas as interferências, poderá o vizinho exigir a sua redução, ou eliminação, quando estas se tornarem possíveis (art. 1.279 do Código Civil). O dever de tolerar interferências prejudiciais ligadas ao uso anormal da propriedade vizinha não é permanente e irreversível. Afinal, ninguém pode ser compelido a conformar-se indefinidamente com situação da qual resultam danos ou ameaças. A supressão ou diminuição mediante pleito judicial pressupõe que, posteriormente à fixação do dever de suportar os incômodos, tenha sobrevindo alteração fática ou jurídica capaz de embasar a iniciativa.

É o caso, por exemplo, da emissão de gases tóxicos que, autorizada pelo juízo e imposta como ônus de vizinhança a terceiros, passa a ser controlável por meio de filtros especiais disponíveis no mercado. Os interessados, com fundamento na regra legal, levarão ao juízo a intenção de verem suprimida a emissão dos referidos poluentes pela instalação de filtros; se o contexto revelar a plausibilidade da hipótese, o Poder Judiciário determinará a reversão do quadro até então estabelecido, fazendo com que cessem as interferências prejudiciais. Se não for viável a eliminação, admite-se a alternativa de reduzir o problema a níveis toleráveis e próximos da normalidade. Não é outra a posição dos tribunais: "*Detectada a exalação de odor fétido pela fabricação de farinha de osso que atinge a vizinhança de modo a lhe retirar o sossego, cumpre ao frigorífico responsável pela atividade providenciar medidas para sanar o problema, a exemplo da instalação de filtros à base de água, evitando a ocorrência de uso nocivo da propriedade*" (TJRO, Ap. Cível n. 100.002.2002.009121-6).

A dinâmica das relações de vizinhança fez com que o legislador se preocupasse com os prédios submetidos a risco de desabamento. Segundo o art. 1.280 do Código Civil, o proprietário ou o possuidor tem direito a exigir do dono do prédio vizinho a demolição, ou a reparação deste, quando ameace ruína, bem como que lhe preste caução pelo dano iminente. A má conservação de imóvel também pode caracterizar uso anormal da propriedade. Todavia, o ordenamento preferiu dar disciplina apartada a esse acontecimento, haja vista a gravidade de que se reveste e o seu considerável potencial de lesividade. O dono ou possuidor do prédio ameaçado pela ruína do que lhe está próximo pode interpor a chamada *ação de dano infecto*, pela qual exigirá da parte contrária a demolição ou a reparação necessária ao equacionamento do problema. O ajuizamento da lide compete inclusive ao Poder Público, quando for titular ou tiver a posse do prédio afetado.

Visando a resguardar ainda mais o prejudicado, o legislador admite, na *ação de dano infecto*, que se faça pedido objetivando compelir o oponente a prestar caução capaz de assegurar a cobertura do dano iminente. Tal caução pode ser real ou fidejussória, contanto que baste à finalidade para a qual é promovida. Sobrevindo a ocorrência de danos antes de efetivada a demolição ou a reparação postulada na lide, o conteúdo da caução servirá para compor, em benefício do lesado, os prejuízos que suportou.

O proprietário ou o possuidor de um prédio, em que alguém tenha direito de fazer obras, pode, no caso de dano iminente, exigir do autor delas as necessárias garantias contra o prejuízo eventual (art. 1.281 do Código Civil). Ninguém é obrigado a arcar com as conseqüências de danos causados por terceiros ao prédio de que é titular. Não obstante autorizado por lei ou mesmo por sentença a fazer obras em imóvel alheio, o indivíduo poderá ser instado a oferecer garantias suficientes para cobrir prejuízos acaso verificados em função dos trabalhos.

Para que surja a possibilidade de reclamar as aludidas garantias, faz-se necessário demonstrar que as obras a serem realizadas acarretam risco de dano, e que ele é iminente. Noutras palavras, o potencial de lesividade das obras tem de estar presente e ser considerável, pois se assim não for inexistirá direito de pleitear segurança. Entretanto, o proprietário ou possuidor do prédio continuará tendo sempre o direito, verificados quaisquer danos relacionados aos trabalhos, de buscar a devida composição. As garantias podem ser reais ou fidejussórias, mas terão de se apresentar como bastantes à cobertura do risco de superveniência de danos ligados às obras. Assim, por exemplo, o dono do prédio locado pode reclamar do inquilino caução que garanta ampla indenização caso ocorram danos, que se afiguram iminentes, por força das obras cuja realização foi autorizada pelo Poder Judiciário.

1.3.4. Anterioridade da ocupação

É preciso verificar se a anterioridade da ocupação do imóvel por um dos vizinhos funciona como mecanismo capaz de impor a todos os demais, que se instalarem posteriormente nas cercanias, a obrigação de tolerar incômodos superiores àqueles que ordinariamente seriam impostos pelas regras do direito de vizinhança. A resposta, *a priori*, é negativa, já que os preceitos que norteiam as relações entre donos e possuidores de imóveis vizinhos carregam predominante interesse público, sendo, à evidência, de ordem pública a disciplina da matéria.

A rigor, se o embate for pura e simplesmente decidido com substrato na idéia de anterioridade de ocupação, sempre haverá quem a alegue, pois dificilmente os vizinhos adquirem essa condição a um só tempo. Um deles por certo terá chegado antes do outro. Logo, a solução do problema deve partir da afirmação de que não há direito adquirido absoluto em favor de quem se instalou precedentemente em determinado local, aplicando-se as regras legais da vizinhança com base no quadro fático gerado no específico caso examinado em concreto.

Todavia, não há como ignorar as peculiaridades de cada evento, pois do contrário o indivíduo recém-instalado poderia a todo tempo, e invariavelmente, exigir a reversão de certo quadro já definido e consolidado. A harmonização do convívio social não passa por tão estreita ótica, revelando-se imprescindível atentar para aspectos relevantes e por vezes decisivos das relações entabuladas. Embora não funcione como elemento absoluto, a anterioridade da ocupação é um valor relativo a ser sopesado. Quem decide morar à margem de um aeroporto, por exemplo, não tem legitimidade para reclamar a paralisação das atividades. Por outro lado, a pessoa que já mora no local onde vem a ser instalado um aeroporto poderá reclamar a adequação das atividades, se isso for viável. Do contrário, a prevalência do interesse público sobre o privado determinará que os moradores suportem o transtorno provocado pelo ruído das aeronaves.

Trazida a análise para um patamar de menor influência do interesse público, a situação muda bastante. Nesse contexto, a anterioridade da ocupação é matéria que adquire maior vigor jurídico. Imagine-se a hipótese de ser instalado um bar nas proximidades de imóveis residenciais, fato gerador de transtorno em virtude do barulho causado pelos freqüentadores. Os lesados poderão pleitear a cessação ou adequação das interferências, atribuindo-se ao argumento deles, pré-ocupantes, significado maior do que teria se o estabelecimento comercial é que houvesse sido instalado com precedência naquele lugar. Não porque a anterioridade da ocupação dê nascedouro a um direito adquirido, mas sim em razão do fato de que a prévia ciência das condições em que se inicia a vizinhança repercute no nível de tolerância exigido entre os indivíduos. É claro que o dono do bar, mesmo se ocupasse o lugar antes dos demais vizinhos, não ficaria imune à obrigação de adaptar a atividade ao direito dos circunstantes; porém, seria outro o panorama do debate se comparado com o da hipótese de pré-ocupação pelos moradores.

A diferença, como visto, não diz respeito à faculdade jurídica de invocar regras de vizinhança, eis que ela permanece intacta. Todavia, altera-se o grau de tolerabilidade às interferências produzidas, de acordo com a natureza do evento e observada a existência ou não de ocupação anterior por um dos sujeitos em conflito. É certo, também que quanto menor for o nível de interesse público na situação analisada, maior possibilidade haverá de que a pré-ocupação influencie em favor de quem demonstrar a qualidade de ocupante anterior.

1.4. Das árvores limítrofes

As árvores postadas na fronteira entre os imóveis podem ser alvo de conflitos de vizinhança, especialmente em razão de interesses divergentes quanto a aspectos como poda, corte, destinação, etc. O regramento da matéria tem em vista exatamente evitar litígios ou, sendo o caso, solucioná-los de forma adequada. Para tanto, várias hipóteses foram aventadas pelo legislador nos dispositivos referentes ao tema. Saliente-se que as condutas neles admitidas somente podem ser praticadas pelo dono ou promitente comprador. Quem for inquilino, arrendatário ou comodatário dependerá de expressa autorização do titular para agir.

A árvore, cujo tronco estiver na linha divisória, presume-se pertencer em comum aos donos dos prédios confinantes (art. 1.282 do Código Civil). Tal situação condominial, de caráter necessário, gera direitos e deveres para os consortes, eis que nenhum deles pode excluir o outro do aproveitamento da árvore quanto aos frutos produzidos, nem alijá-lo da tomada de decisões referentes ao uso e a todas as demais questões afeitas à coisa. Cuida-se de presunção relativa ou *juris tantum*, passível de prova em contrário por meio de documento que se contraponha ao teor da norma legal (declaração, contrato, etc.), ou ainda por intermédio de elementos de convicção extraídos do contexto fático em que se inserem as partes.

A regra insculpida neste artigo aplica-se tanto a árvores plantadas como por aquelas nascidas espontaneamente de sementes caídas ao solo e sem origem específica. Importa destacar que a propriedade da árvore é definida pela localização da base do tronco, e não pelo seu curso superior ou pela expansão das raízes para este ou aquele lado da fronteira territorial. Frise-se, ainda, que embora haja menção expressa a árvores, o ditame incide também sobre os casos em que se dispute a titularidade de quaisquer vegetais de longo ciclo de vida, *v. g.*, os utilizados como marco divisório de terrenos urbanos (cercas-vivas).

Como conseqüência do teor normativo, os proprietários lindeiros não poderão tomar providências que prejudiquem a árvore comum, sob pena de cometerem ilicitude, da qual resulta obrigação de indenizar os prejuízos causados ao condômino. O corte completo do vegetal terá de ser feito em comum acordo, mas a poda é de livre feitura quanto às porções projetadas sobre o terreno de cada consorte, desde que preserve a existência da árvore. Havendo despesas de conservação, comuns em espécimes raros ou centenários, os titulares ratearão entre si o valor final. Em contrapartida, terão igual direito sobre os frutos, pertencendo a cada condômino os que naturalmente caírem nos respectivos terrenos. Quanto aos provenientes de colheita, são de titularidade comum, devendo ser repartidos. O mesmo acontece no que diz respeito ao material resultante de eventual corte do tronco.

As raízes e os ramos de árvore, que ultrapassarem a estrema do prédio, poderão ser cortados, até o plano vertical divisório, pelo proprietário do terreno invadido (art. 1.283). Se a base do tronco da árvore estiver situada exclusivamente em um dos prédios confinantes, ela pertencerá ao titular dele, solução fundada na máxima *accessorium sequitur principale*. Porém, as raízes e os ramos que invadirem o prédio vizinho, ultrapassando a fronteira, poderão ser cortados. Não haverá necessidade de autorização alguma do proprietário, pois o vizinho não pode ser obrigado a suportar a ocupação de parte de seu domínio pela expansão da árvore alheia. Destarte, faculta-se ao dono do terreno invadido, pessoalmente ou por intermédio de preposto, a realização do corte até a linha vertical divisória dos prédios. O corte não depende da ocorrência e alegação de prejuízo ou ameaça de dano ao interessado, podendo ser feito sem qualquer justificativa prévia ou posterior.

A previsão normativa abrange apenas raízes e ramos, não admitindo que o vizinho corte o tronco porventura inclinado e estendido por sobre o seu território, se isso ocasionar a morte do espécime. Todavia, o bom senso indica que em casos específicos o corte do tronco principal que se projeta em direção ao terreno lindeiro deve ser permitido, mesmo que importe no perecimento do vegetal. Isso depende, à evidência, de prévia autorização judicial. A solução se funda no reconhecimento da supremacia de um dos interesses jurídicos sobre o outro, e na necessidade de harmonizar a vida em sociedade e alavancar o progresso. É o que acontece, por exemplo, quando o corte objetiva evitar danos sérios ao telhado da casa ou viabilizar edificação.

Outra questão importante é a que diz respeito à possibilidade ou não de corte de raízes ou ramos quando isso importar no perecimento da árvore toda. Valem aqui as considerações feitas, de maneira que a operação poderá ser executada quando nisso houver interesse jurídico objetivamente maior do que o relativo à preservação do espécime, como no caso do corte de raízes que ameacem romper a piscina do prédio confinante. Todavia, a aplicação da regra nem sempre é livre, pois há normas de proteção à flora que impedem o sacrifício de árvores seculares ou raras, situação que faz predominar o interesse coletivo sobre o privado e impede qualquer atividade capaz de acarretar a morte da planta.

Os frutos da árvore são do proprietário dela, pois o acessório segue o principal. Assim, ele pode livremente colhê-los, sejam os pendentes em seu próprio território, sejam os que nascerem em ramos projetados sobre o prédio confinante. A colheita destes últimos poderá ser feita a partir do terreno do dono da árvore e com a utilização do equipamento necessário; porém, o ingresso da pessoa no prédio alheio para captação dos frutos dependerá de prévia autorização do titular.

Quanto aos frutos caídos de árvore do terreno vizinho, são pertencentes ao dono do solo onde caíram, se este for de propriedade particular (art. 1.284 do Código Civil). Se o terreno for público, os frutos pertencerão ao dono da árvore e não poderão ser apropriados por terceiros, sob pena de cometimento de ilicitude. Com base nesse raciocínio, veda-se ao proprietário do terreno, confinante com aquele em que está situado o tronco da árvore, qualquer atitude tendente a forçar a queda dos frutos (sacudida de ramos, utilização de vara, colheita, etc.). Se isso ocorrer estará consumada uma ilegalidade, pois como regra geral os frutos pendentes pertencem ao dono da árvore, e somente serão do titular de outro terreno quando nele caírem por força natural (maturação, vento, chuva e assim por diante).

1.5. Da passagem forçada

O legislador não admite a possibilidade de que qualquer prédio fique encravado, permanecendo sem comunicação com o plano físico que lhe é externo. A solução jurídica reside no instituto chamado de *passagem forçada*, cuja utilidade na prevenção e desembaraço de litígios vem sendo reafirmada ao longo do tempo. O *caput* do art. 1.285 do Código Civil dispõe: *"O dono do prédio que não tiver acesso a via pública, nascente ou porto, pode, mediante pagamento de indenização cabal, constranger o vizinho a lhe dar passagem, cujo rumo será judicialmente fixado, se necessário"*. Para que surja o referido direito não se exige que o encravamento seja natural. Mesmo aquele dito *procurado* ou *provocado* enseja a estipulação do trajeto pelo prédio vizinho, embora mediante observação de determinadas peculiaridades, como será visto adiante.

A contigüidade de prédios não é requisito de fixação do trajeto pelo imóvel alheio. Ainda que normalmente isso aconteça entre vizinhos cujos terrenos fazem fronteira, admite-se que o caminho tenha de se estender por diversos imóveis antes de chegar à saída buscada. Tal circunstância não desvirtua o instituto, já que em termos civis o significado da palavra *vizinho* é mais extenso, abrangendo todos os circunstantes com os quais alguém mantenha a relação jurídica indicada na lei.

A passagem forçada é instituto fundado na relevância de assegurar ao proprietário de prédio rústico ou urbano o acesso à via pública, nascente ou porto, melhorando as condições de aproveitamento econômico do imóvel. Não se trata de servidão de trânsito, que pressupõe a submissão de um prédio a outro, mas sim de direito pessoal idealizado em favor do titular do prédio encravado. Ademais, o direito de passagem pressupõe necessidade de acesso a quem não o tem, ao passo que a servidão pode ser instituída por mera comodidade ou deleite. Por isso, a passagem forçada é de mais fácil constituição e disciplina, bastando, para o seu surgimento, a existência de um prédio sem saída para um dos lugares mencionados na norma legal e a iniciativa do interessado em juízo.

Tecnicamente, também se considera passagem forçada aquela que resulta do acordo extrajudicial de vontades, seja de índole verbal ou escrita. O caráter forçado não decorre, necessariamente, da intervenção do juiz, mas da assunção, por uma das partes, do dever de viabilizar saída para a outra. Cabe destacar que se houver celebração mediante escritura pública e registro junto à matrícula, existirá direito real de servidão e não mero direito pessoal. Diga-se, aliás, que o *nomem juris* dado pelas partes não é decisivo na caracterização da espécie de ajuste criado, de modo que a escritura pública registrada faz surgir servidão mesmo que os celebrantes tenham chamado de passagem forçada o instituto.

Em geral, a experiência comum revela que a instalação da passagem não chega a ser literalmente forçada, pois as partes emitem vontade consensual no sentido de estabelecer regras para o trânsito de uma delas sobre o território alheio. Contudo, não havendo acordo poderá o interessado postular em juízo o reconhecimento do direito de passagem forçada e a fixação de seu rumo. Qualquer ato de obstaculização do tráfego, pelo proprietário que deve suportar a passagem, caracteriza ilicitude capaz de levar à cominação de pena pecuniária e à consumação do crime de desobediência na hipótese de restar desatendida a ordem exarada.

A título de contrapartida à obrigação de suportar a passagem de outrem pelo imóvel, o titular receberá indenização cabal, cujo montante terá de ser suficiente para cobrir os prejuízos apurados, além de eventuais lucros cessantes e tudo o mais que de negativo se originar do dever de permitir a circulação no prédio.

Cabe observar que a passagem forçada não se destina a dar mais conforto ao dono de prédio com saída difícil, perigosa ou dispendiosa. O objetivo do ordenamento jurídico é oportunizar-lhe saída quando nenhuma tiver. Em função disso, afirma-se que a passagem forçada destina-se a solucionar o problema do encravamento absoluto, mas não o do relativo, que se caracteriza pela existência de uma saída com a qual não se resigna o dono do imóvel. Ainda que o trajeto disponível seja mais penoso ou oneroso, não haverá como pleitear em juízo qualquer acesso pelo território alheio.

Porém, é relevante admitir que em situações fáticas extremas, de que se extraia o risco de inutilização econômica do imóvel se não for estabelecida passagem por terreno alheio, seja fixado novo trajeto em favor de quem já dispunha de um no seu próprio território. Isso depende, contudo, de que a saída atual se mostre praticamente inviável, considerada a destinação do prédio. Exemplo: o dono do imóvel "A" é agricultor, mas não tem como escoar a safra até a estrada senão pelo terreno do vizinho "B", pois a única via disponível comporta apenas o trânsito de automóveis, não tendo espaço suficiente para a rodagem de caminhões. Na realidade, o conceito de imóvel encravado vem sendo alvo de cautelosa flexibilização, pois ele já não pode ser tomado em sentido absoluto e precisa ser inspirado pela motivação — e não pela literalidade — do instituto da passagem forçada, que deita raízes na supremacia do interesse público. Com base nessa evolução, diz-se que, em termos jurídicos, encravado é o imóvel cujo acesso por meios terrestres exige do respectivo proprietário despesas extraordinárias para que cumpra a função social constitucionalmente prevista.

Sobrevindo a cessação da causa que embasava a passagem forçada, desaparecerá o direito de por ela transitar, como no caso de ser aberta uma via pública acessível ao dono do prédio que se beneficiava do caminho aberto no imóvel vizinho. Por outro lado, se o encravamento for determinado pelo fechamento da antiga saída por ato de autoridade competente (v. g., bloqueio definitivo de rua), surgirá para o prejudicado o direito de postular passagem forçada através de imóvel vizinho dotado de acesso à via pública, nascente ou porto.

Sendo vários os vizinhos que poderiam ser atingidos pela passagem forçada em favor de outrem, porque fazem fronteira com o território do prédio encravado e têm acesso à via pública, nascente ou porto, sofrerá o constrangimento aquele cujo imóvel melhores condições oferece à passagem (§ 1º). Tais condições são aferidas a partir da análise de elementos como a distância até o local onde se pretende chegar, a situação do terreno a ser utilizado, os dispêndios necessários à abertura da passagem, etc. Quanto mais natural e fácil o acesso proporcionado por determinado prédio, tanto maior a probabilidade de que o seu dono venha a ser obrigado a assegurar a passagem do interessado.

Se ocorrer alienação parcial do prédio, de modo que uma das partes perca o acesso a via pública, nascente ou porto, o proprietário da outra deve tolerar a passagem (§ 2º). O encravamento provocado ou procurado não é bem visto pelo legislador, que, contudo, não faz disso motivo para obstar a busca de passagem forçada. Porém, a disciplina da matéria indica soluções diferentes em tal contexto. Quando o dono aliena parte de prédio que tem saída própria para via pública, nascente ou porto, e com isso perde para o adquirente a titularidade do caminho original, não poderá reclamar de outro vizinho que tolere a passagem por seu imóvel. O único sujeito passível de constrangimento será exatamente aquele que adquiriu a parte do terreno e contribuiu para o encravamento do anterior proprietário. Por igual razão, se quem fica encravado é o adquirente da porção territorial, a passagem forçada será exercida exclusivamente contra o alienante, tendo rumo sobre o mesmo caminho utilizado por este quando titular do todo.

A regra se funda no senso comum de justo e na necessidade de coibição de atos lesivos aos direitos de terceiros. Afinal, em certas situações o encravamento provocado poderia funcionar como instrumento de vindita privada e de acusações recíprocas, o que não é admissível. Na verdade, o instituto da passagem forçada existe para assegurar a todos os que estão de boa-fé o pleno exercício de seus direitos individuais, e não para fomentar discórdias e desavenças.

Se determinado dono de prédio tem saída através de caminho aberto em imóvel pertencente a vizinho, mas vem a perdê-la por força de alienação parcial de seu próprio bem, não poderá reclamar nova passagem de quem lhe concedera a anterior (§ 3º). Assim, a única solução consistirá em constranger o adquirente de parte do imóvel a permitir que o alienante tenha acesso à passagem original, abrindo-lhe o caminho necessário a tanto.

Ficando encravada a porção vendida, o adquirente poderá constranger o alienante a tolerar a passagem forçada pelo seu território, até encontrar a antiga saída para a via pública, nascente ou porto. As razões que fundamentam o conteúdo da norma são as mesmas que justificam a existência do § 2º, a saber: o interesse na preservação da boa-fé nas relações negociais e a menor oneração possível aos que têm de suportar a passagem forçada através dos seus imóveis.

1.6. Da passagem de cabos e tubulações

Ainda dentro do conjunto de regras pertinentes ao direito de vizinhança, dispõe o legislador acerca da passagem de cabos, tubulações e outros condutos subterrâneos pelo território de alguém em proveito de proprietários vizinhos. Fundado no interesse público em facilitar a vida das pessoas, alcançando-lhes oportunidade de acesso aos benefícios tecnológicos, o ordenamento jurídico obriga os donos de imóveis urbanos ou rústicos a tolerar a instalação e passagem de equipamentos subterrâneos destinados a levar água, gás, sinais de transmissão, energia elétrica e tudo o mais que, caracterizado como serviço de utilidade geral, levar proveito aos beneficiários.

A origem pública do serviço é essencial, pois ninguém pode ser constrangido a tolerar obras e colocação de materiais por iniciativa exclusivamente privada. Não se exige que haja necessidade premente do serviço público, pois mesmo os que proporcionam conforto, lazer ou comodidade devem estar ao alcance dos interessados, como forma de dar mais dignidade à existência humana.

Mediante recebimento de indenização que atenda, também, à desvalorização da área remanescente, o proprietário é obrigado a tolerar a passagem, através de seu imóvel, de cabos, tubulações e outros condutos subterrâneos de serviços de utilidade pública, em proveito de proprietários vizinhos, quando de outro modo for impossível ou excessivamente onerosa (art. 1.286 do Código Civil). Caso se mostre viável atingir os mesmos resultados práticos por meio de mecanismos que não exijam dispêndio exagerado, em comparação com os referentes à condução subterrânea, deverão ser preferidos aqueles ao invés desta. É importante molestar minimamente o proprietário no que concerne ao exercício dos atributos dominiais de que se investe.

O indivíduo que for constrangido a tolerar a passagem de cabos, tubulações e outros condutos subterrâneos terá direito de ser indenizado de maneira completa. A indenização abrangerá não apenas os danos emergentes e os lucros cessantes originados dos trabalhos materiais de condução, mas também a desvalorização da área remanescente, como forma de restabelecer o equilíbrio econômico do patrimônio de quem suporta o ônus em favor do vizinho.

O proprietário prejudicado pode exigir que a instalação seja feita de modo menos gravoso ao prédio onerado, bem como, depois, seja removida, à sua custa, para outro local do imóvel (parágrafo único). Sendo viável ocupar menor espaço no solo e obter igual resultado, assistirá ao dono do prédio a prerrogativa de exigir que assim se proceda.

A afetação do imóvel não deverá extrapolar os limites do que for rigorosamente necessário à realização dos trabalhos, pois já constitui pesado encargo ao dono o fato de tolerar o uso de parte de seu bem em proveito alheio.

A remoção dos condutos subterrâneos para outro ponto do imóvel é faculdade prevista em favor do titular do prédio que os abriga. Imprescritível, pode ser promovida tantas vezes quantas forem necessárias, desde que isso seja tecnicamente possível e não prejudique os vizinhos a quem aproveitam os serviços de utilidade pública acessados a partir do território alheio. Todavia, o interessado em executar a remoção terá de agir às suas expensas, arcando com todos os custos referentes à operação.

Se as instalações oferecerem grave risco, será facultado ao proprietário do prédio onerado exigir a realização de obras de segurança (art. 1.287). O risco deve ser apurado segundo os meios ordinários, mas se apresenta evidente, por exemplo, em atividades como a condução de produtos tóxicos ou inflamáveis. Somente se houver gravidade no perigo é que poderão ser reclamadas as providências de segurança, pois a existência de mera hipótese distante e abstrata de produção de danos sem expressão está incluída nos ônus de vizinhança, que compõem o cotidiano dessa espécie de relação. O que o legislador tenciona é oferecer, em situações de concreta relevância, medidas preventivas e protetoras contra riscos severos; todavia, qualquer forma de dano superveniente, tenha ou não havido a adoção de providências prévias de segurança, será objeto de indenização pelos responsáveis, segundo as normas civis gerais. Isso inclui o pagamento do valor correspondente à desvalorização que o imóvel acaso haja sofrido em virtude da conduta alheia. Quando forem demandadas pessoas jurídicas de direito público, ou de direito privado prestadoras de serviços públicos, responderão objetivamente pelos danos causados, nos moldes do art. 37, § 6º, da Constituição da República.

1.7. Das águas

1.7.1. Disciplina da matéria

A disciplina referente às águas, tomada sob o prisma do direito de vizinhança, tem por desiderato prevenir e solucionar conflitos decorrentes da utilização e do escoamento de águas pluviais e daquelas acumuladas no subsolo. Com isso, tenciona racionalizar o emprego dessa riqueza natural, alcançando aos interessados meios eficientes de invocar proteção jurídica no caso de afronta às prerrogativas de acesso e manejo das águas.

Além do regramento contido no Código Civil, o legislador brasileiro editou, ainda em 10 de julho de 1934, o Decreto n. 24.643, denominado Código de Águas. Basicamente, trata-se de um diploma normativo que minudencia a regulação dos aspectos atinentes à matéria, enquanto a codificação civilista ocupou-se de apresentar regras de caráter geral acerca do tema. De qualquer modo, o teor do Código Civil é fundamental, por abarcar as situações mais comuns, das relações de vizinhança, que têm por núcleo os direitos e os deveres concernentes ao uso e à destinação das águas.

1.7.2. Escoamento das águas

O escoamento natural das águas deve ser respeitado pelos donos ou possuidores dos terrenos que estão acima ou abaixo, em relação uns aos outros. O ordenamento jurídico, ao disciplinar o tema, nada mais faz do que atender a essa ordem natural das coisas, determinando que o dono ou possuidor do prédio que se situa em posição inferior do terreno tenha de receber as águas que naturalmente correm da porção superior (art. 1.288 do Código Civil e art. 69 do Código de Águas). Observe-se, porém, que o dever jurídico somente existirá quando se tratar de águas que corram por força da natureza de um prédio para outro; não será assim se as águas forem impulsionadas por força mecânica ou por obra do engenho humano (*v. g.*, bombas, pressão eólica, etc.), de vez que nessa hipótese o dono ou possuidor do prédio mais baixo não poderá simplesmente ser obrigado a tolerar o fluxo.

Quando tiver de suportar o correr das águas pelo seu prédio inferior, ao sujeito não se permitirá fazer obras que impeçam o livre fluxo e escoamento. Violando esse dever e provocando alagamento ou outros reveses contra o imóvel localizado acima, cometerá ilicitude e indenizará os danos resultantes de sua conduta, podendo ainda ser compelido a desfazer o obstáculo posto ao curso das águas.

Em contrapartida, o dono ou possuidor do prédio localizado na porção inferior do terreno inclinado não poderá ter a sua situação original piorada por obras feitas pelo titular ou possuidor do prédio superior (segunda parte do art. 1.288). Existe o direito de ver mantido o contexto vigente, pois isso faz parte do aproveitamento econômico do imóvel e merece respeito como forma de preservação da segurança e da regularidade das relações interpessoais. Assim, vedam-se trabalhos que provoquem alterações gravosas ao estado das coisas, tais como: aumento do fluxo com inundação do terreno mais baixo, diminuição do volume da água que corre para o vizinho, alteração do ponto de ingresso da água no prédio inferior, etc. As modificações que forem vantajosas a este, todavia, poderão ser feitas, contanto que haja aquiescência do interessado, ou reconhecimento, em ação própria, da injustiça da recusa em concordar com a feitura das obras.

Quando as águas, artificialmente levadas ao prédio superior, ou aí colhidas, correrem dele para o inferior, poderá o dono deste reclamar que se desviem, ou se lhe indenize o prejuízo que sofrer (art. 1.289 do Código Civil). O dono do inferior está obrigado a receber, sem reclamar, tão-somente as águas que naturalmente correrem do prédio superior em direção ao seu. Quando o titular do imóvel superior buscar águas noutro local, ou as colher no subsolo de seu próprio imóvel, e disso resultar fluxo de sobras para o território alheio, o dono que se sentir prejudicado poderá exigir que seja desviado e não escoe por aquele ponto.

Sendo viável o desvio pretendido, essa providência terá prioridade em relação a qualquer outra. Caso isso não se mostre possível, e inexista outra forma de contornar o problema alterando o curso das águas, o proprietário do imóvel inferior deverá suportar a situação e recebê-las, mas terá direito a postular indenização dos prejuízos sofridos. É uma solução justa, pois ninguém pode ser privado de abastecimento de água apenas porque o excesso flui pelo terreno alheio, quando de outro modo não puder ser contido; ao mesmo tempo, alcança-se indenização ao dono do prédio inferior quando demonstrar a ocorrência de danos em razão do fluxo. Isso acontece, por exemplo, quando as águas recebidas impedem o cultivo dos vegetais até então plantados, ou impõem a canalização para evitar problemas com alagamentos.

Havendo a um só tempo prejuízos (*v. g.*, alagamento em lavoura) e vantagens (*v. g.*, abastecimento para animais) como decorrência do fluxo de águas artificialmente levadas ao prédio superior, ou nele colhidas, tais fatores serão analisados para fins de apuração do valor que eventualmente será repassado ao titular do prédio inferior a título indenizatório. A regra é singela: do valor da indenização cabível ao dono do imóvel inferior será abatido o montante correspondente ao benefício que lhe foi proporcionado pelas águas escoadas (parágrafo único do art. 1.289). Deve-se observar que o prejudicado terá direito de perceber a diferença entre vantagens e danos quando estes forem maiores do que aquelas, mas nada alcançará ao dono do prédio superior caso a relação se apresente invertida, ou seja, os proveitos suplantem os malefícios.

O proprietário de nascente, ou do solo onde caem águas pluviais, satisfeitas as necessidades de seu consumo, não pode impedir, ou desviar o curso natural das águas remanescentes pelos prédios inferiores (art. 1.290 do Código Civil). As águas naturalmente brotadas do solo ou resultantes da chuva pertencem ao dono do prédio em que se encontrarem. A ele é facultado promover a utilização do líquido como melhor convier aos seus interesses, ainda que ao final nada sobeje. Trata-se de prerrogativa sem limitações, contanto que as águas sejam empregadas na satisfação das necessidades do interessado, nisso incluídas as de consumo próprio e da família, de higiene e limpeza, de emprego na criação de animais ou no plantio de vegetais, etc.

Interpretar a expressão *necessidades de seu consumo* como indicativo de utilização das águas unicamente em atividades restritas como saciar a sede e prover à higiene é por demais limitativo e não se coaduna com amplitude que o ordenamento dedica ao direito de propriedade. Portanto, as águas da chuva ou as que brotarem em determinado território consideram-se extensão da propriedade e podem ser livremente utilizadas. Todavia, constitui abuso do direito impedir ou desviar o curso natural das águas remanescentes pelos prédios inferiores, se não captadas. Logo, tudo o que sobejar dos imóveis superiores seguirá o rumo que for ditado pela inclinação do terreno, sendo vedada a realização de obras ou engenhos que evitem esse livre fluir.

A aplicação da regra, porém, dá-se apenas no tocante às águas que não forem colhidas e armazenadas, pois se o titular do prédio quiser poderá construir barragens e depósitos visando a neles colocar toda a água disponível buscada na fonte ou aproveitada da chuva. A proibição constante da norma legal diz respeito exclusivamente às águas que, sobrando, tomarem rumo naturalmente indicado pela força da gravidade; com isso, pretende o legislador evitar que por implicância, desafeições ou interesses menores o proprietário do prédio superior bloqueie a chegada natural das águas aos imóveis inferiores.

1.7.3. Poluição das águas

A poluição do meio ambiente vem sendo cada vez mais reprimida por leis severas e rígidas, tendo em vista a multiplicação de atividades agressivas à natureza. A água é o elemento que talvez mais venha sendo atacado em sua pureza, fruto do descontrolado avanço dos centros populacionais e da ausência de medidas eficazes de proteção. O possuidor ou dono do prédio superior não pode poluir as águas indispensáveis à vida de quem esteja no imóvel inferior (art. 1.291 do Código Civil), ou seja, aquelas utilizadas para saciar a sede, promover a higiene pessoal, preparar a alimentação, etc.

Trata-se, na realidade, de norma que tem em vista a preservação da saúde individual e pública, eis que tenciona evitar o surgimento de fatores de intoxicação e focos de transmissão de moléstias. Poluindo águas essenciais, o possuidor ou dono do imóvel superior, também por força da regra supracitada, terá de indenizar todos os danos causados aos que utilizarem as águas no prédio vizinho, sem que isso afaste a incidência de consequências de caráter penal, administrativo, etc.

Veda-se tanto a poluição direta como a indireta das águas que servem ao prédio inferior. Em razão dessa realidade, o possuidor ou proprietário do imóvel superior não poderá, por exemplo, jogar nas águas produtos tóxicos ou materiais orgânicos capazes de prejudicar a salubridade do líquido; tampouco ser-lhe-á permitido construir fossa que por escoamento no subsolo contamine as águas que já se encontram no prédio inferior (em reservatórios, barragens, poços, etc.), embora pelo seu jamais tenham passado.

Proíbe-se também a poluição das águas que não se destinam a satisfazer as primeiras necessidades da vida dos possuidores ou dos imóveis inferiores. Em relação a elas a situação é um pouco menos gravosa, pois não implica imediatamente em risco à integridade orgânica das pessoas. Por isso, o possuidor ou dono do prédio superior fica obrigado a recuperar as águas poluídas, arcando com todas as despesas relacionadas à tarefa. Sendo impossível a recuperação ou o desvio do curso artificial até então mantido, restará aos prejudicados pleitear indenização junto ao responsável, de modo que tudo quanto de danos houver em razão da atitude ilícita seja cabalmente reparado (segunda parte do art. 1.291).

1.7.4. Possibilidade de represamento

Como extensão do direito de propriedade, as águas pluviais ou de nascentes situadas em determinado prédio são suscetíveis de armazenagem e captação. O proprietário do imóvel tem direito de represar as águas que lhe pertencem, desenvolvendo com elas as atividades que desejar, *v. g.*, irrigação de lavouras, piscicultura, lazer, embelezamento, etc. Em contrapartida a essa faculdade, surge o dever de conter as águas represadas, impedindo que invadam o prédio alheio de modo a causarem danos. Na hipótese de se verificar a invasão do imóvel alheio pelas águas, o proprietário do prédio onde elas se encontravam contidas indenizará por inteiro os danos produzidos (art. 1.292 do Código Civil).

É possível que a invasão das águas a prédio alheio cause ao mesmo tempo prejuízos e vantagens ao dono ou possuidor do terreno inferior. Se isso acontecer, o valor da indenização será apurado a partir da confrontação entre proveitos e malefícios, de maneira que a diferença pecuniária a maior dos segundos em relação aos primeiros será alcançada pelo dono do prédio superior ao lesado. Se as vantagens superarem em expressão econômica os prejuízos, nada será devido por qualquer das partes à outra.

Importa observar que as águas excedentes da captação feita pelo dono ou possuidor do prédio superior, quando escoarem em direção aos imóveis inferiores, não poderão ter seu curso natural desviado ou impedido, salvo se os possuidores ou donos dos imóveis para onde se deslocarem assim o exigirem, ou se houver aumento das necessidades de quem as capta e conseqüente redução ou extinção do escoamento.

1.7.5. Construção de aquedutos

O legislador brasileiro sempre mostrou-se inclinado a aceitar e disciplinar o chamado *direito de aqueduto*, ou seja, a passagem de água por condutos através de prédios alheios. Observados os ditames normativos, qualquer pessoa que necessite receber águas, e que tenha legalmente assegurado esse direito, pode exigir que o proprietário do imóvel por onde passarão os canais de condução permita a realização das obras necessárias à sua abertura e conservação, abstendo-se de quaisquer atos capazes de perturbar o exercício da prerrogativa.

Conforme explicitado no *caput* do art. 1.293 do Código Civil, existem duas situações a justificar e viabilizar o direito de aqueduto: a) quando destinado ao recebimento de águas indispensáveis às primeiras necessidades da vida (aplacar a sede, promover a higiene, preparar alimentos, etc.), circunstância em que o interessado poderá sempre construir canais através de prédios alheios, independentemente de outros fatores; b) quando tiver por finalidade a condução de águas necessárias à agricultura e à indústria, ou o escoamento de águas supérfluas ou acumuladas, ou a drenagem de terrenos; porém, nesse contexto o interessado somente poderá exigir que a parte contrária tolere a abertura de canais na hipótese de as obras, ou a excessiva ocupação de espaço no território alheio, não causarem prejuízo considerável.

O aqueduto não será gratuitamente tolerado pelo dono do imóvel sobre o qual se estende. Ao contrário, a indenização ao prejudicado deve ser anterior à colocação do mecanismo em funcionamento. Abrangerá a composição dos danos emergentes e dos lucros cessantes, bem como atentará para a eventual desvalorização causada ao prédio por força da abertura dos canais. Enfim, a indenização terá de ser completa, assegurando ao proprietário do terreno parcialmente utilizado em proveito de outrem a reposição de tudo quanto houver sofrido em termos de depreciação econômica.

Afora essa indenização imediata, ao proprietário prejudicado pela abertura dos canais assegura-se o ressarcimento dos danos que no futuro vierem a ser constatados, contanto que tenham por origem as obras alheias promovidas no seu terreno, fruto da infiltração ou irrupção da águas, ou da deterioração das obras destinadas a canalizá-las (§ 1º). É o que acontece, por exemplo, quando as águas infiltradas afetam a casa de moradia do dono do imóvel por onde passa o aqueduto; quando extravasam e atingem o celeiro, provocando perda de estoque; quando fazem ruir a canalização mal executada, destruindo coisas de valor, etc.

Os canais de condução de água normalmente são cavados a céu aberto, tendo em vista o alto custo que representaria a sua inserção no subsolo através de tubulações. Nem por isso o responsável pela canalização deixará de ser obrigado a fazê-la passar pelo subterrâneo em alguns pontos específicos, mais precisamente nas áreas edificadas, pátios, hortas, jardins ou quintais (§ 2º). Tudo para evitar que a irrupção das águas, os acidentes e outros eventos afins possam causar riscos consideráveis às pessoas e danos de monta às coisas postadas nas proximidades de onde passam os condutos.

A exigência de canalização subterrânea será avaliada em juízo, caso não haja acordo entre as partes. Para elucidar de vez a questão, o julgador poderá nomear perito capaz de analisar a situação e indicar os pontos exatos em que a passagem do aqueduto a céu aberto não se mostra recomendável. Em princípio, basta provar que os canais atravessarão quaisquer das áreas citadas na norma para que se defina a necessidade de colocação subterrânea dos mesmos.

Sempre que assegurado na lei o direito de acesso a prédios alheios para execução de trabalhos proveitosos a pessoas que não os donos, exsurge automaticamente o dever de onerar-lhes apenas na exata medida do necessário. Em se tratando de aqueduto não é diferente, pois o interessado na sua instalação tem de zelar pela integridade patrimonial dos imóveis vizinhos que sofrerão a passagem, seja ocupando o menor espaço possível, seja tomando as cautelas recomendadas para que não se causem danos além daqueles inerentes às obras. Frise-se, porém, que todo e qualquer prejuízo provocado aos titulares dos prédios afetados terá de ser reparado pelo dono dos trabalhos.

As despesas para execução do aqueduto, bem como as que forem feitas com vistas à conservação das obras, correrão por conta de quem as promoveu (§ 3º). Sobre o dono do terreno afetado não incide dever econômico algum, por ser da parte contrária o benefício; incumbe-lhe, apenas, a obrigação de não impedir o exercício do direito de implantar e conservar o aqueduto.

Segundo consta do art. 1.294 do Código Civil, aplica-se ao direito de aqueduto o disposto nos arts. 1.286 e 1.287, com vistas a disciplinar e delimitar a indenização que será devida, pelo dono das obras, ao titular do prédio por onde passa a canalização, na hipótese de ocorrerem danos em razão da sua instalação, conservação ou funcionamento. Conforme asseverado alhures, a indenização deverá ser completa, abarcando danos emergentes, lucros cessantes e a desvalorização da área que circunda o aqueduto e pertence ao mesmo proprietário que tolera a sua passagem.

O dono do prédio por onde passam os canais pode exigir da parte contrária a realização das obras pela maneira menos gravosa possível. Aliás, o dever de onerar e prejudicar minimamente o dono do prédio atingido existe em qualquer circunstância, surgindo inclusive como obrigação de respeito e lealdade para com aquele que suportará a passagem da canalização condutora de águas. Não se deve olvidar, por outro lado, que todos os prejuízos causados ao titular do prédio onerado serão cabalmente compostos pelo dono das obras, conforme expressa previsão normativa.

A remoção do aqueduto de um lugar para o outro dentro do mesmo prédio, após estar totalmente instalado, é direito que assiste ao dono do imóvel, contanto que custeie todas as despesas relativas à operação. A parte adversa não poderá opor empecilhos, salvo se a alteração geográfica ocasionar evidentes e consideráveis prejuízos à utilidade econômica da canalização. Embora se trate de faculdade legal dependente apenas da vontade unilateral do interessado, não se admite que a mudança do local de instalação do aqueduto possa piorar severamente a situação do beneficiário, pois isso certamente seria fonte de intermináveis litígios e desavenças.

Havendo risco grave às pessoas ou às coisas que margeiam o aqueduto, ao dono do prédio onerado é permitido exigir da parte contrária a execução de obras de segurança. Tais obras podem consistir na canalização subterrânea, na colocação de atravessadouros e pontilhões, na construção de cercas e muradas, etc. Os custos dos trabalhos relacionados à segurança do aqueduto, bem como os materiais empregados, serão por inteiro suportados pelo dono das obras, responsável pelo resguardo e proteção dos que habitam nas cercanias da canalização.

A existência do aqueduto não faz recair sobre o proprietário das terras a obrigação de se abster da sua normal utilização. Afinal, o dever de tolerar a passagem de condutos de água não pode funcionar como uma espécie de expropriação de toda a área, nem fazer com que o dono perca os atributos dominiais até então conservados. Tomando as cautelas necessárias para que o aqueduto não sofra prejuízos no que diz respeito à segurança e conservação, o dono do prédio onerado pode continuar agindo normalmente e dentro do que lhe é permitido a partir de sua condição jurídica (art. 1.295 do Código Civil).

Destarte, nada impede que cultive o solo, faça cercas ou muros, construa prédios residenciais ou comerciais e atue na plenitude do exercício dos direitos de qualquer proprietário. O aqueduto somente impõe limitações ao dono das terras no que concerne à integridade da canalização e aos objetivos para os quais foi instalada, razão pela qual o sujeito deverá evitar condutas capazes de afetar esses aspectos, sob pena de responder pelos danos causados.

Como medida de justiça e compensação, o legislador consagra em favor do proprietário do imóvel onerado o direito de fazer uso das águas da canalização para as primeiras necessidades da vida (parte final do art. 1.295). Assim, poderá haver captação do líquido necessário ao abastecimento da casa do interessado, em quantidade suficiente para beber, promover a higiene pessoal e das dependências, preparar e lavar alimentos, etc. Veda-se ao titular das terras, todavia, a aplicação das águas em atividades que possam ocasionar escassez ao dono das obras, tais como irrigação, grandes desvios e assim por diante. O uso das águas, nos moldes e para os fins arrolados na norma é absolutamente gratuito e em nada afeta a relação jurídica decorrente da abertura dos canais.

É ponto pacífico a circunstância de que as águas devem cumprir uma finalidade social, oportunizando às pessoas suficiente acesso aos benefícios por ela proporcionados. Quando as necessidades gerais do indivíduo são satisfeitas pelo uso das águas, é socialmente adequado e moralmente impositivo que, sendo possível, permita a terceiros usufruir do excedente. Assim, havendo no aqueduto águas supérfluas e não aproveitadas pelo seu dono, outros poderão canalizá-las para o suprimento das primeiras necessidades da vida, e, se não for causado prejuízo considerável, para aplicação na agricultura e na indústria (*caput* do art. 1.296 do Código Civil).

Para que ninguém se locuplete à custa do esforço e dos gastos alheios, a captação das águas supérfluas do aqueduto por terceiros será feita mediante pagamento de indenização aos proprietários prejudicados e ao seu dono. O funcionamento de um aqueduto implica na incidência de limitações, ônus ou encargos sobre os envolvidos; os donos das terras oneradas e os beneficiados pela canalização contribuem com sua quota de sacrifício para a obtenção de resultado final satisfatório. Logo, todo aquele que integrar esse liame, ainda que por interesse no líquido excedente, terá de dar a sua parcela de contribuição. A indenização será equivalente ao valor das despesas necessárias à condução das águas até o ponto de derivação, ou seja, corresponderá ao dispêndio que seria feito com a canalização das águas desde o ponto em que captadas até o destino final.

Em razão de já suportarem a passagem do aqueduto, os proprietários dos imóveis onerados terão preferência na captação das águas supérfluas, contanto que atendido o disposto no *caput* e respeitadas as finalidades para as quais se admite a canalização (parágrafo único). Em razão disso, terceiros, que não forem proprietários de terras atravessadas pelo aqueduto, somente poderão servir-se das águas excedentes após todos os interessados preferenciais terem feito o uso necessário ou manifestado interesse em não exercer o direito.

1.8. Dos limites entre prédios e do direito de tapagem

A necessidade de demarcar as fronteiras entre prédios vizinhos tem como fonte a crescente complexidade das relações entre as pessoas, mormente no ambiente urbano, mas também nas zonas rurais. Com isso, a prevenção e a supressão de conflitos muitas vezes depende do ato de estremar prédios, viabilizando, ainda, a aposição de elementos materiais de separação entre eles.

O direito de estabelecer os limites entre prédios confinantes, bem como o de realizar tapagem, são desdobramentos característicos de um dos atributos da propriedade, qual seja, o da exclusividade. Sendo exclusiva, deve propiciar ao titular meios de definir as fronteiras do território, impedindo que terceiros se apossem dele ou de qualquer modo molestem o exercício das prerrogativas estatuídas em lei.

O *caput* do art. 1.297 do Código Civil tem a seguinte redação: "*O proprietário tem direito a cercar, murar, valar ou tapar de qualquer modo o seu prédio, urbano ou rural, e pode constranger o seu confinante a proceder com ele à demarcação entre os dois prédios, a aviventar rumos apagados e a renovar marcos destruídos ou arruinados, repartindo-se proporcionalmente entre os interessados as respectivas despesas*". Como se percebe, a primeira parte do dispositivo aborda a questão da tapagem, etapa que geralmente sucede a demarcação. Ambas, todavia, não ficam necessariamente atreladas, já que uma pode existir sem a outra.

É lícito ao proprietário urbano ou rural, como ao usufrutuário, aos titulares do direito real de uso ou habitação e ao enfiteuta, promover demarcação destinada a estabelecer a linha de divisão entre prédios que fazem fronteira, dar novo vigor a rumos apagados e renovar marcos destruídos ou arruinados. O simples possuidor não tem o direito de propor ação demarcatória, eis que esta pressupõe a titularidade de direito real gerador da faculdade formal e permanente de utilização do imóvel. E o possuidor, conquanto tenha direito real, poderá a todo tempo ser constrangido a entregar a posse, bastando para tanto que alguém tenha melhor direito a ela e a reclame.

A ação capaz de levar à fixação dos limites entre prédios é a *demarcatória*, estruturada pelos arts. 950 a 966 do Código de Processo Civil, observado o disposto nos arts. 946 a 949 do mesmo diploma. Cumpre destacar o fato de que o autor da demarcatória não precisa estar na posse do imóvel quando do ajuizamento da ação, bastando que a ela tenha direito (*v. g.*, no caso do promitente comprador). Na propositura da lide, o autor poderá, cumulativamente com os pedidos específicos mencionados no *caput* do art. 1.297 do Código Civil, exigir a restituição da porção territorial que estiver injustamente sob a posse da parte contrária. Para tanto, deverá expressamente deduzir a pretensão, a fim de que o juiz, depois de solucionada a questão relativa à linha divisória, ordene que se devolva ao legítimo titular a área até então irregularmente possuída por um dos litigantes.

É importante observar que a ação demarcatória não se confunde com a reivindicatória, pois por meio desta discute-se o domínio de imóvel certo, perfeitamente identificado e que não sofre debates em torno de suas linhas divisórias, enquanto por intermédio daquela objetiva-se definir quais os limites territoriais entre prédios que, embora possam estar formalmente descritos no título aquisitivo, em termos materiais ensejam discussão quanto à exata localização de suas fronteiras. Tanto isso é verdade que, havendo perfeita identificação de limites ou presença de marcos, afasta-se a viabilidade da lide demarcatória, de vez que esta não pode ser utilizada como instrumento destinado apenas ao reconhecimento do domínio sobre o imóvel.

A ação de demarcação é imprescritível, podendo ser promovida a qualquer tempo e tantas vezes quantas forem necessárias, contanto que presentes as circunstâncias mencionadas acima. As despesas de fixação de limites e sinalização de fronteiras serão repartidas entre os donos, na proporção das áreas dos prédios envolvidos.

Quanto ao direito de tapagem, pode ser exercitado pelo proprietário, e, em interpretação extensiva, pelo usufrutuário, pelos titulares do direito real de uso ou habitação e pelo enfiteuta. Consiste na colocação de elementos materiais capazes de separar determinado imóvel em relação aos demais que lhes fazem fronteira. São exemplos disso os muros, as valas e quaisquer outros meios hábeis a promover a distinção entre ambientes de prédios diversos, tenham ou não a finalidade de conter o acesso de pessoas ou a entrada e saída de animais. Todavia, como alerta *Orlando Gomes* (obra citada, p. 206), se em favor de um dos vizinhos se reconhece tal direito, não é possível esquecer que igual prerrogativa tem o outro lindeiro, de modo que entre eles ficam estabelecidos direitos e deveres de vizinhança.

As despesas relacionadas à tapagem serão suportadas exclusivamente por quem a promoveu, quando não estiver postada na fronteira entre imóveis, como é o caso de muro ou cerca construídos de frente para a via pública (§ 1º do art. 1.297 do Código Civil). Situando-se a tapagem na linha divisória de prédios, os custos para implantá-la e conservá-la serão rateados. Considerada a existência de interesse comum na colocação de elementos materiais hábeis a separar os ambientes dos imóveis fronteiriços, presume-se que aos respectivos proprietários pertence, em igualdade de condições, tudo quanto com esse fim for instalado.

A referida presunção é relativa ou *juris tantum*, cedendo ante prova em sentido contrário. Prevalecendo, estarão ambos os proprietários obrigados a concorrer, em partes iguais, para as despesas de construção e conservação. Sucumbindo a presunção, apenas uma das partes será tida como dona dos elementos materiais, mas arcará por inteiro com os correspondentes encargos econômicos. Isso acontece, por exemplo, quando um dos proprietários constrói um muro divisório sem consultar a parte adversa sobre o interesse em fazer a obra e concorrer para as despesas a ela relacionadas.

A participação econômica de cada proprietário na construção e manutenção de intervalos, muros, cercas e tapumes divisórios geralmente é idêntica; porém se o costume do lugar indicar outra solução, poderá ser invocado judicialmente como substrato pelo litigante a quem interesse. Também é de ser destacada a circunstância de que o vizinho a quem competir ou interessar a feitura do tapume tem o direito de ingressar no imóvel alheio se as obras assim o exigirem, ficando legitimado a pleitear em juízo que lhe seja franqueado o acesso ao prédio lindeiro. Todavia, responderá pelos danos que causar ao vizinho ao longo do desenvolvimento dessa atividade.

A vegetação que serve de marco divisório não pode ser cortada ou arrancada por iniciativa unilateral de qualquer dos proprietários dos imóveis lindeiros, ainda que apenas um deles tenha custeado o plantio ou conservação. Os vegetais de divisão que servem para estremar prédios contíguos cumprem importante função, servindo muitas vezes de base para decisões judiciais em torno de questões relacionadas aos limites territoriais de cada um. Portanto, dados os aspectos privados contidos na matéria, assim como o interesse social na preservação das relações de vizinhança, somente por meio de acordo entre os donos dos imóveis limítrofes é que se admite o corte ou retirada de sebes vivas, árvores ou plantas que funcionam como marco divisório (§ 2º do art. 1.297 do Código Civil). O consentimento dos interessados pode ser dado por escrito ou verbalmente, e se prova por todos os meios lícitos admitidos, inclusive por testemunhas.

Os tapumes comuns e ordinários, via de regra, são custeados pelos proprietários dos prédios fronteiriços. Nisso incluem-se aqueles destinados à contenção de animais de grande porte, como bovinos e eqüinos, eis que haverá interesse comum na colocação de obstáculos à sua passagem. Entrementes, a construção de tapumes especiais (grades finas e telas, por exemplo), cuja finalidade seja a de impedir o trânsito de animais de pequeno porte como galináceos, cães, coelhos, etc., ou alcançar outro fim de interesse unilateral, poderá ser exigida pelo proprietário que se sentir prejudicado ou ameaçado em seus direitos, desde que à parte adversa seja imputável a geração da necessidade (§ 3º do art. 1.297 do Código Civil). Uma vez atestada a existência de tal contexto, caberá ao interpelado construir os tapumes e arcar com os respectivos gastos. Também as despesas posteriores de conservação terão de ser suportadas exclusivamente pela parte que deu causa à necessidade da colocação de obstáculos especiais. A esse propósito, *Orlando Gomes* (obra citada, p. 238) considera ser interessante a distinção, "*porque, enquanto a construção ou levantamento dos tapumes comuns é um direito do proprietário do prédio, a dos tapumes especiais apresenta-se, entre nós, como obrigação dos donos e detentores dos animais de pequeno porte*". Assim, presume-se pertencer o tapume comum aos proprietários dos imóveis limítrofes, e o especial, ao dono do terreno obrigado a tê-los.

Em geral, os limites entre prédios são definidos pelo juiz segundo o conteúdo dos títulos, os laudos confeccionados pelos peritos nomeados e as peculiaridades do caso concreto. Todavia, se ainda assim for confusa a situação, e restar inviável, com base nos elementos ordinários de prova, a definição do exato território pertencente a cada um dos imóveis envolvidos no litígio, a sentença determinará os limites de conformidade com a posse justa (art. 1.298 do Código Civil). Noutras palavras, julgará favoravelmente à parte que estiver possuindo, de maneira escorreita e sem vícios, a fração territorial atingida pela controvérsia. Trata-se de solução que prestigia a boa-fé e formaliza um estado possessório fático já estabelecido e solidificado.

Não sendo apresentados elementos hábeis a demonstrar a existência de posse justa, determina o legislador, na segunda parte do art. 1.298 do Código Civil, que a porção territorial disputada será dividida igualmente entre os prédios. Isso significa que cada um dos proprietários, independentemente da área até então integrante do seu território, receberá exatamente aquilo que em extensão de solo couber aos demais, sem distinção alguma no concernente às medidas. Se ainda assim houver dificuldades de resolução por meio da partilha cômoda do terreno sob litígio, o juiz determinará que se o adjudique a um dos litigantes, ordenando à parte contrária que pague indenização. Ela corresponderá ao valor de mercado da parcela territorial que caberia ao credor se fosse feita a divisão do solo disputado.

1.9. Do direito de construir

1.9.1. *Configuração e limitações*

Como decorrência dos atributos dominiais (direitos de usar, fruir e dispor), o proprietário tem a faculdade de agir em relação à coisa como melhor entender. É bem verdade que a condicionante social obsta a adoção de providências capazes de afetar o bem-estar comum e, noutra escala, a qualidade de vida dos vizinhos, no tocante aos itens saúde, sossego e segurança. As regras civis de vizinhança existem para nortear as relações dos que habitam em prédios muito próximos uns dos outros, havendo especial preocupação no que diz com os ocupantes de imóveis contíguos. Por isso, a matéria é disciplinada por meio de uma série de limitações editadas pelas autoridades competentes, exatamente com o objetivo de evitar controvérsias severas entre vizinhos, pois estas sempre provocam reflexos negativos sobre a coletividade.

Disso se extrai a importância da redação do art. 1.299 do Código Civil, segundo o qual o proprietário pode levantar em seu terreno as construções que lhe aprouver, salvo o direito dos vizinhos e os regulamentos administrativos. Observada a limitação posta na porção final da norma, o dono tem o direito de edificar como e quando quiser, mesmo porque ao construir estará melhorando o aproveitamento econômico do terreno e conferindo-lhe uma finalidade mais nobre. A preservação da paz social, contudo, é anseio coletivo que determina o estabelecimento de fronteiras nas prerrogativas concedidas por lei ao proprietário, de maneira que ele cada vez mais, dada a evolução das regras que enfatizam a prevalência do interesse público sobre o privado, tem a sua atuação refreada por imposições legislativas.

A segurança das pessoas é uma das principais preocupações do legislador ao dispor sobre o direito de vizinhança. Em virtude disso, o *caput* do art. 1.311 do Código Civil dispõe no sentido de vedar a execução de qualquer obra ou serviço suscetível de provocar desmoronamento ou deslocação de terra, ou que comprometa a segurança do prédio vizinho e, por conseqüência, dos que o habitam, senão após haverem sido feitas as obras acautelatórias. Entre os acidentes mais comuns estão os que expõem alicerces e afetam paredes, além das escavações que rompem estruturas. Assim, trabalhos de abertura de poços, instalação de esgotos, colocação de alicerces e demais atividades das quais surja perigo ao prédio alheio somente poderão ser promovidas após terem sido adotadas as medidas de cautela recomendadas em cada situação. Se as obras forem feitas sem prevenção, e delas resultarem riscos, poderá o interessado ajuizar ação de nunciação de obra nova, ou outra que a ela seja equivalente, objetivando fazer cessar o risco. Quanto aos danos já produzidos, terá o lesante de indenizá-los por completo, repondo o estado anterior das coisas.

A obrigação de compor os danos causados não decorre exclusivamente da falta de obras acautelatórias. O regramento pertinente à responsabilidade civil impõe o dever de reparar a todo aquele que causar prejuízos a outrem, ainda que tomadas as medidas de prevenção necessárias, salvo nas hipóteses em que a lei por algum motivo excluir essa solução ordinária. Em assim sendo, mesmo que o proprietário faça obras destinadas a resguardar terceiros contra danos, ficará obrigado a indenizar os que se produzirem em conseqüência de atividades que comprometam a segurança do prédio próximo e de seus ocupantes (parágrafo único).

A contigüidade não é pressuposto essencial de viabilidade da pretensão reparatória, pois mesmo que os prédios atingidos não façam limite imediato com aquele gerador da lesão, o direito de postular a composição permanecerá intacto. Afinal, incidem as normas atinentes à vizinhança sempre que houver afetação de um imóvel situado nas proximidades de outro, e não apenas quando enquadrados como fronteiriços.

Enfim, por meio de vários dispositivos é perseguida a harmonização de direitos e interesses dos vizinhos, no que diz respeito à prerrogativa de construir. Para tanto, diversas proibições foram estabelecidas, afirmando-se expressamente, no art. 1.312 do Código Civil, que a violação de qualquer delas obriga o infrator a demolir as construções feitas, respondendo por perdas e danos. Isso se deve, em especial, ao fato de que o legislador tenciona proteger a saúde das pessoas e a segurança dos prédios fronteiriços. Quem for lesado terá legitimidade para ajuizar ação demolitória, cujo objetivo primacial consiste em obrigar a parte contrária a desfazer os trabalhos realizados, restabelecendo a normalidade. Além disso, o lesante terá de indenizar as perdas e os danos que forem apurados, admitindo-se que pretensão nesse sentido seja deduzida cumulativamente com o pleito demolitório.

O desfazimento das obras executadas em desconformidade com o teor das normas relativas ao direito de construir é medida extremamente dura e irreversível. Por isso mesmo, somente deve ser aplicada quando as circunstâncias apontarem para a impossibilidade de se contornar as irregularidades verificadas. Apenas na hipótese de problema ou vício insanável é que se partirá para a demolição. Sendo viável a adaptação das obras aos regulamentos administrativos e às demais regras incidentes, essa providência deverá ser oportunizada pelo juiz ao demandado, a fim de que se evite a demolição, pois esta muitas vezes torna ainda mais grave a situação e acirra profundamente os ânimos dos envolvidos, gerando novos conflitos entre vizinhos.

O prazo para ajuizamento da ação demolitória é de ano e dia, contado da data em que for concluída a construção irregularmente executada. Estando ainda em andamento as obras, a demanda adequada será a de nunciação de obra nova, pela qual se objetiva sobrestar a continuidade dos trabalhos e desfazer a parcela que já houver sido feita.

1.9.2. Despejo de águas

A ninguém é permitido despejar águas que incidam de forma direta sobre o prédio vizinho, haja vista o potencial de lesividade concentrado nessa atitude. Nem mesmo as águas que provêm da chuva podem ser direcionadas de um imóvel para o outro sem prévio consentimento do proprietário, pois é comum a ocorrência de danos como resultado da ação das águas sobre o solo, edificações e coisas alheias. Assim, a obrigação primeira do interessado em construir é evitar o despejo de águas a partir de seu prédio para o do vizinho. A preocupação mais constante é com os telhados situados nas imediações da linha divisória dos imóveis, já que a falta de calhas ou de mecanismos coletores é a causa maior da colocação de águas pluviais no território alheio.

Por isso, determina o art. 1.300 do Código Civil que o proprietário construirá de maneira que o seu prédio não despeje águas, diretamente, sobre o prédio vizinho. Tal norma é reforçada pelo teor do art. 105 do Código de Águas (Decreto n. 24.643/34), onde está previsto que o proprietário edificará de maneira que o beiral de seu telhado não despeje sobre o prédio vizinho, deixando entre este o beiral, quando por outro modo não o possa evitar, um intervalo de 10 centímetros, quando menos, de modo que as águas se escoem. Essa distância não precisará ser observada quando por mecanismo diverso (*v. g.* colocação de calhas de escoamento) o proprietário conseguir obstar o despejo de águas diretamente sobre o imóvel alheio.

O simples fato de a edificação beirar a linha divisória do terreno com o imóvel do vizinho não serve, *a priori* e isoladamente, como justificativa de qualquer pretensão tendente ao embargo da obra. Todavia, se a construção deitar goteiras ou endereçar águas ao prédio fronteiriço, o prejudicado poderá ajuizar demanda ordinária visando a coibir a continuidade do incômodo e obter a cominação de pena pecuniária em caso de reiteração da conduta ilídima. Além disso, terá legitimidade para postular, na mesma lide, a reparação dos danos causados em razão das águas despejadas sobre o seu imóvel.

A providência acima referida, tendente a buscar o desfazimento da goteira que afeta o seu prédio, deverá ser adotada pelo dono no lapso máximo de ano e dia após a conclusão da obra (art. 1.302 do Código Civil). A inércia importará em decadência e conseqüente inviabilidade de qualquer protesto ou irresignação relacionados à matéria. Com isso, o proprietário, embora afetado pelo despejo de água, não poderá recusar-se a recebê-la, nem tampouco impedir ou dificultar o seu escoamento se disso resultar prejuízo ao prédio vizinho. Assim, a contenção das águas e o seu refluxo para a origem, assim como o desvio causador de danos ao vizinho e outras condutas semelhantes caracterizam infração ao teor da lei, autorizando o ofendido a postular em juízo a solução dos problemas gerados, nos moldes e prazo já explicitados.

O fundamento da fixação de prazo para a tomada das medidas cabíveis tem em vista evitar que a situação se prolongue *ad infinitum* e que o titular da obra fique indefinidamente submetido ao risco de ser demandado, o que traria insegurança jurídica. A contagem do prazo de ano e dia se dá a partir do momento em que a obra estiver concluída, circunstância que se prova pelas mais diversas maneiras, tais como: ouvida de testemunhas, apresentação de certidão de habite-se, laudos técnicos, etc. Não basta que a porção irregular da obra esteja pronta e acabada, sendo necessário, para o início da fluência do prazo decadencial, que toda ela tenha sido concluída, pois isso deixará patente a falta de intenção de modificar o projeto e corrigir o problema voluntariamente.

1.9.3. Resguardo da privacidade e da intimidade

Com o objetivo de assegurar a privacidade e a intimidade de quem habita prédios urbanos contíguos, o ordenamento jurídico veda a abertura de janelas e a feitura de eirado, terraço ou varanda em distância inferior a metro e meio do terreno vizinho (*caput* do art. 1.301 do Código Civil). Ao assim proceder, resguarda as pessoas de olhares indiscretos e de constrangimentos resultantes da posição das aberturas existentes no prédio contíguo. Ademais, atende ao norteamento posto na Constituição Federal, mais precisamente no inciso X do art. 5º, que inseriu a privacidade e a intimidade no capítulo dedicado aos direitos e garantias fundamentais da pessoa humana.

Os vocábulos *eirado* e *terraço* são praticamente sinônimos, consistindo em espaço descoberto sobre uma edificação ou ao nível de um andar dele. Varanda também tem esse significado, mas abrange igualmente o balcão, a sacada e trabalhos afins feitos na construção. Todas essas obras são passíveis de embargo por quem se sentir lesado em virtude de ocorrências lesivas à privacidade. A *priori,* não ficam submetidas a essa iniciativa as portas, já que o legislador a elas não se referiu expressamente, deixando entrever o intuito de excluí-las do alcance das normas limitativas. Contudo, se a supressão da sacada, eirado, terraço ou varanda retirar da respectiva porta a utilidade original, esta também deverá ser suprimida, pois do contrário passaria a ser um mecanismo de devassamento da privacidade alheia.

A distância de metro e meio, que é a mínima a ser observada, conta-se a partir da linha divisória dos terrenos, e desse ponto, para qualquer dos lados, proíbe-se a colocação de tais obras em detrimento do imóvel alheio. Admite-se, porém, que sejam feitas quando a estremar os prédios houver muro ou tapume definitivo, suficientemente alto para impedir o devassamento da propriedade vizinha. De resto, observadas as exceções previstas nos dois parágrafos do art. 1.301 do Código Civil, a vedação legal independe da altura em que se situará a abertura, pois a distância de metro e meio deve ser observada inclusive em relação à linha divisória vertical que imaginariamente se traça desde o solo para cima.

Por outro lado, a Súmula n. 414, do Supremo Tribunal Federal, estende esse raciocínio também para os casos de visão indireta: *"Não se distingue a visão direta da oblíqua na proibição de abrir janela, ou fazer terraço, eirado, ou varanda, a menos de metro e meio do prédio de outrem".* Todavia, a mesma Corte ressalva, na Súmula n. 120: *"Parede de tijolos de vidro translúcido pode ser levantada a menos de metro e meio do prédio vizinho, não importando servidão sobre ele".*

Dada a circunstância de que compete ao Município legislar acerca de assuntos de interesse local (art. 30 da Constituição Federal), os seus regulamentos administrativos podem, observadas as peculiaridades locais e as necessidades de urbanização, aumentar a distância mínima a ser observada a partir da linha divisória quando da edificação. Não, contudo, reduzi-la, pois isso entraria em choque com a previsão normativa codificada, que configura nesse particular, princípio de ordem pública.

Se as janelas que o proprietário pretende abrir em direção ao prédio vizinho não oferecerem visão para o que se passa no prédio alheio, *v. g.*, por existência de muros, paredes, tapumes, etc., a distância em que é admitida a sua abertura diminui para setenta e cinco centímetros do terreno lindeiro (§ 1º do art. 1.301 do Código Civil). Isso vale somente para janelas, não abrangendo eirados, terraços e varandas. Cabe destacar, ainda, que a aplicação dessa regra se dá tanto no que concerne às janelas situadas nas porções térreas da edificação como nas localizadas em pisos superiores.

Salienta-se, por oportuno, que não apenas as janelas diretamente voltadas para o território vizinho se submetem ao aludido preceito. Isso porque as perpendiculares à linha fronteiriça dos terrenos também estarão sujeitas à limitação, e somente poderão ser abertas a uma distância mínima de setenta e cinco centímetros dela, eis que do contrário poderiam oportunizar o devassamento da intimidade dos ocupantes do prédio contíguo.

Há certos casos em que as aberturas, por sua natureza, não propiciam a citada violação. Por isso, o legislador autoriza a feitura de entradas de luz ou ventilação em favor do prédio, ainda que em relação à linha divisória com o terreno alheio se situem a distâncias inferiores às mencionadas. Porém, para que isso seja possível exige-se a conjugação de dois requisitos, contidos no § 2º do art. 1.301 do Código Civil: a) que as aberturas para luz ou ventilação não tenham dimensão maior do que dez por vinte centímetros, pois do contrário serão consideradas janelas e ficarão sujeitas às normas correspondentes; b) que estejam situadas a mais de dois metros de altura em cada piso. A primeira exigência visa a evitar que aberturas com dimensões mais avantajadas facilitem a violação da privacidade e intimidade de outrem; a segunda tem por desiderato dificultar ao máximo a percepção do que acontece no terreno vizinho pelos ocupantes do imóvel dotado de passagens para luz ou ventilação. Quanto mais altas em relação ao piso, menos acessível a vida alheia aos olhos de pessoas indiscretas e curiosas.

Em se tratando de vãos, ou aberturas para luz, seja qual for a quantidade, altura e disposição, o vizinho poderá, a todo tempo, levantar a sua edificação, ou contramuro, ainda que lhes vede a claridade (parágrafo único do art. 1.302 do Código Civil). Como não se consideram essenciais à obra e nem afetam o valor do imóvel e a qualidade de vida do proprietário, podem ser afetados por edificação ou contramuro que venha a ser feito pelo dono do terreno limítrofe. Aliás, essa espécie de acontecimento faz parte do rol dos chamados ônus ou encargos de vizinhança, que impõem aos vizinhos o dever de suportar pequenos aborrecimentos e transtornos em nome da necessidade de preservar e disciplinar a convivência social.

A possibilidade de edificar ou construir contramuro em detrimento de vãos e aberturas de luz é ampla, não estando sujeita a qualquer limitação oriunda da sua quantidade, altura e disposição. Tampouco poderá ser questionada a situação sob o pretexto de que foi totalmente vedada a claridade até então recebida por intermédio daqueles espaços. O direito de edificar ou murar sobrepõe-se ao de ver assegurado o ingresso de luz pelas pequenas aberturas a esse fim destinadas; no choque entre dois valores, preferiu-se optar por aquele que maior proveito social apresenta.

Havendo violação de qualquer dos ditames acima indicados, o ofendido terá o lapso de ano e dia, contado da conclusão da obra, para adotar as providências cabíveis (art. 1.302 do Código Civil). Ele pode optar entre impedir que a obra tenha prosseguimento ou exigir que seja demolida, sem prejuízo da indenização das perdas e danos cuja existência demonstrar. Todavia, terá legitimidade para cumular essas pretensões sempre que a preservação dos trabalhos já desenvolvidos não for suficiente para impedir o devassamento da sua privacidade. Aplica-se à espécie, no que couber, o teor dos arts. 934 e seguintes do Código de Processo Civil, referentes à ação de nunciação de obra nova.

Transcorrido *in albis* o tempo oferecido ao lesado para que agisse, ele ficará proibido de edificar em seu próprio terreno sem atender às distâncias mínimas previstas na lei, isto é, metro e meio ou setenta e cinco centímetros da linha divisória dos prédios, de acordo com a situação concreta. Desse modo, a obrigação de respeitar a privacidade não desaparece apenas porque prejudicado deixou de exercer o direito de protestar contra a irregularidade cometida pelo vizinho, de maneira que as construções acaso projetadas por ele no futuro continuarão adstritas ao dever de respeito à privacidade e à intimidade alheias.

Na zona rural, não será permitido levantar edificações a menos de três metros do terreno vizinho (art. 1.303 do Código Civil). A zona rural, definida em sua localização e extensão pelo regramento de cada Município, ordinariamente oferece mais amplos espaços físicos, de vez que os imóveis têm dimensões superiores aos situados no perímetro urbano. Todavia, independentemente da área dos terrenos rurais confinantes, as edificações somente poderão ser feitas se observada a distância mínima de três metros da linha divisória, a fim de preservar a intimidade e a privacidade dos respectivos titulares. Note-se que a norma não cuida simplesmente de vedação à abertura de janelas ou à colocação de terraços, sacadas, eirados ou varandas a menos de três metros da fronteira; determina, isto sim, que nenhuma edificação será feita em distância inferior, tenha ou não aberturas para o território alheio.

Na aplicação da regra, nenhuma importância terão a natureza e a finalidade da edificação a ser realizada, pois tanto no caso de obras residenciais como na hipótese de construção de galpões, depósitos ou similares deverá necessariamente ser respeitada a distância mínima exigida. Os regulamentos administrativos, ou legislação especial, poderão aumentar a menor distância a ser observada a partir da linha divisória quando da edificação. Reduzi-la não, já que se está diante de princípio de ordem pública e, portanto, insuscetível de minimização por norma legal hierarquicamente inferior.

Desatendida a imposição da lei, poderá o lesado embargar a obra e postular o desfazimento da edificação. Terá legitimidade, ainda, para reclamar indenização das perdas e dos danos cuja existência for demonstrada. A solução final a ser dada pelo juiz sopesará as circunstâncias do caso e fatores como o valor das obras, o estágio em que se encontram, a extensão dos prejuízos causados ao vizinho, etc. A demolição, porque medida drástica, somente é de ser ordenada quando não houver outra forma menos rigorosa de solucionar a pendência. Não obstante, quem infringe a lei sabe que poderá sofrer sérias conseqüências, de maneira que ante a ausência de alternativa diversa caberá o desfazimento de toda a construção.

1.9.4. Construção e utilização de paredes divisórias

Existe cada vez mais acentuada preocupação com a disciplina das atividades de edificação em terrenos urbanos, haja vista a escassez de espaço físico, que afeta especialmente as cidades de médio e grande porte. Com o objetivo de melhorar a utilização de terrenos situados em localidades submetidas a regras de alinhamento das construções, o legislador permite que o dono traveje a parede do vizinho e nela coloque parte da sustentação da sua obra. É o art. 1.304 do Código Civil que contém essa previsão: *"Nas cidades, vilas e povoados cuja edificação estiver adstrita a alinhamento, o dono de um terreno pode nele edificar, madeirando na parede divisória do prédio contíguo, se ela suportar a nova construção; mas terá de embolsar ao vizinho metade do valor da parede e do chão correspondentes".*

Note-se que o madeiramento somente será possível quando se tratar de parede situada exatamente na fronteira entre os terrenos, ainda que erguida apenas no espaço alheio, ou seja, no limiar do território do imóvel que não pertence a quem deseja promover a colocação de trave. Não se permite, por óbvio, o travejar de paredes afastadas da linha limítrofe, sob pena de cometimento de turbação ou esbulho possessório, já que tal conduta invade de maneira nociva o espaço alheio e não tem a relevância social do procedimento aceito pelo legislador.

Promovido o madeiramento na parede divisória do prédio contíguo, o beneficiário ficará obrigado a pagar ao vizinho valor que corresponda: a) à metade do custo da parede; b) à metade do preço do espaço territorial ocupado por ela. Dessa maneira, passará a existir condomínio sobre a parede limítrofe, cabendo frações iguais dela a cada um dos envolvidos. Não se trata, portanto, de servidão, mas de condomínio que se submete às normas pertinentes ao instituto, oferecendo aos consortes os mesmos direitos sobre a coisa comum.

A possibilidade de colocar traves de sustentação na parede divisória dependerá da existência de condições técnicas para tanto. Caso a parede não suporte o peso da estrutura que nela o interessado pretende sustentar, será vedado madeiramento. Uma das soluções plausíveis, então, consistiria em levantar outra parede, encostando-a àquela já existente. Na verdade, a moderna tecnologia de edificações e a mudança da arquitetura urbana tornaram menos importante o instituto da *parede-meia*, que é como se denomina a parede submetida a regime condominial.

O confinante, que primeiro construir, pode assentar a parede divisória até meia espessura no terreno contíguo, sem perder por isso o direito a haver meio valor dela se o vizinho a travejar, caso em que o primeiro fixará a largura e a profundidade do alicerce (art. 1.305 do Código Civil). Regra básica do direito de propriedade consiste em atribuir ao dono a faculdade de dar à coisa o destino que quiser, observadas as normas em vigor. Não se admite que terceiro usurpe a propriedade imóvel alheia e nem que moleste o exercício da posse sobre a integralidade do território. Todavia, em atendimento às especiais circunstâncias que envolvem a questão das edificações situadas em zonas urbanas, permite-se a atuação do confinante sobre pequena parcela do terreno contíguo, o que se dá por meio do assentamento de parede divisória até meia espessura da propriedade vizinha.

Como prevê o dispositivo legal, o direito de assentar metade da espessura da parede limítrofe sobre o terreno alheio cabe àquele que primeiro construir. O interessado arcará com todas as despesas decorrentes da sua iniciativa, somente podendo pleitear indenização na hipótese de o vizinho travejar a parede edificada. Essa medida, porém, será aceita apenas se o alicerce e as condições da parede tecnicamente permitirem. Viável o travejamento, quem construiu a parede poderá reclamar da parte contrária o reembolso de metade do valor despendido na construção.

Nem sempre o travejamento será factível, tendo em vista a fragilidade da edificação, a falta de estrutura para suportar o peso e outras questões técnicas. Não sendo possível travejar a parede que pertence a um dos confinantes, e persistindo o interesse do vizinho em construir ao lado da obra já existente, deverá ser prestada caução. E, conforme estatuído no parágrafo único do art. 1.305 do Código Civil, a garantia terá de ser suficiente para assegurar a reparação de danos que acaso sobrevenham à construção anterior, desde que originados dos trabalhos de implantação do alicerce feito ao pé da divisória. Todavia, admite-se exegese extensiva da norma, para que a caução também possa cobrir quaisquer outros prejuízos causados ao vizinho pela atividade de edificação da nova parede.

A parede divisória de prédios pertence aos confinantes em quotas ideais idênticas. Logo, a cada um deles é facultado fazer uso da parede até meia espessura, pelo lado que tem face para os respectivos terrenos. Pressuposto essencial para a viabilidade da utilização acima referida, conforme explicitado no art. 1.306 do Código Civil, é que dela não resulte risco à segurança do prédio e das pessoas que o ocupam, e nem que coloque em perigo a separação dos imóveis, pois se isso acontecer ficará vedado o uso da parede-meia para outro fim senão o da própria divisão imobiliária.

Ao interessado em usar a parede limítrofe até meia espessura caberá avisar ao outro condômino acerca da intenção de efetuar obras. Isso tem por desiderato permitir ao dono do prédio contíguo a adoção das medidas que julgar pertinentes e que possam prevenir a ocorrência de danos ou transtornos, *v. g.*, retirada das obras de arte que estiverem dependuradas na parede.

Objetivando evitar que a parede-meia seja rompida, ocasionando o acesso indevido e prejudicial a determinadas instalações inseridas pelo lado do prédio contíguo (armário, *closet*, depósitos, etc.), o supracitado dispositivo veda a execução de obras da mesma natureza, até meia espessura da divisória, na parte oposta. Na realidade, essa regra tem incidência sobre quaisquer obras executadas na parede-meia, que coincidam com outras em algum ponto de sua localização, tendo em vista o objetivo de manter a separação e obstaculizar a comunicação dos prédios. Com isso evita-se, por exemplo, que dois armários acabem encontrando-se em suas respectivas porções posteriores, de vez que se ambos os proprietários decidirem utilizar a parede para nela fixá-los em meia espessura, ocorrerá o rompimento da separação física e a supressão da principal finalidade desempenhada pela parede, que é a de separar os prédios e delimitar o espaço de cada um. A proibição poderá ser contornada mediante autorização dada pelo dono das obras realizadas em primeiro lugar, eis que o direito ao isolamento dos prédios e das instalações feitas na parede-meia é disponível.

As necessidades relacionadas ao aproveitamento do imóvel podem reclamar do proprietário algum aumento na parede divisória. Em vista disso, o art. 1.307 do Código Civil autoriza qualquer dos confinantes a tomar a iniciativa de alteá-la, contanto que isso não cause prejuízo irremediável ao vizinho, seja de natureza econômica ou ligado à utilidade da coisa. Admite-se inclusive, nessa linha de raciocínio, o completo desfazimento da parede para subseqüente reconstrução, se imprescindível ao aumento pretendido (*v. g.*, reforço no alicerce ou estrutura, expansão da espessura, etc.). Em princípio, esta última providência, drástica em si mesma, não prescinde do consentimento do condômino, a menos que se trate de situação excepcional, como no caso de haver risco iminente de ruína. De toda sorte, convém seja buscada, ainda nessa hipótese, prévia autorização judicial.

O confinante que decidir alterar a parede divisória arcará com todas as despesas de execução, pois ao vizinho não poderão ser imputados gastos a que não deu causa. As despesas de conservação relativas à parede divisória também ficarão sob responsabilidade de quem a alteou. Porém, se o dono do imóvel limítrofe adquirir meação sobre a parte aumentada, suportará metade das despesas feitas para modificá-la, bem como com igual fração dos gastos de conservação de toda a parede, eis que terá demonstrado interesse em manter um regime condominial com o outro titular.

Caso ocorra desfazimento de parede que já se encontra sob regime de condomínio, as despesas de reconstrução serão inteiramente do proprietário que a promoveu. Isso não afeta o condomínio, que continuará incidindo sobre a parede até a altura original. Entretanto, se o vizinho quiser tornar-se condômino sobre a porção aumentada, pagará metade das despesas de construção e conservação.

Não é lícito encostar à parede divisória chaminés, fogões, fornos ou quaisquer aparelhos ou depósitos suscetíveis de produzir infiltrações ou interferências prejudiciais ao vizinho (art. 1.308 do Código Civil). A utilização da parede divisória não deve servir de fonte geradora de dificuldades, transtornos e riscos ao vizinho, pois então desbordará para uma das variantes do uso anormal e nocivo. As peculiaridades específicas de cada caso é que dirão qual o limite de atuação dos proprietários confinantes. Todavia, há elementos que por sua natureza carregam elevado potencial de lesividade e não podem ser encostados ou aproximados da estrutura divisória. É o que ocorre com chaminés especiais, fogões industriais, fornos de alta caloria, lareiras, depósitos de sal, etc.

A proibição excepciona equipamentos que, embora integrantes das referidas categorias, não submetam o prédio vizinho ao risco de infiltrações, rachaduras, corrosão, descolamentos, etc., mormente as chaminés ordinárias e os fogões de cozinha (parágrafo único). Todavia, se a colocação de tais equipamentos causar danos ou ameaçar de forma séria a segurança do patrimônio ou dos confinantes, poderão estes ajuizar demanda que objetive fazer cessar o risco (*v. g.*, ordenando a feitura de obras de proteção) e recompor os prejuízos já verificados.

A tutela do patrimônio, da segurança e da integridade do vizinho fundamenta o conteúdo da norma. Quem infringi-la estará sujeito à reparação de todos os danos causados, já que o simples fato de instalar tais artefatos configura atitude culposa e potencialmente lesiva. Por outro lado, o concreto risco de que ocorram prejuízos futuros pode ser escoimado por meio de ação cominatória, em que o proprietário lindeiro reclama do juiz que o segure da ameaça e fixe pena pecuniária para a hipótese de verificação dos danos, sendo-lhe viável também pleitear a indenização dos que acaso se consumarem.

1.9.5. Proteção ao suprimento de água

Em algumas ocasiões específicas do direito de vizinhança, o legislador prestigia o princípio da anterioridade de instalação, que consiste na atribuição de proteção ou preferência às pessoas que em primeiro lugar fizeram obras ou passaram a auferir proveitos advindos da natureza. Uma das hipóteses é a contida no art. 1.309 do Código Civil, pelo qual é proibida a execução de construções capazes de poluir ou inutilizar a água do poço ou nascente alheia, quando preexistentes e destinados ao uso ordinário das pessoas. A preexistência da captação de água em poço ou nascente serve de base para a invocação do direito de proteção contra edificações potencial ou concretamente causadoras de danos. Trata-se de dispositivo que reforça o conteúdo do Código de Águas (Decreto n. 24.643/34), que no art. 98 estabelece preceito com semelhante finalidade.

Toda conduta que importe em poluição das águas é vedada, implicando na incidência de sanções sobre os infratores, seja qual for a localização e a finalidade do líquido; porém, maior atenção ainda é dispensada às águas de uso ordinário, ou seja, aquelas que servem ao proprietário para aplacar a sede da família, para suprir as necessidades básicas de higiene e limpeza, etc. Construções como pocilgas, gaiolas, depósitos de lixo, esgotos e outras de caráter similar são terminantemente vedadas, salvo se feitas dentro de rigoroso controle técnico, de vez que põem em risco a qualidade da água e a sua capacidade de servir normalmente às pessoas. O prejudicado poderá requerer ao juiz que determine a demolição das obras feitas em desacordo com as normas sanitárias e regulamentos em vigor.

A captação de águas no mesmo lençol hídrico pelo dono de outro prédio não poderá reduzir o fluxo a ponto de tirar, daquele que primeiro fez uso do poço ou nascente, o líquido indispensável às suas necessidades normais (art. 1.310 do Código Civil), nisso abrangidas as da respectiva família e de todos os que até então se serviam do ponto de abastecimento. Cuida-se, novamente, de norma que prestigia o princípio da anterioridade da instalação.

Escavações ou obras poderão ser feitas pelo interessado quando apenas reduzirem o fluxo das águas captadas anteriormente por outrem, desde que isso não provoque insuficiência do manancial e conseqüente prejuízo às pessoas que dele se serviam até então. O objetivo do legislador não é impedir o acesso de terceiros à água, mesmo porque se trata de elemento a que todos devem ter direito em condições normais; tenciona-se, isto sim, evitar que a excessiva atividade de captação possa esgotar os recursos de quem anteriormente buscava no poço ou nascente o líquido que lhe supria as necessidades básicas.

1.9.6. Acesso ao imóvel vizinho

O acesso ao imóvel contíguo, por quem nele tenha fundado interesse em ingressar, é viabilizado pelo legislador em determinadas situações. Conforme posto no art. 1.313 do Código Civil, o proprietário ou ocupante do imóvel é obrigado a tolerar que o vizinho entre no prédio, mediante prévio aviso, quando verificada alguma das hipóteses elencadas nos seus incisos. Caso haja injusta negativa do dono ou possuidor, e restando assim impedido o ingresso no imóvel, o prejudicado poderá reclamar em juízo a observância e o respeito ao seu direito, de maneira que será assegurado o acesso por meio de ordem judicial expedida pela autoridade competente.

A primeira causa admitida pelo legislador como apta a gerar a prerrogativa de ingresso no prédio alheio diz respeito à necessidade de o interessado promover reparação, construção, reconstrução ou limpeza em sua casa ou no muro divisório (inciso I). Logo, se a casa ou o muro estiverem por ruir, ou precisarem urgentemente de conserto, o dono poderá entrar no território alheio com o objetivo de fazer os trabalhos imprescindíveis à conservação e aos reparos. Para tanto, ser-lhe-á permitido o acesso e facultada a permanência na estrita medida do tempo necessário, podendo introduzir no prédio os equipamentos, ferramentas e utensílios destinados à realização das atividades.

Não obstante a prerrogativa conferida, o interessado em ingressar no imóvel de outrem deverá abster-se de qualquer comportamento tido como abusivo, pois a tanto não chega o permissivo legal. Caso seja extrapolado o limite do razoável, poderá o dono do prédio utilizado coibir os excessos mediante ação cominatória, com pedido de concessão de liminar para imediata cessação dos atos ilídimos. Também ficará legitimado a pleitear a indenização dos prejuízos experimentados.

A retomada de coisas ou animais casualmente encontrados em território alheio é outro fundamento a embasar a pretensão de acesso por parte do dono ou ocupante do prédio limítrofe, a fim de resgatar aquilo que lhe pertence (inciso II). Nesse caso, o ingresso da pessoa será admitido durante o curto espaço de tempo necessário à recuperação da coisa ou animal. Eventual negativa em respeitar o direito de acesso autoriza o lesado a postular em juízo a expedição de ordem que assegure o cumprimento da lei.

São inúmeras as hipóteses enquadráveis na regra, *v. g.*, a fuga de animal de estimação, a bola que cai em território de outra pessoa, etc. Entretanto, as coisas e animais que podem ser buscados pelo dono são apenas os casualmente encontrados naquele local, e não outros porventura colocados no prédio em circunstâncias diferentes. Assim, não se pode pretender acesso ao imóvel vizinho para retomar objeto acerca do qual é travada disputa dominial, nem entrar no terreno alheio para buscar objeto sabidamente de terceiro.

O disposto nos dois incisos do art. 1.313 do Código Civil se aplica aos casos de limpeza ou reparação de esgotos, goteiras, aparelhos higiênicos, poços e nascentes e ao aparo de cerca viva (§ 1º). Tal elenco é meramente exemplificativo, devendo cada situação diversa ser analisada no plano concreto. Cumpre salientar que na hipótese do inciso II, qual seja, a de retomada de coisas e animais que casualmente se encontrem no terreno alheio, uma vez entregues ao respectivo titular poderá ser impedida a sua entrada no imóvel (§ 2º). Porém, em qualquer das situações, se do exercício do direito provier dano, terá o prejudicado direito a ressarcimento (§ 3º).

Parte III

DO CONDOMÍNIO

Capítulo 1

DO CONDOMÍNIO GERAL

1.1. Conceito

O direito de propriedade sobre determinada coisa é, no mais das vezes, exercido por apenas um titular. Daí a consagrada afirmação, feita desde os primórdios da regulação jurídica da propriedade, que ela tem caráter exclusivo. Pode-se afirmar que a origem de tal exclusividade foi o reconhecimento de que a titularidade do bem jurídico cabia a um só indivíduo. Contudo, essa máxima passou a ser relativizada, haja vista a dinâmica evolução das relações sociais e a necessidade de melhor aproveitar os recursos econômicos disponíveis. A experiência mostrava que o ser humano, isolado no seu esforço, não mais conseguia dar conta da imensa e complexa gama de atividades geradoras de riquezas. Com isso, ele passou a depender da conjugação de forças com outros indivíduos para chegar aos resultados que planejava.

Os direitos se tornaram passíveis de assenhoreamento por várias pessoas ao mesmo tempo, quadro que produziu a chamada *comunhão*. Essa nova realidade se projetou também para o âmbito do direito de propriedade, eis que inúmeras circunstâncias recomendavam a união de várias pessoas em torno da exploração dos bens. Idealizou-se, então, um mecanismo em que mais de um indivíduo se tornava proprietário de uma só coisa, fenômeno a que se deu o nome de *condomínio* ou *compropriedade*. Pode-se afirmar, destarte, que a comunhão é gênero e o condomínio é espécie, porque aquela abrange todas as situações de titularidade marcada por pluralidade subjetiva do direito real (*v. g.*, entre os usufrutuários de uma casa), ao passo que este importa na propriedade comum sobre coisas (*v. g.*, entre os donos de uma área de terras).

Afirmado o instituto, ainda faltava conciliá-lo com a natureza exclusiva da propriedade. Essa situação, porém, não contradiz e nem afronta o atributo da exclusividade, de vez que o direito de cada condômino, perante terceiros, incide na coisa como um todo. Entre os consortes, todavia, o direito individual sofre limitações e tem de ser exercido apenas na medida em que não afetar as prerrogativas alheias. Em assim sendo, o caráter exclusivo da propriedade comum continua existindo normalmente, de vez que frente a qualquer pessoa, excetuados os demais condôminos, cada indivíduo participante da relação jurídica exerce plenamente os atributos dominiais. As limitações impostas pelo instituto do condomínio somente se refletem no plano interno do liame jurídico, determinando a necessidade de respeito recíproco entre os condôminos, na medida da quota ideal que individualmente lhes cabe.

A propósito do que se expôs, é visível a opção do legislador brasileiro pela denominada teoria da propriedade integral ou total, construída por *Bustamante*, segundo a qual existe no condomínio apenas um direito, *"de maneira que cada condômino tem direito à propriedade sobre toda a coisa, sendo que o exercício desse direito é limitado pelos direitos dos demais consortes"* (*apud* Maria Helena Diniz, obra citada, p. 180). O critério de aferição da participação de cada consorte no todo é chamado de *fração ideal* ou *quota ideal*. Serve para indicar a amplitude da titularidade individual sobre a coisa, mas não tem essa finalidade frente a terceiros, já que perante eles cada condômino é dono da integralidade do bem e assim deve ser juridicamente tratado. *"Concede-se a cada consorte uma quota ideal qualitativamente igual da coisa e não uma parcela material desta; por conseguinte, todos os condôminos têm direitos qualitativamente iguais sobre a totalidade do bem, sofrendo limitação na proporção quantitativa em que concorrem com os outros comunheiros na titularidade sobre o conjunto"* (Maria Helena Diniz, obra citada, p. 181).

Todo condomínio, ao nascer, já traz consigo, em maior ou menor nível, a perspectiva de desfazimento. Embora seja tecnicamente considerado perpétuo, o direito de propriedade, quando submetido ao regime condominial, submete-se a fatores que podem desencadear o rompimento da sua estrutura muito mais facilmente do que ocorreria com a propriedade exercida sobre a coisa por um só indivíduo. Assim, por exemplo, o advento do termo estabelecido para a duração do condomínio é causa da sua extinção, o que não acontece com a propriedade, cuja permanência no tempo não se sujeita a essa modalidade extintiva.

1.2. Classificação do condomínio

Diversos são os critérios de classificação do condomínio, segundo os variados elementos que servem de substrato para o exame do instituto.

Quanto à origem, pode ser: a) voluntário ou convencional; b) incidente ou eventual; c) forçado, necessário ou legal.

Diz-se *voluntário* ou *convencional* quando tiver origem no ajuste de vontades dos cotitulares, que adquirem de maneira conjugada um bem e o distribuem livremente entre si por meio do estabelecimento de frações ideais abstratamente consideradas. Caso não o façam por modo expresso, presume-se que tenham querido destinar quotas individuais quantitativamente idênticas (*v. g.*, metade do imóvel para cada consorte). Via de regra, essa espécie decorre da celebração de negócio jurídico oneroso, sendo exemplo clássico a compra de um imóvel por diversas pessoas.

O condomínio será *incidente* ou *eventual* na hipótese de surgir em virtude de circunstâncias geradas pela vontade de terceiros e não pelo querer dos consortes. Estes se vêem inseridos no contexto fático e jurídico que origina a titularidade comum e dele não conseguem se afastar sem prejudicar a formação do condomínio. É o que acontece, por exemplo, quando os filhos do falecido, por força da saisina (art. 1.784 do Código Civil), tornam-se donos de tudo o que foi deixado pelo pai, submetendo-se ao sistema condominial até o momento da partilha do acervo. Também há igual fenômeno se o testador direciona uma coisa em legado para vários destinatários. O mesmo se verifica quanto alguém doa certa coisa a mais de um beneficiário, fazendo com que a aceitação da vantagem automaticamente estabeleça um condomínio entre eles.

Será *forçado, necessário* ou *legal* o condomínio instituído por determinação normativa baseada na impossibilidade de divisão cômoda da coisa. Exemplo disso é o que ocorre em relação aos muros e paredes divisórios, que, por disciplina do direito de vizinhança, pertencem aos titulares dos prédios limítrofes (art. 1.327 do Código Civil). Não há ingerência da vontade dos consortes e nem do querer de terceiros na formação do estado condominial, pois ele decorre única e exclusivamente de imposição do legislador, visando à preservação da harmonia nas relações sociais.

Quanto ao objeto, pode ser: a) universal; b) singular. Diz-se *universal* quando abarca os bens na sua totalidade, seja no concernente aos aspectos substanciais como secundários, nisso incluídos os frutos e os rendimentos que produzir (*v. g.*, na sucessão *causa mortis*, pois os herdeiros se tornam donos e possuidores de todo o acervo). É *singular* quando diz respeito apenas a certas coisas ou efeitos, sem abranger na íntegra os elementos circunstantes, *v. g.*, no condomínio estabelecido sobre paredes e muros divisórios, em que o regime não se estende aos prédios limítrofes, mas apenas aos artefatos que os separam.

Quanto à duração no tempo, pode ser: a) transitório; b) permanente. Considera-se *transitório* o condomínio que existe durante certo período ou até o advento de determinada ocorrência prevista na lei ou pela vontade das partes. Independentemente da menção prévia a algum evento extintivo, a espécie transitória pode ser desfeita a qualquer momento pela convenção. Exemplo: condomínio voluntário cuja instituição é feita para vigorar por cinco anos, de modo que a chegada do *dies ad quem* automaticamente promove a sua extinção. Por outro lado, é *permanente* quando se mantém intacto até que sobrevenha causa prevista em lei para o seu desaparecimento. Espécie permanente é só a legal, que tem apontados na norma os fatores de criação e de fenecimento.

Quanto à forma, pode ser: a) *pro diviso*; b) *pro indiviso*. Diz-se *pro diviso* o condomínio que apresenta indivisão de direito e divisão de fato. Nele, cada consorte sabe de antemão, no plano fático, qual é a localização física da sua quota na coisa submetida à propriedade conjunta. A comunhão se dá unicamente no âmbito jurídico, pois o consorte, individualmente considerado, tem exata ciência acerca da porção determinada e certa que lhe cabe no bem. O uso e gozo promovidos singularmente pelo indivíduo excluem a participação dos demais, embora todos se mantenham como titulares da propriedade. Exemplo: no condomínio de terras, os dois proprietários estabelecem, por acordo de vontades, uma linha divisória no território, de maneira que um deles ocupa o norte da área, cabendo ao outro o sul da mesma, como se no plano jurídico houvesse ocorrido — mas não aconteceu — a partilha da coisa. De banda diversa, é *pro indiviso* o condomínio que apresenta indivisão de direito e indivisão de fato. Todos os comunheiros se conservam em pleno uso e gozo da integralidade da coisa, sem exclusão de qualquer deles quanto a esta ou aquela porção física. Não há localização de áreas submetidas a exploração exclusiva por algum dos membros da comunhão. Trata-se da forma mais corriqueira de aproveitamento econômico de bens postos em condomínio.

1.3. Do condomínio voluntário

1.3.1. *Considerações preliminares*

Como referido, o condomínio *voluntário* ou *convencional* nasce do acordo de vontades dos interessados. Eles, deliberadamente, optam por criar o regime condominial sobre determinada coisa, passando a enfeixar, individualmente, todos os atributos dominiais (direitos de usar, fruir e dispor), respeitados os limites das prerrogativas conferidas por lei a cada um. Geralmente, a modalidade voluntária surge a partir da aquisição onerosa e conjunta do bem por mais de uma pessoa, ficando definidas, no título aquisitivo, as quotas individuais. Prevalece, no silêncio dos consortes, a presunção de que todos são titulares de frações ideais de mesma envergadura quantitativa. Em contraposição às faculdades alcançadas aos partícipes desse liame jurídico, o ordenamento estabelece deveres, tanto em relação a terceiros como no âmbito interno da estrutura condominial.

1.3.2. *Direitos básicos dos condôminos*

O *caput* do art. 1.314 do Código Civil explicita de forma precisa o mencionado quadro: *"Cada condômino pode usar da coisa conforme sua destinação, sobre ela exercer todos os direitos compatíveis com a indivisão, reivindicá-la de terceiro, defender a sua posse e alhear a respectiva parte ideal, ou gravá-la"*. A utilização não poderá desbordar da destinação normal da coisa, sob pena de restar caracterizado o abuso do direito, conduta passível de coibição por iniciativa dos consortes lesados. Dentro desse contexto, o uso não experimenta restrições, salvo no concernente ao fato de que os condôminos não podem excluir-se mutuamente do exercício das faculdades inerentes ao estado de indivisão. Exemplo: se há condomínio de uma fração de terras aráveis, a exploração pode dar-se em conjunto ou isoladamente pelos titulares, conforme for de seu interesse; nenhum deles poderá excluir qualquer outro do uso normal das terras, respeitada a extensão do direito individual sobre o todo.

Também é permitido aos consortes reivindicar a coisa de terceiro que com ela esteja injustamente. Trata-se de uma das mais contundentes prerrogativas atribuídas pela lei ao dono. A reivindicação pode ser promovida por vários condôminos ou por qualquer deles isoladamente, desde que em benefício do imóvel inteiro e não apenas da parte ideal do reivindicante; a iniciativa sempre aproveitará a todos, de vez que perante terceiros a faculdade é ampla e não sofre limitações. Cabe salientar que a ação reivindicatória nunca poderá ser proposta por um condômino contra o outro, porque todos eles participam da mesma relação jurídica como proprietários, não havendo lugar para um contexto fático indicativo das condições que viabilizam o ajuizamento da demanda.

A faculdade de reivindicar cabe ao herdeiro, pois, conforme disposto no parágrafo único do art. 1.791 do Código Civil, até a partilha, o direito dos co-herdeiros, quanto à propriedade e posse da herança, será indivisível, e regular-se-á pelas normas relativas ao condomínio. E, nos moldes do art. 1.827 do mesmo diploma normativo, o herdeiro pode demandar os bens da herança, mesmo em poder de terceiros, sem prejuízo da responsabilidade do possuidor originário pelo valor dos bens alienados. Por óbvio, admite-se a iniciativa conjunta dos herdeiros, mas é igualmente viável a isolada adoção da providência judicial reivindicatória por qualquer deles. Cumpre salientar que, nesse caso, todos serão alcançados pelos efeitos proveitosos da sentença.

Assim como ocorre no atinente à prerrogativa de reivindicação, a defesa da posse da coisa submetida ao regime condominial também pode ser feita por qualquer dos consortes contra terceiros, aproveitando a todos a iniciativa. Isso se dá por meio do desforço imediato (legítima defesa da posse) ou do emprego dos chamados interditos possessórios. E, ao contrário do que ocorre no caso de ação reivindicatória, as demandas possessórias podem ser ajuizadas por um condômino contra outro, desde que haja ameaça, turbação ou esbulho contra a posse legitimamente exercida em caráter individual pelos comunheiros. Sempre que houver irregular exclusão ou prejuízo à posse de um consorte, o lesado poderá ajuizar ação possessória contra o ofensor, valendo-se dos mesmos meios e soluções que lançaria contra estranhos. Isso alcança também as hipóteses de afrontas à posse que resulta do condomínio *pro diviso*, pois nele os membros da relação conjunta estão no exercício exclusivo da posse sobre porção certa da coisa, tendo o direito de nele permanecer.

O *jus abutendi*, ou direito de dispor, não é prejudicado pelo fato de existir condomínio sobre a coisa. A faculdade de alienar, conferida pela lei ao proprietário, é a característica dominial que mais fortemente revela o poder do indivíduo sobre o bem. No condomínio, embora existam regras específicas a disciplinar a alienação, os consortes podem desfazer-se gratuita ou onerosamente das respectivas partes ideais, ou seja, daquelas frações abstratas que lhes cabem na comunhão (*v. g.*, um quarto, vinte e cinco por cento, etc.). Incide na espécie o art. 504 do Código Civil, de que se extrai que não pode um condômino em coisa indivisível vender a sua parte a estranhos, se outro consorte a quiser, tanto por tanto. O condômino, a quem não se der conhecimento da venda, poderá, depositando o preço, haver para si a parte vendida a estranhos, se o requerer no prazo de cento e oitenta dias, sob pena de decadência. O direito de exercer preferência só tem lugar nas alienações a título oneroso, pois naquelas efetivadas gratuitamente o condômino tem absoluta liberdade para transmitir. Ademais, a preferência diz respeito apenas a frações de coisas indivisíveis, já que as divisíveis podem ser livremente transferidas.

Do mesmo modo, é permitido a cada consorte gravar a sua parte ideal, fazendo incidir sobre ela hipoteca, instituir bem de família e assim por diante. Vale aqui um antigo brocardo: quem pode o mais pode o menos. Se ao condômino é viável alienar, fica claro que se torna perfeitamente possível gravar a coisa. Observe-se, todavia, que a alienação ou o gravame não ultrapassará a parte ideal individualmente cabível ao agente, pois sobre as demais frações abstratas ele não terá ingerência alguma, haja vista que o seu direito é limitado pelo dos demais. A propósito, o § 2º do art. 1.420 do Código Civil estabelece que a coisa comum a dois ou mais proprietários não pode ser dada em garantia real, na sua totalidade, sem o consentimento de todos; mas cada um pode individualmente dar em garantia real a parte que tiver.

Nenhum dos condôminos pode alterar a destinação da coisa comum, nem dar posse, uso ou gozo dela a estranhos, sem o consenso dos outros (parágrafo único do art. 1.314 do Código Civil). Isso é creditado ao fato de que os condôminos se devem respeito recíproco no que pertine ao uso da coisa comum. A destinação normal que tem precisa ser observada por todos, somente podendo sofrer alteração por meio de manifestação de vontade dos interessados. O uso que o comunheiro tenciona dar à respectiva parte ideal deve guardar relação com a destinação normal da coisa.

Pode ser obstaculizada pelos demais consortes qualquer iniciativa que infrinja esse ditame. Assim, se o prédio urbano se presta para moradia, não será admitido que um dos consortes nele faça funcionar comércio ou casa de diversões sem o consentimento dos demais. Para impedir que o co-proprietário execute alguma obra com prejuízo ou alteração da coisa comum, o prejudicado tem legitimidade para intentar ação de nunciação de obra nova (art. 934, II, do Código de Processo Civil), sendo-lhe permitido, também, que, isolada ou cumulativamente, deduza pleito cominatório e demolitório.

O legislador permite que o condômino utilize a coisa de acordo com a sua destinação, sendo inexigível para tanto prévia autorização dos outros interessados. Mas, sempre que ele quiser dar posse, uso ou gozo do bem a terceiro, terá de obter previamente a aquiescência dos pares, pois sem isso a conduta será passível de desfazimento por iniciativa de quem se sentir prejudicado. O referido assentimento não reclama forma especial, bastando que seja demonstrado por algum dos meios admitidos em direito.

Importa observar que o uso exclusivo do bem por um dos consortes, com permissão dos demais, pode ser feito a título gratuito (*v. g.*, comodato) ou oneroso (*v. g.*, locação). Prevalecerá, no silêncio dos contratantes e não havendo prova em sentido oposto, a idéia de que deve ser pago aluguel, cuja fixação se dará em juízo, à falta de acordo entre os interessados. De banda diversa, o co-proprietário tem legitimidade para, isoladamente, propor ação de despejo contra o locatário da coisa comum, nos casos previstos em lei. Também lhe é dado notificar o comodatário e retomar judicialmente a coisa emprestada, ainda que sem a participação dos outros consortes, sempre que estiver presente alguma das situações que ensejam a adoção da medida.

1.3.3. Concurso nas despesas e ônus

O condômino é obrigado, na proporção de sua parte, a concorrer para as despesas de conservação ou divisão da coisa, e a suportar os ônus a que estiver sujeita (art. 1.315 do Código Civil). Como todos os consortes são donos, é obrigação comum o pagamento das despesas feitas para conservar ou dividir a coisa. A contribuição individual corresponderá à parte ideal que ao condômino couber; logo, se for de um terço a participação na propriedade, com idêntica quota o interessado contribuirá quando do rateio dos gastos necessários à conservação da coisa. O mesmo vale para o caso de divisão, que nada mais é do que o procedimento destinado a pôr fim à indivisão jurídica, identificando fisicamente a propriedade de cada um. Isso geralmente acarreta uma série de gastos, como despesas processuais, honorários de técnicos, etc., que serão fracionados de acordo com a quota singular dos consortes no todo.

Também são comuns, e, destarte, suscetíveis de partição na proporção das quotas, os ônus tributários (*v. g.*, imposto sobre a propriedade territorial) securitários (*v. g.*, seguro do prédio contra incêndio), previdenciários (*v. g.*, contribuições dos empregados) e todos os demais que, não submetidos a disciplina especial, interessarem aos membros do regime condominial.

O título constitutivo do condomínio, ou instrumento afim, funciona como elemento de identificação das quotas cabíveis individualmente aos comunheiros. Nada impede que a participação de um seja maior do que a dos demais; porém, se nenhuma referência houver à desigualdade de partes ideais, presume-se que tenham a mesma dimensão. A propósito, o parágrafo único da supracitada norma aduz expressamente: "*Presumem-se iguais as partes ideais dos condôminos*". Como visto, a presunção é apenas relativa, mas para que sucumba faz-se mister a apresentação de prova inequívoca em sentido contrário.

Tratando-se de condomínio em prédios de apartamentos residenciais, os gastos de natureza trabalhista ficam submetidos ao mecanismo idealizado pelo art. 3º da Lei n. 2.757, de 23 de abril de 1956, segundo o qual os condôminos responderão, proporcionalmente, perante empregados porteiros, zeladores, faxineiros e serventes, pelas obrigações previstas nas leis trabalhistas, inclusive as judiciais e extrajudiciais. Como se vê, o sistema estabelecido é semelhante àquele aplicável à distribuição dos encargos elencados no art. 1.315 da codificação civilista.

Ainda quanto às despesas e dívidas comuns, atinentes à conservação ou divisão da coisa, e aos ônus a que estiver sujeita, o legislador prevê que o condômino pode eximir-se do seu pagamento, renunciando à parte ideal (art. 1.316 do Código Civil). Ao invés de continuar no condomínio, o consorte pode renunciar à respectiva parte ideal e com isso livrar-se dos encargos econômicos acima referidos. Abdicando das prerrogativas dominiais, o renunciante deixa a relação jurídica e nenhuma ingerência terá daí em diante sobre os destinos da comunhão, que passará a vigorar apenas entre os co-proprietários remanescentes.

A renúncia terá de ser feita por escritura pública e levada a registro, se disser respeito a imóvel. A medida registral confere ao ato oponibilidade *erga omnes*. No caso de móvel, basta que haja manifestação inequívoca do agente, com observância da mesma forma pela qual foi instituído o condomínio (*v. g.*, renúncia por escrito se o liame teve início por meio de escritura particular).

A abdicação não livra o renunciante de arcar com encargos outros que, embora relativos à coisa comum, legalmente importam em comprometimento pessoal e que por isso atingem o patrimônio individual depois da retirada. É o que acontece, por exemplo, quando o condômino funciona como avalista de débito assumido pelo condomínio junto a determinada instituição financeira. Obviamente, a relação negocial acessória, porque gerada apenas entre quem prestou o aval e o credor, não desaparece ante eventual renúncia que se refira à fração ideal.

Ocorrendo a renúncia, os consortes remanescentes podem optar por uma das seguintes condutas: a) assumir as despesas e dívidas correspondentes à parte ideal do renunciante; b) não assumir as despesas e dívidas. Na primeira hipótese, a renúncia aproveitará aos que decidirem suportar os encargos, de maneira que a parte ideal do renunciante será distribuída entre os responsáveis pela assunção, na proporção dos pagamentos que fizerem (§ 1º). Logo, se eram três os condôminos em partes iguais e um deles renunciou, o respectivo terço dominial será distribuído entre os dois consortes remanescentes que assumiram os ônus, de acordo com o conteúdo dos pagamentos por eles feitos.

Se os condôminos remanescentes não assumirem os encargos correspondentes ao consorte renunciante, a renúncia não lhes será proveitosa. Nesse caso, a coisa comum será dividida (§ 2º). A partilha se dará conforme estabelecido no título constitutivo, ou, no silêncio deste, segundo a presunção de igualdade de partes. Quanto à fração que caberia ao renunciante, responderá pelas despesas e dívidas a ela atinentes. Se ainda assim sobejar algo, será distribuído entre os antigos consortes, com exclusão do renunciante, pois quem renuncia não mais tem qualquer direito sobre a coisa.

Sendo impossível física ou juridicamente a divisão, e havendo renúncia de um dos consortes sem assunção dos ônus pelos demais, a coisa comum será levada à venda. O produto assim obtido partilhar-se-á entre os condôminos remanescentes, depois de efetuados os pagamentos das despesas e dívidas referidas no art. 1.315 do Código Civil.

Quando a dívida houver sido contraída por todos os condôminos, sem se discriminar a parte de cada um na obrigação, nem se estipular solidariedade, entende-se que cada qual se obrigou proporcionalmente ao seu quinhão na coisa comum (art. 1.317 do Código Civil). O condomínio aproveita e obriga a todos os integrantes, nos limites em que instituído. É possível que dívidas relacionadas à conservação ou divisão da coisa comum, bem como outras de interesse do condomínio, sejam contraídas pelos pares em conjunto, ou então separadamente em nome do grupo.

Tendo sido contraída dívida conjuntamente pelos consortes, cada um ficará obrigado a saldar parcela correspondente ao seu quinhão na coisa comum. Assim, se a fração é de um quarto, o consorte suportará vinte e cinco por cento da dívida total. Pagando o valor que deve, ficará totalmente liberado, sendo vedado ao credor exigir-lhe o cumprimento da parcela do débito que tem de ser adimplida por outro.

Faculta-se aos condôminos discriminar a parte de cada um na obrigação, estipulando ou não solidariedade entre si. Caso isso ocorra, prevalecerá a vontade emitida quando do surgimento do débito, não existindo espaço para a incidência da regra concernente ao pagamento proporcional com base no quinhão individual. Salienta-se, todavia, não ser possível inferir solidariedade por presunção, nem cobrar dos devedores porção maior do que aquela pela qual se houverem obrigado expressamente.

Em determinadas circunstâncias as dívidas contraídas por um só condômino serão, ao final, partilhadas entre todos, embora inicialmente tenham de ser adimplidas por quem as assumiu pessoalmente. Esse fenômeno acontece quando, por iniciativa isolada, o co-proprietário gera dívidas em proveito da comunhão (art. 1.318 do Código Civil). Exemplo: para evitar a ruína do prédio, um dos donos custeia trabalhos de recuperação. Depois de pagar ao credor, o consorte poderá exigir dos demais o reembolso dos valores despendidos. Isso se faz por meio de ação ordinária própria, destinada a assegurar o exercício do direito regressivo decorrente da norma em análise. Cada condômino terá então de entregar ao *solvens* valor proporcional ao quinhão que tiver na coisa comum, eis que tal será o proveito individual granjeado em virtude do débito contraído para conservar a coisa, promover a divisão, etc.

O credor poderá exigir o pagamento da dívida apenas daquele condômino que a contraiu, sendo parte ilegítima para figurar em eventual demanda qualquer outro consorte. O que a lei assegura é tão-somente o direito de ser pleiteado o reembolso, pelo comunheiro que pagou, junto aos pares em cujo proveito se constituiu o débito. A solução oferecida pelo legislador tem por desiderato vedar o enriquecimento sem causa e combater o locupletamento ilídimo, males que se concretizariam irremediavelmente caso apenas um dos comunheiros suportasse inteiramente o peso de uma dívida que a todos beneficiou.

1.3.4. Responsabilidade por frutos e danos

O art. 1.319 do Código Civil disciplina a questão atinente às vantagens produzidas pela coisa submetida a condomínio e que não foram auferidas pela totalidade dos membros. A norma também se ocupa de apontar a responsabilidade advinda da provocação de danos, por qualquer dos consortes, à coisa comum. O texto legal afirma que cada condômino responde aos outros pelos frutos que percebeu da coisa e pelo dano que lhe causou.

Sabe-se que todos os condôminos são igualmente titulares da prerrogativa de usar a coisa comum da maneira mais conveniente, contanto que respeitados os direitos dos outros consortes e a sua destinação normal. Caso apenas um — ou alguns — dos pares utilize a coisa e dela aufira frutos, terá de prestar contas aos consortes e alcançar-lhes parte dos proveitos, em correspondência à fração ideal que a eles individualmente couber. Exemplo: se as quotas singulares forem de um quinto, cada comunheiro poderá reclamar vinte por cento dos frutos produzidos pela coisa.

O direito à percepção dos frutos não se limita àqueles produzidos em espécie, nem depende da concreta geração de recursos materiais pela coisa. Tanto isso é verdade que o fato de um dos condôminos utilizar o bem para benefício pessoal ou da família e sem produção de ganhos (*v. g.*, usar a casa como moradia, ou o galpão como depósito) faz com que tenha de indenizar os demais na proporção das respectivas quotas, tomando por base o valor que seria obtido a título de aluguel se o imóvel fosse locado a estranho. A obrigação econômica passa a existir desde a data em que tem início o aproveitamento do bem, não se condicionando à feitura de prévia notificação ou à citação do interessado. O que a norma pretende é disciplinar a distribuição de qualquer proveito de caráter econômico oriundo da coisa comum, eis que sobre ela todos os condôminos têm direito.

Pelos danos à coisa responde o condômino que os causou, sejam ou não originados do seu uso normal. Salienta-se, todavia, que apenas há responsabilidade pelos prejuízos dolosa ou culposamente ocasionados, não sendo abrangidos aqueles decorrentes de caso fortuito, força maior ou natural afetação da coisa. Como ela pertence a todos, o dever de zelo pela sua integridade incide sobre cada consorte em particular; sobrevindo danos, impõe-se ao agente provocador a obrigação de compô-los cabalmente. Sendo inviável a reparação direta dos danos mediante recuperação da coisa atingida (*v. g.*, substituição dos vidros do prédio, culposamente quebrados), poderão os lesados exigir do comunheiro responsável a indenização dos prejuízos, em correspondência com as respectivas partes ideais.

1.3.5. Divisão da coisa comum

Como se sabe, o condomínio geralmente é um estado jurídico transitório e que deixa entrever a perspectiva do seu término. Aos integrantes do regime é dado extingui-lo amigavelmente, caso sejam maiores e capazes. Isso se faz por escritura pública, a ser registrada junto ao cartório competente do local de situação da coisa, já que o art. 1.321 do Código Civil determina a aplicação das regras da partilha de herança (arts. 2.013 a 2.022 da codificação) à divisão do condomínio. Mas será sempre judicial o desfazimento se os consortes divergirem, assim como se algum deles for incapaz.

O *caput* do art. 1.320 do Código Civil estabelece que a todo tempo será lícito ao condômino exigir a divisão da coisa comum, respondendo o quinhão de cada um pela sua parte nas despesas da divisão. Extingue-se judicialmente o condomínio voluntário por meio da chamada *ação de divisão* (arts. 949 a 949 e 967 a 981 do Código de Processo Civil), que tem por objetivo atribuir a cada consorte a sua fração no todo, em correspondência às respectivas partes ideais.

Trata-se de demanda imprescritível, podendo ser ajuizada a todo tempo por qualquer dos comunheiros, nas hipóteses em que cabível a iniciativa, independentemente de consenso ou aquiescência dos demais. Nem todo condomínio pode ser extinto pela ação de divisão, haja vista que em certas situações a lei, a vontade das partes ou fator jurídico diverso impede o desfazimento da comunhão formada. Assim, por exemplo, o imóvel rural não é divisível em áreas de dimensão inferior à constitutiva do módulo de propriedade rural (art. 65, *caput*, da Lei n. 4.504, de 30.11.64, Estatuto da Terra). O mesmo vale para unidades imobiliárias urbanas cuja partição física é impossível ou desvirtua o uso, a finalidade, a integridade funcional ou estética, põe em risco a estrutura, deprecia consideravelmente cada uma das pretendidas frações, etc. A faculdade de dividir a coisa não é absoluta, ficando permanentemente jungida ao dever de respeito às limitações conjunturais, econômicas, físicas ou relacionadas à natureza do bem, a serem analisadas individualmente, nos casos concretos levados a juízo.

Embora imprescritível a faculdade de dividir a coisa comum, quando existir posse *ad usucapionem* exclusiva de um dos consortes, em detrimento dos demais e com preenchimento dos requisitos elencados no ordenamento jurídico, haverá aquisição dominial por usucapião. Essa circunstância inviabiliza a tentativa de divisão. Afinal, pressuposto básico da iniciativa divisória é a existência de domínio sobre a coisa, de maneira que, já se tendo operado a chamada prescrição aquisitiva, deixam os antigos condôminos de ser titulares da propriedade, passando ela a concentrar-se por inteiro na esfera jurídica do sujeito beneficiado pelo usucapião. Em vista do exposto, também nos casos em que terceiro consuma a aquisição dominial com fundamento na posse *ad usucapionem* torna-se inviável o ajuizamento de ação de divisão, face à ocorrência de perda da titularidade da coisa pelos outrora comunheiros.

A sentença proferida em ação de divisão não atribui a propriedade ao autor, limitando-se a declarar o direito cabível a cada consorte, e, sendo o caso, localizar fisicamente as respectivas porções individuais. Não obstante, admite-se que preliminarmente ao julgamento do mérito seja decidida a questão atinente à titularidade de cada condômino sobre a coisa. Isto porque, conforme ressaltado alhures, o domínio é pressuposto básico para a viabilidade da divisão. Caso terceira pessoa alegue ser proprietária e esteja na posse da coisa, caberá ao condômino ajuizar, antes de partir para a divisão, lide reivindicatória com vistas à sua recuperação. Superada essa fase e retomado o imóvel, poderá o interessado discutir a divisão junto aos outros comunheiros.

É importante destacar que as conseqüências da sentença retroagem à data do início da comunhão, pois dotada de eficácia *ex tunc*. Por outro lado, o art. 167, I, n. 23, da Lei n. 6.015/73 diz que será feito, no Cartório de Registro de Imóveis de localização do bem, o registro dos julgados e atos jurídicos entre vivos que dividirem imóveis ou os demarcarem inclusive nos casos de incorporação que resultarem em constituição de condomínio e atribuírem uma ou mais unidades aos incorporadores. Desse ato é que resulta a oponibilidade *erga omnes* da decisão judicial proferida.

É lícito aos interessados estabelecer que a indivisibilidade convencional persistirá durante certo período, não superior a cinco anos (§ 1º do art. 1.320 do Código Civil). Tal manifestação volitiva faz lei entre as partes, impedindo o fracionamento da propriedade e a criação de porções dominiais independentes. Transcorrido o tempo demarcado pelos consortes, a propriedade voltará a ser passível de divisão, exceto quando existir causa jurídica diversa a obstaculizar a iniciativa.

O prazo de duração da indivisibilidade pode ser prorrogado por tantos períodos seqüenciais ulteriores quantos forem convenientes, desde que individualmente não ultrapassem um lustro. Sendo avençado maior espaço de tempo no contrato, automaticamente haverá redução ao máximo permitido em lei. A limitação legal objetiva evitar que as partes fiquem atreladas por muito tempo ou indefinidamente ao condomínio, que em sua gênese foi idealizado para ser transitório.

Admite-se que nas liberalidades *inter vivos* (doação) ou *causa mortis* (testamento) seja estabelecida pelo doador ou testador, com prazo certo de duração não superior a cinco anos, a indivisão da coisa (§ 2º). No silêncio da manifestação volitiva a respeito do tempo de vigência daquele estado, entender-se-á que o autor da liberalidade pretendeu fixá-lo pelo período de cinco anos. O mesmo ocorrerá se no instrumento o agente estabelecer interregno superior ao máximo permitido, pois então haverá redução automática para adequação ao qüinqüênio normativo.

A indivisão convencional e a decorrente de testamento ou doação vinculam as partes no que diz respeito à sua permanência no tempo, mas não são absolutamente infensas a alterações. Existindo razões graves a justificarem a abertura de exceção, poderá o juiz acolher o pedido formulado por qualquer interessado e determinar a divisão da coisa antes de transcorrido o prazo de duração fixado pelos condôminos, e mesmo que contra isso se insurja algum deles (§ 3º).

Estão juridicamente legitimados a promover a medida os próprios condôminos ou terceiros estranhos à relação dominial, como, por exemplo, os credores dos consortes, os cessionários dos direitos sobre fração da coisa, a Fazenda Pública e assim por diante. Todavia, somente ocorrerá a quebra da indivisão do bem sob condomínio quando existir motivação jurídica séria e robusta, e desde que as circunstâncias indiquem a presença de maiores vantagens (jurídicas, morais, de ordem pública, etc.) do que prejuízos na adoção da providência.

1.3.6. Venda da coisa indivisível

Consideram-se indivisíveis as coisas que não admitem fracionamento sem prejuízo de sua substância e autonomia como um todo perfeito, ou que, embora naturalmente divisíveis, não se podem fracionar por força da vontade das partes ou da lei. Nessas hipóteses, a forma adequada de extinção do condomínio não consiste, obviamente, na propositura de ação de divisão, porque inadequado o instrumento. A solução, quando isso acontecer, passará por uma das alternativas seguintes, elencadas no *caput* do art. 1.322 do Código Civil: a) adjudicação amigável da coisa a um só dos condôminos, mediante pagamento, aos demais, de indenização correspondente ao valor das respectivas partes ideais; b) venda amigável ou judicial da coisa com partilha do preço.

A iniciativa de pleitear em juízo a venda da coisa comum é imprescritível e poderá partir de qualquer dos condôminos, bastando a vontade de um só para que isso ocorra. Ainda que os outros consortes pretendam manter o estado de indivisão, o juiz atenderá àquele que se manifestar favorável à venda e determinará que se a promova. Quando da oferta ao público, em condições iguais de valores terá preferência o condômino ao estranho; entre os condôminos, em igualdade de ofertas, preferirá aquele que tiver feito na coisa benfeitorias mais valiosas. Se ainda assim não se puder definir quem ficará com a coisa, a prioridade será do consorte que tiver maior quinhão. O valor arrecadado com a venda será distribuído aos comunheiros em conformidade com as frações ideais de cada um, após deduzidas as despesas feitas em razão do processo e dos atos de alienação.

Se nenhum dos condôminos tem benfeitorias na coisa comum e participam todos do condomínio em partes iguais, realizar-se-á licitação entre estranhos e, antes de adjudicada a coisa àquele que ofereceu maior lanço, proceder-se-á à licitação entre os condôminos, a fim de que a coisa seja adjudicada a quem afinal oferecer melhor lanço, preferindo, em condições iguais, o condômino ao estranho (parágrafo único do art. 1.322 da codificação). A idéia básica do legislador é oportunizar, quando da divisão, e tanto quanto possível for, a permanência da coisa sob domínio de um dos antigos condôminos.

Inobservada a preferência prevista na lei, o prejudicado poderá haver em juízo para si a coisa, mediante depósito da quantia pela qual foi vendida a outrem, eis que passível de resolução o negócio realizado. A iniciativa deverá ser tomada no prazo de cento e oitenta dias, sob pena de decadência e consolidação da venda, por força do disposto no art. 504 do Código Civil.

1.3.7. *Administração do condomínio*

O condomínio reúne pessoas, por vezes com objetivos e vontades diferentes e até mesmo conflitantes, em torno de determinada coisa. A organização desse grupo, geralmente heterogêneo, é fundamental para o adequado desenvolvimento das atividades a que se propõe. Daí a necessidade de que se discipline juridicamente o mecanismo de administração condominial, por meio de normas aptas a harmonizar os múltiplos interesses em jogo. É certo que não pode prevalecer a vontade arbitrária de uns sobre os outros, pois isso representaria o caos nas relações travadas entre os integrantes do condomínio. Destarte, o sistema de deliberação por decisão da maioria é o que mais se aproxima do ideal, tendo sido adotado pelo legislador pátrio.

Aos condôminos é dado promover as mais amplas e diversas deliberações acerca do destino a ser conferido ao bem, assim como às atividades a ele relativas. Podem, inclusive, no exercício dos direitos inerentes à propriedade (usar, fruir e dispor), decidir pela exploração direta, venda, locação, constituição de direito real sobre a coisa comum, etc. A venda poderá ser feita mediante pedido judicial de um só interessado, se não realizada de forma amigável.

Havendo interesse em locar a coisa comum, o condômino terá preferência para figurar como locatário em detrimento de estranhos (segunda parte do art. 1.323 do Código Civil), sopesadas a circunstância de já estar investido de extensos poderes dominiais sobre a coisa e a conveniência de conservar com um dos titulares a posse direta. Todavia, essa prioridade legal somente existirá se o condômino oferecer vantagens iguais ou superiores ao terceiro que pretende locar a coisa, pois se este apresentar melhores condições não haverá qualquer primazia do consorte. Se a disputa pela condição de locatário ocorrer apenas entre os comunheiros, aquele que oferecer maiores vantagens pecuniárias ao grupo será o vencedor.

Caso os consortes optem por manter a comunhão e conferir a um dentre eles, ou a estranho, a administração, a maioria decidirá a quem caberá a tarefa (primeira parte do art. 1.323 do Código Civil). A vontade assim externada fará lei entre as partes e obrigará a todos indistintamente, facultando-se que a indicação do administrador recaia diretamente sobre terceiro não pertencente à relação dominial, sem que aos condôminos irresignados assista o direito de descumprir a decisão regularmente tomada.

Presume-se onerosa a administração, salvo quando inequivocamente restar patenteado o contrário. O administrador poderá inclusive reclamar em juízo a contraprestação pecuniária do mister desempenhado, se não for pago ou não tiver ocorrido a estipulação convencional do *quantum*. Por outro lado, o administrador deverá prestar contas da sua atuação, respondendo por perdas e danos culposamente causados aos condôminos ou à coisa.

Os trabalhos de administração da coisa comum, quando executados por um dos condôminos sem que haja deliberação e indicação de administrador, serão considerados desempenho de mandato tácito. A iniciativa unilateral do comunheiro, que toma para si tarefas de administração e não sofre qualquer espécie de oposição dos demais, torna-o representante comum por presunção (art. 1.324 do Código Civil). Diante disso, as medidas que adotar obrigarão a todos, contanto que limitadas a atos de mera administração ordinária, *v. g.*, conservação, venda de produtos e frutos, aquisição de insumos, etc. O representante comum não poderá, portanto, alienar a coisa, cedê-la, locá-la ou entregá-la em uso a outrem sem o consentimento dos consortes, pois isso desborda dos poderes inerentes ao mandato tácito.

O ato de administrar, ainda que acompanhado do exercício exclusivo da posse, não atribuiu ao administrador, por si só, uma posse capaz de gerar usucapião. Afinal, este reclama a implementação de rigorosos pressupostos, entre os quais a inércia absoluta de quem poderia contestar a posse, ou seja, a total omissão dos demais consortes. Na espécie, o que se tem é a aceitação implícita dos condôminos, por escolha expressa ou mera tolerância, quanto à administração exercida por um deles, o que está longe de caracterizar posse *ad usucapionem*.

Conforme salientado, o administrador indicado por deliberação da maioria faz jus à percepção de contraprestação econômica pelo trabalho realizado. Já o representante comum, que assim é considerado por iniciativa individual de administração e ausência de oposição dos demais condôminos, não terá direito a remuneração alguma, exceto se isso for posteriormente acordado junto àqueles. Seus serviços são gratuitamente executados, fato que não o exime de prestar contas de todos os atos aos comunheiros. Dando causa a prejuízos, ficará obrigado a repará-los segundo as regras gerais da responsabilidade civil.

As deliberações acerca da administração, locação, comodato e outras medidas relacionadas à coisa comum serão obrigatórias e tomadas por maioria absoluta, apurada esta segundo o valor dos quinhões, e não pelo número deles ou de consortes (art. 1.325 e § 1º do Código Civil). Maioria absoluta, portanto, é a resultante da obtenção de votos, favoráveis a determinada proposta, representativos de mais da metade do valor total dos quinhões, independentemente do número de condôminos e de quantos houverem tido assento na assembléia. O caráter obrigatório das decisões não significa que seja inviável questioná-las em juízo, pois toda lesão ou ameaça a direito poderá ser levada a exame do Poder Judiciário (art. 5º, XXXV, da Constituição Federal).

Do exposto, percebe-se que, não obstante seja expressiva a quantidade de comunheiros, considerar-se-á alcançada a maioria quando o somatório dos quinhões cujos titulares forem acordes ultrapassar a metade do valor total da coisa comum. É possível, então, que uma só pessoa concentre frações bastantes para decidir pelo todo, o que ocorrerá sempre que tiver mais da metade do volume que compõe o condomínio.

Havendo decisão por maioria simples, ou seja, aquela resultante da obtenção de votos favoráveis de mais da metade do valor dos quinhões pertencentes aos condôminos presentes à reunião deliberativa, inexistirá força coercitiva automática a obrigar os comunheiros, tenham ou não participado da assembléia. Há, todavia, uma exceção à regra. Feita deliberação que não atinja a maioria absoluta, poderá qualquer condômino pedir ao juiz que a torne de observância obrigatória, após serem ouvidos os demais consortes (§ 2º). Esse efeito somente será reconhecido pelo julgador se houver fundada razão para que isso ocorra, e desde que venha em proveito da comunhão. É o caso, por exemplo, da premente necessidade de realização de obras visando à conservação da coisa, sem que exista deliberação favorável da maioria absoluta dos condôminos. A oitiva dos outros interessados é medida impositiva; preterida, acarretará a nulidade da manifestação judicial que acolher a pretensão deduzida no sentido da atribuição de coercitividade à decisão tomada por maioria simples.

A existência de dúvida quanto ao valor do quinhão pode interferir nocivamente sobre a legitimidade e eficácia das deliberações tomadas pelos condôminos. É oportuno que, ante situação duvidosa dessa natureza, seja delimitada a extensão econômica do quinhão por meio de decisão judicial (§ 3º), pois com ela ficará sacramentado o valor da parte ideal do consorte, com importantes repercussões no que diz respeito às deliberações relativas ao destino e à administração do condomínio. A pedido do interessado e com citação dos outros consortes, o juiz examinará o tema e proferirá decisão com base nas provas carreadas, valendo-se, caso necessário, do resultado de perícia técnica cuja realização tenha ordenado.

Quanto aos frutos produzidos pelo bem submetido a condomínio, aplica-se o teor do art. 1.326 do Código Civil: *"Os frutos da coisa comum, não havendo em contrário estipulação ou disposição de última vontade, serão partilhados na proporção dos quinhões"*. É preciso observar, primeiramente, que a vontade dos condôminos tem força bastante para definir a participação individual nas vantagens emergentes da coisa comum. Nada impede que o consorte de menor quinhão receba mais, se para tanto houver aquiescência dos demais comunheiros. Porém, para que isso aconteça deverá haver manifestação volitiva de todos, pois se assim não for os frutos serão partilhados na proporção dos quinhões, de maneira que a cada condômino caiba quantidade e valor correspondentes à sua participação ideal no todo (art. 1.326 do Código Civil).

Conforme permite concluir a supracitada norma legal, a estipulação capaz de gerar partilha dos frutos sem equivalência com os quinhões individuais não tem origem apenas na vontade dos condôminos, embora essa seja uma das principais causas de sua existência. O mesmo efeito produz, por exemplo, a estipulação feita pelo doador de imóvel ou pelo testador, a quem é dado fixar livremente o mecanismo de partição dos frutos da coisa comum entre os condôminos.

1.4. Do condomínio necessário

É necessário o condomínio cuja existência deita raízes em determinação da lei. Ele provém de especiais situações descritas pela norma, tendo por desiderato evitar e prevenir litígios entre os indivíduos que se enquadram naquelas previsões. A sua permanência no tempo é ditada pela manutenção do estado de fato que deu causa à instalação do regime condominial. Logo, durará o condomínio enquanto persistir intacto o quadro, mencionado na lei, que ocasionou o seu surgimento.

Um dos quadros fáticos geradores de condomínio necessário diz respeito a paredes, cercas, muros e valas que estremam prédios, cuja finalidade está ligada à segurança e à proteção dos imóveis e das pessoas que os ocupam. Ademais, é inegável a utilidade que tais elementos representam para ambos os proprietários confinantes. Por isso, sempre que sobre eles houver condomínio por meação a disciplina da matéria seguirá, conforme apontado no art. 1.327 do Código Civil, o rumo traçado pelo legislador no concernente a limites entre prédios e direito de tapagem (arts. 1.297 e 1.298), e também a alguns dos dispositivos relacionados ao direito de construir (arts. 1.304 a 1.307).

Segundo preconiza o art. 1.328 da codificação, o proprietário que tiver direito a estremar um imóvel com paredes, cercas, muros, valas ou valados, tê-lo-á igualmente a adquirir meação na parede, muro, valado ou cerca do vizinho, embolsando-lhe metade do que atualmente valer a obra e o terreno por ela ocupado (art. 1.297). A tapagem e conseqüente separação de um prédio em relação ao que lhe está próximo é direito reconhecido em favor de todo proprietário. As obras serão feitas às expensas dos respectivos titulares, exceto quando a iniciativa de um deles for unilateral e não precedida de aquiescência do outro ou de ação judicial que reconheça a obrigação de concorrer para o pagamento das despesas, pois então presume-se que tenha realizado as obras por conta própria e sem direito de reembolso de metade da importância despendida.

Não obstante possam pertencer exclusivamente ao proprietário que as realizou e pagou, as divisórias podem ser adquiridas por metade pelo titular do prédio limítrofe, contanto que pague ao oponente importância correspondente ao valor atual das obras (material e trabalho) e do pedaço de terreno que as sustenta.

O montante final da indenização será calculado com base na expressão pecuniária que os elementos de separação e a fração territorial tiverem ao tempo do pagamento, e não mediante atualização monetária dos gastos originalmente feitos pelo construtor. Isto porque a pessoa que adquire deve suportar gastos correspondentes aos que teria se fosse realizar naquele momento os trabalhos. Adquirida a meação dos elementos de divisão, o proprietário do prédio ficará obrigado a contribuir com metade das despesas de conservação, porque se trata de dever inerente à qualidade de condômino.

Nada impede que a definição do preço a ser pago pelo interessado em adquirir a meação da divisória seja fixado por acordo de vontades. Caso isso ocorra, as partes ficarão atreladas ao montante livremente estabelecido, servindo ele como base de eventuais discussões judiciais posteriores acerca do inadimplemento da obrigação. Inexistindo acerto entre as partes, o preço da obra será determinado em juízo, cabendo o seu arbitramento aos peritos que forem nomeados nos autos da demanda ordinária ajuizada para essa finalidade. As despesas decorrentes da nomeação e trabalho dos peritos serão repartidas igualmente entre os confinantes (art. 1.329 do Código Civil), eis que é de ambos o interesse na solução da pendência.

Quer tenha sido fixado amigável ou judicialmente, o preço da meação terá de ser pago pelo interessado em tornar-se condômino da divisória. Enquanto não ocorrer o pagamento avençado, ou o depósito judicial da quantia fixada por perícia, condomínio não haverá, o que impede seja feito uso da parede, muro, vala, cerca ou obra diversa pelo sujeito que pretende adquirir a meação. É o que se extrai do art. 1.330 do Código Civil: *"Qualquer que seja o valor da meação, enquanto aquele que pretender a divisão não o pagar ou depositar, nenhum uso poderá fazer na parede, muro, vala, cerca ou qualquer outra obra divisória"*. Cabe destacar que a negativa do confinante em receber o valor estabelecido pelo juízo ou convencionado faculta à parte adversa a sua consignação em pagamento. Feito o depósito, estará franqueada ao agente a utilização da obra de divisão, impondo-se ao pólo contrário um dever de abstenção quanto a quaisquer procedimentos capazes de perturbar as iniciativas de uso legalmente promovidas pelo condômino.

Capítulo 2

DO CONDOMÍNIO EDILÍCIO

2.1. Origem e disciplina

Embora já existisse noutros ordenamentos estrangeiros, a disciplina do condomínio edilício no Brasil encontra a sua fonte primária no Decreto-Lei n. 5.481, de 25 de junho de 1928, que traçou o delineamento básico do instituto. A iniciativa foi motivada pela crescente formação de condomínios verticais urbanos, em edificações que eram constituídas por unidades autônomas — pertencentes a um só indivíduo — e por partes comuns que ficavam sob titularidade de todos os consortes.

Aquele incipiente diploma já previa a possibilidade de que os prédios eram suscetíveis de transmissão em porções, de maneira que cada unidade se tornaria independente das demais. O dono tinha liberdade para aliená-la ou gravá-la como quisesse, mas tal faculdade se limitava à parte de que era titular exclusivo. Quanto às porções pertencentes a todos, a alienação, embora também viável, abrangia apenas a fração ideal de que o transmitente era titular. Essas partes comuns (corredores, *hall* de entrada, etc.) ficavam sob regime condominial propriamente dito, ensejando a sua utilização, respeitado o direito cabível aos demais, por qualquer dos membros do regime instalado.

Com o passar do tempo, o regramento se tornou obsoleto, haja vista o grande incremento havido na constituição de condomínios edilícios, que se multiplicaram de forma vigorosa. Daí a necessidade de reformulação da disciplina jurídica do instituto, que experimentou importantes aperfeiçoamentos com o advento do Decreto-Lei n. 5.234/43 e da Lei n. 285/48. Mas o efetivo salto de qualidade no plano legislativo se deu a partir da edição da Lei n. 4.591, de 16 de dezembro de 1964. Com ela, restaram definidos ou aprimorados aspectos como a constituição e administração, as incorporações imobiliárias, a admissão de condomínio edilício horizontal em prédios térreos e assim por diante.

Mostrou-se tão relevante e avançado o conteúdo do referido diploma legal que ele ainda hoje está em vigor, mas apenas naquilo que não foi contrariado pelo atual Código Civil. A propósito, este faz expressa menção à legislação especial, em caráter genérico, como fonte de regulação do condomínio edilício. Desde logo cabe destacar que a codificação trouxe preciosas alterações e fundamentais inovações na disciplina, revelando-se moderna e atendendo às necessidades trazidas pela evolução prática do instituto. Aspectos como os direitos e deveres dos comunheiros, os poderes e atribuições da assembléia, a atuação do síndico e tantos outros estão minuciosamente discriminados, trazendo segurança às relações condominiais.

2.2. Caracterização e natureza jurídica

Visando a ensejar melhor aproveitamento econômico da propriedade imóvel, o legislador cuidou de disciplinar o condomínio em edifícios de moradia ou comerciais, que são divididos em apartamentos, salas, conjuntos, etc. Uma mesma edificação pode ter partes comuns (*v. g.*, solo, telhado, esgoto, canalização de água e gás, etc.) e partes exclusivas (*v. g.*, apartamento, loja, etc.), gerando o condomínio edilício, que se diferencia do tradicional exatamente em virtude da circunstância de que algumas de suas porções se submetem a um regime de exclusividade, diferente do regramento aplicável às áreas comuns. No condomínio tradicional tudo pertence a todos, enquanto no edilício algumas partes do todo se excluem da comunhão. O *caput* do art. 1.331 do Código Civil traz adequada descrição do fenômeno: *"Pode haver, em edificações, partes que são propriedade exclusiva, e partes que são propriedade comum dos condôminos"*.

Desde já é relevante frisar que o condomínio não tem personalidade jurídica, embora a sua formação dependa do cumprimento de uma série de normas. Todavia, mesmo sendo um ente despersonificado, o condomínio tem capacidade processual, podendo agir em juízo, ativa ou passivamente, na defesa dos seus interesses. Quando assim proceder, será representado pelo síndico, consoante determinado no art. 12, IX, do Código de Processo Civil. Mas, se não é pessoa jurídica, qual, então, a sua natureza? A única resposta plausível parecer ser a de que ele é um organismo *sui generis*, dotado de uma estrutura jurídica que mescla elementos de propriedade exclusiva com o regime condominial em sentido estrito, culminando por harmonizá-los de modo a permitir a sua regular e proveitosa existência técnica.

Tanto os prédios residenciais como os comerciais são suscetíveis de condomínio edilício nos moldes preconizados. As unidades autônomas são juridicamente tratadas como se formassem edificações individuais, inclusive no que diz respeito à tributação sobre elas incidente. Há total independência entre tais unidades, podendo os respectivos proprietários dar-lhes a destinação que lhes for mais conveniente, respeitadas as normas relativas ao condomínio.

As unidades autônomas e a sua participação fracionária no terreno sobre o qual estão assentadas podem ser livremente utilizadas pelos respectivos proprietários, desde que observadas as leis gerais em vigor e as convenções especiais firmadas entre os condôminos. Nesse contexto é que está inserida a exclusividade do direito dominial sobre as partes suscetíveis de utilização independente, das quais o legislador oferece elenco exemplificativo, de vez que o titular tem ampla liberdade de atuação sobre a coisa que lhe pertence, podendo aliená-la e gravá-la livremente sem necessidade de prévia autorização, preferência ou consulta aos demais condôminos.

Com efeito, o § 1º estabelece: *"As partes suscetíveis de utilização independente, tais como apartamentos, escritórios, salas, lojas, sobrelojas ou abrigos para veículos, com as respectivas frações ideais no solo e nas outras partes comuns, sujeitam-se a propriedade exclusiva, podendo ser alienadas e gravadas livremente por seus proprietários"*. Eis aí outra marcante diferença do condomínio edilício para o tradicional, pois neste o consorte fica atrelado a uma série de normas que disciplinam iniciativas como a venda, a cessão e a oneração da fração ideal.

O condômino em edificação cujas partes admitem uso independente pode vender, doar, dar em pagamento, gravar com hipoteca, direito real de habilitação e tudo o mais que importe em alienar ou gravar a coisa de que é titular. Ao assim proceder, estará alienando ou gravando também a sua fração ideal no solo sobre o qual foi construído o prédio, bem como as demais partes comuns (pátios, corredores, portas principais, etc.). Por isso, quem adquirir a unidade autônoma passará a ser dono igualmente de tudo quanto a ela esteja juridicamente vinculado, porque é impossível dissociar o compartimento residencial ou comercial dos outros aspectos que envolvem o seu domínio pleno e utilidade prática. De nada adiantaria, por exemplo, ser proprietário de um apartamento luxuoso se não existisse acesso a ele pelos corredores, escadas e elevadores comuns, elementos que se encontram em regime de condomínio.

Os abrigos para veículos, existentes em edifícios construídos com o objetivo de funcionamento de garagens e estacionamentos, consideram-se unidades autônomas entre si e têm disciplina jurídica semelhante à aplicável a apartamentos, salas, escritórios, etc. Todavia, mesmo em edificações residenciais ou comerciais de natureza diversa é possível que haja independência entre os abrigos para veículos e os compartimentos a que servem. Para que isso ocorra basta que uns e outros estejam individualizados como espaços autônomos perante o Registro de Imóveis. Na realidade, os abrigos para veículos muitas vezes não estão atrelados, no Registro de Imóveis, à unidade habitacional ou comercial a que servem, dispondo de autonomia jurídica e repercussão em fração ideal determinada no terreno sobre o qual foram construídos. Existindo essa independência será possível, por exemplo, hipotecar apenas o espaço de garagem ou abrigo, sem afetar de qualquer modo a unidade que dele se utiliza.

O boxe de estacionamento, quando individualizado como unidade autônoma no Registro de Imóveis, é suscetível de penhora sem as restrições incidentes sobre o imóvel de moradia familiar (*v. g.*, impenhorabilidade). Tendo matrícula individualizada, a vaga na garagem é um bem autônomo, que não compõe o chamado bem de família, nos termos colocados na Lei n. 8.009/90, sendo viável a sua penhora. Quando não existir a referida individualização, a garagem e a unidade por ela servida não serão alvo de constrição, gravame ou alienação independente, por formarem um todo indissociável em que um é principal e o outro é acessório, seguindo este a sorte daquele.

O solo, a estrutura do prédio, o telhado, a rede geral de distribuição de água, esgoto, gás e eletricidade, a calefação e refrigeração centrais, e as demais partes comuns, inclusive o acesso ao logradouro público, são utilizados em comum pelos condôminos, não podendo ser alienados separadamente, ou divididos (§ 2º). As partes edilícias comuns, cujo elenco referido pelo legislador é meramente exemplificativo, são passíveis de utilização por todos os condôminos e pelas pessoas que tiverem regular acesso à edificação (locatários, visitantes, comodatários, etc.). Elas não poderão ser alienadas separadamente, porque a todos pertencem; por esse mesmo motivo, nunca serão divididas em frações fisicamente distintas.

As partes comuns acompanham a edificação como um todo, mas dela não admitem separação. Ao alienar ou gravar unidade residencial ou comercial, o proprietário faz com que também sejam alienadas ou gravadas a fração ideal de que dispõe no terreno e as demais utilidades da comunhão, como a participação fracionária nas redes de esgoto, gás, água e assim por diante. Porém, as partes comuns somente existem como complemento da unidade autônoma, sem vida jurídica independente.

A cada unidade imobiliária caberá, como parte inseparável, uma fração ideal no solo e nas outras partes comuns, que será identificada em forma decimal ou ordinária no instrumento de instituição do condomínio (§ 3º). Já se disse que todos os condôminos em edificação têm determinada participação na propriedade do respectivo solo e nos demais elementos comuns. Não há unidade autônoma sem correspondente porção abstrata de integração no terreno. Esse direito se expressa por meio de uma fração ideal, que é o critério de aferição do direito dominial de cada consorte no todo. As frações ideais, individualmente consignadas no terreno que sustenta o prédio, serão apontadas no instrumento de instituição do condomínio, e via de regra corresponderão ao tamanho da área construída de cada unidade autônoma.

O critério aplicável na legislação revogada (redação original do § 3º), que tomava em linha de consideração o valor individual da unidade, poderia causar distorções e levar à atribuição de fração ideal super ou subestimada. Destarte, prevalece agora, com a nova elaboração normativa dada pela Lei n. 10.931, de 02 de agosto de 2004, a parcela identificada no documento que institui o condomínio, seguindo critérios definidos pelos interessados. Tal apontamento se fará em forma decimal (*v. g.*, 1,2435%) ou ordinária (*v. g.*, 1/4), a fim de especificar precisamente a participação do comunheiro no solo e nas outras partes comuns.

O acesso a logradouro público é direito inderrogável de todos os condôminos em edificações. Por isso, nenhuma unidade imobiliária será privada de tal acesso (§ 4º), podendo o titular exigir em juízo que seja respeitada a prerrogativa consagrada na lei. Isso decorre não apenas da necessidade de se assegurar a todos o ir e vir, mas também do fato de que a valoração atribuída às unidades autônomas depende dos benefícios e proveitos que oferece às pessoas. Um apartamento sem acesso a logradouro público não tem utilidade e valor algum; uma sala comercial, *idem*. Portanto, a passagem pelas áreas comuns deve ser garantida, bem como o trânsito por eventuais áreas privativas que estejam servindo de obstáculo temporário ou permanente ao acesso a local público.

O terraço de cobertura é parte comum, salvo disposição contrária da escritura de constituição do condomínio (§ 5º). O dono da unidade imobiliária mais alta no prédio não tem direito automático de usar o terraço da cobertura, pois ele não pode ser considerado como extensão da propriedade exclusiva que lhe está abaixo. Como regra geral, o terraço de cobertura pertence a todos e deve ter o seu uso franqueado aos condôminos. Pode ter variadas destinações, tais como: colocação de antenas de televisão, criação de espaço de lazer e cultura, etc. Para que haja exclusividade do proprietário da cobertura em relação ao terraço, deverá constar da escritura de constituição do condomínio essa particularidade, pois no silêncio do título estará patenteada a comunhão no pertinente àquela área.

2.3. Instituição e constituição do condomínio

Embora etapas de um mesmo processo, a instituição e a constituição do condomínio podem ser vistas como acontecimentos diferentes. A instituição se dá como fator de surgimento do condomínio, que, todavia, dependerá da regulação do seu funcionamento, com fixação de regras e preceitos a serem observados pelos comunheiros. Essa tarefa é cumprida por meio de ato de constituição, que se traduz na convenção, muitas vezes secundada pelo regimento interno.

O condomínio em edifícios de unidades autônomas é instituído por ato *inter vivos* ou *causa mortis* (*caput* do art. 1.332 do Código Civil). O contrato e o testamento se prestam para esse fim, cabendo aos interessados dar à comunhão o norteamento desejado. A inscrição no Registro de Imóveis da situação do prédio é requisito imprescindível para o surgimento do condomínio, pois sem ela não se terá como perfeito o ato. Este deverá conter certos elementos, previstos nos três incisos da referida norma e na legislação especial, para que se mostre acabado e apto a produzir os efeitos que lhe são pertinentes.

O instrumento registrado fará a discriminação e individualização das unidades de propriedade exclusiva, estremadas uma das outras e das partes comuns (inciso I). O apontamento dessas particularidades tem por objetivo definir exatamente as unidades autônomas e quais as suas dimensões, caracteres, finalidade, etc., propiciando a todos os condôminos adequado conhecimento dos limites das prerrogativas individuais que lhes cabem. O mesmo ato promoverá a determinação da fração ideal atribuída a cada unidade, relativamente ao terreno e partes comuns (inciso II), pois o direito do titular se estende também sobre a correspondente porção territorial no solo e áreas em comunhão. O instrumento, ainda, indicará o fim a que as unidades se destinam (inciso III), ficando os condôminos atrelados ao que for discriminado. A eles não será permitido fazer uso diverso daquele que for mencionado no ato constitutivo, a menos que assim o decidam por meio de deliberação tomada em assembléia, respeitadas as normas pertinentes.

Em percuciente análise, *Maria Helena Diniz* (obra citada, p. 198-199) cita os mecanismos de instituição do condomínio edilício, minudenciando as duas formas básicas previstas no *caput* do art. 1.332 do Código Civil: a) destinação do proprietário do edifício: por escritura pública, ele realiza a formatação condominial e fica legitimado a alienar as unidades autônomas, antes ou depois de concluída a edificação; b) incorporação imobiliária: negócio jurídico voltado à construção e transmissão parcial ou total de edificações integradas por unidades autônomas, geralmente ainda na planta; c) testamento: o sucessor recebe, por última vontade do *de cujus*, uma ou várias unidades habitacionais ou comerciais em determinado prédio, tornando-se condômino dos demais titulares das células remanescentes; d) formação de condomínio na partilha: os sucessores, em virtude de sentença ou de deliberação amigável, passam a ser condôminos por força da divisão dos bens deixados pelo falecido; e) arrematação em hasta pública, doação ou compra de frações do edifício: ao adquirir certa unidade em prédio submetido a condomínio, a título gratuito ou oneroso, o indivíduo automaticamente se vê submetido ao regime condominial existente. O dote, mecanismo que também poderia levar à formação do condomínio, não mais tem lugar na legislação nacional.

Examinados os aspectos nucleares da instituição, é necessário agora abordar o tema relativo à constituição do condomínio. A disciplina tem início no *caput* do art. 1.333 do Código Civil: *"A convenção que constitui o condomínio edilício deve ser subscrita pelos titulares de, no mínimo, dois terços das frações ideais e torna-se, desde logo, obrigatória para os titulares de direito sobre as unidades, ou para quantos sobre elas tenham posse ou detenção"*.

Convenção é o ato jurídico pelo qual os condôminos em edificação estabelecem as regras que nortearão a convivência nos limites territoriais do imóvel, definindo aspectos de natureza econômica, comportamental, proibições, forma de acesso e permanência nas dependências comuns e assim por diante. Pode-se dizer que o condomínio edilício está sujeito a duas fontes de regramento: a) leis gerais e especiais editadas pelo Poder Público e autoridades competentes, a que se submetem todos os indivíduos; b) convenção condominial, que disciplina as relações internas dos comunheiros, possuidores ou detentores de unidades autônomas. É relevante observar que a convenção e o contrato têm diferenças entre si, das quais a mais evidente se traduz na circunstância de que a convenção atrela aos seus efeitos inclusive quem não tomou assento na elaboração (*v. g.*, condôminos que discordaram do seu teor), ao passo que o contrato vincula apenas as partes celebrantes. Apesar disso, é inegável a grande proximidade entre tais institutos, já que submetidos praticamente às mesmas normas de disciplina.

Para que o condomínio edilício seja constituído há necessidade de que a respectiva convenção seja firmada pelos proprietários de pelo menos dois terços das frações ideais. Não basta, portanto, que possuidores ou detentores das unidades autônomas subscrevam-na; tampouco importa o número de comunheiros que tomam assento na deliberação. É imprescindível, isto sim, que os titulares de dois terços das frações ideais participem do ato e aponham as assinaturas no instrumento que for confeccionado. O que faz firme e valiosa a convenção não é o número de pessoas que a ela acorrem, mas sim a obtenção da concordância de titulares do mínimo de quotas.

Alcançada a marca de dois terços das frações ideais, a convenção que não se contrapuser à ordem normativa de maior hierarquia fará lei entre todos os condôminos, obrigando inclusive aos que não participaram de sua elaboração. Afora isso, sua força cogente atingirá também os possuidores ou detentores das unidades, sejam locatários, usufrutuários, cessionários, comodatários, etc. Mesmo os visitantes ocasionais ficarão submetidos ao teor da convenção, pois ela nada mais é do que o conjunto de regras que disciplinam a vida naquele específico agrupamento. Enfim, a convenção tem plena aplicabilidade nos limites territoriais do condomínio edilício, devendo ser respeitada por todos os que nele estiverem em caráter permanente ou temporário.

Para ser oponível contra terceiros, a convenção do condomínio deverá ser registrada no Cartório de Registro de Imóveis (parágrafo único). O registro da convenção condominial tem por finalidade primeira conferir-lhe validade contra terceiros, não sendo requisito básico para vigorar entre as partes. Em vista disso, não poderá qualquer dos condôminos, tenha ou não subscrito a convenção, recusar-se a cumprir os seus termos ou negar-se a pagar os valores nela previstos, mormente as taxas de manutenção. A convenção condominial que não for inscrita no Registro de Imóveis somente obrigará aos comunheiros, não podendo ser oposta a terceiros. Isto porque a inscrição outorga publicidade e faz presumido o conhecimento de todos acerca do seu conteúdo normativo.

Embora não faça lei perante estranhos, todo aquele que faticamente tomar parte no condomínio edilício poderá ser compelido a cumprir com os deveres correspondentes ao proveito granjeado. Destarte, se a convenção não está registrada, mas o ocupante de uma das unidades residenciais é beneficiado pela limpeza e conservação promovida pelo esforço econômico dos comunheiros, terá de contribuir como os demais para o pagamento das despesas feitas em proveito comum. Não é justo e nem jurídico admitir que a falta de registro tenha força bastante para obstaculizar a cobrança de valores gastos em benefício dos consortes e de terceiros, pois nisso haveria flagrante locupletamento indevido. A propósito, nos termos da Súmula n. 260 do Superior Tribunal de Justiça, a convenção de condomínio aprovada, ainda que sem registro, é eficaz para regular as relações entre os condôminos.

O registro da convenção de condomínio no Ofício de Imóveis não tem eficácia constitutiva de personalidade jurídica, mas só atributiva de encargos *interna corporis* (arts. 9 e 22 da Lei n. 4.591/64). Pela natureza despersonalizada de sujeito de direito, como é a hipótese do condomínio, ele só tem responsabilidade civil, em face dos membros que o compõem, se for estabelecida tal cláusula em convenção. Mas o ente ideal responde perante terceiros, e contra estes e os condôminos pode pleitear seus direitos. Essa realidade faz, por exemplo, com que o condomínio responda perante terceiros por furto de veículo que estiver regularmente estacionado em suas dependências, mas não o obriga a indenizar o furto de coisa pertencente a comunheiro, se tal dever não estiver previsto na convenção.

O art. 1.334 do Código Civil, e respectivos incisos, estabelecem que, além das cláusulas referidas no art. 1.332 e das que os interessados houverem por bem estipular, a convenção determinará o rumo a seguir quanto a vários outros aspectos. O inciso I diz que será fixada a quota proporcional e definido o modo de pagamento das contribuições dos condôminos para atender às despesas ordinárias e extraordinárias do condomínio. São ordinárias as que se destinam ao pagamento de gastos corriqueiros e normais: água, energia elétrica, salários dos funcionários, conservação, etc. Extraordinárias são as que decorrem de eventos singulares, de necessidades prementes ou de melhoramentos excepcionalmente promovidos: pagamento de despesas de reconstrução de telhado afetado por vendaval, edificação de garagem, colocação de caixa d'água, etc. As quotas individuais serão fixadas de acordo com o valor da unidade autônoma em relação ao do prédio, em nome da necessidade de preservar a igualdade de encargos entre todos.

De acordo com o inciso II, o instrumento obrigatoriamente fará referência à forma de administração do condomínio. Em razão disso, podem ser nela regrados aspectos como os atinentes aos poderes do síndico, eleição, tempo de mandato, criação de conselhos administrativos e outros tantos mais. Também será determinada na convenção, no dizer do inciso III, a competência das assembléias, forma de sua convocação (editais, intervalos de publicação, notificação pessoal, etc.) e *quorum* exigido para as deliberações.

A convenção apontará, como disposto no inciso IV, as sanções a que estão sujeitos os condôminos, ou possuidores. O descumprimento das regras estabelecidas pelos consortes ou por normas de natureza diversa sujeita os infratores a penalidades. É possível estipular penas como advertência, multa, suspensão temporária do uso de espaço comum (parque, quadras de esportes, etc.) e outras que tenham por finalidade regular a convivência entre os comunheiros.

Por fim, o inciso V diz que a convenção determinará o regimento interno. Regimento interno é o conjunto de normas que mais especificamente abordam questões de interesse dos condôminos, geralmente complementando e minudenciando as disposições da convenção. Enquanto esta trata de matérias essenciais de modo genérico, o regimento cuida de temas que, embora importantes, descem a especificações e minúcias cuja previsão não seria pertinente no diploma maior, *v. g.*, proibição de animais nas unidades, responsabilidade civil do condomínio por danos aos consortes e a terceiros, utilização de espaços (salão de festas, churrasqueiras, quadras de esportes, etc.) pelos moradores e assim sucessivamente. Ainda que exista essa diferença teórica, na prática inexistem limites à inserção, na convenção, de regras que melhor figurariam no regimento. Porém, deve-se obrigatoriamente reservar à convenção a abordagem dos temas estatuídos nos arts. 1.333 e 1.334 do Código Civil, eis que a sua inserção no regimento não os torna de observância coercitiva.

A forma escrita é de adoção obrigatória em se tratando da convenção condominial. Entrementes, é livre a opção pela escritura pública ou particular (§ 1º), bastando que haja subseqüente inscrição para que surja a obrigatoriedade de observância das suas disposições.

Para fins de pagamento das quotas condominiais, aplicação de penalidades por cometimento de infração, participação em assembléias e tudo o mais que estiver previsto no art. 1.334 do Código Civil, equiparam-se aos proprietários os promitentes compradores e os cessionários de direitos relativos às unidades autônomas, a menos que na convenção ou no regimento interno exista previsão em sentido contrário (§ 2º). Em virtude dessa realidade, o promitente comprador e o cessionário que tiverem a faculdade de possuir e usar o imóvel serão partes legítimas para figurar como réus da ação de cobrança das despesas condominiais surgidas a contar do momento em que lhe for disponibilizada a posse, mesmo que não inscrito no Cartório de Registros o compromisso de compra e venda. Como se percebe, o promitente vendedor e o cedente, tendo colocado à disposição da parte contrária a posse da coisa, não poderão mais ser responsabilizados pelo pagamento das quotas condominiais geradas a partir daquela data.

2.4. Direitos dos condôminos

O art. 1.335 do Código Civil arrola os direitos dos condôminos: I – usar, fruir e livremente dispor das suas unidades; II – usar das partes comuns, conforme a sua destinação, e contanto que não exclua a utilização dos demais compossuidores; III – votar nas deliberações da assembléia e delas participar, estando quite. Os condôminos são titulares de todos os direitos relativos à propriedade, devendo-se frisar, contudo, que sofrem algumas limitações no uso da coisa comum, por conseqüência da necessidade de adequação da sua qualidade de comunheiro às prerrogativas dos demais consortes. Tendo em mente essa realidade, é certo que todos podem usar, fruir e livremente dispor das suas unidades, dando-lhes os destinos que quiserem, observada a destinação prevista na convenção.

O uso deve ser facultado a todos os comunheiros, sem exclusão de quaisquer deles, sob pena de cometimento de afronta à propriedade e inclusive ao direito de posse. A titularidade conjunta abre espaço para que os condôminos utilizem a coisa sem privilégios de uns sobre os outros, podendo o sujeito lesado demandar em juízo com vistas ao reconhecimento e garantia da sua prerrogativa de usar as áreas comuns do imóvel.

No regime condominial simples, não pode um condômino em coisa indivisível vender a sua parte a estranhos, se outro consorte a quiser, tanto por tanto. O condômino, a quem não se der conhecimento da venda, poderá, depositando o preço, haver para si a parte vendida a estranhos, se o requerer no prazo de cento e oitenta dias, sob pena de decadência. (art. 504 do Código Civil). O mesmo não acontece na modalidade edilícia, em que não há direito de preferência dos comunheiros na hipótese de venda de unidade imobiliária por um deles, exatamente porque é autônoma e independente. Conforme salientado, a comunhão resume-se apenas a determinadas partes dos imóveis, enquanto as células residenciais ou comerciais constituem propriedade exclusiva.

Em se tratando de locação de área no abrigo para veículos, o art. 1.338 do Código Civil diz que se preferirá, em condições iguais, qualquer dos condôminos a estranhos, e, entre todos, os possuidores. Os espaços destinados à guarda de automotores, como vagas em garagens, boxes e estacionamentos podem ser locados pelo condômino a outrem, como forma de exercício dos atributos dominiais. Todavia, o legislador houve por bem estabelecer uma ordem de preferência na locação, determinando que em condições iguais terá prioridade para passar à condição de locatário qualquer dos demais condôminos. Se nenhum quiser, poderá o locador destiná-lo a estranhos, exceto quando na convenção ou no regimento interno existir proibição de acesso, ao abrigo, de veículos pertencentes a terceiros. Isso porque as normas internas, regularmente aprovadas, prevalecem em relação à vontade individual, obrigando a todos os condôminos e possuidores.

A preferência sofrerá importante alteração quando houver interesse de possuidor de unidade na locação. É que em tal hipótese ele preferirá a todos os demais interessados, sejam ou não condôminos. Assim, se em igualdade de condições econômicas disputarem vaga na garagem dois comunheiros, terá preferência aquele que for possuidor de qualquer unidade imobiliária no condomínio edilício. Sendo entre estranhos a disputa, a preferência será daquele que já estiver na posse de unidade. Havendo interesse de um condômino e de um estranho, será de quem estiver na condição de possuidor de unidade a prioridade para locar espaço no abrigo de veículos.

Cabe destacar que a prevalência do consorte sobre o terceiro desaparece quando este último tiver posse no condomínio (*v. g.*, locatário de apartamento), porque, diz o legislador, entre todos preferir-se-á o possuidor. É natural e adequado que na opção prevista se dê preferência aos possuidores, pois estes, presumivelmente, têm maior interesse e concorrem para melhor relacionamento nos espaços do condomínio.

Um dos principais direitos dos condôminos é o de votar nas deliberações da assembléia e delas participar, estando quite com o caixa em relação às taxas e demais débitos condominiais. A quitação é provada por meio da apresentação dos respectivos recibos, emitidos diretamente pelo síndico ou por outra pessoa, jurídica ou física, em nome do condomínio. A existência de dívida é fator obstativo do direito de votar e de participar ativamente das assembléias deliberativas, salvo se outra solução estiver prevista na convenção ou no regimento interno.

Os direitos de cada condômino às partes comuns são inseparáveis de sua propriedade exclusiva; são também inseparáveis das frações ideais correspondentes as unidades imobiliárias, com as suas partes acessórias (*caput* do art. 1.339 do Código Civil). O titular de unidade imobiliária em condomínio edilício tem direito exclusivo sobre ela e suas porções associadas (*v. g.* vaga na garagem). As denominadas partes comuns pertencem a todos, nisso situando-se a faceta condominial da edificação. Ademais, a atuação jurídica dos condôminos também se estende sobre as respectivas frações ideais do solo em que está assentada a edificação, cabendo partes abstratas individuais aos comunheiros.

Esse universo que caracteriza a propriedade em condomínio edilício, fruto da reunião dos direitos sobre a unidade imobiliária, elementos comuns e solo, é juridicamente indissociável. Nenhum condômino pode alienar qualquer desses itens em separado, porque isso desvirtuaria a comunhão e retiraria dela a sua utilidade prática, pois seria impossível utilizar o compartimento individual sem lançar mão das partes comuns por onde necessariamente terão de transitar todos os comunheiros. As porções comuns não podem ser separadas da propriedade exclusiva, ou seja, da unidade habitacional ou comercial. Esta, por sua vez, em conjunto formado com os seus elementos acessórios, é inseparável da fração ideal que lhe corresponde no terreno.

Da supracitada indissociabilidade é que resulta a proibição de alienar ou gravar em separado os bens (§ 1º), sejam unidades imobiliárias, partes acessórias ou a correspondente fração no terreno. Quando, por exemplo, constitui-se hipoteca sobre apartamento, tudo o que a ele se relaciona juridicamente no condomínio passa a integrar o direito real. Por igual razão, ao vender o apartamento o condômino não transfere apenas a titularidade sobre a unidade propriamente dita, mas repassa ao adquirente também a parcela de integração nas partes comuns, a fração ideal do solo, etc. Importa frisar que, nos moldes dessa mesma linha de raciocínio, nenhuma penhora incidirá sobre a unidade imobiliária senão abarcando a totalidade dos direitos do proprietário em relação a ela, eis que a proibição de separação constante da lei vigora em quaisquer circunstâncias.

A vedação contida no § 1º não abrange, por óbvio, vagas em garagens ou em estacionamentos — de prédios comerciais ou não — quando dotadas de matrícula independente no Registro de Imóveis, porque então ficará patenteada a existência de propriedade exclusiva e autônoma, autorizando o proprietário a dar-lhe a destinação que quiser, respeitados a convenção, o regimento interno e a legislação aplicável.

É permitido ao condômino alienar parte acessória de sua unidade imobiliária a outro condômino, só podendo fazê-lo a terceiro se essa faculdade constar do ato constitutivo do condomínio, e se a ela não se opuser a respectiva assembléia geral (§ 2º). As porções acessórias geralmente são constituídas por vagas em garagens e estacionamentos, ou por áreas privativas construídas no remanescente de terreno que circunda a edificação principal. Tais partes poderão ser alienadas em separado pelos respectivos titulares a outros condôminos, segundo as regras gerais do contrato de compra e venda de imóveis. Essa alienação pode ser onerosa ou gratuita, aspecto que não altera a disciplina da matéria. A solução contida na lei objetiva permitir que os consortes, sopesadas as circunstâncias peculiares da comunhão, dêem aos espaços internos mais adequado e conveniente aproveitamento.

Enquanto a alienação de elementos acessórios entre condôminos é livre e independe de autorização da assembléia geral ou de previsão na convenção ou no regimento interno, para aliená-las a estranhos — nisso incluídos os locatários — deve existir expressa previsão no ato constitutivo do condomínio. Afora isso, é imprescindível que o negócio jurídico seja aprovado pela assembléia geral, pois talvez se mostre inconveniente ao grupo a aquisição dessas partes por pessoas que no futuro possam vir a trazer problemas e transtornos à convivência interna. A assembléia geral tem atividade limitada à análise da alienação sob o prisma dos sujeitos envolvidos e do interesse ou não do condomínio em aprová-la, mas nenhuma ingerência protagonizará no tocante aos aspectos negociais intrínsecos, *v. g.*, preço, condições, etc.

2.5. Deveres dos condôminos

As relações condominiais devem primar pela urbanidade e harmonia, motivo pelo qual o legislador se preocupou em expressamente consignar determinadas obrigações básicas dos condôminos em edificações (art. 1.336 do Código Civil). A convenção e o regimento podem estabelecer ainda inúmeros outros deveres, mas sempre com observância das linhas-mestras traçadas na codificação e nos diplomas legais esparsos.

No condomínio edilício, todos os consortes devem contribuir para o custeio das despesas comuns, o que se faz mediante pagamento proporcional às frações ideais individuais, salvo se na convenção for feita expressa referência a outros mecanismos de apuração (inciso I do art. 1.336 do Código Civil), *v. g.*, por unidade habitada, por número de habitantes, etc. A solução centrada no dispositivo evita controvérsias nocivas aos interesses comuns, porque os consortes sabem, de antemão, seja pela incidência da lei ou da convenção, qual a extensão do dever jurídico a que estão atrelados, no que pertine ao pagamento das despesas de condomínio. A regra obsta, ainda, a distorção das obrigações pertinentes a cada interessado, impedindo que sejam compelidos a pagar valores que não aqueles correspondentes à previsão posta na convenção, ou, no silêncio desta, aos que defluam do texto da lei.

Releva observar que a obrigação referida no inciso I é daquelas classificadas como *propter rem*, ou seja, ela recai sobre quem for o atual dono da unidade condominial. Destarte, a transmissão da titularidade acarreta, para o adquirente, a assunção da responsabilidade pelo pagamento das obrigações vencidas a esse título, mesmo que não lhe tenha sido feita prévia cientificação a respeito da sua existência e ainda que a informação não conste do álbum imobiliário. Igual regra incide sobre o promitente comprador que toma posse da unidade, pois, para esse fim, ele se equipara à figura do dono.

A esse respeito, o art. 1.345 do Código Civil dispõe: "*O adquirente de unidade responde pelos débitos do alienante, em relação ao condomínio, inclusive multas e juros moratórios*". Como se vê, as dívidas pendentes ao tempo da alienação onerosa ou gratuita do imóvel transferem-se ao adquirente. Isso inclui taxas de conservação e serviços, chamadas extras, atualização monetária, encargos, etc. Portanto, não é dado ao adquirente esquivar-se do pagamento sob o pretexto de que o responsável seria o antecessor, pois se fosse assim dificilmente o condomínio conseguiria receber aquilo a que tem direito. Afinal, o ente abstrato possui a faculdade legal de penhorar a unidade imobiliária como forma de satisfação do crédito, o que não aconteceria se o alienante permanecesse com o dever de pagar mesmo após a realização do negócio.

A responsabilidade do adquirente pelo pagamento dos débitos estende-se inclusive às multas e juros moratórios incidentes. Ainda que não tenha protagonizado os eventos geradores de tais acréscimos, o adquirente assume, com o negócio jurídico, as pendências condominiais. Isto porque a regra não tem fundamento na culpa ou em qualquer elemento anímico; sua aplicabilidade é mera conseqüência da condição jurídica em que se investe o adquirente, novo titular da unidade em regime de condomínio edilício.

As despesas relativas a partes comuns de uso exclusivo de um condômino, ou de alguns deles, incumbem a quem delas se serve (art. 1.340 do Código Civil). Por decisão regular dos comunheiros, é viável a atribuição de uso exclusivo de partes comuns a um ou alguns dos condôminos. Se isso ocorrer, as despesas de conservação, limpeza, adequação à finalidade pretendida e todas as demais relativas às partes cedidas para uso com exclusividade correrão por conta de quem delas se servir. As partes comuns cuja utilização não for atribuída exclusivamente a um ou vários dos consortes, ainda que no mesmo condomínio outras delas o sejam, continuarão tendo as respectivas despesas pagas por todos, proporcionalmente às frações ideais individuais ou de acordo com os termos da convenção ou do regimento interno.

Ao proprietário do terraço de cobertura incumbem as despesas da sua conservação, de modo que não haja danos às unidades imobiliárias inferiores (art. 1.344 do Código Civil). Nos termos do § 5º do art. 1.331 do Código Civil, o terraço de cobertura é parte comum, salvo disposição contrária da escritura de constituição do condomínio. Quando o terraço de cobertura constituir propriedade de todos, os encargos referentes à sua conservação incumbirão ao condomínio, eis que por meio dele se partilham entre os consortes os gastos feitos em proveito coletivo.

Se no título constitutivo do condomínio houver previsão de propriedade exclusiva, em favor de um dos comunheiros, relativamente ao terraço de cobertura, a ele é que caberá custear todas as despesas de conservação. Arcará, portanto, com a integralidade dos gastos concernentes ao exercício da titularidade exclusiva, mormente quando destinados a evitar danos às unidades autônomas situadas abaixo, *v. g.*, os decorrentes de infiltrações, rachaduras, impermeabilização defeituosa, etc. Sobrevindo danos às unidades imobiliárias inferiores, resultantes da ausência de cautelas do titular do terraço de cobertura quanto à conservação do mesmo, poderão os lesados exigir-lhe cabal indenização por meio de ação própria.

É vedado aos condôminos realizar obras que comprometam a segurança da edificação (inciso II do art. 1.336 do Código Civil). A estrutura de sustentação não pode ser afetada pelos condôminos, de vez que isso produz graves riscos ao prédio e a todos os que ocupam as unidades imobiliárias. É vedada a realização de obras capazes de comprometer, seja ameaçando ou prejudicando concretamente, a segurança do edifício. Antes de tomar qualquer iniciativa no sentido da execução de obras (construção ou supressão de paredes ou vigas, ampliação de espaços, etc.), o comunheiro deverá verificar o teor da convenção e do regimento interno; sendo admitida a realização, terá de buscar auxílio especializado sempre que necessário, a fim de que se evitem danos e riscos ao prédio e às pessoas. Se assim não proceder, terá incorrido em culpa por negligência e imprudência, sujeitando-se ao embargo da obra e ficando obrigado a indenizar os prejuízos causados.

A fachada e as partes externas, nisso abarcadas as esquadrias, constituem verdadeiro cartão de visitas da edificação. Objetivando impedir que as preferências individuais possam deformar o conjunto visual do prédio, o legislador proíbe aos condôminos a alteração da forma e da cor de tais elementos externos (inciso III do art. 1.336 do Código Civil). Isso não impede a colocação de equipamentos de segurança ou de instalações que melhoram o aproveitamento da unidade, contanto que não afetem consideravelmente a estética e a funcionalidade do prédio, *v. g.*, redes de proteção, grades na sacada, fechamento de áreas com vidros, etc.

O condômino que infringir a vedação legal poderá ser obrigado judicialmente a demolir a obra, indenizando eventuais prejuízos. É lícito cumular, para esse fim, a nunciação de obra nova e o pedido de reparação. A uniformidade estética dos elementos visuais é a regra, devendo ser preservada no interesse comum. Contudo, pode a vontade dos condôminos, deduzida consoante prescrito na convenção ou no regimento, e atendidas as normas legais vigentes, decidir pela alteração da cor ou da forma externa do prédio. À falta de previsão específica no Código Civil, o proprietário ou titular de direito à aquisição de unidade somente poderá fazer obra que modifique a fachada se obtiver a unânime aquiescência dos demais comunheiros, conforme apontado no § 2º do art. 10 da Lei n. 4.591/64.

A destinação do prédio é um dos aspectos que devem ser rigorosamente preservados pelos co-proprietários. Tratando-se de imóvel residencial, não é tolerável que nele funcione estabelecimento comercial, pois isso afronta a certeza jurídica que os demais consortes tinham acerca das originais qualidades e vantagens oferecidas pela edificação. Também não se admitirá o uso de unidades como moradia quando a destinação do prédio tiver caráter comercial. Enfim, ao comunheiro cabe dar às suas partes o mesmo aproveitamento e utilização que tem a edificação como um todo, conforme previsto na convenção ou no regimento interno (inciso IV do art. 1.336 do Código Civil).

O uso normal das unidades também é obrigação indelével dos condôminos. Serão coibidas as atividades e iniciativas prejudiciais ao sossego, à salubridade e à segurança dos possuidores, ou que afetem os bons costumes. Em razão disso, o comunheiro que se sentir prejudicado poderá reclamar junto ao Poder Judiciário a expedição de ordem que impeça o prosseguimento de comportamentos lesivos como: utilização de aparelho de som em volume elevado durante horários impróprios, cultivo de vegetais tóxicos nas unidades, criação de animais perigosos ou que estejam contaminados por moléstias transmissíveis ao homem, prática de atos obscenos e gestos ofensivos perceptíveis aos vizinhos ou ao público em geral e assim por diante. Nesses casos, a demanda apropriada é a cominatória, na qual se estipulará sanção pecuniária para a hipótese de reiteração das condutas irregulares.

Não fosse essa previsão específica, o uso anormal e nocivo da propriedade estaria vedado em razão da incidência das normas gerais, de igual natureza, inseridas no Código Civil. O art. 1.277 diz que o proprietário ou o possuidor de um prédio tem o direito de fazer cessar as interferências prejudiciais à segurança, ao sossego e à saúde dos que o habitam, provocadas pela utilização de propriedade vizinha. Não é diferente no regime condominial edilício, eis que se trata de relação submetida aos cânones das normas de vizinhança.

A manutenção de animais nas unidades autônomas pode ser proibida pela convenção, que, como dito, faz lei entre as partes e vincula todos os que forem donos ou possuidores. Caso nada esteja previsto, a admissão de animais dependerá do exame de cada situação concreta, balizada pelas regras que estabelecem os direitos e deveres entre vizinhos. Quanto ao acesso de terceiros às dependências comuns e às unidades autônomas (visitantes, interessados em adquirir frações ideais, etc.), a convenção não pode obstar a iniciativa de qualquer condômino nesse sentido, desde que os demais comunheiros não sejam prejudicados.

A falta de pagamento da contribuição destinada ao custeio das despesas condominiais sujeita o inadimplente ao acréscimo de juros moratórios à sua dívida. A convenção ou o regimento podem estipular o montante desses juros, contanto que não ultrapassem os fixados pela lei para os débitos em geral, que são de um por cento ao mês (arts. 406 do Código Civil e 171, § 1º, do Código Tributário Nacional). Portanto, inexistindo nas regras internas do condomínio previsão em torno da matéria, os juros de mora, aplicados na forma simples e sem capitalização mensal, ficarão estabelecidos em um por cento ao mês.

Além da incidência dos juros convencionados pelos comunheiros ou estabelecidos por força de lei, o condômino inadimplente pagará multa de, no máximo, dois por cento sobre o débito (§ 1º do art. 1.336 do Código Civil). As regras particulares criadas pelos interessados podem definir percentual inferior, mas nunca exorbitar do limite normativo. No silêncio da convenção intestina, aplica-se o índice de dois por cento. Admite-se, também, que o regimento interno discipline o escalonamento dos percentuais — nunca superiores ao teto contido na lei — de acordo com o número de dias de atraso, reincidência ou primariedade do condômino na irregularidade, etc.

Na hipótese de descumprimento do dever previsto no inciso I, a penalidade consistirá na aplicação de multa, nos termos do § 1º. Ocorrendo infração aos deveres contidos nos incisos II a IV, o condômino pagará multa especial, cuja incidência e montante constarão do ato constitutivo ou da convenção (§ 2º do art. 1.336 do Código Civil). É relevante destacar que a falta de previsão dessa multa nas normas próprias impedirá a sua aplicação direta contra os infratores, cabendo então à assembléia geral deliberar sobre a sua cobrança. Para a definição da multa na situação concreta, quando não estiver expressamente prevista, serão necessários os votos favoráveis de pelo menos dois terços dos condôminos, fração a que se chega com exclusão dos inadimplentes a quem será aplicada a penalidade.

Existindo estipulação da multa referida no § 2º, não poderá ela ser superior a cinco vezes o valor das contribuições mensais, apuradas pela soma de todos os encargos ordinários do comunheiro, em relação ao condomínio, ao longo do mês. Estando prevista multa excedente dos parâmetros fixados na lei, haverá automática redução ao patamar máximo admitido. Afora o pagamento da multa, recairá sobre o infrator o dever de indenizar as perdas e os danos que ocorrerem, pois a satisfação da penalidade não afasta a obrigação de reparar os prejuízos decorrentes da conduta ilídima.

É obrigatório o seguro de toda a edificação contra o risco de incêndio ou destruição, total ou parcial (art. 1.346 do Código Civil). Essa imposição encontra amparo na circunstância de que os condôminos estão interligados nos perigos que recaem sobre a edificação. Cada pessoa, e todas em conjunto, são responsáveis pela segurança e salubridade do local em que vivem; disso deriva certa instabilidade nas relações, pois se cada condômino está na dependência do outro, para que nenhum dano sobrevenha ao conjunto, o melhor é resguardar a todos por meio da contratação de seguro contra o risco de incêndio ou destruição, sinistros mais comuns em se tratando de condomínios edilícios.

O seguro deve abranger a totalidade da edificação, e não apenas partes específicas que a compõem. Os riscos a serem obrigatoriamente cobertos são os elencados na norma, mas isso não impede que a assembléia, por votação da maioria dos condôminos ou na forma prevista em regramento intestino, decida ampliar a cobertura e resguardar o condomínio contra outros perigos.

O proprietário de unidade autônoma locada pode exigir do inquilino, para pagamento em conjunto com o aluguel e independentemente de previsão contratual, o adimplemento das prestações correspondentes ao seguro obrigatório referido na lei, enquadráveis que são nas denominadas despesas ordinárias.

2.6. Penalização dos infratores

O cumprimento dos deveres é imposto por normas de caráter coercitivo. Todavia, elas nenhum sentido teriam se não lhes fossem agregadas as correspondentes reprimendas, para a hipótese de desatendimento das prescrições que contêm. Isso é feito no art. 1.337 do Código Civil e no seu respectivo parágrafo único. Se o condômino ou possuidor deixar reiteradamente de cumprir os seus deveres, os comunheiros, em votação favorável de pelo menos três quartos dos que restarem (excluídos da contagem, portanto, o infrator), poderão decidir pela aplicação de multa equivalente a até cinco vezes o valor da contribuição ordinariamente devida. Não é necessário que essa penalidade esteja expressamente prevista na convenção ou no regimento interno, eis que a sua aplicabilidade decorre da própria construção normativa do Código Civil.

Há certas diferenças entre a penalidade estatuída no § 2º do art. 1.336 e a estabelecida no art. 1.337 da codificação. Embora a reprimenda em ambos os casos não possa ultrapassar cinco vezes o valor das contribuições mensais, as circunstâncias de incidência não são idênticas. Enquanto naquele a pena é aplicada por infração aos incisos que expressamente menciona (comprometer a segurança do edifício, alterar a forma e a cor da fachada, violar a destinação do prédio, etc.), neste a punição decorre da reiteração de infrações de qualquer natureza, inclusive quanto às reprimidas nos moldes do outro dispositivo referido. A sanção pode ser aplicada ainda que as infrações sejam diversas entre si, pois o desiderato da norma é punir a reiteração de faltas independentemente de terem ou não semelhantes características.

Outras diferenças entre as normas podem ser mencionadas. O § 2º do art. 1.336 estabelece que a aplicação da pena depende de expressa previsão no ato constitutivo, na convenção ou de prévia deliberação dos condôminos. O art. 1.337, por sua vez, admite a incidência da reprimenda mesmo sem menção especial na convenção, bastando que os consortes decidam regularmente pela punição. Por fim, o *quorum* de deliberação é diverso, sendo, respectivamente, de dois terços e três quartos dos condôminos restantes.

Na fixação da multa instituída pelo art. 1.337 do Código Civil, serão avaliadas e sopesadas a gravidade e a reiteração das faltas, cabendo ao condomínio explicitar em ata os motivos e os fundamentos que levaram à estipulação do montante da penalidade. A ausência de motivação da multa, a inverdade das imputacões feitas contra o condômino ou possuidor, a discrepância entre a irregularidade apontada e a sanção, entre outras causas, viabilizam a revisão judicial e a nulificação da deliberação tomada.

Além do pagamento da multa, o condômino ou possuidor terá de reparar perdas e danos que forem apurados e tiverem por origem o descumprimento dos deveres perante o condomínio. Frise-se que a aplicação da multa independe da existência e da apuração de prejuízos, já que são iniciativas com objetivos diferentes. Enquanto a multa possui sentido eminentemente punitivo, a reparação dos danos visa à retomada do estado econômico anterior à prática dos atos ilídimos.

O condômino ou possuidor que, por seu reiterado comportamento anti-social, gerar incompatibilidade de convivência com os demais condôminos ou possuidores, poderá ser constrangido a pagar multa correspondente ao décuplo do valor atribuído à contribuição para as despesas condominiais, até ulterior deliberação da assembléia (parágrafo único do art. 1.337 do Código Civil). Há, muitas vezes, sérios inconvenientes à boa convivência em condomínio edilício, fruto de comportamentos abusivos e incontidos de determinados indivíduos. Chegando a extremos a conduta anti-social e a conseqüente perturbação da harmonia condominial, existirá a perspectiva de aplicação da multa cominada. Para isso, será necessário o voto favorável de pelo menos três quartos dos condôminos restantes, desconsiderando-se no cômputo final, destarte, os infratores sujeitos à reprimenda.

A conduta anti-social é caracterizada por atitudes extremamente graves geradoras de desavenças, afrontas sérias, perturbação da ordem, da paz, da segurança e do sossego dos demais condôminos. A reiteração desses procedimentos é, por si mesma, fator de insatisfação e risco, autorizando a adoção da providência estipulada na lei. Afinal, a liberdade individual encontra limites na existência das outras pessoas e no dever de respeito aos direitos alheios, o que enseja muito mais firmes limitações quando se trata de convivência em grupos submetidos a condomínios edilícios.

Assim como no concernente à aplicação da multa prevista no *caput* do art. 1.337 do Código Civil, para a incidência da estatuída no seu parágrafo único é necessária a existência de motivação e a consignação em ata de tudo quanto cercou o evento deliberativo. Nas mesmas hipóteses em que cabe a nulificação judicial daquela multa é possível pleitear a insubsistência desta, pois a severidade da pena justifica a exigência de rigor e seriedade na decisão. Cabe destacar que, afora ficar obrigado ao pagamento da multa, o condômino ou possuidor poderá ser demandado pela indenização das perdas e danos causados em função do seu comportamento ilídimo.

Aplicada a multa e ainda assim reiteradas as condutas irregulares, haverá possibilidade de incidência de nova penalidade com igual extensão econômica. Enquanto não sobrevier ulterior deliberação da assembléia o infrator terá de suportar sucessivas multas, cujo valor unitário atingirá, no máximo, o décuplo das contribuições mensais. Surgida a obrigação de pagar as contribuições ordinárias (geralmente vencidas ao final de cada mês), de imediato sobre ela será aposto o valor da reprimenda, em tantas vezes consecutivas quantas forem necessárias à cessação do comportamento anti-social do infrator.

2.7. Realização de obras no condomínio

Um dos aspectos mais delicados da vida em condomínio edilício é o relacionado à execução de obras nas partes comuns e nos pontos em que a aquiescência dos comunheiros é necessária (alteração de cores, fachadas, etc.). O intento de realizar trabalhos dessa natureza muitas vezes acaba sendo fonte de desavenças e controvérsias que afetam sobremaneira a convivência harmônica que se espera de todo agrupamento humano. Em razão disso, o legislador preocupou-se em editar certas regras — mormente estipulando *quorum* especial — para que as obras, classificadas em necessárias, úteis ou voluntárias, sejam realizadas sem maiores percalços quanto à sua oportunidade, autorização e custeio.

Caso as obras sejam voluptuárias, a sua realização dependerá de voto de dois terços dos condôminos (inciso I do art. 1.341 do Código Civil). Voluptuárias são as obras que não se apresentam como imprescindíveis à conservação do patrimônio predial, nem a ele acrescem utilidade relevante. Exemplos: formação de jardins, colocação de floreiras, fixação de ornamentos, etc. Embora geralmente não sejam muito dispendiosas, tais obras somente poderão ser feitas se obtidos votos suficientes.

Analisado o teor da norma, percebe-se não ser bastante a anuência de dois terços dos presentes à assembléia, ainda que reunidos pelo modo previsto na convenção ou no regimento interno; exige-se que o quociente apontado em lei tenha por base o número total dos indivíduos que são comunheiros. O *quorum* relativamente elevado justifica-se em razão de que as obras voluptuárias não proporcionam retorno em forma de valorização importante do prédio, e tampouco são necessárias à preservação de suas qualidades. No mais das vezes, propiciam apenas um melhor visual do conjunto da edificação e a satisfação pessoal dos consortes.

Na hipótese de obras classificadas como úteis, a sua execução dependerá de voto da maioria dos condôminos (inciso II do art. 1.341 do Código Civil). Obras úteis são as que, embora não apresentando caráter urgente ou finalidade imediata de conservação do patrimônio, revertem em proveito econômico caracterizado pela valorização da substância do imóvel. É o que acontece, por exemplo, com a construção de garagens, estacionamentos, depósitos de resíduos em logradouro dotado de coleta pública diária, etc. Nesse caso, bastará à realização dos trabalhos o voto favorável da maioria dos condôminos. Para isso, toma-se o número de comunheiros e calcula-se a metade, acrescendo-se a ela mais um. Cumpre observar que não se trata da exigência do voto da maioria dos condôminos presentes à assembléia (denominada simples), mas sim da chamada maioria absoluta, ou seja, metade mais um do total de consortes.

As obras ou reparações necessárias podem ser realizadas, independentemente de autorização, pelo síndico, ou, em caso de omissão ou impedimento deste, por qualquer condômino (§ 1º). Obras ou reparações necessárias são as que se executam em prol da conservação da edificação, e sem as quais haveria depreciação patrimonial ou risco de perda do valor do imóvel. É o caso, por exemplo, da reforma do alicerce que ameaça ruir, ou da colocação de novo telhado em substituição àquele que não mais consegue evitar infiltrações.

A necessidade pode ou não ser urgente, e dessa avaliação surgirá a série de variantes consignadas nos §§ 3º a 4º. Todavia, clamem ou não por urgência, as obras ou reparações necessárias poderão ser promovidas sem autorização da assembléia e à margem de qualquer forma de consulta prévia, salvo quando geradoras de excessivas despesas. Nesse compasso, a execução pode ser contratada diretamente pelo síndico junto a pessoa ou empresa capacitada. Omitindo-se ou estando impedido o síndico, o caráter necessário das atividades permite a qualquer dos condôminos a iniciativa de ordenar a realização das obras ou reparações, mesmo sem consulta aos demais consortes.

Tendo em vista a natureza unilateral da iniciativa do síndico ou do condômino, haverá sua responsabilização pessoal sempre que, por culpa na avaliação da existência de necessidade de execução dos trabalhos, ou nas contratações equivocadas dos encarregados da sua realização, forem causados prejuízos aos demais consortes. As regras gerais da responsabilidade civil incidem na espécie, até mesmo como maneira de desestímulo à prática de atos precipitados e inconseqüentes.

Se as obras ou reparos necessários forem urgentes e importarem em despesas excessivas, determinada sua realização, o síndico ou o condômino que tomou a iniciativa delas dará ciência à assembléia, que deverá ser convocada imediatamente (§ 2º). Não se exige autorização da assembléia de condôminos mesmo no caso da realização de obras ou reparações necessárias que sejam marcadas por urgência decorrente de danos ou riscos verificados, e que importem em despesas excessivas. Todavia, a amplitude dos gastos a serem feitos impõe ao síndico ou condômino, que determinou a execução dos trabalhos, a imediata convocação da assembléia geral, para fins de cientificação dos demais comunheiros acerca das nuanças que envolveram a iniciativa.

A inexigibilidade de deliberação em assembléia encontra fundamento na natureza das obras ou reparações e na premência do contexto. A necessidade imediata de adoção de providências, examinada em cada caso concreto, é bastante para ensejar a aplicação do parágrafo em estudo. Daí que a obrigação de reunir os condôminos em assembléia, imediatamente após determinada a execução dos trabalhos pelo síndico ou comunheiro, decorre da importância de que todos sejam colocados a par dos acontecimentos e, principalmente, da magnitude dos gastos, oportunizando-lhes a tomada das medidas que entenderem cabíveis.

Não havendo urgência na realização de obras ou reparações necessárias, e sendo estas de onerosidade excessiva, será vedado ao síndico ou a qualquer condômino tomar a iniciativa de ordenar a sua execução sem antes convocar a assembléia geral para pedir autorização. Ao síndico, por dever de ofício, cabe dar andamento às providências relacionadas à convocação da assembléia; porém, na hipótese de quedar-se omisso ou impedido poderá qualquer dos consortes ficar à frente dos procedimentos. É o que se extrai do § 3º: *"Não sendo urgentes, as obras ou reparos necessários, que importarem em despesas excessivas, somente poderão ser efetuadas após autorização da assembléia, especialmente convocada pelo síndico, ou, em caso de omissão ou impedimento deste, por qualquer dos condôminos"*.

A exigência de prévia consulta e aprovação da assembléia, para que se viabilize a feitura das obras ou reparações necessárias que não forem urgentes, tem por objetivo permitir a todos os comunheiros detida análise da situação, com avaliação da efetiva necessidade dos trabalhos, seu custo, vantagens e riscos. A realização de atividades sem consulta ou sem aprovação da assembléia autoriza os prejudicados a reclamar judicialmente o embargo das obras ou as reparações devidas, com responsabilização pessoal do síndico ou condômino por perdas e danos que tiverem acontecido.

O condômino que realizar obras ou reparos necessários será reembolsado das despesas que efetuar, não tendo direito à restituição das que fizer com obras ou reparos de outra natureza, embora de interesse comum (§ 4º). Se a iniciativa de execução de obras ou reparos necessários e urgentes partir de um ou diversos condôminos, os gastos feitos em benefício comum terão de ser reembolsados pelo condomínio. O mesmo ocorrerá se os trabalhos forem realizados depois de escorreita convocação e aprovação da assembléia. Sempre que regularmente o comunheiro partir para o encaminhamento de obras ou reparações necessárias, poderá reclamar junto ao condomínio os valores despendidos. O montante final reembolsado será suportado pelos demais consortes, na forma prevista na convenção ou regimento interno, o que geralmente se dá por intermédio de procedimento de arrecadação conhecido como *chamada extra*.

Tendo feito despesas com obras ou reparos não enquadrados na categoria de necessários, o comunheiro que tomou a iniciativa de sua execução não poderá postular a restituição de tais valores. Essa solução se aplica mesmo no caso de trabalhos úteis ou voluptuários, e ainda quando as atividades revertam em proveito comum. Seria por demais temerário admitir que qualquer consorte pudesse a todo tempo promover as alterações e ajustes que entendesse pertinentes, atribuindo ao condomínio — e, via de conseqüência, aos demais comunheiros — a cobertura dos gastos efetuados.

A realização de obras, em partes comuns, em acréscimo às já existentes, a fim de lhes facilitar ou aumentar a utilização, depende da aprovação de dois terços dos votos dos condôminos, não sendo permitidas construções, nas partes comuns, suscetíveis de prejudicar a utilização, por qualquer dos condôminos, das partes próprias, ou comuns (art. 1.342 do

Código Civil). Os acréscimos a obras já existentes são ocorrências que devem ser aventadas e até esperadas como evento futuro, pois a realidade do condomínio constantemente reclama atividades de aperfeiçoamento e ampliação.

Havendo interesse na realização de obras dessa natureza em partes comuns (corredores, distribuição de ar, gás, pátios internos, etc.), deverá ser convocada a assembléia geral. O *quorum* previsto na norma é calculado sobre o número total de condôminos, e não sobre os que comparecerem à reunião deliberativa. Como observação, importa frisar que o *quorum* exigido é igual ao previsto para a realização de obras voluptuárias, embora se trate, *in casu*, de trabalhos destinados a aumentar ou facilitar a utilização de partes comuns.

Mesmo que a assembléia geral delibere no sentido de autorizar a execução das obras referidas no início do *caput*, o condômino que for prejudicado na utilização das partes próprias, ou comuns, por trabalhos de construção realizados nestas últimas, poderá embargá-los e pleitear a demolição do que já houver sido feito. Exemplo: se a construção ou expansão de um depósito de resíduos no terreno dificultar sobremaneira o acesso do condômino à sua vaga na garagem, terá ocorrido a situação prevista na lei, ensejando a adoção de medidas tendentes à supressão do óbice.

As partes comuns somente poderão ser submetidas a trabalhos desde que nenhum condômino seja por eles afetado, no que diz respeito à utilização das correspondentes unidades autônomas ou porções condominiais. Ao lançar o vocábulo *construção*, o legislador abarca não apenas os trabalhos de levantamento de novos elementos materiais, mas também os de mudança de localização, elevação, rebaixamento e todas as demais obras que se mostrarem nocivas ao direito de usar, pertinente a qualquer comunheiro.

A construção de outro pavimento, ou, no solo comum, de outro edifício, destinado a conter novas unidades imobiliárias, depende da aprovação da unanimidade dos condôminos (art. 1.343 do Código Civil). Ao assumir a condição de condômino, o indivíduo já sabe quais são as características do lugar, conhecendo aspectos como o número de unidades autônomas, os espaços vazios, as vantagens e riscos do empreendimento e assim por diante. Em virtude da necessidade de preservação desse quadro de relativa estabilidade, qualquer das iniciativas referidas terá de ser aprovada pela totalidade dos co-proprietários. Basta que apenas um deles recuse a inovação para que se torne impraticável a execução das atividades planejadas.

Não caberá ao Poder Judiciário analisar os motivos que levaram um ou vários comunheiros a negar consentimento para a realização dos trabalhos, pois essa discricionariedade integra a esfera jurídica dos indivíduos e não fica sujeita a intervenções exógenas de natureza alguma. Fatores como o zelo pelo sossego, o interesse em manter o baixo número de unidades e habitantes, preocupações com a segurança e salubridade pertencem ao íntimo dos condôminos e não precisam ser deduzidos expressamente como justificativa para contrariar a intenção de edificar novo pavimento ou prédio. A negativa pura e simples, seja destituída de fundamentação ou com motivação inconsistente, deverá merecer acatamento e vinculará os demais consortes.

A regra alcança apenas as construções destinadas a conter novas unidades imobiliárias residenciais ou comercias, segundo a destinação do prédio. Não se submetem a ela, portanto, as obras voluptuárias, úteis ou necessárias referidas nos arts. 1.341 e 1.342 do diploma civilista, que reclamam *quorum* menos rigoroso para aprovação e execução.

2.8. Administração do condomínio edilício

2.8.1. Eleição e atribuições do síndico

A assembléia escolherá um síndico, que poderá não ser condômino, para administrar o condomínio, por prazo não superior a dois anos, o qual poderá renovar-se (art. 1.347 do Código Civil). O síndico é o administrador do condomínio. Ele atua gratuita ou remuneradamente, conforme previsto nas regras intestinas, cujo silêncio a respeito da matéria implicará na onerosidade do trabalho desenvolvido, pois a gratuidade do labor é exceção que precisa estar expressamente fixada. A escolha do síndico e a renovação do mandato serão procedidas com observância da forma prevista no regramento condominial. A renovação, em verdade, nada mais é do que uma reeleição, sendo necessário, para tanto, alcançar votos favoráveis que perfaçam o mesmo *quorum* exigido quando da primeira investidura.

Se a assembléia de renovação do mandato do síndico, ou de escolha de outro em sua substituição, não for realizada, considerar-se-á prorrogado o mandato até que haja regular convocação e votação. O mesmo acontecerá se a assembléia geral, regularmente reunida, não definir quem será o substituto do síndico que está saindo, ou não lograr êxito na tentativa de renovação do seu mandato. Com a prorrogação, o síndico continuará no exercício de todos os poderes que lhe foram originalmente conferidos, seja para fins de administração como de representação judicial ou extrajudicial do condomínio.

O encargo de síndico pode ser exercido por pessoa estranha ao grupo. O legislador admite essa solução porque muitas vezes não há, entre os condôminos, quem se disponha a assumir a condição de síndico, ou simplesmente porque não convém a escolha de um consorte para administrar. Destarte, à assembléia geral é facultado optar por alguém que não seja titular de fração ideal para funcionar como síndico, desde que respeitados o *quorum* de eleição e as demais regras pertinentes estatuídas na convenção e no regimento interno.

O *quorum* para escolha do síndico é definido quando da formação do condomínio. Caso nada se estipule acerca desse tema, a eleição será feita por maioria de votos dos condôminos presentes, que representem pelo menos metade das frações ideais. Noutras palavras, se o somatório delas alcançar no mínimo cinquenta por cento do total de quotas, a deliberação será validamente tomada por metade mais um dos comunheiros presentes à reunião. Impende salientar, todavia, que ao locatário é vedado votar na assembléia de escolha do síndico, pois tal direito cabe exclusivamente aos consortes. Porém, se as regras internas assim o permitirem, o inquilino poderá agir como mandatário do dono e votar em representação do mandante.

Afora as atribuições constantes da convenção e do regimento interno do condomínio, o síndico tem competência para praticar os atos previstos nos incisos do art. 1.348 do Código Civil. No exercício dos poderes e dos deveres que sobre si recaem, ele tem liberdade de atuação e rege a vida condominial; todavia, responderá pessoalmente por excessos culposamente praticados e que causem danos ao condomínio, aos comunheiros ou a terceiros. Isso não elide a responsabilidade do próprio condomínio por atos ilídimos praticados pelo síndico, se geradores de danos a outrem, na forma da legislação geral, assegurado o direito de regresso contra o causador direto.

De acordo com o que se depreende do inciso I, o síndico tem a prerrogativa de convocar tanto as assembléias gerais ordinárias como as extraordinárias, observada a forma estatuída na convenção e no regimento. Aliás, cabe sempre observar que a assembléia é o órgão máximo do condomínio, prevalecendo as suas deliberações — que têm caráter final no plano administrativo — inclusive sobre os posicionamentos e iniciativas do síndico.

A representação do condomínio é feita por meio do síndico, ativa e passivamente, em juízo ou fora dele (inciso II). Assim, pode assinar documentos, diligenciar junto a entes administrativos, firmar contratos, etc. No que se refere a demandas judiciais, o síndico outorga procuração ao advogado que atuará no processo, mas deverá contratar o profissional indicado pelos condôminos em assembléia. Sendo urgente a necessidade da contratação e não havendo tempo para consulta à assembléia, poderá indicar o advogado e posteriormente prestar contas ao órgão maior. Por outro lado, nas ações em que o condomínio for réu a citação será regularmente feita na pessoa do síndico, que é o seu representante legal (art. 12, IX, do Código de Processo Civil), correndo daí o prazo para defesa.

O síndico não atua em nome próprio, mas sim em representação do condomínio. Por isso, tem inarredável dever de informação, cabendo-lhe dar aos condôminos ciência de tudo o que seja de interesse deles como membros da comunhão. Disso resulta a obrigação de comunicar imediatamente à assembléia a existência de procedimento judicial ou administrativo em que haja interesse do condomínio (inciso III), quer como demandante ou demandado, peticionário, terceiro, etc.

Como fiscal da observância das normas contidas na convenção e no regimento interno, o síndico deve servir de exemplo e segui-las com rigor, fazendo também com que todos respeitem o seu conteúdo (inciso IV). Para isso, poderá valer-se dos meios legais disponíveis, inclusive promovendo o ajuizamento de demandas tendentes a impor aos condôminos tudo o que das regras internas constar. As decisões da assembléia fazem lei entre as partes, vinculando os comunheiros e os possuidores das unidades imobiliárias, assim como os seus promitentes compradores.

Compete ao síndico, ainda, tomar certas medidas que geram despesas para o condomínio, mas que são imprescindíveis para a boa gestão dos interesses comuns. Destarte, incide sobre ele a obrigação de cuidar da preservação das partes comuns, contratando os serviços necessários à realização desse objetivo (inciso V).

É dever do síndico elaborar o orçamento da receita e da despesa relativa a cada ano (inciso VI). São elementos que devem constar de previsão orçamentária, com submissão das conclusões à assembléia geral. A receita condominial constitui-se basicamente das contribuições a que cada comunheiro está obrigado; a respectiva cobrança tem de ser implementada pelo síndico, com o emprego dos meios que estiverem à disposição, sejam judiciais ou extrajudiciais. A imposição e a cobrança das multas, nos limites fixados pelo regramento interno, também é obrigação do representante legal do condomínio (inciso VII).

A gestão econômica do síndico será alvo, anualmente, de prestação ordinária de contas à assembléia geral. Todavia, qualquer condômino poderá postular a todo tempo a convocação de assembléia extraordinária, nos casos e segundo a forma estipulados nas regras internas, a fim de exigir prestação de contas pelo síndico (inciso VIII). Este, por tratar de interesses econômicos alheios, deve agir com o máximo de lisura e sempre estar disposto aos esclarecimentos que se fizerem necessários.

Finalmente, incumbe ao síndico a contratação de seguro da edificação (inciso IX), medida que visa à proteção do acervo patrimonial comum. Isso envolve, especialmente, a celebração de contrato de seguro obrigatório do prédio contra o risco de incêndio ou destruição, parcial ou total (art. 1.336 do Código Civil). Mas pode abarcar outras modalidades securitárias acaso definidas pela assembléia.

O síndico escolhido regularmente pela assembléia recebe poderes de administração, eis que essa é a sua função primacial. Juntamente com tais prerrogativas, passa a enfeixar as qualidades de representante do condomínio, conforme preconizado no segundo inciso. Todavia, é facultado à assembléia investir outra pessoa em poderes de representação, deixando de atribuí-los ao síndico (§ 1º). Essa opção é livre e pode ser adotada pela assembléia sem qualquer necessidade de justificativa ou de maiores formalidades, haja vista a conveniência e a oportunidade de indicar pessoa diversa do síndico para representar o condomínio em juízo ou fora dele.

A investidura do síndico é pessoal, não lhe sendo lícito transferi-la a outrem por iniciativa e decisão próprias. A transferência de poderes de representação ou das funções administrativas, pelo síndico a pessoa diversa, depende sempre da aprovação da assembléia geral, quer pretenda fazê-lo parcialmente, quer tencione repassá-los por inteiro (§ 2º). Vale dizer, a iniciativa é do síndico, mas sem a aprovação da assembléia nenhum efeito produzirá. Caso na convenção exista dispositivo proibindo a transferência de poderes pelo síndico, a assembléia ficará impedida de deliberar acerca da matéria. Porém, como ela é órgão soberano no âmbito do condomínio, poderá decidir pela retirada da vedação do texto original, reformando-o e ensejando, assim, a transferência de poderes pelo síndico a terceiro.

A responsabilidade pessoal pela transferência de poderes de administração ou representação sem aquiescência da assembléia é do síndico. Se ele agir unilateralmente em nome próprio, contratando e delegando as suas funções, o condomínio não terá ação contra o terceiro, nem este contra aquele. Em tal caso, o síndico ficará diretamente obrigado para com o condomínio pelos danos produzidos e pela prestação de contas, em relação aos atos praticados pela pessoa a quem foram transmitidos indevidamente os poderes.

Poderá haver no condomínio um conselho fiscal, composto de três membros, eleitos pela assembléia, por prazo não superior a dois anos, ao qual compete dar parecer sobre as contas do síndico (art. 1.356 do Código Civil). A criação do conselho fiscal é meramente facultativa, mesmo porque aos condôminos é que compete decidir se as características e peculiaridades do caso concreto recomendam a instalação do referido órgão fiscalizador. Optando pela constituição, o órgão será composto por três membros, eleitos pela assembléia para mandato de até dois anos. Admite-se a recondução por outros períodos, caso seja esta a decisão da assembléia geral.

A principal função do conselho fiscal é a de fiscalizar a atuação do síndico, no que se refere aos elementos econômicos do condomínio. Incumbe ao órgão analisar as contas apresentadas pelo síndico e dar parecer sobre elas, recomendando a sua aprovação ou reprovação. O parecer não vincula os condôminos, sendo-lhes perfeitamente possível, em assembléia, discordar das conclusões do conselho fiscal e aprovar as contas do exercício verificado.

2.8.2. Destituição do síndico

A assembléia, como órgão deliberativo maior do condomínio, pode destituir o síndico nomeado, desde que ele pratique atos incompatíveis com a função desempenhada. Sendo administrador e representante do condomínio, ele deve prestigiar a confiança recebida, eis que o liame jurídico firmado entre as partes tem lastro na fidúcia, não subsistindo à sua quebra. Desídia na execução dos trabalhos que lhe competem, afronta ao regimento interno, desrespeito a normas da convenção, geração de conflitos intestinos e tantas outras atitudes dessa natureza são exemplos de irregularidades cometidas pelo síndico e que podem levar à sua destituição. Também a falta ao dever de prestar contas anualmente, ou sempre que houver convocação nesse sentido, será motivo para a deposição. A má administração, a provocação de prejuízos ao condomínio e a falta de capacidade de gerenciamento integram igualmente o rol de causas aptas a autorizar a assembléia a destituir o síndico. Enfim, é extremamente diversificada a gama de situações que podem levar à drástica medida, mesmo porque aos condôminos se deve oportunizar o direcionamento da gestão como mais lhes for adequado.

A destituição do síndico somente poderá ser feita pelo voto favorável da maioria absoluta dos membros da assembléia (art. 1.349 do Código Civil), que nesse caso consiste em metade mais um de todos os condôminos. A regra exige *quorum* definido sobre o total de condôminos, e não apenas considerados os presentes à reunião específica, dada a exigência de maioria absoluta. Entende-se como *membros da assembléia* todos os comunheiros, estejam ou não presentes, pois se assim não fosse o legislador se limitaria a reclamar *quorum* de maioria simples ou de maioria dos presentes, calculada sobre os que efetivamente comparecessem à reunião. Decisão de tamanha gravidade, como é o caso da destituição do síndico, justifica a necessidade de *quorum* especial.

2.8.3. Realização de assembléias

Ao menos uma assembléia anual será realizada no condomínio mediante convocação do síndico (*caput* do art. 1.350 do Código Civil); é a denominada *assembléia geral ordinária*. Suas finalidades, entre outras que podem ser referidas quando da convocação, consistem na análise e aprovação do orçamento das despesas para o ano subseqüente, na deliberação acerca das contribuições condominiais e no recebimento da prestação de contas feita pelo síndico. Coincidindo a assembléia anual com o término do mandato do síndico, proceder-se-á à eleição do seu substituto, conforme estatuído nas normas pertinentes. Por outro lado, a reunião também poderá servir para a alteração do regimento interno, desde que essa finalidade conste expressamente do instrumento convocatório.

A importância da assembléia geral ordinária é incontestável, de vez que nela são debatidos assuntos de grande importância para a disciplina e a harmonia da convivência condominial, em muito dependente da definição de aspectos de natureza econômica que envolvem os comunheiros. Em virtude disso, admite o legislador a convocação da assembléia anual pelos condôminos, exigindo que se o faça por meio da iniciativa de pelo menos um quarto do seu número total (§ 1º), independentemente da expressão de suas quotas ideais. A convocação deve atender ao disposto nas normas internas, não diferindo, quanto à forma e demais peculiaridades, do ato convocatório que normalmente seria promovido pelo síndico.

Caso a assembléia não seja convocada pelo síndico ou por um quarto dos condôminos, bastará a iniciativa de um deles para que o juiz competente decida acerca da matéria (§ 2º) e determine a realização da solenidade por intermédio de convocação especial, ou adote outra providência cabível na espécie. Porém, não será possível pleitear ao juiz que decida sobre temas de competência da assembléia, devendo limitar-se, o pronunciamento jurisdicional, à determinação de observância das normas condominiais. A mesma solução também será adotada quando a assembléia, mesmo tendo sido regularmente convocada, não se reunir no tempo estabelecido no respectivo instrumento convocatório.

Assembléias extraordinárias poderão ser convocadas pelo síndico ou por um quarto dos condôminos (art. 1.355 do Código Civil). Considera-se extraordinária toda assembléia que não aquela convocada anualmente pelo síndico, ou por um quarto dos condôminos, na forma do art. 1.350 do Código Civil. Não há na lei limitação ou enumeração de assuntos a serem tratados extraordinariamente, razão pela qual é possível levar à análise qualquer tema de interesse geral.

Nem sempre a realização de uma assembléia por ano é capaz de encaminhar a resolução de todos os problemas do condomínio, ou de viabilizar as questões pendentes. De outra banda, é comum o surgimento de situações que reclamam a efetivação de consulta imediata aos comunheiros, dado o envolvimento de aspectos econômicos, o interesse em alterações físicas ou jurídicas, a modificação da convenção ou do regimento interno, etc. Por isso, a convocação de assembléia geral extraordinária é instrumento poderoso e extremamente útil na vida condominial, podendo ser utilizado tantas vezes quantas forem necessárias.

2.8.4. Alteração da convenção

A alteração da convenção somente poderá ser feita mediante voto favorável de dois terços dos condôminos, considerado o seu número total, entre ausentes e presentes (art. 1.351 do Código Civil, primeira parte). Isso vale para modificações cuja implementação não reclame *quorum* especial definido em lei.

Um dos assuntos que exigem *quorum* diferenciado está previsto na própria norma supracitada. Ao se formar o condomínio edilício, são definidas certas questões cruciais, das quais dependerá a estabilidade jurídica e fática do conjunto. Uma delas é a destinação do prédio e das unidades imobiliárias que o compõem. Quando alguém adquire uma ou mais unidades, sabe exatamente qual o uso que delas fará, pois o regramento relativo ao condomínio fixa as diretrizes básicas e estabelece limites. Se o prédio é comercial, não se estabelecerá nele residência; sendo para moradia, ninguém fará funcionar no local um ponto de comércio. É tão relevante essa estabilidade original que somente por unanimidade dos condôminos admite-se mudança na destinação do edifício ou de qualquer das suas unidades (art. 1.351 do Código Civil, segunda parte). Havendo um voto desfavorável, ficará completamente obstaculizada a tentativa de modificar esse aspecto essencial.

O Poder Judiciário não tem ingerência alguma no que concerne aos motivos que levaram o condômino a contrariar a iniciativa de mudança na destinação do prédio ou das unidades. Não se pode, por isso, pretender que o juiz promova o suprimento da vontade negada pelo comunheiro, nem que indague e analise a motivação da atitude. Trata-se de elemento subjetivo intocável e que diz respeito apenas ao próprio consorte.

2.8.5. Quorum e deliberações

Em determinadas circunstâncias, a lei exige *quorum* especial para a tomada de decisões, haja vista a relevância das matérias em discussão. Nos demais casos, as deliberações terão força cogente entre os condôminos quando tomadas, em primeira convocação, por maioria de votos dos presentes à assembléia, contanto que a ela tenham comparecido comunheiros que representem no mínimo a metade do total de quotas ideais (art. 1.352 do Código Civil). Isso significa que a viabilidade da assembléia e das deliberações nela tomadas dependerá da presença de condôminos que, somadas as respectivas frações ideais, perfaçam mais da metade do total das quotas, e de que metade mais um dos presentes votem de maneira uniforme. Exemplo: se há dez consortes, sendo cinco deles titulares individuais de 15% das quotas, e cabendo frações de 5% para cada um dos outros demais, bastará a presença de quatro comunheiros detentores de quotas de 15% para que as decisões tomadas por três deles (metade mais um) obriguem a todos.

A convenção poderá dispor no sentido de que os votos serão computados por indivíduo presente à assembléia, ou seja, um voto para cada condômino. Exemplo: sendo dez os condôminos, a decisão da assembléia adquiriria força cogente se houvesse presença e votação favorável de pelo menos seis comunheiros, independentemente da expressão das quotas individuais. No silêncio da escritura, os votos serão proporcionais às frações ideais no solo e nas outras partes comuns pertencentes a cada condômino (parágrafo único). Assim, o voto individual não valerá necessariamente como um em relação ao todo, devendo ser sopesado em proporção à quota ideal sob titularidade do votante.

A exigência de *quorum* especial torna inviável qualquer deliberação que não atinja o número mínimo de votos imposto pelo ordenamento jurídico. Nesse caso, de nada adiantará promover segunda convocação visando a deliberar com *quorum* inferior, pois a imposição legal quanto ao número de votos terá de ser respeitada. Não havendo *quorum* especial a ser observado, a decisão da assembléia poderá ser tomada, em segunda convocação, por maioria de votos dos presentes, independentemente do número de condôminos que acorram à reunião (art. 1.353 do Código Civil). Destarte, a necessidade da presença de comunheiros que representem pelo menos a metade das frações ideais prevalecerá apenas em se tratando de primeira convocação, pois em segunda a decisão obrigará quando metade mais um dos membros da assembléia votarem no mesmo sentido.

A convocação dos condôminos para a realização da assembléia geral atenderá aos ditames ínsitos na convenção, *v. g.*, forma (edital, cientificação pessoal, etc.), prazos, colocação dos temas a serem debatidos e assim por diante. A totalidade dos condôminos deve ser regularmente convocada, seja por edital ou meios diversos estabelecidos na normatização interna. A assembléia não poderá deliberar se todos os condôminos não forem convocados para a reunião (art. 1.354 do Código Civil).

A prevalência das deliberações perante todos os condôminos e possuidores de unidades dependerá da escorreita convocação dos comunheiros para a assembléia. Mesmo que apenas um deles não seja convocado, e ainda que o seu voto não tivesse qualquer interferência no resultado final, a assembléia ficará impedida de deliberar. Poderá subsistir como reunião para discussões e análises em abstrato, instruções, informações, etc., mas as decisões que acaso tomar não serão oponíveis a quaisquer dos consortes, estivessem eles presentes ou ausentes.

2.9. Da extinção do condomínio

O condomínio edilício, ao reverso do comum, tem na indivisibilidade uma de suas características. Assim, tende a permanece intacto enquanto perdurarem as causas jurídicas que o geraram. Enquanto a espécie comum pode ser extinta a qualquer momento, o que se dá mediante iniciativa de venda ou divisão da coisa por um dos comunheiros, a extinção do condomínio edilício depende da conjugação de vários fatores indicados na lei. Ele não pode ser extinto pela simples vontade do condômino, nem tampouco por medida judicial, a menos que estejam presentes os requisitos estatuídos pelo legislador. As causas de extinção do condomínio edilício estão postas nos arts. 1.357 e 1.358 do Código Civil.

Se a edificação for total ou consideravelmente destruída, ou ameace ruína, os condôminos deliberarão em assembléia sobre a reconstrução, ou venda, por votos que representem metade mais uma das frações ideais (*caput* do art. 1.357 do Código Civil). Ocorrendo perda total do edifício, os condôminos decidirão em assembléia, ordinária ou extraordinária, qual o destino a ser dado à comunhão, podendo optar entre a sua extinção ou a reedificação do prédio. O mesmo acontecerá quando, embora parcial, a perda seja de tamanha monta e gravidade que acarrete a necessidade de escolher entre o fim do condomínio ou a recuperação do edifício. Outra hipótese de convocação da assembléia com esse objetivo surge quando há ameaça real de ruína do prédio, fazendo com que não restem outros caminhos senão os apontados na norma legal.

A assembléia geral destinada a decidir o rumo da comunhão deverá ser regularmente convocada, com estrita observância dos ditames contidos na convenção. Todos os condôminos terão de ser cientificados pessoalmente, sob pena de ineficácia da deliberação. Tendo em vista a gravidade do tema, o *quorum* para aprovação de qualquer das opções será correspondente à metade mais uma das frações ideais. Não se toma por base o número total de condôminos presentes à assembléia, nem se considera o somatório dos indivíduos que compõem o condomínio edilício; importa, isto sim, que comunheiros representativos de mais da metade das frações ideais, sejam quantas forem as pessoas necessárias para implementar tal expressão numérica, votem favoravelmente à venda ou à reconstrução do prédio.

Caso os condôminos decidam reconstruir o imóvel total ou consideravelmente afetado, ou que ameace ruína, qualquer deles poderá eximir-se do pagamento das despesas necessárias à consecução do objetivo fixado, bastando para tanto que aliene gratuita ou onerosamente os seus direitos aos outros condôminos, ou a algum deles (§ 1º). Com isso, deixará de fazer parte da comunhão, transmitindo aos adquirentes todas as faculdades e os deveres que até então correspondiam à fração de que era titular. Sendo gratuita a alienação, nenhuma providência judicial será tomada para incorporação dos direitos e assunção dos deveres pelos adquirentes. Porém, se a alienação for onerosa e não houver acordo quanto ao preço do negócio, será ele definido mediante avaliação judicial.

No condomínio edilício, as unidades imobiliárias e as respectivas frações são livremente alienáveis, inexistindo direito de preferência em favor dos outros comunheiros. Assim, embora verificada a destruição parcial do prédio, cada condômino poderá alhear a estranhos a sua respectiva fração ideal, porque persiste juridicamente a divisibilidade. Na destruição total, o condomínio subsiste somente no que diz respeito ao terreno, sujeitando-se às normas inerentes à alienação de coisa divisível ou indivisível, conforme for o caso. Com a alheação, transmitem-se ao adquirente não apenas os direitos, mas também os deveres até então assumidos. Se após deliberada a reconstrução o condômino alienar regularmente a terceiro a sua fração, as despesas relativas às obras serão suportadas pelo novo titular, proporcionalmente ao valor da sua unidade imobiliária.

Optando a assembléia pela venda do prédio, o preço alcançado será dividido entre os condôminos, cabendo a cada um a percepção de montante proporcional ao valor da sua unidade imobiliária (§ 2º). Exemplo: se determinado consorte é dono de apartamento que vale 20% do total do prédio, igual percentual lhe será destinado quando da venda do todo. Na venda motivada por destruição ou ameaça de ruína, a preferência para aquisição, em igualdade de condições, será do condômino em relação a estranhos.

Havendo disputa entre condôminos, e sendo o caso de destruição parcial ou ameaça de ruína, o alienante fará o negócio com qualquer deles, porque inexiste preferência quando se conserva a autonomia das unidades. Sendo total a destruição, e, portanto, subsistindo o condomínio unicamente em relação ao solo, poderá alienar a sua fração a qualquer dos consortes se for divisível; sendo indivisível, e em igualdade de condições de oferta, a preferência será daquele condômino que tiver maior quinhão.

Outra forma de extinção do condomínio edilício é a desapropriação promovida pelo Poder Público. Se isso acontecer, o valor da indenização paga pelo expropriante será repartido entre os condôminos, proporcionalmente ao valor das suas unidades imobiliárias (art. 1.358 do Código Civil). Busca-se, com isso, fazer a justa partilha do montante recebido como indenização, cabendo a cada expropriado participação percentual que corresponda à importância econômica de sua unidade condominial na formação do valor do edifício todo.

Também acarretam a extinção do condomínio, embora não estejam previstas expressamente nas duas normas examinadas, as seguintes hipóteses: a) confusão, que consiste na aquisição de todas as unidades do prédio por apenas um dos condôminos; em tal situação, poderá o novo titular manter a individualidade dos compartimentos residenciais ou comerciais visando a futuros negócios; b) demolição do edifício por iniciativa dos proprietários das unidades, mediante decisão tomada em assembléia; persistirá o condomínio, então, apenas em relação ao terreno sobre o qual se assentava o prédio.

Parte IV

DA PROPRIEDADE RESOLÚVEL E DA PROPRIEDADE FIDUCIÁRIA

Capítulo 1

DA PROPRIEDADE RESOLÚVEL

1.1. Conceito e natureza jurídica

Nos arts. 1.359 e 1.360, o Código Civil traça as linhas básicas do instituto da propriedade resolúvel, já tradicional no ordenamento jurídico pátrio. Propriedade resolúvel é aquela cujo fator de extinção já vem previsto no próprio título que a constituiu, ou simplesmente decorre da lei, seja pela subordinação a determinada condição, seja pela aposição do termo final de sua vigência. Via de regra, a resolução do domínio é estipulada diretamente pelos celebrantes da avença, com base no princípio da autonomia da vontade contratual. A força da lei, porém, também é fator capaz de acarretar o rompimento do estado de coisas. De todo modo, quando o negócio jurídico é concluído a propriedade se transfere ao adquirente, mas em caráter limitado, de maneira que o implemento da condição a que se subordina, ou o advento do termo fixado, promove o desfazimento da cadeia dominial e todos os atributos volvem ao antigo titular.

Nas relações negociais comuns, translativas da propriedade e não submetidas a elementos resolutivos, a propriedade migra para o acervo patrimonial do adquirente em caráter pleno. Naquelas jungidas a algum elemento de resolução, entrementes, o fator que ocasiona o desfazimento do liame dominial se incrusta à relação no momento em que o negócio é celebrado. Funciona, por assim dizer, como causa que retira do titular a propriedade, fazendo-a integrar-se em definitivo ao acervo de outrem. Daí o cunho limitado do direito, já que ele não se transfere de forma plena e fica à mercê da verificação de elemento resolutivo apto a determinar o seu fenecimento.

O Código Civil em vigor situou a disciplina da propriedade resolúvel dentro do regramento relativo ao direito de propriedade. Ao assim proceder, quis, evidentemente, tratá-la como uma das espécies dominiais. Logo, submete-se aos ditames ordinários que norteiam todas as demais modalidades. Por isso, a resolução tem como fonte a insubsistência do negócio jurídico de que se originou, seja por força de cláusula expressa ou em virtude do puro querer normativo. Em oposição a esse raciocínio, *Sá Pereira* afirma que ela "*não constitui modalidade específica de domínio. Este se resolve como se resolve a obrigação, se o fato jurídico, que lhe foi matriz, está subordinado a condição ou a termo resolutivo*" (*apud* Sílvio Rodrigues, obra citada, p. 236). Em razão disso, a chamada propriedade resolúvel não se socorreria dos princípios gerais que regem o domínio, mas sim daqueles referentes à condição e ato termo. Por isso, seria desnecessário regrar o instituto em capítulo especial.

Com a devida vênia de entendimentos contrários, agiu com acerto o legislador ao cuidar da propriedade resolúvel como apenas mais uma dentre as modalidades dominiais, já que o fator de desfazimento é um elemento adicionado ao domínio comum pela vontade declarada ou por lei. Assim, o seu norte jurídico é dado pelo regramento geral da propriedade, enquanto o rompimento da titularidade fica subordinado à específica regência da previsão aditiva modificadora da estrutura ordinária do direito. Trata-se, em verdade, de causas que excepcionam os atributos da perpetuidade e da irrevogabilidade do domínio (Carlos Roberto Gonçalves, obra citada, p. 398), pois acarretam o desaparecimento da qualidade de titular sem base imediata em nova emissão volitiva deste.

1.2. Resolução por causa expressa no título

O art. 1.359 do Código Civil dispõe: "*Resolvida a propriedade pelo implemento da condição ou pelo advento do termo, entendem-se também resolvidos os direitos reais concedidos na sua pendência, e o proprietário, em cujo favor se opera a resolução, pode reivindicar a coisa do poder de quem a possua ou detenha*". O fator de resolução da propriedade, na hipótese prevista nessa norma, está incrustado no título gerador do direito.

A cláusula resolutiva é sempre expressa, podendo ser aposta em negócios jurídicos relacionados à transferência da propriedade tanto de coisas móveis como de imóveis. É o que acontece, por exemplo, no contrato de compra e venda em que as partes fixam determinada condição (*v. g.*, o surgimento de melhor negócio em certo prazo) e a ela atribuem vigor suficiente para, uma vez implementada, acarretar o desfazimento do liame e restituir ao alienante original a titularidade da coisa. Efetivado o registro do instrumento junto ao cartório competente, e dada a oponibilidade *erga omnes* que decorre de tal iniciativa, terceiros não poderão alegar desconhecimento da cláusula com vistas à preservação dos direitos que acaso tenham adquirido sobre o bem durante a sua pendência.

Enquanto pendente a condição ou o termo a que se submete o negócio jurídico gerador da propriedade resolúvel, o proprietário estará sujeito ao desfazimento dos direitos reais que a ela digam respeito. Isso porque a materialização do evento ou a chegada do tempo previsto em abstrato resolverá, juntamente com o domínio, todos os direitos reais concedidos na sua pendência. Exemplo: Em determinada compra e venda de imóvel feita de Paulo a Márcio, é inserida cláusula de retrovenda, que permite ao vendedor recobrar a coisa no prazo máximo de três anos, restituindo o preço recebido e reembolsando as despesas do comprador. Se durante esse período Márcio alienar o imóvel a Carlos, e for exercido regularmente por Paulo o direito de recompra junto ao adquirente original, dois negócios jurídicos serão desfeitos: a primeira venda, porque transmitira a propriedade resolúvel ao adquirente; a segunda venda, por incidência do art. 1.359 do Código Civil, já que o direito real foi constituído na pendência de cláusula que sujeitava o negócio primevo a fenecimento.

Com a resolução da propriedade, o antigo titular retoma todos os atributos que havia transferido. Em virtude disso, ficará autorizado a reivindicar a coisa do poder de quem a possua ou detenha, já que a retomada das qualidades dominiais restitui ao proprietário os direitos de usar, fruir e dispor da coisa, e de buscá-la junto a qualquer outra pessoa que com ela esteja indevidamente. Isso é fruto da seqüela e da ambulatoriedade, atributos de todos os direitos reais e que têm como fonte a publicidade emergente do registro. Quem procede contra a indicação registral carece de legitimidade para invocar a ocorrência de prejuízos ou de perplexidade, já que assumiu o risco jurídico de ver rompidos os vínculos entabulados.

Em virtude das características da propriedade resolúvel, cuja fragilidade reside na sujeição a termo ou condição, diz-se também que se trata de propriedade revogável ou condicional, variantes de terminologia que não afetam a essência do instituto. O que interessa nisso é exatamente o seu mecanismo de operação, consistente no rompimento do liame jurídico primitivo e na reincorporação da propriedade livre e desembaraçada à esfera jurídica do antigo titular. Os efeitos da resolução da propriedade verificam-se *ex tunc*, isto é, a situação volta *pleno jure* ao anterior patamar, como se nunca houvesse ocorrido o negócio jurídico translatício. O alienante volta a ser dono e o adquirente perde a propriedade, retornando as partes ao estado anterior. Caso aquele tenha recebido valores em razão do negócio, terá de devolvê-los ao pólo contrário; a retenção do numerário importaria em enriquecimento sem causa, circunstância abominada pelo ordenamento jurídico pátrio.

Outras situações ainda podem ser citadas em caráter exemplificativo. Se o titular de propriedade resolúvel empenha certo objeto enquanto ainda pendente condição que no futuro vem a se consumar, sofrem desfazimento o direito real constituído (penhor) e a translação dominial primitiva, voltando a coisa ao primeiro proprietário. Na alienação fiduciária em garantia, o credor fiduciário tem a propriedade resolúvel da coisa, deixando de ser o dono quando ocorre o pagamento de todas as prestações avençadas. O mesmo se dá na doação com cláusula de reversão, em que a coisa volta ao domínio do autor da liberalidade se este sobrevive ao donatário.

1.3. Resolução por causa superveniente

O art. 1.360 do Código Civil estabelece: *"Se a propriedade se resolver por outra causa superveniente, o possuidor, que a tiver adquirido por título anterior à sua resolução, será considerado proprietário perfeito, restando à pessoa, em cujo benefício houve a resolução, ação contra aquele cuja propriedade se resolveu para haver a própria coisa ou o seu valor"*. O fator de resolução da propriedade, em tal contexto, não existe ao tempo do surgimento do direito, mas sobrévem com tamanha força a ponto de romper o vínculo dominial criado. Logo, considera-se causa superveniente toda aquela que inexiste ao tempo da alienação primitiva, surgindo em momento posterior. Portanto, excluem-se dessa definição as causas vinculadas ao título de transmissão gerador da propriedade resolúvel (*v. g.*, a inserção de cláusula expressa no instrumento de compra e venda).

Em muitos casos, a resolução da propriedade não se dá em virtude do implemento da condição ou do advento do termo estabelecidos no instrumento de transferência, operando-se, isto sim, em razão de causa superveniente. Se ocorrer tal fenômeno, o possuidor que houver adquirido a propriedade de quem a tinha em caráter resolúvel, desde que por título anterior à resolução, não será atingido por esta. Trata-se de quadro que excepcionalmente consagra a eficácia *ex nunc* da resolução, de maneira que as suas conseqüências somente serão produzidas a partir da sentença que a decretar.

Dentre as várias possibilidades de ocorrência do quadro previsto na norma, uma pode ser oferecida como exemplo bastante ilustrativo. Manoel é proprietário de um imóvel em virtude de sentença, após disputa judicial com Francisco. Transitada em julgado a decisão, o dono vende o imóvel para Álvaro, observando todas as formalidades inerentes ao negócio. Depois disso, sobrevém decisão judicial favorável a Francisco em ação rescisória, por meio da qual se reconhece o direito deste sobre a coisa, com base em fator que não o vício do título aquisitivo. Em condições normais, a propriedade de Manoel se resolveria e o imóvel volveria ao antigo titular; porém, como foi alienado a outrem, o domínio restou consolidado no segundo adquirente. Não será possível reclamar a coisa transferida a Álvaro, porque a propriedade de Manoel resolveu-se por causa superveniente, tendo aquele adquirido o domínio em momento anterior à resolução.

Outra hipótese que viabiliza idêntico desfecho é a da revogação da doação por ingratidão do donatário, no caso em que, antes da ocorrência do fato que legitima o doador a pleitear o rompimento da liberalidade, a coisa haja sido transmitida a terceiro pelo donatário. O estranho, adquirente da propriedade por negócio celebrado com o donatário, não será atingido pela revogação implementada, ficando definitivamente como titular do bem. Restará ao antigo doador, então, recobrar junto ao donatário ingrato o valor correspondente à coisa doada, como mecanismo de reposição das partes ao *status quo ante*.

Cabe destacar, por relevante, que o reconhecimento da nulidade ou da anulabilidade do título, conducentes à resolução, não permite que se invoque o art. 1.360 do Código Civil para fins de resguardo das prerrogativas de terceiros. Isso porque tais vícios não poderão ser considerados como causa superveniente, haja vista a sua existência ao tempo em que transmitida a propriedade. O bem, nesse caso, volverá ao antigo dono nos moldes do art. 1.359 da codificação. Caberá ao terceiro adquirente, por conseguinte, a faculdade de pleitear a restituição dos valores eventualmente pagos a quem lhe transmitiu a coisa, mais a composição das perdas e dos danos cuja ocorrência demonstrar.

Em suma, sempre que for viável a incidência do art. 1.360 do Código Civil, o alienante original não terá direito de recuperar a coisa junto ao terceiro que a adquiriu. Entretanto, poderá a pessoa, em cujo benefício houve a resolução, promover o ajuizamento de demanda contra o adquirente original, visando a compeli-lo a restituir o bem, ou, se isso não for exeqüível, a indenizar pelo seu valor. Cabe destacar que o referido adquirente primitivo, responsável pela alienação feita a terceiro, também não poderá forçar este a lhe entregar a coisa, pois o domínio consolidou-se definitivamente em seu proveito. Somente por via de acordo será possível obtê-la junto ao terceiro para restituição ao alienante original, o que faz muito mais comum a indenização prevista na parte final da norma, dada a impossibilidade de recuperação do bem.

Capítulo 2

DA PROPRIEDADE FIDUCIÁRIA

2.1. Conceito e características

Considera-se fiduciária a propriedade resolúvel de coisa móvel infungível que o devedor, com escopo de garantia, transfere ao credor (*caput* do art. 1.361 do Código Civil). Etimologicamente, fidúcia significa confiança. Todavia, o negócio que dá nascedouro à propriedade fiduciária estriba-se em um arcabouço jurídico em que não há lugar para a confiança, em sua verdadeira acepção, como elemento necessário. A denominação vem do Direito Romano e hoje tem sabor meramente histórico.

No Brasil, a disciplina da alienação fiduciária em garantia, espécie de domínio fiduciário e resolúvel, ocorreu por meio do art. 66 da Lei n. 4.728/65, posteriormente alterado pelo Decreto-lei n. 911/69, que deu contornos estáveis ao instituto. O Código Civil, nos arts. 1.361 a 1.368, derrogou todas as normas anteriores que de qualquer modo entraram em rota de colisão com as suas disposições, avocando para si a regência da propriedade fiduciária. Disso resulta que o Decreto-lei n. 911/69 tem atualmente a sua vigência restrita às questões de cunho processual (arts. 3º a 5º), pois o direito material relativo à matéria provém integralmente do Código Civil. De outro lado, o Código de Processo Civil não se sobrepõe ao aludido decreto, já que este possui caráter especial, ao passo que aquele tem conformação geral.

A propriedade fiduciária caracteriza-se pela submissão do domínio a uma condição resolutiva, consistente no pagamento da totalidade do valor avençado entre as partes quando da celebração do contrato, pelo qual o devedor transfere ao credor, em garantia do pagamento da dívida, coisa móvel infungível. Exemplo clássico de propriedade fiduciária é aquele em que o adquirente do veículo vai a uma loja, assina o contrato de financiamento e leva o carro. O agente financeiro, com isso, torna-se credor fiduciário e passa a ter a propriedade condicional da coisa; porém, o pagamento das prestações ajustadas, pelo devedor fiduciante, promove em seu favor a recuperação do domínio pleno. Ao ingressar na posse direta do veículo, o devedor recebe do Departamento de Trânsito o certificado de registro, onde consta a anotação da existência do ônus, que tem oponibilidade contra terceiros. O credor, por sua vez, não sendo negócio envolvendo automotor, promoverá o registro do contrato no cartório de Registro de Títulos e Documentos, a fim de que adquira oponibilidade *erga omnes*. Satisfeita por inteiro a dívida, a propriedade retorna ao ex-devedor fiduciante, que pode requerer o cancelamento do registro do ônus mediante apresentação do respectivo comprovante de quitação.

Só quem pode alienar tem legitimidade para celebrar negócio fiduciário, já que nele há transmissão da propriedade da coisa ao credor. Logo, tanto o dono como o nu-proprietário estão habilitados a assim proceder, ficando alijados dessa perspectiva o locatário, o usufrutuário, o promitente comprador e o simples possuidor. De outra banda, qualquer pessoa natural ou jurídica pode ser investida na qualidade de credor fiduciário, desde que tenha capacidade para os atos da vida civil em geral. Não obstante, no mais das vezes a figura de credor fiduciário cabe a entidades financeiras, dado o seu poderio econômico para oferecer crédito a outrem.

A propriedade fiduciária é resolúvel porque a superveniência da condição a que se subordina — pagamento do valor estipulado — produz o desfazimento do domínio, fazendo-o retornar integralmente ao devedor independentemente de qualquer ato, manifestação volitiva ou formalidade. Enquanto não implementada a condição, o devedor fiduciante mantém consigo apenas a posse direta da coisa negociada, ao passo que ao credor, como garantia, atribui-se a posse indireta e a propriedade limitada.

Somente as coisas móveis infungíveis podem ser objeto da propriedade fiduciária regida pela codificação civilista. Quanto aos imóveis, é a Lei n. 9.514, de 20 de novembro de 1997, que regula a matéria. Coisas infungíveis são aquelas que não admitem substituição por outras equivalentes e de igual natureza sem prejuízo da substância da relação jurídica, porque têm individualidade específica e singular. São exemplos: os veículos automotores, os animais reprodutores identificados, etc. As coisas fungíveis não estão sujeitas à propriedade fiduciária porque, sendo insuscetíveis de individuação, não adquirem identidade própria capaz de as estremar de outras de igual gênero, situação a obstaculizar sua prestabilidade como garantia específica para o caso de inadimplemento.

Como a transferência das coisas móveis somente se perfectibiliza pela tradição, a aquisição da propriedade fiduciária também pressupõe a sua ocorrência. Entretanto, cuida-se aqui de *traditio* ficta, porque o credor (adquirente fiduciário) não recebe fisicamente do devedor (alienante fiduciário) a coisa; destarte, considera-se transferida a propriedade tão logo completada a contratação. Logo, a transformação do adquirente original em devedor fiduciante não tem como fonte a tradição real. O que se dá, em verdade, é o denominado *constituto possessório*, pelo qual o sujeito, que possuía de maneira plena em virtude da qualidade de dono, torna-se possuidor indireto em razão da espécie negocial entabulada.

É de ser destacada a circunstância de que se mostra factível a alienação fiduciária de coisa que já pertence ao devedor fiduciante no momento da celebração do contrato. Ele não precisa, necessariamente, adquiri-la de terceiro com vistas à posterior transmissão ao credor fiduciário, conforme resulta do teor da Súmula n. 28, do Superior Tribunal de

Justiça: *"O contrato de alienação fiduciária em garantia pode ter por objeto bem que já integrava o patrimônio do devedor"*. Cuida-se de operação bastante comum, destinada à obtenção de financiamento por quem já é dono de coisa móvel infungível e a oferece em segurança da futura solução da dívida contraída.

Acerca da natureza jurídica da alienação fiduciária em garantia, é perceptível tratar-se de espécie do direito de propriedade, submetida, destarte, ao regramento ordinário referente ao tema, com as necessárias adaptações resultantes das normas específicas de cunho processual (Decreto-lei n. 911/69) e material (arts. 1.361 a 1.368 do Código Civil).

2.2. Constituição da propriedade fiduciária

Constitui-se a propriedade fiduciária com o registro do contrato, celebrado por instrumento público ou particular, que lhe serve de título, no Registro de Títulos e Documentos do domicílio do devedor, ou, em se tratando de veículos, na repartição competente para o licenciamento, fazendo-se a anotação no certificado de registro (art. 1.361, § 1º, do Código Civil). Como asseverado, o ato registral atribui ao negócio jurídico oponibilidade *erga omnes*, do que resulta a possibilidade de reclamar o bem junto a outrem.

O negócio contratual fiduciário é formal. Pode ser celebrado tanto por instrumento público como por escrito particular, mas necessariamente seguirá a forma escrita, prevista em lei, sob pena de não se constituir. Além da sua finalidade probante, cumpre destacar que sem ela não seria possível o registro, etapa essencial da constituição da propriedade fiduciária.

O contrato referente à propriedade fiduciária, afora a necessidade de observância de aspectos das contratações em geral (capacidade das partes, objeto lícito e possível, forma prescrita em lei), deve preencher determinados requisitos específicos, elencados no art. 1.362 do Código Civil, para produzir os efeitos que lhe são inerentes. Terá de constar do instrumento o valor total da dívida ou sua estimativa (inciso I), permitindo ao devedor, assim, plena ciência do montante a cujo pagamento se obriga para que se opere a recuperação da propriedade da coisa junto ao credor fiduciário. Como a resolução da propriedade depende da quitação do débito, a prévia ciência do sujeito passivo quanto à extensão de seu dever impede que o credor abuse da situação em que se encontra e imponha ao outro pólo obrigações econômicas estranhas ao negócio jurídico original. Pelas mesmas razões, o prazo ou a época do pagamento terão de figurar no instrumento contratual (inciso II), especialmente porque a constituição de qualquer das partes em mora vincula-se ao inadimplemento das obrigações assumidas, e isso somente se constata quando conhecido o tempo do seu cumprimento.

A taxa de juros a que se submete o negócio jurídico, quando cabível, poderá ser estipulada pelas partes, desde que não exceda daquela legalmente admitida (inciso III). Caso haja silêncio dos contraentes, incidirá sobre o liame a taxa prevista na lei, sendo regidos por ela aspectos como os juros moratórios. Por fim, a individualização da coisa é elemento fundamental, pois disso depende a viabilidade da relação jurídica. A identificação partirá de detalhamentos que destaquem a coisa em meio a outras que possam ser semelhantes (inciso IV), como número de série, cor, placa, chassi, data de aquisição, etc. Afinal, a propriedade resolúvel constitui-se em torno de coisas infungíveis exatamente para que se as possa estremar de outras de mesmo gênero e viabilizar a necessária ciência acerca de quais os bens materiais que compõem a garantia. Essa possibilidade de diferenciação é fator muito importante também na hipótese de quitação do débito (e conseqüente retomada da propriedade da coisa pelo sujeito passivo) ou de inadimplemento do dever de pagar (e subseqüente excussão pelo sujeito ativo).

O registro do contrato será feito no domicílio do devedor, pois às pessoas que eventualmente pretenderem firmar relação jurídica com ele, tendo por objeto o domínio da coisa submetida à propriedade fiduciária, precisam ter ao seu alcance uma fonte segura de informações acerca da situação jurídica da referida coisa. O registro, para ser oponível a terceiros, deverá ser realizado no Cartório de Registro de Títulos e Documentos do domicílio do devedor; do contrário, o negócio somente produzirá efeitos entre as partes.

Se a propriedade fiduciária disser respeito a veículos automotores, o registro do respectivo título não se efetivará no Cartório de Registro de Títulos e Documentos, mas sim junto à repartição oficial onde se tenha de promover o licenciamento, no domicílio do possuidor direto e devedor fiduciante. Nela é que as pessoas encontram a origem das informações sobre toda a situação jurídica de cada automotor. No certificado de propriedade do veículo constará a anotação da existência de propriedade fiduciária, a fim de que terceiros sejam alertados para a circunstância de a coisa não pertencer ainda ao possuidor direto, estando pendente o pagamento de valores avençados entre ele e o credor fiduciário.

A propósito, a Súmula n. 489, do Supremo Tribunal Federal, diz que a compra e venda de automóvel não prevalece contra terceiros, de boa-fé, se o contrato não foi transcrito no Registro de Títulos e Documentos. Por seu turno, a Súmula n. 92, do Superior Tribunal de Justiça, informa que a terceiro de boa-fé não é oponível a alienação fiduciária não anotada no Certificado de Registro do veículo automotor.

Cabe destacar que os direitos reais e demais negócios jurídicos constituídos durante a existência da propriedade fiduciária serão ineficazes perante o credor, salvo se ocorrer o registro do instrumento, ou ainda na hipótese de o devedor adimplir por completo os valores em aberto, liberando assim a coisa e tornando-se proprietário.

O desdobramento da posse, em direta ou imediata e indireta ou mediata, decorre de obrigação ou direito, fazendo com que um dos integrantes da relação jurídica, o devedor, torne-se possuidor direto e tenha a posse de fato, consistente na guarda, no uso ou na administração da coisa (§ 2º do art. 1.361 do Código Civil); ao pólo oposto, ocupado pelo denominado possuidor indireto, cabe posse de existência subjetiva e que não recai de forma imediata sobre a coisa, eis que temporariamente deslocada para outrem a faculdade de manter direta ligação com ela. Ambas coexistem, não colidem e nem se excluem, ensejando a ambos os possuidores a defesa da posse como um todo, nos limites de seus atributos individuais.

O possuidor direto não tem a faculdade de dispor, eis que a propriedade, embora resolúvel, pertence ao credor fiduciário. Por igual razão, a coisa não poderá ser penhorada ou de qualquer maneira constrita em favor de terceiros para cumprimento de obrigações do devedor fiduciário, eis que está sob domínio resolúvel do possuidor indireto e volverá à sua plena posse em caso de inadimplemento da obrigação a que se atrela. De banda diversa, o possuidor indireto tem de respeitar os atributos do pólo adverso, ficando sujeito inclusive à aplicação dos interditos possessórios caso isso não aconteça. Porém, nada impede que fiscalize a todo tempo o estado da coisa e o cumprimento das obrigações assumidas pelo possuidor direto, podendo ajuizar ações com vistas à observância desse direito.

Caso determinada pessoa transfira a outrem, fiduciariamente, coisa que não lhe pertence (alienação a *non domino*), o negócio jurídico será ineficaz em relação ao verdadeiro titular. Todavia, se houver superveniente aquisição regular da coisa móvel infungível pelo devedor que assim procedeu, a transferência da propriedade fiduciária considerar-se-á acabada e perfectibilizada, operando normais efeitos a contar da data em que se deu o arquivamento do instrumento relativo ao negócio fiduciário junto ao órgão competente (§ 3º do art. 1.361 do Código Civil), que é o Registro de Títulos e Documentos, ou, tratando-se de veículos automotores, a repartição competente para o licenciamento. A validade e a operacionalidade do ato prescindem da preexistência da titularidade da coisa, porque a posterior aquisição pelo alienante fiduciário faz retroagir seus efeitos à data da contratação. Assim, independente de qualquer formalidade maior, considera-se perfeita a transferência fiduciária a contar da data em que verificada a aquisição da coisa pelo devedor.

2.3. Condição jurídica do depositário

O inadimplemento protagonizado pelo devedor fiduciante autoriza o credor fiduciário a promover a venda da coisa, judicial ou extrajudicialmente, de acordo com o ajuste negocial. Todavia, é preciso referir que antes de vencida a dívida, o devedor, a suas expensas e risco, pode usar a coisa segundo sua destinação (primeira parte do *caput* do art. 1.363 do Código Civil). Sendo possuidor direto, o devedor fiduciante tem a prerrogativa de utilizar a coisa e dela servir-se conforme lhe seja conveniente. Porém, somente poderá fazê-lo na medida da sua normal destinação, sob pena de infringir as obrigações próprias da sua condição jurídica e arcar com as conseqüências que disso decorrem.

Não é necessário que conste expressamente do instrumento contratual qualquer cláusula mencionando o dever de usar a coisa de acordo com a sua destinação, eis que se trata de circunstância implícita em toda relação dessa natureza. Exemplo: se um veículo de passeio for alvo de propriedade fiduciária, não poderá o possuidor direto utilizá-lo para disputar corridas; tratando-se de máquina ou implemento agrícola, somente para esse fim específico o bem será empregado. Do contrário, haverá desatendimento de uma das obrigações do devedor, ensejando o rompimento do liame negocial e a conseqüente indenização das perdas e danos verificados.

O possuidor direto, em se tratando de propriedade fiduciária, assume a condição de depositário da coisa (segunda parte do art. 1.363 do Código Civil). Não tem, portanto, legitimidade para vendê-la ou de qualquer modo dispor do bem, já que lhe falta o *jus abutendi* em vista da inexistência da qualidade de dono. Pode, entrementes, utilizá-la consoante a sua destinação, mas em contrapartida é sujeito de deveres inarredáveis cuja observância visa à proteção da coisa, que não lhe pertence. Destarte, fica obrigado a guardar o bem com toda a diligência possível e como se dele fosse dono (inciso I); para tanto, arcará com os gastos que se fizerem imprescindíveis ao cumprimento do dever. Tais despesas não serão reembolsadas pelo possuidor indireto e credor fiduciário, pois à faculdade de uso da coisa corresponde a obrigação de zelar pela sua integridade.

O devedor fiduciante é obrigado a entregar a coisa ao credor se a dívida não for paga no vencimento (inciso II), a fim de que se mostre factível a adoção das medidas necessárias à excussão e à satisfação do crédito. Como depositário que é, o possuidor direto responde pela falta de fidelidade ao pólo oposto, no que concerne à restituição da coisa no momento oportuno. Assim, é cabível a prisão civil do depositário infiel no depósito em propriedade fiduciária, sendo insustentáveis os argumentos de quem entende de modo divergente; afinal, nenhum motivo plausível existiria para a alusão do legislador à condição de depositário, assumida pelo devedor, se não fosse admissível a produção do mais contundente dos efeitos da infidelidade, que é a prisão civil até a entrega da coisa a quem de direito.

Em se tratando de alienação fiduciária em garantia, a atual norma constitucional que permite a prisão civil do depositário infiel (art. 5º, LXVII), recepcionou a legislação ordinária que rege a matéria (art. 66 da Lei n. 4.728/65, na redação que lhe deu o art. 1º do Decreto-lei n. 911/69), de modo que o negócio jurídico transforma o alienante ou devedor em possuidor direto e depositário com todas as responsabilidades e encargos que lhe incumbem, de acordo com a lei civil e penal.

Para que seja possível a decretação da prisão do devedor fiduciante, quando depositário infiel, faz-se necessária a constituição em mora e a prévia cientificação judicial para restituição da coisa em razão do inadimplemento, em ação de depósito ou na lide executiva porventura em curso. Isso para que o devedor tenha ampla oportunidade de demonstrar que não houve o inadimplemento, que a coisa foi posta à disposição do credor ou que lhe está sendo alcançada naquele momento.

Não obstante o posicionamento acima, é preciso referir que considerável porção da jurisprudência e da doutrina vem entendendo que descabe a prisão civil de quem figura como depositário na alienação fiduciária em garantia. Tal corrente afirma que se está diante de um depósito atípico, insuscetível, portanto, de submissão ao regramento empregado no depósito contratual, e, especialmente, ao art. 652 do Código Civil, que admite a prisão do depositário infiel. O Superior Tribunal de Justiça, em posição contrária à do Supremo Tribunal Federal, repele a citada prisão. Exemplo disso é o seguinte pronunciamento: *"Esta Corte já pacificou o entendimento no sentido de que, em caso de conversão da ação de busca e apreensão em ação de depósito, como verificado na espécie, é inviável a prisão civil do devedor fiduciário, porquanto as hipóteses de depósito atípico não estão inseridas na exceção constitucional restritiva de liberdade, inadmitindo-se a respectiva ampliação".* (Agravo Regimental no AI n. 821629/RJ (0215379-5), 4ª Turma do STJ, Rel. Jorge Scartezzini, unânime). O entendimento sufragado é de que as hipóteses de depósito atípico não estão inseridas na exceção constitucional restritiva de liberdade, restando inviável a sua ampliação. Não bastasse, seria descabida, em tais casos, a equiparação do devedor à figura contratual do depositário infiel *stricto sensu*.

O Supremo Tribunal Federal, todavia, tem posição diferente: *"A Constituição proíbe a prisão civil por dívida, mas não a do depositário que se furta à entrega de bem sobre o qual tem a posse imediata, seja o depósito voluntário ou legal (art. 5º, LXVII). 2. Os arts. 66 da Lei 4.728-65 e 4º do Dec.-Lei 911-69, definem o devedor alienante fiduciário como depositário, porque o domínio e a posse direta do bem continuam em poder do proprietário fiduciário do credor, em face da natureza do contrato"* (Habeas Corpus n. 75.925). Quanto à adesão ou celebração de ajustes internacionais que vedam a prisão civil do depositário, o Pretório Excelso entendeu, na mesma decisão, que *"os compromissos assumidos pelo Brasil em 'Tratado Internacional' de que seja parte (§ 2º, do art. 5º da Constituição) não minimizam o conceito de soberania do Estado-povo na elaboração de sua constituição; por esta razão, o art. 7º, n. 7, do "Pacto de São José da Costa Rica" ("ninguém deve ser detido por dívida", "este princípio não limita os mandados de autoridade judiciária competente expedidos em virtude de inadimplemento de obrigação alimentar") deve ser interpretado com limitações impostas pelo art. 5º, LXVII, da Constituição"*. Com a devida vênia, esse é o raciocínio mais adequado e que merece prevalecer, até mesmo para que o instituto da alienação fiduciária em garantia, tão útil no fomento das relações econômicas, continue a ser prestigiado.

2.4. Nulidade do pacto comissório

É nula a cláusula que autoriza o proprietário fiduciário a ficar com a coisa alienada em garantia, se a dívida não for paga no vencimento (art. 1.365 do Código Civil). O pacto comissório ou *lex commissoria*, caracterizado como avença acessória pela qual as partes estabelecem que o credor poderá, na hipótese de inadimplemento, adjudicar a si mesmo a coisa oferecida em garantia, padece de nulidade absoluta. Nem mesmo a superioridade econômica do crédito sobre o valor da coisa ofertada em segurança dele autorizará o sujeito ativo a tomá-la como dono.

Essa posição é tradicional no ordenamento pátrio, funcionando principalmente como medida de segurança das relações jurídicas interpessoais. Embora a propriedade da coisa fiduciariamente negociada pertença ao credor, em circunstância alguma se admite que com ele fique como forma direta de satisfação do crédito, pois seria potencial fonte de injustiças e de pressão do sujeito ativo sobre o devedor quando interessasse àquele a titularidade definitiva da coisa.

A nulidade não atinge toda a contratação, mas apenas a cláusula que autoriza o credor a tomar em definitivo a propriedade da coisa dada em garantia se o devedor não adimplir a obrigação a que acede. Assim, o contrato continua sendo válido e eficaz naqueles pontos que não se chocarem com as normas legais vigentes, considerando-se nula apenas a citada cláusula.

O devedor pode, com a anuência do credor, dar seu direito eventual à coisa em pagamento da dívida, após o vencimento desta (parágrafo único). A nulidade mencionada no *caput* do dispositivo não é tão extensa a ponto de atingir a dação em pagamento que o devedor faz ao credor, depois de vencida a dívida, entregando-lhe a propriedade da coisa que até então figurava como garantia de adimplemento da obrigação. Essa solução difere substancialmente da cláusula vedada pela lei, de vez que por intermédio desta o devedor não tem opção alguma, ficando sujeito à perda dos direitos sobre a coisa em razão da *lex commissoria*, ao passo que pela dação em pagamento o devedor livremente dispõe do bem como forma de solver a pendência e de se liberar.

Com efeito, não é admissível que o devedor fique privado da alternativa de promover dação em pagamento quando lhe seja conveniente esse mecanismo de liberação, contanto que haja anuência do credor. Destarte, não se tem a dação em pagamento como espécie dissimulada e sublinear de acordo comissório, pois se interessa tanto ao sujeito passivo como ao ativo a extinção do dever jurídico pela entrega da coisa que garantia o adimplemento, nada haverá de obstar tal providência. O que não se admite, consoante frisado, é que o devedor seja obrigado a entregá-la em virtude de ter avençado previamente com o credor a faculdade de este tomá-la para si, *manu militari*, em solução do débito.

2.5. Venda da coisa por inadimplemento

O art. 1.364 do Código Civil dispõe: *"Vencida a dívida, e não paga, fica o credor obrigado a vender, judicial ou extrajudicialmente, a coisa a terceiros, a aplicar o preço no pagamento de seu crédito e das despesas de cobrança, e a entregar o saldo, se houver, ao devedor"*. Com o vencimento da dívida, e caracterizada a ausência de pagamento, restará ao credor fiduciário vender a coisa a terceiro para satisfação de seu crédito e reembolso das despesas de cobrança feitas, nisso incluídos os gastos processuais, notificações, etc. A aludida venda poderá ser feita judicial ou extrajudicialmente, independentemente de leilão, exceto quando o instrumento contratual exigir este procedimento. Cabe destacar que a falta de solução de uma das parcelas acarretará o vencimento antecipado de todas.

A mora do devedor, que autoriza a venda da coisa, decorre do simples transcurso *in albis* do prazo destinado ao pagamento, mas precisa ser cabalmente demonstrada. Nos termos da Súmula n. 72, do Superior Tribunal de Justiça, a comprovação da mora é imprescindível à busca e apreensão do bem alienado fiduciariamente. Isso se faz por meio de carta registrada expedida pelo Cartório de Títulos e Documentos ou pelo protesto do respectivo título. A notificação destinada a comprovar a mora nas dívidas garantidas por alienação fiduciária dispensa a indicação do valor do débito (Súmula n. 245, do Superior Tribunal de Justiça). Atestados o inadimplemento e a mora, faculta-se ao credor pedir ao juiz que determine liminarmente, contra o devedor ou terceiro, a busca e apreensão da coisa, na forma dos arts. 3º a 5º do Decreto-lei n. 911/69, com o objetivo de assegurar a posterior venda e satisfação do crédito.

Caso o credor se recuse a receber o pagamento das prestações fixadas ou a dar a necessária quitação, ao devedor incumbirá promover o depósito judicial da importância correspondente, fazendo-o por meio de ação de consignação em pagamento. Essa medida evita a configuração da mora e das suas nocivas conseqüências (inclusive busca e apreensão), permitindo ao devedor, ainda, a dedução de pleito com vistas à composição das perdas e danos acaso provocados pela injusta recusa do credor em receber. A sentença proferida na demanda consignatória fará as vezes de título de liberação, produzindo em favor do devedor fiduciante a recuperação da propriedade da coisa.

Cinco dias após executada a liminar de busca e apreensão, consolidar-se-ão a propriedade e a posse plena e exclusiva do bem no patrimônio do credor fiduciário, cabendo às repartições competentes, quando for o caso, expedir novo certificado de registro de propriedade em nome do credor, ou de terceiro por ele indicado, livre do ônus da propriedade fiduciária. No referido prazo, o devedor fiduciante poderá pagar a integralidade da dívida pendente, segundo os valores apresentados pelo credor fiduciário na inicial, hipótese na qual o bem lhe será restituído livre do ônus (§§ 1º e 2º do art. 3º do Decreto-lei n. 911/69).

Da sentença proferida na lide de busca e apreensão cabe recurso de apelação, a ser recebido somente no efeito devolutivo (§ 5º do Decreto-lei n. 911/69), de maneira que as repercussões do *decisum* se farão imediatamente sentir, inclusive no que diz respeito à titularidade do bem e à perspectiva de transmissão dominial a terceiros.

A venda judicial será feita em processo de execução promovido pelo credor em função do inadimplemento do dever jurídico pela parte contrária. Nessa hipótese, a coisa será levada a leilão e vendida, no mínimo, pelo conteúdo econômico da avaliação. Para a efetivação da venda extrajudicial não se reclama a existência de cláusula expressa no contrato, pois se cuida de opção jungida apenas à vontade do credor.

Todavia, antes de promover a venda extrajudicial a terceiros o credor terá de comunicar a parte contrária acerca da negociação, a fim de conciliar interesses, permitindo que adote as medidas entendidas como pertinentes em defesa própria e, querendo, acompanhe o andamento das tratativas. Nesse contexto, a venda da coisa, sem prévia avaliação e anuência do devedor quanto ao preço, retira do eventual crédito remanescente a característica de liquidez, e ao instrumento dele representativo, em conseqüência, a qualidade de título executivo.

Por isso, pelo saldo devedor responde pessoalmente apenas o devedor principal, dentro de processo de conhecimento. O fiador que acaso existir somente continuará respondendo pelo remanescente da dívida se o procedimento de venda extrajudicial seguir todo o *iter* traçado na lei, com oferecimento, ao devedor, de plena ciência quanto ao trâmite da negociação. Se assim não for, e uma vez frustrado o direito de sub-rogação do fiador, torna-se este parte ilegítima para responder a ação de cobrança do saldo devedor existente.

Se houver saldo positivo depois de promovida a venda a terceiro e abatidos os valores referentes ao crédito e às despesas de cobrança, caberá ao credor entregar ao devedor o montante correspondente, sob pena de cometimento do crime de apropriação indébita, sem prejuízo do aparelhamento de ação cível capaz de levar à obtenção da importância.

O produto da venda da coisa, feita judicial ou extrajudicialmente, destina-se ao pagamento da dívida e das despesas de cobrança, incluídos juros, comissões previstas em lei, taxas, atualização monetária, cláusula penal, etc. Havendo saldo positivo, deverá o credor entregá-lo à parte contrária; sendo negativo o saldo, continuará o devedor obrigado pela diferença (art. 1.366 do Código Civil). Neste último caso, o credor não mais terá garantia real alguma para buscar a satisfação do seu direito, de maneira que terá de procurar no patrimônio do devedor algum item sujeito a constrição, para sobre ele fazer incidir a excussão que levará à obtenção de recursos econômicos hábeis a cobrir o saldo.

É apenas pessoal o direito do credor contra o devedor em relação à parcela da dívida não saldada com a venda da coisa submetida a negócio fiduciário, pois esta assegurava o cumprimento da obrigação até o alcance das suas forças pecuniárias. Todavia, se houver fiador garantindo o pagamento da totalidade da pendência, em razão de pacto adjeto de fiança, poderá o credor voltar-se contra ele também para a cobrança do saldo que remanescer depois de vendida a coisa originalmente oferecida em garantia. Isso somente não será viável se o sujeito ativo não houver dado ciência ao devedor acerca da venda extrajudicial que tiver promovido, pois então terá frustrado a possibilidade de sub-rogação do fiador nos direitos creditórios mediante pagamento da dívida. Ademais, a venda extrajudicial do bem, sem prévia avaliação e de aquiescência do devedor quanto ao preço, promove a já citada ausência de liquidez do crédito e de certeza do respectivo título.

2.6. Aplicação de outras normas codificadas

Consoante preconiza o art. 1.367 do Código Civil, aplica-se à propriedade fiduciária, no que couber, o disposto nos arts. 1.421, 1.425, 1.426, 1.427 e 1.436. Portanto, algumas das disposições referentes à hipoteca, ao penhor e à anticrese, que são direitos reais de garantia sobre coisas alheias, empregam-se no tratamento da propriedade fiduciária. Isso porque existem alguns pontos em comum entre os institutos, a começar pela incidência da garantia sobre uma coisa, sujeita à excussão para cobertura da dívida em caso de inadimplemento. É bem verdade que a propriedade fiduciária tem tratamento específico que não a confunde com os direitos reais acima elencados, mais isso não impede que os aspectos comuns recebam similar disciplina. Todas as observações tecidas abaixo decorrem do princípio insculpido no art. 1.367 da codificação.

Nos liames caracterizadores de propriedade fiduciária, o pagamento de uma ou mais prestações da dívida não importa exoneração correspondente da garantia, ainda que esta compreenda vários bens, salvo disposição expressa no título, ou na quitação. O direito de garantia que protege o credor é indivisível, a menos que as partes disponham de maneira diferente. Em vista disso, mesmo no caso de diversos bens integrarem a garantia, a liberação somente acontecerá após a integral satisfação do débito, não sendo possível a exclusão e desvinculação isolada de qualquer deles com base na ocorrência de pagamento parcial.

A dívida garantida pela coisa móvel infungível considera-se vencida pelo todo quando verificada uma das seguintes hipóteses: a) se, deteriorando-se, ou depreciando-se o bem dado em segurança, desfalcar a garantia, e o devedor, intimado, a não reforçar, ou substituir; b) se o devedor cair em insolvência, ou falir; c) se as prestações não forem pontualmente pagas, toda vez que deste modo se achar estipulado o pagamento. Neste caso, o recebimento posterior da prestação atrasada importa renúncia do credor ao seu direito de execução imediata; d) se perecer o bem dado em garantia, e não for substituído; e) se se desapropriar o bem dado em garantia, hipótese na qual se depositará a parte do preço que for necessária para o pagamento integral do credor.

Nos casos de perecimento da coisa dada em garantia, esta se sub-rogará na indenização do seguro, ou no ressarcimento do dano, em benefício do credor, a quem assistirá sobre ela preferência até completo reembolso.

Nas hipóteses de vencimento antecipado da dívida fiduciária, não estarão compreendidos no débito os juros correspondentes ao tempo ainda não decorrido. Isso significa que a verificação do vencimento antecipado autoriza o credor a cobrar o montante devido e os juros vencidos, mas não os vincendos, eis que estes resultariam do transcurso do tempo conforme originalmente avençado, e, tendo sido cessada a fluência do lapso temporal contratual em função da antecipação do vencimento, falta causa jurídica para a incidência dos juros que se venceriam posteriormente.

Salvo cláusula expressa, o terceiro que presta garantia real por dívida alheia, não fica obrigado a substituí-la, ou reforçá-la, quando, sem culpa sua, se perca, deteriore, ou desvalorize. O terceiro somente se obriga especificamente em relação ao alcance da expressão econômica da coisa que oferece em garantia de dívida alheia, não podendo ser onerado com a exigência de substituição em casos de perda, deterioração ou depreciação, a menos que culposamente tenha dado origem ao evento que afetou a amplitude da garantia primitiva. Sendo estranho à relação obrigacional garantida, e tomando assento apenas no que diz com a segurança da dívida alheia perante o credor, tem de ser vinculado estritamente até o limite pretendido, qual seja, o correspondente ao valor da coisa oferecida.

Como se sabe, qualquer interessado na extinção da dívida pode pagá-la, usando, se o credor se opuser, dos meios conducentes à exoneração do devedor. Cabe destacar que igual direito cabe ao terceiro não interessado, se o fizer em nome e por conta do devedor, salvo oposição deste. Quando o pagamento for feito por terceiro, interessado ou não, haverá sub-rogação dele nos direitos creditórios e na propriedade fiduciária (art. 1.368 do Código Civil). Em última análise, quem efetuar o pagamento assumirá inteiramente o lugar do credor, munindo-se das mesmas garantias e podendo pleitear o exato crédito de que era titular o *accipiens*.

A sub-rogação do terceiro, seja ou não juridicamente interessado, opera *pleno jure* e independe de qualquer ato concomitante ou posterior ao pagamento. Todavia, se este ocorrer antes de vencida a dívida, o terceiro só terá direito ao reembolso no vencimento. A propriedade fiduciária é adquirida imediatamente pelo terceiro que paga a dívida, mas mantém o seu caráter resolúvel, de modo que a posterior verificação da condição a ela vinculada determina o desfazimento do liame dominial, volvendo a propriedade ao devedor fiduciante em toda a sua plenitude.

Extingue-se a propriedade fiduciária: a) extinguindo-se a obrigação; b) perecendo a coisa; c) renunciando o credor; d) dando-se a adjudicação judicial, a remição ou a venda da coisa, feita pelo credor ou por ele autorizada. Presume-se a renúncia do credor, quando consentir na venda particular da coisa sem reserva de preço ou quando anuir à sua substituição por outra garantia.

De acordo com o art. 1.368-A, acrescido pela Lei n. 10.931, de 02 de agosto de 2004, excetuando-se a disciplina específica posta na codificação para a propriedade fiduciária de coisa móvel infungível, todas as demais modalidades que a legislação contiver ou vier a estabelecer serão normatizadas por diplomas próprios. Em tal hipótese, a aplicação do Código Civil ficará, então, reservada apenas para suprir eventuais lacunas, do que resultará o seu caráter subsidiário e supletivo.

Parte V

DOS DIREITOS REAIS EM ESPÉCIE

Capítulo 1

DA SUPERFÍCIE

1.1. Conceito e características

A primeira notícia que se teve no ordenamento jurídico nacional acerca do direito real de superfície foi veiculada no chamado Estatuto das Cidades (Lei n. 10.257/01, arts. 21 a 24). Porém, a previsão dizia respeito unicamente à modalidade urbana, não admitindo a constituição sobre imóvel rural. Com o advento do Código Civil de 2002 (arts. 1.369 a 1.377), houve derrogação daquele regramento anterior, haja vista ter sido esgotada a matéria no novel diploma, inclusive com sobreposição de normas em torno do mesmo tema, o que faz prevalecer a disciplina mais recente. Admite-se, portanto, a existência de direito real de superfície — e, por certo, com maior utilidade prática — também sobre imóvel rústico.

Assim como é possível desmembrar temporariamente da propriedade alguns de seus atributos com o objetivo de constituir usufruto ou prerrogativa diversa em favor de outrem, admite-se que o proprietário destaque de seu direito real, em proveito alheio, a faculdade de utilização da parte superior do solo para fins de plantio ou construção, ou para ambas as finalidades concomitantemente, dando nascedouro ao chamado direito de superfície. É de salientar que ele não incidirá sobre prédios construídos antes da celebração, nem sobre plantações de caráter permanente (*v. g.*, pomares ou florestas) que já existam na data do ajuste. Isso porque a finalidade do instituto é exatamente a de ensejar ao superficiário a edificação ou o plantio no terreno, e não usufruir algo anteriormente preparado. Exceto se o título constitutivo estipular que haverá a demolição do prédio ou a supressão da lavoura, fazendo volver a coisa ao estado original de servir.

O *caput* do art. 1.369 do Código Civil estabelece: "*O proprietário pode conceder a outrem o direito de construir ou de plantar em seu terreno, por tempo determinado, mediante escritura pública devidamente registrada no Cartório de Registro de Imóveis*". À evidência, trata-se de direito real de uso e fruição sobre coisa alheia, tendo como titular uma ou mais pessoas. Não fosse pelo registro, o quadro seria de direito meramente pessoal ou obrigacional, em muito semelhante ao arrendamento, à parceria agrícola ou pecuária e a tantos outros liames agrários. Logo, a natureza real confere maior segurança à relação, dada a oponibilidade *erga omnes* emergente ao registro.

Tal instituto não se confunde com o usufruto, pois este faculta ao titular maior atuação sobre a coisa, ao passo que o superficiário somente pode lançar mão do solo em sua camada externa e para finalidades específicas. Resta notório, entrementes, que a superfície mantém certas semelhanças com os direitos reais de uso e de habitação, embora também com eles não se confunda, haja vista a finalidade e a extensão diversas de cada um dos institutos. Cuida-se, em verdade, de um direito real de uso limitado ou restringido, porque ao surgir no mundo jurídico as partes já sabem exatamente qual a específica destinação a ser dada à coisa.

A concessão do direito de construir ou de plantar é necessariamente temporária, característica que de resto desponta nos demais direitos reais, com exceção da propriedade e da enfiteuse. Porém, nada obsta que dure pelo tempo de vida do superficiário e que se transmita aos herdeiros ou a terceiros, o que não abala a sua feição transitória. Tem-se, portanto, na figura do proprietário alguém que momentaneamente repassa ao superficiário, por expressa manifestação de vontade, certa parcela das suas prerrogativas, para no futuro recuperar por inteiro os atributos deslocados.

O tempo de duração do direito real será fixado pelos contraentes; restando silentes quanto a esse aspecto, caberá ao interessado notificar a parte adversa acerca da pretensão de fazer cessar a relação jurídica, assinando-lhe lapso temporal razoável para que desocupe o terreno. Não havendo acordo, o juiz estipulará prazo para a extinção do direito real, em atenção às circunstâncias do caso.

É comum o entendimento de que o direito de superfície não se estende ao subsolo. Mas isso não corresponde à realidade, pois no mais das vezes de nada adiantaria a titularidade do direito de superfície se o interessado não pudesse executar as obras que fossem necessárias à consecução dos fins para os quais restou constituído. Atento a esse detalhe, o legislador dispôs a respeito do tema, visando a evitar divergência entre proprietário e superficiário, em conformidade com a trajetória delineada pelo Código Civil Português de 1966, em seu art. 1.525, número 2.

Nessa linha de raciocínio, e como regra geral, o direito de superfície não autoriza a feitura de obra no subsolo; porém, se o trabalho cuja realização é pretendida pelo superficiário for daqueles inerentes ao objeto da concessão, admite-se a sua execução (parágrafo único do art. 1.369 do Código Civil). Entende-se como tal toda obra sem a qual o superficiário não lograria alcançar a plenitude do exercício do direito de que é titular. Exemplo: se é imprescindível ao cultivo do terreno a abertura de poço artesiano de captação de água e a canalização subterrânea até a lavoura, o superficiário poderá realizar as obras normalmente, sendo vedado ao proprietário obstacularizar a iniciativa. Havendo intervenção nociva deste, o prejudicado terá a seu dispor a demanda possessória correspondente (interdito possessório, manutenção de posse, etc.).

Pelas mesmas razões, e não obstante a omissão do legislador nesse particular, é certo que o superficiário também pode desfrutar do espaço aéreo até o limite necessário à plena utilização da coisa. Exemplo: se a superfície é concedida para nela ser construído edifício comercial, o número de andares ficará limitado apenas pelas regras administrativas vigentes no lugar da construção. A menos que exista limitação clausulada no próprio título constitutivo, indicando até que ponto acima do solo se estenderá o direito do titular, ficando então os celebrantes jungidos àquilo que ajustaram.

1.2. Constituição da superfície

Conforme disposto no art. 1.369 do Código Civil, para que se constitua o direito real de superfície é imprescindível a confecção de instrumento público e o subseqüente registro do mesmo junto ao Cartório de Registro de Imóveis de localização do bem, pois se assim não for haverá singela contratação geradora de direito de caráter pessoal, sem oponibilidade *erga omnes*. Caso o imóvel sobre o qual incidirá a superfície tenha valor inferior ou igual a trinta vezes o maior salário mínimo vigente no país, admitir-se-á a lavratura por escrito particular (art. 108 do Código Civil), que necessariamente deverá ser registrado nos moldes já referidos.

A rigor, o direito real somente se constitui no momento do registro, ato que lhe atribui plena publicidade e eficácia geral contra todos. Antes disso, apenas existirá vínculo pessoal e despido de oponibilidade frente a terceiros. Daí que o melhor direito sobre a coisa se reconhecerá sempre em favor de quem o houver regularmente registrado, cabendo aos eventuais lesados, titulares de direitos pessoais, buscar a composição das perdas e dos danos que acaso suportarem.

Também é possível constituir direito real de superfície mediante testamento. Com efeito, ao proprietário é facultado deixar em legado a superfície do imóvel, por prazo determinado ou até que sobrevenha outra causa extintiva. Feita a partilha em inventário, o formal cabível ao legatário será levado a registro, para que na matrícula do bem haja apontamento do direito real que lhe coube. A propriedade da coisa será normalmente transmitida aos sucessores legítimos ou testamentários, aos quais se alcança a perspectiva de recuperar futuramente os atributos deslocados ao superficiário.

Em tese, poder-se-ia admitir a hipótese de constituição da superfície por usucapião. Bastaria, para tanto, que alguém fosse possuidor qualificado dos atributos inerentes àquele direito real. Na prática isso não ocorre, pois se afigura muito mais lógico adquirir por usucapião desde logo a propriedade do que apenas a superfície. Afinal, quem age como superficiário aparenta ser dono, e, sendo a posse a exteriorização do domínio, o indivíduo fica legitimado a usucapir a coisa diretamente.

A concessão da superfície será gratuita ou onerosa; se onerosa, estipularão as partes se o pagamento será feito de uma só vez, ou parceladamente (art. 1.370 do Código Civil). Há superfície gratuita quando ao superficiário é repassada a prerrogativa de cultivar o terreno, ou sobre ele construir, sem que tenha de prestar qualquer contrapartida de caráter econômico em favor do proprietário. Já a modalidade onerosa se caracteriza por previsão contratual no sentido de que em contraprestação à prerrogativa de agir no terreno alheio o superficiário entregará certo valor em dinheiro, determinada quantidade de produtos, etc. O que revela a onerosidade é a assunção de obrigação de natureza econômica pelo superficiário, em benefício do titular do terreno ou de terceiro por ele indicado. Neste caso, deverão as partes estabelecer a forma e o tempo de pagamento, definindo quando e a quem o superficiário pagará e dizendo se a sua liberação se dará mediante pagamento parcelado ou em uma só vez.

Independentemente da gratuidade ou não do direito real de superfície, recairá sobre o superficiário a responsabilidade pelo pagamento dos encargos relativos ao imóvel, assim como dos tributos acaso incidentes (art. 1.371 do Código Civil). Em assim sendo, compete-lhe arcar com as seguintes despesas: imposto predial e territorial urbano, imposto territorial rural, contas de energia elétrica e fornecimento de água, taxa de esgoto, contribuições de melhoria e todas as demais que disserem respeito ao terreno sobre o qual foi instituída a concessão. Obviamente, em atenção ao princípio da autonomia da vontade privada, é lícito às partes dispor de modo diverso, como melhor lhes convier.

O fundamento desses ônus reside na circunstância de que o superficiário tem consigo o direito de utilizar o terreno para plantio ou construção, dele retirando vantagens de caráter econômico, ao passo que o proprietário do solo fica temporariamente privado de certos atributos dominiais, muitas vezes sem nada receber em contrapartida. E, mesmo que o dono aufira algo por força da onerosidade da avença, deve-se observar que o direito real de superfície é instituto que impõe a ambas as partes deveres severos e equilibrados uns em relação aos outros, justificando-se plenamente a sua adequada distribuição.

Descumprida a obrigação de solver os encargos e tributos que lhe couberem, o superficiário cometerá infração capaz de ensejar, por iniciativa do dono, a resolução do direito real de superfície. Com isso, retornarão ao proprietário os atributos circunstancialmente deslocados à parte adversa. A providência dependerá de prévia constituição do superficiário em mora, mediante interpelação ou notificação específica, de natureza judicial ou extrajudicial.

As pessoas jurídicas de direito público interno também podem constituir direito de superfície em favor de particulares, nos limites estabelecidos pela legislação vigente. De outra banda, nada impede que figurem como titulares do direito real de superfície, investindo-se na condição de superficiárias. Sempre que uma ou outra situação ocorrer, as normas codificadas disciplinarão o instituto, aplicando-se em condições idênticas às que regem as relações entre particulares. Mas, nos termos do art. 1.377 do Código Civil, a aplicabilidade das aludidas normas ficará condicionada à inexistência de outras regras de caráter especial, pois se isso acontecer terão elas prioridade de incidência sobre o liame jurídico que vier a ser constituído, dada a sua natureza e a predominância do direito coletivo sobre o privado.

1.3. Transmissão da superfície

Ao contrário do que acontece com outros direitos reais (*v. g.*, usufruto), marcados pela proibição ou ampla limitação da sua transferência a outrem, em se tratando da concessão de superfície admite-se o repasse de todos os atributos a terceiros. É o que se extrai do *caput* do art. 1.372 do Código Civil: *"O direito de superfície pode transferir-se a terceiros e, por morte do superficiário, aos seus herdeiros"*. Não é apenas o exercício do direito que se transmite, mas sim o próprio direito real como universo jurídico. Isso acontece por meio de escritura pública devidamente inscrita no Registro de Imóveis, tendo como partes o superficiário e o terceiro adquirente.

Também se reconhece, nesse particular, a ocorrência de transmissão *mortis* causa. Com efeito, a morte do superficiário faz repassar aos seus herdeiros o direito real de que era titular. Cuida-se de outra exceção à regra geral de que os direitos reais fenecem com o óbito do titular. Assim, os herdeiros do superficiário assumirão a mesma condição por ele mantida até o momento da morte, recebendo-a no exato estado em que se encontrava. A titularidade dos herdeiros durará até o advento do marco temporal final ou de ocorrência diversa capaz de pôr fim à relação jurídica travada com o proprietário.

Tendo em vista a letra da lei, resta patente a inviabilidade de se transferir por testamento o direito real de superfície. É evidente a intenção do legislador no sentido de permitir que somente aos herdeiros vocacionados se transmita a concessão de superfície, vedando-se igual solução quando for o caso de herdeiro ou legatário instituídos com base na sucessão testamentária. A norma tem de ser interpretada restritivamente, pois é da natureza dos direitos reais o seu caráter temporário, de maneira que a tendência normal da sua existência jurídica é o retorno ao estado original, com reagrupamento dos atributos dominiais plenos na esfera jurídica do proprietário.

A situação acima não se confunde com aquela relativa à constituição da superfície por testamento, fenômeno absolutamente possível e abordado no tópico precedente. O que se veda é a aquisição, em caráter sucessório, do direito real que já fora constituído antes da morte do autor da herança. Em suma, nada impede que a cédula testamentária preveja a criação da superfície a partir do óbito do *de cujus*; todavia, não lhe é dado estipular em testamento o repasse a outrem da superfície já existente, e nem da lei decorre essa conseqüência.

Quando da constituição original do direito real de superfície, mostra-se factível avençar tanto a sua gratuidade como a onerosidade, consoante literal previsão normativa (art. 1.370 do Código Civil). Caso posteriormente o superficiário primevo tencione realizar a transferência do seu direito real a terceiro, também poderá o negócio ser efetivado entre as partes tanto a título gratuito como oneroso, de acordo com a vontade por elas emitida. Entretanto, não poderá o concedente original — dono do imóvel — pretender qualquer espécie de pagamento ou retribuição em virtude da transferência porventura implementada pelo superficiário primitivo em favor de terceiro (parágrafo único do art. 1.372 do Código Civil). Ainda que conste da escritura pública geradora do direito real a previsão de que ao concedente será alcançada contraprestação, fundada em eventual transmissão subseqüente do direito real de superfície a outrem pelo superficiário, considerar-se-á nula a cláusula, por afrontar expressa determinação legal.

A proibição alcança não somente o pagamento direto em dinheiro, como também qualquer forma diversa, imediata ou futura, de contraprestação de ordem econômica, *v. g.*, entrega de bens, assunção de dívidas do concedente, etc. O proprietário do terreno sobre o qual incide o direito real de superfície não pode esperar vantagens econômicas de negócios jurídicos posteriores, pois suas prerrogativas são exclusivamente as constantes do título original do liame jurídico, não se expandindo para além das condições nele estipuladas em relação ao superficiário. Os aspectos pecuniários de subseqüente negócio feito por este com terceiro em nada dizem respeito ao proprietário.

Como todo direito real, a concessão de superfície carrega consigo o princípio da seqüela e da ambulatoriedade, afora gerar direito de preferência. Esta decorre do art. 1.373 do Código Civil: *"Em caso de alienação do imóvel ou do direito de superfície, o superficiário ou o proprietário tem direito de preferência, em igualdade de condições"*. Destarte, não é vedado ao proprietário do terreno a alienação do mesmo, gratuita ou onerosamente; porém, o adquirente tomará o imóvel para si com todos os seus proveitos, gravames e vícios, razão pela qual deverá respeitar integralmente os atributos do superficiário, nos termos em que fixados quando da constituição. O direito real impregna a existência da propriedade imóvel, acompanhando-a por onde e com quem estiver, dada a oponibilidade *erga omnes* que caracteriza o instituto.

Caso o proprietário queira alienar o terreno, terá preferência para a aquisição o superficiário, em igualdade de condições com estranhos. Isso significa que é prestigiado pela lei, gozando de prioridade na aquisição se fizer oferta igual à apresentada por terceiro, seja no pertinente ao valor como às condições de pagamento. Se o superficiário for preterido na transmissão e tiver afetada a preferência legal, porque não consultado pelo dono ou mesmo vitimado por conluio entre este e o adquirente, poderá desfazer o negócio jurídico irregular, tomando para si o imóvel mediante depósito judicial de valor igual ao pago pelo terceiro.

É claro que a preferência somente existe na hipótese de alienação a título oneroso, pois não é dado ao superficiário exigir que o dono lhe ofereça em doação o terreno que deseja doar para outrem, pois isso afrontaria a essência da iniciativa e retiraria dela o caráter de liberalidade, que fica sujeita unicamente à vontade do doador.

Se o superficiário quiser alienar onerosamente o direito real a outrem, terá preferência na aquisição o proprietário do terreno, tanto por tanto. Com isso, retomará os atributos temporariamente deslocados ao superficiário, enfeixando novamente consigo a plenitude dominial e provocando a extinção do direito real. Inobservada a preferência fixada em lei, o proprietário terá legitimidade para depositar em juízo valor igual ao pago pelo terceiro, investindo-se na qualidade de adquirente do direito real de superfície, que desde então fenecerá. Importa destacar o fato de que na hipótese de alienação gratuita da superfície o dono do terreno não poderá invocar preferência alguma, pois isso afetaria irremediavelmente a liberalidade, que é de livre realização pelo interessado em proveito da pessoa a quem quiser beneficiar.

Cumpre salientar que a alienação promovida pelo superficiário, independentemente de natureza gratuita ou onerosa do negócio, transmite ao adquirente o direito real com todas as suas características, assim como tudo o que houver sido materialmente feito no terreno (construções, plantações, obras, etc.). A publicidade conferida pelo registro, por si mesmo oponível contra todos, impede qualquer alegação no sentido da ignorância das mazelas e das eventuais vantagens resultantes da superfície. Saliente-se, também, que qualquer das partes tem legitimidade para, antecipadamente ou não, abdicar da preferência estatuída na lei e emergente do negócio jurídico oneroso, o que se faz com observância da mesma forma exigida para a constituição do direito real.

1.4. Extinção da superfície

A extinção da concessão pode ocorrer em variadas hipóteses: a) com o termo final estabelecido pelas partes; b) por conduta irregular do superficiário, quando der ao terreno destinação diversa daquela para que foi concedido; c) em caso de desapropriação promovida por quem de direito; d) por perecimento ou destruição total da coisa; e) por renúncia do superficiário; f) quando o superficiário adquire a propriedade do terreno, ou o proprietário adquire o direito de superfície.

Consoante asseverado, a faculdade de utilização da superfície pelo titular do direito real restringe-se às hipóteses e condições previstas quando da constituição, devendo ser sempre observada a circunstância de que a lei admite apenas o cultivo do terreno e a construção sobre ele como objetos do negócio jurídico. Dentro desse espectro de cultivo e construção, é lícita às partes a estipulação do que melhor lhes convier, seja limitando o plantio a certas espécies de vegetais, estabelecendo altura máxima para edificação, dispondo acerca do tipo de construção permitida, etc. A esse universo definido pela vontade dos contraentes é que ficarão eles adstritos, mormente no que concerne à atuação do superficiário no exercício das prerrogativas emergentes do direito real.

O estabelecimento de termo final de duração da superfície faz com que o advento do *dies ad quem* provoque, automaticamente, a sua extinção. O normal desenvolvimento do liame ao longo da execução impede qualquer iniciativa no sentido do desfazimento antecipado. Porém, segundo consta do art. 1.374 do Código Civil, antes do termo final, resolver-se-á a concessão se o superficiário der ao terreno destinação diversa daquela para que foi concedida.

Se a utilidade dada pelo superficiário ao terreno for diferente daquela prevista no momento da constituição (*v. g.*, cultiva terreno em que deveria apenas edificar, planta árvores de corte em terreno destinado ao cultivo de cereais, etc.), a concessão ficará resolvida e as partes volverão ao estado anterior. Trata-se de mecanismo de extinção que se abate sobre o liame jurídico antes do termo final fixado pelos contraentes como marco de desfazimento da concessão. A inobservância da destinação se dá sempre que o superficiário, por iniciativa unilateral, desborda das faculdades conferidas no título, ensejando à parte adversa a resolução da avença; não obstante, cumpre frisar que o superficiário pode fazer no subsolo as obras inerentes ao objeto da concessão, ainda que esta as vede expressamente.

A existência de justa causa para a mudança da destinação elide a hipótese de resolução por desatendimento do dever emergente do ato constitutivo. Assim, por exemplo, se a terra originalmente destinada ao cultivo de arroz irrigado deixa de ser viável em virtude da supressão involuntária do manancial que abastecia a lavoura, é lícito ao superficiário fazer o plantio de outra espécie. O mesmo acontecerá se no local destinado à construção de prédio de cinco andares for obtida licença para edificação de apenas quatro pisos, em razão de óbices provindos de regulamentos administrativos. Nesse contexto, a feitura de um pavimento a menos não afetará a destinação primitiva, conservando intacto o direito real.

Extinta a concessão, o proprietário passará a ter a propriedade plena sobre o terreno, construção ou plantação, independentemente de indenização, se as partes não houverem estipulado o contrário (art. 1.375 do Código Civil). Se houve previsão de pagamento do valor correspondente aos acréscimos feitos pelo superficiário, caberá ao titular dominial indenizá-lo conforme acordado. Não tendo sido previamente fixado o valor exato da indenização, a sua apuração se fará mediante avaliação das construções ou plantações, seja amigavelmente ou em juízo.

Quando estipulada indenização, o superficiário não poderá invocar o direito de retenção do imóvel até que se dê o correspondente pagamento, eis que tal argüição somente é admissível nas hipóteses expressamente mencionadas em lei. Ademais, o *jus retentionis* normalmente diz respeito a benfeitorias, que não podem ser confundidas com acessões. As plantações e construções pertinentes ao direito real de superfície enquadram-se na categoria de acessões, que geralmente não asseguram ao agente o direito de reter a coisa até o pagamento da indenização acaso devida. Em assim sendo, restará ao superficiário ajuizar demanda objetivando perceber o montante devido, valendo-se dos meios ordinários de constrição patrimonial para atingir o objetivo a que se propuser.

No caso de extinção do direito de superfície em conseqüência de desapropriação, a indenização cabe ao proprietário e ao superficiário, no valor correspondente ao direito real de cada um (art. 1.376 do Código Civil). A desapropriação é medida efetivada em nome do interesse coletivo, sobrepondo-se, por isso, às prerrogativas individuais. Ela retira do proprietário a condição de dono da coisa sobre a qual se constituiu o direito real de superfície. Face a esse quadro, o superficiário também perderá a condição jurídica até então desfrutada, eis que a iniciativa afeta irremediavelmente todos os institutos reais pendentes sobre a coisa.

Em circunstâncias normais, a indenização decorrente da desapropriação cabe com exclusividade ao proprietário, porque na verdade representa o preenchimento da lacuna jurídica deixada pela perda do domínio. Porém, incidindo direito real de superfície sobre o bem desapropriado, o superficiário também estará legitimado a perceber uma fração do montante indenizatório, eis que a ele cabia o aproveitamento econômico da coisa face ao instituto constituído. O valor a ser alcançado ao superficiário dependerá da análise das características do seu direito real quando comparado com o direito real de quem sofreu a desapropriação. Fatores como o tempo de ajuste ainda por transcorrer, a amplitude das vantagens econômicas esperadas, o valor da coisa e tantos outros interferem na fixação do montante cabível a cada um dos envolvidos. Na falta de acordo acerca do tema, e levado para a esfera judicial o debate, o juiz competente analisará o contexto e definirá o valor a ser repassado ao superficiário.

Capítulo 2

DAS SERVIDÕES

2.1. Conceito e características

Servidão é o direito real pelo qual são estabelecidas restrições aos atributos do uso e da fruição de determinado prédio em proveito de outro, cuja propriedade é de pessoa diversa. Na servidão tem-se um prédio que sofre as limitações, denominado serviente, e outro que aufere os correspondentes proveitos, chamado dominante. Há, portanto, o deslocamento de determinadas faculdades, até então situadas na esfera jurídica do imóvel que serve, para o âmbito jurídico do prédio que delas extrairá benefícios. Em geral, a servidão atinge a um só tempo o *jus utendi* e o *jus fruendi*, mas nada obsta que apenas um deles experimente as consequências do gravame, de acordo com o ajuste feito.

Cabe salientar que nenhuma relação jurídica se dá entre coisas, pois somente as pessoas podem ser sujeitos de direitos e deveres. Não obstante, a servidão traz consigo a particularidade de atrelar os benefícios emergentes de um prédio às necessidades de outro, de modo que não interessa quem seja circunstancialmente o titular deste ou daquele, pois se mantém intacto o liame enquanto inexistir causa hábil a promover a sua extinção. Logo, tanto as vantagens como os encargos aderem, respectivamente, aos prédios dominante e serviente, transferindo-se com eles aos novos proprietários.

Para que se instale a servidão é necessário que os prédios pertençam a donos diversos, de vez que inexiste servidão em favor de alguém sobre a própria coisa. Não há servidão entre prédios pertencentes ao mesmo dono, já que este não servirá a si mesmo. Ele exercerá, nessa hipótese, a qualidade de proprietário, dando aos bens a destinação que quiser. Por outro lado, os prédios envolvidos normalmente são vizinhos, pois a distância via de regra retira a possibilidade de que um sirva e o outro se beneficie; todavia, não se reclama que os prédios sejam contíguos ou limítrofes, podendo haver intervalos em que a titularidade do território seja de pessoa estranha ao liame da servidão. É o que acontece, por exemplo, na servidão de aqueduto, em que a passagem da canalização pode em parte verificar-se através de prédio distante daquele postado como dominante.

Ao longo da prevalência do vínculo real, um prédio fica a serviço do outro, nos limites da servidão entabulada. Daí ser comum afirmar que na servidão quem serve é o prédio e não o dono, mesmo que isso, obviamente, não signifique o estabelecimento de uma relação jurídica entre os imóveis propriamente ditos. Na prática, e nem poderia ser diferente, quem suporta o ônus que recai sobre o prédio serviente é o seu dono ou quem estiver exercendo a posse, assim como é o dono ou possuidor do imóvel dominante que granjeia os proveitos extraídos da servidão.

O art. 1.378 do Código Civil dispõe: *"A servidão proporciona utilidade para o prédio dominante, e grava o prédio serviente, que pertence a diverso dono, e constitui-se mediante declaração expressa dos proprietários, ou por testamento, e subseqüente registro no Cartório de Registro de Imóveis"*. Trata-se de direito que, tendo natureza real, acompanha a coisa em qualquer contexto jurídico, viabilizando ao titular a oposição das suas faculdades a terceiros. Isso decorre dos atributos da seqüela e da ambulatoriedade, inerentes a todos os direitos reais.

A servidão gera, para o dono do prédio serviente, a obrigação de acatar, consoante prevista no título constitutivo, a interferência do prédio dominante. Algumas se caracterizam pela atribuição de poderes ao dono do prédio dominante, que os exerce por meio de condutas exteriores (exemplo: servidão de trânsito); de outra banda, outras são marcadas pelo dever de abstenção (exemplo: não lançar fumaça no prédio dominante). Aquelas se denominam *positivas*, ao passo que estas se chamam *negativas*. Normalmente, ao proveito auferido pelo prédio dominante corresponde igual oneração ao serviente, embora isso não seja requisito de constituição do direito real.

Faz-se relevante observar que a servidão é inalienável, não podendo ser cedida ou transferida a outrem pelo dono do prédio dominante, quer a título gratuito ou oneroso, ainda que com a anuência da parte contrária. Entrementes, o direito real passa aos sucessores dos proprietários dos imóveis envolvidos, subsistindo até que sobrevenha causa de extinção prevista em lei.

2.2. Classificação das servidões

Muitos critérios embasam a classificação das servidões, mas serão explicitados apenas aqueles que efetivamente conservam atualidade e relevância. Os que já foram postos em desuso, ou que se encontram em irreversível declínio não figurarão no elenco, haja vista a necessidade de resguardar o pragmatismo do estudo. Cumpre destacar que os variados critérios admitem, no mais das vezes, múltipla combinação, sem que isso descaracterize o direito real.

Quanto à natureza dos prédios, as servidões podem ser: a) *urbanas*; b) *rústicas*. Esse enquadramento leva em consideração o local de situação do prédio serviente. Estando dentro do perímetro urbano, assim definido na legislação municipal, a servidão ficará inserida na primeira categoria. Localizado o imóvel em área rural, o direito real se classificará como rústico. O critério não repercute na disciplina jurídica do instituto, já que as normas em vigor se aplicam tanto àquela como a esta modalidade. São exemplos de servidões urbanas: inserir trave na parede do vizinho, escoar águas pluviais em direção ao prédio contíguo, abrir janelas para obter luz, manter a vista que se tem a partir de janela ou terraço existente no prédio dominante, evitar edificação no prédio vizinho além de certa altura, etc. Algumas das rústicas são: aqueduto, tirada de água, trânsito, pastagem, etc.

Quanto ao modo de exercício, as servidões se classificam em: a) *contínuas* e *descontínuas*; b) *positivas* e *negativas*. São consideradas *contínuas* as servidões que se exercem sem a necessidade da prática de atos humanos depois de estabelecidas, ainda que para a sua instalação tenha sido executada alguma obra. É o que acontece com a servidão de aqueduto, de vez que após implementado o exercício o dono do prédio dominante continuará auferindo proveitos sem que dele se exija a adoção de novas providências materiais. Em contrapartida, são *descontínuas* as servidões cujo efetivo exercício condiciona-se à realização de atos materiais pelo titular do prédio favorecido toda vez que pretender obter as vantagens que o direito real pode proporcionar. É o caso da servidão de extração de minerais, de vez que se exerce por meio da prática de atos humanos seqüenciais. São *positivas* as servidões cujo exercício impuser ao titular do prédio dominante a prática de um ato. Noutras palavras, a extração da utilidade do prédio serviente não prescinde da efetiva conduta do beneficiário, ficando este legitimado a agir de acordo com o necessário para alcançar esse objetivo. Exemplo disso é a servidão que permite ao agente transitar pelo imóvel alheio, faculdade suscetível de resguardo por intermédio do ajuizamento de lides possessórias. São *negativas* as servidões quando houver dever de abstenção incidente sobre o dono do prédio serviente, que fica obrigado a não praticar algum ato específico, ou a abdicar de certo direito que, em circunstâncias ordinárias, poderia executar ou preservar. Exemplo dessa modalidade é a servidão de não edificar além de certa altura no próprio imóvel.

Quanto ao mecanismo de exteriorização, as servidões se classificam em: a) *aparentes*; b) *não-aparentes*. São *aparentes* as que se exteriorizam por atos perceptíveis, executados com o fito de viabilizar o seu adequado exercício. É o caso da servidão de aqueduto, em que a passagem da água se dá a partir de tubulações ou canalizações destinadas a esse fim. São não-aparentes as que escapam da percepção visual, porque independem da fixação de elementos materiais para o seu desenvolvimento. Nesse contexto se enquadra a servidão de não edificar além de certa altura, eis que nela o dono do prédio serviente cumpre a sua obrigação simplesmente deixando de agir e se mantendo em condição puramente omissiva.

Como facilmente constatável, e bem observado por *Washington de Barros Monteiro* (obra citada, p. 280), as servidões podem ser, a um só tempo: contínuas e aparentes (*v. g.*, aqueduto), contínuas e não-aparentes (*v. g.*, não edificar), descontínuas e aparentes (*v. g.*, transitar por caminho demarcado no terreno alheio), descontínuas e não-aparentes (*v. g.*, tirada de água, sem demarcação de caminho). Nada obsta que a esse enquadramento se acrescentem, ainda, as qualidades de positiva ou negativa, urbana ou rústica, etc., consoante frisado.

2.3. Constituição das servidões

É relevante estremar as servidões ditas *prediais* — alvo do presente exame — daquelas outras conhecidas como servidões *legais*, que de servidão nada têm. Efetivamente, há certos direitos que se exercem sobre o prédio alheio em virtude da relação de vizinhança estabelecida entre as pessoas. Institutos como a *passagem forçada* não podem ser confundidos com servidão, eis que caracterizam apenas direitos obrigacionais ou pessoais, disciplinados pelas normas relativas aos direitos de vizinhança (arts. 1.277 a 1.313 do Código Civil). Resultando da lei, tais faculdades são cognominadas de *servidões legais*, mas, volta-se a frisar, não se traduzem em direito real de espécie alguma.

Constitui-se a servidão sempre com o objetivo de proporcionar ao prédio dominante utilidade ou comodidade, melhorando as condições em que se encontrava antes do surgimento do direito real. Consoante emerge da definição do instituto, a servidão não faz com que o proprietário de um dos prédios sirva ao dono do outro; ao contrário, cuida-se de vinculação entre prédios, de maneira que a titularidade eventual de ambos em nada interfere na relação jurídica decorrente da servidão. A alienação de qualquer dos prédios não abala a servidão, pois ela os acompanha independentemente de alterações subjetivas que se venham a operar.

A servidão pode ser constituída *inter vivos* ou *causa mortis*. No primeiro caso, decorre de expressa manifestação volitiva das partes, que estabelecem as condições em que será gerado o direito real, com determinação de aspectos como abrangência, finalidade, limitações e cautelas gerais, direitos e deveres específicos, etc. Como se trata de direito real relativo a imóvel, e tendo em vista a circunstância de que por via transversa acaba sendo uma forma de alienação parcial de certos atributos dominiais, exige-se que a constituição se perfectibilize por instrumento público, e que a isso suceda o registro junto ao Cartório de Registro de Imóveis de localização dos prédios.

Exige-se dos contraentes capacidade genérica e específica, consubstanciada esta última no poder de disposição em relação à coisa; somente quem pode aliená-la tem legitimidade para estipular servidão, de maneira que tal prerrogativa não alcança personagens como o usufrutuário, o nu-proprietário (porque, despido das faculdades de usar e fruir, obviamente não as pode transmitir) o condômino (sem anuência dos demais), o locatário, o possuidor simples, etc. O contraente casado precisará de outorga do cônjuge para efetivar o negócio jurídico. Constituída *causa mortis*, a servidão atenderá aos ditames regularmente contidos na disposição de última vontade, devendo também ser submetida a registro no Cartório de Registro de Imóveis da sua localização.

O registro não tem em vista unicamente a prova do ato, mas sim a sua própria validade e eficácia como direito real. Em verdade, a constituição da servidão depende, em caráter necessário, da citada medida. Feita por instrumento público e não registrada, ou gerada por qualquer outro meio, a avença produzirá apenas efeitos pessoais entre os contraentes, jamais alcançando o *status* de servidão dotada de oponibilidade *erga omnes*. Isso vale, repita-se, para qualquer das espécies de servidão, dado o fato de todas dizerem respeito a coisas imóveis e a restrições aos atributos dominiais a eles pertinentes.

Afora as modalidades cuja constituição encontra respaldo direto na lei, a doutrina e a jurisprudência se encarregaram de admitir a instalação de certas servidões que não estão explicitamente previstas no ordenamento jurídico pátrio. Visando à elaboração de um panorama geral acerca do tema, pode-se afirmar que as modalidades fundadas imediatamente na norma legal são as decorrentes de: a) negócio jurídico *inter vivos*; b) sucessão *causa mortis*; c) sentença; d) usucapião. Ao lado delas, há servidões que poderiam ser denominadas *paralegais*, porque estribadas em pronunciamentos doutrinários e jurisprudenciais, mas com raízes mediatas — como não poderia deixar de ser — na lei, que são as criadas por destinação do proprietário. Todas as hipóteses ventiladas acima serão individualmente examinadas a seguir.

O reconhecimento judicial da servidão, cuja existência for negada ou contestada, dá-se por intermédio da chamada *ação confessória*, de rito ordinário. Tem legitimidade ativa para a sua propositura o dono do prédio dominante. No pólo passivo, ficará o indivíduo que nega ou questiona a existência da servidão, e que em geral é o titular do prédio serviente. Porém, também podem figurar como demandados o possuidor ou mesmo o terceiro que, embora não sendo dono e nem possuidor, opõe-se à afirmação do direito real.

Por outro lado, confere-se ao dono do prédio serviente legitimidade para aparelhar a denominada *ação negatória*, cuja finalidade é de resguardar os direitos do autor contra quem, não tendo justo título, afirmar titularidade de servidão sobre o prédio alheio, ou, já tendo servidão instalada, quiser ampliar os seus limites sem que estejam configurados os pressupostos autorizadores da medida.

2.3.1. Negócio jurídico inter vivos

O modo mais comum e freqüente de constituição de servidões é o negócio jurídico de caráter oneroso, pelo qual o titular do prédio dominante paga ao dono do serviente determinada quantia em dinheiro, como contrapartida pela captação de certa utilidade provinda daquele imóvel. Nada impede, porém, que a relação negocial se dê a título de mera liberalidade, ou seja, sem qualquer retribuição econômica ao proprietário do imóvel que serve. Releva asseverar que o mecanismo formal de estabelecimento do ônus é exatamente idêntico nos pactos gratuitos e onerosos. Nestes, entretanto, existe cláusula que onera o ajuste, o que não ocorre naqueles.

O contrato é celebrado por instrumento público, facultando-se, todavia, o emprego da escrita privada quando o valor do imóvel serviente não ultrapassar trinta vezes o maior salário mínimo em vigor no país (art. 108 do Código Civil). As partes celebrantes, como já asseverado, devem ser capazes para a prática dos atos em geral, exigindo-se ainda, quanto ao prédio serviente, que o sujeito esteja munido da capacidade específica de disposição da coisa. É, portanto, iniciativa cabível primordialmente ao dono. Afinal, o ato que ele realiza, embora não transfira a propriedade da coisa, envolve importante deslocamento de atributos dominiais em favor do outro imóvel. Não obstante, é legitimado também o enfiteuta, porque titular do domínio útil.

2.3.2. Sucessão causa mortis

É possível constituir a servidão em testamento, cujos efeitos, como sabido, somente se verificam depois da morte do seu autor. Essa forma de geração do direito real não tem sido comum, haja vista a pouca freqüência das situações que a ensejariam. Contudo, não se descarta a hipótese de alguém pretender criar servidão com início em data posterior ao óbito, o que só se faz pertinente com a lavratura de testamento.

Quando o testador é dono de dois prédios, tem legitimidade para estabelecer servidão de um deles em favor do outro, desde que tais bens venham a ter donos diferentes. Isso se alcança deixando em legado um dos imóveis a certa pessoa, que não seja herdeiro legítimo do autor, e atribuindo o outro a indivíduo diverso, ou simplesmente nada dispondo acerca deste segundo bem, que automaticamente será entregue aos sucessores legítimos do falecido. Igual efeito se obtém quando o testador lega a dois beneficiários diferentes tais imóveis. Enfim, desde que na mesma pessoa não se confunda a qualidade de titular dominial de ambos os prédios, estará viabilizada a instalação da servidão por intermédio de cédula testamentária. Em qualquer hipótese é imprescindível, logicamente, que haja expressa cláusula no testamento prevendo a constituição do aludido direito real.

Também é admitido que o testador simplesmente legue a certa pessoa uma servidão, a ser suportada pelo dono do prédio que, pertencendo originalmente ao falecido, virá a se tornar serviente em razão da cláusula testamentária. Trata-se de situação peculiar, de vez que o prédio dominante já está no acervo patrimonial do legatário da servidão quando da morte do autor da herança. Para o legatário, nesse caso, a efetiva vantagem advinda da cédula que contém a derradeira vontade, portanto, é a própria servidão em si mesma.

Por fim, o mesmo fenômeno se verifica quando o testador é dono de um só prédio e, por força do testamento, divide-o em dois novos imóveis, encaminhando-os para titulares diferentes a contar da partilha feita em inventário. Com o fito de melhorar a utilidade de um dos bens, estabelece servidão a seu favor, gravando, por conseguinte, o outro.

2.3.3. Constituição por sentença

O art. 979 do Código de Processo Civil, que integra o rol das normas de disciplina da ação de divisão de imóveis (art. 967 a 981), prevê, no seu inciso II, a hipótese de constituição de servidão por meio de sentença. No momento em que deliberar a partilha do bem, o juiz determinará a instituição das *"servidões que forem indispensáveis, em favor de uns quinhões sobre os outros, incluindo o respectivo valor no orçamento para que, não se tratando de servidões naturais, seja compensado o condômino aquinhoado com o prédio serviente"*. Dada a sua pouca utilização, porque não verificadas na prática situações capazes de recomendar o seu emprego, é de rara verificação concreta essa modalidade. Trata-se de mecanismo especial de instalação do citado direito real, eis que ele, nesse contexto, tem nascedouro em determinação judicial, cujo desiderato é o de viabilizar o aproveitamento econômico do imóvel que estiver sendo dividido. Isso acontece especialmente quando não há divisão cômoda e o quinhão cabível a um ou a alguns dos condôminos fica sem saída para a via pública, eis que encravado quando da demarcação de fronteiras. Disso resulta, via de regra, considerável perda na sua expressão econômica, de modo que resta como alternativa à potencial depreciação a instalação de um caminho apto a fornecer o acesso necessário. Com vistas a assegurar a permanência do estado das coisas ao longo do tempo, independentemente de quem no futuro venha a ser dono do imóvel, gera-se em sentença a servidão de trânsito em favor do prédio anteriormente encravado.

2.3.4. Constituição por usucapião

Diz o *caput* do art. 1.379 do Código Civil: *"O exercício incontestado e contínuo de uma servidão aparente, por dez anos, nos termos do art. 1.242, autoriza o interessado a registrá-la em seu nome no Registro de Imóveis, valendo-lhe como título a sentença que julgar consumado a usucapião"*. O dispositivo explicita a modalidade ordinária de usucapião, deixando a cargo do parágrafo único a extraordinária, que exige dilação da posse: *"Se o possuidor não tiver título, o prazo da usucapião será de vinte anos"*.

Para que se mostre possível o usucapião das servidões aparentes, é necessário que o possuidor, além de completar o decênio de exercício incontestado e contínuo, tenha justo título e esteja de boa-fé. Tal exigência decorre da expressa menção feita pela norma a outro dispositivo codificado, de maneira que a falta de justo título ou de boa-fé elimina a hipótese de aquisição das servidões por usucapião ordinário.

Na ausência de justo título, o interessado em usucapir a servidão terá de demonstrar que o seu exercício incontestado e contínuo estendeu-se por pelo menos vinte anos. Ainda assim exige-se que haja boa-fé, eis que a norma legal se limitou a dispensar a existência de título justo, mas não abortou a necessidade da presença do elemento anímico positivo, reclamado pelo *caput* por meio de alusão a outro mandamento codificado (art. 1.242).

Embora não estando constituída por qualquer das formas previstas no ordenamento jurídico, e, logicamente, tampouco registrada junto à matrícula do imóvel, a servidão pode vir a ser estabelecida em virtude do simples fato de alguém figurar como possuidor qualificado de um elemento suscetível de posse e de usucapião. Não é hipótese de aquisição da propriedade do bem em si mesmo, mas sim de algum dos seus atributos. Costumava-se dizer, na doutrina, que era caso de *quase-posse*, pois o indivíduo não tinha a posse da coisa toda, mas de algum direito menos extenso que emanava dela. Na verdade, falta razão para manter expressões dessa espécie, porque a posse é um fenômeno único e indivisível, que, por isso, existe ou não no mundo jurídico.

Sabe-se que servidão aparente é aquela exteriorizada por meio de atos praticados com vistas ao seu exercício, como é o caso da colocação de trave na parede do vizinho. Não aparente é a que se exerce sem a prática de ato visível e sem a realização de obras destinadas à sua instalação e uso, como na hipótese do gravame consistente em não impedir a entrada de luz no imóvel vizinho. A servidão aparente pode ser adquirida por usucapião, o que acontece quando alguém a exerce de modo incontestado e contínuo durante dez anos. Exige-se que seja aparente, pois somente são suscetíveis de posse os direitos cujo exercício se exterioriza por intermédio de manifestação de caráter material, como é o caso da servidão de aqueduto, que consiste na passagem de canalização por território alheio com o objetivo de conduzir água até outro prédio.

É abominado o usucapião de servidão não aparente, pois nela não se percebe qualquer mecanismo exterior de visualização do domínio, elemento essencial à configuração da posse. Todavia, admite-se em caráter excepcional o usucapião de servidão descontínua (aquela que não deixa vestígios permanentes), mas apenas quando o seu exercício for exteriorizado em meio material, porque nesse caso resta patente a posse. A servidão de tirada de água em prédio vizinho é um bom exemplo, de vez que a feitura de trabalhos visíveis destinados a permitir o seu exercício enseja a sua aquisição por usucapião. Ainda que o agente não utilize sempre o mesmo caminho para chegar ao local, o ato de edificar uma cacimba, instalar canalização e colocar equipamentos de bombeamento, entre outros, caracteriza posse apta a consumar a aquisição do direito real.

Também a servidão de trânsito pode ser adquirida por usucapião, conforme pacífico entendimento doutrinário e consolidada jurisprudência. Entretanto, somente ocorre essa prescrição aquisitiva se o desenvolvimento da atividade exige a construção de pontes ou barreiras de contenção, execução de obras de escoamento, etc. Se, porém, o indivíduo utiliza caminhos diferentes ou imprecisos a cada vez que transita, e não há necessidade da realização de trabalhos visíveis para o exercício, será descabido o usucapião. Haverá, aí, mero ato de tolerância do vizinho, despido de resguardo jurídico mais efetivo em favor do beneficiário. A respeito do assunto, o Supremo Tribunal Federal editou a Súmula n. 415: *"Servidão de trânsito não titulada, mas tornada permanente, sobretudo pela natureza das obras realizadas, considera-se aparente, conferindo direito à proteção possessória".*

Como é cediço, somente a posse qualificada viabiliza a obtenção do domínio pela prescrição aquisitiva. Para tanto, o exercício possessório deve ser contínuo, pacífico e perdurar ao longo do tempo indicado na lei. Verificados tais pressupostos, o art. 941 do Código de Processo Civil diz que compete a ação de usucapião ao possuidor para que se lhe declare, nos termos da lei, a servidão predial.

A sentença proferida em demanda de usucapião é declaratória, eis que o interessado adquire a servidão no momento em que implementa o tempo de posse incontestada (pacífica, não questionada com sucesso) e contínua (sem interrupção alguma), munido de justo título e imbuído de boa-fé. A sentença não constitui o direito do autor da lide, limitando-se apenas a declará-lo, porque preexistente; assim, o registro no Cartório de Registro de Imóveis da localidade em que se situa o prédio submetido à servidão funciona como elemento gerador de oponibilidade *erga omnes*.

2.3.5. Destinação do proprietário

O proprietário pode dar à coisa de que é titular o destino que quiser, observadas eventuais limitações postas no ordenamento jurídico. Quando certa pessoa é dona de dois prédios e estabelece em favor de um deles certa utilidade permanente a ser proporcionada pelo outro, a superveniente aquisição de qualquer dos prédios por pessoa diversa transforma em servidão a estipulação anteriormente feita, passando os imóveis a serem, respectivamente, dominante e serviente. Trata-se da servidão constituída por destinação do proprietário, formalizada em escritura pública e levada a registro como normalmente se dá com todas as demais servidões. Ela não está prevista em lei; deriva da doutrina, tendo encontrado chancela na jurisprudência. Emana exclusivamente da vontade do titular a criação da serventia, normalmente com vistas ao melhor aproveitamento econômico da coisa, mas também, se assim desejar, por mera comodidade ou conveniência.

Igual fenômeno ocorre quando uma mesma pessoa é proprietária de dois imóveis e, vindo a falecer, tais bens passam por sucessão, legítima ou testamentária, à titularidade de herdeiros diferentes. Com isso, e a menos que haja expressa disposição em sentido contrário determinada em testamento, a utilidade proporcionada por um dos prédios ao outro assumirá automaticamente a forma de servidão para todos os fins. Assim, a serventia existente ao tempo em que vivia o dono converte-se em direito real de servidão, que, a partir da aquisição dominial pelo sucessor, onera permanentemente o imóvel.

Essa modalidade de constituição não se confunde com aquela resultante da direta vontade emitida em negócio jurídico *inter vivos* ou *causa mortis*. Está-se tratando, aqui, de uma situação em que o dono original não exara qualquer manifestação volitiva no sentido de constituir uma servidão e encaminhar o seu registro. O que acontece é, pura e simplesmente, a geração informal de um *estado fático de serventia*, cujo potencial de transformação em direito real de servidão fica condicionado à aquisição dos prédios por donos diferentes. Logo, no título de transmissão dos bens, ou mesmo no testamento, nada consta acerca da instalação da servidão, que ocorre em virtude do fenômeno já relatado. Se assim não fosse, o direito real estaria sendo constituído por negócio jurídico ou testamento, que é quadro totalmente diverso.

Justifica-se essa espécie de criação do gravame real na medida em que o adquirente do imóvel, ao recebê-lo para si, presumivelmente conhece a serventia e tenciona vê-la mantida. Logo, a supressão da utilidade propiciada representaria um *minus* em relação ao estado original, vindo a depreciar a coisa e, em igual amplitude, o direito. Daí que o titular do prédio dominante tem a faculdade de reclamar em juízo o reconhecimento da existência da servidão e o seu registro no álbum imobiliário.

2.4. Execução de obras nas servidões

No exercício dos direitos emergentes da servidão, o dono do prédio dominante poderá fazer todas as obras que forem indispensáveis à conservação e uso da faixa de terreno alheio abrangida pelo direito real (art. 1.380 do Código Civil). Destarte, será lícito ao titular da servidão ingressar no prédio serviente com o fito de executar trabalhos de recuperação, limpeza, conserto, reforço e tudo o mais que for necessário ao integral aproveitamento do direito.

Embora não esteja obrigado por lei a pedir prévia licença ao dono do prédio serviente para nele ingressar, será de todo recomendável que o titular do prédio dominante faça a comunicação do seu intento à parte oposta, atitude que evitará conflitos e fomentará o incremento de boas relações. Se o dono do prédio serviente, em qualquer circunstância, praticar atos que injustamente obstaculizem o exercício pleno da faculdade alheia de fazer as obras de conservação e uso, o prejudicado terá legitimidade para ajuizar demanda possessória. Comumente, a ação cabível é a de manutenção de posse, viável na hipótese de turbação; todavia, se consumado o esbulho será pertinente a ação de reintegração de posse.

Em contrapartida a esse dever de tolerar a atividade alheia, o dono do prédio serviente pode reclamar a composição de todos os danos que pelo beneficiário forem culposamente provocados ao desenvolver as atividades que lhe são facultadas. Ademais, impende observar que a ingerência no imóvel serviente deve ser a menos onerosa possível, evitando-se, com isso, desnecessários transtornos.

A pluralidade de beneficiários da servidão não é muito freqüente, mas pode ocorrer. Sendo vários os prédios considerados dominantes em relação a uma só servidão, os respectivos donos estarão obrigados a arcar com as despesas correspondentes às obras necessárias à sua conservação e uso. O rateio dos valores será feito em parcelas idênticas entre os prédios dominantes, pois se todos figuram no pólo ativo do direito real e têm à sua disposição os proveitos inerentes à servidão, é justa e lógica a exigência de esforço conjunto e igual na partilha das aludidas despesas. É o que deflui da segunda parte do art. 1.380 da codificação. Aquele que pagar a fração de dívida cabível a outro obrigado ficará automaticamente autorizado a postular em juízo o reembolso do valor despendido.

O art. 1.381 do Código Civil dispõe: *"As obras a que se refere o artigo antecedente devem ser feitas pelo dono do prédio dominante, se o contrário não dispuser expressamente o título"*. Nada mais adequado do que atribuir ao dono do prédio dominante a tarefa de fazer e pagar as obras necessárias à conservação e uso da servidão. Afinal, sendo proprietário do prédio beneficiado, aufere vantagens diretas da existência do direito real, figurando como maior interessado em que se mantenha em condições de continuar produzindo proveitos e servindo ao uso estabelecido. Somente se houver expressa previsão no título constitutivo do direito real é que poderá o dono do prédio serviente ser obrigado a realizar as obras e a suportar os encargos delas derivados.

Os deveres das partes são bem definidos. Ao dono do prédio serviente cabe a obrigação básica de abstenção e passividade, não lhe sendo exigível a prática de qualquer ato, pois se desincumbe a contento de suas obrigações a partir do momento em que respeita o uso a que faz jus a parte contrária, permitindo-lhe também que promova as obras necessárias à conservação e garantia da utilidade. Já o dono do prédio dominante assume encargos ativos, competindo-lhe cobrir os gastos concernentes às obras que executar com vistas a obter servidão tudo quanto de vantajoso possa proporcionar. Enfim, uma das partes suporta o ônus real incidente sobre a coisa de que é proprietária, enquanto o outro pólo da relação jurídica tem o dever de custear as despesas que assegurem a utilidade do instituto.

Caso no título constitutivo da servidão conste que ao dono do prédio serviente é que compete fazer as obras capazes de assegurar a sua conservação e uso, será lícito ao obrigado forrar-se do dever jurídico por meio do abandono da propriedade em favor do titular do prédio dominante (*caput* do art. 1.382 do Código Civil). Esse mecanismo de exoneração subsiste ainda que o abandono seja limitado à área territorial fisicamente comprometida pelo direito real (*v. g.*, caminho utilizado como servidão de passagem). No caso de o abandono recair sobre todo o prédio serviente, é lógico e óbvio o efeito liberatório propiciado pela conduta.

Cumpre frisar que o abandono não se opera necessariamente por escritura pública, pois ele ocorre ainda que o titular se limite, no plano fático, a deixar o que lhe pertence, com o ânimo de não mais ter a coisa para si. Nessa hipótese, a aquisição dominial pelo titular do prédio dominante só ocorrerá com o implemento do tempo de posse que viabiliza o usucapião. Nada obsta, todavia, que o proprietário faça lavrar escritura pública e nela aponte o ânimo de abandonar o imóvel em proveito do titular do prédio dominante, que desde então o toma para si.

No abandono, é imprescindível a vontade de abdicar da condição de proprietário, pois a simples inércia e descaso para com o destino do prédio, ou de fração dele, não permitem concluir pela verificação do ato de abandonar, que não se presume. O direito de abandono pode ser exercido não apenas pelo proprietário do imóvel serviente que participou, mediante intervenção pessoal, da constituição da servidão. Também podem assim agir as pessoas que vierem a sucedê-lo no domínio do prédio por ato *inter vivos* ou *causa mortis*. Em suma, seja qual for o indivíduo que estiver na titularidade do bem, terá legitimidade para realizar o mencionado abandono.

Importa destacar, ainda, que não se confundem o abandono e a renúncia, de vez que nesta o sujeito expressamente abdica da condição de proprietário, fazendo-o obrigatoriamente por escritura pública levada a registro, sem indicação do destinatário da qualidade jurídica enjeitada.

Se o proprietário do prédio dominante se recusar a receber a propriedade do serviente, ou parte dela, caber-lhe-á custear as obras (parágrafo único). Ainda que legalmente se faculte a exoneração por meio do abandono parcial ou total do prédio serviente em proveito do proprietário do imóvel dominante, impende destacar que este último tem a faculdade de enjeitar o recebimento da propriedade, mesmo que o faça imotivadamente. Trata-se de decisão sujeita ao puro arbítrio do beneficiário, não podendo ser questionada em seu conteúdo.

Caso o dono do prédio dominante não se disponha a aceitar a propriedade do imóvel serviente, na extensão que corresponde ao abandono, o dever jurídico originalmente imputável ao titular do imóvel abandonado passará a abater-se sobre a parte contrária, de maneira que a ela caberá custear as despesas referentes às obras de conservação e uso. Noutras palavras, a recusa libera imediatamente o dono do prédio serviente, obrigando daí em diante o proprietário do dominante, eis que este, podendo tornar-se dono do bem alheio em virtude do abandono, preferiu desprezar a hipótese.

Com isso, seria de todo injusto exigir de quem chegou ao máximo do desprendimento a permanência como obrigado quanto ao custeio das obras, cuja eventual execução, à evidência, carreará exclusivo proveito ao oponente. Destarte, havendo a citada recusa a titularidade do prédio serviente ficará inalterada, mantendo-se na esfera jurídica do sujeito que tencionava promover o abandono. Logo, restará sem efeito o intento de abandonar, conservando-se na íntegra o *status quo ante*.

2.5. Exercício das servidões

Um dos mais sólidos atributos produzidos pela servidão, em favor do prédio dominante, traduz-se na faculdade de o seu titular exercer plenamente tudo quanto previsto no título constitutivo. Assim, se a servidão é de trânsito, o dono do prédio serviente terá de tolerar o tráfego de pessoas ou de veículos, conforme estabelecido no instrumento; se for servidão de tirar água, o sujeito estará obrigado a permitir que o dono do prédio dominante tenha acesso à fonte de captação, e assim por diante. Disso resulta que o dono do prédio serviente não poderá embaraçar de modo algum o exercício legítimo da servidão (art. 1.383 do Código Civil).

Se o dono do prédio serviente afetar de qualquer maneira o exercício legítimo da servidão pela parte contrária, poderá ser obrigado a fazer cessar a conduta ilídima, ensejando ao titular do prédio dominante a consecução dos objetivos para os quais constituiu-se o ônus real. Via de regra, como já referido alhures, os embaraços perpetrados pelo dono do prédio serviente podem ser combatidos por meio da ação de manutenção de posse, porque caracterizam turbação; porém, se consumado o esbulho a demanda adequada será a de reintegração de posse.

Os embaraços que autorizam o uso de demandas possessórias vão desde a diminuição dos proveitos auferidos pelo dono do prédio dominante até a total supressão dos mesmos em virtude de conduta ilídima da parte contrária, passando também pela colocação de óbices à execução de obras destinadas a conservar e operacionalizar a servidão. Também configuram óbices indevidos quaisquer atos que, proveitosos a terceiros, afetem o direito real anteriormente constituído (*v. g.*, aposição de nova servidão, de igual natureza, sobre o mesmo imóvel). Todavia, o dono do prédio serviente estará no exercício regular de direito, e não cometerá ato ilícito, quando tomar medidas legais visando a evitar abusos do titular do prédio dominante, *v. g.*, aumento da servidão para além dos termos avençados, provocação deliberada de prejuízos, etc.

O dono do prédio serviente tem a faculdade de remover a todo tempo a servidão, fazendo-a passar de um lugar para outro no seu território (art. 1.384 do Código Civil). Cuida-se de direito imprescritível e que pode ser exercido mais de uma vez e sem delimitação temporal, bastando para tanto a só vontade do interessado e o preenchimento das demais condições impostas pela lei. É de salientar que correrão à sua custa todas as despesas feitas com a transferência física da servidão, não podendo ser atribuída à parte adversa qualquer responsabilidade econômica no evento.

A remoção da servidão, embora tenha como origem a vontade livre do dono do prédio serviente, não poderá ser realizada quando diminuir as vantagens até então desfrutadas pela parte contrária. Assim, se o dono do prédio serviente pretender alterar o ponto de trânsito pelo seu terreno, terá de oferecer novo caminho que proporcione igual ou maior proveito ao dono do prédio dominante. A alteração para local de mais difícil acesso ou de maior onerosidade (por exemplo, alagadiço, íngreme ou pedregoso) caracterizará afronta ao desiderato normativo, impedindo que se consume a remoção pretendida. Não se questiona o direito de o titular do prédio serviente procurar a menor oneração possível, contanto que em nada afete as prerrogativas cabíveis ao dominante.

Para a remoção da servidão, deverá o dono do prédio serviente fazer prévia comunicação do titular do prédio dominante, a fim de que tenha como se preparar para a nova situação e adotar as medidas pertinentes de adequação ou até de contraponto. A falta de precedente comunicado autoriza o interessado a pleitear judicialmente o embargo das obras até que se esclareçam os fatos e lhe seja explanada a pretensão da parte adversa.

Também o dono do prédio dominante, com base no mesmo preceito normativo, poderá remover a servidão de um local para outro no território do prédio serviente. Todavia, para que isso seja possível deverão concorrer dois requisitos básicos: a) que haja considerável incremento da utilidade; b) que não se verifique prejuízo ao prédio serviente. O primeiro pressuposto existirá sempre que com a mudança o prédio dominante tiver a condição de auferir bem maior proveito se comparado com aquele até então proporcionado pela servidão. É o caso, *v. g.*, da redução da distância até a via pública e melhoria das condições de trafegabilidade na servidão de trânsito. O segundo requisito, assim como o anterior, tem caráter estritamente objetivo, caracterizando-se pela ausência de maior oneração do que aquela até então suportada pelo prédio serviente. Para que se admita o remover da servidão por vontade do dono do prédio dominante, será imprescindível que o prédio serviente tenha diminuídos — ou, no mínimo, conservados — os ônus originalmente produzidos pelo gravame. Se eles forem aumentados a remoção será inviável, porque não se pode piorar a situação do prédio serviente em relação ao que primitivamente ficou definido no título. Cabe frisar que todas as despesas feitas para remover a servidão, quando de iniciativa do titular do prédio dominante, correrão à sua exclusiva custa.

O permissivo legal que faculta a remoção da servidão por qualquer das partes tem sempre em vista a preservação do estado das coisas; por isso, somente será admitida a providência nele prevista quando a nova situação a ser criada for igual ou melhor do que a anterior, sob o prisma das condições objetivas em que ficará a parte que não tomou a iniciativa.

Restringir-se-á o exercício da servidão às necessidades do prédio dominante, evitando-se, quanto possível, agravar o encargo ao prédio serviente (*caput* do art. 1.385 do Código Civil). O direito real não se constitui para propiciar ao dono do prédio dominante a realização de caprichos e veleidades, mas sim para permitir-lhe a razoável satisfação de necessidades ligadas à utilidade do imóvel de que é titular. Em razão disso, resta inexorável que a servidão tenha restringido o seu exercício àquilo que efetivamente for necessário ao prédio dominante, sendo vedado ao seu dono tomar qualquer atitude que agrave o encargo imposto ao prédio serviente pelo título constitutivo.

Se o ônus real pode ser exercido por meio de mecanismos menos gravosos economicamente, veda-se ao dono do prédio dominante optar por outros que onerem de maneira mais acentuada a parte contrária, pois isso não apenas afronta a finalidade do instituto, como também revela inaceitável descaso para com quem proporciona vantagens ao suportar encargos e limitações ao próprio direito dominial. O exercício do direito de servidão tem de ser feito *civiliter modo*, ou seja, dentro de um padrão razoável de compreensão das circunstâncias e sempre com a mínima afetação possível do prédio serviente. É claro que esse mínimo não se encontra estabelecido objetivamente em seus limites, porque somente com a análise do caso concreto é que será constatada a abusividade ou não do exercício por excessiva oneração imposta ao prédio serviente, tomados por base o título constitutivo e a realidade fática.

Constituída para certo fim, a servidão não se pode ampliar a outro (§ 1º). A servidão deve ser interpretada sempre restritivamente, de maneira que o prédio serviente não estará obrigado a suportar senão aquilo que foi previsto quando da constituição do gravame. O excesso ou abuso de exercício não se revela apenas na transmudação da finalidade, como também no ultrapassar os limites primitivamente estabelecidos. Assim, restará configurada a irregularidade tanto no caso de o dono do prédio dominante transformar uma servidão de tirada de água manual em extensa servidão de aqueduto mediante instalação de canalização, como na hipótese de o titular de servidão de trânsito para escoamento de safras utilizá-la no fomento de turismo comercial ecológico a ser empreendido no imóvel dominante.

A ampliação da servidão a fim diverso do originalmente previsto pode ser constatada em qualquer mudança que afete a finalidade primitiva do gravame, seja para instalar objetivo totalmente diferente do inserido no título, seja para aumentar o alcance do ônus, fazendo-o mais abrangente do que deveria.

O brocardo segundo o qual quem pode o mais pode o menos atravessa séculos. Em seu singelo conteúdo, significa que não se veda ao titular de faculdade mais ampla o direito de exercer outras menores e que decorram da essência dela. Em se tratando de servidões de trânsito, que têm por finalidade a ligação de um prédio a outro, a de maior inclui a de menor ônus, enquanto a menor exclui a mais onerosa (§ 2º). Noutros dizeres, o titular da servidão de trânsito pode utilizá-la para fazer tudo o que se enquadrar em seu objeto *lato sensu*, ainda que para finalidade diversa da original, mas desde que com ela mantenha estreita relação. Exemplo: se a servidão de trânsito prevê a passagem de veículos de passeio, é lógico que se admitirá nela o tráfego de bicicletas ou de pessoas; porém, o inverso não é verdadeiro, sendo vedado o trânsito de veículos de passeio em servidão destinada a pessoas ou bicicletas, pois isso consubstanciaria afronta ao conteúdo da norma e do título gerador.

Não obstante as precauções aludidas, cujo desiderato é evitar abusos por parte do titular do prédio dominante, admite-se, em caráter excepcional, que a servidão possa ser alargada em seus limites, independentemente da espécie de gravame constituído. Desde que as necessidades da cultura ou da indústria do prédio dominante o exijam, o dono do prédio serviente será obrigado a sofrer a ampliação pretendida pela parte adversa (§ 3º). Tal solução tem em vista impedir que os contornos primitivos da servidão tolham ao dono do prédio dominante a possibilidade de melhorar o seu aproveitamento econômico, mesmo porque o interesse social recomenda constante incentivo ao progresso individual e coletivo.

Entende-se por necessidades da cultura ou da indústria todos os incrementos realizados no prédio dominante para fomentar o seu aproveitamento econômico, fazendo com que se tenha de impor maior largueza à servidão para que suporte a nova demanda. Tanto os prédios dominantes rústicos como os urbanos poderão ser beneficiados pela regra, embora a fonte mais comum de aplicação se encontre nas servidões de trânsito localizadas em zonas rurais, por aumento das necessidades de escoamento da produção agrícola.

O dono do prédio dominante terá de indenizar o titular do serviente pelo excesso resultante da maior largueza imposta à servidão. Destarte, o aumento feito em razão do acréscimo nas necessidades do prédio será indenizado, tendo por base o comprometimento causado ao imóvel serviente, a diminuição de proveitos e utilidades, a área de território atingida, etc. Inexistindo acordo entre os interessados, a fixação do montante indenizatório normalmente ocorre a partir de avaliação executada por perito, indicado pelo juízo a que foi submetida a controvérsia.

2.6. Indivisibilidade das servidões

As servidões prediais são indivisíveis, e subsistem, no caso de divisão dos imóveis, em benefício de cada uma das porções do prédio dominante, e continuam a gravar cada uma das do prédio serviente, salvo se, por natureza, ou destino, só se aplicarem a certa parte de um ou de outro (art. 1.386 do Código Civil). A indivisibilidade da servidão predial faz com que não possa ser adquirida e nem se perca por partes, mas sempre como um todo uno e incindível. Em razão disso, recai o ônus real no prédio serviente inteiro, e não apenas sobre uma fração dele. Entretanto, não se pode confundir o instituto jurídico, de incidência geral no prédio gravado, com a normal e admissível corporificação do exercício, pois na prática este último acaba sendo materializado apenas em determinada porção específica do território serviente (*v. g.*, caminho por onde se exerce a servidão de trânsito, espaço ocupado pela canalização de aqueduto, etc.).

Caso haja divisão dos imóveis envolvidos no direito real constituído, ainda assim subsistirá a servidão em sua forma original. Isso significa que a partição do prédio serviente em razão de venda, herança, extinção de condomínio ou causa diversa não atingirá o gravame primitivo, considerado indivisível, e que se manterá integralmente sobre cada uma das porções em que restar partida a coisa. De igual modo, a divisão do prédio dominante não importará em cisão do direito real, que conservará sua natureza una, beneficiando com o todo cada um dos titulares das porções tornadas autônomas. Em suma, a divisão dos imóveis dominante e serviente não afeta a unidade do ônus real, continuando a gravar cada uma das frações do segundo e aproveitando a todas as porções do primeiro, sem modificação alguma nos direitos e nos deveres dos respectivos donos.

Não obstante a regra geral, é possível que a natureza ou o destino das servidões faça com que a divisão dos imóveis determine a cisão do direito real, ou mesmo o desaparecimento do gravame em relação a certa porção dominante ou serviente tornada autônoma. É o caso, por exemplo, da servidão consistente no direito de apoiar construção no prédio vizinho. Se a partilha do imóvel dominante fizer com que uma das áreas independentes não mais tenha fronteira com a edificação alheia serviente, deixará de existir o fundamento mantenedor da servidão no que lhe diz respeito. Subsistirá o gravame, portanto, somente na etapa que continuar conservando a utilidade e cumprindo a finalidade para a qual foi idealizado.

Ainda que o prédio dominante pertença em condomínio a vários indivíduos, a servidão somente poderá ser defendida e reclamada por inteiro, dada a sua indivisibilidade. Qualquer sentença que venha a ser proferida em demandas relacionadas à servidão atingirá a todos os prédios beneficiados ou gravados e aos respectivos donos, tanto em termos objetivos como subjetivos, porque a disputa também não admite fracionamento.

2.7. Extinção das servidões

Tendo em vista a circunstância de que as servidões nascem ordinariamente pelo registro do título constitutivo (art. 1.378 do Código Civil), é natural e lógico que a sua extinção pressuponha o cancelamento do registro. Nesse sentido, o *caput* do art. 1.387 da codificação preconiza: *"Salvo nas desapropriações, a servidão, uma vez registrada, só se extingue, com respeito a terceiros, quando cancelada"*. Tal providência é operacionalizada mediante pedido da parte a quem interessa, endereçado ao cartório em que ocorreu o apontamento. A oponibilidade contra terceiros, emergente na origem em virtude do registro, desaparece por completo, juntamente com o próprio direito real.

Nas hipóteses de desapropriação, a servidão se extingue independentemente de cancelamento. Isso ocorre porque o ato de vontade e força do Poder Público é suficiente para romper o vínculo real que aproveitava ao titular da coisa. O fenômeno acontece no exato instante em que é efetuado o pagamento espontâneo e amigável do valor correspondente à indenização devida ao dono. Caso se faça necessário o depósito judicial da importância, naquele momento é que haverá a extinção do direito real. Todavia, é importante a realização do ato formal de cancelamento da servidão, por iniciativa do Poder Público, no cartório de registro competente, pois essa providência fará conhecida de todos a nova situação jurídica estabelecida.

A eventual existência de hipoteca sobre o prédio dominante, regularmente mencionada no título hipotecário, impõe a necessidade de que o credor seja consultado quanto à eventual pretensão de cancelamento da servidão (parágrafo único). Isso porque a segurança conferida ao credor abrange não apenas a propriedade do imóvel, como também todos os direitos reais que a ele aproveitem e que aumentem o seu valor, se referidos no título de constituição do gravame de garantia. Assim, o credor hipotecário terá como fonte de satisfação do crédito, em caso de inadimplemento protagonizado pelo devedor, o imóvel e a servidão que o beneficia.

Se o credor hipotecário aceitar o cancelamento da servidão que integra a sua garantia, estará abdicando do direito de promover a excussão no que pertine ao gravame cancelado; porém, conservará consigo a prerrogativa de buscar a satisfação de seu crédito por meio do praceamento do imóvel hipotecado. A atitude de aquiescer com o cancelamento da servidão em nada afeta o crédito hipotecário, pois seu único efeito consiste em diminuir a amplitude da garantia, que deixará de abarcar o imóvel e a servidão para restringir-se apenas àquele.

Sopesado o quadro acima, é imperioso concluir no sentido de que a ausência de menção do direito real, no título hipotecário, viabiliza o seu cancelamento sem qualquer espécie de consulta prévia ao credor, vedando-se a este a apresentação de óbices à iniciativa. Afinal, ele não teria razão jurídica alguma para se opor à citada providência, já que a servidão nunca integrou a garantia relativa ao crédito pendente.

A extinção das servidões, via de regra, acontece por acordo de vontades entre os donos dos prédios dominante e serviente, que decidem efetivar consensualmente o cancelamento. Entretanto, poderá o segundo exigir em juízo o cancelamento e a conseqüente extinção quando verificada alguma das hipóteses estatuídas nos vários incisos do art. 1.388 do Código Civil. Essa prerrogativa não será prejudicada por irresignação acaso manifestada pelo dono do prédio dominante, pois mesmo sem o seu assentimento poderá ser exercida, contanto que demonstrada a concretização do evento abstratamente inserido na norma.

O inciso I admite o cancelamento judicial quando o titular houver renunciado a sua servidão. Pela renúncia, o dono do prédio dominante abdica dos atributos relacionados à servidão, manifestando expressamente a vontade de não mais tomar parte no liame jurídico. Sendo beneficiário direto do gravame que incide sobre o prédio serviente, não está obrigado a continuar figurando indefinidamente como titular do direito real, ficando livre para a todo tempo — e de maneira unilateral — desistir de sua condição. Todavia, uma vez renunciando não mais poderá reclamar o retorno à situação gerada quando da constituição do gravame, estando o dono do prédio serviente legitimado a demandar em juízo o cancelamento do registro.

Nos moldes do inciso II, é admissível a providência judicial quando tiver cessado, para o prédio dominante, a utilidade ou a comodidade, que determinou a constituição da servidão. Afinal, se ela foi constituída para certa finalidade e não mais a cumpre, deixa de existir a causa em que se fundava o ônus real. Desimporta a razão pela qual a utilidade ou a comodidade deixou de aproveitar ao prédio dominante, pois independentemente da origem da cessação o resultado será o mesmo: a extinção do gravame.

Porém, cabe salientar que para isso ocorrer é necessário que seja suprimido o elemento determinante da constituição da servidão, e não um outro aspecto secundário qualquer. Exemplo: extingue-se a servidão na hipótese de o dono do prédio dominante abrir poço artesiano que permita a captação de água suficiente para a cobertura da demanda até então suprida através de servidão de tirada d'água; também é o caso da construção de via pública que torna excrescente a servidão de trânsito. O mesmo não acontece quando o imóvel deixar de produzir vantagens que jamais funcionaram como fator determinante da implantação do direito real. Exemplo: não desaparece a servidão se no terreno, usado para trânsito de pessoas, esgota-se o veio de água que o abastecia.

O cancelamento judicial também é factível quando o dono do prédio serviente resgatar a servidão. Ocorre o resgate com a retomada onerosa, pelo dono do prédio serviente, dos atributos temporariamente deslocados em proveito do dominante. Essa medida, também chamada de *consolidação*, acarreta o fenecimento do gravame, por força da reincorporação à esfera jurídica do dono do prédio serviente, das faculdades que haviam sido transferidas ao imóvel dominante. O resgate se faz por escritura pública assinada pelas partes; nela constará, além do valor pago pelo dono do prédio serviente ao titular do imóvel dominante, a aquiescência deste último no que diz respeito ao cancelamento da inscrição. Tem-se no resgate algo como uma renúncia translativa, realizada a título oneroso.

O art. 1.389 do Código Civil preconiza: *"Também se extingue a servidão, ficando ao dono do prédio serviente a faculdade de fazê-la cancelar, mediante a prova da extinção: I – pela reunião dos dois prédios no domínio da mesma pessoa; II – pela supressão das respectivas obras por efeito de contrato, ou de outro título expresso; III – pelo não uso, durante dez anos contínuos".* Caso os prédios dominante e serviente deixem de pertencer a proprietários diversos, passando a integrar o patrimônio de somente um dos proprietários (por compra e venda, doação, dação em pagamento, etc.), o gravame desaparecerá, pois ninguém pode ter direito real contra si mesmo ou sobre coisa própria. Esse fenômeno denomina-se confusão, estando previsto no inciso I da norma transcrita.

Por outro lado, a supressão das obras inerentes às servidões aparentes provoca a sua extinção, consoante referido no inciso II, pois é da essência dessa espécie de gravame a exteriorização em atividades materiais viabilizadoras do exercício dos correspondentes atributos. Tanto a supressão verificada por força de contrato como aquela alinhavada noutro título expresso produzem igual resultado, qual seja, o desaparecimento do direito real.

É preciso observar, ainda, de acordo com o inciso III, que a inércia do dono do prédio dominante, no que concerne ao exercício da prerrogativa de fazer uso da servidão, leva à extinção do gravame e libera o prédio serviente, contanto que se prolongue pelo tempo mínimo de dez anos contínuos. O não-uso pode estar vinculado a circunstâncias naturais (*v. g.*, inundação permanente do caminho), jurídicas (vedação legal ao trânsito por determinada área) ou volitivas (simples inércia deliberada); todas elas, porém, conduzem à extinção da servidão. Trata-se de hipótese de prescrição extintiva, sujeitando-se aos mesmos fatores que ordinariamente a suspendem ou interrompem.

As servidões também sofrem extinção pelos modos comuns que afetam os negócios jurídicos em geral, autorizando o dono do prédio serviente a fazê-la cancelar. Para tanto, deverá fazer prova escorreita da extinção junto ao cartório em que se efetivou o registro, pois nele é que se promoverá o cancelamento. Destarte, as causas de nulidade e de anulabilidade dos atos genericamente considerados atingem com igual vigor as servidões, desde que regularmente afirmadas em ação própria. Na mesma esteira, eventos como a total destruição dos prédios serviente ou dominante e a impossibilidade prática de servir acarretam o fenecimento do direito real. Havendo irregularidades ou dúvidas quanto ao teor das provas apresentadas, o Oficial não cancelará a servidão, deixando a critério do interessado a adoção das medidas que entender cabíveis.

A rigor, a duração do gravame é indefinida no tempo e acompanha os prédios até que sobrevenha alguma das causas extintivas previstas em lei, independentemente de quem seja o dono. Não incidindo qualquer delas, o direito real perdurará enquanto existirem os imóveis, não se admitindo a prefixação de prazo certo para a sua vigência. Não obstante, há respeitáveis opiniões em contrário, como a de *Carlos Roberto Gonçalves* (obra citada, p. 443), que aponta, dentre as ocorrências extintivas da servidão, o implemento da condição e o advento do termo convencionado. Porém, parece mais adequado aceitar a lição de *Washington de Barros Monteiro* (obra citada, p. 279), de que emerge conclusão no sentido de que as servidões *"duram indefinidamente, enquanto subsistirem os prédios que jazem vinculados"*, exceto, logicamente, se verificada hipótese extintiva prevista no ordenamento jurídico. Isso porque a estabilidade do quadro gerado é fundamental para a preservação da viabilidade do instituto. Isso não faz perpétuo o direito real, pois, afora ser esta uma característica exclusiva da propriedade, há uma gama variada de causas — já explicitadas — aptas a extinguir as servidões.

Capítulo 3

DO USUFRUTO

3.1. Conceito e objeto

Pode-se definir o usufruto como sendo o direito real de gozo ou fruição que legitima uma das partes envolvidas na relação jurídica a temporariamente usar e fruir certa coisa alheia, retirando dela todas as utilidades e frutos que vier a produzir. Aquele a quem se atribui a referida prerrogativa é denominado usufrutuário; o outro sujeito vinculado à relação denomina-se nu-proprietário, porque, embora permanecendo com a substância da coisa, momentaneamente não traz consigo a faculdade de auferir-lhe as vantagens. Enquanto o dono fica com a substância do bem, todo o seu proveito é transferido ao usufrutuário.

Sabendo-se que a propriedade é constituída por três atributos básicos, que conferem ao titular o direito de usar *(jus utendi)*, fruir *(jus fruendi)* e dispor *(jus abutendi)*, a existência de direito real de usufruto sobre a coisa provoca a transferência temporária de uma ou mais dessas qualidades ao usufrutuário. Quando da extinção do ônus, tais elementos voltam ao proprietário, que se investe — ou reinveste, se anteriormente já enfeixava a titularidade plena — no exercício da propriedade. Tal fenômeno é chamado de *consolidação*, tendo como principal característica o poder de restabelecer a unidade dos atributos dominiais, em geral sob titularidade exclusiva de uma só pessoa. Exemplo: João lega a Marcos a nua-propriedade de uma casa, destinando o seu usufruto a Pedro. Falecido o testador, Marcos se tornará dono, mas sem as faculdades de usar e fruir. Estas, direcionadas a Pedro, somente serão repassadas ao dono da coisa quando sobrevier a extinção do direito real.

Como não é proprietário da coisa, o usufrutuário fica obrigado e conservar a sua substância, já que ela pertence ao pólo oposto da relação estabelecida. Trata-se do mais severo dever que recai sobre o beneficiário, que, descurando dessa imposição legal, ficará sujeito inclusive ao desfazimento do usufruto e à indenização das perdas e dos danos ocasionados. Além disso, incumbe ao usufrutuário manter inalterada a coisa sobre a qual recai o seu direito e não modificar a sua destinação ordinária, exceto quando expressamente autorizado pelo nu-proprietário. Este, aliás, preserva consigo durante todo o tempo o *jus abutendi*, ou seja, o direito de disposição, motivo pelo qual nada obsta a alienação da coisa, a qualquer título, durante o transcurso do usufruto. Todavia, o adquirente do bem ficará obrigado a respeitar a existência e os termos do ônus instalado, já que o direito real acompanha a coisa por onde e com quem estiver.

O usufruto pode recair em um ou mais bens, móveis ou imóveis, em um patrimônio inteiro, ou parte deste, abrangendo-lhe, no todo ou em parte, os frutos e utilidades (art. 1.390 do Código Civil). Objeto do direito real, destarte, podem ser quaisquer bens móveis ou imóveis, contanto que frugíferos, isto é, que possam propiciar ao usufrutuário a captação de proveitos de conteúdo econômico imediato ou mediato. Devem ser também inconsumíveis, de vez que o usufrutuário não tem o poder de disposição da coisa; se fosse admitida a possibilidade de incidência do gravame sobre bens consumíveis ou fungíveis, estar-se-ia igualmente aceitando a circunstância de o usufrutuário tornar-se dono dela, o que afrontaria a essência do instituto. É admissível o usufruto de bens incorpóreos, como ocorre, *v. g.*, quando incidente sobre direitos autorais relativos a certa obra literária.

Nada impede que o direito real incida sobre um patrimônio inteiro, e então será chamado *universal* (*v. g.*, todos os bens de certa pessoa), ou apenas sobre parte deste (*v. g.*, determinado veículo de uma frota, um título de crédito), circunstância que o fará receber a denominação de *particular*. Em qualquer hipótese poderão ser comprometidos por inteiro ou parcialmente os frutos e as utilidades que a coisa for capaz de produzir. No primeiro caso, tem-se o usufruto pleno; no segundo, a modalidade restrita. Ao usufrutuário, por exemplo, pode ser conferido o direito de auferir apenas os frutos civis da coisa, mas não os de natureza industrial, ou vice-versa; ou atribuídas somente as utilidades, mas não os frutos. Enfim, o instrumento de constituição do usufruto, ou a lei aplicável à espécie, é que dirá qual o alcance do instituto no caso específico, sendo lícito às partes convencionarem como quiserem, desde que respeitados os limites impostos pelo ordenamento jurídico.

Em atenção à regra segundo a qual o elemento acessório segue a sorte do principal, o legislador estabeleceu que os acessórios da coisa serão abarcados pelo direito real de usufruto, a menos que disposição contrária esteja expressamente inserida no título constitutivo (*caput* do art. 1.392 do Código Civil). Trata-se de conseqüência lógica relacionada ao fato de o titular do usufruto poder retirar da coisa as utilidades que ela propicia; logo, se lhe é facultado agir sobre o principal, nada mais justo do que admitir o mesmo comportamento no pertinente aos acessórios, visando a conferir ao interessado mais amplo proveito. Em razão disso, o usufrutuário de um bem imóvel residencial tem o direito de fazer uso de tudo que puder ser tecnicamente considerado acessório, como piscina, árvores frutíferas, abrigo de veículos, etc. Por igual razão, o usufrutuário de fração rural de terras pode cultivá-la, criar animais e assim por diante, mas tem o seu direito estendido a acessórios como implementos agrícolas, animais de tração ou montaria, etc.

Ainda de acordo com a mesma norma legal supracitada, salvo disposição em contrário o usufruto estende-se também aos acrescidos, que são os aumentos decorrentes de acessão (aluvião, avulsão, formação de ilhas, álveo abandonado, construções ou plantações).

Portanto, se a faixa territorial aproveitável vier a ser ampliada por qualquer dos fenômenos característicos da acessão, o usufrutuário poderá exercer sobre a totalidade da coisa os atributos correspondentes ao direito real.

3.2. Classificação do usufruto

O usufruto pode ser classificado com base em vários critérios: a) quanto à origem; b) quanto à natureza da coisa; c) quanto à duração; d) quanto ao objeto; e) quanto à extensão; f) quanto ao exercício.

No que diz respeito à origem, o usufruto é *legal* e *convencional*. A modalidade chamada de *legal* tem fonte exclusiva na lei, encontrando justificativa na necessidade de proteção de indivíduos postados em situações peculiares e especiais. É o que se dá, por exemplo, na hipótese prevista no art. 1.689, I, do Código Civil, segundo o qual o pai e a mãe, enquanto no exercício do poder familiar são usufrutuários dos bens dos filhos. Já a modalidade *convencional*, também conhecida como *voluntária*, deriva do contrato ou do testamento, bastando, para isso, que haja expressa manifestação das partes ou do declarante de última vontade e observância dos pressupostos legais.

Quanto à natureza da coisa, o usufruto é *próprio* ou *impróprio*. No primeiro caso, o instituto se constitui em sua forma genuína, recaindo sobre coisa inconsumível e infungível, *v. g.*, uma área de terras, um veículo, etc. Ao final do vínculo, há obrigação de devolver aquele mesmo item submetido ao direito real. Na segunda hipótese, também chamada de *quase-usufruto*, o gravame recai sobre um bem consumível e fungível, de maneira que poderá haver a devolução de outro de igual gênero, qualidade e quantidade. Previsão nesse sentido está fixada no § 1º do art. 1.392 do Código Civil.

Analisado sob o prisma da duração, o usufruto é *temporário* ou *vitalício*, conforme a extinção, respectivamente, tenha um marco temporal previamente estabelecido (data do calendário, materialização de certo acontecimento, etc.) ou fique submetida à verificação da morte do beneficiário. A rigor, todo usufruto é, em sentido estrito, temporário, já que o único direito real perpétuo é a propriedade. Contudo, diz-se vitalício quando não existir um *dies ad quem* identificado — ou, ao menos, identificável — a delimitar a sua duração, de maneira que subsistirá o direito real enquanto for vivo o usufrutuário.

Quanto ao objeto, o usufruto é *universal* e *particular*, conforme recaia, respectivamente, sobre uma universalidade de bens (*v. g.*, herança, patrimônio de certa pessoa, etc.) ou sobre um objeto determinado (*v. g.*, uma área de terras, um prédio, etc.).

Considerada a extensão, o usufruto é *pleno* e *restrito*. No primeiro caso, abrange todos — e na íntegra — os frutos e as utilidades que puderem ser extraídos do bem. Na segunda hipótese, o direito real tem por alvo apenas algumas das suas utilidades, ficando excluídas as demais do alcance do beneficiário.

No concernente ao exercício, o usufruto é *simultâneo* e *sucessivo*. Quando o direito real se constitui em proveito de duas ou mais pessoas que, a um só tempo, exercem os atributos dele emergentes, diz-se que é *simultâneo*. A morte de cada um dos favorecidos acarretará a extinção da respectiva parcela no usufruto e a retomada, pelo proprietário, dos atributos que haviam sido deslocados (art. 1.411 do Código Civil). A menos que esteja previsto, no título constitutivo, o direito de acrescer a fração em benefício dos usufrutuários remanescentes. Todavia, em evidente exceção à regra, se o usufruto for estabelecido em forma de legado, e vier a ser deferido conjuntamente a duas ou mais pessoas, a parte da que faltar acresce automaticamente aos co-legatários (art. 1.946 do Código Civil). De banda diversa, se o direito real for instituído em favor de uma só pessoa, e ficar estipulado que por sua morte o direito passará a outro indivíduo, ter-se-á, no concernente ao exercício, o usufruto *sucessivo*. No Brasil não existe a possibilidade de desenvolver esse mecanismo de transmissão, ainda que por testamento, haja vista a circunstância de que a morte é causa inarredável de extinção do usufruto (art. 1.410, I, do Código Civil).

3.3. Espécies diferenciadas de usufruto

3.3.1. Usufruto impróprio

Conforme já salientado, o usufruto tem como característica básica o dever de restituição da coisa pelo usufrutuário ao nu-proprietário após a sua finalização. Assim, a natureza do instituto aponta, *prima facie*, na direção da inviabilidade de o fazer incidir sobre coisas cuja substância desaparece ao primeiro uso. Em princípio, não seria possível submeter ao direito real as coisas consumíveis. Todavia, o § 1º excepciona essa posição ao dizer que se entre os acessórios ou acrescidos existirem coisas consumíveis, que perdem a substância ao primeiro uso (*v. g.*, animais de corte), deverá o usufrutuário restituir ao pólo oposto as que ainda houver ao término do usufruto, porque não consumidas.

A lei somente faz referência ao usufruto dos acessórios e acrescidos que, consumíveis, estão atrelados à coisa sujeita ao direito real (*v. g.*, os alimentos enlatados produzidos pela indústria). Não prevê expressamente, entretanto, a hipótese de serem passíveis de usufruto os elementos que, perecendo ao primeiro emprego e não sendo secundários, têm independência e autonomia jurídica (*v. g.*, os alimentos enlatados, singularmente considerados). Não obstante, a doutrina e a jurisprudência admitem a isolada submissão de tais itens ao usufruto, que, no caso, se denomina *usufruto impróprio*, exatamente por destoar da regra geral aplicável ao instituto. Aliás, o Código Civil de 1916, no seu art. 726, mencionava diretamente essa hipótese, acolhida hoje sem maiores discussões: "*As coisas que se consomem pelo uso caem para logo no domínio do usufrutuário, ficando, porém, este obrigado a restituir, findo o usufruto, o equivalente em gênero, qualidade e quantidade, ou, não sendo possível, o seu valor, pelo preço corrente ao tempo da restituição*".

O mecanismo de funcionamento do usufruto impróprio atribui ao usufrutuário a propriedade da coisa, de maneira que a restituição se dará pela entrega de outra do mesmo gênero, qualidade e quantidade. Nada obsta que o usufrutuário, tendo consigo ainda íntegro o bem tomado, decida restituí-lo sem substituição por outro. Se nenhuma das alternativas remanescer, porque desaparecida a coisa e inviável a substituição, deverá o usufrutuário entregar ao dono o valor atual do bem, ou aquele definido no instrumento de constituição. Quanto aos demais aspectos, segue-se a linha traçada para o usufruto próprio, sem qualquer diversidade de tratamento.

No que diz respeito às coisas classificadas como acessórios ou acrescidos, porém não mais existentes ao tempo da restituição, terá o usufrutuário de entregar ao nu-proprietário o equivalente em gênero, qualidade e quantidade. Isso significa que o usufrutuário promoverá a substituição das coisas por outras dotadas de caracteres aproximados, visando a alcançar ao nu-proprietário o equilíbrio econômico a que tem direito. Sendo impossível a reposição de outras coisas em lugar daquelas que não mais existem, o usufrutuário terá de pagar indenização correspondente ao seu valor, estimado ao tempo em que as deveria restituir por força do término do usufruto.

A mencionada regra legal tem por objetivo viabilizar, em favor do nu-proprietário, não apenas o recebimento da coisa propriamente dita ao final do usufruto, mas ela mesma e os seus acessórios e acrescidos. Isso porque é da essência do direito real proporcionar ao usufrutuário somente o uso, o gozo e os frutos da coisa, e nunca a apropriação de qualquer parte que integre a sua substância, pois esta, como se sabe, pertence ao titular do domínio.

3.3.2. Usufruto de florestas e de recursos minerais

Incidindo o usufruto sobre imóvel em que existam florestas, jazidas, minas e demais recursos minerais, os limites do uso e gozo proporcionados ao usufrutuário em relação a tais elementos constarão do instrumento de constituição do direito real, cabendo às partes definir em conjunto esse aspecto (§ 2º). A referida delimitação, todavia, somente será factível quando não houver lei proibindo a exploração das riquezas por particulares; a existência de qualquer vedação normativa faz com que as disposições eventualmente inseridas no instrumento, acerca da matéria, sejam de nenhum efeito prático.

Ao estabelecer a extensão dos proveitos a serem auferidos pelo usufrutuário no tocante a florestas e recursos minerais, o acordo de vontades transfere àquele o direito de exploração econômica da área, não podendo o nu-proprietário reclamar ao final a restituição do equivalente pecuniário ou exigir qualquer outra forma de compensação. Todas as vantagens regularmente captadas pelo usufrutuário, relativas a tais riquezas, passarão a integrar o seu patrimônio e não ensejarão a incidência da obrigação ínsita no parágrafo anterior. Afinal, a prerrogativa de utilização e fruição de florestas e dos recursos minerais arrolados no art. 1.230 do Código Civil integra o direito real de usufruto, motivo pelo qual se sujeita à atividade exploradora do usufrutuário.

Caso as partes não prefixem a extensão do gozo facultado ao usufrutuário no concernente às riquezas arroladas na norma, poderá qualquer delas requerer ao juiz que o faça, a fim de que sejam esclarecidas as fronteiras da atuação do usufrutuário e os limites das obrigações do nu-proprietário. Nesse contexto, a base da utilização e da fruição será definida pela média de exploração possível no caso concreto, observada a natureza do elemento submetido ao usufruto. O titular do direito real não poderá eliminar totalmente o recurso explorado, nem lhe será exigível que o mantenha absolutamente intacto, pois tais soluções radicais desvirtuariam a finalidade e a estrutura do instituto.

3.3.3. Usufruto de universalidade ou de quota-parte

Se o usufruto recai sobre universalidade (*v. g.*, herança de certa pessoa) ou quota-parte de bens (*v. g.*, metade de um edifício), o usufrutuário tem direito à parte do tesouro achado por outrem, e ao preço pago pelo vizinho do prédio usufruído, para obter meação em parede, cerca, muro, vala ou valado (§ 3º).

Considera-se tesouro o depósito antigo de coisas preciosas, oculto e de cujo dono não haja memória. A regra se aplica quanto ao tesouro que vier a ser casualmente encontrado por terceiro, de maneira que o seu conteúdo tocará ao usufrutuário, repartindo-se em porções iguais com o achador. O direito deste está previsto na porção final do art. 1.264 do Código Civil. Desimporta para a solução a circunstância de os bens sob usufruto, onde estava o tesouro, serem móveis ou imóveis; em ambas as hipóteses incide a norma.

A justificativa para a aludida solução é singela: se o nu-proprietário transmitiu temporariamente ao usufrutuário a totalidade dos atributos de uso e fruição de que dispunha em relação à universalidade ou à quota-parte onerada, entende-se que abriu mão de qualquer proveito ou vantagem em favor do beneficiário, ainda que tecnicamente não se possam definir como frutos ou produtos. Portanto, tudo o que vier a ser proporcionado pela coisa, desde que não afete a sua substância, terá como destino final o patrimônio do usufrutuário.

Caso o usufruto não recaia sobre universalidade ou quota-parte de bens, mas sim sobre bens especificamente discriminados e individualizados, o tesouro acaso encontrado neles por terceiro não pertencerá ao usufrutuário, devendo ser repartido em porções idênticas entre o achador e o nu-proprietário (art. 1.264 do Código Civil). O usufrutuário nada recebe e nem pode reclamar compensação de qualquer natureza. A explicação é lógica: o tesouro não pode ser considerado acessório, acrescido ou fruto da coisa gravada, motivo pelo qual não pertence ao titular do direito real. E, como o usufruto não recai sobre universalidade ou quota-parte de bens, entende-se que o nu-proprietário somente abdicou do uso e da fruição, mas não das demais vantagens que porventura estivessem contidas na coisa onerada.

Sendo o tesouro encontrado pelo usufrutuário, este terá direito à totalidade do seu conteúdo, se o usufruto incidir sobre universalidade ou quota-parte de bens; porém, pertencerá por metade ao nu-proprietário quando o direito real constituído disser respeito a bem não considerado em um universo jurídico ou não integrante de quotas.

A segunda parte do § 3º assegura ao usufrutuário o direito de receber o preço pago pelo vizinho do prédio usufruído, para obter meação em elementos divisórios. Tal solução somente terá lugar quando o usufruto recair sobre universalidade ou quota-parte de bens, haja vista a aplicação dos mesmos fundamentos já elencados. Recaindo o usufruto sobre bens especificamente singularizados e individualmente considerados, o valor pago pelo vizinho para obter meação de elementos divisórios pertencerá ao nu-proprietário, nada podendo reclamar o usufrutuário.

3.3.4. Usufruto de rebanho

Os rebanhos de qualquer espécie animal (*v. g.*, bovinos, eqüinos e ovinos) podem ser submetidos a usufruto, o que atribuirá ao usufrutuário legitimidade para explorar todas as vantagens que deles puderem resultar (*v. g.*, carne, lã, leite, etc.). Não se trata de usufruto impróprio, eis que, a rigor, a titularidade dos animais originalmente recebidos não passa de imediato ao usufrutuário, continuando a ser do proprietário original, ao menos enquanto não sobrevier a necessidade do seu emprego no fim visado quando da constituição do gravame. Porém, todo desfalque verificado no rebanho por morte, abate ou causa diversa terá de ser composto pelo beneficiário, que deverá, ao final, completá-lo qualitativa e quantitativamente, entregando-o ao proprietário nas mesmas condições em que fora recebido.

O art. 1.397 do Código Civil estabelece: *"As crias dos animais pertencem ao usufrutuário, deduzidas quantas bastem para inteirar as cabeças de gado existentes ao começar o usufruto"*. Ao findar o usufruto, cabe ao usufrutuário fazer a restituição da substância da coisa, a fim de que volte a integrar-se ao patrimônio original. Quando o direito real recai sobre um conjunto de coisas que pode sofrer desfalques em seu número primitivo ao longo da vigência do gravame, poderá o nu-proprietário exigir que sejam repostas pela parte contrária, evitando a ocorrência de prejuízos. O legislador mencionou expressamente os animais como hipótese em que deverá o usufrutuário repor as cabeças perdidas durante o transcurso do vínculo jurídico.

Embora ao usufrutuário caiba a propriedade de todas as crias dos animais submetidos a usufruto, delas serão separados os espécimes necessários à complementação do rebanho, sempre que houver desfalque por morte, abate ou circunstância afim, ainda que não mencionada no instrumento constitutivo. Sem essa providência, o dono teria irreparável prejuízo na substância da coisa, aspecto destoante dos objetivos almejados pelo instituto.

A apropriação das crias de animais pelo usufrutuário tem por base a circunstância de que elas são juridicamente definidas como frutos naturais do rebanho original. Entende-se por fruto *"o objeto material, valor ou rendimento que a coisa usufruída produziu ou é suscetível de produzir"* (José Náufel, obra citada, vol. 2, p. 578). Levando-se em conta o fato de que os frutos e produtos da coisa sujeita ao direito real pertencem ao beneficiário, é lógica e adequada a solução apontada pelo legislador. De resto, a reposição das peças perdidas oferece ao nu-proprietário a coisa como inicialmente alcançada à parte contrária, em estrita consonância com a essência do gravame.

Não ocorrendo a substituição dos animais, porque inexistentes crias bastantes, ou em razão de óbice de qualquer natureza, ainda que sem culpa do usufrutuário, deverá este responder pelo valor correspondente ao número de elementos necessários à recomposição do rebanho. Também é importante observar que a feitura de uma primitiva substituição não livra o usufrutuário da eventual obrigação de promover outras, ainda que ocorra a perda daquele mesmo animal substituto. O dono, em verdade, tem o direito de receber de volta o rebanho completo, independentemente do número de integrações que forem efetivadas.

3.3.5. Usufruto de títulos de crédito

O usufruto de títulos de crédito não difere muito, em suas nuanças básicas, do usufruto que recai sobre coisas corpóreas; porém, há algumas observações importantes a fazer, haja vista o grau de abstração de que se reveste a modalidade, pois incidente sobre coisas incorpóreas. Ao titular do direito real cabe a percepção dos frutos produzidos pelos títulos de crédito (art. 1.395 do Código Civil), o que importa no reconhecimento de que verdadeiramente adquire desde o pagamento a propriedade de tais proveitos, podendo dar-lhes a destinação que quiser. Noutras palavras, o direito real se estabelece sobre o conteúdo econômico da prestação que o sujeito passivo original deve ao sujeito ativo referido na cártula, favorecendo o usufrutuário, figura primitivamente estranha à relação jurídica geradora da obrigação.

Ao término do usufruto, o beneficiário suportará a obrigação de restituir ao nu-proprietário os próprios títulos cujo uso e fruição até então conservava consigo, se ainda não os cobrou do devedor. Aliás, também o direito de cobrar integra o rol de prerrogativas do usufrutuário, de maneira que poderá exigir do devedor o cumprimento das obrigações neles incrustadas.

Enquanto ainda não houver sido pago qualquer valor ao usufrutuário, o direito real não passará do campo teórico, pois nada foi alcançado ao agente como materialização do uso ou fruição. Destarte, o usufruto somente se configura efetivamente a partir do momento em que o usufrutuário percebe os frutos dos créditos ou cobra do devedor o valor que neles se contém. *"Só depois de realizado o respectivo pagamento se concretiza o usufruto. O direito real recai, portanto, sobre o objeto da prestação devida pelo obrigado"* (Washington de Barros Monteiro, obra citada, 3. vol., p. 311). Para fazer valer contra o devedor a nova situação jurídica criada, é preciso que o usufrutuário o notifique de maneira inequívoca acerca da obrigação de não mais pagar ao credor inicial, mas sim a ele, titular do direito real. Se ainda assim o obrigado efetuar a entrega do montante ao credor primitivo, não ficará liberado da obrigação frente ao usufrutuário e terá de realizar novo pagamento, acrescido de atualização monetária e de juros moratórios.

Caso o usufrutuário não limite a sua atividade à percepção dos frutos decorrentes dos títulos de crédito, mas vá além disso e cobre do devedor o adimplemento da obrigação nele contida, terá o dever de aplicar imediatamente os recursos assim captados, destinando-os à aquisição de outros títulos da mesma natureza, ou em títulos da dívida pública federal, tomando o cuidado de fazer neles constar cláusula de atualização monetária segundo índices oficiais regularmente estabelecidos, a fim de protegê-los contra eventual corrosão do valor de compra pelo decurso do tempo (parágrafo único). Eventuais prejuízos causados em virtude da operação somente serão indenizados na hipótese de existir culpa na conduta do usufrutuário, *v. g.*, quando não adotar as cautelas mínimas para realizar a aquisição em condições menos gravosas ou deixar de inserir cláusula de atualização.

A obrigação de reaplicar os valores auferidos com a cobrança das dívidas representadas nos títulos de crédito sujeitos a usufruto é inderrogável, vedando-se ao usufrutuário qualquer outra forma de emprego dos recursos, ainda que mais proveitosa ao nu-proprietário. É que o valor do crédito, inserido no título, acaba confundindo-se com a sua própria substância, não podendo ser tido como fruto ou rendimento; logo, não cai no domínio do usufrutuário, continuando a pertencer de pleno direito ao nu-proprietário. Por isso, o reinvestimento noutros títulos de igual natureza, ou nos da dívida pública federal, preserva a substância daqueles títulos que foram submetidos a usufruto, viabilizando ao nu-proprietário, quando da extinção do direito real, a recuperação da expressão econômica cujos proveitos foram temporariamente repassados ao usufrutuário.

Os frutos produzidos pelos novos títulos caem para logo no domínio do usufrutuário, que poderá deles fazer o que lhe for conveniente. A percepção das vantagens somente cessará com a extinção do usufruto, ocasião em que ao nu-proprietário será restituída a substância da coisa gravada, consubstanciada nos títulos originais ou nos que foram ao depois adquiridos com o valor cobrado do devedor.

3.4. Constituição do usufruto

Há três modos de constituição do direito real de usufruto: a) por ato de vontade, *inter vivos* ou *causa mortis*; b) por determinação legal; c) por usucapião.

No mais das vezes, o usufruto surge do ajuste de vontades das partes, feito no âmbito contratual. Isso ocorre quando o dono transmite a outrem, gratuita ou onerosamente, em caráter transitório, os atributos de uso e fruição da coisa, mantendo consigo o poder de dispor. Mas também é viável que se constitua a partir de ampla liberalidade feita pelo proprietário, por meio da qual ele efetiva a doação da nua-propriedade do bem a certa pessoa e transfere os direitos de usar e fruir para outra. Contudo, é possível que o usufruto tenha origem em testamento, surgindo a partir de previsão do testador no sentido de que o usufruto de certo bem caberá a determinado indivíduo. Tal circunstância colocará os herdeiros legítimos na posição de titulares da coisa, mas, temporariamente, sem os atributos do uso e da fruição. Ao testador também se faculta, respeitada a legítima, a transmissão da nua-propriedade a uma pessoa e do usufruto a outra, quadro que afastará os herdeiros legítimos da sucessão quanto àquele específico bem.

Sabendo-se que o direito brasileiro não dá ao contrato força suficiente para transmitir a propriedade e tampouco para instalar direitos reais, é preciso que à formatação material do ajuste se siga o registro do instrumento constitutivo, para que então efetivamente surja no mundo jurídico o direito real de usufruto. O art. 1.245 do Código Civil diz que se transfere entre vivos a propriedade mediante o registro do título translativo no Registro de Imóveis. Já no atinente aos móveis, o art. 1.267 da codificação preconiza que a propriedade das coisas não se transfere pelos negócios jurídicos antes da tradição.

A respeito do registro do usufruto, o art. 1.391 do Código Civil estabelece: *"O usufruto de imóveis, quando não resulte de usucapião, constituir-se-á mediante registro no Cartório de Registro de Imóveis"*. Disso resulta que a constituição de usufruto imobiliário somente se perfectibiliza por meio do registro do instrumento no Cartório de Registro de Imóveis da circunscrição em que se situar a coisa. Essa medida tem por finalidade dar existência à relação jurídica como direito real e torná-la oponível *erga omnes*, fazendo-a de observância e respeito obrigatório por todos. A falta de registro importa na criação de singelo direito pessoal entre os envolvidos, não atribuindo a um deles a condição jurídica necessária ao uso e fruição da coisa em caráter real.

Quanto ao usufruto de móveis, a legislação não impõe expressamente a necessidade de registro. Na verdade, a sua falta não acarreta, no mais das vezes, qualquer problema ao usufrutuário e ao nu-proprietário, já que a transferência da posse direta àquele, pela tradição, obsta o acesso de outrem ao exercício do poder físico sobre a coisa. Daí que se tornará muito difícil, para os indivíduos que não tomaram assento na relação jurídica, argüir melhor direito do que o enfeixado pelo titular do usufruto. Todavia, o registro, a ser realizado no Cartório de Registro de Títulos e Documentos em que domiciliado o beneficiário, é providência que não deve ser desprezada mesmo no caso de usufruto de móveis, haja vista atribuir imediatamente ao direito real plena eficácia contra todos.

Excepcionalmente, o usufruto surge por expressa determinação legal, haja vista a necessidade de resguardar os interesses de pessoas colocadas em peculiares contextos. É o que se verifica, por exemplo, na situação descrita no inciso I do art. 1.689 do Código Civil, que confere ao pai e à mãe, enquanto no exercício do poder familiar, a qualidade de usufrutuários dos bens dos filhos. Essa previsão tem por desiderato ensejar melhor aproveitamento econômico e proteção das coisas pertencentes aos filhos que se encontram sob o poder familiar dos pais. Assim, a administração e a gestão dos bens ficam aos cuidados de quem presumivelmente está em condições de preservar os interesses dos incapazes. Também encontra origem na lei o usufruto indicado no § 2º do art. 231 da Constituição Federal: *"As terras tradicionalmente ocupadas pelos índios destinam-se a sua posse permanente, cabendo-lhes o usufruto exclusivo das riquezas do solo, dos rios e dos lagos nelas existentes".*

Independe de registro a constituição do usufruto resultante da lei, pois esta é fonte bastante para a instalação do direito real. Em decorrência disso, resta imperioso concluir no sentido de que a superveniente aquisição de capacidade plena pelo filho acarreta o automático desaparecimento do gravame. Daí em diante, o destino do bem ficará exclusivamente a cargo do seu proprietário, que poderá dele fazer o que melhor lhe convier.

O usufruto pode ser constituído por meio de usucapião. Nesse caso, tendo em vista a natureza declaratória da sentença que o reconhece, não há necessidade de registro para que tenha surgimento no plano jurídico (art. 1.391 do Código Civil). Destarte, a constituição do direito real não acontece no momento em que transita em julgado a decisão judicial proferida, mas sim no exato instante em que o agente implementou todos os requisitos de aquisição do direito real por usucapião, notadamente o lapso temporal possessório qualificado. A importância da sentença reside no fato de que consolida a titularidade e, uma vez registrada, leva à produção de título de prova em favor do adquirente.

3.5. Inalienabilidade do direito real

Não se pode transferir o usufruto por alienação; mas o seu exercício pode ceder-se por título gratuito ou oneroso (art. 1.393 do Código Civil). O direito real de usufruto, por estar umbilicalmente jungido à pessoa do usufrutuário, não pode ser transferido por alienação gratuita ou onerosa a outrem. A constituição do usufruto sempre se dá *intuitu personae*, ainda que esse aspecto não conste expressamente do título; logo, trata-se de instituto inalienável e personalíssimo que se esgota na pessoa do usufrutuário.

Entretanto, objetivando propiciar melhor aproveitamento econômico do direito real, e tendo em vista a circunstância de que nem sempre o usufrutuário tem condições de usar e fruir da coisa como seria esperado, o legislador faculta a cessão do exercício do usufruto a terceiro, seja a título oneroso ou gratuito. Efetivada a cessão, o usufrutuário não deixa de conservar consigo as qualidades jurídicas até então incorporadas, eis que o negócio caracteriza-se pelo só repasse da faculdade de exercício do direito real. Com isso, o terceiro a quem couber a prerrogativa de exercê-lo poderá fazer tudo o que estava anteriormente ao alcance direto do usufrutuário, mas jamais verá equiparada a sua condição jurídica à deste. Gera-se entre cedente e cessionário mero direito de natureza pessoal, conservando-se o direito real dentro da relação firmada entre o usufrutuário e o nu-proprietário.

Dado o caráter pessoal do usufruto, o direito propriamente dito não poderá ser penhorado ou de qualquer forma constrito para a solução de débitos do usufrutuário. Aliás, a impenhorabilidade também é conseqüência lógica da inalienabilidade prevista no ordenamento jurídico. Caso ocorra a constrição, a superveniente arrematação em hasta pública será nula, dada a impenhorabilidade decorrente da pessoalidade do direito real. Todavia, face à admissão abstrata, pelo legislador, da cessão do exercício, este poderá ser constrito pelos credores para satisfação de eventuais pendências. Destarte, a faculdade de perceber rendimentos e auferir vantagens deixará momentaneamente de aproveitar ao usufrutuário, passando a funcionar como fonte de captação de recursos que serão destinados ao pagamento dos débitos geradores da constrição.

Realizada a penhora do exercício do usufruto, haverá nomeação de administrador da coisa, para que dela se extraiam recursos suficientes à solução da dívida (arts. 716 a 724 do Código de Processo Civil). Nada obsta, todavia, que à penhora se siga a avaliação — estimativa do conteúdo econômico do exercício do direito real — e o posterior oferecimento em hasta pública, de maneira que ao arrematante caberá, durante o período estipulado no edital, o uso e a fruição da coisa. Depois disso, ocorrerá a restituição desses atributos ao usufrutuário primitivo, que continuará a ser titular de todas as prerrogativas originais. Outra solução consiste em viabilizar ao credor, diretamente, o exercício do usufruto ao longo do tempo necessário à satisfação do seu crédito, solução aplicável quando não houver licitante ou no caso de existir proposta mais vantajosa do credor por ocasião do oferecimento ao público.

Tendo havido cessão gratuita ou onerosa do exercício do direito real em fraude à execução, poderá o juiz reconhecer o defeito nos próprios autos da lide executiva, ordenando a penhora do exercício do usufruto em favor do credor. De outra banda, havendo fraude a credores consubstanciada na cessão, poderá ser postulada a declaração de sua ineficácia em relação ao credor prejudicado, o que se faz por meio de lide ordinária específica.

Tratando-se de dívida do nu-proprietário, será penhorável o seu direito real, já que livremente disponível. Porém, nisso não estarão abarcados os atributos do uso e da fruição, haja vista a sua temporária integração ao acervo patrimonial do usufrutuário. Logo, a constrição atingirá apenas a propriedade nua, de maneira que o eventual arrematante assumirá a mesma condição jurídica do seu antecessor, devendo aguardar a retomada do *jus utendi* e do *jus fruendi*, conforme fixado no título constitutivo, para então enfeixar o domínio pleno do bem.

3.6. Direitos do usufrutuário

O usufrutuário tem direito à posse, uso, administração e percepção dos frutos (art. 1.394 do Código Civil). O referido elenco não exaure o rol de direitos, já que outros existem como derivação das matrizes indicadas pelo legislador e serão oportunamente analisados. Às partes é lícito, inclusive, ampliar os direitos mencionados na lei, desde que não contrariem a natureza do instituto e nem afetem a substância do bem, pois ele pertence ao nu-proprietário. Pode-se afirmar, destarte, que o art. 1.394 do Código Civil faz referência ao padrão mínimo de direitos do usufrutuário, sendo vedado, portanto, convencionar a sua redução.

O usufrutuário tem direito à posse direta da coisa sobre a qual recai o usufruto; a posse indireta permanece com o nu-proprietário, que tem a expectativa de retomada da plena propriedade quando da extinção do direito real. Na hipótese de haver negativa de entrega do bem ao usufrutuário, por parte do instituidor do usufruto ou de quem o tenha de disponibilizar, caberá o ajuizamento de ação de imissão de posse.

Tendo posse direta, ao usufrutuário é dado promover a sua defesa por meio das mesmas ações que competem ao titular do domínio na proteção da posse indireta, quais sejam, os denominados interditos possessórios (ações de reintegração ou manutenção de posse, interdito proibitório, nunciação de obra nova, etc.). A faculdade de defesa pode ser exercitada inclusive contra o nu-proprietário, se este praticar atos que caracterizem ameaça, turbação ou esbulho da posse direta. Isso porque ao possuidor indireto cabe respeitar os atributos circunstancialmente deslocados para a esfera jurídica alheia, abstendo-se de tudo quanto possa indevidamente molestar o usufrutuário.

A defesa da posse indireta pelo nu-proprietário é plena em relação a terceiros, mas limitada no concernente ao usufrutuário, já que este não pode ser molestado em suas qualidades enquanto estiver atuando em conformidade com o título constitutivo do direito real. Tal quadro impede que o nu-proprietário ajuíze demandas possessórias contra o usufrutuário que está exercendo o direito real de acordo com as especificações estatuídas quando da sua constituição.

O direito de usar consiste na possibilidade de extrair da coisa dada em usufruto todas as vantagens que puder proporcionar ao beneficiário, desde que observadas as disposições contidas no título constitutivo acerca do tema, pois nele é que se fixa a fronteira de atuação do usufrutuário. Caso o título nada mencione a respeito dos limites da faculdade de usar, impostos ao usufrutuário, esta abrangerá toda atividade conducente à captação de proveitos e benefícios próprios da coisa e adequados à sua natureza, desde que a substância não seja prejudicada. Portanto, se um veículo de passeio suporta a incidência do usufruto, mas o título silencia quanto à extensão do direito de usar, evidente que o beneficiário não poderá aplicá-lo em disputas esportivas, por não ser de sua essência tal destinação.

O usufrutuário pode usufruir em pessoa, ou mediante arrendamento, o prédio, mas não mudar-lhe a destinação econômica, sem expressa autorização do proprietário (art. 1.399 do Código Civil). Vê-se, destarte, que o uso e a fruição da coisa submetida ao direito real não precisam ser necessariamente pessoais, permitindo-se ao beneficiário que ceda a terceiro o exercício do direito real, onerosa ou gratuitamente. Entre as possibilidades de repasse das faculdades de usar e fruir encontra-se o arrendamento, que geralmente é promovido pelo dono da fração de terras. Contudo, o ordenamento jurídico legitima também o usufrutuário para tomar a iniciativa, haja vista o fato de estar temporariamente investido de poderes semelhantes aos do proprietário. Como o arrendamento não importa em disposição da coisa, e sopesada a circunstância de que se deve propiciar ao usufrutuário o melhor aproveitamento possível das potencialidades econômicas do usufruto, afigura-se correta a solução apontada na lei.

Ao contratar arrendamento da coisa, o usufrutuário ficará submetido às regras firmadas com o arrendatário, deixando de utilizar pessoalmente a coisa e recebendo, em contrapartida, as vantagens previstas na contratação. O nu-proprietário terá de respeitar a avença estabelecida entre o usufrutuário e o terceiro, sendo-lhe vedado praticar quaisquer atos que impeçam a livre utilização do bem segundo a destinação convencionada quando da constituição do direito real.

A mudança de destinação da coisa usufruída não pode ser feita sem o consentimento expresso do nu-proprietário, sob pena de restar caracterizada infração capaz de levar ao fenecimento do direito real. É dever do usufrutuário empregar o bem exclusivamente nas finalidades arroladas no instrumento constitutivo; no silêncio deste, terá de dar à coisa a sua destinação normal, que se caracteriza pelo uso consoante a finalidade objetiva para a qual comumente se presta.

Assim, ficando estabelecido que a área de terras sujeita a usufruto somente poderá ser utilizada como lavoura de trigo, não poderá o usufrutuário destiná-la à criação de eqüinos. A mudança de destinação, ainda que dentro da mesma esfera de atividade, configura irregularidade, como no caso de o usufrutuário empregar a citada área de terras no cultivo de arroz irrigado. Isso porque deve ser observada a vontade declinada pelas partes no título constitutivo, instrumento de definição exata e objetiva dos limites impostos ao direito real.

Salvo direito adquirido por outrem, o usufrutuário faz seus os frutos naturais, pendentes ao começar o usufruto, sem encargo de pagar as despesas de produção (art. 1.396 do Código Civil). A norma dispõe sobre a titularidade dos frutos produzidos pela coisa nos espaços de tempo aproximados dos marcos inicial e final do usufruto, visando a evitar controvérsias entre os envolvidos. Dela resulta que ao usufrutuário cabem os frutos naturais pendentes ao iniciar o usufruto, sem que por isso tenha de pagar as despesas de produção. Presume-se de maneira absoluta que o nu-proprietário incorporou ao elenco de atributos conferidos ao usufrutuário, sem ônus algum para este, o direito à percepção dos frutos naturais que estiverem em vias de formação pela coisa ao tempo do início do usufruto. Exemplo: pertencem ao usufrutuário todas as laranjas do pomar submetido a usufruto, quer em fase inicial de formação ou em adiantada maturação, pois em ambos os casos se evidencia a existência de frutos naturais pendentes.

A solução apontada na regra legal somente não prevalece quando terceira pessoa adquiriu regularmente, antes do início do usufruto, o direito à percepção dos frutos pendentes. É o que acontece, *v. g.*, na hipótese de o nu-proprietário vender antecipadamente a safra de laranjas a ser produzida pelo pomar, que ao depois vem a ser submetido a usufruto. O direito adquirido por terceiro excepciona a regra geral, impedindo que o usufrutuário tome para si os frutos naturais não captados ao tempo do início do usufruto.

Os frutos naturais, pendentes ao tempo em que cessa o usufruto, pertencem ao dono, também sem compensação das despesas (parágrafo único). A previsão normativa tenciona distribuir com eqüidade e justiça os proveitos e vantagens da coisa, constituídos no período fronteiriço inicial e final do usufruto. Trata-se de ditame que equilibra a relação jurídica, haja vista o teor do *caput* do art. 1.396 do Código Civil.

A percepção dos frutos pelo nu-proprietário se dará sem compensação de espécie alguma, de maneira que o usufrutuário não poderá reclamar da parte adversa o pagamento das despesas de produção ou outras similares, nem lhe será dado abater da totalidade dos frutos devidos a quantidade que baste à cobertura desses gastos. Assim como recebe os frutos naturais pendentes ao início do usufruto, sem nada por eles pagar, também nada poderá exigir do nu-proprietário pelos que se penderem ao término do direito real.

Embora a regra não ressalve expressamente os direitos de terceiros sobre os frutos naturais pendentes ao final do usufruto, é lógico que se subentende do teor normativo tal circunstância. Se assim não fosse ficaria maculada a igualdade, estabelecida pelo legislador entre as partes, no que concerne aos demais aspectos mencionados no *caput* e no parágrafo único. Portanto, se quando do término do usufruto o direito aos frutos naturais não coletados já houver sido adquirido por outrem (*v. g.*, compra e venda de safra futura de cereais), o nu-proprietário não terá sobre eles poder algum, nem lhe será facultado exigir o pagamento do valor correspondente.

Todavia, poderá reclamar indenização pelo tempo transcorrido entre o final do direito real e a data da colheita dos frutos, porque nesse interregno deixou de ter à disposição a coisa sobre a qual recaía o gravame, não obstante já finalizado. Nesse caso, caberá ao juiz fixar o valor da indenização devida, de acordo com os prejuízos verificados e considerando aquilo que a parte razoavelmente deixou de ganhar no período.

Os frutos civis, vencidos na data inicial do usufruto, pertencem ao proprietário, e ao usufrutuário os vencidos na data em que cessa o usufruto (art. 1.398 do Código Civil). São frutos civis *"os que resultam da produtividade da coisa, isto é, os rendimentos pelos juros, alugueres, foros, gêneros e dinheiro, devidos por terceiros e tirados da utilização econômica da coisa"* (José Náufel, obra citada, vol. 2, p. 579). Os que se vencerem exatamente na data de início do usufruto pertencem ao proprietário, assim como, obviamente, todos os que venceram antes do seu início e ainda não foram pagos pelo devedor. Por outro lado, os frutos civis que se vencerem exatamente na data de cessação do usufruto cabem ao usufrutuário, bem como, logicamente, aqueles vencidos durante a vigência do direito real e ainda não pagos.

O fator decisivo na aferição da titularidade dos frutos civis é a data do respectivo vencimento, razão pela qual os pagamentos feitos após aquele marco em nada alterarão o destinatário final da prestação. Exemplo: suponha-se um usufruto que termina no dia 20 de janeiro. Os juros vencidos naquela data e pagos ao proprietário no dia 21 terão de ser entregues ao usufrutuário, pois a este pertencem. Outro exemplo: imagine-se que o usufruto recaia sobre imóvel de locação; os aluguéis vencidos antes do início do direito real e pagos com atraso diretamente ao usufrutuário pertencem na verdade ao proprietário, por dizerem respeito a período anterior à constituição do gravame.

É atribuída ao usufrutuário, também, a faculdade de administrar a coisa. Isso significa que ao longo da existência do direito real ele poderá praticar todos os atos jurídicos necessários à obtenção dos proveitos razoavelmente esperados do usufruto. Obviamente que a administração não envolve conduta alguma de disposição, eis que o *jus abutendi* permanece concentrado na esfera jurídica do nu-proprietário, a quem cabem apenas o *jus utendi* e o *jus fruendi*. A única conduta facultada ao titular do direito real, que assume contornos de disposição, é a de fazer retornar ao nu-proprietário, por manifestação expressa de vontade formulada a título gratuito ou oneroso, os atributos temporariamente deslocados. É a chamada *consolidação*, prevista no inciso I do art. 1.410 do Código Civil. Frise-se, contudo, que no exercício do poder de administrar é permitido ao usufrutuário explorar pessoalmente a coisa ou cedê-la a terceiro em forma de arrendamento, locação, empréstimo, etc., atos estes que não implicam em disposição.

Não se pode esquecer que a má gestão da coisa submetida a usufruto pode funcionar como causa de extinção do direito real, pois o inciso VII do art. 1.410 do Código Civil estabelece tal solução nas hipóteses de culpa do usufrutuário, quando aliena, deteriora, ou deixa arruinar os bens, não lhes acudindo com os reparos de conservação, ou quando, no usufruto de títulos de crédito, não dá às importâncias recebidas a aplicação devida.

A percepção dos frutos é outra faculdade — uma das mais relevantes — do titular do direito real. Mas deve ser materializada em atos que não afetem de modo algum a substância da coisa e nem lhe alterem a destinação, pois do contrário haverá abuso no exercício do direito, passível de correção pelo Poder Judiciário mediante provocação do interessado. A menos que o instrumento de constituição do usufruto expressamente estipule tal faculdade. Afinal, o legislador previu apenas a captação dos frutos, que são os elementos renováveis por força natural ou engenho humano (*v. g.*, laranjas de um pomar, juros do capital aplicado, calçados de uma indústria e assim por diante). Deixou de fazer qualquer referência aos produtos, elementos não renováveis e cuja extração afeta a substância do bem, reduzindo ou fulminando a sua expressão econômica e utilidade (*v. g.*, minério da jazida). Cabe destacar, ainda, que até mesmo a percepção dos frutos pode ser limitada pelo título, mas se isso não ocorrer o usufrutuário perceberá todos os que resultarem da coisa, sejam naturais, civis ou industriais.

3.7. Deveres do usufrutuário

Depois de indicar e normatizar os direitos do usufrutuário, o legislador passa a tratar dos seus deveres, cuja observância, portanto, resguarda os interesses do nu-proprietário. O vínculo entre as partes é tão extenso e vigoroso que ainda antes do início do usufruto já existem deveres a serem atendidos pelo usufrutuário. Outros surgem ao longo da existência do direito real, imprimindo-lhe viabilidade e eficiência. Por derradeiro, até mesmo depois de encerrada a relação subsistem deveres para o usufrutuário, como mecanismo capaz de exaurir de maneira equilibrada o liame.

3.7.1. Deveres que antecedem o usufruto

O usufrutuário, antes de assumir o usufruto, inventariará, à sua custa, os bens que receber, determinando o estado em que se acham, e dará caução, fidejussória ou real, se lha exigir o dono, de velar-lhes pela conservação, e entregá-los findo o usufruto (art. 1.400 do Código Civil). A descrição da coisa em pormenores antes da assunção do usufruto, com menção a vícios, defeitos, características especiais e demais elementos de individualização constitui tarefa do usufrutuário, tendo por finalidade evitar que ao término da relação, com o advento do dever de restituir a coisa, possa ser molestado pelo proprietário sob o pretexto de divergência entre o estado original com que foi repassada e a situação em que se encontra no momento da devolução.

O inventário, que não depende de forma especial para ser confeccionado, nada mais é do que um instrumento de minuciosa descrição da coisa, cabendo ao usufrutuário arcar com todas as despesas necessárias à execução do trabalho. Trata-se de um escrito feito pelas partes, maiores e capazes, em que são descritos os bens, com final aposição das respectivas assinaturas e da data em que houve a lavratura. A falta de inventário do bem submetido a usufruto não importa na aplicação de qualquer reprimenda. Entretanto, acarreta a presunção *juris tantum* de que a coisa foi entregue pelo proprietário em condições perfeitas de utilização e fruição, fazendo com que o usufrutuário tenha de restituí-la no mesmo estado quando da extinção do gravame. Por isso, convém seja visado pelo proprietário o instrumento de descrição da coisa, a fim de que ao depois não venha a invocar diversidade de estado, tentando impor à parte contrária o ônus da presunção decorrente da ausência de inventário.

Em garantia de que zelará pela conservação dos bens a serem usufruídos, e de que os restituirá em estado idêntico àquele em que se encontravam ao início da relação jurídica, o usufrutuário prestará caução fidejussória ou real. Tal providência, contudo, somente será tomada quando exigida pelo dono, sendo perfeitamente possível a sua dispensa. Isto porque se trata de garantia de exclusivo interesse do proprietário da coisa, e ninguém melhor do que ele para saber da conveniência ou não de reclamar a segurança prevista em lei. Descumprida a obrigação de conservar e restituir a coisa, a caução oferecida pelo usufrutuário servirá para cobrir os prejuízos causados ao proprietário, a serem apurados em ação específica.

Não é obrigado à caução o doador que se reservar o usufruto da coisa doada (parágrafo único). É possível que o usufruto nasça a partir de doação, na qual o doador repassa a propriedade, mas conserva consigo o direito real de uso e fruição. Noutras palavras, o dono da coisa se torna simples usufrutuário, eis que o domínio é entregue a outrem a título gratuito. Se isso acontecer, o usufrutuário — então doador — não poderá ser obrigado a constituir garantia por meio da prestação de caução real ou fidejussória em favor do novo proprietário — então donatário. Cuida-se de previsão normativa que objetiva evitar a revelação de qualquer grau de desconfiança ou a instalação de rusgas no relacionamento travado entre o doador e o donatário. Afinal, não é justo e nem coerente que o autor de uma liberalidade, invariavelmente gesto solidário, fraterno e desinteressado, seja submetido ao constrangimento de garantir com o seu patrimônio, ao usufrutuário, que conservará e restituirá oportunamente a coisa sobre a qual recaiu o usufruto.

A negativa do usufrutuário em prestar caução, ou a impossibilidade de constituí-la, não é motivo para que se considere insubsistente o direito real. Independentemente da razão pela qual a garantia não foi prestada, o usufruto continuará a favorecer a pessoa indicada no respectivo instrumento, vinculando o proprietário aos seus termos. Nesse caso, porém, de acordo com o art. 1.401 do Código Civil, o usufrutuário perderá o direito de administrar o usufruto, ficando encarregado da tarefa o proprietário, a quem caberá entregar à parte adversa o rendimento da coisa sobre a qual recaiu o gravame. Em garantia de que entregará os rendimentos produzidos pela coisa, o proprietário terá de prestar caução real ou fidejussória, que servirá para cobrir eventuais prejuízos causados ao usufrutuário em virtude da inobservância do dever imposto ao titular do domínio.

Antes de repassar ao usufrutuário os rendimentos do usufruto, o nu-proprietário descontará os valores referentes às despesas de administração, tais como: conservação, tarifas públicas e tributos pagos, energia elétrica, fornecimento de água, etc. Também estará autorizado a descontar a quantia fixada pelo juiz como remuneração pelos serviços desenvolvidos à frente do usufruto, em correspondência aos misteres de administrador. Este último desconto justifica-se na medida em que a falta de contrapartida econômica ao administrador caracterizaria locupletamento irregular em favor do usufrutuário, que se aproveitaria das atividades do proprietário sem ônus algum. Cabe ao interessado ajuizar demanda tendente a obter a fixação do valor devido a título de remuneração por serviços de administração.

Como todo administrador, o proprietário a quem couber a tarefa mencionada na lei deverá prestar contas dos seus atos sempre que assim lhe for exigido pela parte contrária. Estando à frente de interesses alheios, e recebendo por isso contraprestação econômica, não poderá esquivar-se do dever de apresentar detalhes da sua gestão ao usufrutuário, a quem aproveita a percepção dos rendimentos apurados.

3.7.2. Deveres contemporâneos ao usufruto

Um dos principais deveres do usufrutuário é o de conservar o bem como se fosse dono, empregando a diligência necessária para que a restituição ocorra nas mesmas condições em que o tomou. Porém, o usufrutuário não é obrigado a pagar as deteriorações resultantes do exercício regular do usufruto (art. 1.402 do Código Civil).

Todas as deteriorações culposamente causadas pelo usufrutuário à coisa terão de ser indenizadas ao nu-proprietário, como resultado da aplicação dos preceitos genéricos da responsabilidade civil. Porém, sempre que as deteriorações tiverem origem em caso fortuito ou força maior, o usufrutuário não estará obrigado a indenizar, solução que encontra amparo na máxima *res perit domino* (a coisa perece em prejuízo de seu dono). O titular do direito real também não terá de pagar as indenizações resultantes do exercício regular do usufruto, eis que o desgaste natural da coisa onerada é esperado, previsível e absolutamente normal, ficando com o proprietário a obrigação de suportá-lo.

Diante desse quadro, é possível afirmar que o usufrutuário somente responderá por deteriorações ou perdas sofridas pela coisa quando a elas der causa em razão de agir culposo, situando-se nessa esfera de responsabilidade os prejuízos provocados pelo uso anormal ou abusivo. Por isso, prejuízos decorrentes de alteração da destinação, atividade excessiva, falta de conservação, mau acondicionamento ou depósito e situações similares obrigam o usufrutuário a indenizar, devendo o respectivo valor ser apurado com base nos meios judiciais disponíveis.

No concernente aos deveres do usufrutuário, é preciso fazer ainda outras referências. Como ele tem direito ao uso e à fruição da coisa, deve suportar certos encargos inerentes à condição jurídica desfrutada, especialmente no que pertine aos gastos comuns que se vinculam ou decorrem da utilização ou mesmo da propriedade da coisa. Também os débitos ligados à posse ou aos rendimentos dela auferidos serão pagos pelo usufrutuário. Embora não seja dono, o indivíduo concentra poderes que em muito o assemelham ao titular dominial, eis que momentaneamente investido das faculdades de usar e fruir (*jus utendi et jus fruendi*). Tendo em vista essa situação especial, que lhe transfere temporariamente qualidades jurídicas normalmente enfeixadas por quem é o legítimo dono, incumbe-lhe arcar com os correspondentes ônus.

Atento a essa realidade, o legislador determina que incumbem ao usufrutuário as despesas ordinárias de conservação dos bens no estado em que os recebeu (inciso I do art. 1.403 do Código Civil). Tais despesas são aquelas destinadas a mantê-los em condições iguais às apresentadas quando da sua entrega ao usufrutuário. Cabe destacar que sobre este incide a obrigação de restituir a coisa ao término do usufruto, motivo pelo qual tem a tarefa inderrogável de tudo fazer para conservá-la adequadamente, devolvendo-a ao proprietário nas mesmas condições de servir, ressalvados os desgastes naturais que não puderem ser reparados com dispêndios módicos. Entre as despesas ordinárias ou comuns de conservação situam-se: as feitas com pequenos reparos, limpeza, depósito, abrigo da intempérie, substituição de peças desgastadas e assim por diante.

Também recaem sobre o usufrutuário as prestações e os tributos devidos pela posse ou rendimento da coisa usufruída (inciso II do art. 1.403 do Código Civil). Os tributos que tiverem como fato gerador a propriedade da coisa submetida a usufruto, ou qualquer outro aspecto a ela relacionado obrigarão ao pagamento o nu-proprietário, que mantém o direito de disposição e a expectativa de recuperar ao término do gravame os atributos do uso e da fruição.

Sobre o usufrutuário, por sua vez, recairão as prestações e os tributos devidos pela posse, ao longo do período em que a exercer diretamente. Seria descabido imputar ao dono o pagamento de tributos gerados a partir de uma posse que está concentrada no acervo patrimonial alheio. De outra banda, também os tributos vinculados ao rendimento da coisa usufruída (*v. g.*, imposto sobre a renda) terão de ser pagos por ele, como conseqüência do fato de se aproveitar das vantagens produzidas ao longo da existência do direito real.

Incumbem ao dono as reparações extraordinárias e as que não forem de custo módico; mas o usufrutuário lhe pagará os juros do capital despendido com as que forem necessárias à conservação, ou aumentarem o rendimento da coisa usufruída (*caput* do art. 1.404 do Código Civil). São despesas extraordinárias, entre outras: grandes obras de sustentação do alicerce ou de reformas por ruínas não causadas em razão de conduta culposa do usufrutuário; inteira substituição da fiação elétrica de imóvel residencial ou comercial; barragens de contenção das águas que passam a invadir o prédio, etc.

Como o dono mantém consigo o *jus abutendi*, a substância da coisa e o direito de retomar ao final do usufruto os atributos circunstancialmente deslocados para a parte adversa, deve suportar os encargos extraordinários indispensáveis à sua preservação. Além disso, caberá ainda ao proprietário arcar com os gastos que, embora ordinários, não forem de custo módico. Ao usufrutuário, como referido, competirá custear as despesas ordinárias de conservação do prédio no estado original, desde que marcadas pela modicidade econômica. Afinal, quando da extinção do gravame o proprietário receberá a coisa de volta para dar-lhe o destino que quiser, donde se conclui que o benefício produzido pelo usufruto não pode ser afetado extensamente por encargos relacionados à conservação da coisa.

Para o fim acima explicitado, consideram-se necessárias as reparações que, por sua natureza e relevância, forem imprescindíveis à conservação da substância ou da utilidade da coisa. De outra parte, entende-se que apresentam custo módico as reparações cuja execução não reclame investimento pecuniário superior a dois terços do rendimento líquido produzido pela coisa usufruída ao longo de um ano (§ 1º). Exemplo: se o usufruto recai sobre uma fração de terras, e dela o usufrutuário retira anualmente um rendimento de 90 (abatidas despesas de produção, taxas, tributos, reparos ordinários, etc.), serão tidas como módicas as despesas que forem iguais ou inferiores a 60.

Cumpre salientar o fato de que o caráter extraordinário das reparações sempre obrigará o dono da coisa a promovê-las, independentemente do seu custo. O *caput* é expresso nesse sentido, cabendo ao usufrutuário apenas a realização de reparações que, sendo ordinárias, forem pautadas pela modicidade. Sendo de elevado custo, sua feitura e pagamento incumbirão ao proprietário, ainda que caracterizadas como ordinárias.

Nos casos em que as reparações forem necessárias à conservação, ou produzirem acréscimo no rendimento do bem, o usufrutuário pagará ao nu-proprietário os juros do capital despendido por este, quadro que perdurará até o término do direito real. A justificativa para a solução é singela: como o usufrutuário é quem aufere da coisa as utilidades proporcionadas ao longo da existência do gravame, e tendo interesse jurídico na conservação dela em seu estado original, terá de arcar com os juros do capital alheio empregado na preservação ou no aumento da fonte das vantagens captadas. Ao final do usufruto cessa o dever de pagar juros, haja vista que a faculdade de retirar utilidades da coisa volta ao proprietário, que então sim obterá algum retorno do investimento feito.

Se o dono não fizer as reparações a que está obrigado, e que são indispensáveis à conservação da coisa, o usufrutuário pode realizá-las, cobrando daquele a importância despendida (§ 2º). Nesse caso, o reembolso se dará com atualização monetária até a data do efetivo pagamento, pois assim se evitará a depreciação do poder de compra da moeda. Por outro lado, depois da regular constituição do proprietário em mora face ao eventual inadimplemento, passarão a incidir juros de acordo com os índices oficiais.

O art. 1.405 do Código Civil estabelece: *"Se o usufruto recair num patrimônio, ou parte deste, será o usufrutuário obrigado aos juros da dívida que onerar o patrimônio ou a parte dele"*. Ao constituir-se o direito real sobre um patrimônio inteiro ou sobre parte dele, o usufrutuário recebe, juntamente com a prerrogativa de auferir as vantagens proporcionadas pela utilização e fruição, o conjunto passivo deixado pelo proprietário e relacionado ao acervo usufruído.

O fundamento dessa posição normativa passa pela definição de patrimônio: complexo das relações jurídicas de certa pessoa, nisso abarcados elementos como bens, haveres, direitos reais, dívidas, etc. Tanto é verdade que, em determinadas circunstâncias, a confrontação entre uns e outros poderá levar à visualização da existência de saldo patrimonial negativo. Como o usufrutuário recebe o controle dessa universalidade sem qualquer exclusão, é natural que tenha de cumprir as pendências acaso existentes. Destarte, se o patrimônio — ou fração dele — submetido a usufruto estiver onerado por dívidas, sejam comuns, quirografárias, privilegiadas, hipotecárias, etc., deverá o usufrutuário pagar ao credor os juros que nelas tiverem origem.

Incidindo o usufruto sobre a totalidade ou parte de coisa singular e perfeitamente individualizada, não terá o usufrutuário de arcar com os juros dos débitos acaso pendentes. É que nesse caso a constituição do direito real de usufruto envolve apenas o repasse do uso e fruição da coisa, e não de um complexo de relações jurídicas (patrimônio). Assim, excluem-se da seara obrigacional do beneficiário os débitos que porventura incidam sobre a coisa ao tempo em que constituído o usufruto. Caberá ao proprietário suportar tais obrigações, como também os juros a elas vinculados, a menos que no título constitutivo do usufruto esteja expressamente prevista a sua assunção pelo usufrutuário.

Quanto às afetações ou perigos concernentes à posse exercida sobre o bem, o art. 1.406 do Código Civil dispõe: *"O usufrutuário é obrigado a dar ciência ao dono de qualquer lesão produzida contra a posse da coisa, ou os direitos deste"*. A constituição do usufruto faz com que o proprietário assuma a condição de possuidor indireto, ficando a posse direta com o usufrutuário. Os dois, porém, estarão legitimados para defender a posse da coisa perante terceiros, em conjunto ou separadamente. A defesa protagonizada por um aproveita a ambos. Em vista da plena conservação da prerrogativa de defesa, o nu-proprietário tem o direito de ser informado pelo usufrutuário acerca de lesões que venham a ser produzidas na posse (invasões, avanço de cercas ou tapumes divisórios, obras prejudiciais em imóvel vizinho, etc.), o que permitirá mais célere adoção das medidas adequadas.

Também recai sobre o usufrutuário o dever de comunicar à parte contrária a ocorrência de eventuais lesões ou ameaças aos direitos gerais do nu-proprietário, *v. g.*, afrontas ao domínio, danificação do prédio ou veículo usufruído e assim por diante. Caso o usufrutuário não cientifique o dono acerca da lesão à posse ou ao direito do proprietário, e disso decorram prejuízos, poderá o lesado pugnar em juízo pela correspondente reparação.

Outro dever, mas agora de caráter relativo, é delineado no *caput* do art. 1.407 do Código Civil: *"Se a coisa estiver segurada, incumbe ao usufrutuário pagar, durante o usufruto, as contribuições do seguro"*. Considerado o fato de que o usufrutuário tem de restituir incólume a coisa ao término do direito real, a existência de seguro que cubra os riscos a que estiver submetida obriga-o a pagar o valor do prêmio devido ao segurador. Portanto, se ao iniciar o usufruto já existir contrato de seguro em vigor, relacionado à coisa, caberá ao usufrutuário assumir daí em diante o pagamento das contribuições. É bem verdade que perante o segurador, nessa hipótese, o responsável contratual será sempre o dono, mas este, após saldar as parcelas vencidas desde o surgimento do direito real, poderá pleitear junto ao usufrutuário o correspondente reembolso.

Importa observar que, em princípio, ao usufrutuário não se impõe a obrigação de segurar o bem. Todavia, quando da constituição do usufruto é lícito que as partes — e mesmo o instituidor, unilateralmente — estipulem a obrigatoriedade de contratação de seguro que cubra os riscos incidentes sobre a coisa. Se isso acontecer, será do usufrutuário a obrigação de pagar as contribuições securitárias, salvo estipulação diversa. No silêncio do título, e existindo seguro, o dever de quitar o prêmio recairá sobre o usufrutuário. É relevante salientar, contudo, que o nu-proprietário não pode arbitrariamente contratar seguro em seu nome, a partir do início do usufruto, e imputar ao usufrutuário a quitação do prêmio, haja vista as circunstâncias já explicitadas.

Verificado o sinistro sobre a coisa segurada, o valor da indenização devida pelo segurador em função do evento pertencerá sempre ao proprietário (§ 1º), ainda que a iniciativa de contratar a cobertura, e a efetivação do pagamento do respectivo prêmio, tenham partido do usufrutuário. A coisa perece em desproveito de seu dono, motivo pelo qual o valor referente à indenização securitária preenche a lacuna deixada pelo sinistro e reequilibra a situação de prejuízo experimentada pelo titular dominial.

Embora pertencendo ao nu-proprietário o direito resultante do seguro, o valor obtido junto ao segurador por força do sinistro substituirá a coisa usufruída e continuará servindo ao usufrutuário até que se verifique a extinção do direito real, conforme ajustado no título constitutivo (§ 2º). Tal solução será aplicada tanto no caso de o seguro ter sido contratado pelo usufrutuário como na hipótese de o proprietário tomar a iniciativa. Ao final do gravame, o titular dominial poderá reclamar da parte adversa o conteúdo da indenização securitária, que então se incorporará livre e desembaraçadamente ao seu patrimônio. Antes disso, o montante pertence ao dono da coisa sinistrada, mas permanece com o usufrutuário para que dele se sirva retirando os proveitos e vantagens que puder produzir.

A entrega do valor da indenização ao nu-proprietário, quando da extinção do usufruto, deverá ser feita com atualização monetária baseada nos índices oficiais. A reposição do poder de compra da moeda não caracteriza fruto ou acréscimo do dinheiro, mas mero ajuste que permite ao titular a conservação do seu potencial aquisitivo. Logo, o teor econômico do ajuste pertence ao nu-proprietário e não ao usufrutuário. Porém, os juros de qualquer natureza caberão a este, eis que se caracterizam como frutos, obtidos a partir do emprego do valor em que se sub-rogou o usufrutuário.

3.7.3. Deveres subseqüentes ao usufruto

A extinção do usufruto não é fonte necessária de desaparecimento das obrigações do usufrutuário. Daí que a principal imposição feita a ele é a de restituir a coisa ao titular dominial, nas mesmas condições em que foi recebida. Alguns outros deveres posteriores podem remanescer, como conseqüência das nuanças do direito real concretamente instaurado.

Diz o art. 1.408 do Código Civil: *"Se um edifício sujeito a usufruto for destruído sem culpa do proprietário, não será este obrigado a reconstruí-lo, nem o usufruto se restabelecerá, se o proprietário reconstruir à sua custa o prédio; mas se a indenização do seguro for aplicada à reconstrução do prédio, restabelecer-se-á o usufruto"*. Quando o usufruto recai sobre um edifício que vem a ser destruído, o direito real fica sujeito às circunstâncias objetivas e subjetivas em que se deu o evento.

Em primeiro lugar, importa verificar se houve culpa do proprietário no desencadeamento da ocorrência lesiva. Caso nenhuma culpa se vislumbre em sua conduta, o proprietário não será obrigado a reconstruir o prédio, ficando extinto o usufruto por falta de objeto. Por outro lado, também será considerado extinto o usufruto se o dono do edifício destruído executar a reconstrução com recursos pessoais, de vez que a nova edificação não se confundirá com a antiga, que deixou de existir e levou ao fenecimento o direito real de usufruto até então sustentado.

Havendo culpa do proprietário na destruição do edifício, e vindo este a ser reconstruído à sua custa, o usufruto se restabelecerá sobre a nova edificação e seguirá os mesmos rumos traçados no instrumento constitutivo original. Não sendo reconstruído o edifício e nem havendo seguro a cobrir o risco concretizado por culpa do proprietário, o usufruto se resolverá em perdas e danos, porque sem objeto não mais terá subsistência como direito real.

Se o edifício destruído estava segurado por iniciativa do proprietário ou do usufrutuário, e a correspondente indenização for empregada na reconstrução do edifício, restabelecer-se-á o usufruto, embora não se confundam as edificações nova e antiga. Isso porque o direito do usufrutuário fica sub-rogado no valor da indenização do seguro, mesmo sendo verdade que esta, em sua substância, pertence sempre ao nu-proprietário e lhe tem de ser alcançada quando da extinção do gravame.

Caso a indenização do seguro não seja aplicada pelo nu-proprietário na reconstrução do prédio sinistrado, o direito do usufrutuário ficará sub-rogado no valor pago pela seguradora. Com isso, o usufrutuário poderá empregá-lo como quiser, captando-lhe os proveitos produzidos até o advento da extinção do direito real, ocasião em que terá de entregar a importância atualizada ao proprietário, com aplicação dos índices oficiais disponíveis.

De acordo com o art. 1.409 do Código Civil, a sub-rogação do direito do usufrutuário também ocorrerá em relação à indenização paga em virtude da desapropriação da coisa submetida ao gravame. Destarte, a importância paga a título de indenização pelo expropriante será entregue ao usufrutuário para que dela se sirva e aufira proveitos até o término do direito real, conforme inicialmente avençado, quando então terá de ser alcançada ao proprietário. Deve-se observar que o valor da indenização não pertence ao usufrutuário, mas sim ao nu-proprietário, cabendo àquele tão-somente a captação dos proveitos que puder produzir ao longo da sobrevida do gravame.

Com substrato nos mesmos fundamentos, ficará o direito do usufrutuário sub-rogado no valor ressarcido pelo terceiro responsável no caso de danificação ou perda da coisa, seja móvel ou imóvel. É o que acontece, por exemplo, se o veículo sujeito ao gravame vem a ser destruído em acidente causado culposamente por outrem; a indenização paga substituirá a coisa no usufruto, permanecendo com o usufrutuário até a extinção do direito real, quando será entregue ao proprietário com a atualização monetária pertinente. Enfim, sempre que terceira pessoa houver provocado danos à coisa colocada em usufruto e disso decorrer o pagamento de indenização, o respectivo valor cumprirá, na medida do possível e pelo tempo restante do ônus real, as funções até então desempenhadas pelo elemento material afetado.

3.8. Extinção do usufruto

Como é sabido, o usufruto sobre imóveis se constitui a partir do registro do respectivo título junto ao Cartório de Registro de Imóveis em que se situa a coisa gravada. No caso de o direito real incidir sobre móveis, tal providência será desnecessária, uma vez que o contrato e a subseqüente tradição encarregam-se de gerar o gravame, valendo contra terceiros depois de inscrito junto ao Registro de Títulos e Documentos. Diante dessas considerações, é imperioso concluir pela necessidade de cancelamento do registro do usufruto quando o ônus incidir sobre coisa imóvel, eis que se assim não for considerar-se-á subsistente o direito real no tocante a terceiros.

O legislador elenca, nos vários incisos do art. 1.410 do Código Civil, diversas causas que levam à extinção do usufruto e autorizam o cancelamento do registro. O direito real de usufruto não é perpétuo, sofrendo limitações impostas pela lei no que diz respeito à sua duração no tempo.

No inciso I, a norma prevê que o direito real desaparece pela renúncia ou morte do usufrutuário. Ao renunciar, o usufrutuário abdica de todo o conteúdo do direito real, ensejando assim a imediata retomada, pelo proprietário, dos atributos que momentaneamente haviam sido deslocados para proveito alheio. A renúncia é causa genérica de extinção dos direitos de natureza patrimonial, motivo pelo qual a expressa referência do legislador a ela funciona como reforço ao referido princípio.

A qualidade de usufrutuário não vai para além da pessoa indicada no título de constituição, sendo vedado, portanto, o usufruto sucessivo. Em virtude disso, a morte do usufrutuário provoca a extinção do direito real, não podendo os sucessores pretenderem investir-se dos atributos até então enfeixados no *de cujus*. O usufruto, como instituto de caráter pessoal, tem como duração máxima a vida do beneficiário. É lícito aos interessados fixar termo, condição ou elemento diverso como fonte de extinção do gravame, mas em qualquer situação o óbito do usufrutuário acarretará o seu fenecimento antecipado.

A morte do proprietário não extingue o usufruto, cabendo aos seus sucessores respeitar o direito real que beneficia a parte contrária. Como decorrência disso, a propriedade da coisa posta em usufruto será alvo de normal partilha entre os sucessores, mas todos ficarão obrigados a observar os moldes em que constituído o gravame em favor do usufrutuário. Verificada a implementação da causa que o extingue, os atributos momentaneamente deslocados serão incorporados ao patrimônio das pessoas que sucederam o *de cujus*.

Também se extingue o usufruto pelo termo de sua duração (inciso II). Quando no título constitutivo constar o termo de duração, o usufruto somente perdurará até o advento da data fixada. É bastante comum a predeterminação do derradeiro momento do gravame, surtindo iguais efeitos tanto na hipótese de constituição *inter vivos* como no caso de implantação do direito real por morte do testador.

Ao advento do termo de duração equipara-se, em conseqüências, a implementação da condição resolutiva a que se submeteu o usufruto no momento de sua instituição. Exemplo: Paulo deixa testamento pelo qual constitui usufruto de certo prédio em favor de João, estabelecendo que vigorará durante cinco anos ou até que o usufrutuário contraia núpcias. Assim, o primeiro dos fatores que vier a se materializar provocará a extinção do direito real e o repasse dos atributos de uso e fruição às pessoas a quem coube a propriedade do bem por morte do instituidor.

O usufruto desaparece, ainda, pela extinção da pessoa jurídica, em favor de quem o usufruto foi constituído, ou, se ela perdurar, pelo decurso de trinta anos da data em que se começou a exercer (inciso III). Tendo em vista que a pessoa jurídica não possui existência biológica, mas sim jurídica, entendeu o legislador de estabelecer um máximo de duração para o usufruto constituído em favor de ente ideal. À morte do ser humano corresponde, para fins de desaparecimento da personalidade e da qualidade de sujeito de direito, a extinção da pessoa jurídica, motivo pelo qual ela é também o fundamento normativo de extinção do usufruto. Ainda que a pessoa jurídica perdure indefinidamente no tempo, existe na lei um marco final de duração do usufruto, visando a evitar que adquira o caráter de perpetuidade, incompatível com a natureza temporária do instituto. Destarte, extingue-se o usufruto pelo decurso de trinta anos da data em que se começou a exercer; embora não seja permitida a prorrogação, podem as partes constituir novo gravame sobre a mesma coisa, o que caracteriza outro usufruto.

Também é causa de extinção do direito real a cessação do motivo de que se origina (inciso IV). Estando a vigência do usufruto sujeita a certo motivo, o seu implemento determinará a extinção do gravame. É permitido ao instituidor estipular o direito real em proveito de alguém em virtude de motivação predeterminada, elemento que funcionará como fator de delimitação temporal do benefício. Exemplo: Manoel institui usufruto de apartamento em favor de Carlos, dizendo que o faz para que o beneficiário possa nele residir enquanto não adquirir imóvel próprio. O que se tem, nessa hipótese, é a submissão do tempo de duração do gravame à conservação do estado fático, especificamente no que pertine à inexistência de imóvel residencial no patrimônio do usufrutuário. Adquirido algum dessa natureza, extinguir-se-á o usufruto e volverão ao proprietário o *jus utendi* e o *jus fruendi*.

Outra causa de extinção é a destruição da coisa, guardadas as disposições dos arts. 1.407, 1.408, 2ª parte, e 1.409 (inciso V). Não há direito sem objeto. Face a essa realidade, a destruição total da coisa provocará a extinção do usufruto a que se submetia. Sendo parcial a destruição, e ainda servindo a coisa ao fim mencionado no título constitutivo, o usufruto continuará existindo sobre o remanescente.

Estando segurado o bem totalmente destruído, o valor da indenização pertence ao proprietário, que inclusive tem legitimidade perante o segurador para o recebimento. Isso ocorre ainda que do usufrutuário tenha partido a iniciativa de fazer o seguro e pagar as contribuições devidas. Observe-se, todavia, que em qualquer hipótese o direito do usufrutuário fica sub-rogado no valor da indenização do seguro, podendo dele retirar os proveitos que for capaz de proporcionar. Ao final, entregará ao proprietário o valor em que seu direito ficou sub-rogado, com atualização monetária segundo os índices oficiais. Se a indenização do seguro for aplicada na reconstrução do prédio, restabelecer-se-á o usufruto sobre a novel edificação. Por fim, cabe observar que também fica sub-rogada no ônus do usufruto, em lugar do prédio, a importância do dano, ressarcido pelo terceiro responsável no caso de destruição.

O usufruto desaparece, ainda, pela consolidação (inciso VI). Caso o usufrutuário venha a adquirir gratuita ou onerosamente a propriedade da coisa sobre a qual exerce o direito real (*v. g.*, compra e venda, dação em pagamento, doação, legado, herança, etc.), estará caracterizado o instituto da consolidação, definida como a reunião, em uma só pessoa, das qualidades de usufrutuário e nu-proprietário. Como a coexistência de tais elementos é juridicamente impossível, porque ninguém pode ter usufruto sobre coisa própria, a denominada consolidação extingue o gravame.

O direito real também se extingue por culpa do usufrutuário, quando aliena, deteriora, ou deixa arruinar os bens, não lhes acudindo com os reparos de conservação, ou quando, no usufruto de títulos de crédito, não dá às importâncias recebidas a aplicação prevista no parágrafo único do art. 1.395 (inciso VII). Em qualquer das situações colocadas, a extinção do usufruto não se operará de pleno direito, dependendo sempre de decisão judicial que reconheça a existência da circunstância capaz de extinguir o ônus real.

Encontra-se na aludida norma a hipótese de extinção do usufruto por verificação de falta aos deveres inerentes à condição jurídica assumida. Várias são as condutas que o legislador veda ao usufrutuário, a começar pela alienação da coisa usufruída. Como é cediço, o usufrutuário não tem o *jus abutendi*, ou seja, o direito de dispor da coisa sobre a qual incide o gravame; destarte, se algum ato de alienação praticar, estará infringindo a obrigação de conservar a coisa para posterior restituição ao proprietário, ensejando assim o rompimento do usufruto.

Extingue-se por culpa o direito real quando o usufrutuário deteriora dolosamente os bens alheios, pois agindo desse modo falta ao dever de conservação, ferindo a obrigação jurídica e moral que tem para com o proprietário no sentido de zelar pela incolumidade da coisa sujeita a usufruto. Embora não sendo dolosa a conduta, a extinção do usufruto se opera também no caso em que culposamente o usufrutuário deixa arruinar os bens, não providenciando as medidas necessárias aos reparos de conservação. Esse comportamento é lesivo ao proprietário e incompatibiliza o agente para a titularidade e o exercício do direito real.

A extinção do usufruto de títulos de crédito, por culpa do usufrutuário, acontece na hipótese em que este, tendo cobrado as dívidas, não aplica de imediato a respectiva importância em títulos da mesma natureza, ou em títulos da dívida pública federal, com cláusula de atualização monetária segundo índices oficiais regularmente estabelecidos.

Finalmente, é causa de extinção do usufruto o não uso, ou não fruição, da coisa em que o usufruto recai (inciso VIII). Ao deixar de exercer por tempo razoável o direito real, o usufrutuário demonstra desinteresse na manutenção do liame jurídico, autorizando o proprietário a pleitear em juízo o reconhecimento da extinção por inércia da parte adversa. Todavia, cuida-se de dispositivo que deve ser examinado e aplicado com cautela, de vez que a simples paralisação temporária e circunstancial do uso e da fruição da coisa pelo usufrutuário não importará automaticamente em viabilização do rompimento do vínculo, pois mesmo a inação integra o exercício do direito se tendente a melhorar o aproveitamento do gravame. É o caso do usufrutuário que, podendo extrair de uma área de terras os frutos que vier a produzir, deixa em repouso o solo ao longo de certo período, visando a recuperá-lo para futuras safras. Percebe-se, portanto, que o não uso ou a não fruição somente provocarão o término do usufruto quando acompanhadas do ânimo de abandono ou abdicação do usufrutário em relação ao direito real de que é titular.

Deve-se destacar que ao usufrutuário é lícito usufruir de prédio mediante arrendamento a terceiro, o que de modo algum configurará o não uso ou a não fruição mencionada no mandamento legal. A fruição ou o uso por outrem são admitidos pelo legislador e compõem uma das facetas do direito real, revelando o interesse do titular em fazer valer as suas prerrogativas.

Constituído o usufruto em favor de duas ou mais pessoas, extinguir-se-á a parte em relação a cada uma das que falecerem, salvo se, por estipulação expressa, o quinhão desses couber ao sobrevivente (art. 1.411 do Código Civil). O gravame estabelecido em favor de duas ou mais pessoas concomitantemente, todas elas podendo auferir em iguais condições os proveitos e utilidades da coisa (usufruto simultâneo), extingue-se parte a parte em relação a cada uma das que falecerem, provocando a retomada dos atributos do uso e da fruição pelo proprietário, no que diz com a parcela extinta. Porém, admite-se a expressa constituição de usufruto com previsão diversa, ou seja, no sentido de que a morte de qualquer dos usufrutuários incorporará ao direito dos demais o quinhão que cabia ao falecido, em distribuição igualitária.

A regra consagra o chamado direito de acrescer, pelo qual os sobreviventes assumem a qualidade jurídica até então desfrutada por aquele usufrutuário que vem a falecer. Caso haja disposição expressa no rumo apontado pela parte final da norma, o direito real somente se extinguirá, e de uma só vez, quando o último dos usufrutuários simultâneos morrer. No silêncio do título constitutivo vale a regra geral, qual seja, a de que os quinhões vão desaparecendo parte a parte conforme ocorrer o óbito dos titulares.

Capítulo 4

DO USO

4.1. Conceito e características

O direito real de uso, que sempre recai sobre coisa alheia, parece ser um diminutivo do usufruto, ou, em linguagem mais corrente, algo como um usufruto restrito. Pode mesmo ser adjetivado como derivação ou espécie daquele outro direito real, já que guarda estreitas relações com ele e lhe segue a estrutura geral. A diferença nuclear entre os institutos reside na circunstância de que no usufruto o beneficiário aufere todos os proveitos e vantagens produzidos pela coisa, nisso incluídos os itens que não disserem respeito às necessidades pessoais suas e de sua família, ou que delas excederem; no uso é diferente, pois o usuário somente pode servir-se da coisa na exata medida das necessidades acima referidas. Percebe-se aí a maior intensidade da força do usufruto quando comparado ao uso, ao qual fornece, contudo, o delineamento estrutural básico.

A temporariedade é característica que existe tanto no usufruto como no direito real de uso, de vez que o instituto não vigora para além do tempo estabelecido no título constitutivo e não sobrevive ao implemento da condição a que se subordinar. Pode ser vitalício, mas jamais adquire perpetuidade; por isso, não passa aos sucessores do usuário quando do seu falecimento.

No uso, ocorre o deslocamento limitado do *jus utendi* e, circunstancialmente, do *jus fruendi*, originalmente mantidos sob os desígnios do proprietário. É a vontade deste que ocasiona o fenômeno, não havendo uso que decorra unicamente da força da lei. O usufruto, por sua vez, confere ao usufrutuário a plenitude do uso e da fruição, ainda que por vezes também encontre fronteiras, quanto à sua amplitude, no ato constitutivo. Cabe ao usuário defender a posse da coisa contra terceiros e inclusive contra o constituinte, reclamando-a de quem injustamente estiver com ela, nos casos em que restarem afrontadas as suas prerrogativas possessórias.

Outro fator que não deve ser ignorado diz respeito à impossibilidade de o direito real de uso ser cedido ou dividido, de modo que não se transfere a outrem e nem admite instituição sobre parte da coisa. Tampouco o exercício do direito será objeto de negócio jurídico, faceta a funcionar também como diferencial entre o uso e o usufruto, eis que o exercício deste comporta cessão ou divisão.

São aplicáveis ao uso, no que não for contrário à sua natureza, as disposições relativas ao usufruto (art. 1.413 do Código Civil). Como derivação do usufruto, o direito real de uso segue as disposições relativas ao instituto matriz, mas apenas no que não colidir com a natureza, finalidades e caracteres próprios que carrega por força da disciplina específica. Em razão disso, é correto afirmar que a constituição e a extinção do uso ocorrem nos mesmos moldes em que surge e desaparece o usufruto. Aplicam-se, portanto, as hipóteses extintivas previstas no art. 1.410 da codificação: renúncia ou morte do usuário; advento do termo de duração; extinção da pessoa jurídica, em favor de quem o uso foi constituído, ou, se ela perdurar, pelo decurso de trinta anos da data em que se começou a exercer; cessação do motivo de que se origina; destruição da coisa, etc. O não-uso por largo período, entretanto, é elemento incapaz de extinguir o gravame, pois do contrário restaria afrontada a sua natureza.

A morte do usuário sempre extingue o direito real, não se admitindo que tenha continuidade para prover às necessidades da família ou dos membros remanescentes. Inexiste direito de acrescer em favor destes. Somente enquanto vivo o usuário, ou até o advento do tempo ou implementação da condição, é que o agrupamento familiar será beneficiado pelo gravame constituído.

Incidindo sobre imóvel, o direito real de uso se constitui por escritura pública e transcrição no Registro de Imóveis de localização da coisa. Se recair sobre móvel, vale contra terceiros desde que inscrito perante o cartório competente, pois se assim não for vigora apenas entre as partes.

Releva destacar que o uso é direito real personalíssimo, não se sujeitando, portanto, às regras pertinentes ao usufruto no que concerne à transmissão a terceiros das faculdades de fruir as utilidades produzidas. Se isso ocorrer por ato *inter vivos* estará evidenciada a ruptura do liame por culpa do usuário, ficando autorizado o proprietário a postular o cancelamento do gravame que incidia sobre a coisa.

4.2. Constituição do direito real de uso

Não se constitui o direito real de uso em virtude de determinação legal. O gravame uso somente deriva da manifestação de vontade, seja por ato *inter vivos* ou *causa mortis*. No primeiro caso o proprietário, chamado de *constituinte*, cede o uso de uma coisa a outrem, denominado *usuário*, a título gratuito ou oneroso. Exige-se capacidade genérica e específica das partes envolvidas. Incidindo sobre imóvel, terá de haver lavratura de escritura pública e subseqüente registro junto ao Cartório de Registro de Imóveis competente. Abarcando coisa móvel, a simples tradição é que gera o direito real, mas o registro perante o Cartório de Registro de Títulos e Documentos atribui maior segurança ao usuário frente a terceiros, dada a publicidade alcançada.

Também é possível constituir o uso por testamento. Sendo assim, o dono pode limitar-se a determinar o estabelecimento do gravame sobre uma coisa que se transmite aos herdeiros legítimos pela saisina (art. 1.784 do Código Civil). Ou, então, legar o bem a certa pessoa e ordenar que se constitua o direito real em favor de outra.

Mecanismos igualmente viáveis de geração do gravame são a sentença e o usucapião. Por meio daquela, o juiz a quem cabe a partilha, divisão ou execução, não tendo outras alternativas melhores, pode instituir direito real de uso sobre a coisa litigiosa. Quanto ao usucapião, trata-se de solução adstrita ao rigoroso cumprimento dos requisitos de posse qualificada indicados na lei, à semelhança do que se dá com a aquisição do usufruto por igual iniciativa.

O art. 7º do Decreto-lei n. 271, de 28 de fevereiro de 1967, dispõe sobre modalidade especial, instituindo a concessão de uso de terrenos públicos ou particulares remunerada ou gratuita, por tempo certo ou indeterminado, como direito real resolúvel, para fins específicos de regularização fundiária de interesse social, urbanização, industrialização, edificação, cultivo da terra, aproveitamento sustentável das várzeas, preservação das comunidades tradicionais e seus meios de subsistência ou outras modalidades de interesse social em áreas urbanas. A concessão de uso poderá ser contratada por instrumento público ou particular, ou por simples termo administrativo, e será inscrita e cancelada em livro especial (§ 1º). Desde a inscrição da concessão de uso, o concessionário fruirá plenamente do terreno para os fins estabelecidos no contrato e responderá por todos os encargos civis, administrativos e tributários que venham a incidir sobre o imóvel e suas rendas (§ 2º). A concessão de uso, salvo disposição contratual em contrário, transfere-se por ato *inter vivos*, ou por sucessão legítima ou testamentária, como os demais direitos reais sobre coisas alheias, registrando-se a transferência (§ 4º). Por seu turno, o art. 8º diz que é permitida a concessão de uso do espaço aéreo sobre a superfície de terrenos públicos ou particulares, tomada em projeção vertical, nos termos e para os fins do art. 7º e na forma que for regulamentada.

4.3. Objeto do direito real de uso

Podem ser objeto do direito real de uso as coisas imóveis ou móveis, atribuindo-se a fruição de suas utilidades a terceiro que não o proprietário. Quanto às móveis, somente as infungíveis e inconsumíveis podem figurar como objeto, pois o gravame impõe ao usuário o dever de restituição ao final da relação jurídica, o que seria inviável se o bem fosse consumido ou destruído ao primeiro uso.

Já que a utilização pelo usuário e por sua família precisa ser suficientemente ampla a ponto de atender às suas necessidades circunstanciais, mostra-se inconciliável com o gravame e incidência sobre coisa que desaparece instantaneamente tão logo usada. Assim, ao contrário do que se dá na hipótese de usufruto, em que é admitida a existência da modalidade imprópria (também chamada de *quase usufruto*), não há a figura do *quase-uso*, não obstante o art. 1.413 do Código Civil determina a aplicação subsidiária das normas referentes àquele outro direito real. Constituído o uso, surge o dever de restituição, ao final, da mesma coisa primitivamente repassada ao usuário. Havendo perda que lhe seja imputável por culpa ou dolo, converter-se-á em perdas e danos a obrigação jurídica inicial de devolver.

4.4. Extensão do direito do usuário

O *caput* do art. 1.412 do Código Civil estabelece: *"O usuário usará da coisa e perceberá os seus frutos, quanto o exigirem as necessidades suas e de sua família"*. Em princípio, a faculdade de usar não enseja ao usuário o poder de fruir, ou seja, de extrair frutos da coisa submetida ao gravame. Assim, se ele incide sobre uma casa, poderá o beneficiário, apenas, praticar atos compatíveis com a sua qualidade jurídica, *v. g.*, morar, depositar móveis, etc. Não terá legitimidade, por exemplo, para alugá-la, pois isso implicaria no emprego do *jus fruendi*, que continua sob a égide do dono.

Contudo, será possível que o usuário capte os frutos da coisa, mas apenas com vistas à satisfação das necessidades pessoais e da respectiva família, sempre que o bem somente revele a sua utilidade mediante produção de frutos. Logo, se uma área de terras cultiváveis é submetida a uso, e se vinha sendo aplicada na produção de cereais, a manutenção dessa atividade não poderá ser obstada, pois do contrário se desvirtuaria o instituto. O que não se tolera é a fruição desnecessária e separada do uso, de maneira que este, sendo viável em si mesmo, ficará apartado de qualquer atividade de fruição. Cabe destacar, outrossim, que as necessidades pessoais não compreendem as de natureza comercial (*v. g.*, venda de frutos gerados) ou industrial (*v. g.*, instalação de fábrica no imóvel), mas apenas aquelas que confiram ao usuário e familiares o aproveitamento direto da coisa.

Diz o § 1º do art. 1.412 do Código Civil: *"Avaliar-se-ão as necessidades pessoais do usuário conforme a sua condição social e o lugar onde viver"*. Não se pode formar de antemão um rol das necessidades passíveis de satisfação por meio do exercício do direito real de uso, já que somente as de cunho pessoal ou familiar entram na composição dos limites da fruição das utilidades. Portanto, a realidade fática é que revelará, em cada situação concreta, a largueza e os limites das faculdades conferidas ao usuário. Isso é feito por meio de dados objetivos, que são colacionados a partir da análise da condição social do beneficiário, sopesada a possibilidade de a coisa manter o mesmo *status* até então desfrutado ou incrementá-lo com as utilidades produzidas. Também se atribui especial atenção a outro fator, qual seja, o da localidade onde viva o usuário, pois as necessidades do ser humano geralmente estão associadas às características do seu *habitat*.

Constituído o uso, é possível que as necessidades do usuário e da respectiva família aumentem ou sofram redução. Como o gravame não é estanque e definitivo em suas nuanças, admite-se a ampliação ou a diminuição da faculdade de extrair utilidades da coisa, sem que para isso se tenha de praticar qualquer ato ou alterar o título; trata-se de modificação automática, passando a vigorar juntamente com a variação das necessidades das pessoas indicadas na lei. Ao dono da coisa cabe fiscalizar o exercício do uso e coibir eventuais excessos cometidos pelo usuário, a fim de adequar a fruição das utilidades aos parâmetros estabelecidos pelo legislador.

O § 2º do art. 1.412 da codificação estabelece: *"As necessidades da família do usuário compreendem as de seu cônjuge, dos filhos solteiros e das pessoas de seu serviço doméstico"*. Inicialmente, cumpre observar que são consideradas do serviço doméstico todas as pessoas que estiverem atreladas ao usuário para a realização de atividades ligadas à economia interna do grupo familiar, com ou sem relação trabalhista formalizada (serviçais, empregados, etc.). Não se aplica aqui o conceito que vem do direito de família, cuja base se assenta principalmente em liames biológicos ou civis. A relação de pessoas, como posta na lei, é taxativa, sendo vedado seu manejo unilateral pelo usuário com vistas ao aumento da abrangência do direito real. Todavia, às partes é lícito incluir no gravame a satisfação de necessidades subseqüentes à instituição do direito real, de natureza diversa, em favor do usuário e da respectiva família.

Capítulo 5

DA HABITAÇÃO

5.1. Conceito e características

Se o direito real de uso pode ser visto como um usufruto restrito a certas utilidades da coisa, o direito real de habitação é um diminutivo do gravame de uso, eis que abarca atributos ainda menos amplos do que os daquele referido instituto. Destarte, assim como acontece em relação ao direito de uso, a habitação, que somente recai sobre imóveis, é espécie que deriva do usufruto, mas de extensão muito menor do que a conferida ao instituto matriz. A peculiaridade consiste em que o direito real de habitação recai sobre casa de moradia alheia, interpretando-se esta em seu sentido ampliativo de modo a abarcar apartamentos, edifícios, cabanas, etc. O proprietário mantém consigo a substância, repassando temporariamente a outrem a faculdade limitada de utilização da coisa.

Tendo em vista a natureza do gravame (exclusivamente residencial), não é permitido usar o imóvel para instalação de estabelecimento comercial, funcionamento de indústria ou abertura de entidade beneficente, nem dar-lhe qualquer outra destinação diversa da prevista pelo legislador.

O art. 1.414 do Código Civil dispõe: *"Quando o uso consistir no direito de habitar gratuitamente casa alheia, o titular deste direito não a pode alugar, nem emprestar, mas simplesmente ocupá-la com sua família"*. O titular do direito real, como se vê, tem a faculdade de habitar a casa gratuitamente e sem obrigar-se economicamente a nada, exceto no que concerne às despesas comuns e ordinárias de conservação para fins de restituição do imóvel ao final do vínculo. Não obstante, por aplicação subsidiária das disposições relativas ao usufruto (art. 1.416 do Código Civil), conclui-se que a carga tributária incidente sobre o imóvel submetido à habitação é de responsabilidade do favorecido, enquanto permanecer nessa condição.

Todavia, se em termos financeiros o habitador nenhum dever assume, o contrário acontece quanto aos limites das prerrogativas que lhe são alcançadas, pois o legislador impede que alugue ou empreste a coisa, vedando-se-lhe, ainda, a prática de quaisquer atos de disposição. A fronteira do direito está exatamente no uso do imóvel para uma só finalidade: a ocupação para habitá-lo, sozinho ou juntamente com a família. Tudo o mais é defeso, motivo pelo qual se denota a menor amplitude e abrangência deste instituto se comparado com o direito real de uso.

Como resulta da norma, compreende-se na habitação a possibilidade de o habitador ocupar a casa com a família, entendida esta como o conjunto de consangüíneos e afins do titular nos graus mais próximos, em definição idêntica à que é informada pelo genuíno Direito de Família. Isso não impede que as pessoas do serviço doméstico também habitem o imóvel, pois se fosse diferente haveria extrema limitação e até inviabilização da utilidade prática do direito real. Entrementes, todas as pessoas que habitarem o imóvel somente poderão assim proceder enquanto existir o direito real outorgado ao beneficiário indicado no título, pois são apenas personagens indiretamente favorecidos pelo instituto e dependentes da sorte deste.

5.2. Particularidades do direito real

São aplicáveis à habitação, no que não for contrário à sua natureza, as disposições relativas ao usufruto (art. 1.416 do Código Civil). Observado o fato de que a habitação é, juntamente com o direito real de uso, derivação do usufruto, nada mais lógico do que determinar a aplicação das disposições deste àquela, no que não for contrário à sua estrutura. Assim, os mecanismos de constituição e de extinção de ambos os institutos coincidem, devendo o instrumento ser registrado junto à matrícula existente no Registro de Imóveis de localização da coisa gravada. Cuida-se de requisito de constituição do vínculo entre as partes e de oponibilidade *erga omnes*. No concernente à extinção, dá-se em hipóteses idênticas às do usufruto: advento do termo fixado, implemento da condição estabelecida, morte do habitador, etc.

Ainda que tome para si muitas das regras aplicáveis ao usufruto, inclusive aquelas atinentes aos deveres do beneficiário, a habitação não acompanha a sua matriz em todas as nuanças. Daí que tanto o direito real como o seu exercício não podem ser cedidos a título gratuito ou oneroso, ao contrário do que se dá com o usufruto, cujo exercício é cessível. Caso se entendesse de maneira diversa, a natureza do gravame restaria completamente afrontada, pois ele foi criado para viabilizar o acesso exclusivo daquele específico beneficiário a um lugar em que possa residir com a família. Por razões semelhantes, o não uso jamais funciona como mecanismo de extinção do direito real.

A habitação é temporária e tem natureza personalíssima, desaparecendo juntamente com o seu titular. O óbito, então, provoca o fenecimento do direito ainda que remanesçam os familiares do habitador, haja vista a natureza *intuitu personae* do liame estabelecido. Quando forem vários os beneficiados, a morte de um extingue a fração que lhe competia, por inexistência do direito de acrescer; porém, fica assegurada aos demais a faculdade de ocupar a casa para habitação até que o último deles venha a falecer. Em razão disso, a extinção parcial nenhuma aplicação prática tem, pertencendo apenas ao âmbito abstrato das considerações tecidas acerca do instituto.

Ao término do direito real, caberá ao habitador restituir a casa ao proprietário, ou entregá-la aos herdeiros deste, no mesmo estado em que se encontrava quando da constituição do gravame. Pelo desgaste decorrente do uso normal não responderá o habitador, ficando obrigado somente a reparar os danos que com culpa provocar na coisa.

Não coexistem sobre o mesmo imóvel dois gravames de igual natureza quando um deles for o direito real de habitação, pois a ocupação da casa pelo habitador exclui toda possibilidade de aproveitamento diferente por terceira pessoa. Assim, colidem entre si a habitação e o uso, assim como aquela e o usufruto, e assim sucessivamente.

Destruído o imóvel sem culpa do habitador, o direito real desaparece sem obrigá-lo à reconstrução. Caso o prédio seja segurado por exigência contida no título, a superveniência de sinistro que ocasione perda total fará com que o valor da indenização pertença ao proprietário e tenha de ser empregado na reconstrução, subsistindo o direito real sobre a nova edificação até o advento da extinção consoante originalmente fixada.

Nos termos do art. 1.831 do Código Civil, que prevê hipótese especial de gravame, ao cônjuge sobrevivente, qualquer que seja o regime de bens, será assegurado, sem prejuízo da participação que lhe caiba na herança, o direito real de habitação relativamente ao imóvel destinado à residência da família, desde que seja o único daquela natureza a inventariar.

5.3. Exercício por diversos beneficiários

Se o direito real de habitação for conferido a mais de uma pessoa, qualquer delas que sozinha habite a casa não terá de pagar aluguel à outra, ou às outras, mas não as pode inibir de exercerem, querendo, o direito, que também lhes compete, de habitá-la (art. 1.415 do Código Civil).

O direito real de habitação pode ser simultâneo, admitindo-se a conjugação de várias pessoas como titulares, de maneira que todas, a um só tempo, terão a faculdade de habitar o imóvel. Nesse caso, nenhuma delas poderá excluir as demais do voluntário exercício do direito, sob pena de responder pelos prejuízos causados e de ser obrigada a permitir o acesso dos consortes ao imóvel.

Se a casa é habitada por apenas um dos titulares com o assentimento ou por desinteresse dos demais, o habitador não fica obrigado a pagar aluguel ou a indenizar de qualquer forma os consortes, pois a prerrogativa que cabe a estes consiste em ocupar a coisa, e não em alugá-la ou cedê-la em empréstimo. Admitida a cobrança de aluguéis, restaria descaracterizado o instituto e afrontada a vontade do legislador, que restringiu ao extremo a captação das utilidades e permitiu apenas a habitação do imóvel pelo beneficiário.

Capítulo 6

DA CONCESSÃO DE USO ESPECIAL PARA FINS DE MORADIA E DA CONCESSÃO DE DIREITO REAL DE USO

6.1. Considerações gerais

A Lei n. 11.481, de 31 de maio de 2007, acrescentou os incisos XI e XII ao art. 1.225 do Código Civil, reconhecendo duas novas modalidades de direitos reais, a saber: concessão de uso especial para fins de moradia e concessão de direito real de uso. Ambas têm por finalidade regular o alcance do art. 5º, XXIII, da Constituição da República, segundo o qual a propriedade atenderá a sua função social. Também observam o art. 170, III, da Carta, do qual se extrai que a ordem econômica, fundada na valorização do trabalho humano e na livre iniciativa, tem por fim assegurar existência digna a todos, conforme os ditames da justiça social, observado, entre outros, o princípio da função social da propriedade. Portanto, as concessões guindadas ao patamar dos direitos reais objetivam promover melhor distribuição de oportunidades e resguardar os indivíduos de menor renda, oportunizando-lhes a obtenção de imóveis em que possam morar ou desenvolver atividades produtivas.

Ao contrário do que fez com os demais direitos reais, o legislador não inseriu no Código Civil estruturação específica e individualizada das concessões que adicionou ao elenco do art. 1.225. Essa peculiaridade dificulta a sua exata compreensão, sendo razoável afirmar que no futuro terá de ser ampliada a disciplina jurídica.

A fonte normativa infraconstitucional, geradora das inovações trazidas no rol dos direitos reais, foi a Medida Provisória n. 335, de 23 de dezembro de 2006, que restou convertida, com algumas alterações, na Lei n. 11.481/2007. Aquele diploma inseriu pela primeira vez no ordenamento pátrio, com regramento mais amplo e efetivo, os institutos supracitados. Importa ressaltar que a concessão, genericamente considerada, é elemento que pertence ao âmbito do Direito Administrativo, embora vindo agora a ser incrustada na codificação civilista.

O art. 4º, V, da Lei n. 11.481/2007, estabelece que a concessão de direito real de uso e a concessão de uso especial para fins de moradia são, entre outros, instrumentos da política urbana. O § 2º da citada norma afirma que nos casos de programas e projetos habitacionais de interesse social, desenvolvidos por órgãos ou entidades da Administração Pública com atuação específica nessa área, a concessão de direito real de uso de imóveis públicos poderá ser contratada coletivamente. Com isso, revela-se sobremaneira o objetivo social que motivou o legislador a reconhecer tais direitos e a inseri-los na listagem dos que adquiriram *status* real.

6.2. Concessão de uso especial para fins de moradia

A concessão de uso especial para fins de moradia, posta no inciso XI do art. 1.225 do Código Civil, tem algumas semelhanças com o direito real de uso, podendo ser vista mesmo como um desmembramento daquela matriz. Assim como ela, importa na utilização de coisa alheia, traduzindo-se em direito estabelecido *intuitu personae*, porque constituído em razão daquela específica pessoa em cujo proveito se instala. Como os demais direitos reais, é indivisível, não podendo ser fracionado. Por outro lado, é transmissível a título gratuito ou oneroso. Porém, ao contrário do que acontece com o direito real de uso, não incide sobre móveis, tendo por alvo exclusivamente os bens imóveis. E, acima de tudo, diferencia-se daquela outra modalidade na medida em que recai apenas sobre bens públicos situados na área urbana, nunca se aplicando no tocante a coisas de domínio privado.

Diante do quadro traçado, e considerados os pontos de aproximação entre as figuras jurídicas, resta patente o acerto do legislador ao colocar a concessão em igualdade de condições jurídicas com o direito real de uso, previsto no inciso V do art. 1.225 do Código Civil. Mais equânime ainda se revela a iniciativa ao ser constatado que a concessão tem por objeto bens públicos, aspecto não inserido no âmbito de incidência do uso, o que veio preencher uma lacuna até então existente no ordenamento nacional.

Cabe frisar, por relevante, que a concessão de uso especial para fins de moradia também apresenta algumas particularidades que a aproximam do direito real de habitação. Seja pelas características inerentes a todos os direitos reais como em razão da especial circunstância de ambos ensejarem o exercício da faculdade de habitar determinado imóvel. Contudo, enquanto aquela recai sobre coisas públicas, este é próprio de bens particulares, de maneira que se harmonizam e se completam quanto ao objeto da relação jurídica estabelecida.

É importante asseverar que a concessão de direito real de uso tem como principal diferença, em relação ao uso especial para fins de moradia, o fato de que este último tem conotação eminentemente habitacional, ao passo que o outro instituto se presta para atividades de natureza diversa, *v. g.*, indústria, comércio, etc. De ambos resulta, porém, a restituição da coisa ao Poder Público se o beneficiário ou os seus herdeiros não derem ao bem a destinação legal ou contratualmente fixada.

O art. 22-A da Lei n. 9.636, de 15 de maio de 1998, com a redação que lhe foi dada pela Lei n. 11.481/2007, deixa entrever claramente os contornos do instituto: "*A concessão de uso especial para fins de moradia aplica-se às áreas de propriedade da União, inclusive aos terrenos de marinha e acrescidos, e será conferida aos possuidores ou ocupantes que preencham os requisitos legais estabelecidos na Medida Provisória n. 2.220, de 4 de setembro de 2001. § 1º – O direito de que trata o caput deste artigo não se aplica a imóveis funcionais. § 2º – Os imóveis sob administração do Ministério da Defesa ou dos Comandos da Marinha, do Exército e da Aeronáutica são considerados de interesse da defesa nacional para efeito do disposto no inciso III do caput do art. 5º da Medida Provisória n. 2.220, de 4 de setembro de 2001, sem prejuízo do estabelecido no § 1º deste artigo".*

Conforme previsto no § 1º do art. 183 da Constituição da República, a concessão de uso será conferida ao homem ou à mulher, ou a ambos, independentemente do estado civil. Os requisitos básicos para que isso ocorra estão elencados no art. 1º da Medida Provisória n. 2.220/2001: *"Aquele que, até 30 de junho de 2001, possuiu como seu, por cinco anos, ininterruptamente e sem oposição, até duzentos e cinqüenta metros quadrados de imóvel público situado em área urbana, utilizando-o para sua moradia ou de sua família, tem o direito à concessão de uso especial para fins de moradia em relação ao bem objeto da posse, desde que não seja proprietário ou concessionário, a qualquer título, de outro imóvel urbano ou rural".* É de ser destacado, pois fundamental, que atualmente o único regramento disponível é o disposto na aludida Medida Provisória, que baliza o instituto em seus aspectos nucleares.

A situação está a reclamar mais extenso regramento, a fim de que se defira o uso especial também para todas as pessoas que a qualquer tempo venham a implementar o qüinqüídio de posse de área pública urbana, utilizando-a para fins de moradia. Não obstante, e considerado o espírito que animou o legislador a tomar a iniciativa de consagrar o novo direito real, parece evidente a possibilidade de se estender o benefício não apenas aos indivíduos que perfizeram o lapso de posse no período acima citado, mas a todos os que doravante apresentarem igual prova de posse contínua ao longo de cinco anos.

Como se percebe, os pressupostos de configuração são muito semelhantes aos exigidos para o usucapião especial urbano (art. 183 da Constituição da República e art. 1.240 do Código Civil). Todavia, a aplicação a imóveis públicos é que dá a nota distintiva. Aduza-se a observação de que, como o usucapião especial urbano, o direito à concessão de uso especial não será reconhecido ao mesmo concessionário mais de uma vez (art. 1º, § 2º, da Medida Provisória n. 2.220/2001).

A respeito do tema, *Sílvio de Salvo Venosa* acrescenta: *"Essa concessão de uso especial, regida por lei federal, pode também ser concedida nos níveis estaduais e municipais. Observe-se que a introdução de duas modalidades de concessão de uso no Código Civil abre a possibilidade de futuras regulamentações e ampliações do instituto, de acordo com a oportunidade e conveniência do legislador e da Administração. Não é essencial que esse instituto se prenda exclusivamente à legislação atual"* (*Direito Civil*. São Paulo: Atlas, 2008. p. 590).

Impende asseverar que o cumprimento das exigências legais para obter a concessão especial gera direito subjetivo em favor do possuidor. Não se trata, destarte, de singelo poder discricionário conferido ao administrador. Ao revés, cuida-se de imposição normativa, pela qual o sujeito pode reclamar em juízo a declaração da existência da concessão para fins de moradia. Por isso mesmo, ela se biparte, quanto à origem, em ordinária (provinda de termo administrativo) e extraordinária (decorrente de sentença). É o que deflui do art. 6º da Medida Provisória n. 2.220/2001: *"O título de concessão de uso especial para fins de moradia será obtido pela via administrativa perante o órgão competente da Administração Pública ou, em caso de recusa ou omissão deste, pela via judicial".*

O direito subjetivo, contudo, não diz respeito, necessariamente, ao uso do mesmo imóvel até então possuído pelo sujeito. Com efeito, o art. 5º da Medida Provisória n. 2.220/2001 estabelece: *"É facultado ao Poder Público assegurar o exercício do direito de que tratam os arts. 1º e 2º em outro local na hipótese de ocupação de imóvel: I – de uso comum do povo; II – destinado a projeto de urbanização; III – de interesse da defesa nacional, da preservação ambiental e da proteção dos ecossistemas naturais; IV – reservado à construção de represas e obras congêneres; ou V – situado em via de comunicação"*. Logo, a concessão de uso pode ser exigida pelo particular que preencher os elementos de lei, mas nas situações expostas acima é lícito à Administração onerar outro imóvel. Seria o caso, por exemplo, de quem fizesse habitação em determinada área verde destinada à construção de uma praça. Por óbvio, o interesse coletivo predomina sobre o privado e autoriza o Poder Público a conceder uso especial para fins de moradia noutro imóvel.

O art. 13 da Lei n. 11.481/2007 diz que a concessão de uso especial para fins de moradia, a concessão de direito real de uso e o direito de superfície podem ser objeto de garantia real, assegurada sua aceitação pelos agentes financeiros no âmbito do Sistema Financeiro da Habitação — SFH.

6.3. Concessão de direito real de uso

A concessão de direito real de uso, mencionada no inciso XII do art. 1.225 do Código Civil, pode ser definida como *"o contrato pelo qual a Administração transfere o uso remunerado ou gratuito de terreno público a particular, como direito real resolúvel, para que dele se utilize em fins específicos de urbanização, industrialização, edificação, cultivo ou qualquer outra exploração de interesse social"* (Hely Lopes Meirelles, Direito Administrativo Brasileiro, 26. ed. São Paulo: Malheiros, 2001. p. 532). No dizer de Sílvio de Salvo Venosa (Direito Civil, São Paulo: Atlas, 2008. p. 590), *"é a forma mais ampla de outorga de utilização de bem público, distinguindo-se da autorização de uso, da permissão de uso e da já mencionada simples concessão de uso"*.

Realmente, a concessão administrativa, revestida de índole real, contém elementos que não se encontram nas demais espécies referidas. A autorização é mero ato administrativo unilateral, discricionário e precário da Administração, pelo qual esta viabiliza ao particular, para fins de interesse exclusivo ou predominante deste, o desenvolvimento de certo serviço ou atividade, ou a utilização de bens, de maneira gratuita ou onerosa. A permissão também é ato administrativo, discricionário e precário, mas bilateral. Por ela o Poder Público, à vista de um interesse coletivo que de algum modo aproveita ao destinatário, enseja ao particular a execução de serviços ou o uso de bens, gratuita ou onerosamente. Nenhum dos tipos mencionados gera direito real, o que também se dá com a simples concessão administrativa, que é a delegação negocial ou legal da execução de serviços. A concessão especial, que foi elevada ao plano de direito real, vai além do âmbito puramente administrativo, projetando-se para a seara dos gravames afirmados e reconhecidos pelo Direito Civil.

São estas as principais características da concessão de direito real de uso, que recai sobre coisa alheia: caráter inicialmente *intuitu personae*; natureza gratuita ou onerosa (segundo o que for estabelecido no instrumento constitutivo); incidência exclusiva sobre terrenos públicos; temporariedade; transmissibilidade por ato inter vivos ou causa mortis; e possibilidade de reversão se não for dada ao imóvel público a destinação prevista.

Cuida-se de instituto criado pelo Decreto-lei n. 271, de 28 de fevereiro de 1967, que no art. 7º, modificado em sua redação primitiva, dispõe: "É instituída a concessão de uso de terrenos públicos ou particulares remunerada ou gratuita, por tempo certo ou indeterminado, como direito real resolúvel, para fins específicos de regularização fundiária de interesse social, urbanização, industrialização, edificação, cultivo da terra, aproveitamento sustentável das várzeas, preservação das comunidades tradicionais e seus meios de subsistência ou outras modalidades de interesse social em áreas urbanas".

Ao se formatar dessa maneira, a concessão de direito real de uso demonstra guardar estreita relação com a original concessão de uso de bem público provinda do âmbito administrativo, definida por *Hely Lopes Meirelles* como sendo o *"contrato destinado a outorgar ao particular a faculdade de utilizar um bem da Administração, segundo a sua destinação específica. (...) É um típico contrato de atribuição, pois visa mais ao interesse do concessionário do que ao da coletividade..."* (obra citada, p. 237). Com efeito, os caracteres mais salientes são o da transmissão da posse de bem público a particular, gratuita ou onerosamente, com o intento de viabilizar o atendimento do reclamo constitucional no sentido de que a propriedade deve cumprir uma finalidade social.

A concessão de direito real de uso surge por meio da lavratura de termo administrativo ou escritura pública. A sua eficácia *erga omnes* depende de registro no Cartório de Registro de Imóveis de localização do bem. Aliás, a própria natureza real do instituto somente se evidencia a partir do momento em que alcança a citada publicidade, não passando de liame obrigacional a avença despida de registro. Releva destacar que a disciplina do mecanismo de outorga será definida por lei, nada obstando a exigência de prévia licitação para que se definam os usuários.

Nos casos de programas e projetos habitacionais de interesse social, desenvolvidos por órgãos ou entidades da Administração Pública com atuação específica nessa área, os contratos de concessão de direito real de uso de imóveis públicos: I – terão, para todos os fins de direito, caráter de escritura pública, não se aplicando o disposto no inciso II do art. 134 do Código Civil; II – constituirão título de aceitação obrigatória em garantia de contratos de financiamentos habitacionais (art. 48 da Lei n. 10.257/2001, Estatuto da Cidade).

Capítulo 7

DO DIREITO DO PROMITENTE COMPRADOR

7.1. Conceito e requisitos

Promessa de compra e venda é o contrato pelo qual um dos celebrantes, chamado promitente vendedor, assume a obrigação de vender para o outro, denominado promitente comprador, certo bem imóvel, observados o preço, as condições e os demais elementos apostos no instrumento público ou particular lavrado, com celebração de escritura definitiva assim que cumpridas as obrigações originalmente fixadas. Cuida-se de contrato em que os partícipes se obrigam reciprocamente a reiterar a vontade primitivamente manifestada na promessa, fazendo-o por intermédio do ato de lavrar o escrito definitivo, encaminhando assim a ultimação da transferência dominial de determinado imóvel.

O direito real do promitente comprador, incidente sobre coisa alheia, não se enquadra nas modalidades consideradas de uso e fruição, nem tampouco no rol das que são de garantia. Compõe, isto sim, categoria autônoma e *sui generis*. Se de um lado atribui ao promitente comprador a posse imediata da coisa, viabilizando o seu aproveitamento, não menos verdade é que encaminha a futura transferência dominial, aspecto inexistente nos genuínos direitos reais de uso e fruição e nos de garantia. Daí o porquê de configurar espécie destacada e independente, à qual não se agregam, em termos de classificação, quaisquer dos outros tipos descritos no art. 1.225 do Código Civil.

O ajuste somente se considera perfeito e acabado se contiver a indicação de todos os elementos característicos do próprio contrato definitivo de compra e venda, a saber: partes (promitentes vendedor e comprador), coisa, preço e consentimento. Em razão do liame estabelecido, surge para as partes obrigação de fazer, consistente na celebração da avença definitiva. É o oposto do que se verifica quando de imediato os interessados acertam a compra e venda, pois nesse caso o contrato faz surgir uma obrigação de dar. Logo, quem celebra promessa de compra e venda tem o dever de fazer a contratação final, ao passo que o contrato definitivo, seja à míngua de prévia promessa ou mesmo como decorrência dela, funciona como ato causal da transmissão da propriedade, que se perfaz com o registro do título.

Diz o art. 1.417 do Código Civil: *"Mediante promessa de compra e venda, em que se não pactuou arrependimento, celebrada por instrumento público ou particular, e registrada no Cartório de Registro de Imóveis, adquire o promitente comprador direito real à aquisição do imóvel"*. A promessa de compra e venda, como se nota, é avença capaz de gerar direito real em favor do promitente comprador, desde que preenchidos os requisitos contidos na norma transcrita.

Pressuposto inicial é que haja celebração por escrito, cabendo às partes optar entre o instrumento público ou o particular para a sua confecção, sem que exista qualquer vantagem ou prejuízo, na prática, em virtude de se escolher este ou aquele caminho. Também é imprescindível que se trate de negócio jurídico relacionado a imóvel, pois não existe eficácia real em promessa de compra e venda de coisas móveis. Quanto aos imóveis, podem ser de qualquer natureza, urbanos ou rurais, loteados ou não, terrenos baldios, casas, edifícios, com pagamento à vista ou em parcelas, etc.

É preciso, também, que as partes não tenham ajustado cláusula de arrependimento, de vez que a inserção de tal elemento impede a geração de direito real em benefício do promitente comprador. Isso porque o eventual rompimento do liame passará a integrar as hipóteses admitidas pelos próprios contraentes, não configurando qualquer atitude contrária às regras legais e convencionais. A cláusula de arrependimento precisa ser expressa e integrar a contratação, não se podendo presumir a sua existência. A simples ausência de previsão contratual nesse sentido serve para atestar a inadmissibilidade do retrocesso por iniciativa unilateral, ensejando o surgimento de direito real irretratável e irrevogável se cumpridos os demais pressupostos.

Outro requisito é o da efetivação de registro no cartório competente, pois é a partir da implementação dessa providência que o instrumento de promessa de compra gera direito real em benefício do promitente comprador. Antes disso, haverá apenas relação de cunho obrigacional entre os contratantes. O registro confere ao negócio jurídico oponibilidade e eficácia *erga omnes*, autorizando o promitente comprador a reivindicar a coisa de quem quer que injustamente com ela esteja, além de viabilizar eventual pretensão adjudicatória contra o promitente vendedor. Maiores considerações em torno desse aspecto serão tecidas na seqüência.

Também é impositivo que ocorra a expressa outorga do cônjuge para a realização do negócio, seja qual for o regime de bens vigente no casamento, ressalvado o da separação absoluta obrigatória ou pactuada. A aquiescência do marido ou da mulher ao consorte que figurar como promitente vendedor é imprescindível, pois sem isso o negócio jurídico não adquire validade e eficácia como fonte geradora de direito real.

7.2. Breve apanhado sobre o instituto

A disseminação de negócios envolvendo terrenos urbanos produziu a necessidade de mais aprofundada disciplina da matéria, considerado o fato de que o Código Civil de 1916, em seu art. 1.088, dizia que se o instrumento público fosse exigido como prova do contrato, qualquer das partes poderia arrepender-se, antes de o assinar, ressarcindo à outra as perdas e danos resultantes do arrependimento. Logo, deixou em aberto a possibilidade de que depois de celebrada a promessa de compra e venda, mas antes da assinatura do pacto definitivo, houvesse simples desistência por um dos contraentes.

Não dava nascedouro, por conseguinte, a um direito real, mas a mera relação de cunho pessoal. Isso gerava sérios prejuízos à segurança das relações jurídicas, já que a circunstancial ocorrência de súbita valorização do imóvel poderia motivar o promitente vendedor a desonrar o compromisso e perseguir a realização de melhor negócio junto a outro interessado. Nesse caso, a indenização das perdas e dos danos suportados pelo promitente comprador seria menos vultosa do que o potencial de lucro decorrente do rompimento do ajuste original.

A partir do advento do Decreto-lei n. 58, de 10 de dezembro de 1937, o compromisso de compra e venda, devidamente registrado, foi erigido à condição de fonte de direito real e se tornou irretratável. Descumprida a obrigação de celebrar o ajuste definitivo, o promitente comprador passou a ter legitimidade para reclamar a adjudicação compulsória do imóvel. Todavia, isso se aplicava unicamente aos negócios envolvendo terrenos loteados, escapando da incidência do referido diploma legal todas as demais relações jurídicas.

A lacuna foi preenchida pela Lei n. 649, de 11 de março de 1949, que imprimiu novo texto ao art. 22 do Decreto-lei n. 58/37 e admitiu a geração de direito real em favor dos promitentes compradores de imóveis que não estivessem loteados. Posteriormente, a Lei n. 6.014, de 27 de dezembro de 1973, novamente alterou a redação do citado art. 22, dizendo que os contratos, sem cláusula de arrependimento, de compromisso de compra e venda e cessão de direitos de imóveis não loteados, cujo preço tenha sido pago no ato de sua constituição ou deva sê-lo em uma ou mais prestações, desde que inscritos a qualquer tempo, atribuem aos compromissários direito real oponível a terceiros, e lhes conferem o direito de adjudicação compulsória. Reforça o mecanismo o art. 16 do Decreto-lei n. 58/37, segundo o qual a recusa dos compromitentes em outorgar a escritura definitiva autoriza o compromissário a propor, para o cumprimento da obrigação, ação de adjudicação compulsória, que tomará o rito sumário.

Sobrevindo a Lei n. 6.766, de 19 de dezembro de 1979, que dispõe sobre o parcelamento do solo urbano, houve derrogação do Decreto-lei n. 58/37 nesse particular, de maneira que atualmente ele só tem aplicabilidade no tocante às promessas de compra e venda de áreas rurais loteadas. As que não estiverem loteadas, situadas em zona urbana ou rural, admitem contratação dotada de cláusula de arrependimento. Quanto aos terrenos urbanos loteados, o art. 25 da supracitada lei dispõe: *"São irretratáveis os compromissos de compra e venda, cessões e promessas de cessão, os que atribuam direito a adjudicação compulsória e, estando registrados, confiram direito real oponível a terceiros"*.

Por fim, o Código Civil de 2002, nos arts. 1.417 e 1.418, disciplinou a matéria, conferindo direito real ao promitente comprador sempre que os celebrantes não pactuarem cláusula de arrependimento e o instrumento constitutivo for devidamente registrado. As regras codificadas, tendo caráter geral, aplicam-se sempre que não houver norma específica a reger o assunto, o que acontece, em especial, nos negócios referentes a terrenos urbanos e rurais sem loteamento, com incidência também, naquilo que cabível, em todas as hipóteses de contratos despidos de previsão convencional de arrependimento.

7.3. Repercussões do direito real

A fim de evitar inadequada interpretação, é necessário dizer que o direito real de aquisição não se confunde com o contrato preliminar de compra e venda. Este possui requisitos menos rigorosos e se caracteriza apenas como vínculo obrigacional entre as partes, enquanto aquele propicia ao titular a faculdade de exigir a outorga da escritura definitiva e a adjudicação judicial compulsória da coisa vinculada ao negócio. Todavia, não se pode deixar de considerar que o contrato preliminar pode vir a ser a fonte ou a causa geradora do direito real, bastando para isso que observe as exigências capazes de produzi-lo.

Ademais, em termos de resultado útil ambos muitas vezes se assemelham, haja vista que o art. 464 do Código Civil diz que, esgotado o prazo fixado para a celebração do contrato definitivo, poderá o juiz, a pedido do interessado, suprir a vontade da parte inadimplente, conferindo caráter definitivo ao contrato preliminar, salvo se a isto se opuser a natureza da obrigação. Esse fenômeno é parecido com o da adjudicação compulsória deferida ao compromissário adquirente.

Convém igualmente salientar que a promessa de compra e venda se caracteriza, via de regra, como um pré-contrato ou contrato preliminar, tendo por desiderato primacial a formação do liame definitivo, consistente na compra e venda propriamente dita. Uma vez cumpridos os requisitos legais, a promessa ínsita no pré-contrato provoca o surgimento do direito real de aquisição em favor do promitente comprador.

Outra diferença entre os institutos diz respeito ao fato de que a promessa de compra e venda viabiliza a adjudicação compulsória, consistente em ato do juiz que equivale em forças à vontade cuja emissão restou negada pelo promitente vendedor. O contrato preliminar simples não enseja a adjudicação como resultado de direito real (que, na espécie, não se constitui), mas ainda assim poderá ocasionar execução específica com base no art. 461 do Código de Processo Civil, bastando para tanto que não exista melhor direito de outrem.

A falta de registro não pode ser vista como acontecimento necessariamente capaz de obstar a execução específica do ajuste, ou seja, a exigibilidade da coisa pelo compromissário adquirente. Na verdade, a ausência de iniciativa registral somente acarretará essa repercussão na hipótese de existir melhor direito de terceiro quando da adoção de providências pelo promitente comprador. Afinal, a promessa não registrada carece de oponibilidade contra todos, mas vincula as partes celebrantes em caráter pessoal. Destarte, se a iniciativa do interessado se der com suporte na invocação das regras concernentes à contratação preliminar, a avença poderá ser assim considerada, ensejando a obtenção de sentença determinante da passagem da coisa ao acervo patrimonial do promitente comprador.

O entendimento acima esposado decorre também do conteúdo da Súmula n. 239 do Superior Tribunal de Justiça: *"O direito à adjudicação compulsória não se condiciona ao registro do compromisso de compra e venda no cartório de imóveis"*. Logo, ainda que tal súmula seja anterior à codificação de 2002, e que não se esteja diante de adjudicação compulsória em sentido estrito, o posicionamento do Superior Tribunal de Justiça ganhou nova roupagem, mas conserva a essência.

Afigura-se igualmente relevante dizer que o promitente comprador não é dono do imóvel, e nem tem gerado em seu favor, obviamente, o direito de propriedade sobre a coisa. A promessa da compra e venda, produtora do direito real de aquisição, apenas encaminha a transferência do domínio em seu proveito, mas não lhe repassa incontinenti os atributos inerentes à propriedade. Tanto isso é verdade que o promitente comprador não pode dispor do imóvel, embora esteja autorizado a ceder os direitos decorrentes da contratação a terceiros.

O compromisso de compra e venda, registrado no Cartório de Registro de Imóveis da situação do bem, legitima o promitente comprador a propor ação reivindicatória contra quem estiver ilegal ou injustamente com a coisa. Apesar de gerar ônus real, a promessa não transmite de plano a propriedade, produzindo apenas a prerrogativa irrevogável de transferência, que poderá ocorrer de forma voluntária, por meio da outorga de escritura pelo promitente vendedor, ou via execução judicial, pelo exercício da ação de adjudicação compulsória.

A utilidade de celebrar promessa de compra e venda reside na circunstância de que as partes ficam vinculadas em caráter praticamente definitivo, mas sem que se opere a transferência da propriedade logo no primeiro ajuste. Isso atribui relativa garantia ao promitente comprador, que pode inclusive valer-se de pleito judicial com vistas ao cumprimento do teor do ajuste. Ao mesmo tempo, serve como instrumento de segurança em favor do promitente vendedor, que conserva o bem em seu nome e, embora comumente transfira de imediato a posse ao pólo adverso, fica com a perspectiva de se negar a transmitir a titularidade da coisa na hipótese de desatendimento, pela outra parte, do conteúdo negocial fixado. Se houver inadimplemento oriundo do promitente comprador, não será necessário promover a reversão do registro, já que o imóvel terá sempre permanecido em nome do compromissário vendedor.

Finalmente, cabe destacar o fato de que os direitos emergentes da promessa de compra e venda são passíveis de cessão onerosa ou gratuita a terceiros. Ela pode ser feita por instrumento público ou particular, valendo em relação a outrem a partir do momento do registro perante o Cartório de Registro de Imóveis em que se situa a coisa.

7.4. Particularidades da adjudicação compulsória

O promitente comprador, titular de direito real, pode exigir do promitente vendedor, ou de terceiros, a quem os direitos deste forem cedidos, a outorga da escritura definitiva de compra e venda, conforme o disposto no instrumento preliminar; e, se houver recusa, requerer ao juiz a adjudicação do imóvel (art. 1.418 do Código Civil). Vários são os efeitos da promessa de compra e venda de imóvel geradora de direito real. Em primeiro lugar, adquire oponibilidade contra todos, sendo lícito ao promitente comprador exigir da parte contrária a outorga da escritura definitiva de compra e venda. Caso os direitos e as obrigações cabíveis ao promitente vendedor houverem sido cedidos a terceiro, o cessionário é que suportará a investida do promitente comprador, ficando obrigado a efetuar a transferência do imóvel na forma inicialmente pactuada no instrumento preliminar.

O terceiro adquirente recebe o imóvel onerado nos mesmos moldes em que definido na promessa de compra e venda primitiva. Nisso é que reside a eficácia real da avença firmada, fruto do chamado direito de seqüela, pelo qual o promitente comprador pode exigir a incorporação do domínio da coisa ao seu patrimônio, fazendo-o junto ao pólo adverso ou a quem o esteja substituindo nas faculdades e obrigações contratualmente fixadas. Quem, sendo estranho ao liame jurídico, realiza negócio tendo por objeto qualquer dos elementos ou atributos da coisa submetida à promessa assume o risco de se ver preterido em eventual disputa, já que a preferência ditada pelo registro tutela o promitente.

Caso o promitente vendedor, ou o terceiro mencionado na norma, negue-se a outorgar a escritura definitiva de compra e venda, poderá o promitente comprador ajuizar demanda visando à obtenção de sentença que terá a função de contornar a ausência de manifestação volitiva do proprietário original. Assim, a sentença determina a adjudicação do imóvel em favor do promitente comprador, funcionando como se fosse a própria escritura devida pelo promitente vendedor. E, uma vez levada a registro junto ao Cartório de Registro de Imóveis de localização da coisa, passa a ter oponibilidade *erga omnes*.

No momento em que a promessa de compra e venda gera direito real em favor do promitente comprador, a parte adversa assume uma obrigação de fazer, que consiste em outorgar a escritura definitiva. Negando-se o promitente vendedor a assim proceder, a vontade do Estado, por meio da prestação jurisdicional, supre a falta de manifestação volitiva. Esse fenômeno converte a obrigação de fazer em obrigação de dar, pois o juiz determina a adjudicação do imóvel em prol do promitente comprador e obriga o pólo contrário a entregá-lo imediatamente.

Capítulo 8

DOS DIREITOS REAIS DE GARANTIA

8.1. Considerações preliminares

Desde as primeiras incursões do ser humano na disciplina jurídica das suas relações interpessoais, uma das preocupações sempre foi a de estabelecer regras para o cumprimento de obrigações de natureza econômica. Dava-se, nos períodos mais remotos, e inclusive em Roma, primazia quase que total ao direito do credor, relegando-se o devedor a um plano de completa submissão à vontade daquele. Tamanha era a gravidade das conseqüências decorrentes da falta de adimplemento que o credor chegava a ter poderes absolutos de vida e de morte sobre o devedor. Admitia-se a punição física como reprimenda pelo descumprimento de certas obrigações, de maneira que ao sujeito ativo era dada a faculdade de encarcerar, castigar e até mesmo matar o sujeito passivo, em claras hipóteses de genuína vindita privada com caráter oficial.

Aos poucos, passou-se a substituir a idéia de repressão física, em que o corpo do devedor respondia por dívidas impagas, pela noção de responsabilidade patrimonial, fazendo recair sobre os bens do sujeito passivo as repercussões da sua conduta antijurídica. Hoje, a punição corporal já não mais prevalece nas relações civis, sepultada que foi pelo incremento dos mecanismos de excussão do patrimônio de quem deve. Nem mesmo nas poucas situações viabilizadoras de prisão civil remanesce o objetivo de punir, já que predomina a tentativa de compelir o devedor a adimplir os deveres fixados. É o que ocorre no ordenamento jurídico brasileiro, por exemplo, com a prisão do depositário infiel e do devedor de alimentos. Não há o intento legislativo de puni-los, mas sim o de forçá-los com maior eficácia a atender imediatamente aos deveres contraídos, haja vista o especial contexto em que estão inseridos.

É certo, portanto, que o acervo patrimonial do devedor fica à mercê de iniciativas legais do credor para o fim de gerar recursos bastantes à integral satisfação do débito. A constrição de bens do sujeito ativo culmina com a sua venda pública e com o pagamento que se faz ao credor até o limite do direito estabelecido. Trata-se de uma garantia genérica conferida pelo legislador, sendo facultado ao sujeito ativo buscar no patrimônio do oponente, segundo elenco seqüencial ditado pelo art. 655 do Código de Processo Civil, quaisquer elementos econômicos capazes de ser convertidos em pecúnia por meio do devido processo legal.

Ocorre, todavia, que essa segurança de índole genérica pode não se mostrar suficiente para tutelar o direito do credor, seja pela natureza da dívida, em razão do seu montante, dos interesses em disputa ou de múltiplos outros fatores que interferem nas relações econômicas. Quanto maior o risco de que o devedor não consiga ou não queira honrar a obrigação contraída, tanto mais necessária a agregação de garantia especial em benefício do credor. Tal solução facilita a circulação de riquezas e ajuda a amainar o perigo de que ocorra inadimplemento ruinoso ao titular do crédito.

Na essência, as garantias dadas ao credor podem ser pessoais ou reais. No primeiro caso está a garantia fidejussória, constituída pela intervenção de terceiro que se dispõe a figurar, no contrato de fiança, como garantidor do adimplemento de uma obrigação assumida pelo devedor, caso este não a cumpra (art. 818 do Código Civil). Já nas garantias reais o devedor, ou terceira pessoa, oferece bens que ficarão vinculados ao cumprimento da obrigação assegurada, podendo ser excutidos e levados a praceamento público na hipótese de haver inadimplemento do dever a que estão adstritos. Via de regra, cabe aos interessados decidir pela agregação de garantia real a obrigações que originalmente só contam com a segurança genérica emanada do patrimônio do devedor, e que, como visto, pode ser insuficiente para cobrir o débito, deixando sem respaldo econômico algum o direito do credor.

De qualquer sorte, as garantias reais tendem a ser sempre mais vigorosas do que as pessoais, embora na prática possa inclusive haver inversão dessa realidade. Todavia, considerada a experiência comum, é possível afirmar que a aposição de garantia real fortalece por demais o crédito, pois atrela ao liame jurídico itens patrimoniais determinados e, no mais das vezes, capazes de produzir recursos aptos a solver integralmente a pendência. Ao invés do que se dá na hipótese de crédito quirografário, ou seja, despido de garantia especial e sustentado apenas nos bens que o devedor tiver quando da execução forçada pelo inadimplemento, o crédito ornado pela garantia real encontra em coisas previamente discriminadas a fonte de satisfação do sujeito ativo. E, independentemente do que venha a ocorrer com a titularidade do bem gravado ou com a própria relação travada entre as partes, restará sempre ao credor a possibilidade de perseguir a solução do seu direito por meio da constrição e excussão daquela específica coisa, observadas as normas processuais aplicáveis à espécie.

8.2. Espécies e características

São direitos reais de garantia os institutos elencados no art. 1.419 do Código Civil, a saber: penhor, anticrese e hipoteca. Quando da sua constituição, o devedor oferece ao credor determinado bem, que fica atrelado ao cumprimento do dever jurídico e assegura a satisfação na hipótese de inadimplemento. Diz a aludida norma: *"Nas dívidas garantidas por penhor, anticrese ou hipoteca, o bem dado em garantia fica sujeito, por vínculo real, ao cumprimento da obrigação"*. Como se vê, trata-se de elementos acessórios que acompanham o destino da obrigação assegurada, que é o componente principal. Assim, se esta padece de nulidade, aqueles não subsistem, mas se estes é que experimentam a afetação do vício, a obrigação permanece intacta, embora fique sem a garantia que se tencionava produzir. Como sói acontecer, a propósito, em toda situação de que dimane a existência de elementos principais e acessórios, em atenção do consagrado princípio *accesorium sequitur principale*.

Fenecendo a obrigação principal, desaparece a garantia que lhe era adjeta; entretanto, o inverso não é verdadeiro, pois a extinção da garantia em nada afeta o dever jurídico principal, que subsiste, embora despido da segurança até então desfrutada. Exemplo: reconhecida a nulidade da hipoteca, a dívida por ela garantida não sofre qualquer ingerência em sua substância, continuando a existir com todos os elementos originais.

A natureza real do penhor, da anticrese e da hipoteca decorre de expressa referência feita nos incisos VIII, IX e X do art. 1.225 do Código Civil. O elenco é taxativo, embora não sejam raras as sustentações no sentido de que a alienação fiduciária, disciplinada pela Lei n. 4.728, de 14.07.1965, seria outra modalidade de direito real de garantia. Na verdade, esse instituto tem natureza *sui generis*, não sendo genuinamente um puro direito real de garantia. A começar pela circunstância de que incide sobre coisa pertencente ao credor, enquanto os institutos referidos no art. 1.419 do Código Civil são constituídos sobre bem alheio. De resto, a propriedade é o único direito real que, previsto na codificação, recai sobre coisa própria. A alienação fiduciária encontra respaldo genérico nos arts. 1.361 a 1.368 do Código Civil, que trata da propriedade fiduciária, mesclando aspectos de direito real com outros de cunho pessoal. É um negócio jurídico pelo qual o devedor, para garantir o pagamento da dívida, transfere ao credor a propriedade de uma coisa e mantém consigo a posse direta, sob a condição resolutiva de solver a obrigação contraída.

Delineado o rol dos direitos reais de garantia, é preciso examinar as conseqüências da sua constituição. Em se tratando de hipoteca ou penhor, a coisa ofertada em garantia é submetida à venda pública caso o sujeito passivo da obrigação venha a descumpri-la, aplicando-se os valores apurados, com preferência, no pagamento do credor. Na anticrese a situação é diferente, pois o credor recebe a transferência de um bem para dele extrair os recursos necessários à satisfação do próprio crédito. Todos os institutos, porém, envolvem a garantia do cumprimento da obrigação a que aderem. Isso tem origem nos atributos da seqüela e da ambulatoriedade, de cujo vigor se extrai a perspectiva do *jus persequendi*, que é a prerrogativa, alcançada ao credor, de reclamar a coisa visando à excussão e à obtenção de recursos para satisfazer o crédito.

Os direitos reais de garantia oneram a coisa oferecida pelo devedor ou por terceiro em segurança do cumprimento da obrigação principal. Em razão disso, eventual transferência da propriedade da coisa gravada carregará consigo o ônus real, transmitindo ao adquirente todo o peso da garantia. Destarte, o superveniente inadimplemento da dívida autoriza o credor a buscar a coisa junto a quem quer que a tenha, a fim de submetê-la aos procedimentos legais tendentes a propiciar a satisfação da pendência. Também é necessário frisar que em favor do sujeito ativo se estabelece a preferência, traduzida no direito de receber antes dos demais credores, nos limites da lei e do crédito, o produto da venda da coisa atrelada ao cumprimento da obrigação garantida.

A hipoteca e a anticrese recaem sobre imóveis, ao passo que o penhor tem como alvo os bens móveis. Não obstante, em algumas situações o legislador admite a hipoteca de coisas originalmente móveis (*v. g.*, navios e aviões), face à expressão econômica que apresentam. Noutras oportunidades, permite que coisas móveis sejam juridicamente imobilizadas e submetidas à hipoteca em associação com o solo a que se juntam, como no caso dos implementos agrícolas empregados na exploração de determinada fazenda oferecida em garantia hipotecária. Enfim, as variações existem para dar melhor aproveitamento às riquezas, e serão objeto de mais amplo estudo no momento oportuno.

Outro aspecto relevante diz respeito à posse das coisas gravadas. Enquanto na hipoteca o bem permanece com o devedor, podendo ser livremente utilizado, no penhor comum e na anticrese ele é entregue ao credor, que passa a ter posse direta. No penhor, até a solução do crédito ou a venda pública. Na anticrese, até que gere recursos bastantes à extinção do dever garantido. Todavia, no penhor especial (*v. g.*, de veículos) a posse é mantida com o devedor, ensejando a plena continuidade do aproveitamento das vantagens extraídas da coisa.

O credor anticrético tem direito a reter em seu poder o bem, enquanto a dívida não for paga; extingue-se esse direito decorridos quinze anos da data de sua constituição (art. 1.423 do Código Civil). Na anticrese não há direito de preferência, como originalmente concebido, em benefício do credor. Em função disso, o legislador atribuiu-lhe direito de retenção da coisa imóvel enquanto a dívida não for paga, a fim de que possam ser auferidos frutos e captados rendimentos suficientes para cobrir o crédito. Porém, limita-se em quinze anos o prazo de exercício do *jus retentionis*, marco temporal tendente a evitar a perpetuidade da retenção autorizada por lei em favor do credor. Decorrido tal lapso temporal sem que o débito seja quitado, extingue-se o direito de retenção e o imóvel retorna ao proprietário completamente liberado do ônus real. Restará então ao credor ajuizar ação executiva fundada no art. 585, III, do Código de Processo Civil, com o fito de obter o pagamento do saldo restante, buscando no patrimônio do devedor itens patrimoniais aptos a serem constritos para posterior excussão.

8.3. Legitimidade para dar em garantia real

A primeira parte do *caput* do art. 1.420 do Código Civil diz que só aquele que pode alienar poderá empenhar, hipotecar ou dar em anticrese. Isso porque a ocorrência de posterior inadimplemento pelo devedor sujeita quem ofereceu a garantia à perda da propriedade da coisa, fruto da excussão promovida pelo credor. O ato de empenhar e de dar em anticrese ou hipoteca envolve elevado grau de risco quanto à continuidade da relação dominial; basta a falta de pagamento do débito assegurado para que ao credor se faculte a execução com base na constrição e venda pública da coisa. Por isso é que não se admite o oferecimento da garantia por pessoa que não tenha o poder de dispor — *jus abutendi* — do bem apresentado.

É nula, e de nenhum efeito peculiar aos institutos, a garantia oferecida por quem não pode alienar a coisa, *v. g.*, locatário, comodatário, usufrutuário, etc. O proprietário, por óbvio, pessoalmente ou por intermédio de mandatário dotado de poderes especiais e expressos, tem plena legitimidade para oferecer a coisa em garantia real. Mas esse princípio sofre a influência das normas gerais relativas à capacidade. Logo, em qualquer circunstância será preciso que o agente possua capacidade genérica para os atos da vida civil e específica para a realização da conduta, que, neste último caso, traduz-se na possibilidade de dispor. Por tais razões, os incapazes elencados no art. 3º do Código Civil, incisos II (os que, por enfermidade ou deficiência mental, não tiverem o necessário discernimento para a prática desses atos) e III (os que, mesmo por causa transitória, não puderem exprimir sua vontade), não estão legitimados a constituir diretamente a garantia real. Será necessária a intervenção dos respectivos representantes legais e de autorização judicial, depois de ouvido o Ministério Público, para que isso ocorra.

Os menores com menos de 16 anos são absolutamente incapazes (art. 3º, I, do Código Civil) e, portanto, não podem oferecer bens em garantia real. Exceto se representados por quem de direito e com prévia autorização do juiz, que analisará a conveniência e a necessidade da medida. Raciocínio semelhante vale para os menores relativamente incapazes, que, tendo entre 16 anos completos e dezoito anos incompletos (art. 4º, I, da codificação), necessitam de assistência para o oferecimento da garantia, sempre com antecipada autorização judicial. Essas conclusões derivam do expresso conteúdo do art. 1.691 do Código Civil, que impõe como condição de deferimento da medida, também, a existência de necessidade ou de evidente interesse da prole.

Quanto aos menores sob tutela, a solução é obtida por aplicação extensiva do art. 1.748, IV do Código Civil, segundo o qual compete ao tutor vender-lhe os bens móveis, cuja conservação não convier, e os imóveis nos casos em que for permitido. Logo, se pode praticar a conduta drástica de alienar bens, obviamente terá legitimidade para encaminhar o oferecimento deles em garantia real, contanto que autorizado pelo juiz e haja manifesta vantagem (art. 1.750 do mesmo diploma normativo). Vale igual consideração para os interditos, por força da incidência do art. 1.781 do Código Civil, que prevê a aplicação das regras a respeito do exercício da tutela às hipóteses de curatela.

Os pródigos, considerados relativamente incapazes (art. 4º, IV, do Código Civil), poderão constituir garantia real sobre os seus bens desde que assistidos pelo curador, independentemente de autorização judicial. Com efeito, o art. 1.782 da codificação diz que a interdição do pródigo só o privará de, sem curador, emprestar, transigir, dar quitação, alienar, hipotecar, demandar ou ser demandado, e praticar, em geral, os atos que não sejam de mera administração. Quanto aos demais atos, portanto, bastará a intervenção assistencial para a sua validade e eficácia.

As pessoas casadas dependerão de outorga conjugal para a constituição de garantia real hipotecária ou anticrética sobre bens comuns ou que integram o patrimônio exclusivo, salvo se o casamento se deu sob o regime da separação absoluta de bens, seja convencional ou legal. É o que resulta do art. 1.647, I, do Código Civil. Porém, o art. 1.656 do mesmo diploma permite aos nubentes, quando adotarem por pacto antenupcial o regime de participação final nos aquestos, a inserção de cláusula de livre disposição dos bens imóveis, desde que particulares, circunstância que dispensa a outorga para a geração da garantia real. Quanto ao penhor, cada consorte pode livremente oferecer os bens móveis que lhe pertencerem, seja qual for o regime de bens vigente, pois a exigência de vênia diz respeito apenas aos institutos que abarcam imóveis, isto é, hipoteca e anticrese. A falta de consentimento, nos casos em que é necessária a sua obtenção, torna anuláveis os atos praticados, conforme previsão emergente do art. 1.649 do Código Civil.

Outra hipótese de imprescindibilidade de consentimento surge quando o ascendente pretender dar em garantia real coisa do seu patrimônio em favor de descendente, seja para assegurar o pagamento de dívidas por este contraída, seja para garantir o cumprimento de dívida de terceiro para com o descendente. Em qualquer das situações existe a possibilidade de violação da legítima, o que merece o repúdio normativo; logo, somente se houver a inequívoca aquiescência de todos os demais descendentes será válida a garantia real oferecida pelo ascendente.

O herdeiro pode gravar de ônus real a sua fração ideal no acervo do *de cujus*. Sendo condômino dos demais sucessores, e sabendo-se que a lei considera imóvel o direito à sucessão aberta (art. 80, II, do Código Civil), nada impede que haja o oferecimento de tal porção abstrata como garantia real de cumprimento de certa obrigação. Não tem legitimidade, todavia, para fazer incidir sobre toda a coisa o gravame, salvo com o expresso assentimento dos demais co-titulares. O inventariante não pode constituir ônus real sobre os bens da herança, a menos que previamente autorizado pelo juiz.

8.4. Objeto da garantia real

A segunda parte do art. 1.420 do Código Civil diz que só os bens que se podem alienar poderão ser dados em penhor, anticrese ou hipoteca. Disso se conclui pela viabilidade da oneração de todos os bens colocados em comércio e passíveis de transmissão dominial. Há coisas eventualmente tornadas inalienáveis, e que, por essa razão, estarão alijadas do rol das suscetíveis de submissão a ônus real.

Os bens fora de comércio não podem ser submetidos a gravame, pois a excussão é conseqüência natural do descumprimento da obrigação garantida. Noutras palavras, o estabelecimento de penhor, hipoteca ou anticrese deixa entrever a concreta possibilidade de futura venda pública, aspecto que se chocaria frontalmente com a situação da coisa *ex commercium*. Inexistindo a possibilidade concreta de oferta ao público para venda e apuração de recursos capazes de satisfazerem a dívida, perde o sentido e a viabilidade a incidência do ônus real sobre tais bens. Refogem a esse âmbito, portanto, todos os elementos materiais que, por força de lei ou em virtude de regular manifestação volitiva, não puderem ser comercializados, *v. g.*, os bens tornados inalienáveis por vontade do testador, os produtos de venda proibida pela autoridade competente, os bens públicos, etc.

Quando oferecida por quem não é dono da coisa, a garantia real padece de vício que lhe afeta a própria validade, e assim deve ser considerada. Porém, se a coisa alheia passa posteriormente a integrar o patrimônio do devedor ou do terceiro que presta a garantia, esta convalida e se torna eficaz, produzindo todos os efeitos que lhe são peculiares. É o que afirma o § 1º do art. 1.420 do Código Civil: *"A propriedade superveniente torna eficaz, desde o registro, as garantias reais estabelecidas por quem não era dono*". Tais efeitos operam *ex tunc*, ou seja, com retroatividade que alcança a data em que feito o registro do gravame no Cartório de Registro de Imóveis de localização do bem.

A solução preconizada pelo legislador tem em vista a circunstância de que a pessoa a quem se oferece a coisa em garantia geralmente está imbuída de espírito desarmado e acredita firmemente na lisura do procedimento que está sendo executado. A aparente regularidade que, via de regra, cerca essa espécie de negociação, não deixa no íntimo do contraente margens para fundadas desconfianças quanto à normalidade da avença. Assim, em nome da boa-fé que deve presidir as relações interpessoais, o ordenamento admite o saneamento da garantia e lhe atribui plenitude jurídica.

A convalidação da garantia que, inicialmente viciada, adquire posterior validade e eficácia, é exclusivamente motivada pela superveniência do domínio; noutras palavras, o ingresso da coisa na esfera jurídica do contraente a outro título que não o dominial (*v. g.*, comodato, locação, usufruto, etc.) obstaculiza a produção dos efeitos almejados pelas partes.

A coisa comum a dois ou mais proprietários não pode ser dada em garantia real, na sua totalidade, sem o consentimento de todos; mas cada um pode individualmente dar em garantia real a parte que tiver (§ 2º do art. 1.420 do Código Civil). A exigência de anuência decorre do fato de que o gravame envolve o risco de perda do domínio, situação que reclama dos contraentes o poder de disposição da coisa. Quem não é dono deixa de preencher tal pressuposto essencial, fazendo irremediavelmente viciada a prestação da garantia que acaso houver sido avençada nessas condições.

Se o oferecimento da coisa em garantia real é inviável quando não autorizada por todos os proprietários (*v. g.*, condôminos em edificação ou terreno, herdeiro, etc.), a incidência do gravame sobre as respectivas frações individuais é perfeitamente possível. Sobre elas percebe-se a existência de domínio singular e o poder de disposição, embora circunstancialmente agregado ao direito dos demais consortes. Logo, cada proprietário tem a faculdade de proceder como quiser em relação à sua parte, respeitados os limites normativos; disso deflui a viabilidade do oferecimento, a terceiro, da fração individual em garantia do cumprimento de determinada obrigação. Para isso, não necessitará o ofertante da obtenção do assentimento dos outros titulares, pois está colocando em risco apenas o próprio direito. A propósito, o art. 1.314 do Código Civil estabelece: "*Cada condômino pode usar da coisa conforme sua destinação, sobre ela exercer todos os direitos compatíveis com a indivisão, reivindicá-la de terceiro, defender a sua posse e alhear a respectiva parte ideal, ou gravá-la*".

Cumpre frisar que no condomínio edilício a situação é peculiar, já que o dono da unidade habitacional ou comercial não tem apenas uma fração dela sob sua titularidade. É dono de toda a célula, podendo aliená-la e gravá-la como quiser, à míngua de qualquer consulta e anuência dos demais. As partes comuns (*v. g.*, pátio, *hall* de entrada, corredores, etc.), porém, não poderão ser oneradas individualmente por quem é dono exclusivo apenas da sua respectiva unidade.

8.5. Aspectos formais da constituição

A eficácia dos direitos reais e a sua oponibilidade *erga omnes* são adquiridas por meio da publicidade do ato constitutivo. E, como previsto em lei, somente é público aquilo que se leva a registro perante o cartório competente. Logo, a providência inicial para fazer oponível a todos o gravame é a sua inscrição junto à matrícula do imóvel onerado por hipoteca ou anticrese, ou, sendo penhor incidente sobre móveis, a apresentação do instrumento na repartição registral de títulos e documentos. Quanto ao penhor rural, o registro se dará no Cartório de Imóveis da circunscrição em que estiverem situadas as coisas empenhadas (art. 1.438 do Código Civil).

Outro requisito posto na lei é a feitura da chamada *especialização*, que consiste na minuciosa discriminação e descrição da coisa gravada, de modo a estremá-la de outras da mesma espécie, no caso de móveis, ou de estabelecer-lhe todos os indicativos físicos, na hipótese de imóveis. Acerca do tema, o art. 1.424 do Código Civil dispõe: *"Os contratos de penhor, anticrese ou hipoteca declararão, sob pena de não terem eficácia: I – o valor do crédito, sua estimação, ou valor máximo; II – o prazo fixado para pagamento; III – a taxa dos juros, se houver; IV – o bem dado em garantia com as suas especificações".*

Como se percebe, determinados elementos são de necessária inserção nos contratos de penhor, hipoteca e anticrese, sendo a sua inobservância sancionada com a ineficácia da avença perante terceiros, ainda que possam vincular as partes celebrantes no caso de não ser exigido o próprio registro como fator imprescindível para a geração do ônus real. Deve-se destacar a circunstância de que a eventual falta de consignação de algum dos apontamentos arrolados na norma legal não macula irremediavelmente a contratação, se de modo seguro puder ser aproveitada entre as partes. Diante de terceiros é que haverá ineficácia, motivada pelo fato de o instrumento ficar incompleto. Se a lacuna for insanável, ou se não houver especialização, restará implementado apenas um direito de natureza pessoal ou obrigacional entres os celebrantes, sem qualquer repercussão frente a estranhos. Neste último caso, não surgirão os atributos da seqüela e da ambulatoriedade, e tampouco direito de preferência sobre o valor apurado na excussão, de maneira que o sujeito ativo terá de participar de eventual disputa com outros interessados na condição de mero credor quirografário.

A aposição dos elementos formais arrolados pelo legislador tem por objetivo explicitar perfeitamente todas as nuanças do contrato, eis que dele se extrai um início de disposição por parte do devedor, face ao oferecimento da coisa em garantia para futura excussão em caso de inadimplemento. Logo, as informações que servirem para estremar a coisa onerada de outras semelhantes, assim como os dados aptos a individualizarem em minúcias o crédito e suas especificações deverão constar do instrumento constitutivo, em nome da segurança das relações jurídicas e da proteção a terceiros. Assim, os contratos de penhor, hipoteca e anticrese atenderão aos requisitos comuns a todas as contratações — quanto à capacidade das partes, licitude do objeto e observância da forma — e além disso terão de carregar as informações enumeradas no referido ditame legal, para oponibilidade *erga omnes*.

O inciso I determina a necessidade de indicação do valor do crédito, sua estimação, ou valor máximo. Nem sempre é factível apontar com exatidão qual o valor da dívida garantida por ônus real, motivo pelo qual o legislador, havendo óbice à exata informação, contenta-se com a informação do montante estimado, ou do valor máximo que poderá ter. Faltando no instrumento dados indicativos da exata ou estimada expressão econômica do débito, o contrato não será oponível a terceiros. Isso porque fica incerta a extensão da garantia, tornando-se impossível, a quem quiser negociar com o devedor, cientificar-se do limite do ônus que pesa sobre a coisa gravada.

O prazo para pagamento, reclamado no inciso II, demarca o ponto de partida para execução do crédito acaso inadimplido, ou o momento da liberação da coisa em virtude do cumprimento. A terceiros certamente interessa a informação, de vez que nela está o indicativo da data de liberação da coisa por levantamento do gravame; assim, o interessado negocia com o proprietário sabendo exatamente qual a situação jurídica do bem, assumindo os riscos inerentes à aquisição de coisa onerada se ainda não efetuada a solução da dívida.

No que diz respeito à relação existente entre as partes contratantes, a omissão do prazo para pagamento do débito não é causa de nulidade da avença. A sua falta provocará a incidência dos preceitos civis gerais concernentes à exigibilidade dos créditos (arts. 134, 331 e 332 do Código Civil), cabendo ressaltar, nesse compasso, que os negócios jurídicos *inter vivos*, sem prazo, são exeqüíveis desde logo, salvo se a execução tiver de ser feita em lugar diverso ou depender de tempo. Ao sujeito ativo é normalmente facultado pelo ordenamento exigir de imediato o crédito, se não houver sido ajustada época para o pagamento. No que pertine às obrigações condicionais, cabe dizer que se cumprem na data do implemento da condição, incumbindo ao credor a prova de que deste teve ciência o devedor.

A menção à taxa de juros, exigida no inciso III, é parte integrante do débito, e daí a relevância da sua indicação no instrumento constitutivo do direito real. Às partes permite-se escolher a taxa que melhor convier; contudo não é lícito fixá-la acima dos parâmetros ditados pelo legislador no art. 406 do Código Civil.

A rigorosa identificação do bem dado em garantia, citada no inciso IV, impede que seja confundido com outros que lhe sejam semelhantes, servindo como fator de obstaculização de controvérsias e manobras maliciosas. Em se tratando de penhor, a especificação da coisa móvel é feita com apontamento de detalhes como qualidade, quantidade, peso, número de série, fabricante, marca, etc. Na hipoteca e na anticrese, que são ônus incidentes sobre imóveis, a especificação constitui-se a partir de indicativos como o número da matrícula, localização, confrontações, etc.

8.6. Indivisibilidade do direito real

O art. 1.421 do Código Civil estabelece: *"O pagamento de uma ou mais prestações da dívida não importa exoneração correspondente da garantia, ainda que esta compreenda vários bens, salvo disposição expressa no título ou na quitação"*. A hipoteca, o penhor e a anticrese são marcados pela indivisibilidade, característica comum aos direitos reais de garantia.

Com base nisso é imperioso concluir pela impossibilidade de liberação parcial da garantia quando satisfeita apenas em parte a obrigação a que se atrela, exceto quando houver expressa autorização no título ou na quitação parcial fornecida pelo credor.

Ainda que vários sejam os bens onerados em proveito de uma só obrigação, a exoneração deles fica na dependência do integral pagamento da dívida. Não importa se são individuais ou coletivos, divisíveis ou indivisíveis, pois para aquele fim estão conjuntamente vinculados. A garantia abrange todas as coisas e cada uma de suas porções, impedindo o fracionamento da proteção jurídica que representam. O enfraquecimento da segurança original coloca em risco o adimplemento completo do dever jurídico, mesmo porque não há como definir com exatidão qual o valor que será apurado em eventual venda pública promovida em processo de execução da garantia.

Desatendida total ou parcialmente a obrigação assumida pelo devedor, pode o credor ajuizar demanda executiva e pleitear a constrição dos bens ofertados em garantia real, sem exclusão de qualquer deles. Essa faculdade subsiste por inteiro ainda que se esteja a cobrar apenas o saldo remanescente da dívida, após parcial adimplemento do dever jurídico; o fundamento da medida reside exatamente no princípio da indivisibilidade dos direitos reais de garantia. Não obstante, pode o credor optar pela penhora de apenas alguns dos itens integrantes do gravame, ficando os demais no aguardo do desfecho da execução para somente depois disso serem liberados, se apurada a quantia necessária à solução do débito. Levada à venda pública parte dos bens, e constatada a insuficiência do montante arrecadado, admite-se que o credor requeira a penhora e excussão dos outros itens patrimoniais gravados.

Não obstante, é lícito às partes avençar no sentido de que à solução fracionada da dívida corresponderá igual volume de liberação dos itens gravados. Tal ajuste pode ser feito a qualquer tempo, seja quando da constituição do direito real ou mesmo ao longo da execução do pacto. Por outro lado, admite-se, em caráter excepcional, que o juiz, a pedido do devedor, ordene a liberação de parcela dos bens onerados quando restar pendente uma fração mínima do débito, e o volume da garantia for notoriamente prescindível naquelas circunstâncias.

Ainda em torno do assunto, o *caput* do art. 1.429 do Código Civil dispõe: *"Os sucessores do devedor não podem remir parcialmente o penhor ou a hipoteca na proporção dos seus quinhões; qualquer deles, porém, pode fazê-lo no todo"*. Como referido, a indivisibilidade dos direitos reais de garantia impede que esta se fracione, de modo que a liberação das coisas oneradas em conjunto para segurança de determinada obrigação somente ocorrerá com o integral pagamento da dívida pelo sujeito passivo. Falecendo o devedor, qualquer dos sucessores legítimos ou testamentários poderá remir a totalidade do penhor ou da hipoteca, pagando ao credor o valor devido e, com isso, fazendo extinguir o gravame. Nesse caso, a liberação da garantia se dará de uma só vez e integralmente.

Porém, os sucessores não poderão remir parcialmente o penhor ou a hipoteca na proporção dos seus quinhões, haja vista a já mencionada indivisibilidade. Logo, veda-se a iniciativa de buscar a liberação parcial da garantia por meio de pagamento fracionado, pois se trata de efeito obtido exclusivamente com o pagamento integral da dívida, situação que caracteriza a chamada remição total. É importante salientar que mesmo o devedor original, enquanto vivo, fica adstrito às regras concernentes à indivisibilidade dos direitos reais, somente podendo liberar a garantia pelo adimplemento integral da obrigação. Destarte, não há fundamento que justifique a admissibilidade da remição parcial pelos herdeiros ou sucessores, pois estes apenas dão continuidade à cadeia dominial relativa às coisas deixadas pelo *de cujus*, embora cada um com direito a quinhões específicos.

Sendo efetivada a remição total do penhor ou da hipoteca, o herdeiro ou sucessor responsável pela medida fica sub-rogado nos direitos que o credor tinha contra o devedor (parágrafo único). Por isso, terá contra os demais herdeiros ou sucessores direito de reembolso, dispondo das mesmas garantias reais que gravitavam em torno da obrigação primitiva. Todas as quotas que houver satisfeito, com exceção daquela que lhe diz respeito diretamente, serão postuladas junto aos consortes em ação própria. Como se percebe, o autor da remição não adquire a faculdade de adjudicar a coisa, mas se sub-roga nos direitos do credor pignoratício ou hipotecário exatamente como constituídos.

8.7. Direito de excutir

O credor hipotecário e o pignoratício têm o direito de excutir a coisa hipotecada ou empenhada, e preferir, no pagamento, a outros credores, observada, quanto à hipoteca, a prioridade no registro (*caput* do art. 1.422 do Código Civil). Excussão é o conjunto de procedimentos pelos quais o credor realiza a penhora e a transformação dos bens gravados em recursos financeiros capazes de satisfazer o crédito executado. Nos termos do art. 585, III, do Código de Processo Civil, os contratos de hipoteca, de penhor e de anticrese são títulos executivos extrajudiciais, ensejando o ajuizamento de lide destinada a oportunizar a excussão da garantia com vistas à cobertura da prestação inadimplida.

A garantia real representada pela hipoteca ou pelo penhor estabelece direito de preferência do credor sobre o produto arrecadado com a excussão, tanto quanto baste ao pagamento da dívida. Os titulares de direito real de garantia recebem antes dos demais credores, ficando para estes o remanescente, se houver, do valor apurado com a venda pública das coisas oneradas. Na anticrese não se dá o mesmo fenômeno, já que a solução da dívida acontece por meio da geração de rendas pelo imóvel gravado, mas nunca com o seu praceamento.

Como se sabe, o ordenamento nacional geralmente admite a incidência de mais de um direito real de garantia sobre a coisa, se outro caminho não resultar do título e se não existir norma em sentido contrário. Na coexistência de hipotecas, a preferência sobre o produto da venda é definida pela ordem de inscrição do gravame junto ao Registro de Imóveis de situação da coisa. Atribui-se prioridade ao credor hipotecário que houver apresentado e inscrito o seu título antes dos demais, cabendo a análise de tal circunstância tantas vezes quantos forem os gravames constituídos. Note-se que a data da celebração do contrato de hipoteca nenhuma influência tem na definição da prioridade, pois somente a partir do registro no cartório de imóveis é que se torna perfeito e acabado o direito real, adquirindo eficácia *erga omnes*. Destarte, é possível que determinado credor hipotecário, mesmo tendo celebrado antes de seu concorrente o contrato de hipoteca, tenha de aguardar o pagamento do crédito daquele para posteriormente — se houver saldo — receber o que lhe é devido, bastando para tanto que não guarde precedência na ordem de inscrição do ônus real.

Na excussão hipotecária o mecanismo de pagamento é singelo, preferindo os credores com garantia real aos que dela não dispõem; entre aqueles, a prioridade será de quem houver inscrito anteriormente o seu título. O saldo dos pagamentos seqüenciais é repassado aos credores na ordem de preferência, até que se chegue aos quirografários, últimos a serem pagos. Destaque-se, por relevante, que o devedor tem direito ao recebimento do valor que sobejar depois de satisfeitos todos os débitos. Não é raro o fato de o valor apurado com a excussão ultrapassar a importância dos créditos, cabendo ao sujeito passivo a percepção do saldo.

A regra ínsita no *caput* não é absoluta, de vez que o legislador reservou para si a possibilidade de editar diplomas legais capazes de alterar a ordem de preferência no recebimento do produto apurado a partir da excussão da coisa hipotecada ou empenhada. É o que acontece, por exemplo, com os créditos trabalhistas e fiscais (arts. 184, 186 e 187 do Código Tributário Nacional), protegidos por legislação especial editada com vistas ao resguardo do trabalhador e do fisco. Ao legislador é facultada a edição de outros diplomas capazes de produzir o mesmo efeito, sempre tendo em vista interesses coletivos ou a proteção de determinado grupo. Logo, excetuam-se da regra geral as dívidas que, em virtude de outras leis, devam ser pagas precipuamente a quaisquer outros créditos, como afirmado no parágrafo único do art. 1.422 do Código Civil.

O direito à excussão surge apenas quando a dívida estiver vencida, seja pelo advento do termo nela estabelecido, pelo implemento da condição a que se submetia ou inclusive em virtude da antecipada exigibilidade do crédito, nas situações em que a lei admite essa ocorrência, cujo exame se dará a seguir. Os débitos ainda por vencer não são exigíveis, vedando-se, destarte, qualquer ato de excussão a respeito deles. Cabe destacar que se mostra desnecessária a outorga do cônjuge para praticar atos destinados a excutir a garantia, face à ausência de norma que imponha tal requisito.

8.8. Vencimento antecipado da dívida

Mesmo que do instrumento constitutivo conste o *dies ad quem* para vencimento da dívida garantida, certos fatores produzem como resultado a antecipação da exigibilidade do crédito, que deixa de se verificar na data previamente estipulada pelos contraentes e se antecipa no tempo para fins de proteção dos direitos do credor. As causas que desencadeiam esse acontecimento estão arroladas nos vários incisos do art. 1.425 do Código Civil, que serão abordados na seqüência.

Outras hipóteses de vencimento antecipado poderão ser convencionadas pelas partes, que não estão adstritas exclusivamente às situações colocadas no referido mandamento legal. É lícito, por exemplo, estabelecer que a superveniência de determinado evento ou de certa condição provocará a antecipação do vencimento, tornando imediatamente exigível o conteúdo creditício.

Desfalcada a garantia por deterioração (afetação física da integridade do bem, com diminuição de valor) ou depreciação (desvalorização econômica decorrente de fatores exógenos), assiste ao credor a faculdade de intimar o devedor para fins de reforço ou substituição da segurança. Uma vez intimado o credor com prazo razoável para agir, e nada sendo por ele feito para restabelecer o equilíbrio da garantia, considera-se antecipadamente vencida a dívida, podendo o credor promover a imediata excussão da garantia real (inciso I).

O vencimento antecipado da dívida acontece independentemente da causa geradora da deterioração ou da depreciação do bem dado em segurança, verificando-se mesmo quando originada de caso fortuito ou força maior. Porém, somente se dá a antecipação na hipótese de superveniente afetação da coisa, pois se deteriorada ou depreciada ao tempo da constituição do direito real, ou em data anterior, o credor não poderá reclamar de algo que contou com a sua aquiescência. Afinal, se aceitou as condições contratualmente estipuladas, não pode ao depois rebelar-se e pleitear reforço ou substituição da garantia.

Também haverá o mesmo fenômeno se o devedor cair em insolvência ou falir (inciso II). Previsão no mesmo sentido é feita pelo art. 751 do Código de Processo Civil, que diz ser efeito da declaração de insolvência do devedor o vencimento antecipado das suas dívidas. Há insolvência quando a extensão dos débitos de indivíduo não comerciante ultrapassam o valor dos bens que possui. Já a falência consiste na execução coletiva dos bens do devedor comerciante, objetivando apurar o ativo e solver o passivo em concurso a que acorrem todos os credores. Se o devedor que garantiu o cumprimento da obrigação por meio de ônus real cair em insolvência ou falir, a dívida vencerá antecipadamente, como medida de proteção aos interesses do credor. Cabe a este, então, habilitar seu crédito no concurso formado pelos demais interessados, a fim de obter a integral satisfação do crédito a partir da excussão dos itens patrimoniais do sujeito passivo.

A impontualidade no pagamento das prestações acaso avençadas entre os contratantes faz vencer incontinenti a totalidade da dívida (inciso III). Atestada a mora do devedor, o vencimento se dá independentemente do número de prestações que já houver satisfeito, tornando exigíveis as parcelas remanescentes. Tal resultado se produz mesmo que o inadimplemento diga respeito somente aos juros e demais encargos da dívida, pois ela normalmente é formada por outros elementos que não apenas a carga econômica principal.

Se o credor recebe a prestação atrasada, tacitamente está renunciando ao seu direito de imediatamente executar o crédito. Considera-se que ao assim proceder o credor abdica da faculdade originalmente prevista na lei e oportuniza ao sujeito passivo a regularização do cumprimento do dever jurídico assumido. Porém, se nova impontualidade for constatada posteriormente, a renúncia anterior em nada afetará a legitimidade do credor para executar antecipadamente o saldo restante, valendo-se do permissivo estatuído na norma legal.

O perecimento do bem onerado acarreta o desaparecimento do gravame, pois não há direito sem objeto. Assim, se um raio destrói a coisa móvel empenhada, poderá o titular da garantia exigir a sua substituição; não sendo feita no prazo demarcado ou naquele que for razoável, a dívida considerar-se-á vencida e será imediatamente exigível por inteiro, ou pelo saldo que houver (inciso IV).

A desapropriação também é causa de vencimento antecipado da dívida garantida pela coisa expropriada (inciso V), de vez que a alteração dominial assim promovida impede o acesso do credor ao bem para fins de excussão. Por isso, a garantia desaparece e a dívida se vence de forma antecipada, ficando o credor sub-rogado no montante pago a título de indenização, até o limite do seu crédito. Tal importância será depositada pelo expropriante ou diretamente pelo devedor à disposição do credor, para os fins explicitados.

Nos casos de perecimento da coisa dada em garantia, esta se sub-rogará na indenização do seguro, ou no ressarcimento do dano, em benefício do credor, a quem assistirá sobre ela preferência até seu completo reembolso (§ 1º do art. 1.425 do Código Civil). Se o bem onerado estiver coberto por seguro, o valor pago a título de indenização pelo segurador servirá para reembolsar o credor, até o limite do crédito, se o obrigado original não efetuar o pagamento ajustado.

Noutras palavras, ocorre a sub-rogação do credor no montante indenizatório pago pelo segurador, de maneira que a falta de imediato adimplemento da dívida antecipadamente vencida autoriza o sujeito ativo a cobrá-la por meio da retenção do valor da indenização securitária. O legislador atribuiu preferência ao credor sobre a importância da aludida indenização até o completo pagamento, exatamente com vistas a facilitar o seu acesso ao reembolso. Eventual saldo positivo que remanescer após a solução da pendência pertencerá ao devedor e a ele terá de ser entregue, por corresponder a excesso de garantia. A mesma solução tem lugar quando a coisa perece em razão de conduta culposa ou dolosa de terceiro. A indenização que por este for paga ao dono da coisa substituirá a garantia, ficando o credor sub-rogado no respectivo valor, de que obterá o reembolso do crédito se houver inadimplemento protagonizado pelo sujeito passivo.

Nas hipóteses de perecimento ou desapropriação, o vencimento antecipado da hipoteca somente ocorrerá se for atingido o bem dado em garantia, e se o direito real não abranger outros (§ 2º do art. 1.425 do Código Civil). Ficará caracterizada, então, a absoluta impossibilidade de conservação do gravame em proveito do credor, gerando o desfazimento da garantia e a antecipação do vencimento da dívida. Porém, se o perecimento ou a desapropriação recair sobre coisa onerada, mas houver outras abrangidas pelo direito real constituído, a garantia subsistirá em relação aos bens não desapropriados, ou destruídos. Remanescendo incólume parte das coisas oferecidas em segurança real do cumprimento da obrigação, é interessante ao credor a manutenção do gravame para fins de cobertura do crédito, caso venha a ser inadimplido o dever jurídico pelo sujeito passivo.

Nas hipóteses de vencimento antecipado da dívida, previstas no art. 1.425 do Código Civil, não se compreendem os juros correspondentes ao tempo ainda não decorrido (art. 1.426 da codificação). A lei se refere aos juros compensatórios, ou seja, àqueles devidos em virtude do tempo em que o capital alheio permaneceu à disposição do obrigado. Não diz respeito aos moratórios, que pressupõem o vencimento da dívida e o atraso no pagamento, fato que não se verifica porque o vencimento é antecipado. Logo, somente os juros consolidados até então, como acessório do principal, serão incorporados ao débito para fins de excussão da garantia real.

Com a antecipação do vencimento, o prazo originalmente demarcado pelas partes deixa de existir, motivo pelo qual jamais implementará o transcurso como pactuado. Assim, os juros que se integrariam ao débito no futuro deixam de existir como expectativa, haja vista o rompimento do *iter* primitivamente traçado pelas partes. Disso decorre a circunstância de que o credor somente poderá cobrar do sujeito passivo o capital e os juros já efetivamente devidos até a data do vencimento antecipado da obrigação, ficando frustrada a perspectiva de percepção daqueles juros cuja incorporação tinha como fundamento a fluência de todo o período contratual.

8.9. Outorga de garantia real por terceiro

Salvo cláusula expressa, o terceiro que presta garantia real por dívida alheia não fica obrigado a substituí-la, ou reforçá-la, quando, sem culpa sua, se perca, deteriore, ou desvalorize (art. 1.427 do Código Civil). O terceiro que presta garantia real por dívida alheia não enfrenta situação jurídica equivalente à do devedor principal que garante o próprio débito mediante constituição de gravame em favor do credor. Ele não se torna automaticamente co-devedor e nem fiador da obrigação, pois a segurança do cumprimento é exclusivamente a coisa oferecida. Afinal, o terceiro não integra a relação jurídica primitiva e nem pode ser considerado co-obrigado, avalista ou fiador, sendo mero interveniente. Vale dizer, assegura o cumprimento de obrigação alheia mediante constituição de ônus real sobre coisa de que é titular.

Tendo a garantia real sido ofertada por terceiro, o rigor da lei se ameniza no concernente às conseqüências da perda, deterioração ou desvalia da coisa onerada, desde que o evento depreciativo do conteúdo econômico da segurança não tenha sido desencadeado por culpa de quem a constituiu. Tanto é assim que o terceiro, verificada a presença das referidas circunstâncias e inexistindo cláusula expressa em sentido contrário, não fica obrigado a substituir ou reforçar a garantia quando, sem culpa sua, restar perdida, deteriorada ou experimentar desvalia. Cabe destacar também outro aspecto: se o produto da excussão for insuficiente à integral satisfação da dívida, o terceiro garantidor não responderá pelo saldo, ficando exonerado por inteiro. Restará ao sujeito ativo reclamar do devedor a apresentação de outra garantia, sob pena de vencimento antecipado da dívida.

A incidência da regra independe do fato de o ofertante da garantia ser juridicamente classificado como terceiro interessado, pois tanto este como o não interessado se beneficiam da norma pelo simples fato de inexistir culpa sua na depreciação da coisa alcançada em segurança do cumprimento do débito alheio. Embora a dívida continue firme e valiosa como inicialmente constituída entre as partes, a garantia que lhe era adjeta não mais existe, ou passa a funcionar sobre o remanescente economicamente útil.

Havendo culpa do terceiro na afetação da garantia, sua responsabilidade perante o credor reger-se-á pelos dispositivos comuns do ordenamento jurídico, ficando obrigado a cobrir com outros itens patrimoniais o valor do débito, até o limite econômico da garantia inicialmente prestada, na hipótese de inadimplemento protagonizado pelo devedor.

8.10. Insubsistência da cláusula comissória

Denomina-se *cláusula comissória* a previsão negocial que autoriza o credor a ficar com a coisa submetida a ônus real, como forma de satisfação da dívida inadimplida pela parte contrária no vencimento ajustado. Trata-se de expediente nulo, porque sujeita o devedor a eventuais caprichos e interesses escusos do credor. Este, aproveitando-se das circunstâncias e desejando a adjudicação do bem, poderia mais facilmente convencer o sujeito passivo a aceitar a inserção do pacto no corpo da contratação. Além desse aspecto puramente ético, haveria séria dificuldade jurídica no pertinente à avaliação da coisa, oportunizando novamente ao credor a imposição da sua vontade contra a parte adversa, a quem o contexto fático (problemas financeiros, necessidade de numerário para tratamento de saúde, etc.) acaso oprima.

Nessa linha de raciocínio, existiria fundada dúvida quanto ao valor pelo qual se repassaria o bem ao credor como meio de solução do débito. Seria aquela importância indicada no contrato, o preço de mercado ou montante diverso fixado pelo juízo? O *caput* do art. 1.428 do Código Civil, antevendo tais dificuldades, preconiza: "*É nula a cláusula que autoriza o credor pignoratício, anticrético ou hipotecário a ficar com o objeto da garantia, se a dívida não for paga no vencimento*". Então, resta patente o acerto do legislador ao vedar a inclusão do ajuste comissório nas contratações relativas aos direitos reais de garantia, mormente porque preserva a lisura procedimental das partes e resguarda os interesses econômicos em disputa. A citada nulidade diz respeito apenas à cláusula cuja inclusão no contrato é vedada; os demais elementos da avença permanecem íntegros e não sofrem qualquer interferência.

Não satisfeita a dívida no vencimento, admite-se que o devedor entregue em pagamento a coisa submetida ao gravame, desde, por óbvio, que haja concordância do credor. É o que estabelece o parágrafo único do art. 1.428 do Código Civil. Não há qualquer contradição no permissivo, pois a intenção do legislador é de impedir a tomada unilateral do bem pelo credor como decorrência contratual e automática do inadimplemento, situação potencialmente geradora de desigualdades e abusos. Porém, se a livre vontade do devedor indicar a conveniência da dação da coisa onerada em cumprimento da obrigação vencida, nada impede que assim proceda. O requisito básico disso é o vencimento da dívida, sendo vedado ao sujeito passivo promover o repasse do bem antes do aludido marco temporal, de vez que tal procedimento entraria em choque com o conteúdo do *caput* e caracterizaria avença comissória por via tranversa.

É viável reconhecer a existência de cláusula dessa natureza ainda que ocultada em convenção de natureza diversa. É o que acontece, por exemplo, quando alguém toma empréstimo e, em garantia não declarada expressamente, mas que se efetiva em ajuste autônomo, transmite imóvel por meio de contrato dotado de cláusula de retrovenda. Por ela, o vendedor pode reservar-se o direito de recobrar o bem no prazo máximo de decadência de três anos, restituindo o preço recebido e reembolsando as despesas do comprador (art. 505 do Código Civil). Ocorre que o suposto adquirente nada paga pelo imóvel, já que a compra e venda não passa de simulação em que ele assegura o reembolso do montante emprestado ao pólo adverso pela inserção da cláusula de retrovenda. O valor devido pelo mutuário, então, está infiltrado na indigitada venda, de modo que se não houver resgate o imóvel ficará definitivamente com o mutuante. Essa operação é ilegal e evidencia a aposição de cláusula comissória, gerando nulidade absoluta.

Adotando posicionamento uniforme, o legislador também determina igual solução de insubsistência na hipótese de propriedade fiduciária, estabelecendo, no art. 1.365 do Código Civil ser nula a cláusula que autoriza o proprietário fiduciário a ficar com a coisa alienada em garantia, se a dívida não for paga no vencimento.

8.11. Responsabilidade pelo saldo da dívida

Quando, excutido o penhor, ou executada a hipoteca, o produto não bastar para pagamento da dívida e despesas judiciais, continuará o devedor obrigado pessoalmente pelo restante (art. 1.430 do Código Civil). A transformação da garantia real em recursos pecuniários capazes de satisfazer o crédito do sujeito ativo acontece por intermédio da excussão do penhor ou da execução da hipoteca, que em sua etapa final envolvem a oferta da coisa em leilão ou hasta pública, conforme seja, respectivamente móvel ou imóvel.

O produto arrecadado será entregue ao credor até o limite capaz de extinguir a obrigação. Caso não baste para o pagamento de toda a dívida e das despesas judiciais (custas processuais, honorários periciais, taxas, etc.), o sujeito ativo continuará sendo credor pelo remanescente. O quadro, porém, sofre profunda alteração, pois o crédito deixa de ser sustentado pela garantia real. Esta desaparece com a venda da coisa onerada, de maneira que o crédito ainda não satisfeito terá caráter eminentemente pessoal e quirografário, devendo ser buscado no patrimônio do devedor algum bem livre e desembaraçado que esteja apto a suportar penhora e posterior oferecimento ao público para captação de novos recursos pecuniários.

A execução do saldo será feita nos mesmos autos em que se processou a transformação da garantia real em pecúnia, sendo dispensável o ajuizamento de nova lide. O devedor será intimado, então, para que pague o valor pendente, sob pena de realização de nova penhora sobre os bens que, livres e desembaraçados, integrem o seu acervo patrimonial.

Capítulo 9

DO PENHOR

9.1. Conceito e características

Penhor é o direito real que recai sobre coisa móvel ou mobilizável suscetível de alienação, pertencente ao devedor ou a terceiro, que a transforma em garantia do cumprimento de uma dívida. Móveis são as coisas suscetíveis de deslocamento no espaço por força humana ou vital (veículos, mobiliário residencial, animais, etc.); mobilizáveis, as que serão passíveis de colocação em movimento ou circulação em algum instante posterior, embora circunstancialmente imobilizadas em virtude da lei ou do contexto em que inseridas (colheitas pendentes, lavouras em formação, etc.).

Como direito real, o penhor onera a coisa e a vincula diretamente ao adimplemento do dever jurídico assegurado. Os atributos da seqüela e da ambulatoriedade permitem que o credor busque a coisa com quem estiver. Ademais, ele tem preferência no recebimento do montante arrecadado com a venda do bem, uma vez feita a excussão com observância do processo legal atinente à espécie.

O *caput* do art. 1.431 do Código Civil dispõe: *"Constitui-se o penhor pela transferência efetiva da posse que, em garantia do débito ao credor ou a quem o represente, faz o devedor, ou alguém por ele, de uma coisa móvel, suscetível de alienação"*. Tradição é a passagem de uma coisa do patrimônio de certa pessoa para o de outra. Quando acompanhada do ânimo de alienar, ocasiona a alteração da titularidade e faz com que a parte receptora se torne proprietária; ausente o citado elemento anímico, provoca efeitos diversos da alienação. O penhor depende, para sua regular formação, da ocorrência da *traditio*, com efetiva — e não meramente simbólica — entrega da posse da coisa pelo devedor ao credor pignoratício ou a quem o represente. Ao depois, quando solvido o débito, será trilhado o caminho inverso, com retorno da coisa ao legítimo proprietário.

Excepcionando a regra geral contida no *caput*, o parágrafo único estabelece que em certas modalidades de penhor, por força da chamada *cláusula constituti*, a coisa permanece sob a posse do devedor depois de gerado o gravame. Durante o período em que isso ocorrer, ele permanecerá na condição de depositário e terá as obrigações discriminadas no art. 1.435 do Código Civil, que serão analisadas oportunamente. O parágrafo único do art. 1.431 da codificação preconiza: *"No penhor rural, industrial, mercantil e de veículos, as coisas empenhadas continuam em poder do devedor, que as deve guardar e conservar"*. Tal solução justifica-se em razão da importância de permitir ao sujeito passivo que continue explorando as utilidades econômicas da coisa, inclusive porque isso facilita a obtenção de recursos para a solução do débito. Ademais, o permissivo evita que sejam impostos ao devedor os naturais transtornos que a transferência da posse geralmente ocasiona, privando-o do uso e da fruição. Portanto, no penhor especial a coisa permanecerá sob o poder do sujeito passivo até a extinção do direito real pelo cumprimento do dever jurídico, ou até que sobrevenha a excussão por inadimplemento.

Além das características já elencadas, o penhor apresenta ainda outras facetas: a) tem caráter acessório, pois objetiva assegurar o cumprimento da obrigação a que adere, seguindo-lhe a sorte. Como o acessório acompanha o principal, se a obrigação desaparecer (pagamento, prescrição, etc.) a garantia também fenecerá. Porém, o inverso não é verdadeiro, pois a extinção da garantia (perecimento da coisa, renúncia do credor, etc.) conserva intacto o dever jurídico original; b) é indivisível, não se admitindo a liberação parcial dos bens onerados, salvo previsão contratual em contrário. Inexistindo esta, somente com a total solução da dívida acontece a liberação, ainda que a garantia seja composta por coisas divisíveis e mesmo que o débito se mostre suscetível de fracionamento; c) não admite cláusula comissória, sendo nula a inserção de avença contratual que permita ao credor adjudicar para si a coisa se o débito restar inadimplido. Cuida-se de medida de proteção às relações interpessoais, evitando indevidas pressões e artifícios. Todavia, é lícito ao devedor, após o vencimento da dívida e mediante aquiescência do credor, dar em pagamento a própria coisa que fora empenhada.

9.2. Aspectos formais da constituição

Já se disse que o penhor é constituído pela entrega da coisa ao credor, ressalvadas as hipóteses expressamente indicadas na lei. É preciso, observar, agora, que o art. 1.432 do Código Civil determina o registro do instrumento do penhor, por iniciativa de qualquer dos contratantes. Afirma, também, que o penhor comum será registrado no Cartório de Títulos e Documentos, circunstância reforçada pelo teor do art. 127, II, da Lei n. 6.015/73. No caso de penhor especial rural, a medida se realizará no Cartório de Registro de Imóveis de localização do bem empenhado (Lei 6.015/73, art. 167, I, n. 15), do que resulta a sua oponibilidade *erga omnes*. Como se percebe, o contrato que institui o ônus real é solene, haja vista a necessidade inafastável de formalização escrita.

O penhor pode ser constituído por instrumento público ou particular, independentemente do valor da obrigação garantida ou da coisa empenhada. O registro do instrumento é providência integrante da própria criação do direito real, de maneira que não existirá penhor sem a adoção dessa medida por qualquer dos contraentes. A falta de registro faz vigorar entre as partes, por força do instrumento firmado, mero direito de natureza pessoal ou obrigacional. Afora a relevância que tem no aspecto constitutivo do direito real, o registro confere ao negócio jurídico oponibilidade *erga omnes*, tornando-o de obrigatória observância e respeito por terceiros. Trata-se de iniciativa passível de adoção unilateral, não se exigindo a participação de ambas as partes, pois tanto a uma como a outra é facultado, depois de confeccionado o instrumento de penhor, levá-lo a registro perante o órgão competente.

O instrumento, sob pena de ineficácia, deverá conter os elementos apontados no art. 1.424 do Código Civil, a saber: I – o valor do crédito, sua estimação, ou valor máximo; II – o prazo fixado para pagamento; III – a taxa dos juros, se houver; IV – o bem dado em garantia com as suas especificações. Todos eles visam à perfeita discriminação da coisa e da relação jurídica, permitindo, assim, delimitar rigorosamente o vínculo e as suas particularidades. Cabe asseverar que o art. 585, III, do Código de Processo Civil, atribui ao contrato de penhor a qualidade de título executivo extrajudicial; mas isso, logicamente, depende do preenchimento de todos os requisitos formais de produção da avença.

A descrição do objeto empenhado deve ser suficiente para estremá-lo de outros semelhantes. Tratando-se de coisa infungível, elementos como a numeração, as características físicas essenciais e o número do registro são relevantes para se alcançar o fim colimado. Sendo hipótese de coisa fungível, basta a indicação do gênero e da quantidade, pois assim já estará encaminhada de maneira suficiente a discriminação do objeto. A falta de menção a caracteres básicos de identificação, tornando inviável saber qual é o bem empenhado, faz insubsistente a garantia.

9.3. Direitos do credor pignoratício

O art. 1.433, nos seus diversos incisos, aponta os direitos do credor pignoratício, o que não impede que outros sejam fixados por meio de acordo entre as parte celebrantes ou decorram das circunstâncias do gravame. Sob o prisma normativo, as faculdades e as obrigações emergentes do penhor são distribuídas com equilíbrio entre as partes. É perceptível essa correlação, exatamente com vistas à constituição de um direito real robusto e proveitoso. O legislador ocupou-se primeiramente com a listagem dos direitos pertinentes ao credor pignoratício, embora outros defluam, em caráter genérico, das demais normas que compõem a disciplina do instituto.

O direito à posse da coisa empenhada (inciso I) é dos mais relevantes, por representar, em derradeira análise, o próprio elemento de geração do penhor, que se perfectibiliza com a tradição. Ressalvadas as exceções mencionadas expressamente na lei, o penhor tem seu exato momento constitutivo na *traditio*. Por intermédio dela, o devedor transmite a posse direta da coisa empenhada ao credor, conservando consigo apenas a posse indireta, cujo conteúdo se traduz basicamente na perspectiva de retomar o pleno estado possessório depois de satisfeita a dívida garantida. No penhor a tradição é real, não se contentando o legislador com a simples operação ficta; assim, a coisa efetivamente passa da esfera jurídica do sujeito passivo para a do credor, ficando este obrigado a conservá-la e guardá-la como se dono fosse. Solvido o débito, incumbirá ao credor promover a imediata restituição da coisa ao proprietário ou a quem, não sendo dono, empenhou-a.

O credor tem o direito de defender a posse da coisa contra terceiros, seja em juízo ou pelo desforço imediato, iniciativa que aproveita também aos interesses do devedor, titular da posse indireta. Aliás, as defesas da posse estão ao alcance de qualquer das partes em relação a terceiros, porque ambos conservam atributos possessórios consigo, embora cada qual dotado de peculiaridades diversas. A reivindicação é outra medida ao alcance dos contraentes, destinada à busca da coisa junto a quem quer que injustamente a tenha. Cabe destacar, ainda, que o credor pignoratício pode defender a posse inclusive contra o devedor, se por este for molestado no exercício das prerrogativas asseguradas pelo ordenamento jurídico.

Outro direito alcançado ao credor pignoratício é o de reter a coisa, até que o indenizem das despesas devidamente justificadas, que tiver feito, não sendo ocasionadas por culpa sua (inciso II). O *jus retentionis* é reconhecido como medida apta a assegurar a indenização das despesas feitas na guarda e conservação da coisa, desde que devidamente provadas em sua existência e justificadas no conteúdo. A posse exercida pelo credor pignoratício não o autoriza a usar a coisa segundo a destinação natural que tiver; destarte, afigura-se injusto imputar ao sujeito ativo a obrigação de arcar com as despesas feitas para guardá-la e conservá-la em nome do devedor. Gastos como custódia de jóias e objetos de arte, manutenção de veículos e taxas de depósito são de responsabilidade final do devedor, podendo o credor pleitear o reembolso dos dispêndios realizados a esse título. Porém, se por culpa houver dado causa à geração das despesas, não terá direito algum à indenização, como acontece, *v. g.*, no caso de o devedor não adotar as cautelas necessárias e o veículo empenhado sofrer avarias na garagem em que estava.

Também é lícito ao credor pleitear o ressarcimento do prejuízo que houver sofrido por vício da coisa empenhada (inciso III). Como dito, a tradição da coisa é elemento integrante da constituição regular do penhor. Todavia, ela não transfere ao credor qualquer responsabilidade sobre os prejuízos que vierem a ocorrer em virtude da posse direta recebida, eis que desta não decorrem proveitos de uso e fruição, funcionando apenas como fator de segurança do crédito. Por isso, cabe ao devedor indenizar os prejuízos que a parte adversa houver sofrido por vício ou defeito oculto da coisa empenhada, tais como os relacionados à moléstia transmitida ao rebanho alheio pelo animal empenhado que foi entregue ao credor pignoratício. Observe-se, porém, que a exigibilidade do ressarcimento depende de que o vício ou defeito gerador do prejuízo seja oculto; perceptível ao sujeito ativo, não se lhe permite reclamar posteriormente, pois já alertado de antemão acerca da possibilidade de ocorrência de percalços.

É atribuído ao credor a prerrogativa de promover a execução judicial, ou a venda amigável, se lhe permitir expressamente o contrato, ou lhe autorizar o devedor mediante procuração (inciso IV). O inadimplemento da dívida enseja, portanto, a excussão da garantia pignoratícia, para apuração de recursos que serão utilizados no cumprimento do dever jurídico convencionado. A venda extrajudicial ou amigável da coisa somente se admite em duas hipóteses: a) existindo cláusula autorizadora expressa no instrumento contratual; b) se o devedor, posteriormente à celebração da avença, outorgar poderes especiais ao credor por meio de procuração, autorizando-o a promover a venda. Como regra geral, a alienação é feita dentro do processo executivo, mesmo porque nele há maior possibilidade de acompanhamento de ambas as partes, prevenindo controvérsias capazes de procrastinar o deslinde da questão.

Sempre é relevante destacar a nulidade da inserção de cláusula comissória (art. 1.428 do Código Civil), que permite ao credor tornar-se dono da coisa na hipótese de inadimplemento da obrigação garantida. Logo, o procedimento de venda, judicial ou não, é ocorrência imperiosa. E, pelas razões já expendidas, relacionadas à prevenção contra fraudes e proveitos indevidos, resta evidente a impossibilidade de que na venda amigável o próprio credor adquira o bem. Contudo, na excussão judicial lhe é facultado adjudicar o bem, desde que atendidas as formalidades legais. Em qualquer das hipóteses, se existir saldo positivo depois de satisfeita a dívida, será o mesmo entregue ao devedor, pois do contrário haveria enriquecimento sem causa do sujeito ativo.

É direito do credor pignoratício apropriar-se dos frutos da coisa empenhada que se encontra em seu poder (inciso V). Os que advierem da coisa ao longo do tempo de exercício da posse direta lhe pertencerão, ocorrendo o mesmo em relação aos frutos pendentes ao tempo do início da posse. Os que penderem no momento da restituição da coisa caberão ao devedor pignoratício, na condição de proprietário que retoma a posse plena do bem e a conseqüente faculdade de auferir-lhe os proveitos. Pelos frutos produzidos durante o período em que a coisa se encontra em seu poder, o credor pignoratício tem de prestar contas na forma do art. 1.435, III, do Código Civil, para fins de imputação do respectivo valor nas despesas elencadas naquele dispositivo (despesas de guarda e conservação, juros e capital, sucessivamente). Admite-se, em atenção ao princípio da autonomia da vontade, que as partes modifiquem a ordem da referida imputação prevista naquela norma, fazendo, por exemplo, com que antes se amortize o capital e depois os juros da dívida.

Por fim, pode o credor promover a venda antecipada, mediante prévia autorização judicial, sempre que haja receio fundado de que a coisa empenhada se perca ou deteriore, devendo o preço ser depositado. O dono da coisa empenhada pode impedir a venda antecipada, substituindo-a, ou oferecendo outra garantia real idônea (inciso VI). Nada obsta que o penhor recaia sobre coisas submetidas a risco de perecimento em certo tempo, como é o caso dos cereais e dos semoventes. Tal perigo não é assumido pessoalmente pelo credor, pois a seu cargo fica apenas a guarda e a conservação, mesmo sabendo desde o princípio que o fluir do tempo poderia acarretar prejuízos à coisa submetida ao gravame.

A venda antecipada visa a preservar o conteúdo econômico da garantia e resguardar o devedor de eventuais prejuízos. Caso reste autorizada a alienação, o sujeito ativo é obrigado a depositar em juízo o preço apurado, que substitui a coisa na condição de segurança do cumprimento da obrigação a que se atrela o direito real. Noutras palavras, o credor pignoratício tem, no valor auferido com a venda, a garantia que anteriormente se materializava na coisa.

Desejando evitar a venda da coisa empenhada, pode o devedor impedir a consumação do negócio mediante oferta de outro item patrimonial em substituição do originalmente gravado. Também é possível evitar a alienação por intermédio da oferta de outra garantia real idônea (hipoteca, anticrese, etc.), pois então o credor continua protegido contra futuro inadimplemento da obrigação contraída pelo sujeito passivo. Impedir a venda é direito do devedor, não ficando na dependência do consentimento da parte contrária. Todavia, para que a alienação seja obstaculizada faz-se necessária a manutenção da mesma qualidade da segurança primitiva, de modo que o valor da coisa oferecida em substituição, ou da outra garantia real apresentada, tenha equivalência com a expressão econômica do penhor como originalmente constituído.

O credor não pode ser constrangido a devolver a coisa empenhada, ou uma parte dela, antes de ser integralmente pago, podendo o juiz, a requerimento do proprietário, determinar que seja vendida apenas uma das coisas, ou parte da coisa empenhada, suficiente para o pagamento do credor (art. 1.434 do Código Civil). Uma das mais contundentes características dos direitos reais de garantia é a indivisibilidade. O penhor não destoa disso, ficando assegurada ao credor a posse direta da coisa onerada até a total satisfação do débito. Ao sujeito passivo não é dado exigir a restituição total ou parcial da coisa empenhada sem antes solver a pendência. Tal solução se aplica ainda que vários sejam os bens empenhados em segurança da mesma obrigação, vedando-se ao devedor reclamar a devolução de certos itens sob o pretexto da ocorrência de amortização.

A venda de apenas uma das coisas empenhadas, ou de parte de certo bem, reclama que a medida seja capaz de cobrir por inteiro a dívida. Daí a necessidade de que haja prévia autorização do juiz, a quem caberá analisar as circunstâncias do pretendido evento. Tal solução, quando viável, tem por finalidade ensejar a restituição, ao proprietário, de tudo o que não for necessário para a cobertura do débito inadimplido. Se a venda de uma das várias coisas oneradas for bastante à satisfação completa do credor, inexistem motivos plausíveis para estender aos outros itens a alienação. Ademais, a autorização judicial de venda pode abreviar o tempo de espera do sujeito ativo pelo recebimento do crédito, servindo também para mais rapidamente liberar o devedor e a fração excedente dos itens empenhados.

9.4. Deveres do credor pignoratício

O art. 1.435 do Código Civil discrimina, em diversos incisos, os principais deveres do credor pignoratício. Isso não impede que outros incidam na relação jurídica entabulada, seja como decorrência da lei ou como resultado da vontade das partes celebrantes, quando expressamente dispuserem acerca de obrigações não previstas diretamente pelo legislador.

Em primeiro lugar, o credor é obrigado à custódia da coisa, como depositário, e a ressarcir ao dono a perda ou deterioração de que for culpado, podendo ser compensada na dívida, até a concorrente quantia, a importância da responsabilidade (inciso I). A situação jurídica do credor pignoratício ao receber a posse direta da coisa empenhada é de depositário, sujeitando-se, portanto, a todas as vantagens e encargos correspondentes. Cabe-lhe a custódia da coisa, ou seja, a dispensa de tratamento equivalente ao que seria dado pelo proprietário, ficando obrigado a protegê-la de todas as influências potencialmente perigosas à sua integridade.

Deixando de adotar as medidas necessárias ao resguardo da coisa, ou tomando qualquer atitude incompatível com a condição de depositário (*v. g.*, não apresentar o bem quando regularmente instado), o credor pignoratício poderá inclusive ser alvo de prisão civil durante o tempo estabelecido pelo juízo com base na lei, ou até que a causa geradora da medida deixe de existir. Ainda que haja posicionamentos divergentes a esse respeito, a equiparação legal da situação do credor à do depositário não permite ilidir a perspectiva de prisão civil no caso de verificada a infidelidade do sujeito quanto ao dever de guarda. É bem verdade que nem todas as normas do depósito se aplicam à espécie, mas apenas aquelas que tiverem compatibilidade com o instituto. Daí que, por exemplo, a obrigação de restituir a coisa imediatamente, tão logo reclamada (art. 633 do Código Civil), não se aplica ao credor pignoratício, já que a restituição do bem só ocorrerá depois da integral satisfação do débito garantido. No tocante à prisão civil, todavia, há notória compatibilidade entre a previsão normativa referente ao depósito e aquela direcionada ao sujeito ativo do penhor.

Além das considerações tecidas, é importante observar que, agindo com culpa na provocação da perda ou deterioração da coisa onerada, o credor tem de indenizar cabalmente o dono, reembolsando-lhe o valor da depreciação econômica apurada. O ressarcimento admite duas formas: a) pagamento direto e em espécie feito pelo culpado ao proprietário da coisa; b) compensação entre a dívida garantida pelo penhor e a importância da responsabilidade, até onde se alcançarem.

O credor pignoratício é obrigado à defesa da posse da coisa empenhada e a dar ciência, ao dono dela, das circunstâncias que tornarem necessário o exercício de ação possessória (inciso II). Tanto o credor pignoratício (titular da posse direta no penhor comum) como o devedor (investido na posse indireta) têm legitimidade para promover a defesa da posse contra terceiros que a molestarem. Quanto ao penhor especial, em que a posse fica integralmente com o devedor, é deste a obrigação de proteger a posse da coisa. No que concerne à relação contratual interna, o possuidor direto tem a prerrogativa de defender o estado possessório até mesmo contra o proprietário, eis que o liame jurídico estabelecido autoriza o credor a ficar com o bem enquanto vigente o direito real.

Face à referida legitimidade, e tendo em vista a condição de depositário assumida pelo credor pignoratício, a atuação deste na defesa da posse contra terceiros não é apenas uma faculdade, mas sim um dever imposto pela lei. Afinal, a sua qualidade jurídica o obriga a atuar na proteção da posse, haja vista o seu próprio interesse e, principalmente, o direito do titular da coisa onerada. Para tanto, pode valer-se das ações possessórias e inclusive do desforço imediato.

Além de estar obrigado a defender a posse da coisa empenhada, o credor tem de dar ciência ao devedor acerca das circunstâncias que acaso tornarem necessária a interposição de demanda possessória. Isso porque a relação direta do sujeito ativo com o bem o coloca em posição privilegiada frente aos acontecimentos, de maneira que a imposição do dever de cientificar a parte contrária tem por objetivo viabilizar a adoção das medidas possessórias cabíveis também pelo devedor, que, como proprietário, tem vital interesse na defesa da posse.

Também se impõe ao credor pignoratício a obrigação de imputar o valor dos frutos, de que se apropriar nas despesas de guarda e conservação, nos juros e no capital da obrigação garantida, sucessivamente (inciso III). Embora se aproprie imediatamente e em definitivo dos frutos produzidos pela coisa ao longo do período de duração do penhor, o sujeito ativo é obrigado a abater do respectivo valor os créditos que tiver em razão das despesas de guarda e conservação, dos juros e do capital da obrigação garantida. A ordem de imputação é exatamente esta, salvo expressa previsão convencionada em sentido diverso, de modo que haverá encontro entre as contas das partes, com apuração de saldo em favor de uma delas e dever de indenização a tal título, se for o caso. Como denota o conteúdo da norma, a percepção dos frutos pelo credor pignoratício, admitida pelo art. 1.433, V, do Código Civil, não constitui vantagem gratuitamente alcançada à parte, mas sim item de conteúdo patrimonial sujeito à imputação determinada pelo legislador.

Incumbe ao credor, também, restituir a coisa, com os respectivos frutos e acessões, uma vez paga a dívida (inciso IV). Uma das principais obrigações do sujeito ativo é de restituir a coisa no mesmo estado em que a recebeu assim que for solvida a dívida, ressalvadas as depreciações naturais verificadas sem culpa. Caso não cumpra essa regra básica, poderá a parte contrária acioná-lo judicialmente com vistas à recuperação da posse. Por outro lado, é direito do credor pignoratício a percepção dos frutos produzidos pelo bem, enquanto estiver em seu poder. Porém, os frutos pendentes ao tempo da finalização do gravame pertencem ao proprietário da coisa e têm de ser a ele restituídos tão logo efetuado o pagamento da dívida. Isso porque o *dies a quo* do penhor marca também o término do exercício dos atributos decorrentes da posse direta contratualmente transmitida, fazendo com que as partes retornem ao estado anterior. O proprietário, por óbvio, volta a exercer os atributos relativos ao domínio pleno, nisso incluída a apropriação dos frutos. No concernente àqueles percebidos durante a vigência do ônus real a situação é diferente, haja vista expressa disposição normativa no sentido de que cabem ao credor e são alvo de imputação com as verbas referidas no inciso III da mesma regra.

As acessões não podem ser consideradas frutos ou produtos, mas sim acréscimos advindos à substância da coisa em razão de forças naturais ou de atividades humanas. Em ambas as hipóteses pertencem ao proprietário da coisa, tendo de ser restituídas pelo credor pignoratício quando satisfeita a dívida. O sujeito ativo não pode apropriar-se das acessões para depois imputar o respectivo valor em créditos relativos a despesas de guarda e conservação, juros e capital da obrigação garantida, pois tal solução aplica-se apenas à importância correspondente aos frutos percebidos pelo credor pignoratício durante a vigência do gravame.

Finalmente, cabe ao credor entregar o que sobeje do preço, quando a dívida for paga, no caso do inciso IV do art. 1.433 (inciso V). Promovida a execução judicial, ou a venda amigável contratualmente permitida ou posteriormente autorizada pelo devedor, o credor pignoratício fica obrigado a entregar à parte contrária o que remanescer do preço, após satisfeito o crédito e abatidos os valores mencionados na lei (despesas de conservação e guarda, gastos judiciais, etc.). O direito do credor limita-se única e rigorosamente ao que consta do título constitutivo, não podendo estendê-lo para além disso, sob pena de verificar-se locupletamento ilícito e delito de apropriação indébita.

9.5. Direitos e deveres do devedor pignoratício

O Código Civil dedicou normas específicas à disciplina dos direitos e deveres do credor pignoratício (arts. 1.433 a 1.435), mas silenciou quanto ao tema no que diz respeito ao devedor. Contudo, é certo que das faculdades conferidas ao credor emanam, em contrapartida, imposições ao devedor, assim como as obrigações daquele suscitam prerrogativas em favor deste. Logo, é possível, em breve incursão, arrolar os direitos e os deveres do sujeito passivo da relação pignoratícia.

Tomando por base o art. 1.433 do Código Civil, verifica-se que ele tem os seguintes deveres: a) respeitar o exercício possessório cabível ao credor, no penhor comum; b) indenizar as despesas justificadas pelo credor, desde que este não as tenha culposamente originado; c) ressarcir o prejuízo que o credor houver sofrido por vício da coisa; d) substituir ou reforçar a garantia na hipótese de perda ou deterioração do bem empenhado; e) não vender a coisa empenhada sem prévia autorização do credor.

Semelhante raciocínio, mas agora levando em conta o art. 1.435 do Código Civil, permite entrever os direitos do devedor pignoratício: a) manter a coisa consigo e usá-la segundo a sua destinação ordinária, no penhor especial; b) defender a posse da coisa empenhada contra terceiros ou mesmo contra o credor, no caso de ameaça, turbação ou esbulho, reavendo-a de quem injustamente a tenha; c) no penhor comum, retomar a coisa empenhada, com os frutos e acessões que lhe corresponderem, tão logo satisfeita a dívida e solvidos os respectivos encargos; d) reclamar a indenização dos danos causados culposamente ao bem pelo credor.

9.6. Do penhor rural

9.6.1. Bipartição do penhor rural

O penhor rural se biparte em agrícola e pecuário, tratando-se de modalidade especial idealizada pelo legislador para facilitar a realização de negócios jurídicos protegidos por garantia real sem que o devedor seja submetido à transferência da posse da coisa ao credor. Permanecendo com o objeto, o devedor tem a possibilidade de empregá-lo na geração de receita capaz de satisfazer a dívida, ao mesmo tempo em que mantém o aproveitamento econômico do patrimônio pessoal. Aliás, a conservação da posse da coisa com o devedor é característica principal do penhor rural, peculiaridade que o diferencia da modalidade comum e em alguns aspectos o aproxima da hipoteca.

Cabe destacar que nessa espécie de penhor não há bifurcação da posse em direta e indireta, já que tanto o direito como o exercício a ela correspondentes se mantêm com o sujeito passivo. A maior incidência do penhor rural diz respeito a coisas como colheitas e frutos pendentes, animais de tração, corte ou leite, culturas agrícolas em geral, máquinas e implementos agrícolas, tratores, colheitadeiras e assim por diante. O instituto foi idealizado para abarcar coisas móveis e também muitas daquelas juridicamente consideradas imóveis por acessão física e intelectual, por se incorporarem natural ou artificialmente ao solo (art. 79 do Código Civil).

A obrigação cujo cumprimento é assegurado por penhor rural deve, necessariamente, guardar correlação com a exploração agrícola ou pecuária, sob pena de nulidade da garantia. Assim, os financiamentos para o plantio de lavouras ou para a aquisição de animais de corte podem ser garantidos por essa modalidade de penhor, ao contrário do que se verifica na hipótese de obrigações comuns, *v. g.*, para compra da casa própria.

O *caput* do art. 1.438 do Código Civil estabelece: *"Constitui-se o penhor rural mediante instrumento público ou particular, registrado no Cartório de Registro de Imóveis da circunscrição em que estiverem situadas as coisas empenhadas"*. É livre a opção pelo escrito público ou particular, independentemente do valor da obrigação garantida e da coisa empenhada. Não há necessidade de outorga conjugal, seja qual for o regime de bens, haja vista o exclusivo envolvimento de bens móveis na relação. À confecção do instrumento segue-se o seu registro perante o Cartório de Registro de Imóveis da zona em que estiverem situadas as coisas empenhadas, que por equiparação legal são circunstancialmente consideradas imóveis. O registro é providência destinada a tornar oponível o negócio jurídico contra terceiros, mas também funciona como elemento de criação do direito real entre as partes; faltando, não haverá penhor, mas simples direito de caráter pessoal ou obrigacional.

Prometendo pagar em dinheiro a dívida, que garante com penhor rural, o devedor poderá emitir, em favor do credor, cédula rural pignoratícia, na forma determinada em lei especial (parágrafo único). A emissão de cédula rural pignoratícia pelo devedor permite que o crédito rural tenha notável capacidade de circulação, fazendo-o mais útil e economicamente interessante ao sujeito ativo, haja vista a possibilidade de negociá-lo com terceiros e transferi-lo mediante simples endosso em preto. Ademais, a aceitação desse título de crédito é bem maior do que a dos títulos comuns, porque encontra lastro em garantia real (no caso, o penhor rural), levando tranqüilidade ao terceiro a quem se o repassa. Pressuposto básico da emissão de cédula rural pignoratícia é que tenha sido convencionado pelas partes contratantes do penhor o pagamento da respectiva dívida em dinheiro, pois somente assim o liame jurídico adquire efetiva negociabilidade. Saliente-se, contudo, que o penhor rural devidamente registrado no Cartório de Registro de Imóveis constitui direito real independentemente da inscrição de cédula rural pignoratícia, cuja emissão não é obrigatória, mas sim facultativa.

O penhor comum não sofre limitação de tempo no que diz com a sua duração, via de regra subsistindo enquanto existente a obrigação cujo cumprimento assegura. Podem as partes convencioná-lo por prazo certo, mas isso não acontece com freqüência. Afinal, a extinção da garantia antes do adimplemento da obrigação a que adere torna potencialmente arriscada a aceitação, pelo sujeito ativo, de penhor constituído com tempo exato de duração. Todavia, em se tratando de penhor agrícola e penhor pecuário o legislador estabelece limite de permanência da garantia no tempo. É o que consta do *caput* do art. 1.439 do Código Civil. Assim, o primeiro deles somente admite convenção por, no máximo, três anos; o segundo, por quatro anos. A prorrogação do prazo de vigência da garantia pignoratícia é admitida uma só vez, por período máximo igual ao do gravame original. Ao prorrogarem a garantia as partes somente poderão fazê-lo por tempo igual ao adotado quando da avença primitiva.

Assim como a constituição do penhor rural se dá com o registro do respectivo instrumento junto ao Cartório de Registro de Imóveis, a prorrogação da sua vigência também tem de ser levada a registro, com averbação à margem da inscrição primitiva (§ 2º). A medida confere à avença oponibilidade contra terceiros, podendo ser efetivada por meio de requerimento endereçado ao Cartório de Registro de Imóveis por qualquer dos contratantes, acompanhado do instrumento de prorrogação.

Embora limitada no tempo, a duração do penhor rural não é necessariamente definida pelo prazo fixado quando da contratação. Mesmo vencido o lapso temporal inserido no contrato, o penhor permanecerá em vigor enquanto subsistirem os bens que constituem a garantia (§ 1º).

A existência de hipoteca sobre determinado prédio não impede que os bens nele encontrados sejam submetidos a penhor rural, ainda que incluídos na segurança hipotecária. A constituição desse gravame independe de prévia autorização do credor da hipoteca (art. 1.440 do Código Civil), porque expressamente resguardado pelo legislador o seu direito de preferência na execução, de modo que o crédito relativo ao penhor somente será satisfeito depois de efetuado o pagamento da dívida hipotecária. A superveniência de penhor rural sobre coisas ligadas ao prédio hipotecado não restringe e nem limita a extensão da garantia hipotecária, que incide sobre o imóvel e tudo quanto mencionado no título.

Disso resulta que a segurança conferida ao credor pignoratício não colide com os interesses do sujeito ativo do vínculo hipotecário preexistente, cabendo a cada um deles reclamar participação nos correspondentes âmbitos de abrangência das garantias reais de que são titulares. Porém, a prelação ou preferência é do credor hipotecário, sendo em primeiro lugar satisfeito o respectivo crédito, para depois passar-se à composição do conteúdo do crédito pignoratício.

Cabe frisar que antes do vencimento da dívida o credor hipotecário não tem prerrogativa alguma em relação aos frutos e produtos decorrentes da coisa. Tanto isso é verdade que pertencem ao devedor, que os pode alienar ou gravar como bem entender. Assim, fica liberada a constituição de penhor rural sobre coisas que, encontrando-se no prédio, não integram a garantia representada pela hipoteca. Fica claro, nessa hipótese, que em determinadas circunstâncias podem restar totalmente dissociados e perfeitamente conciliáveis os interesses de ambos os credores munidos de garantia real.

Já se disse que no penhor rural a posse das coisas empenhadas permanece com o devedor, proporcionando-lhe aproveitá-las e obter as vantagens que consigam produzir. Todavia, é inegável o interesse do credor na conservação e adequada manutenção dos bens, pois toda depreciação ou minoração do conteúdo econômico será prejudicial e afetará a extensão prática da garantia. Em atenção a essa realidade, o legislador obriga o devedor pignoratício a permitir a verificação, pelo credor, do estado em que se encontram as coisas submetidas ao gravame (art. 1.441 do Código Civil). Admite-se a inspeção onde quer que a coisa se ache, pelo próprio credor ou por pessoa devidamente credenciada que, em nome do sujeito ativo, possa analisar aspectos como condições de guarda, conservação, cautelas adotadas, proteção contra danos, etc.

Caso na verificação se constate que o devedor não está mantendo convenientemente os bens empenhados, o credor pode requerer ao juiz que ordene ao sujeito passivo a adoção das medidas necessárias à preservação da substância, sob pena de substituição do depositário. Se o teor da garantia já houver sido depreciado em razão de conduta culposa do devedor, pode ser pleiteada pelo interessado a apresentação de reforço. Afinal, a garantia tem de manter o alcance econômico primitivo, exceto no que diz com os naturais desgastes das coisas oferecidas em penhor rural.

9.6.2. Do penhor agrícola

O art. 1.442 do Código Civil estabelece: *"Podem ser objeto de penhor: I – máquinas e instrumentos de agricultura; II – colheitas pendentes, ou em via de formação; III – frutos acondicionados ou armazenados; IV – lenha cortada e carvão vegetal; V – animais do serviço ordinário de estabelecimento agrícola".* O elenco não é meramente exemplificativo, mas sim taxativo, razão pela qual descabe estendê-lo a objetos semelhantes aos expressamente arrolados na norma. Cabe destacar que a formalização desse penhor se faz por instrumento público ou particular, com posterior registro no cartório de imóveis, junto à matrícula do bem a que se agrega a coisa ofertada em garantia.

São máquinas e instrumentos de agricultura (inciso I) todos os equipamentos móveis construídos pelo homem para o fim de cultivo e exploração da terra, como: tratores, arados, plantadeiras, colheitadeiras, grades, semeadeiras, adubadeiras, etc. Também veículos automotores, como caminhões e utilitários, podem ser objeto de penhor agrícola, quando vinculados à produção. O fato de o penhor especial de veículos estar previsto pelo legislador como forma autônoma de gravame não impede a incidência da modalidade agrícola sobre veículos atrelados à produção e atividades afins.

O art. 56 do Decreto-lei n. 167, de 14.2.1967, que dispõe sobre títulos de crédito rural, estabelece que podem ser objeto de penhor cedular os seguintes bens e respectivos acessórios, entre outros, quando destinados aos serviços das atividades rurais: caminhões, camionetas de carga, furgões, jipes e quaisquer veículos automotores ou de tração mecânica; carretas, carroças, carros, carroções e quaisquer veículos não automotores; canoas, barcas, balsas e embarcações fluviais, com ou sem motores. Percebe-se, destarte, que os penhores agrícola e de veículos coexistem sem colidir, cada um com finalidade própria e específica, cabendo aos interessados escolher qual o instituto que melhor preenche as suas necessidades negociais.

Toda espécie de colheita pendente ou em via de formação pode ser empenhada (inciso II), independentemente de ter sido plantada pelo homem (*v. g.*, lavoura de soja) ou produzida naturalmente pelo solo (*v. g.*, cacaual nativo). O que importa não é a origem das plantas que gerarão a colheita, mas sim a sua efetiva existência como elementos dotados de valor e capazes de, uma vez empenhados, assegurar o cumprimento da obrigação garantida.

Quaisquer frutos já colhidos e armazenados podem servir de garantia pignoratícia (inciso III), mesmo que estejam em condições naturais e não tenham sofrido forma alguma de beneficiamento. Também são passíveis de penhor os frutos que, guardados, não estão embalados e prontos para comercialização, mas apenas colocados em local seguro para futuro preparo e remessa ao comércio.

Em situação similar à dos frutos armazenados encontram-se a lenha cortada e o carvão vegetal (inciso IV), elementos suscetíveis de penhor agrícola como garantia da obrigação a que este adere. A lenha cortada admite penhor independentemente de já estar seca ou ainda em fase de secagem; quanto ao carvão, somente o de natureza vegetal se sujeita a penhor agrícola, pois o de origem mineral refoge ao âmbito e à finalidade para a qual se idealizou o instituto, embora possa submeter-se a penhor comum.

São animais do serviço ordinário de estabelecimento agrícola (inciso V) aqueles utilizados em trabalhos de cultivo da terra ou de outros que digam respeito à produção agrícola, como os bois de tração, os cavalos de montaria e arado e assim por diante. Os reprodutores não se prestam ao penhor agrícola, porque têm atividade diversa daquela mencionada pelo legislador.

O penhor agrícola que recai sobre colheita pendente, ou em via de formação, abrange a imediatamente seguinte, no caso de frustrar-se ou ser insuficiente a que se deu em garantia (*caput* do art. 1.443 do Código Civil). Como se vê, o penhor pode recair sobre lavouras já desenvolvidas ou em via de formação, o que sujeita a extensão da garantia contratual a eventos incertos e incontroláveis pelo homem, haja vista a possibilidade de ocorrência de estiagens, enchentes, pragas e tantos outros fatos capazes de limitar ou mesmo inutilizar o gravame para o fim a que se destina.

Trata-se de oneração relacionada a coisas que ainda não adquiriram autonomia econômica e individualidade específica. Com o objetivo de alcançar ao credor pignoratício a garantia mais ampla possível, o legislador estende-a para além da colheita pendente ou em formação, fazendo-a abranger também a subseqüente. Esse efeito acontece mesmo que as partes contratantes nada tenham mencionado no contrato acerca do tema. Porém, se expressamente for excluída pelos celebrantes a extensão legal da garantia, a vontade manifestada por eles deve ser respeitada, de maneira que o penhor recairá apenas sobre a colheita pendente ou em via de formação citada no instrumento.

Somente ocorrerá a incidência do gravame sobre a colheita seguinte àquela mencionada no contrato se a garantia efetivamente avençada frustrar-se ou mostrar-se incapaz de cobrir a dívida protegida. Na hipótese de frustração total, o gravame simplesmente é transferido para a próxima colheita até o limite necessário à cobertura do débito; se ainda assim não basta, o ônus real fica limitado em alcance, tornando quirografário o crédito excedente. De outra banda, sendo parcial a frustração da primeira colheita, a afetação da posterior abarca apenas o que for necessário à complementação da garantia. É o caso, por exemplo, de a colheita presente ser muito inferior à esperada, em razão de intempéries; isso faz a segurança estender tentáculos para a colheita subseqüente, submetendo-a ao teor contratual primitivo.

Define-se como colheita imediatamente seguinte aquela produzida pelo devedor no próximo ciclo de cultura, independentemente do local em que realize os trabalhos. Mesmo a colheita formada em lugar diferente da primeira estará abrangida pelo gravame, pois a intenção do ordenamento jurídico consiste em garantir o crédito pela oneração da próxima safra pertencente ao obrigado, sendo nenhuma a importância do terreno onde se desenvolvem os trabalhos.

Se o credor não financiar a nova safra, poderá o devedor constituir com outrem novo penhor, em quantia máxima equivalente à do primeiro; o segundo penhor terá preferência sobre o primeiro, abrangendo este apenas o excesso apurado na colheita seguinte (parágrafo único). Frustrada parcial ou totalmente a primeira safra, é natural o receio do credor em financiar a seguinte, haja vista a potencial iminência de novo revés. Ocorrendo negativa em financiar, o devedor pode constituir novo penhor com outro agente, mas tem de limitar o valor do financiamento à quantia máxima do primeiro. Com isso, evita-se que a dívida contraída supere aquela já anteriormente constituída, dificultando a solução de ambas e pondo em risco os respectivos créditos, especialmente o mais antigo.

Cumpre salientar que a negativa do primeiro credor em financiar a safra seguinte confere ao segundo credor pignoratício preferência quanto ao recebimento do produto de eventual excussão. Portanto, a garantia de solução do débito anterior diz respeito apenas ao volume da colheita que acaso remanescer após a satisfação da pendência mais recente, pois se assim não fosse o devedor dificilmente conseguiria obter novo financiamento depois de frustrada parcial ou totalmente a colheita anterior. O primeiro credor, à evidência, sujeita-se ao risco de não se aproveitar de garantia alguma, resultado de sua negativa em financiar outra safra e, principalmente, da quebra de expectativa quanto à produtividade daquela que lhe assegurava originalmente o crédito.

9.6.3. Do penhor pecuário

Podem ser objeto de penhor os animais que integram a atividade pastoril, agrícola ou de lacticínios (art. 1.444 do Código Civil). Enquanto o penhor agrícola recai exclusivamente sobre animais do serviço ordinário de estabelecimento destinado à agricultura, o penhor pecuário tem por objeto animais vinculados a outras finalidades. Como se percebe, a amplitude desta última modalidade é bem mais acentuada no que pertine à oneração de semoventes, pois abarca também os espécimes que admitem empenhamento agrícola. Isso se justifica na medida em que o penhor agrícola apenas circunstancialmente abrange animais, mais precisamente aqueles vinculados ao estabelecimento rural e empregados nas lides de geração de produtos ligados à agricultura. Já o penhor pecuário, idealizado exatamente para onerar animais e fomentar a produção pecuária, tem necessidade dessa mais larga abrangência para cumprir os seus fins precípuos.

Podem ser empenhados na modalidade pecuária espécies de qualquer porte, tais como: bovinos de corte e leite, muares, eqüinos, caprinos, ovinos, etc. Porém, são excluídos do penhor pecuário os animais que não integram as atividades citadas na norma, *v. g.*, cães de raça criados para exposição. Também aqui se exige a formalização da garantia em instrumento público ou particular devidamente registrado, do qual constará a precisa discriminação dos semoventes empenhados.

O devedor pignoratício não poderá alienar os animais empenhados nos casos em que permanece com a posse deles, salvo expressa e prévia autorização por escrito do credor (*caput* do art. 1.445 do Código Civil). É ditame que visa a proteger o sujeito ativo de comportamentos indevidos e lesivos do obrigado, quer esteja em conluio com terceiros ou agindo *sponte propria*. Se o devedor proceder de maneira diversa e promover a alienação gratuita ou onerosa dos animais onerados, o negócio jurídico não produzirá efeitos em relação às partes contratantes do penhor.

Ademais, o infrator ficará sujeito às cominações do art. 171, § 2º, III do Código Penal, que, sob a rubrica *"Defraudação do Penhor"*, sanciona com pena entre 1 (um) e 5 (cinco) anos de reclusão quem defrauda, mediante alienação não consentida pelo credor ou por outro modo, a garantia pignoratícia, quando tem a posse do objeto empenhado. Se o adquirente dos animais empenhados agir de má-fé ficará sujeito não apenas à restituição dos mesmos (efeito que, na realidade, independe do ânimo do agente), como também a indenizar perdas e danos cuja ocorrência restar demonstrada pelo credor pignoratício.

O consentimento mencionado na norma tem de observar a forma escrita, mas não reclama instrumento público e nem reconhecimento de firma, embora se recomende a adoção de uma dessas medidas como mecanismo capaz de atribuir à manifestação volitiva imediata firmeza probatória. Admite-se o escrito particular; porém, caberá ao credor fazer prova de sua autenticidade quando necessário.

Demonstrando ao juiz que o devedor efetivamente pretende alienar o gado empenhado e, com isso, frustrar a garantia pignoratícia, pode o credor pleitear sejam os animais retirados da posse do sujeito passivo e depositados sob a guarda de terceiro, indicado pelo próprio requerente ou nomeado pelo Poder Judiciário (parágrafo único). O mesmo sucederá se for provado que o devedor, por negligência, ameaça prejudicar o credor, *v. g.*, deixando os animais ao relento quando a isso não acostumados, não aplicando vacinas, sonegando ao gado medicamentos necessários à conservação da sua sanidade, etc. Também os comportamentos imprudentes e imperitos geram as mesmas repercussões, ainda que o ditame normativo fale apenas em negligência, que é só uma das modalidades de culpa. Todas as condutas acima mencionadas representam concreto risco à garantia pignoratícia, justificando sobremaneira a medida preventiva consistente em depositar os animais junto a terceiro, afastando-os do perigo a que estão sendo submetidos pelo devedor.

Ao invés de postular o depósito dos animais sob a guarda de terceiro e reclamar o cumprimento da obrigação como originalmente ajustada, pode o sujeito ativo, verificadas as circunstâncias já referidas, simplesmente exigir da parte contrária o imediato pagamento da dívida, fruto de antecipado vencimento. O interesse do sujeito passivo em alienar o objeto da garantia pignoratícia sem consentimento do credor, ou a ameaça de prejuízo a este em virtude de conduta negligente para com os espécimes onerados, antecipa a exigibilidade do crédito e dispensa a necessidade de observância do prazo de vencimento contratualmente estabelecido.

Os animais da mesma espécie, comprados para substituir os mortos, ficam sub-rogados no penhor (*caput* do art. 1.446 do Código Civil). O conteúdo do penhor não pode ser alterado ao longo da vigência da relação jurídica. Por isso, a morte dos animais empenhados obriga o devedor a promover a competente substituição, a fim de preservar a garantia como originalmente constituída. Cabe salientar que no penhor pecuário a posse dos semoventes permanece com o sujeito passivo, e daí o seu dever de conservar a garantia. A aquisição de outros animais em substituição aos mortos faz com que haja sub-rogação daqueles no ônus real, de modo que passam a integrar a segurança conferida ao credor pignoratício.

A simples aquisição de animais faz presumir entre as partes contratantes a substituição dos que, estando empenhados, morreram ao longo do transcurso da avença. Porém, para que seja oponível a terceiros e contra eles tenha eficácia, a substituição deverá constar de menção adicional ao respectivo contrato, com subseqüente averbação perante o órgão competente (parágrafo único). A forma do aditivo deverá seguir a adotada para o instrumento primitivo, sob pena de não valer. As providências referidas no dispositivo legal conferem publicidade ao ato, gerando sua oponibilidade *erga omnes*.

9.7. Do penhor industrial e mercantil

Embora sejam duas modalidades distintas, os penhores industrial e mercantil foram regidos conjuntamente pela codificação civilista, eis que muito semelhantes no seu funcionamento. Todavia, é preciso advertir que o Código Civil não é o único manancial normativo acerca do tema, já que também são aplicáveis diplomas de cunho específico relacionados à matéria. É o caso, por exemplo, do Decreto-lei n. 413, de 09 de janeiro de 1969, que dispõe sobre Títulos de Crédito Industrial e dá outras providências; da Lei n. 2.666, de 06 de dezembro de 1955, que dispõe sobre o penhor dos produtos agrícolas; da Lei n. 8.929, de 22 de agosto de 1994, que institui a Cédula de Produto Rural; e da Lei n. 6.840, de 03 de novembro de 1980, que dispõe sobre Títulos de Crédito Comercial.

Sendo gravame de natureza especial, o penhor industrial e o penhor mercantil têm como característica a conservação da coisa empenhada sob posse do devedor, permitindo a este retirar daquela os frutos e as riquezas que produzir. Destarte, a validade dessa espécie de garantia pignoratícia não se subordina à efetiva tradição da coisa ao credor, porque seria pouco eficiente e justo o gravame se exigisse do sujeito passivo a entrega do objeto e a conseqüente cessação dos proveitos até então produzidos. O penhor industrial e o mercantil se aperfeiçoam com a celebração do contrato, seguida da publicidade obtida com a inscrição. Urge asseverar, entrementes, que apenas as dívidas de natureza compatível com essas espécies de garantia — vale dizer, provindas de relação jurídica empresarial — podem ser assim guarnecidas, sob pena de nulidade do ônus real. As obrigações civis comuns se subordinam ao penhor tradicional, com necessária entrega da coisa ao credor.

Podem ser objeto de penhor máquinas, aparelhos, materiais, instrumentos, instalados e em funcionamento, com os acessórios ou sem eles; animais, utilizados na indústria; sal e bens destinados à exploração das salinas; produtos de suinocultura, animais destinados à industrialização de carnes e derivados; matérias-primas e produtos industrializados (*caput* do art. 1.447 do Código Civil). Todas as coisas mencionadas na norma dizem respeito à consecução de atividades produtivas, que o legislador tenciona fomentar. Por isso é que se facilita o acesso das pessoas a recursos garantidos pelo direito real, ao mesmo tempo em que se conservam os bens em poder do devedor, para que deles retire proveitos enquanto vigente a contratação.

Para a constituição do penhor exige-se que as máquinas, aparelhos, materiais ou instrumentos gravados estejam instalados e em funcionamento. Tratando-se de coisas que não geram produção e riquezas, admite-se apenas a incidência do penhor comum, de vez que o industrial e o mercantil são modalidades especiais dotadas de pressupostos rigorosos de implementação. De nada adiantaria criar facilidades para a constituição do penhor, prevendo inclusive a continuidade da posse com o devedor, se a este não fosse facultado auferir vantagens capazes de dar andamento às atividades econômicas desenvolvidas.

Quanto aos animais, submetem-se ao gravame aqueles utilizados na indústria, qualquer que seja o modo pelo qual contribuem para a viabilização de atividades industriais. Admite-se igualmente que o penhor tenha por objeto sal e bens destinados à exploração das salinas (máquinas, equipamentos, veículos); também está previsto o empenhamento de produtos de suinocultura (peles, embutidos, etc.), animais destinados à industrialização de carnes e derivados (bovinos, eqüinos, caprinos, etc., desde que para corte), bem como matérias-primas e produtos industrializados (lãs, cereais prontos, pedras semi-preciosas, metais de indústria e assim por diante).

Visando a agilizar os procedimentos pertinentes ao penhor industrial e mercantil, o legislador subordina o seu mecanismo de funcionamento às disposições relativas aos armazéns gerais, quando as coisas empenhadas forem mercadorias neles depositadas (parágrafo único do art. 1.447 do Código Civil). Em virtude dessa previsão, entra em cena como fonte de disciplina da matéria o Decreto n. 1.102, de 21.11.1903, que institui regras para o estabelecimento de empresas de armazéns gerais, determinando os direitos e obrigações dessas pessoas jurídicas.

Constitui-se o penhor industrial, ou o mercantil, mediante instrumento público ou particular, registrado no Cartório de Registro de Imóveis da circunscrição onde estiverem situadas as coisas empenhadas (*caput* do art. 1.448 do Código Civil). O registro do instrumento de penhor é imprescindível para a sua regular formação, e, especialmente, para a aquisição de oponibilidade contra terceiros, face à publicidade do evento e a conseqüente cientificação, de eventuais interessados, acerca da existência do penhor.

Embora o ônus real não incida sobre coisas imóveis por natureza, o registro do respectivo instrumento é feito no mesmo cartório onde foi registrado o imóvel que contém os bens empenhados, porque estes, haja vista sua finalidade e as próprias características do penhor, acabam incorporando-se circunstancialmente ao bem em que estiverem situados. As partes podem escolher entre o instrumento público e o particular para a constituição do penhor industrial e mercantil, sem que isso tenha qualquer interferência no sentido de aumentar ou diminuir a operacionalidade e a utilidade do instituto.

Prometendo pagar em dinheiro a dívida, que garante com penhor industrial ou mercantil, o devedor poderá emitir, em favor do credor, cédula do respectivo crédito, na forma e para os fins que a lei especial determinar (parágrafo único do art. 1.448 do Código Civil). O objetivo dessa previsão é de facilitar a circulação da riqueza ínsita na cédula, de maneira que o correspondente crédito adquire versatilidade e se sujeita à transferência ao longo do tempo em que é aguardado o cumprimento da obrigação nele contida. A cédula de crédito industrial, ou mercantil, é título formal que se caracteriza pela liquidez, certeza e exigibilidade pelo valor que declara, contanto que preencha os requisitos postos na legislação especial.

O devedor não pode, sem o consentimento por escrito do credor, alterar as coisas empenhadas ou mudar-lhes a situação, nem delas dispor. O devedor que, anuindo o credor, alienar as coisas empenhadas, deverá repor outros bens da mesma natureza, que ficarão sub-rogados no penhor (art. 1.449 do Código Civil). Depois de constituído penhor industrial e mercantil, não pode o devedor alterar a substância e a extensão da garantia, pois nisso estaria contido sério risco ao credor quanto à efetiva e integral solução da dívida. Diante dessa realidade, a alteração das coisas empenhadas (v. g., modificações em máquinas e equipamentos), a mudança da sua situação (v. g., transferência para outro local ou troca de destinação) e a disposição a título gratuito ou oneroso (v. g., doação, venda, dação em pagamento, etc.) exigem prévio consentimento do credor.

A anuência tem de ser prestada por escrito público ou particular, em que constará expressamente a manifestação volitiva do credor no sentido de permitir a adoção da providência pretendida pela parte contrária. É necessária, também, específica referência às coisas que poderão ser alteradas, modificadas na situação ou alienadas.

Tratando-se de assentimento voltado para a alienação das coisas empenhadas, fica o devedor obrigado a repor outras da mesma natureza em lugar daquelas que deixaram de integrar o seu patrimônio. Se assim não fosse, a garantia restaria desfalcada em sua substância, deixando de ter a configuração original e prejudicando os direitos creditícios assegurados. A reposição de outros bens em lugar daqueles que foram alienados faz operar a sub-rogação dos substitutos no penhor, ficando eles gravados pelo mesmo modo e em circunstâncias idênticas, segundo a avença primitiva. Deixa de vigorar o dever de substituição, contudo, se o credor expressamente dispensá-la, haja vista a natureza privada do direito e a conseqüente possibilidade de abdicação.

Como se sabe, no penhor industrial e mercantil a coisa onerada fica sob posse do devedor, viabilizando-se, assim, a continuidade de sua normal exploração econômica. Em vista disso, assiste ao credor a prerrogativa de a qualquer tempo verificar o estado das coisas empenhadas (art. 1.450 do Código Civil), fiscalizando a sua regular utilização, inspecionando o grau de conservação, examinando a adequação das medidas protetoras tomadas, etc. Pode o credor exigir acesso direto e pessoal aos bens gravados, ou então optar pelo credenciamento de terceiro, a quem atribuirá poderes bastantes para a verificação prevista na lei. O direito de inspeção pode ser exercido em qualquer lugar onde se encontrarem os bens empenhados, sendo vedado ao devedor opor óbices. Impedindo o livre exercício do direito, ele pode ser judicialmente compelido pela parte contrária a franquear o acesso.

9.8. Do penhor de direitos e títulos de crédito

Embora o legislador tenha disposto sobre o penhor de direito e o penhor de títulos de crédito em dispositivos conjuntamente lançados na codificação, uma observação necessária é no sentido de que na primeira hipótese o elemento fixado como garantia não é qualquer instrumento material representativo do direito, mas o direito considerado em si mesmo. Já na segunda hipótese empenha-se o documento que representa o crédito, ou seja, o elemento material que contém a sua discriminação.

A disciplina da matéria tem início no art. 1.451 do Código Civil: *"Podem ser objeto de penhor direitos, suscetíveis de cessão, sobre coisas móveis"*. São direitos passíveis de penhor, destarte, apenas aqueles incidentes sobre coisas móveis, porque os relacionados a imóveis admitem submissão a outras formas específicas de oneração (*v. g.*, hipoteca). Afora esse aspecto essencial, importa observar que unicamente os direitos que podem ser cedidos sujeitam-se a empenhamento, pois o gravame envolve um início de disposição, haja vista a iminente possibilidade de transferência dos direitos a outro titular por meio de excussão motivada por eventual inadimplemento da obrigação garantida.

Logo, os direitos insuscetíveis de cessão não podem ser submetidos a penhor, porque, inviável a transferência da sua titularidade, restaria imprestável qualquer oneração sobre eles pendente. Entre os inúmeros exemplos de direitos sobre coisas móveis que admitem empenhamento estão: uso de veículo automotor, de material científico ou pesquisa, usufruto de equipamentos de trabalho e assim por diante. As ações ou quotas de capital de pessoas jurídicas também podem ser gravadas pelo penhor ora analisado. Constitui-se o penhor de direito mediante instrumento público ou particular, registrado no Registro de Títulos e Documentos (*caput* do art. 1.452 do Código Civil). Incumbe às partes optar entre o instrumento público e o particular para fins de constituição do penhor de direito sobre móvel. Qualquer das formas atribui validade e eficácia à avença, contanto que oportunamente registrada no Cartório de Registro de Títulos e Documentos do domicílio do devedor, a fim de que terceiros possam com segurança saber aonde buscar informações e inteirar-se da situação jurídica dos direitos empenhados quando assim o desejarem. Essa providência é etapa integrante da escorreita geração do gravame entre as partes, servindo também, e com igual importância, para fazê-lo oponível *erga omnes*, como resultado da publicidade conferida pelo registro.

O titular de direito empenhado deverá entregar ao credor pignoratício os documentos comprobatórios desse direito, salvo se tiver interesse legítimo em conservá-los (parágrafo único). Como regra geral, o empenhante, postado como devedor pignoratício, tem de fazer a entrega dos documentos comprobatórios da titularidade e do conteúdo do direito que ofereceu em garantia. Embora tratando-se de penhor especial, nesse particular o legislador determinou a observância de diretriz básica pertencente ao penhor comum, haja vista a maior estabilidade conferida pela providência. Isso porque o credor conservará consigo os títulos probantes e assim evitará descompassos como o seu extravio pelo devedor, a negociação com outrem, etc. Os documentos são a própria prova da existência dos direitos empenhados, fator a justificar plenamente a precaução legislativa. Nesse caso, salvo disposição em contrário quando do ajuste, a tradição integra a constituição do penhor, ficando maculada e sujeitando-se à nulificação se deixar de ocorrer.

Quando o titular do direito tiver interesse legítimo em conservar os documentos probantes, poderão as partes avençar que eles continuarão sob a posse do sujeito passivo. Tal circunstância configura exceção à regra que propugna pela *traditio* como etapa de geração do direito real, o que torna impositiva a expressa inserção desse aspecto no instrumento de celebração do penhor. Se as partes nada referem, o credor pode exigir do sujeito passivo a entrega dos documentos comprobatórios do direito empenhado.

São passíveis de empenhamento tanto os créditos de natureza pessoal como aqueles de caráter real, bastando que estejam corporificados em um título representativo do seu conteúdo. Assim, o titular do crédito pode oferecê-lo em penhor a outrem sem a necessidade de qualquer espécie de autorização por parte do devedor que emitiu o respectivo título. Na realidade, ao recair o penhor sobre título de crédito percebe-se a existência de dois liames jurídicos: a) do devedor primitivo para com o credor; b) do credor original (que passa a ser devedor pignoratício e empenhante) para com o credor pignoratício. Essas relações são independentes entre si; portanto, o conteúdo econômico de uma e outra subsistem de forma autônoma.

Embora a viabilidade do empenhamento do título de crédito não dependa da prévia anuência do devedor, a sua eficácia somente se verifica a partir do momento em que ele for devidamente notificado acerca da constituição do ônus real (art. 1.453 do Código Civil). Afinal, tem concreto interesse no destino do dever jurídico assumido, inclusive no que concerne à indicação da pessoa a quem terá de efetuar o pagamento na época oportuna. Uma vez notificado, o devedor não mais poderá pagar ao credor primitivo sem que com isso consinta o credor pignoratício, pois do contrário responderá perante este pelo valor do título.

A notificação do devedor normalmente é feita por via judicial ou extrajudicial, segundo as regras gerais que a disciplinam. Não há necessidade da assinatura de testemunhas no instrumento em que o devedor se declara ciente, bastando a aposição de sua firma, ainda que não reconhecida em cartório. Todavia, na esteira do supracitado mandamento legal, considera-se notificado o devedor que se declarar ciente da existência do gravame, seja em instrumento público ou particular devidamente assinado por ele. Nesse caso, a declaração faz as vezes de notificação e supre a falta desta, haja vista a equivalência do resultado prático final obtido, qual seja, a formal ciência do devedor em torno da existência do penhor.

O credor pignoratício deve praticar os atos necessários à conservação e defesa do direito empenhado e cobrar os juros e mais prestações acessórias compreendidas na garantia (art. 1.454 do Código Civil). Assim como acontece no penhor comum, o credor por empenhamento de direito tem o dever de conservar o conteúdo da garantia e a sua própria substância, mesmo porque, via de regra, ingressa na posse dos respectivos documentos comprobatórios. No penhor de direitos, impõe-se ao credor a obrigação de praticar os atos necessários à sua conservação, ficando incumbido da adoção das medidas defensivas necessárias. Isso não significa que o titular do direito esteja impedido de praticar atos de proteção; importa, isto sim, na constatação de que a legitimidade de um não exclui a do outro, pois o interesse na manutenção da incolumidade da garantia é mútua.

Quando do empenhamento do direito, o credor compromete-se automaticamente a receber os valores acaso devidos pelo obrigado original, consoante originalmente avençado. Em razão disso, tem de empregar todos os esforços no sentido de obter o pagamento dos juros e das prestações acessórias compreendidos na garantia. Com vistas a esse desiderato, terá legitimidade para ajuizar ações, promover notificações e proceder à semelhança do que o empenhante faria em condições normais. Na verdade, tem de agir como se fosse o próprio credor primitivo, embora o conteúdo econômico do direito empenhado não lhe pertença, servindo apenas como elemento de segurança na sua relação com o devedor pignoratício, que é parte titular no liame gerador do direito.

Recebendo no vencimento, judicial ou extrajudicialmente, o valor devido pelo obrigado original, o credor pignoratício realizará o respectivo depósito, consoante pactuado com o empenhante. Se nada dispuseram a respeito, terá de depositar em juízo a importância recebida. Vencida a obrigação garantia pelo penhor e não havendo quitação da mesma, o valor captado pelo credor pignoratício junto ao devedor primitivo será usado para cobrir a pendência, com restituição, ao devedor pignoratício — empenhante — do saldo acaso remanescente.

Deverá o credor pignoratício cobrar o crédito empenhado, assim que se torne exigível. Se este consistir numa prestação pecuniária, depositará a importância recebida, de acordo com o devedor pignoratício, ou onde o juiz determinar; se consistir na entrega da coisa, nesta se sub-rogará o penhor (*caput* do art. 1.455 do Código Civil). Estando em poder dos títulos de crédito empenhados, o credor pignoratício tem a obrigação de efetuar a cobrança. Todavia, a iniciativa somente pode ser tomada a partir do momento em que verificada a exigibilidade do crédito, seja pelo vencimento ou por outra causa avençada pelas partes originalmente contratantes.

O montante arrecadado em sede de cobrança junto ao emitente não pertence ao credor pignoratício, mas sim ao devedor que empenhou o crédito. Há duas relações perfeitamente autônomas, sendo uma delas travada entre o emitente e o credor do título, e, a outra, entre este (que se torna devedor pignoratício) e a pessoa a quem se oferece a garantia decorrente do empenhamento. Veda-se ao credor pignoratício a apropriação pura e simples do conteúdo cobrado junto ao emitente, haja vista destinar-se à garantia do cumprimento de obrigação, não podendo ser entendido como meio direto e imediato de liberação do devedor pignoratício.

Tratando-se de prestação pecuniária, será depositada integralmente após a cobrança, nos moldes avençados com o devedor pignoratício ou de acordo com a determinação expedida pelo juiz competente; caso a prestação consista na entrega de uma coisa, esta passa a materializar a garantia, ficando sub-rogada no penhor para futura excussão motivada por eventual inadimplemento da obrigação, cujo cumprimento é assegurado pelo ônus real. Ante o silêncio da lei nesse particular, importa observar que a coisa entregue ao credor em solução do crédito empenhado permanece sob sua posse, salvo se de modo diverso dispuserem as partes quando do empenhamento ou por intermédio de ato posterior.

É possível que à época da cobrança do título empenhado o próprio crédito pignoratício já esteja vencido. Se isso acontecer, e sendo em dinheiro a prestação recebida, permite-se ao credor a retenção de montante suficiente para satisfazer a pendência, ficando solvida a dívida e liberado o devedor pignoratício (parágrafo único). A este será entregue de imediato o valor remanescente, se houver; ao credor é facultado reter somente o exato valor do seu crédito, sob pena de, conservando consigo o total, cometer o delito de apropriação indébita.

Caso a prestação ínsita no crédito empenhado consista na entrega de uma coisa, esta fica sub-rogada no penhor, consoante explicitado na parte final do *caput*. Na hipótese de inadimplemento da obrigação garantida, cabe ao credor pignoratício promover a necessária excussão, a partir da qual o objeto recebido é levado à venda pública para apuração de montante capaz de satisfazer a obrigação garantida. Havendo saldo positivo após a excussão, o excesso tem de ser entregue ao devedor pignoratício.

Se o mesmo crédito for objeto de vários penhores, só ao credor pignoratício, cujo direito prefira aos demais, o devedor deve pagar; responde por perdas e danos aos demais credores o credor preferente que, notificado por qualquer um deles, não promover oportunamente a cobrança (art. 1.456 do Código Civil). Nada impede que vários penhores incidam sobre a mesma coisa, ficando a critério dos interessados a limitação da constituição de novos gravames.

Entre os credores pignoratícios, a preferência no recebimento dos créditos é estabelecida de acordo com a ordem de regular constituição dos penhores, sendo esta definida pela prioridade na inscrição dos respectivos instrumentos junto ao órgão competente. Fixada a preferência, o devedor indicado no título empenhado somente se libera se, no momento oportuno, efetua o pagamento ao credor pignoratício cujo direito prefira aos demais. Se paga a qualquer outro, e disso derivam prejuízos a credores preferenciais, tem de pagar de novo e corretamente. Como diz a velha máxima, quem paga mal paga duas vezes.

Tendo recebido o valor do crédito empenhado, e estando vencido o próprio crédito garantido pelo gravame, o credor pignoratício beneficiado pela preferência pode reter o montante a que faz jus. Havendo importância remanescente, cabe-lhe efetuar o repasse aos demais credores, na ordem seqüencial de preferência, visando à solução escalonada das obrigações garantidas. Se à época da cobrança do crédito empenhado ainda não estiver vencida a obrigação preferencial assegurada, aquele que cobrou terá de realizar o depósito do inteiro valor, nos termos convencionados com o devedor pignoratício ou de acordo com determinação judicial, conforme estabelecido no *caput* do art. 1.455 do Código Civil.

Ao credor pignoratício, cujo direito prefira aos demais, atribui-se a cobrança do montante ínsito no título de crédito empenhado. Os demais credores mantêm-se, no que concerne a esse aspecto, em atitude de relativa passividade, pois não lhes compete efetuar a cobrança. Todavia, podem notificar o credor preferencial para que promova a cobrança assim que se torne exigível o teor do crédito gravado. Feita a notificação por qualquer dos credores pignoratícios, e quedando-se inerte, sujeita-se o notificado a indenizar perdas e danos cuja ocorrência restar demonstrada.

O titular do crédito empenhado só pode receber o pagamento com a anuência, por escrito, do credor pignoratício, caso em que o penhor se extinguirá (art. 1.457 do Código Civil). Ao concordar com a efetivação do pagamento diretamente ao titular do crédito empenhado, o credor pignoratício abdica implicitamente da garantia e enseja a sua completa extinção. Se o pagamento autorizado é feito parcialmente ao empenhante, o gravame se conserva sobre a porção intacta da garantia, consubstanciada no saldo do montante apontado no título. A obrigação principal, todavia, continua existindo por inteiro em qualquer das hipóteses, embora destituída da segurança com que fora primitivamente gerada. A anuência prevista na norma é formalizada por escrito público ou particular, sendo desnecessário, nesta última hipótese, o reconhecimento da firma.

Quando vários forem os penhores constituídos sobre o mesmo crédito, exige-se a aquiescência de todos os credores pignoratícios para que o titular possa receber o correspondente pagamento. Aqueles que discordam continuam sendo resguardados pela garantia conforme inicialmente constituída; quanto aos que anuem, há extinção dos penhores que os beneficiavam. Em decorrência disso é natural a necessidade de redistribuição da ordem de preferência, haja vista o desfazimento de determinados penhores e a preservação de outros.

Assim como se dá em relação ao penhor de direitos, o gravame incidente sobre títulos de crédito pode ser constituído tanto mediante instrumento público como por escrito particular. A opção por uma ou outra forma não produz desvantagens e nem proveitos para as partes, pois qualquer delas serve para constituir o penhor. Cumpre observar, contudo, que o instrumento público carrega consigo forte presunção de legitimidade, do que emerge maior confiabilidade e segurança quanto à prova do ônus real. Também se constitui o penhor por meio de endosso pignoratício, sendo imprescindível para o aperfeiçoamento da relação jurídica a tradição do título ao credor. Quanto aos demais aspectos, o endosso pignoratício é regido pelas disposições gerais do penhor e pelos dispositivos específicos ora analisados (art. 1.458 do Código Civil).

Refira-se ainda outra vez, por relevante, que o penhor do título importa na vinculação do próprio instrumento material à garantia, enquanto o penhor de simples crédito acarreta a ligação do seu conteúdo — e não de eventual documento que o represente — à segurança do cumprimento da obrigação. A partir da supracitada norma, o legislador passa a disciplinar especificamente o penhor de títulos.

Ao contrário do que ocorre no desconto bancário, em que o descontador recebe, por força do endosso, a propriedade do título de crédito, no caso de endosso pignoratício o endossatário não é proprietário dos títulos, agindo como se fora mandatário especial do credor. Pelo endosso pignoratício, os créditos de garantia são transferidos ao credor, assegurando-lhe a lei conservar os títulos em seu poder, receber os respectivos valores, imputá-los a crédito da obrigação e restituí-los ao devedor quando solvida a obrigação.

Considerando-se a especial natureza do penhor de título de crédito, o legislador, nos vários incisos do art. 1.459 do Código Civil, estabeleceu em proveito do credor diversos direitos ou faculdades, todos eles voltados para a atribuição de maior operacionalidade e firmeza à garantia.

O primeiro direito elencado é o de conservar a posse do título e recuperá-la de quem quer que o detenha (inciso I). A permanência do título sob posse do credor pignoratício objetiva viabilizar a circulação de seu conteúdo econômico, dada a transmissibilidade que lhe é inerente. Ademais, estando o instrumento com o sujeito ativo é menos provável que a única prova da existência da garantia se perca ou destrua, haja vista o direto interesse dele na conservação. Por outro lado, o direito de recuperar a posse do título é relevante atributo alcançado ao credor pignoratício, pois por meio de ação adequada ele persegue a retomada da posse injustamente violada por outrem. A demanda pode ser ajuizada inclusive contra o credor original, porque depois da tradição impõe-se que respeite e não moleste o estado possessório exercido pelo credor do empenhamento.

Pouco produtiva seria a garantia pignoratícia por empenhamento de título de crédito se o credor não tivesse à disposição amplas faculdades defensivas. Ciente disso, o legislador autoriza-o a usar dos meios judiciais que forem necessários para resguardar as prerrogativas reconhecidas pelo ordenamento jurídico, seja no que diz respeito ao seus direitos propriamente ditos, seja no que concerne aos originariamente pertencentes ao credor do título empenhado (inciso II).

A legitimidade do credor em penhor de título de crédito, para a defesa dos direitos do sujeito ativo do título (empenhante), decorre de circunstância de que a inércia deste último na adoção das providências defensivas cabíveis acarretaria grande risco e, muitas vezes, irremediáveis prejuízos aos interesses do primeiro. Assim, não seria justo e nem adequado deixar o credor do empenhamento à mercê da exclusiva vontade do devedor pignoratício em relação ao resguardo dos direitos que este tiver sobre o título empenhado. Ao atuar em defesa das prerrogativas do credor do título, o legitimado estará funcionando como se fora procurador especialmente constituído para esse fim, embora na realidade esteja tutelando os próprios interesses.

Constituído regularmente o penhor de título de crédito, cabe ao credor pignoratício intimar o devedor do título para que não efetue o pagamento ao seu credor ao longo da vigência do empenhamento (inciso III). A medida tenciona evitar que a garantia se esvaia pelo cumprimento da obrigação contida na cártula como primitivamente avençado, o que retiraria do credor pignoratício a possibilidade de satisfazer o crédito assegurado pelo gravame, em caso de inadimplemento. Intimado a não pagar ao seu credor, o devedor do título somente se libera pagando oportunamente ao credor pignoratício, na forma preconizada nos dispositivos antecedentes. Se, não obstante a intimação, mesmo assim realiza a solução do débito cartular, fica obrigado a pagar novamente, pois quem solve mal acaba pagando duas vezes. A intimação tem de ser interpretada em sentido amplo, abrangendo desde a ciência por meio de documento particular assinado pelo devedor até a notificação judicial ou extrajudicial. O que importa não é a forma da cientificação, mas sim a efetiva ocorrência desta.

Vencida a obrigação contida no título de crédito empenhado, o credor pignoratício pode exigir do devedor do título a importância correspondente, mais juros acaso incidentes e outros encargos legais ou avençados (inciso IV). Recebendo o valor total, tem de restituir imediatamente o título ao *solvens*, medida que comprova a satisfação da pendência. É cediço que a posse do título pelo devedor, salvo prova inequívoca em contrário, serve como prova de pagamento e pode ser oposta a todos.

A partir do momento em que é cientificado pelo credor em penhor de título de crédito, na forma do inciso III, o devedor fica impedido de pagar ao credor do título ao longo de toda a existência do gravame. Quando do vencimento da obrigação ínsita no instrumento submetido a ônus real, o pagamento do principal e dos acessórios se faz diretamente ao credor pignoratício, providência que libera por inteiro o devedor do título. Daí em diante a única relação subsistente é aquela travada entre o sujeito passivo e o sujeito ativo da obrigação garantida pelo penhor.

Se o devedor do título é notificado e mesmo assim efetua o pagamento de que se devia abster, assume solidário dever de indenizar perdas e danos causados ao credor pignoratício, desde que resultantes do esvaziamento da garantia por força da irregular satisfação do conteúdo obrigacional do título de crédito (*caput* do art. 1.460 do Código Civil). Feito ao credor original, o pagamento acaba por exterminar a segurança representada pelo gravame, induzindo sério risco de que eventual inadimplemento da obrigação garantida venha a retirar do credor pignoratício a possibilidade de buscar a solução da pendência por meio da execução do penhor. Em vista disso, é solidária a responsabilidade do devedor do título e do devedor da obrigação garantida, podendo o credor pignoratício optar pelo ajuizamento de demanda contra qualquer deles na busca da satisfação do seu direito.

Se o credor der quitação ao devedor do título empenhado, deverá saldar imediatamente a dívida, em cuja garantia se constituiu o penhor (parágrafo único). Ocorre o vencimento antecipado da obrigação garantida pelo penhor especial se o credor do título der quitação ao correspondente devedor, tenha ou não recebido efetivamente o valor constante do instrumento. Isso porque, à evidência, a quitação alcançada esgota a prestabilidade da garantia, tolhendo do credor pignoratício a viabilidade da execução por eventual inadimplemento da obrigação no tempo ajustado. Verificados a quitação e o pagamento relativos ao título empenhado, o credor pignoratício tem a faculdade de imediatamente executar o seu crédito, exigindo de qualquer dos indivíduos solidariamente responsáveis — conforme parte final do *caput* — o cumprimento integral da obrigação garantida.

9.9. Do penhor de veículos

Podem ser objeto de penhor os veículos empregados em qualquer espécie de transporte ou condução (art. 1.461 do Código Civil). Os veículos de transporte de cargas ou condução de pessoas podem ser empenhados independentemente da energia ou combustível que os move, ou da espécie de via em que trafeguem. Assim, admitem penhor os veículos de circulação terrestre, marítima, fluvial, aérea, etc., abrangendo automóveis de passeio, utilitários, táxis, ônibus, caminhões, barcos, navios, aeronaves de qualquer porte e assim por diante. Ainda que sobre os navios e aeronaves seja possível a constituição de hipoteca (art. 1.473, VI e VII do Código Civil), porque circunstancialmente equiparados a imóveis, nada impede que a expressa vontade dos interessados submeta tais bens ao penhor. Afinal, o legislador afirmou que tais veículos *podem* ser submetidos a hipoteca, mas não excluiu a incidência de outros ônus reais compatíveis com a natureza dos bens.

Os veículos de tração humana, animal ou de outra espécie, que não se sujeitam à inscrição da propriedade perante órgão designado na lei, somente serão objeto de penhor comum, mas não do gravame em análise. É que o ônus real de natureza especial não pode ser destinado a gravar toda e qualquer forma de transporte ou condução, sob pena de se direcionar a coisas sem qualquer expressão econômica ou que acabam desvirtuando a finalidade para a qual se idealizou esse mecanismo de oneração.

Em atenção ao princípio da especialidade, os veículos empenhados deverão ser minuciosamente descritos, para que seja possível distingui-los de outros da mesma espécie. Essa diferenciação se faz pelo apontamento de indicativos específicos: número do chassi, do motor, do registro, cor, marca, modelo, etc. A deficiente especialização faz insubsistente a garantia, a menos que por outro modo se revele factível a precisa identificação da coisa empenhada. Por outro lado, a absoluta falta de especialização acarreta a nulidade do penhor, porque carente de um dos seus elementos basilares.

Constitui-se o penhor, a que se refere o artigo antecedente, mediante instrumento público ou particular, registrado no Cartório de Títulos e Documentos do domicílio do devedor, e anotado no certificado de propriedade (art. 1.462 do Código Civil). A constituição do penhor de veículo sempre será feita por escrito, mas às partes cabe optar entre o instrumento público ou o particular para a sua celebração. A escolha de qualquer das modalidades de escritura constitui de maneira válida eficaz e com igual firmeza o gravame. Porém, isso não acontecerá se as partes deixarem de promover o necessário registro do penhor junto ao Cartório de Títulos e Documentos do domicílio do devedor pignoratício (art. 129, n. 7, da Lei n. 6.015/1973), fator de constituição e de oponibilidade do ônus real contra terceiros.

Afora o registro do penhor junto ao Cartório de Títulos e Documentos, exige-se que se faça anotação no certificado de propriedade do veículo, a fim de dar a todos ciência de que sobre o bem incide gravame, prevenindo terceiros quanto à circunstância de que eventual contratação relacionada ao veículo carrega consigo o peso da existência de vinculação da coisa ao cumprimento de um dever jurídico. A falta de anotação do penhor no certificado de propriedade faz com que não se tenha possibilidade de opô-lo a estranhos.

Prometendo pagar em dinheiro a dívida garantida com o penhor, poderá o devedor emitir cédula de crédito, na forma e para os fins que a lei especial determinar (parágrafo único). A emissão de cédula de crédito pelo devedor, em proveito do credor, permite que o conteúdo econômico da dívida tenha notável capacidade de circulação, fazendo-a mais útil e economicamente interessante ao sujeito ativo, haja vista a possibilidade de negociá-la com terceiros e transferi-la mediante simples endosso. Ademais, a aceitação desse título de crédito é bem maior do que a dos títulos comuns, porque encontra lastro em garantia real (no caso, o penhor de veículo), levando tranqüilidade ao terceiro a quem se o repassa. Pressuposto básico da emissão de cédula de crédito é que tenha sido convencionado pelas partes contratantes do penhor o pagamento da respectiva dívida em dinheiro, pois somente assim o negócio jurídico adquire efetiva transmissibilidade.

Normalmente, o risco a que se submetem os veículos é considerável, haja vista a colocação dos mesmos em circulação e os perigos inerentes a essa circunstância. Atento a isso, o legislador veda o empenhamento de veículos que não estejam previamente segurados contra furto, avaria, perecimento e danos causados a terceiros (art. 1.463 do Código Civil), visando exatamente a preservar a garantia oferecida ao credor e facilitar a satisfação do dever jurídico gerador da segurança real. Havendo perecimento do automotor dado em garantia, esta se sub-rogará na indenização do seguro, ou no ressarcimento do dano, em benefício do credor, a quem assistirá sobre ela a preferência até seu completo reembolso (art. 1.425, § 1º, do Código Civil). Caso um veículo não segurado seja objeto de penhor, o pacto estará maculado e não subsistirá, porque impositiva a contratação do seguro como referido na norma legal. Todavia, as partes podem posteriormente sanar o vício, desde que o façam antes da ocorrência de sinistro capaz de depreciar a garantia.

No penhor de veículo a posse permanece com o devedor, permitindo-lhe usá-lo e obter os proveitos que possa produzir. Todavia, é inegável o interesse do credor na conservação e adequada manutenção do bem, pois toda depreciação ou minoração do conteúdo econômico será prejudicial e afetará a extensão prática da garantia. Em atenção a essa realidade, o legislador obriga o devedor pignoratício, com quem se encontra a posse, a permitir a verificação, pelo credor, do estado em que se encontra o veículo submetido ao gravame (art. 1.464 do Código Civil). Admite-se a inspeção onde quer que a coisa se ache, pelo credor ou por meio de pessoa devidamente credenciada que, em nome do sujeito ativo, possa analisar aspectos como condições de guarda, conservação, cautelas adotadas, proteção contra danos, etc.

Caso na verificação se constate que o devedor não está mantendo convenientemente o veículo empenhado, o credor pode requerer ao juiz que ordene ao sujeito passivo a adoção das medidas necessárias à preservação da substância, sob pena de substituição do depositário. Se o teor da garantia já houver sido depreciado em razão de conduta culposa do devedor, pode ser pleiteada pelo interessado a realização de reforço. Afinal, a garantia tem de manter o alcance econômico primitivo, exceto no que diz com os naturais desgastes das coisas oferecidas em penhor.

O devedor pignoratício não pode alienar ou mudar o veículo empenhado sem antes dar ciência disso ao credor, haja vista o notório interesse deste em conhecer o destino da coisa. Como se sabe, a existência do penhor não cerceia e nem retira do titular dominial o *jus abutendi*, ou seja, o poder de disposição, salvo expressa previsão normativa em contrário. Porém, dada a singular situação da coisa, circunstancialmente submetida à oneração, incumbe ao devedor dar ciência à parte contrária acerca da intenção de alienar o veículo empenhado. Quanto à realização de modificações (*v. g.*, substituição do motor por outro mais potente), também fica obrigado o devedor a cientificar o sujeito ativo, a fim de que possa adotar eventuais medidas que entender cabíveis.

A solução referida visa a proteger o credor pignoratício de comportamentos indevidos e lesivos do obrigado, quer esteja em conluio com terceiros ou agindo *sponte propria*. Se o devedor proceder de maneira diversa e promover a alienação gratuita ou onerosa do veículo gravado sem antes cientificar o credor, haverá vencimento antecipado da dívida (art. 1.465 do Código Civil). Com isso, legitima-se o sujeito ativo a promover a imediata execução da garantia, buscando o veículo junto a quem estiver e submetendo-o à venda judicial pública.

Se o adquirente do veículo empenhado agir de má-fé e em conluio com o alienante a fim de prejudicar o credor pignoratício, ficará sujeito não apenas à entrega da coisa, como também a indenizar perdas e danos cuja ocorrência restar demonstrada. Além disso, quem de qualquer forma defrauda o penhor comete ilícito penal, conforme estatuído no art. 171, § 2º, III, do Código Penal.

O penhor de veículos só se pode convencionar pelo prazo máximo de dois anos, prorrogável até o limite de igual tempo, averbada a prorrogação à margem do registro respectivo (art. 1.466 do Código Civil). A limitação temporal do penhor de veículos tem por objetivo evitar que o instituto adquira caráter perpétuo, inconciliável com a natureza mesma dos direitos reais. Não são admissíveis prorrogações sucessivas, eis que isso também funcionaria como fator de alongamento *ad infinitum* do penhor, contrariando a finalidade para a qual foi idealizado.

Incumbe a qualquer das partes contraentes averbar a prorrogação que eventualmente restar acordada. Essa averbação é feita à margem do registro original, no Cartório de Registro de Títulos e Documentos do domicílio do devedor, servindo como fonte de consulta a todas as pessoas que tiverem interesse em conhecer a situação jurídica de determinada coisa. Não há necessidade de apontamento da prorrogação no certificado de propriedade, de vez que neste apenas se consigna a existência do penhor, sem que sejam indicadas datas. Destarte, a anotação primitiva continuará servindo de alerta a terceiros quanto à existência do penhor, até que sobrevenha a supressão da glosa por força da extinção do gravame.

9.10. Do penhor legal

Todas as situações explicitadas nos tópicos anteriores diziam respeito ao penhor convencional, gerado a partir de expressa declaração de vontade dos interessados. Agora será examinado o penhor legal, que tem como principal característica a constituição a partir da força da lei. Em determinadas situações, interessa ao ordenamento jurídico que o credor tenha os seus interesses econômicos protegidos por meio da incidência de penhor legal sobre coisas pertencentes ao sujeito passivo e que estejam em seu poder. O direito real em questão independe de acordo de vontades que o constitua, pois decorre exclusivamente de previsão normativa, tendo como suporte básico a verificação da existência do contexto fático nela mencionado.

O penhor legal tem outra peculiaridade que o distingue das demais modalidades especiais: principia com um ato privado do credor e se submete à posterior homologação judicial. Isso porque, conforme salientado, a fonte geradora do gravame é a lei e não a vontade das partes. Requisito essencial de viabilidade do penhor legal é que as coisas a serem empenhadas pertençam ao devedor. Como é cediço, não se sujeitam ao gravame decorrente da vontade normativa quaisquer bens que integrem o patrimônio de terceiros. Importa observar, ainda, que o penhor legal não recai sobre coisas inalienáveis ou impenhoráveis, exatamente porque o gravame envolve potencial transferência dominial em sede de excussão, e isso entraria em conflito com a natureza das cláusulas impeditivas da constrição e da alienação.

O art. 1.467 do Código Civil descreve as duas hipóteses em que se faz presente o penhor legal. O inciso I diz que são credores pignoratícios, independentemente de convenção, os hospedeiros, ou fornecedores de pousada ou alimento, sobre as bagagens, móveis, jóias ou dinheiro que os seus consumidores ou fregueses tiverem consigo nas respectivas casas ou estabelecimentos, pelas despesas ou consumo que aí tiverem feito. Ao acolher consumidores ou fregueses, os donos de hotéis, motéis, pensões, pousadas e estabelecimentos similares não têm qualquer garantia de que receberão a contraprestação pecuniária no momento oportuno, mesmo porque a cobrança geralmente é feita após a utilização dos serviços ou mantimentos pelos interessados. Em vista disso é que a lei estabelece penhor sobre os itens expressamente referidos. O gravame funciona como garantia do pagamento dos valores relativos às despesas ou consumo (refeições, diárias, pernoites, serviços, etc.), incidindo sobre bens bastantes à satisfação do crédito.

Podem ser tomados em penhor legal tanto os bens que o consumidor ou freguês tiver consigo no momento do acesso no estabelecimento como os que posteriormente fizer ingressar em suas dependências. Nisso se incluem os veículos colocados na garagem, já que são móveis trazidos consigo pelo devedor, e, portanto, perfeitamente enquadrados no citado ditame. Evidentemente, apenas os bens cuja titularidade seja do obrigado poderão ser tomados como garantia, já que as coisas de terceiros não se submetem à aludida iniciativa.

O inciso II diz que é credor pignoratício, na modalidade legal, o dono do prédio rústico ou urbano, sobre os bens móveis que o rendeiro ou inquilino tiver guarnecendo o mesmo prédio, pelos aluguéis ou rendas. O gravame recai sobre bens que forem encontrados no prédio, sejam os integrantes do mobiliário propriamente dito como todos os demais passíveis de constrição, *v. g.*, jóias, quadros, livros, utensílios, objetos de decoração, equipamentos eletrônicos, etc.

A conta das dívidas enumeradas no inciso I do art. 1.467 da codificação será extraída conforme a tabela impressa, prévia e ostensivamente exposta na casa, dos preços de hospedagem, da pensão ou dos gêneros fornecidos, sob pena de nulidade do penhor (art. 1.468 do Código Civil). A prévia fixação e exposição da tabela de preços no estabelecimento que fornece pousada ou alimentos, em local perfeitamente visível ao consumidor ou freguês, é requisito indispensável para a efetivação do penhor legal. Isso porque o ônus real apresenta-se como medida extremamente severa, colocando em risco a propriedade das coisas que o devedor carrega. Conhecendo a tabela, presume-se ter acolhido os termos em que confeccionada, sujeitando os próprios bens à satisfação do débito. Ignorando-a, fica elidida a possibilidade de empenhamento legal, porque não cientificado da potencial extensão da dívida.

Os valores ínsitos na tabela em hipótese alguma poderão ser majorados para fins de apuração do débito; tornados públicos pela afixação do instrumento, servem de suporte para a extração da conta final. Caso o dono do estabelecimento promova penhor legal sobre bens do cliente, sem que a tabela impressa esteja prévia e ostensivamente disponibilizada nas dependências do estabelecimento, a medida será nula e de nenhum efeito específico.

Inexiste limite numérico de itens passíveis de empenhamento legal. O credor pode tomar do cliente tantas coisas quantas bastem à garantia do cumprimento do dever jurídico (art. 1.469 do Código Civil). O que não se tolera é o excesso deliberado, o abuso na oneração dos bens pertencentes ao devedor, pois isso afronta irregularmente o direito de propriedade. Como não há meios exatos de apurar instantânea e imediatamente o valor das coisas a serem empenhadas, o credor fará simples estimativa, tomando por garantia as que em tese forem suficientes para saldar a dívida. Eventual excesso será contornado pelo juiz quando da homologação do penhor, sem que por isso responda o credor de boa-fé.

Depois de tomados em penhor os bens do obrigado, impõe-se ao credor a apresentação do conteúdo do gravame ao juízo para homologação (art. 1.471 do Código Civil), sem a qual não subsiste a medida privada. Isso vale tanto para os casos de apossamento *manu militari* como para aquele em que houve prévia autorização do juiz, eis que a providência se destina à discriminação das coisas empenhadas e à verificação quanto ao cumprimento dos pressupostos normativos. A propósito, incumbe ao credor a descrição exata dos bens, para que se diferenciem de outros semelhantes. No caso de elementos fungíveis, é suficiente o apontamento do gênero e da quantidade, que servirão de base para a futura excussão.

Embora não esteja fixado na lei o tempo dentro do qual cabe ao credor pedir ao juiz que homologue o penhor legal, a construção da regra deixa claro que isso tem de ser feito imediatamente após a tomada dos bens em gravame. Percebe-se, destarte, que o penhor legal se forma a partir da observância de duas etapas: a) tomada das coisas do devedor, unilateralmente, pelo credor, com ou sem anterior vênia do juízo; b) homologação do penhor, decorrente do preenchimento dos requisitos normativos e da imediata apresentação do pedido ao juiz.

A petição inicial, dirigida ao juiz do local do empenhamento, conterá a identificação das partes, a narrativa dos fatos e a pretensão do apresentante. Será instruída ainda com a conta pormenorizada das despesas, a tabela dos preços e a relação dos objetos retidos, mais o pedido de citação da parte contrária (art. 874 do Código de Processo Civil). Suficientemente provado o pedido, o juiz poderá homologar de plano o penhor legal (parágrafo único), determinando que os autos sejam entregues ao requerente quarenta e oito horas depois, independentemente de traslado, salvo se, dentro desse prazo, a parte houver pedido certidão. Não sendo homologado, o objeto será entregue ao réu, ressalvado ao autor o direito de cobrar a conta por ação ordinária (art. 876 do Código de Processo Civil).

Ao devedor, no prazo de vinte e quatro horas, incumbe pagar o valor postulado ou alegar defesa, limitada, porém, aos seguintes aspectos: nulidade do processo, extinção da obrigação ou não estar a dívida compreendida entre as previstas em lei ou não estarem os bens sujeitos a penhor legal (art. 875 do Código de Processo Civil). Caso ao final não ocorra homologação, as coisas tomadas pelo credor terão de ser restituídas incontinenti ao proprietário. Quanto ao crédito, poderá o interessado cobrá-lo por meio de ação adequada, mas sem a garantia representada pelo penhor legal.

Os credores, compreendidos no art. 1.467, podem fazer efetivo o penhor, antes de recorrerem à autoridade judiciária, sempre que haja perigo na demora, dando aos devedores comprovante dos bens de que se apossarem (art. 1.470 do Código Civil). O dispositivo atribui ao sujeito ativo a condição de, por iniciativa própria, obter meios materiais capazes de garantir o cumprimento do dever jurídico assumido pela parte contrária. A emissão de comprovante pelo credor, se possível acompanhado de breve identificação das coisas empenhadas, é fundamental aos interesses de ambas as partes, de vez que as preserva de futuras controvérsias acerca da especificação e do estado de conservação em que se encontram.

O texto da norma autoriza o credor a se apossar *manu militari* de bens do devedor quando presente o risco na demora. Do contrário, terá de pleitear ao juiz prévia autorização para assim proceder. Na verdade, esse risco é presumido em se tratando de relações travadas entre hospedeiros, ou fornecedores de pousada ou alimento e seus clientes, pois iminente a possibilidade de que a qualquer tempo abandonem as dependências do estabelecimento e nunca mais retornem, deixando em aberto a dívida. Já no caso do proprietário de prédio rústico ou urbano, o liame firmado com o rendeiro ou inquilino também pode gerar perigo na demora, viabilizando o empenhamento por iniciativa pessoal do credor. Porém, nem sempre haverá perigo imediato para o crédito, situação que obriga o sujeito ativo a buscar as vias ordinárias para a adequada cobrança, inclusive requerendo ao juiz a apreensão dos bens em penhor legal. Em qualquer situação, porém, a efetiva excussão pignoratícia será sempre feita com a devida intervenção do Poder Judiciário, vedada a alienação por iniciativa extrajudicial.

No caso do inciso II do art. 1.467 do Código Civil, pode o locatário evitar que sobre os seus bens seja constituído penhor legal. Para tanto, terá de prestar caução idônea, real ou fidejussória, como segurança do cumprimento da obrigação pendente (art. 1.472 do Código Civil). O oferecimento de caução não impede, todavia, que o caucionante venha posteriormente a discutir o conteúdo da dívida reclamada, já que a norma não se destina ao reconhecimento do débito, mas sim a permitir ao interessado que obste a incidência de penhor legal sobre as coisas móveis que guarnecem o prédio locado.

9.11. Extinção do penhor

O penhor se submete às regras gerais e comuns de extinção, ficando também sujeito às mesmas causas de nulidade que atingem os negócios jurídicos em geral. Todavia, a relevância do instituto e a necessidade de que seja disciplinado com rigorosa cautela levou o legislador a arrolar expressamente algumas dessas causas gerais de extinção, e a estipular outras de natureza especial (art. 1.476 do Código Civil). Algumas delas atingem diretamente o penhor visto a partir de sua própria estrutura, enquanto outras ocasionam o fenecimento do gravame porque acessório em relação ao negócio jurídico principal, cujo cumprimento assegura e cuja sorte segue.

A natureza acessória do penhor subordina-o ao destino da obrigação garantida, de caráter principal. Uma vez extinguindo-se esta, desaparece no mesmo instante aquele, pois nada mais haverá a assegurar (inciso I). Não interessa o modo pelo qual se deu a extinção do dever jurídico principal, pois tanto na hipótese de pagamento em espécie como na de novação, acordo de vontades ou qualquer outra modalidade extintiva, a repercussão sobre o penhor será invariavelmente a mesma: a sua desintegração. Cabe destacar, entretanto, que se o pagamento for efetuado por terceiro e houver sub-rogação integral nos direitos creditícios, o penhor continuará assegurando o cumprimento da obrigação, desta feita em favor do sub-rogado que se investiu nos atributos até então cabíveis ao antigo credor.

Havendo novação, a obrigação original é extinta sem que o credor receba o pagamento, surgindo outro dever jurídico em seu lugar. A subsistência do penhor, em contexto dessa natureza, depende de expressa manifestação das partes, sendo lícito estipularem que a garantia da nova obrigação continua fundada no antigo penhor, transmitido para a relação jurídica surgida do ato de novar.

O penhor também se extingue com o reconhecimento da nulidade da obrigação assegurada, haja vista a desintegração do liame principal e a conseqüente afetação do acessório. Isso não significa que o direito real torna-se nulo; porém, faltando o dever jurídico a que se atrelava, simplesmente deixa de ter função e desaparece. Importa destacar que a prescrição da obrigação principal é outro fundamento para a extinção do penhor. Se o sujeito ativo não pode mais exigir o conteúdo do crédito primitivo, a garantia que em torno dele se formou perde o sentido e acaba por fenecer.

Perecendo a coisa extingue-se o penhor que sobre ela incidia (inciso II), pois não há direito sem objeto. O conteúdo do crédito assegurado pelo gravame não é afetado pela extinção deste, mas passa a ser meramente quirografário, não tendo qualquer privilégio ante os demais. A simples deterioração não tem necessário efeito extintivo sobre o penhor, porque este pode subsistir sobre a parcela remanescente da coisa, se ainda útil economicamente. Nesse caso o credor pode exigir reforço na garantia; diante de eventual negativa da parte adversa, considera-se antecipadamente vencido o débito.

O perecimento da coisa sem culpa de qualquer das partes (*v. g.*, caso fortuito ou força maior) provoca a resolução do liame jurídico e faz as partes volverem ao *status quo ante*; o crédito primitivo não é afetado em seu teor, mas passa a ser apenas quirografário. Porém, se o perecimento é provocado por culpa do devedor, pode a parte contrária reclamar a substituição da garantia, sob pena de vencimento antecipado da dívida. Sendo do credor a culpa pelo perecimento do bem onerado, tem de indenizar o proprietário segundo as regras do direito comum, perdendo a garantia. Se por culpa de terceiro a coisa perecer, o direito do credor pignoratício passa a incidir sobre o valor da indenização acaso paga; o mesmo se dá na hipótese de pagamento de indenização securitária, ficando sub-rogada a garantia no valor recebido do segurador.

Também extingue o penhor a renúncia formalizada pelo credor (inciso III). Não obstante renunciando à garantia pignoratícia, ele conserva intacto o crédito decorrente da obrigação principal, que se torna quirografário daí em diante. Se a renúncia diz respeito ao próprio crédito, é óbvio que o penhor, sendo acessório, extingue-se juntamente com aquele. Nesta última hipótese a situação é regida pelo inciso I, porque a renúncia funciona como causa de resolução do próprio dever jurídico. O ato abdicativo normalmente é expresso, formulado em instrumento público ou particular devidamente registrado. Mas também se admite que ocorra de maneira presumida, nas hipóteses aventadas pelo § 1º do art. 1.436 do Código Civil.

Admite-se a presunção de renúncia em três situações: a) quando o sujeito ativo consente na venda particular do penhor sem reserva de preço, pois então se desveste da garantia ao concordar com a alienação da coisa pelo devedor sem ressalvar a continuidade do ônus no preço alcançado; b) quando restitui a posse da coisa empenhada ao devedor, porque a transmissão da posse é *conditio sine qua non* da constituição do gravame comum, de maneira que a devolução pura e simples faz percurso em sentido oposto e carrega consigo a presunção de renúncia; c) quando anui à sua substituição por outra garantia real ou fidejussória, haja vista que a novação provoca o desaparecimento do gravame original e concentra as prerrogativas do sujeito ativo em segurança diversa. Todos os itens elencados acima revelam a ocorrência de comportamentos incompatíveis com a condição de credor pignoratício, motivo pelo qual se considera extinto o gravame. Com isso, o crédito primitivo subsiste apenas como quirografário e assim é reclamado.

Extingue-se o penhor quando se confundirem na mesma pessoa as qualidades de credor e de dono da coisa (inciso IV). Esse fenômeno é tecnicamente denominado de *confusão*. Ninguém pode ser credor de si mesmo, razão pela qual eventos como a aquisição do objeto empenhado (em negócio *inter vivos*), ou o recebimento dele por herança ou legado fazem extinguir o penhor. O crédito original conserva-se íntegro, mas sem a garantia de que até então dispunha.

Caso a confusão recaia apenas sobre uma parcela da dívida pignoratícia, o penhor não sofre afetação alguma, de vez que continua a existir integralmente para garantia do resto (§ 2º do art. 1.436 do Código Civil). Destarte, se o devedor torna-se cessionário de quota do direito que assiste ao credor, verifica-se nesse particular o instituto da confusão, desaparecendo o débito na extensão em que for atingido. Entretanto, a porção remanescente continuará sendo garantida pelo penhor como originalmente concebido, sendo inviável a liberação parcial da coisa empenhada. A solução apontada pelo legislador tem em conta o princípio da indivisibilidade dos direitos reais de garantia.

Por fim, desaparece o penhor dando-se a adjudicação judicial, a remissão ou a venda da coisa empenhada, feita pelo credor ou por ele autorizada (inciso V). A citada adjudicação ocorre pela incorporação da coisa ao patrimônio do credor pignoratício, dentro do processo que busca a excussão da garantia. Levada à venda pública, a coisa acaba sendo adjudicada ao credor por falta de interessados, ou porque ele manifesta tempestivamente a pretensão de recebê-la por valor maior do que aquele oferecido por estranhos quando do praceamento. Se a adjudicação ocorre por preço maior do que o devido pelo sujeito passivo, cabe ao credor efetuar a entrega do remanescente à parte contrária.

O dispositivo legal faz referência ao instituto da *remissão*, mas na verdade houve mero equívoco na grafia, já que tencionava reportar-se à *remição*. Enquanto aquela é o perdão da dívida, esta é o resgate da coisa em situações discriminadas na lei. A remição acontece no âmbito processual, traduzindo-se no depósito, por parentes do devedor designados na legislação adjetiva, do valor pelo qual a coisa estaria sendo vendida a terceiro ou adjudicada em proveito do credor. Em tempo hábil, os interessados depositam a importância acima referida e impedem que seja retirada do patrimônio do sujeito passivo e repassada a outrem.

A venda amigável do bem empenhado, quando contratualmente avençada ou posteriormente autorizada pelo devedor por meio de procuração contendo poderes especiais, ocasiona a extinção da garantia pignoratícia. Pode ser feita diretamente pelo credor ou mediante sua aquiescência, na forma avençada. Com a venda, a coisa empenhada é transmitida a outrem; o valor apurado destina-se ao pagamento da dívida. Havendo saldo positivo depois de satisfeita a pendência, compete ao credor entregá-lo à parte adversa ou promover o competente depósito judicial.

Produz efeitos a extinção do penhor depois de averbado o cancelamento do registro, à vista da respectiva prova (art. 1.437 do Código Civil). A oponibilidade do penhor especial contra terceiros decorre de seu registro perante o Cartório de Registro de Imóveis; tratando-se de penhor comum, depende da adoção da medida no Cartório de Registro de Títulos e Documentos. Entre as partes, constitui-se mero direito de natureza obrigacional ou pessoal se o instrumento não for levado a registro pelo modo previsto na lei, pois é da essência do penhor a publicidade conferida pelo órgão competente. Logo, a extinção do penhor depende da adoção de providência que faça as partes percorrerem caminho contrário ao tomado quando da constituição do negócio jurídico. Tal medida é o cancelamento do registro, que pode ser feito por qualquer dos contraentes mediante apresentação, ao Oficial do cartório, de prova reveladora da terminação do gravame, *v. g.*, instrumento de renúncia do credor, demonstração de ocorrência de confusão, adjudicação judicial, remição, etc.

Capítulo 10

DA HIPOTECA

10.1. Conceito e características

Hipoteca é *"um direito real que recai sobre imóvel, navio ou aeronave alheio, para garantir qualquer obrigação de ordem econômica, sem transferência da posse do bem gravado para o credor"* (Clóvis Bevilacqua, *apud* José Náufel, obra citada, p. 595). Várias são as características da hipoteca, cuja utilidade atravessa os tempos e encontra cada vez mais aceitação como mecanismo de segurança das relações jurídicas.

Em primeiro lugar, a hipoteca é um *direito real*, pois submete certa coisa ao cumprimento de uma obrigação, assegurando ao credor o direito de seqüela, consistente na possibilidade de, verificado o inadimplemento, buscar o bem junto a quem quer que com ele esteja. Juntamente com o penhor e a anticrese, forma o trio de direitos reais de garantia disciplinados pela codificação civilista. Recai sobre imóveis, mas, por expressa previsão normativa, também pode incidir em coisas móveis que, por acessão intelectual ou destinação do proprietário, vinculam-se umbilicalmente a bens imóveis. Da natureza real emerge a preferência do credor hipotecário na excussão da garantia.

Em qualquer circunstância, a hipoteca sempre terá *natureza civil*, ainda que o dever garantido tenha índole mercantil. Na verdade, desimporta a origem da obrigação beneficiada pela segurança, pois a hipoteca será invariavelmente civil, regida pelas normas contidas no caderno substantivo e legislação correlata.

Trata-se de direito real que *incide sobre coisa do devedor ou de terceiro*. Via de regra, é o devedor quem oferece coisa própria em garantia do pagamento da dívida. Porém, nada impede que terceiro alcance em hipoteca bem de sua propriedade, sem que isso importe na assunção da qualidade de devedor principal ou solidário. O hipotecante, nesse caso, apenas assegura a solução da dívida com coisa do seu patrimônio, mas continua sendo personagem estranho à relação creditícia original.

Outra característica da hipoteca é a *conservação da posse com o devedor*. Ao contrário do que acontece no penhor comum, a constituição de hipoteca não impõe a transferência da posse da coisa ao credor. O devedor a mantém consigo, fazendo normal uso e colhendo os frutos que produzir.

O direito real de hipoteca é *indivisível*, de vez que, mesmo sendo fracionável a obrigação garantida ou a coisa onerada, a hipoteca não se fraciona ante eventual cumprimento parcial da obrigação. O pagamento de uma ou mais prestações da dívida não importa exoneração correspondente da garantia, ainda que esta compreenda vários bens, salvo disposição expressa no título ou na quitação (art. 1.421 do Código Civil). Somente com a inteira liquidação da dívida é que se desconstituirá a garantia, liberando-se inteiramente a coisa gravada. Cumpre observar, porém, que as partes podem excluir essa indivisibilidade mediante expressa previsão no instrumento constitutivo, de maneira que a solução parcial do débito acarretará a liberação fracionada ou gradual das coisas hipotecadas.

A hipoteca tem *caráter acessório*, de vez que a sua vigência pressupõe a existência da obrigação que garante. Desaparecendo esta, imediatamente fenece aquela, dado o liame de acessoriedade que as vincula. Por óbvio, o principal não desaparece com o acessório, sendo certo que a extinção isolada da hipoteca em nada afeta o dever jurídico primitivo, que subsiste na íntegra, embora despido da segurança que o envolvia.

Quanto à origem, a hipoteca pode ser *convencional, legal* ou *judicial*, conforme resulte, respectivamente, da livre vontade das partes, da força da lei ou de sentença transitada em julgado. A de caráter legal será analisada em tópico independente, porque recebeu disciplina específica. A hipoteca judicial está prevista no art. 466 do Código de Processo Civil: *"A sentença que condenar o réu no pagamento de uma prestação, consistente em dinheiro ou em coisa, valerá como título constitutivo de hipoteca judiciária, cuja inscrição será ordenada pelo juiz na forma prescrita na Lei de Registros Públicos"*. Ela tem pequena aplicabilidade prática, já que reclama uma série de procedimentos — inclusive especialização — que a tornam menos atrativa. O instituto da penhora é muito mais eficaz e ágil, levando ao credor uma prestação jurisdicional em menor espaço de tempo.

10.2. Objeto da hipoteca

A hipoteca é direito real que incide predominantemente sobre imóveis, mas o legislador admite a sua constituição também em coisas de natureza diversa, haja vista a necessidade de atender à dinâmica das relações negociais modernas. Daí que será *comum* ou *especial* quanto ao objeto, incidindo, respectivamente, em coisas imóveis ou noutras de diversa natureza (*v. g.*, aviões e navios). De qualquer sorte, somente bens *in commercium* e alienáveis poderão ser submetidos ao gravame, eis que com este caminha a iminência da transferência dominial, que se concretizará por meio da excussão na hipótese de inadimplemento. Excluem-se do rol dos bens hipotecáveis, destarte, aqueles que em decorrência da lei, da vontade das partes ou de causa outra estiverem fora de comércio ou com alienação vedada. O art. 1.473 do Código Civil arrola os bens e direitos que podem ser objeto de hipoteca. A relação é taxativa, não podendo ser estendida a outros itens, dada a severidade da repercussão do gravame sobre o patrimônio onerado.

A norma supracitada, ao principiar a exposição da matéria, diz que a hipoteca recai sobre imóveis e os acessórios dos imóveis conjuntamente com eles (inciso I). São bens imóveis o solo e tudo quanto se lhe incorporar natural ou artificialmente (art. 79 do Código Civil). Destarte, sujeitam-se ao ônus real os imóveis por acessão decorrente da força da natureza ou de iniciativa humana, que não podem ser deslocados no espaço por força externa sem prejuízo de sua forma e substância, *v. g.*, o solo e tudo quanto a ele estiver adstrito ou se integrar: casas, prédios, edificações, apartamentos, salas comerciais e assim por diante. Pelas mesmas razões, os rendimentos dos imóveis (aluguéis, por exemplo) podem ser alvo de penhora em execução hipotecária, porque se caracterizam como acessórios da coisa gravada e integram uma garantia indivisível.

A hipoteca é constituída, em sua essência, por princípios de ordem privada, e, portanto, destinados a regular relações entre particulares. Por isso, admite-se que os interessados (credor e devedor hipotecário, ou terceiro hipotecante) ajustem entre si o valor dos imóveis gravados, visando a definir previamente o preço pelo qual serão praceados, adjudicados ou remidos (art. 1.484 do Código Civil). A fixação prévia do valor dos imóveis onerados, mera faculdade, constará da escritura constitutiva da hipoteca e fará lei entre as partes.

Definida a avaliação do imóvel na escritura constitutiva do ônus real, a superveniência de inadimplemento da dívida e o conseqüente aparelhamento de lide executiva pelo credor fazem com que o juízo determine o praceamento da coisa pelo preço que os interessados lhe atribuíram na escritura. Igual base econômica se aplica quando em pauta a adjudicação ou a remição por quem de direito. Porém, em qualquer das situações o valor nominal submete-se à atualização monetária. Essa providência objetiva evitar prejuízos e controvérsias, eis que o conteúdo da avaliação pode ter sido afetado como decorrência da perda do poder aquisitivo da moeda, fator que conduziria à arrematação, adjudicação ou remição por valor menor do que o originalmente avençado.

Como o aproveitamento econômico do solo reclama muitas vezes a agregação de outros acessórios além dos citados, entende-se que variados itens patrimoniais compõem o imóvel com vistas à constituição de hipoteca, independentemente do valor que tiverem. Assim, integram o universo hipotecado os acessórios naturais (árvores, frutos pendentes, pontos de captação de água, etc.) e os que forem incorporados pelo homem (plantações, culturas, animais, máquinas, equipamentos agrícolas, etc.), ainda que os acréscimos ocorram após a regular constituição da hipoteca.

Os frutos colhidos não são objeto de hipoteca, de vez que, destacados do solo, passam a considerar-se como coisas móveis individualizadas, e, portanto, passíveis apenas de penhor. Aliás, todos os bens que em algum momento fizeram parte de um conjunto imóvel, mas que dele foram separados e adquiriram existência autônoma como móveis, deixam de ser suscetíveis de gravame hipotecário. Se o ato de destacar itens e torná-los móveis for praticado com má-fé devidamente provada, o credor terá a faculdade de exigir reforço na garantia, sob pena de vencimento antecipado da dívida.

As frações ideais dos imóveis podem ser objeto de hipoteca por iniciativa isolada dos respectivos titulares. Do mesmo modo, as construções em andamento também admitem oneração. Em qualquer hipótese, porém, a hipoteca abrange o solo em que se assenta a obra, sendo inviável gravar somente esta última, que na realidade é apenas um acessório do terreno. Se na hipoteca estiverem incluídos prédios ou edificações, a destruição destes apenas desfalca a garantia, mas não a aniquila, eis que continua existindo em relação ao solo.

Direitos sucessórios ainda não partilhados escapam do âmbito da hipoteca, porque abstratos e despidos de autonomia e de inscrição no Registro de Imóveis. Na hipótese de condomínio sobre imóvel devidamente inscrito, cada comunheiro pode livremente gravar a respectiva parte ideal, faculdade que subsiste mesmo quando a coisa for indivisível.

Também pode ser hipotecado o domínio direto (inciso II). Na enfiteuse existem dois personagens: o senhorio direto, que concentra os atributos inerentes ao domínio direto, e o enfiteuta, que carrega a utilidade do bem, a faculdade de usar e fruir como for conveniente. Basicamente, o domínio direto se traduz na substância da coisa, ou seja, na titularidade de certos poderes que conferem ao senhorio direto a prerrogativa de receber o foro anual ou o laudêmio, que é a contrapartida econômica do dever de respeitar os atributos do enfiteuta, nos moldes preconizados pelo ordenamento jurídico.

Levando-se em consideração o fato de que o senhorio pode alienar o domínio direto, resta evidente a possibilidade de constituição de hipoteca tendo por objeto a substância da coisa. Se porventura o domínio direto for alvo de excussão hipotecária por inadimplemento da obrigação garantida, o arrematante não poderá usufruir da coisa enquanto terceiro conservar o domínio útil, que pode ser simbolicamente comparado com a outra face da mesma moeda. Caso o senhorio direto adquira o domínio útil e passe a ser simplesmente proprietário da coisa, a hipoteca de imediato ficará reforçada, e, mesmo sem qualquer previsão expressa nesse sentido, abrangerá toda a propriedade plena.

Por outro lado, é passível de hipoteca o domínio útil (inciso III). O enfiteuta tem o poder de usufruir livremente da coisa, sendo-lhe facultado ainda transmitir os seus atributos por ato *inter vivos* ou *causa mortis*. Logo, se pode transferir o domínio útil pode também constituir hipoteca sobre ele, oferecendo-o em segurança do cumprimento de certa obrigação. Se posteriormente o enfiteuta vier a adquirir o domínio direto e congregar por inteiro os poderes relativos à propriedade, a hipoteca automaticamente se estenderá ao domínio como um todo, ainda que não previsto tal efeito no título constitutivo do gravame.

As estradas de ferro podem ser hipotecadas por quem delas tiver o poder de disposição (Inciso IV). Contudo, não apenas as estradas de ferro propriamente ditas — o caminho formado por trilhos e dormentes — ficam sujeitas à hipoteca, de vez que o gravame abarca igualmente tudo que a elas esteja física ou juridicamente vinculado, como prédios de estações, locomotivas, vagões, equipamentos fixos de sinalização, etc.

São igualmente suscetíveis de oferecimento em garantia hipotecária os recursos naturais a que se refere o art. 1.230, independentemente do solo onde se acham (inciso V). Embora a propriedade do solo não importe na atribuição de direitos sobre as jazidas, minas e demais recursos minerais, nem sobre os potenciais de energia hidráulica (art. 176 da Constituição Federal), admite-se a constituição de hipoteca tendo por objeto esses itens, dado o seu conteúdo econômico e a importância de se fomentar as relações negociais por meio do oferecimento de garantias reais. É claro que a incidência de gravame no tocante aos recursos naturais mencionados acima fica condicionada à inexistência de legislação especial proibitiva, pois muitas vezes o interesse coletivo justifica a criação de óbices normativos à oneração de determinados elementos, ainda que dotados de apreciável conteúdo econômico.

Os navios são alvo de hipoteca (inciso VI) porque têm individualidade própria, considerável autonomia e, geralmente, elevado valor. Como são registrados e se vinculam a determinado porto ou bandeira, recebem tratamento que os assemelha aos imóveis, no que concerne à viabilidade de seu oferecimento como garantia de adimplemento de certo dever jurídico. O registro de direitos reais e outros ônus relativos à propriedade marítima se dá com suporte no art. 12 e seguintes da Lei n. 7.652, de 03 de fevereiro de 1988.

Os mesmos motivos que conduzem à admissibilidade da hipoteca sobre navios regem a incidência do gravame em aeronaves (inciso VII). Assim, o registro, a expressão econômica e a individualização da coisa fazem dela elemento apto a funcionar como garantia hipotecária por iniciativa do titular do poder de disposição. Cabe destacar que poderão ser objeto de hipoteca as aeronaves, motores, partes e acessórios de aeronaves, inclusive aquelas em construção. Isso não ocorrerá enquanto não se proceder à matrícula definitiva da aeronave inscrita e matriculada provisoriamente, salvo se for para garantir o contrato, com base no qual se fez a matrícula provisória. A referência à aeronave, sem ressalva, compreende todos os equipamentos, motores, instalações e acessórios, constantes dos respectivos certificados de matrícula e aeronavegabilidade. No caso de incidir sobre motores, deverão eles ser inscritos e individuados no Registro Aeronáutico Brasileiro, no ato da inscrição da hipoteca, produzindo esta os seus efeitos ainda que estejam equipando aeronave hipotecada a distinto credor, exceto no caso de haver nos respectivos contratos cláusula permitindo a rotatividade dos motores. Concluída a construção, a hipoteca estender-se-á à aeronave se recair sobre todos os componentes; mas continuará a gravar, apenas, os motores e equipamentos individuados, se somente sobre eles incidir a garantia. Durante o contrato, o credor poderá inspecionar o estado dos bens, objeto de hipoteca (art. 138 e respectivos parágrafos, da Lei n. 7.565, de 19 de dezembro de 1986).

Dada a relevância de navios e aeronaves na movimentação da economia nacional, e pelas implicações da hipoteca que acaso sobre eles vier a incidir, os pormenores que norteiam o instituto têm de constar de legislação especial (§ 1º do art. 1.473). Em verdade, o Código Civil nada mais faz do que consignar a viabilidade do gravame hipotecário em relação a navios e aeronaves, deixando a cargo de normas específicas a disciplina minuciosa da matéria. Daí a aplicabilidade das já citadas Leis n. 7.652/1988 (Registro da propriedade marítima) e n. 7.565/1986 (Código Brasileiro de Aeronáutica).

Em virtude de acréscimo trazido pela Lei n. 11.481, de 31 de maio de 2007, foram guindados à condição de direitos reais, e inseridos no rol do art. 1.225 do Código Civil, a concessão de uso especial para fins de moradia (inciso XI) e a concessão de direito real de uso (inciso XII). A mesma lei ampliou o leque de incisos do art. 1.473 da codificação e definiu outros elementos como passíveis de hipoteca, a saber: o direito de uso especial para fins de moradia (inciso VIII), o direito real de uso (inciso IX) e a propriedade superficiária. (inciso X). Além disso, criou novo parágrafo na aludida norma: *"Os direitos de garantia instituídos nas hipóteses dos incisos IX e X do caput deste artigo ficam limitados à duração da concessão ou direito de superfície, caso tenham sido transferidos por período determinado".*

Nenhum dos três institutos acima referidos autoriza o titular do direito real a dispor efetivamente da coisa em sua plenitude. Nos dois primeiros casos, porque ele sequer é proprietário pleno. No último, porque a existência do gravame normalmente acaba interferindo por via indireta sobre o *jus abutendi*. Todavia, a intensa vocação econômica de tais elementos permite que tenham expressão suficiente para assegurar dívidas por intermédio de hipoteca. Sempre é relevante observar que os direitos reais de uso, de uso especial para fins de moradia e a propriedade superficiária são transmissíveis, e, destarte, suscetíveis de eventual constrição, já que não há norma a afirmar-lhes a impenhorabilidade. Logo, o legislador nada mais fez do que aproveitar o teor econômico dos institutos e viabilizar novo mecanismo de garantia hipotecária.

A hipoteca abrange todas as acessões, melhoramentos ou construções do imóvel. Subsistem os ônus reais constituídos e registrados, anteriormente à hipoteca, sobre o mesmo imóvel (art. 1.474 do Código Civil). Em atenção ao princípio *accessorium sequitur principale*, o legislador estabelece que tudo quanto estiver contido no imóvel hipotecado o acompanha na formação da garantia. É o que acontece com as acessões, sejam elas naturais (aluvião, avulsão, ilhas, etc.) ou artificiais (*v. g.*, plantações), quer existam ao tempo da constituição do gravame, quer se integrem em momento posterior.

Também os melhoramentos, entendidos como toda espécie de acréscimo de natureza patrimonial feitos no imóvel, compõem a garantia hipotecária, como no caso de reformas, pinturas, colocação de equipamentos para captação de água e assim por diante. As construções realizadas no imóvel onerado, seja qual for a sua extensão ou natureza, incorporam-se à hipoteca para todos os fins. As construções podem ser classificadas como acessões artificiais, mas, dada a relevância econômica que normalmente as reveste, preferiu o legislador inserir específica previsão no sentido de que se atrelam à sorte do bem gravado.

Releva destacar que as benfeitorias executadas no imóvel gravado passam igualmente a compor a segurança oferecida ao credor, ainda que nenhuma referência acerca da matéria tenha sido incrustada no instrumento constitutivo. Isso porque, sendo acessórios ou complementos do principal, seguem-lhe o destino jurídico.

A constituição de hipoteca sobre determinado bem não importa no sacrifício do *jus abutendi*, ou seja, do direito de disposição que assiste a todo proprietário. A hipoteca funciona como garantia do cumprimento da obrigação a que se vincula, produzindo em proveito do credor o chamado direito de seqüela, consubstanciado na faculdade de endereçar a execução contra o devedor original e de compelir qualquer pessoa, que se tenha tornado proprietária da coisa depois de constituído o gravame, a submeter-se aos seus efeitos. Isso não significa que o adquirente passa a figurar como devedor, mas importa, isto sim, no dever de entregar a coisa gravada com vistas à excussão e posterior satisfação da dívida.

Em virtude de a hipoteca gerar direito de seqüela, qualquer cláusula que for inserida no respectivo instrumento, proibindo o proprietário de alienar o bem hipotecado, será nula de pleno direito (art. 1.475 do Código Civil). Mesmo após a constituição do ônus real, a faculdade de dispor da coisa permanece intocada, sendo plenamente aceitável que o dono promova a sua alienação a título oneroso ou gratuito. Na realidade, o problema não é do alienante, mas sim do adquirente, pois recebe a coisa com a oneração nos moldes em que formada, sujeitando-se a perdê-la se houver inadimplemento da obrigação garantida e conseqüente execução.

Embora a cláusula que proíbe o proprietário de alienar imóvel hipotecado padeça de nulidade, é lícito às partes convencionar que o crédito hipotecário automaticamente se vencerá com eventual alienação da coisa onerada (parágrafo único). Trata-se de convenção que estabelece o vencimento antecipado da dívida, levando à desconsideração do marco temporal primitivamente fixado pelas partes com o objetivo de delinear a exigibilidade do crédito. Independentemente do tempo que ainda falte para o vencimento normal, a existência da mencionada cláusula, seguida por efetiva alienação do imóvel, autoriza o credor a promover de imediato a execução da garantia hipotecária.

A inserção da cláusula fica a critério exclusivo das partes. No mais das vezes, a sua aposição no instrumento constitutivo decorre da maior dificuldade imposta ao credor pela alienação, que acaba envolvendo a multiplicação de despesas processuais na hipótese de execução — pois passa a existir outro interessado, ou seja, o adquirente — e culmina por atrasar o andamento da demanda em virtude do cumprimento de prazos e da adoção de providências complementares.

10.3. Obrigações passíveis de garantia

A hipoteca pode garantir qualquer espécie de obrigação de cunho econômico: dar, fazer, não fazer, simples ou condicionais, atuais ou preexistentes, contraídas por terceiros ou por quem oferece a segurança. Caso o direito real se atrele a uma obrigação de dar certa quantia em dinheiro, funcionará como mecanismo capaz de assegurar o adimplemento, mediante conversão do bem onerado em pecúnia e pagamento ao credor. Na hipótese de se vincular a obrigações de fazer ou de não fazer, o seu papel consistirá em garantir a existência de fonte eficiente para a indenização das perdas e dos danos verificados em razão do inadimplemento.

Por seu turno, a hipoteca judicial resulta da condenação do réu ao pagamento de uma prestação, consistente em dinheiro ou em coisa. Logo, a garantia incide em moldes semelhantes aos preconizados, segundo a natureza da prestação devida.

Cabe destacar que não apenas as dívidas presentes podem ser garantidas por hipoteca, tendo optado o legislador, face à importância de fomentar a circulação de riquezas. As dívidas futuras, que são aquelas cujo conteúdo exato se define em momento posterior ao da celebração do contrato, podem ser garantidas por hipoteca. Também admitem constituição de garantia hipotecária as dívidas condicionadas, ou seja, aquelas cuja exigibilidade fica submetida a condição suspensiva ou resolutiva. Em qualquer das hipóteses, é preciso que seja determinado o valor máximo do crédito garantido (*caput* do art. 1.487 do Código Civil).

As obrigações referidas pelo citado dispositivo não têm seus contornos de formação ou exigibilidade rigorosamente estabelecidos no momento da constituição da hipoteca que as assegura. Como é sabido, a hipoteca se vincula a uma obrigação de conteúdo econômico definido, razão pela qual se impõe a prévia determinação contratual do valor máximo do crédito a ser garantido, pois do contrário o gravame serviria para assegurar o adimplemento de prestação absolutamente indeterminada, afrontando a natureza do direito real.

Às partes incumbe estabelecer qual a importância máxima do crédito que se tenciona garantir, valor este que servirá de base para eventual execução motivada por inadimplemento da obrigação principal. Ainda que esta posteriormente fique situada em patamar superior ao da garantia, e embora a coisa hipotecada tenha valor maior do que o limite contratual, a excussão alcançará ao credor hipotecário somente o montante previamente estimado.

Atrelada a dívida futura ou condicionada, a garantia hipotecária somente poderá ser executada se houver concordância do devedor quanto à verificação da condição a que subordinava, ou ao montante consolidado da dívida (§ 1º). Mais do que isso: a anuência do devedor será prévia e expressa, não se admitindo que das circunstâncias se infira o consentimento, nem que este se aparelhe em momento posterior ao do início da lide executiva. Tais requisitos objetivam oferecer ao devedor a possibilidade de apurar com certeza e confiabilidade tanto a existência de crédito exigível em favor do sujeito ativo como o conteúdo da obrigação que terá de suportar. A falta de observância de qualquer dos pressupostos impede a execução da hipoteca até que a situação se regularize.

Caso o devedor conteste a verificação da condição a que se submete o crédito hipotecário, ou divirja do credor quanto ao montante da dívida consolidada, recairá sobre este último a incumbência de fazer prova de seu direito (§ 2º). A regra nada mais representa do que a reiteração de um princípio de há muito solidificado no direito pátrio, qual seja, o de que cabe ao interessado provar as alegações que formula. Se o credor pretende promover a execução do afirmado crédito hipotecário, tem de demonstrar a presença de todos os elementos hábeis a autorizar a adoção da medida, sob pena de lhe ser indeferida a pretensão.

Visando a impedir a efetivação de atitudes meramente procrastinatórias ou temerárias por parte do devedor, o ordenamento jurídico estabelece que ele terá de responder ante a parte contrária, inclusive indenizando perdas e danos, se, após analisada a divergência apontada, o crédito hipotecário vier a ser reconhecido como afirmado pelo sujeito ativo. As perdas e danos dizem exclusivo respeito à superveniente desvalorização que vier a afetar o imóvel onerado, abalando, por conseguinte, a integridade da garantia hipotecária. Cabe ao credor hipotecário fazer prova da ocorrência dos prejuízos eventualmente alegados.

Podem o credor e o devedor, no ato constitutivo da hipoteca, autorizar a emissão da correspondente cédula hipotecária, na forma e para os fins previstos em lei especial (art. 1.486 do Código Civil). A emissão de cédula hipotecária permite que o crédito tenha grande capacidade de circulação, fazendo-o mais útil e economicamente interessante, haja vista a possibilidade de sua negociação com terceiros e de transferência mediante simples endosso. Ademais, a aceitação desse título de crédito é bem maior do que a dos títulos comuns, porque encontra lastro em garantia real (no caso, o imóvel gravado), levando tranqüilidade ao terceiro a quem se o repassa.

Para que se viabilize a emissão da correspondente cédula hipotecária é necessário que o credor e o devedor expressamente autorizem a medida quando da implementação do ato constitutivo do gravame. Não tem qualquer validade a iniciativa de apenas uma das partes, isoladamente, no sentido da aludida emissão.

10.4. Legitimidade para hipotecar

Para oferecer bem em hipoteca é preciso que o sujeito — devedor ou terceiro — tenha capacidade geral para os atos da vida civil. Todavia, é imperioso que também esteja dotado de capacidade para alienar aquela específica coisa, já que a incidência do gravame traz o risco de perda da propriedade, fruto de eventual inadimplemento da obrigação garantida. É o que se extrai do art. 1.420 do Código Civil, segundo o qual só aquele que pode alienar poderá hipotecar, e só os bens que se podem alienar poderão ser dados em hipoteca. Todavia, a propriedade superveniente torna eficaz, desde o registro, as garantias reais estabelecidas por quem não era dono (§ 1º).

O oferecimento de hipoteca pelo indivíduo casado reclama a obtenção de vênia conjugal, exceto no regime da separação de bens, como resultado da aplicação do art. 1.647, I, do Código Civil. Entretanto, cabe ao juiz suprir a outorga, quando um dos cônjuges a denegue sem motivo justo, ou lhe seja impossível concedê-la (art. 1.648 da codificação).

Os menores de idade que ainda estiverem sob o poder familiar não poderão dar em garantia hipotecária bens de sua titularidade, salvo quando regularmente representados ou assistidos pelos pais e depois de obtida autorização judicial fundada na necessidade ou evidente interesse da prole (art. 1.691 do Código Civil). O mesmo vale para os menores submetidos ao instituto da tutela, haja vista a circunstância de que o art. 1.750 do Código Civil exige prévia autorização do juiz para a venda de imóveis de tutelados, preceito extensível aos casos de geração de ônus reais. Como as regras a respeito do exercício da tutela aplicam-se ao da curatela (art. 1.781 da codificação), os bens dos curatelados somente poderão ser alvo de hipoteca se houver anterior deferimento da medida pelo juízo competente.

Para hipotecar, o pródigo dependerá da intervenção do seu representante legal, que é o curador judicialmente nomeado. O art. 1.782 do Código Civil, a respeito do tema, dispõe: "*A interdição do pródigo só o privará de, sem curador, emprestar, transigir, dar quitação, alienar, hipotecar, demandar ou ser demandado, e praticar, em geral, os atos que não sejam de mera administração*". Não se exige prévia autorização do juiz para viabilizar o estabelecimento do gravame em cada situação concretamente surgida, pois em relação ao pródigo tal exigência não foi imposta pelo legislador.

O ascendente pode gravar de ônus real, para garantia de dívida do descendente, qualquer imóvel de que seja proprietário, mesmo sem a anuência e até mesmo contra a vontade dos demais descendentes. Pode assim proceder, inclusive, assegurando com os seus bens uma dívida que tenha contraído perante aquele. A limitação incrustada no art. 496 do Código Civil, portanto, tem exegese restritiva e somente se aplica aos casos de venda, que será anulável se o ascendente, transmitindo bens a descendente, não obtiver o consentimento dos outros descendentes.

O condômino somente pode gravar a fração que lhe couber no todo (art. 1.314 do Código Civil), sendo-lhe defeso onerar integralmente o bem, pois do contrário estaria oferecendo em garantia porções que não são de sua titularidade. O mesmo acontece com o herdeiro, cujo direito se projeta apenas sobre a fração ideal correspondente ao seu título sucessório.

O falido não pode hipotecar bens, pois após a distribuição do pedido de recuperação judicial, ficará impedido de alienar ou onerar bens ou direitos de seu ativo permanente, salvo evidente utilidade reconhecida pelo juiz, depois de ouvido o Comitê, com exceção daqueles previamente relacionados no plano de recuperação judicial (art. 66 da Lei n. 11.101, de 09 de fevereiro de 2005).

10.5. Pluralidade de hipotecas

O dono do imóvel hipotecado pode constituir outra hipoteca sobre ele, mediante novo título, em favor do mesmo ou de outro credor (art. 1.476 do Código Civil). A menos que haja expressa vedação no instrumento constitutivo da primeira hipoteca, nada impede que outras incidam sobre o imóvel, em favor do mesmo ou de diferentes credores. Como a matéria é de ordem privada, forçoso reconhecer a possibilidade de que no próprio título conste cláusula expressa de proibição quanto à incidência de novéis direitos reais sobre o bem onerado.

A pluralidade de gravames não afeta a segurança conferida aos credores, haja vista a preferência estabelecida em proveito de cada um deles com base na ordem de feitura dos respectivos registros. Aquele que primeiro registra a hipoteca prefere aos demais na execução da garantia e na satisfação do crédito, ficando para os credores subseqüentes, de acordo com a ordem dos registros, o valor que remanescer após o pagamento do crédito dotado de preferência. Não há limite quanto ao número de hipotecas admitidas em relação ao mesmo imóvel; todavia, impende observar que quanto mais distanciadas do primeiro crédito menor a probabilidade de o sujeito ativo receber o valor a que tem direito.

Cabe destacar o equívoco em que incorrem os defensores da existência de limitação do número de gravames. Há quem afirme que nova hipoteca somente pode ser constituída sobre o mesmo bem se este suportar o valor de todas as dívidas que assegura. Essa posição não prevalece na prática, pois ao credor sempre é dado optar pela formação da garantia, mesmo na hipótese de o valor do imóvel ser inferior ao dos débitos assegurados. Afinal, existe a possibilidade de ocorrer o pagamento da obrigação preferencial, a desconstituição do primeiro gravame, a remissão, a renúncia, etc., situações que levariam o credor hipotecário subseqüente a avançar em direção ao topo e receber o montante a que tem direito.

A constituição de nova hipoteca sobre imóvel já onerado exige a confecção de novo título. Não basta, portanto, mera alusão ou observação junto à matrícula da coisa gravada, sendo imprescindível que o gravame se constitua como se fosse único, isto é, por meio de título autônomo revestido de todas as formalidades e pressupostos legais, seguido da necessária inscrição junto à matrícula existente no Registro de Imóveis.

Mesmo que se trate de simples aumento da dívida geradora da única hipoteca que recai sobre o imóvel, é absolutamente inarredável a necessidade de confecção de título autônomo, não se admitindo apenas a averbação do aumento da dívida. Eventual majoração do débito primevo somente se garante por intermédio de outra hipoteca, a ser constituída mediante nova contratação, eis que inviável a reformulação do ônus real já existente.

Impõe-se ao sujeito passivo a obrigação de mencionar, no título constitutivo de outra hipoteca sobre o mesmo bem, dirigida a credor diferente, a existência do gravame anterior. Tal providência decorre do direito, que tem sujeito ativo, de conhecer a situação jurídica do imóvel que está por sofrer a incidência de oneração. O Código Penal, em seu art. 171, § 2º, II, considera como estelionato a conduta de dar em garantia coisa própria gravada de ônus, silenciando sobre essa circunstância. A menção se mostra inexigível quando a nova hipoteca é constituída em proveito do mesmo sujeito ativo, pois este já sabe da existência da oneração anterior.

Havendo apenas uma hipoteca a gravar o imóvel, o credor fica legitimado a promover a excussão da garantia assim que restar configurado o inadimplemento da obrigação a que se vincula. Na hipótese de pluralidade de gravames, ao segundo credor é facultado excutir a garantia somente depois de vencida a primeira hipoteca, embora a sua já se tenha anteriormente vencido (*caput* do art. 1.477 do Código Civil). Como se sabe, a hipoteca registrada em primeiro lugar pode ter vencimento posterior ao da que lhe sucede; todavia, enquanto aquela não vencer, veda-se ao credor desta qualquer iniciativa de execução. Isto porque na pluralidade de hipotecas a preferência é estabelecida em favor de quem primeiro registra o instrumento constitutivo, de maneira que ao credor subseqüente se destina o montante acaso remanescente, depois de solvido o débito colocado em patamar prioritário.

A ordem de preferência tem de ser observada, a fim de efetivamente alcançar ao credor preferencial a satisfação do seu direito. Caso o devedor comum incorra em insolvência, a regra geral é excepcionada, atribuindo-se ao credor da segunda hipoteca a faculdade de executar imediatamente o imóvel. É que a insolvência acarreta o vencimento antecipado das dívidas do obrigado, estabelecendo concurso entre todos os credores.

A insolvência se caracteriza basicamente pela superioridade do passivo em relação ao ativo da pessoa física, e sua formal caracterização obedece ao regramento contido nos arts. 748 a 786 do Código de Processo Civil. Entretanto, a falta de pagamento das obrigações garantidas por hipotecas, posteriores à primeira, não importa na consumação da insolvência (parágrafo único do art. 1.477 do Código Civil), de vez que surge em proveito do devedor presunção relativa — e, portanto, sujeita a prova em contrário — de que o valor do bem onerado é suficiente para cobrir a dívida inadimplida. Se tal presunção for derrubada, o credor da segunda hipoteca pode realizar incontinenti a excussão. Cai a presunção se o interessado provar: a) que a coisa gravada não cobre as dívidas garantidas; b) que a falta de pagamento se deu por insuficiência de recursos; c) que no patrimônio do devedor não há outros bens capazes de satisfazer as obrigações asseguradas.

Se o obrigado descumprir o dever jurídico de pagar o débito referente à primeira hipoteca, patenteada estará a insolvência, ficando legitimados os credores das subseqüentes a promover de imediato a excussão. Porém, em qualquer caso o produto auferido com a iniciativa será destinado ao pagamento dos créditos preferenciais, na ordem estabelecida pela legislação vigente. Portanto, entre as hipotecas continuará tendo prioridade no pagamento aquela que em primeiro lugar foi registrada perante o órgão competente.

10.6. Remição da hipoteca

Se o devedor da obrigação garantida pela primeira hipoteca não se oferecer, no vencimento, para pagá-la, o credor da segunda pode promover-lhe a extinção, consignando a importância e citando o primeiro credor para recebê-la e o devedor para pagá-la; se este não pagar, o segundo credor, efetuando o pagamento, se sub-rogará nos direitos da hipoteca anterior, sem prejuízo dos que lhe competirem contra o devedor comum (*caput* do art. 1.478 do Código Civil). A norma trata exclusivamente da remição por iniciativa do segundo credor hipotecário, ficando a cargo de outras regras a disciplina do tema quanto aos demais personagens legitimados.

O vencimento da dívida garantida, sem que haja o pagamento pelo devedor, autoriza o credor a promover a execução hipotecária para fins de venda judicial do bem e apuração de valor bastante à satisfação do crédito. Havendo mais de uma hipoteca a recair sobre o mesmo bem, o credor da segunda pode promover a extinção da primeira sem o consentimento do sujeito ativo e mesmo contra a vontade deste, contanto que o devedor não se ofereça para pagar a dívida na data do vencimento. No dispositivo se consagra a chamada remição hipotecária, consistente no pagamento, que o credor da segunda hipoteca faz, do valor da dívida garantida pela primeira. Com isso, extingue-se a primeira hipoteca e o respectivo credor deixa de tomar parte na relação jurídica, abrindo espaço para que o segundo assuma posição preferencial no recebimento do montante a que tem direito.

Ao efetivar o pagamento da dívida assegurada pela primeira hipoteca, o credor da segunda se sub-roga em todos os direitos do gravame anterior, sem perder qualquer das prerrogativas inerentes ao seu próprio crédito original, também garantido por hipoteca. Em suma, torna-se duplamente credor, pois fica legitimado não apenas a executar a garantia que em seu favor foi primitivamente constituída, com também aquela adquirida a partir da remição hipotecária.

A extinção da obrigação garantida pela primeira hipoteca se dá mediante consignação da importância e citação do primeiro credor para recebê-la, com intimação do devedor para pagá-la. Se este não realizar o pagamento, o credor da segunda hipoteca poderá efetivá-lo, consignando integralmente o valor. Note-se que a extinção da dívida pelo segundo credor hipotecário depende da absoluta inércia do devedor após a intimação, pois o ordenamento confere, ao interessado direto, conveniente primazia para a solução da pendência, haja vista as conseqüências decorrentes do inadimplemento (incidência de juros de mora, pena pecuniária, encargos, etc.). Assim, o credor da segunda hipoteca somente estará autorizado a consignar depois de esgotada a possibilidade de que o sujeito passivo realize o pagamento.

A relevância desse mecanismo jurídico reside na possibilidade de o credor da segunda hipoteca promover o rompimento do liame preferencial que impede acesso direto ao devedor, afastando da disputa o concorrente e fazendo com que o imóvel onerado passe a servir unicamente à satisfação dos interesses creditícios consubstanciados no valor remido e na obrigação assegurada pela hipoteca subseqüente. *"De toda prudência esse dispositivo. Vencida a primeira hipoteca, poderia o respectivo titular desinteressar-se da cobrança. Para contornar a situação, a lei oferece ao credor da segunda hipoteca esta alternativa: ou ele próprio toma a iniciativa de promover a execução (art. 1.477 do Código Civil), ou então redime o imóvel hipotecado, utilizando-se do direito outorgado pelo art. 1.478"* (Washington de Barros Monteiro, obra citada, p. 414).

Se ao tempo da remição o credor da primeira hipoteca estiver executando a dívida impaga no vencimento, o interessado depositará, além do seu montante integral, o valor referente às despesas judiciais de aparelhamento da lide executiva (taxas, custas, etc.), conforme disposição contida no parágrafo único do art. 1.478 do Código Civil. Isso porque ao exeqüente se tem de alcançar tudo quanto houver gasto, evitando que experimente diminuição indireta do crédito como resultado do custeio das despesas judiciais. A sub-rogação do credor da segunda hipoteca englobará não somente o valor principal da dívida satisfeita, mas também os acréscimos que esta sofrer como decorrência da mora e as despesas judiciais relacionadas à execução acaso ajuizada. Enfim, o consignante poderá recuperar junto ao devedor a totalidade dos valores depositados em juízo a título de pagamento da dívida assegurada pela primeira hipoteca.

A lei confere também ao adquirente do imóvel onerado a faculdade de promover a remição, pois se trata de forma ágil e produtiva de liberar o bem da oneração e satisfazer o débito pendente. O *caput* do art. 1.481 do Código Civil diz: *"Dentro em trinta dias, contados do registro do título aquisitivo, tem o adquirente do imóvel hipotecado o direito de remi-lo, citando os credores hipotecários e propondo importância não inferior ao preço por que o adquiriu".* O prazo somente se inicia com o registro, pois por meio dele é que acontece a alteração na titularidade do imóvel. A simples confecção de escritura pública de compra e venda, ou de promessa de compra e venda, não abre o prazo para remição, porque transferência nenhuma houve ainda.

Se o credor impugnar o preço da aquisição ou a importância oferecida, realizar-se-á licitação, efetuando-se a venda judicial a quem oferecer maior preço, assegurada preferência ao adquirente do imóvel (§ 1º). Como se percebe, o credor pode pretender demonstrar que o preço da aquisição da coisa foi superior ao informado, e que, conseqüentemente, o valor oferecido pelo interessado em remir tem de ser maior. Pode, igualmente, demonstrar que a importância oferecida é inferior àquela despendida na aquisição da coisa, reclamando a necessária complementação. Enfim, o credor hipotecário age como fiscal da regularidade da remição, eis que dela depende a solução da dívida garantida.

Colocado o imóvel em licitação judicial, o domínio será transferido a quem oferecer maior preço, pois a finalidade do certame consiste exatamente em obter o maior valor possível com vistas à satisfação do crédito hipotecário. Todavia, em completa igualdade de condições com estranhos (valor, forma de pagamento, etc.) o adquirente do imóvel terá preferência, por perceber o legislador a conveniência de se manter a coisa com quem já a havia adquirido anteriormente à licitação.

Não havendo qualquer impugnação por parte do credor hipotecário torna-se definitiva a remição do imóvel (§ 2º), porque presumida de maneira absoluta a concordância no que diz respeito ao montante oferecido pelo adquirente. Ato contínuo, cabe a este promover o respectivo pagamento diretamente ao credor ou por meio de depósito judicial, a partir do quê o imóvel fica totalmente liberado do gravame, concentrando-se no adquirente a integralidade dos poderes inerentes ao domínio. Por equívoco de redação, a construção literal da norma fala em *remissão*, quando na verdade se trata de *remição*, pois aquele outro instituto é modo extintivo da obrigação sem pagamento, traduzida no perdão da dívida por iniciativa do credor, nada tendo a ver com a remição hipotecária.

Ao invés de remir o imóvel, pode o adquirente preferir sujeitar-se à execução, defendendo até o final os seus interesses e acompanhando o andamento do processo. Entretanto, uma vez definido o direito do credor hipotecário e consumada a excussão do imóvel, o adquirente terá não somente de se submeter aos efeitos da lide executiva e ao risco de perda da coisa. Deverá promover, ainda, o ressarcimento, aos credores hipotecários, da importância correspondente à desvalorização que por culpa sua o imóvel acaso tenha experimentado desde a aquisição até o último ato da excussão (§ 3º). Importa destacar que o dever de indenizar existe unicamente quando a menor valia decorre de culpa do adquirente, não lhe sendo imputável a desvalorização relacionada ao natural desgaste da coisa, nem a que se verificar por culpa de terceiro. A desvalorização é apurada mediante apresentação de provas pelos interessados, fazendo-se necessária, normalmente, a realização de perícia com o objetivo de definir com exatidão o *quantum* da minoração econômica experimentada pela coisa.

Afora ficar obrigado ao citado ressarcimento, o adquirente terá de arcar com as despesas judiciais da execução, reembolsando ao credor os valores despendidos e sujeitando-se ao pagamento dos ônus sucumbenciais advocatícios. É claro que o adquirente responderá apenas pela sua fração no rateio das despesas processuais, sendo exigível do devedor hipotecário o pagamento da parcela correspondente à sua própria inserção no pólo passivo da demanda executiva.

Não é admissível que se confunda a figura do devedor hipotecário com a do adquirente do imóvel. Embora este último sofra as conseqüências inerentes à hipoteca, haja vista o melhor direito do credor em relação à coisa gravada, convém lembrar que o verdadeiro implicado no cumprimento da obrigação assegurada é o devedor primitivo. Nele deságuam, em derradeira análise, todas as circunstâncias econômicas do evento, inclusive no que pertine ao direito de regresso reservado pelo legislador, em determinados casos, ao adquirente. Por isso, em algumas hipóteses a lei resguarda a posição do adquirente, conferindo-lhe ação regressiva contra o vendedor do imóvel hipotecado (§ 4º).

Na primeira delas, porque fica privado da coisa em conseqüência de licitação ou penhora, podendo então demandar junto ao alienante o reembolso das quantias despendidas com a aquisição, nisso incluídos o principal, atualização monetária, gastos relativos ao contrato e à transcrição, etc. Pela venda pública, o adquirente perde em definitivo o domínio do imóvel, ficando legitimado a pleitear os aludidos valores. Porém, a ação é viável mesmo que se trate apenas de penhora, desde que o adquirente não permaneça como depositário do imóvel ao longo do desenvolvimento da lide executiva, circunstância capaz, por si só, de afetar a livre utilização e a captação de proveitos pelo titular.

Também se reserva ao adquirente ação regressiva nos casos em que paga a hipoteca. O pagamento libera o imóvel do gravame e fulmina a relação creditícia travada entre o vendedor e o credor hipotecário. Mas, considerada a ocorrência da solução da dívida pelo adquirente, fica este sub-rogado nos direitos relativos ao crédito decorrente da hipoteca. Com efeito, mostrar-se-ia descabido exigir do *solvens* que suportasse o prejuízo depois de pagar a dívida, dado o fato de na aquisição já ter desembolsado numerário em proveito do alienante. Em virtude disso, o adquirente legitima-se a demandar contra o vendedor pela totalidade do montante solvido, no exercício do direito de regresso previsto na norma legal em estudo.

O direito regressivo pode ser exercido ainda pelo adquirente que, por causa de adjudicação promovida em favor do credor, ou de licitação pública em demanda executiva, desembolsar com o pagamento da hipoteca valor excedente ao da compra. Nesse caso, a circunstância de o desembolso para solução da hipoteca ser maior do que o valor pelo qual foi comprada a coisa não impede o adquirente de mover contra o vendedor ação com vistas à recuperação de todo o montante despendido, inclusive no que diz respeito a despesas processuais, juros, taxas, encargos diversos, etc.

Por derradeiro, pode o adquirente ajuizar ação regressiva contra o vendedor quando tiver de suportar o pagamento de custas e despesas processuais para proteção de interesses relacionados ao imóvel hipotecado. A venda de coisa onerada importa em risco para ambas as partes envolvidas no negócio jurídico, dada a iminência de o credor, inadimplida a obrigação assegurada, promover a execução da garantia que incide sobre o imóvel. No descumprimento do dever jurídico de pagar, assumido pelo vendedor perante o credor hipotecário, é que reside o fundamento da consagração de direito regressivo em favor do adquirente, que pode reclamar o reembolso de todos os gastos feitos em virtude da hipoteca.

Além das hipóteses já aventadas, é possível que o próprio devedor promova a remição (art. 1.482 do Código Civil). Aparelhada a execução hipotecária e levado o imóvel à hasta pública, o executado tem a faculdade de remi-lo, evitando que continue a funcionar como garantia ou impedindo que se incorpore ao patrimônio de eventual arrematante. Para tanto, tem de proceder da seguinte maneira: a) não havendo licitantes que se tenham disposto a adquirir a coisa, terá de depositar preço igual ao da avaliação, isto é, montante equivalente àquele pelo qual o imóvel foi oferecido em venda pública. Com isso, o credor não poderá consumar a adjudicação definitiva do imóvel gravado, prerrogativa que teria se não ocorresse a remição; b) tendo havido licitantes e arrematação por qualquer deles, oferecerá preço correspondente ao do maior lance apresentado, pois em igualdade de condições com terceiros a preferência é do devedor.

Em ambos os casos, o momento derradeiro para que o devedor ofereça em juízo o valor correspondente à remição expira com a assinatura do auto de arrematação (se houve lance vitorioso) ou com a publicação da sentença de adjudicação (se o credor hipotecário manifestou interesse em ficar com a coisa). Além do montante principal, o interessado em remir tem de depositar em juízo a importância dos juros, das custas processuais e dos honorários advocatícios acaso incidentes.

Visando a ampliar o leque de possibilidades de conservação do imóvel no patrimônio do executado, ou de transferi-lo para pessoas que lhe são próximas por laços de sangue ou de matrimônio, o legislador alcança ao cônjuge, aos descendentes e aos ascendentes do executado a faculdade de promover a remição, nos mesmo moldes em que o próprio executado poderia efetivá-la. Portanto, o período de tempo adequado para depósito em juízo, assim como o valor a ser oferecido e todas as demais nuanças que envolvem a remição aplicam-se com base em iguais parâmetros.

A falência do devedor hipotecário comerciante, assim como a insolvência civil da pessoa física devedora, atribuem à massa, ou aos credores em concurso, o direito de promover a remição do imóvel onerado (art. 1.483 do Código Civil). Na primeira hipótese, a massa conserva a coisa no patrimônio que assegura as dívidas dos credores, privilegiados ou não, na ordem prescrita em lei. No segundo caso, qualquer dos credores em concurso pode remir, tomando para si o bem pelo preço da avaliação. Na realidade, a remição promovida pelos credores em concurso nada mais representa do que a substituição, no patrimônio da massa, de uma coisa imóvel por pecúnia. Essa circunstância acaba sendo favorável ao conjunto dos credores que não remiram, pois o caminho natural do concurso na falência ou na insolvência é abreviado pela antecipada transformação de parte do acervo em dinheiro, que servirá para o pagamento das dívidas da massa.

O preço pelo qual se consuma a remição é o da avaliação oficial do imóvel, não podendo o credor hipotecário recusá-lo sob pretexto algum, ainda que se mostre insuficiente para o pagamento integral da dívida garantida. Entretanto, se a coisa for praceada o valor do maior lance é que será considerado vencedor, implicando na arrematação pelo ofertante, de modo que o interesse em remir, demonstrado pela massa ou pelos credores em concurso, terá por base o montante correspondente à arrematação. Não havendo licitantes, qualquer dos legitimados poderá remir pelo preço da avaliação.

O credor hipotecário pode impedir a remição pela massa ou pelos credores em concurso, bastando para tanto que se disponha a adjudicar o imóvel, dando quitação pela totalidade da dívida garantida, quando avaliado por preço inferior ao desta (parágrafo único). Logo, há transferência de imóvel que vale menos do que o crédito garantido, mas com quitação geral deste. Resta evidente a vantagem que a adjudicação pelo credor hipotecário propicia à massa e aos demais credores, de vez que o débito assegurado pela hipoteca será alvo de quitação integral mesmo sem ter havido pagamento completo. A partir daí, e nos termos da legislação pertinente, o imóvel, liberado do gravame hipotecário, será submetido aos procedimentos normais destinados ao cumprimento das demais obrigações do falido ou do insolvente, podendo inclusive culminar com o seu praceamento por montante superior ao da avaliação, carreando proveitos a todos os envolvidos.

10.7. Abandono do imóvel pelo adquirente

O adquirente do imóvel hipotecado, desde que não se tenha obrigado pessoalmente a pagar as dívidas aos credores hipotecários, poderá exonerar-se da hipoteca, abandonando-lhes o imóvel (art. 1.479 do Código Civil). Independentemente do valor das dívidas pendentes, o adquirente do imóvel gravado pode livrar-se de qualquer responsabilidade pelo pagamento mediante simples abandono do imóvel em favor dos credores hipotecários. Na realidade, não se trata de abandono como forma de perda da propriedade imóvel, mas sim de ato unilateral pelo qual o adquirente entrega a coisa onerada aos credores para fins de excussão, abdicando da prerrogativa de litigar acerca das peculiaridades do negócio jurídico, da validade dos débitos e de tudo o mais que a eles disser respeito.

A citada faculdade somente pode ser exercida nos casos em que o adquirente do imóvel hipotecado não se tenha obrigado pessoalmente a pagar as dívidas aos credores hipotecários, pois se isso ocorrer o seu patrimônio responderá pelo conteúdo das obrigações asseguradas, impedindo a unilateral liberação por abandono da coisa gravada. Trata-se de norma destinada a proteger os credores, impedindo a adoção de iniciativas capazes de frustrar a satisfação dos respectivos créditos, haja vista a voluntária assunção do dever de pagar pelo adquirente do imóvel.

O adquirente do imóvel hipotecado, que se quiser forrar aos efeitos do gravame por meio do abandono da coisa em favor dos credores hipotecários, terá de notificá-los, e ao vendedor, com o fito de lhes deferir conjuntamente a posse (art. 1.480 do Código Civil). Ao assim proceder, o adquirente se afasta do núcleo do debate, liberando-se completamente de qualquer implicação relacionada ao vínculo hipotecário. Cumpre ressaltar que essa possibilidade somente existe no caso de o comprador não ter assumido pessoalmente a obrigação de pagar a dívida garantida pela hipoteca, pois do contrário ficará atrelado ao seu conteúdo e não poderá livrar-se mediante abandono da coisa.

Se os credores hipotecários e o vendedor não quiserem receber a posse, ou se o adquirente entender mais adequado em razão das circunstâncias, é cabível o depósito judicial do imóvel como alternativa para a escorreita efetivação do abandono e conseqüente exoneração da hipoteca incidente sobre o imóvel. Note-se que o depósito não é forma subsidiária de exoneração que dependa da negativa ou da impossibilidade dos devedores e do vendedor em receber a posse; cuida-se de simples opção alcançada ao adquirente pelo ordenamento jurídico, podendo ser eleita mesmo que nenhuma iniciativa anterior tenha sido adotada junto àqueles.

O deferimento da posse aos credores e ao vendedor tem de ser conjunta, isto é, ofertada por igual pelo adquirente, sem privilégio a qualquer dos destinatários. Recebida por estes, seu exercício será também conjunto, até que o Poder Judiciário decida acerca do destino do imóvel hipotecado, eis que sujeito à excussão em caso de inadimplemento da obrigação assegurada. A notificação dos interessados pode ser judicial ou extrajudicial, não estando atrelada à observância de formalidades especiais; porém, tem de ser feita por escrito, como é da natureza da medida.

A prerrogativa de abandonar o imóvel hipotecado não tem de ser necessariamente exercida pelo adquirente antes de aparelhada a execução hipotecária por descumprimento da obrigação garantida. O legislador faculta-lhe o abandono até as vinte a quatro horas subseqüentes à citação que receber, dando conta do início da execução da hipoteca (parágrafo único). Isto porque a citação cientifica formalmente o comprador quanto à existência de lide executiva direcionada à excussão do imóvel onerado, abrindo oportunidade para que o adquirente opte entre acompanhar o processo até o último ato ou abandonar a coisa gravada e assim exonerar-se de qualquer liame com a hipoteca. Dependendo do contexto, e, principalmente, da extensão do débito inadimplido, o abandono pode ser útil como meio de evitar maiores dispêndios e aborrecimentos para o adquirente do imóvel gravado.

O prazo de vinte e quatro horas, concedido para a efetivação do abandono, tem início com a aposição da assinatura do adquirente no mandado de citação, e não com a juntada deste aos autos do processo. Nesse período é que cabe ao adquirente dar andamento ao trâmite de notificação dos credores hipotecários e do vendedor, ou o depósito judicial da coisa, com o desiderato de lhes alcançar conjuntamente a respectiva posse.

10.8. Perempção da hipoteca

A escritura de constituição da hipoteca, seguida de registro, marca o início da garantia em prol do credor, devendo nela estar consignado o limite temporal de sua duração. Aliás, o art. 1.424, II, da codificação civilista, reclama a indicação pelos interessados, sob pena de ineficácia, do prazo fixado para pagamento. Em se tratando de hipoteca convencional, o gravame nunca vigorará por mais de trinta anos, contados da data em que celebrada a contratação (art. 1.485 do Código Civil). Caso o período inicialmente estipulado pelas partes seja inferior a trinta anos, é permitida a prorrogação da vigência da hipoteca, contanto que o somatório final de sua duração não ultrapasse o aludido marco temporal.

A prorrogação é feita mediante simples averbação junto à matrícula do imóvel, não sendo exigida a confecção de nova escritura de hipoteca. O negócio jurídico apenas tem seu lapso de duração alongado, sem que isto implique na extinção do liame original e na constituição de outro em substituição. Para que se prorrogue a garantia faz-se necessário requerimento de averbação provindo de ambos os contratantes, ficando inviabilizada qualquer iniciativa unilateral nesse sentido.

Decorridos trinta anos da data do contrato, com ou sem prorrogação, a hipoteca automaticamente torna-se perempta e deixa de vigorar, cessando por inteiro os seus efeitos. Todavia, para propiciar às partes a continuidade da relação jurídica, o legislador idealizou o instituto da reconstituição da hipoteca, mecanismo pelo qual a garantia subsiste por força da confecção de novo título e de novo registro. Caso isso ocorra, serão mantidos em favor do credor hipotecário o mesmo número de registro e igual precedência que lhe competir, por tratar-se de gravame reconstituído em todos os seus aspectos e que na prática é mero prosseguimento do original. Destarte, a reconstituição da hipoteca não afeta a posição ocupada pelo credor, permanecendo exatamente idêntica à que emergia do contrato perempto, inclusive no que diz com a fixação da preferência, no produto da execução, sobre outros direitos reais de terceiros.

A hipoteca legal não sofre perempção, valendo o seu registro enquanto a obrigação perdurar. Tal solução tem em vista a natureza dos interesses a preservar, já que na modalidade legal o legislador tenciona resguardar determinadas pessoas colocadas em situações que justificam a manutenção do gravame por tempo indefinido. Todavia, a especialização da hipoteca, em completando vinte anos, deve ser renovada (art. 1.498 do Código Civil).

10.9. Desmembramento do ônus

A circunstância de o imóvel estar hipotecado não obsta que seja fracionado para fins de loteamento ou que nele se constitua condomínio edilício, de vez que a incidência de oneração não deve afetar o aproveitamento econômico da coisa, nem impedir a sua livre disposição e destinação pelo proprietário. Em vista disso, a ocorrência de alterações na conformação física ou jurídica do imóvel, porque loteado ou submetido a condomínio, permite que o credor, o devedor, ou o terceiro hipotecante, isolada ou conjuntamente, requeiram ao juiz que cada lote ou unidade autônoma suporte proporcionalmente o gravame. É o que diz o caput do art. 1.488 do Código Civil: *"Se o imóvel, dado em garantia hipotecária, vier a ser loteado, ou se nele se constituir condomínio edilício, poderá o ônus ser dividido, gravando cada lote ou unidade autônoma, se o requererem ao juiz o credor, o devedor ou os donos, obedecida a proporção entre o valor de cada um deles e o crédito"*. Com isso mantém-se intacta a garantia, restando evidente a ausência de prejuízos ao credor.

As frações físicas ou ideais resultantes do loteamento ou do condomínio serão oneradas de maneira uniforme, obedecida a proporção entre o valor de cada um dos lotes ou quinhões e o crédito assegurado pela hipoteca. A divisão distribui eqüitativamente o ônus real, atribuindo a cada nova realidade jurídica, decorrente das alterações no imóvel, o peso de parte do gravame. Na hipótese de inadimplemento da obrigação assegurada, a execução hipotecária incidirá sobre os lotes ou unidades exclusivamente na medida de sua respectiva oneração.

A mencionada providência tem por fundamento lógico a circunstância de que normalmente a divisão em lotes ou unidades autônomas valoriza o conjunto originalmente gravado, viabilizando a adequação da amplitude do ônus real à nova situação jurídica criada. Todavia, cabe ao juiz verificar se isso realmente ocorreu, pois o fato de haver pleito no sentido da implementação da medida não importa em necessário atendimento, haja vista a necessidade de avaliação das circunstâncias do caso concreto.

A divisão do ônus real entre os lotes ou unidades autônomas não pode importar em redução da garantia, exceto se com isso aquiescer o credor hipotecário. Caso a repartição acarrete minoração da garantia, e dela discorde o sujeito ativo, o juiz não deferirá o postulado. Aliás, trata-se da única matéria a ser alegada pelo credor como substrato para sua negativa em aceitar a partição do gravame, pois se o loteamento ou o condomínio resultante do imóvel primitivamente onerado provocar valorização da área, é direito do devedor ou do terceiro hipotecante buscar o fracionamento do ônus real. Afinal, o credor não pode impedir que se adapte o quadro à nova realidade, mesmo porque a conservação da hipoteca como constituída produziria evidente excesso de garantia, autorizando os interessados a buscar a sua salutar adequação. Se o credor hipotecário opuser-se à divisão do ônus real, terá de provar que a medida leva à diminuição da garantia oferecida quando da constituição da hipoteca, sob pena de rejeição pelo juiz (§ 1º).

Como corolário lógico da iniciativa de desmembramento do ônus real, todas as despesas judiciais — *v. g.*, custas, honorários advocatícios, avaliações, etc. — ou extrajudiciais — *v. g.*, taxas, emolumentos, escrituras, registros, etc. — serão suportadas por quem apresentou o pedido ao juiz (§ 2º). Entrementes, é lícito às partes avençar expressamente de forma diversa, atribuindo, por exemplo, ao credor e ao devedor igual responsabilidade no custeio dos encargos.

Mesmo que se faça o desmembramento, o devedor continua sendo responsável, perante o credor hipotecário, pela totalidade da obrigação geradora do gravame. Porém, a garantia representada pela hipoteca irá somente até o limite da adequação efetivada pelas partes quando da divisão do ônus, não continuando a incidir sobre as demais frações dos lotes ou unidades caso o produto da excussão não baste à integral cobertura da dívida.

Uma vez promovida a execução, e tendo os lotes ou unidades sofrido a incidência proporcional da garantia, o credor não poderá reclamar o pagamento com base na constrição do remanescente, haja vista que o crédito impago deixou de ser protegido por garantia real e passou a ser comum. Destarte, cuida-se de obrigação de caráter pessoal, exigível do devedor mediante penhora dos itens patrimoniais que porventura ainda tiver. Observe-se, porém, que se alguma porção da área loteada continuar pertencendo ao devedor depois da excussão, admite-se que seja constrita para pagamento do restante da dívida. O que não se permite é a responsabilização de eventuais adquirentes pelo pagamento do débito, face à divisão operada na garantia e a conseqüente liberação do imóvel após arcar com a sua parte na hipoteca.

Segundo as regras gerais, se a execução da hipoteca não for suficiente para cobrir a totalidade do crédito, o sujeito ativo continuará tendo o direito de afrontar a parte contrária com o fito de obter a plena solução da pendência. Porém, a obrigação deixará de ser ungida por garantia real, passando a existir como direito pessoal contra o sujeito passivo (art. 1.430 do Código Civil). No caso de desmembramento do ônus real a situação é idêntica, pois o devedor continuará obrigado pelo saldo que não for coberto pela execução da hipoteca. Ressalva-se, contudo, a hipótese de o credor anuir com a exoneração do devedor, pois se assim ocorrer ficará este liberado da dívida, mesmo que o montante apurado com a excussão se mostre insuficiente para o integral pagamento do principal e das despesas judiciais. A anuência pode ser dada no instante em que formulado o pedido de desmembramento ou em qualquer etapa subseqüente, contanto que seja inequívoca a manifestação volitiva do credor hipotecário.

10.10. Da hipoteca legal

Ao lado da hipoteca convencional, constituída pela conjugação de vontades das partes, existe a hipoteca legal, fundada na ética e na necessidade de resguardar os direitos das pessoas quando inseridas em determinados contextos. Tais situações, previstas no art. 1.489 do Código Civil, despertam o interesse do legislador em proteger pessoas cujos bens estão sendo administrados por outrem, ensejando o surgimento da hipoteca legal em favor daquelas.

A hipoteca legal não depende de constituição por acordo de vontades, eis que encontra amparo exclusivo na força da lei. Na verdade, pode-se afirmar que o instituto permanece em estado latente até que a verificação de certos fatos promova a transformação da potencialidade em efetiva operação, vinculando as partes. Enquanto isso não se der, a coisa não sofre restrição alguma, podendo o titular dispor dela como melhor lhe convier, inclusive repassando todos os atributos dominiais em sua plenitude. Porém, tendo sido individuados os bens que suportarão o gravame — porque verificados os fatos hábeis a tanto — e promovida a inscrição junto às respectivas matrículas, a conseqüência imediata é o surgimento do direito de seqüela em favor do credor hipotecário, que fica legitimado a, sendo necessário, promover a imediata execução da garantia.

Ao contrário do que acontece na hipoteca convencional, em que a especialização se dá por força do próprio título, naquela de natureza legal a individualização das coisas oneradas é feita em juízo, visando a atribuir maior segurança ao acontecimento. Adotada a providência de identificação das coisas gravadas, o instrumento judicial expedido é apresentado ao Oficial do Registro, a fim de que proceda à inscrição hipotecária, sem a qual nenhum ônus real existe e, portanto, efeito algum se produz contra terceiros.

Consoante preconiza o inciso I, a lei confere hipoteca às pessoas de direito público interno (art. 41) sobre os imóveis pertencentes aos encarregados da cobrança, guarda ou administração dos respectivos fundos e rendas. Tais agentes mantêm contato com dinheiro que pertence ao Tesouro Público, e que, portanto, precisa de especial tutela contra desfalques praticados pelos maus servidores a quem se atribuiu a tarefa de guardar ou administrar os respectivos fundos e rendas. Em função disso, o ordenamento defere hipoteca à União, aos Estados, ao Distrito Federal, aos Territórios, aos Municípios, às autarquias e demais entidades de caráter público criadas por lei, tendo por alvo os bens imóveis pertencentes aos sujeitos indicados no dispositivo.

Tratando-se de instituto extremamente gravoso e que restringe a ampla gama de faculdades normalmente alcançada ao proprietário em relação ao seu patrimônio particular, é imperioso reconhecer que a norma contém relação exaustiva das pessoas sujeitas à hipoteca legal. Destarte, os servidores que não estiverem arrolados no texto (*v. g.*, burocratas, fiscais, escriturários, etc.) ficam de fora da linha de ação da hipoteca legal e não podem ser por ela atingidos. Havendo direito das pessoas jurídicas de direito público interno contra elas, a forma de cobrança e execução seguirá as regras pertinentes, sem garantia real em favor do credor.

O inciso II alcança hipoteca legal aos filhos, sobre os imóveis do pai ou da mãe que passar a outras núpcias, antes de fazer o inventário do casal anterior. O genitor que ficar viúvo tem a obrigação de fazer o inventário dos bens do cônjuge falecido antes de contrair novas núpcias, haja vista o direito conferido pela lei aos herdeiros necessários, dos quais os primeiros na ordem de vocação hereditária são os filhos. Caso o pai ou mãe passe a novas núpcias sem dar o acervo do obituado a inventário, os filhos terão hipoteca legal sobre os imóveis do sobrevivente, até que se regularize a situação com a partilha dos itens componentes do espólio.

Ao invés de sancionar a falta de inventário com a nulidade do novo casamento, medida drástica e de nenhuma utilidade para os filhos do nubente, o legislador preferiu conferir hipoteca legal daqueles sobre os imóveis deste, providência muito mais segura e produtiva. É evidente que a inexistência de bens a partilhar afasta a incidência do gravame, como acontece, *v. g.*, se o casal era consorciado sob o regime da separação de bens e o falecido nada deixa. Em tal circunstância, as novas núpcias não autorizam os filhos a gravar os imóveis do sobrevivo, ainda que não se tenha ajuizado inventário negativo.

O ordenamento assegura hipoteca, no inciso III, ao ofendido, ou aos seus herdeiros, sobre os imóveis do delinqüente, para satisfação do dano causado pelo delito e pagamento das despesas judiciais. A finalidade da previsão é de facilitar o acesso da vítima de delito, ou de seus sucessores, à reparação dos danos causados pelo evento. Cumpre salientar que o gravame somente se constitui ante a ocorrência de ilicitude criminal, independentemente da sua natureza, sendo indiferente que se pratique contra a pessoa, o patrimônio, a honorabilidade, etc.

Como é cediço, as responsabilidades civil e criminal não se confundem e nem são interligadas, salvo no que diz com a autoria e a materialidade dos fatos, que não mais serão discutidas no cível se afirmadas no âmbito penal. Contudo, a responsabilidade decorrente de ilicitude eminentemente civil deve ser apurada pelos meios processuais adequados e, após a prolação de sentença, executada mediante constrição dos itens patrimoniais que estiverem disponíveis no acervo do devedor. Inexiste, por assim dizer, hipoteca legal sobre os imóveis do sujeito passivo, pois o texto da lei reserva apenas às vítimas de ilicitudes criminais a segurança hipotecária. A letra da norma é clara nesse particular, não deixando qualquer abertura para interpretações extensivas, que, de resto, descabem em se tratando de direitos reais de garantia.

A hipoteca legal que recai nos imóveis do delinqüente se destina à satisfação do crédito apurado em função de sentença criminal transitada em julgado, somando-se a isso o montante das despesas processuais feitas pela vítima ou por seus herdeiros para chegar ao resultado final. A sentença penal, importa lembrar, serve de título executivo judicial para fins de fixação do montante da indenização devida pelo delinqüente ao ofendido ou aos respectivos herdeiros.

O inciso IV confere hipoteca legal ao co-herdeiro, para garantia do seu quinhão ou torna da partilha, sobre o imóvel adjudicado ao herdeiro reponente. Quando o imóvel submetido a inventário for adjudicado a um só herdeiro, ficando estabelecido que este fará em proveito dos demais a reposição pecuniária dos respectivos quinhões, o próprio imóvel atingido pela adjudicação permanecerá sob hipoteca legal como garantia do pagamento da importância devida. Conforme lição de *Caio Mário da Silva Pereira* (obra citada, vol. IV, p. 282), *"basta a homologação da partilha com adjudicação do imóvel, que por insuscetibilidade de dividir-se é atribuído ao co-herdeiro, com o encargo de uma reposição pecuniária pela diferença que recebe".*

Na realidade, a hipoteca legal tem cabimento não apenas nos casos em que um dos co-herdeiros recebe toda a coisa porque ela é indivisível, mas em qualquer hipótese de adjudicação a um só, inclusive quando implementada com vistas a evitar disputas ou controvérsias entre os sucessores. Cuida-se, à evidência, de proteção alcançada pela lei a quem não foi aquinhoado com a coisa colocada em partilha, mas sim com o direito de perceber do adjudicante determinada soma em dinheiro. A hipoteca legal que incide sobre o imóvel adjudicado tem por finalidade assegurar o cumprimento dessa obrigação econômica, até o limite em que fixada pelo juízo.

Finalmente, o inciso V alcança hipoteca legal ao credor sobre o imóvel arrematado, para garantia do pagamento do restante do preço da arrematação. Nas execuções em geral é comum a penhora de imóveis pertencentes ao devedor, para que sejam levados à hasta pública e sirvam como fonte de pagamento do crédito executado, a partir do produto obtido com a arrematação. O pagamento do valor do lance vencedor nem sempre é feito à vista, ficando determinada parte dele para posterior solução pelo arrematante. Neste compasso, o próprio imóvel arrematado submete-se à hipoteca legal e garante o cumprimento do restante do preço da venda pública, reduzindo o risco de que o credor venha a ser surpreendido pelo inadimplemento do valor correspondente ao saldo porventura parcelado.

Conforme preconiza o art. 1.490 do Código Civil, o credor da hipoteca legal, ou quem o represente, poderá, provando a insuficiência dos imóveis especializados, exigir do devedor que seja reforçado com outros. A especialização, repita-se, consiste na individualização dos elementos patrimoniais integrantes da segurança hipotecária, sendo possível estendê-la a outros imóveis que não os primitivamente indicados, até que se perfaça quantidade capaz de garantir o direito do credor. O pedido de reforço na hipoteca poderá ser feito ao juiz pelo próprio credor da hipoteca legal, ou, em caso de incapacidade, pelo seu representante legal. Para tanto, terá de ser feita prova quanto à insuficiência dos imóveis especializados, circunstância constatada por meio de simples avaliação.

Cabe destacar que a validade da hipoteca legal contra terceiros depende, à semelhança da convencional, de inscrição junto à matrícula dos imóveis onerados. Enquanto isso não ocorre, inexiste direito real oponível *erga omens* ou impedimento à livre negociação do acervo, mas o devedor, a quem cabe a providência de inscrição, responderá pelas perdas e danos que de eventual omissão resultarem.

O devedor pode evitar que a hipoteca legal incida sobre os seus imóveis, ou substituir a já constituída, contanto que judicialmente ofereça resguardo bastante ao direito do credor (art. 1.491 do Código Civil). Ao juiz é dado acolher pedido de constituição de garantia diferente da hipotecária, admitindo que seja prestada caução de títulos da dívida pública federal ou estadual. Entretanto, pressuposto básico para a aceitação dessa espécie de garantia é a inocorrência de risco algum ao credor, ou seja, a modalidade substitutiva deve ser tão ou mais ampla e eficaz do que a hipoteca. Deferida a substituição, os títulos oferecidos em caução sempre serão recebidos pelo valor de sua cotação mínima no ano em que constituída a garantia, considerado o período já transcorrido. A medida tenciona evitar a supervalorização dos títulos e a conseqüente ausência da efetiva proteção desejada pelo ordenamento jurídico em favor do credor.

Ao invés da constituição de caução de títulos da dívida pública, o juiz tem o poder de, a pedido do devedor, determinar a substituição da hipoteca legal por outra garantia, sempre respeitado o direito do credor. Assim, nada obsta que se constitua, por exemplo, garantia fidejussória em prol do sujeito ativo, ou que outra forma de efetiva segurança se perfectibilize. O mais importante nisso tudo é que se ofereça ao credor o necessário resguardo de suas prerrogativas, haja vista a posição de inferioridade jurídica em que presumivelmente se encontra.

10.11. Da hipoteca de vias férreas

A hipoteca de vias férreas não atinge apenas o solo, os trilhos e os dormentes onde se assenta materialmente a linha. Também as estações, os equipamentos de controle, os prédios e os componentes circulantes a ela juridicamente vinculados (locomotivas, vagões, vagonetas, etc.) ficam automaticamente onerados.

Mesmo que a estrada de ferro percorra amplas áreas geográficas e corte várias Comarcas, o registro da hipoteca que sobre ela recair será obrigatoriamente feito no Cartório que abrange a circunscrição territorial do Município onde se situa a estação inicial da respectiva linha (art. 1.502 do Código Civil). Tal medida visa a centralizar as informações acerca dos ônus reais acaso incidentes nas vias férreas, facilitando aos interessados o acesso aos referidos dados sempre que entenderem conveniente. A dispersão das informações traria sérias dificuldades a quem acaso desejasse inteirar-se da situação jurídica das estradas de ferro, razão pela qual somente o registro feito nos moldes referidos é válido e adquire oponibilidade contra todos. Nesse diapasão, cabe destacar que o registro feito na sede da pessoa jurídica que é proprietária ou explora a via férrea efeito nenhum produz em relação a terceiros.

Os credores hipotecários não podem embaraçar a exploração da linha, nem contrariar as modificações, que a administração deliberar, no leito da estrada, em suas dependências, ou no seu material (art. 1.503 do Código Civil). O gravame não afeta o direito que a administração da linha tem de explorá-la normalmente, dada a sua relevância como meio de transporte e circulação de pessoas e riquezas. Em assim sendo, todos os aspectos que envolvem o funcionamento da linha ficam sob a regência da respectiva administração, descabendo qualquer ingerência dos credores hipotecários quanto à forma de utilização da estrada e às modificações porventura introduzidas no percurso ou nos recursos materiais (leito da via, estações, trens, equipamentos em geral, etc.).

Tratando-se de gravame extremamente severo em suas conseqüências, especialmente no que concerne à possibilidade de futura execução da garantia e conseqüente alteração do domínio, integram a hipoteca apenas a linha ou linhas especificadas na escritura, ficando isentas do ônus real as parcelas não mencionadas. Quanto às linhas expressamente arroladas, a hipoteca abarcará também o material de exploração, sem que para tanto seja necessária qualquer menção na escritura (art. 1.504 do Código Civil).

Saliente-se, por oportuno, que os credores hipotecários não poderão imputar ao devedor a responsabilidade por eventual diminuição no valor da garantia, quando isso decorrer da regular utilização da via férrea onerada. Isto porque não lhes é permitido embaraçar a exploração da linha e nem opor-se às alterações decididas pela administração. A extensão da garantia hipotecária será aferida, portanto, tomando-se por base o valor que a estrada de ferro tiver ao tempo da execução, e não aquele que possuía quando da constituição do gravame.

Como regra geral, a existência de hipoteca não impede que o proprietário da coisa disponha dela como melhor convier, eis que a seqüela, inerente aos direitos reais, assegura ao credor a possibilidade de executar a garantia independentemente de quem se tenha tornado dono após a constituição do gravame. Todavia, no caso de hipoteca de vias férreas a situação é diferente, eis que facultado aos credores hipotecários opor-se à venda da estrada, de suas linhas, de seus ramais ou de parte considerável do material de exploração, sempre que disso resultar enfraquecimento da garantia de cumprimento da obrigação principal (segunda parte do art. 1.504 do Código Civil). O direito de oposição estende-se igualmente ao caso em que a diminuição da segurança decorrer de iniciativa de fusão entre a empresa titular da via férrea e outra pessoa jurídica.

Diante do teor normativo, fica evidente que a única depreciação admitida na garantia hipotecária é aquela decorrente da normal exploração das linhas submetidas ao ônus real. Neste compasso, cumpre salientar que os credores hipotecários podem adotar as medidas judiciais cabíveis sempre que, agindo com dolo ou culpa, o devedor colocar em risco a integridade da garantia ou provocar redução de sua expressão econômica. Nesse caso admite-se inclusive o pedido de reforço da hipoteca, como medida apta a restabelecer o equilíbrio original.

Em virtude da supremacia dos interesses coletivos em relação aos de natureza particular, o legislador atribui preferência à União e aos Estados na remição das hipotecas constituídas em vias férreas (art. 1.505 do Código Civil). Assim, nas execuções hipotecárias promovidas por inadimplemento da obrigação garantida, a primazia, para fins de remição, tem de ser reconhecida em favor da União ou do Estado em que se localiza a linha gravada. Isto se dá mediante intimação do representante legal de um ou de outro, a fim de que, dentro em quinze dias, possa ser efetivada a remição da estrada de ferro hipotecada, pagando-se o preço da arrematação ou da adjudicação.

Pretende o ordenamento viabilizar a exploração das vias férreas pela União ou pelo Estado sempre que tiverem interesse em remir a hipoteca, face à presunção de que serão adequadamente utilizadas em proveito coletivo. Destarte, nula será a transferência das estradas de ferro arrematadas ou adjudicadas sem que se ofereça oportunidade de remir às pessoas jurídicas de direito público interno referidas no dispositivo legal citado.

10.12. Registro da hipoteca

O registro dá surgimento ao direito real de garantia e confere publicidade à hipoteca, tornando-a oponível contra terceiros, fruto de presunção absoluta no sentido de que todos conhecem a sua existência. Ele tem de ser feito no cartório competente do lugar do imóvel, pois do contrário padecerá de nulidade e não produzirá as conseqüências que lhe seriam inerentes. O interessado em conhecer detalhes da vida jurídica do imóvel tem o direito de encontrá-los consignados junto à respectiva matrícula, efetivada no lugar de situação exatamente com o objetivo de concentrar os dados e facilitar o acesso a eles.

Quando o instrumento constitutivo da hipoteca menciona a oneração de mais de um imóvel, o registro é feito no Cartório da Comarca onde se localiza cada um deles. O mesmo se dá quando o único imóvel gravado tem extensão territorial projetada por várias Comarcas (art. 1.492 do Código Civil). Com isso, as pessoas em geral podem consultar os bancos de dados registrais e constatar a existência ou não de gravame em relação a determinado imóvel. Seria inviável tal acesso público a informações adequadas se o instrumento de constituição fosse apontado somente no registro onde se localiza um dos bens gravados, pois junto à matrícula dos demais inexistiriam indicativos do ônus que sobre eles se abate. O mesmo acontece em se tratando de hipoteca que atinge imóvel estendido por mais de uma Comarca, pois o registro em uma só delas impede a constituição de gravame sobre a porção territorial situada noutra, e não abarcada pelo registro.

O registro da hipoteca se dá mediante exibição do respectivo título ao Oficial do Cartório de Registro de Imóveis. Têm legitimidade para registrar a hipoteca convencional, principalmente, o credor, seus herdeiros ou cessionários, e o devedor, seus herdeiros ou fiadores; todavia, qualquer interessado poderá adotar a medida (parágrafo único), nisso incluídos os representantes legais das partes, o inventariante, os credores em geral — e seus herdeiros ou cessionários — e o credor do sujeito ativo da hipoteca.

No caso de hipoteca legal de qualquer natureza, a especialização é o passo primeiro, consistindo na perfeita individuação e identificação do imóvel que suportará a incidência do ônus real. Depois disso, e com a feitura do registro, o gravame estará perfeito e produzirá todas as conseqüências jurídicas que lhe são próprias (art. 1.497 do Código Civil). O registro e a especialização das hipotecas legais incumbem a quem está obrigado a prestar a garantia, mas os interessados podem promover a inscrição delas, ou solicitar ao Ministério Público que o faça (§ 1º). Convém salientar a circunstância de que essa legitimidade encerra em si mais do que mera faculdade de agir, transmudando-se mesmo em um dever, haja vista que o objetivo da hipoteca legal é resguardar os direitos de pessoas colocadas em situação de hipossuficiência jurídica.

Caso as pessoas a quem a lei impõe o dever de prestar a garantia não tomem as providências destinadas à especialização e inscrição da hipoteca, os interessados poderão promover as indigitadas medidas, sendo-lhes facultado, ainda, requerer ao Ministério Público a adoção das providências sonegadas pelo obrigado. Consideram-se interessadas as pessoas beneficiadas pela constituição da hipoteca legal, assim como o seu representante legal, os sucessores ou credores, o inventariante, etc.

As pessoas, às quais incumbir o registro e a especialização das hipotecas legais, estão sujeitas a perdas e danos pela omissão (§ 2º), cabendo ao lesado fazer prova da sua ocorrência. Com efeito, o retardo na tomada das providências destinadas à geração da garantia hipotecária pode acarretar sérios prejuízos às pessoas que seriam protegidas pelo gravame, v. g., impedindo a recuperação de valores, frustrando a composição do crédito e assim por diante. Desse contexto extrai-se cabal responsabilidade do omisso, a quem será infligido o dever de indenizar.

O Cartório de Registro de Imóveis deve manter em funcionamento um livro de protocolo, cuja finalidade precípua consiste em receber todos os apontamentos diariamente feitos pelos interessados em realizar alguma espécie de registro. Os títulos que chegam ao Cartório são apontados no protocolo, em conformidade com a ordem de apresentação, para posterior consignação definitiva. O livro de títulos será escriturado, lançando-se, antes de cada registro o número de ordem, a data do protocolo e o nome do apresentante, e conterá colunas para as declarações relativas ao número de ordem, dia e mês, registro, anotações e averbações. Os registros e averbações seguirão a ordem em que forem requeridas, verificando-se ela pela da sua numeração sucessiva no protocolo (art. 1.493 do Código Civil).

Não é despido de substrato lógico e jurídico esse rito. Afinal, o número de ordem determina a prioridade do título hipotecário, e esta a preferência entre as hipotecas (parágrafo único), ainda que apresentados pela mesma pessoa vários títulos simultaneamente. A primeira hipoteca tem preferência sobre a segunda, porque anterior no número de ordem contido no protocolo e, portanto, dotada de prioridade no registro. Essa ordem, determinante da prioridade, faz com que as dívidas garantidas por hipotecas subseqüentes só sejam solvidas depois de paga a primeira registrada. Tanto as hipotecas convencionais como as legais disputam a prioridade em função do número de ordem do protocolo. Logo, não há supremacia das hipotecas legais apenas porque decorrem do texto normativo; a apuração da prioridade é ditada pelo mecanismo comum supracitado.

Não se registrarão no mesmo dia duas hipotecas, ou uma hipoteca e outro direito real, sobre o mesmo imóvel, em favor de pessoas diversas, salvo se as escrituras, do mesmo dia, indicarem a hora em que foram lavradas (art. 1.494 do Código Civil). A solução normativa tenciona evitar que haja insuperável controvérsia acerca da preferência estabelecida entre as hipotecas. Nesse compasso, não terá preferência, necessariamente, o credor que primeiro efetivar o registro, mas sim aquele que portar a escritura lavrada em primeiro lugar. Este é que poderá com primazia executar a garantia hipotecária e satisfazer o seu crédito a partir do produto da venda do imóvel onerado. Consoante emerge do texto legal, no caso de escrituras públicas de mesma data e apresentadas no mesmo dia, que determinem, taxativamente, a hora da sua lavratura, prevalece, para efeito de prioridade, a que foi lavrada em primeiro lugar. Por outro lado, os credores das hipotecas subseqüentes não poderão aparelhar a execução antes de vencida a primeira, salvo quando insolvente o devedor comum.

Não apenas a inscrição de duas hipotecas submete-se à aludida regra. Também o registro de uma hipoteca e outro direito real sobre o mesmo imóvel seguirá igual rumo. Isto porque entre direitos reais de garantia de qualquer espécie é estabelecida a preferência com base na ordem de registro, fato que reclama a precisa menção à hora em que as respectivas escrituras foram lavradas, quando apresentadas no mesmo dia. Se a hora não estiver indicada, o Oficial se absterá de registrar os dois gravames, postergando para o dia seguinte o protocolo daquele que foi apresentado em segundo lugar.

A providência é desnecessária se dois direitos reais de garantia forem constituídos sobre um só imóvel em favor do mesmo credor, eis que nesse caso inexistirá controvérsia com outra pessoa quanto à preferência. Cuida-se, em qualquer hipótese, de credor seguramente investido no direito de promover a execução das diversas garantias que tiver.

Muitas vezes o devedor hipotecário, ao constituir nova hipoteca sobre o mesmo imóvel, faz questão de mencionar no respectivo título o fato de já existir gravame anterior. Assim agindo, busca ser honesto para com o credor e evitar futuras acusações de má-fé ou displicência. Atento a tal hipótese, o legislador estabelece no art. 1.495 do Código Civil que, havendo menção à hipoteca anterior (ainda não registrada) no título constitutivo de gravame posterior, este será prenotado e terá o seu registro definitivo sobrestado por trinta dias, dentro nos quais se aguarda a presença do credor da primeira hipoteca para fins de inscrição. Se o ônus real precedente for registrado no prazo de sobrestamento estabelecido pelo ordenamento jurídico, será dele a preferência em relação à outra hipoteca; porém, não se apresentando o interessado para registrar o ônus real mais antigo, o ulterior será registrado e obterá preferência sobre a outra, ainda que posteriormente venha a ser registrada.

Caso o título constitutivo da hipoteca não mencione a existência de gravame anterior sobre o mesmo imóvel, o Oficial fará normalmente o registro e a hipoteca terá preferência sobre todas as demais que vierem depois a ser registradas. Percebe-se que o legislador somente determina o sobrestamento do registro do gravame quando o respectivo título expressamente referir-se à existência de hipoteca precedente, oportunizando ao correspondente credor que adote a providência e tome a frente daquele que, embora se apresentando com antecedência para a efetivação do registro, cede espaço para o titular do crédito constituído com precedência no tempo. Cuida-se de exceção à regra, e que por isso tem de receber tratamento cauteloso do Oficial, a quem compete obedecer com rigor a todos os prazos e determinações contidos na lei.

Se tiver dúvida sobre a legalidade do registro requerido, o oficial fará, ainda assim, a prenotação do pedido. Se a dúvida, dentro em noventa dias, for julgada improcedente, o registro efetuar-se-á com o mesmo número que teria na data da prenotação; no caso contrário, cancelada esta, receberá o registro o número correspondente à data em que se tornar a requerer (art. 1.496 do Código Civil). Mesmo tendo dúvida acerca da legalidade do registro requerido, ao Oficial não é dado obstar a prenotação do título apresentado pelo credor. Afinal, o serventuário não tem a qualidade de juiz da questão, cabendo-lhe apenas suscitar dúvida embasada em aspectos como a falsidade do título, a irregularidade de sua confecção, o desatendimento de preceitos legais, etc.

A existência de dúvida não afeta o procedimento de prenotação, que levará o número pertinente na seqüência contida no livro. A superveniência de julgamento favorável ao credor hipotecário (improcedência da dúvida) atribui a este o direito de ver registrado o gravame na exata ordem em que foi prenotado, tendo preferência sobre as onerações subseqüentes. Já a decisão de procedência da dúvida faz fenecer a pretensão deduzida pelo suposto credor hipotecário, impedindo-o de efetivar o registro; se isso ocorrer a prenotação será simplesmente desconsiderada e cancelada, pois jamais adquiriu eficácia jurídica.

Sendo julgada procedente a dúvida, e restando cancelada a prenotação, ao credor hipotecário somente resta a alternativa de, na medida do possível, sanar os defeitos apontados pela sentença. Todavia, isso não significa que tem reservado em seu favor o número que lhe fora conferido na prenotação, pois esta já não subsiste. Destarte, ao voltar ao Cartório para outra vez postular a feitura do registro, o apresentante receberá em favor do seu ônus real a preferência que lhe couber naquela data, como se nunca houvesse tentado inscrever anteriormente a hipoteca.

A declaração de dúvida é feita por escrito pelo serventuário cartorial. Uma vez aparelhada, e não se conformando o apresentante com o seu conteúdo, ou não podendo atender à exigência feita pelo Oficial, será o título, a requerimento do primeiro e com a declaração de dúvida, remetido ao juízo competente para dirimi-la. O prazo para que o juiz decida a controvérsia é de noventa dias, regulando-se o procedimento pelo art. 198 e seguintes da Lei n. 6.015, de 31.12.73.

A hipoteca convencional tem duração máxima de trinta anos, admitida a reconstituição por novo título e novo registro. Todavia, com a hipoteca legal o mesmo não acontece, haja vista o fato de que continua valendo o registro enquanto perdurar a obrigação garantida. Noutras palavras, o gravame não sofre perempção, acompanhando o imóvel independentemente das transferências de domínio que possa sofrer, de forma a assegurar o cumprimento da obrigação enquanto ela existir. Esse mecanismo de conservação do ônus real objetiva preservar ao máximo os direitos do credor, eis que postado em situação cuja especial relevância é reconhecida pelo legislador.

Embora o registro da hipoteca legal permaneça válido por tempo indefinido, somente perdendo vigor jurídico quando fenecer a obrigação de cumprimento assegurado, a especialização deve ser renovada tão logo completado o período de vinte anos, sob pena de perempção da garantia. A determinação, contida no art. 1.498 do Código Civil, tem por desiderato ensejar a reciclagem das informações em torno do imóvel onerado, inclusive no que pertine à atualização do seu valor. Na hipótese de ter havido desvalorização entre a data da constituição da hipoteca e a da renovada especialização, é lícito ao credor reclamar reforço na garantia, a fim de que cubra a totalidade da obrigação garantida. Por outro lado, tendo ocorrido valorização dos referidos imóveis admite-se a redução do gravame, para que alcance patamar econômico compatível com a expressão do dever jurídico assegurado.

É necessário tecer breves considerações acerca da relação que os direitos reais mantêm entre si, no que diz respeito à questão da preferência. A hipoteca é um direito real de força jurídica semelhante à de vários outros gravames idealizados pelo ordenamento. Não é correto afirmar que ela estabelece preferência ou prioridade necessária em relação aos demais ônus, embora isso possa ocorrer em virtude das circunstâncias que envolvem o caso concreto. A verdade é que, na concorrência entre direitos reais de mesma hierarquia (penhor, anticrese, servidão, usufruto, etc.), os mais antigos em registro predominam sobre os mais recentes, estabelecendo em favor do titular diversos atributos e firmando preferência no confronto com outros institutos. Note-se que a supremacia jurídica não decorre da antecedência na confecção do instrumento apto a gerar o direito real, mas sim da anterioridade do registro, que efetivamente constitui o gravame e o torna oponível contra todos. Destarte, os direitos reais constituídos e registrados anteriormente à hipoteca, tendo por alvo o mesmo bem, não apenas se conservam intactos a partir da geração da garantia hipotecária, como sobre ela conservam preferência em eventual execução.

10.13. Extinção da hipoteca

Nos vários incisos do art. 1.499 do Código Civil estão discriminadas as causas de extinção da hipoteca. Algumas delas provocam o desaparecimento isolado do gravame, sem, contudo, afetar a obrigação garantida; outras ocasionam o desaparecimento da oneração como resultado da insubsistência do dever jurídico a que se atrelava.

A hipoteca é ônus real de caráter acessório, razão pela qual segue a sorte da obrigação dita principal, cujo cumprimento garante. Extinta esta por qualquer motivo, automaticamente desaparece aquela (inciso I). Isso ocorre, por exemplo, nas seguintes situações: pagamento, confusão, prescrição, remissão, impossibilidade absoluta, sentença em ação de consignação em pagamento, etc. A extinção da obrigação principal faz com que a hipoteca perca o substrato que nutria a sua existência jurídica, fulminando-a de imediato. Cabe destacar, porém, que a nulidade da causa de extinção promove incontinenti o restabelecimento integral do gravame, como no caso de ser afirmada nula a dação em pagamento efetuada pelo sujeito passivo. Assim como o ônus real fenece juntamente com a obrigação a que adere, também o ressurgimento desta acarreta o retorno integral do gravame que assegura o seu cumprimento.

Não há direito sem objeto. Nessa máxima é que se baseia o ordenamento para decretar a extinção da hipoteca quando houver perecimento total da coisa (inciso II), como acontece, *v. g.*, na hipótese de afundamento do navio onerado. Deixando de existir o objeto, torna-se inviável a execução da hipoteca, passando o crédito a ser comum ou quirografário se outra garantia não for constituída. O perecimento que provoca a extinção da hipoteca é aquele considerado total; sendo parcial, ou havendo mera deterioração, a garantia incide sobre o remanescente, conferindo ao credor o direito de pleitear reforço suficiente para assegurar a cobertura do crédito.

Se o perecimento for imputável a terceiro em razão de conduta culposa, o valor do ressarcimento porventura pago servirá como garantia em lugar da coisa desaparecida. O direito do credor hipotecário fica sub-rogado no montante da indenização. O mesmo ocorre se a coisa que pereceu estava segurada, pois o valor da indenização motivada pelo sinistro passa a funcionar como garantia do crédito hipotecário. Por fim, cabe observar que a superveniência de desapropriação transfere o direito do credor hipotecário para o valor da indenização paga pelo expropriante.

A resolução da propriedade retira do antigo titular da coisa os direitos sobre ela exercidos. Com isso, outra pessoa passa a concentrar os atributos dominiais. Esse fato provoca a extinção da hipoteca (inciso III), pois a coisa que anteriormente garantia o cumprimento da obrigação não pertence ao devedor, e, portanto, não pode ser submetida à excussão, a menos que a pessoa em cujo proveito se operou a resolução constitua novo gravame tendo por alvo o mesmo bem. Verifica-se a resolução do domínio, comumente, pelo advento do termo avençado entre as partes ou pela implementação de condição resolutiva. Todavia, qualquer que seja o fundamento da resolução, é conseqüência imediata dela a extinção do ônus real incidente sobre a coisa.

A renúncia do credor também ocasiona o fenecimento da hipoteca (inciso IV). Tendo em vista que a garantia hipotecária situa-se no rol dos direitos patrimoniais e disponíveis, é facultado ao credor renunciar os atributos que do gravame defluem. Cumpre frisar, porém, que a abdicação somente é admitida no caso de hipoteca convencional, pois a de natureza legal não pode ser atingida pelo ato, haja vista decorrer da norma coercitiva e ter suporte em fatores de ordem pública.

Requisito essencial para a consecução da renúncia é a capacidade do renunciante, dada a relevância do ato e as severas conseqüências que acarreta, desvestindo o crédito da garantia primitivamente constituída. A renúncia geralmente é expressa, mas não se descarta a viabilidade de sua tácita implementação, como acontece, *v. g.*, quando o credor hipotecário permite ao devedor a alienação do imóvel sem qualquer observação acerca da persistência do gravame. Renunciada a garantia hipotecária, a obrigação principal subsiste intacta, porque principal em relação àquela. O acessório segue a sorte do principal, mas o inverso não é verdadeiro; assim, conserva-se a obrigação, embora destituída do ônus real que assegurava o seu cumprimento.

A hipoteca se extingue, ainda, pela remição (inciso V), que é a faculdade, conferida a certas pessoas, de exonerar a coisa do gravame sobre ela incidente, o que se faz pela solução da dívida junto ao credor. A remição pode ser promovida, entre outros, pelos personagens seguintes: devedor hipotecário, executado, adquirente do imóvel gravado, massa falida ou credores em concurso (no caso de falência ou insolvência do devedor hipotecário). Promovida a remição, desaparece a hipoteca e fica integralmente liberada a coisa que suportava o ônus. Importa não confundir a remição hipotecária — causa extintiva do gravame pelo resgate do imóvel onerado — com a remissão da dívida. Esta é o perdão concedido pelo credor ao devedor quanto ao teor creditício, tendo como conseqüência a extinção do acessório (hipoteca) por força do desaparecimento do principal (dívida garantida).

Por fim, extingue-se a hipoteca pela arrematação ou adjudicação (inciso VI). A execução da garantia hipotecária tem como momento culminante a venda da coisa ao público com vistas à apuração de recursos que serão destinados ao pagamento do credor. Havendo lance vencedor, dá-se a arrematação, pela qual o interessado adquire a titularidade da coisa e a libera do ônus real. Caso não haja lances, ou se o conteúdo das ofertas mostrar-se vil, poderá o credor hipotecário postular a adjudicação do imóvel gravado, contanto que observadas as cautelas e atendidos os pressupostos legais. Com isso, o credor passa a ser proprietário do imóvel, fator de fenecimento da oneração. Diante do acima exposto, tanto a arrematação como a adjudicação têm como efeito imediato a extinção da hipoteca, porque cumprida a finalidade para a qual fora constituída.

A extinção da hipoteca com base na arrematação e na adjudicação independe da circunstância de o crédito ter sido ou não coberto na íntegra pelo procedimento executivo. Se a execução for insuficiente para apurar todo o valor devido, o credor terá legitimidade para buscar a satisfação do seu direito, mas sem a garantia real que o prestigiava. Logo, será titular, daí para a frente, de um crédito meramente quirografário, a ser solvido com base na constrição de itens patrimoniais eventualmente disponíveis no acervo do devedor.

Extingue-se ainda a hipoteca com a averbação, no Registro de Imóveis, do cancelamento do registro, à vista da respectiva prova (art. 1.500 do Código Civil). O cancelamento do registro é passo decisivo na extinção da hipoteca em relação a terceiros, pois por meio dele se confere publicidade aos aspectos que envolveram o desaparecimento do ônus real, atribuindo-lhe eficácia *erga omnes*. Assim como a hipoteca somente é oponível contra todos a contar do registro, também a cessação de seus efeitos universais depende de igual publicidade. Sob esse prisma, a extinção do gravame acontece no instante em que o cancelamento do registro se completa perante o Cartório de Registro de Imóveis, consubstanciado na averbação feita à vista da respectiva prova. A averbação nada mais é do que a anotação que o serventuário faz, à margem da matrícula do imóvel, dando conta da supressão da hipoteca e informando a data da feitura e as demais peculiaridades relevantes do procedimento.

O cancelamento da hipoteca tem por substrato jurídico alguma das causas previstas no art. 1.499 do Código Civil, devidamente provada pelos interessados por meio de documentação hábil. Daí a inviabilidade de se proceder ao cancelamento fundado em simples postulação verbalmente deduzida, ainda que manifestada em conjunto pelo credor e pelo devedor constituintes da hipoteca. A iniciativa pode partir não apenas do credor ou do devedor, mas também ser originada da intervenção dos seus representantes ou herdeiros, do terceiro hipotecante, do credor de outra hipoteca, de quem adquirir o imóvel hipotecado e assim por diante.

Em prestigiado trabalho, *Caio Mário da Silva Pereira* (obra citada, vol. IV, p. 292) elenca os instrumentos que, apresentados ao serventuário do Registro de Imóveis, funcionam como prova apta a gerar o cancelamento da hipoteca: a) requerimento escrito, emanado do credor e do devedor, seja público ou particular (este último, com firma reconhecida); b) requerimento do devedor instruído com instrumento de quitação, ou autorização em forma, ou procuração bastante do credor; c) mandado judicial contendo a determinação específica, expedida com base em processo contencioso ou administrativo; d) sentença passada em julgado, de que resulte a referência expressa à extinção da hipoteca; e) carta de arrematação ou adjudicação do imóvel gravado, expedida pelo juízo da execução hipotecária.

Para que a arrematação ou a adjudicação sejam capazes de extinguir a hipoteca registrada, é imprescindível a notificação judicial de todos os credores hipotecários que não forem de qualquer modo partes no processo de execução (art. 1.501 do Código Civil). O acompanhamento dos trâmites de excussão é direito a ser preservado em favor dos demais credores por título de hipoteca, haja vista o interesse que têm em zelar pela regularidade do procedimento e fiscalizar todas as suas etapas. Afinal, o pagamento dos créditos dependerá da preferência estabelecida pelo registro, de modo que a solução será feita com primazia em prol do credor da primeira hipoteca, ficando os demais no aguardo da existência de eventuais sobras. Isso já é motivo bastante para que se oportunize a todos os credores hipotecários, que não integram a execução, amplo acesso aos respectivos autos. De resto, a adjudicação do imóvel extingue o ônus real e tolhe dos outros credores hipotecários qualquer perspectiva de adimplemento com base naquela garantia, sendo por isso fundamental permitir-lhes vigiar de perto a normalidade do andamento da execução.

A referida notificação será sempre judicial, sob pena de não restar extinta a hipoteca. Cientificar extrajudicialmente os demais credores hipotecários não tem utilidade alguma, haja vista a expressa exigência da norma, que reconhece como viável exclusivamente a notificação feita pelo juízo.

Capítulo 11

DA ANTICRESE

11.1. Conceito e características

Anticrese é o instituto pelo qual o devedor, ou outrem por ele, entrega ao credor a posse de um imóvel, para que lhe aufira os frutos e rendimentos até o pagamento da obrigação, conforme ajustado quando da constituição do gravame. A anticrese é direito real de garantia sobre coisa alheia, pois assegura o adimplemento de uma obrigação por meio das próprias vantagens produzidas pelo imóvel onerado. O *caput* do art. 1.506 do Código Civil preconiza: "*Pode o devedor ou outrem por ele, com a entrega do imóvel ao credor, ceder-lhe o direito de perceber, em compensação da dívida, os frutos e rendimentos*". Como resultado da operação, dá-se um encontro final de contas entre o montante do débito assegurado e a importância auferida com os frutos captados do imóvel ao longo do tempo em que esteve sob a posse do credor.

Para oferecer bens em garantia anticrética, o sujeito precisa ter capacidade genérica para os atos da vida civil, ao que se agregará, necessariamente, a capacidade de disposição da coisa oferecida em segurança do cumprimento da obrigação. A avença se fará por instrumento público ou particular, cabendo às partes a opção por este último modo sempre que o valor do bem não superar trinta vezes o maior salário mínimo vigente no país (art. 108 do Código Civil).

Tendo em vista a natureza da anticrese, que é direito real sobre imóvel, a sua constituição depende de regular outorga do cônjuge do anticresista, seja qual for o regime de bens a vigorar no casamento, com exceção do regime da separação absoluta, na modalidade convencional ou legal (art. 1.647, I, do Código Civil).

O instituto é pouco utilizado, haja vista originar uma série de percalços para os envolvidos. Com efeito, uma das maiores restrições à anticrese reside no fato de que o imóvel é entregue ao credor para que, à sua custa, aufira as vantagens geradas. De outra banda, para o devedor também não é confortável privar-se da posse do bem e correr os riscos inerentes a esse quadro. Ainda que por via indireta, o exercício possessório por outrem acarreta sério embargo fático à livre disposição da coisa, pois dificilmente alguém quererá comprar um imóvel cuja posse por terceiro é oponível *erga omnes* em virtude do direito real estabelecido. Ademais, a submissão do bem à anticrese praticamente inviabiliza a incidência de outros direitos reais sobre a mesma coisa. Não porque a lei impeça, mas em função da negativa dos credores em aceitar como garantia um imóvel cuja posse foi repassada a outro credor, de quem somente se poderá tomar o bem depois de cumprida a obrigação que assegura.

Há que se frisar, também, outra particularidade que faz pouco atrativa a anticrese. Ela não atribui preferência de excussão ao credor, já que a garantia não recai sobre a substância da coisa, mas apenas incide nos atributos do uso e da fruição. Portanto, o imóvel nunca será praceado, tendo como destino certo o retorno à esfera jurídica do devedor tão logo desapareça a obrigação principal.

Nos termos da convenção firmada entre as partes, os frutos e rendimentos podem ser utilizados para amortização do valor principal, dos juros ou de toda a dívida. É lícito aos contraentes estabelecer que as vantagens econômicas produzidas pelo imóvel submetido à anticrese serão aplicadas somente na compensação dos juros, ajustando-se outra forma de pagamento do capital principal. Todavia, se os juros contratualmente avençados forem superiores à taxa máxima permitida em lei, dar-se-á automática redução ao patamar máximo, imputando-se o remanescente ao capital, que passará a ser amortizado (§ 1º).

A existência de anticrese não impede que o imóvel seja novamente gravado de ônus real, admitindo-se a constituição de hipoteca pelo devedor em proveito do credor anticrético ou de terceiros. Também é perfeitamente possível a constituição de anticrese sobre imóvel que já está onerado com hipoteca, em benefício do mesmo ou de diverso credor (§ 2º). O fundamento do permissivo legal é a relevância de se promover a melhor circulação e segurança das riquezas mediante oneração real de imóveis cuja expressão econômica e capacidade de produzir frutos e rendimentos possam comportar mais de um gravame.

O fato de o credor anticrético ter direito à retenção do imóvel até a satisfação do dever jurídico garantido não obsta que se constitua hipoteca sobre a mesma coisa, eis que no confronto entre direitos reais a preferência na execução é ditada pela ordem de inscrição. Sendo anterior a anticrese em relação à hipoteca, o credor desta última terá de esperar a solução da dívida preferencial — mediante captação de frutos e rendimentos pelo credor anticrético — para somente depois excutir o imóvel com vistas à satisfação de seu próprio direito creditício.

O imóvel já hipotecado pode sofrer a posterior incidência de anticrese, pois plenamente viável a coexistência dos institutos. Afora a questão da preferência, que é afirmada pela ordem de inscrição dos ônus reais, cabe destacar que a garantia do credor anticrético consiste nos frutos e rendimentos produzidos pela coisa, enquanto a segurança do credor hipotecário reside na própria substância do imóvel, que será excutido caso ocorra o inadimplemento. Consideradas as circunstâncias acima, percebe-se claramente a ausência de óbices à sobreposição de anticrese e hipoteca em um mesmo imóvel.

11.2. Direitos e deveres do credor

O credor anticrético pode administrar os bens dados em anticrese e fruir seus frutos e utilidades, mas deverá apresentar anualmente balanço, exato e fiel, de sua administração (*caput* do art. 1.507 do Código Civil). Como direitos do credor anticrético, podem ser arrolados os seguintes: a) manter a posse do imóvel enquanto perdurar a anticrese e até que reste solvida a dívida nela consignada; b) administrar e explorar o imóvel, dele percebendo os frutos e as utilidades que produzir; c) vindicar contra terceiros (adquirente, credores posteriores à constituição do gravame, etc.) em razão da seqüela inerente à anticrese.

Em contrapartida, o credor tem várias incumbências, entre as quais a de prestar contas da administração do imóvel onerado. Conforme assentado na lei, a prestação de contas é anual, impondo-se ao credor anticrético a apresentação de extratos, documentos e informações necessários à fiel e exata prova do estado econômico da administração, inclusive no que concerne às frações solvidas da dívida garantida, recursos captados e desembolsados e assim por diante. Havendo fundamentos sérios a balizar a pretensão, poderá o devedor anticrético postular judicialmente a prestação de contas fora do espaçamento anual. Isto porque a feitura do balanço a cada ano é dever ordinariamente imposto ao credor anticrético, mas nada impede que se lhe exija a apresentação de elementos da administração em caráter extraordinário.

O devedor anticrético pode impugnar judicialmente o balanço apresentado pela parte contrária (§ 1º), cabendo-lhe, para que proceda a irresignação, demonstrar a inexatidão do conteúdo do demonstrativo apresentado. Nesse caso a inconformidade diz respeito basicamente a questões aritméticas ou de controle. Poderá ainda impugnar o balanço porque ruinosa a administração realizada pela parte adversa. Afinal, se ao credor é dado retirar do imóvel os frutos e rendimentos que produzir até a completa satisfação do seu crédito, fica obrigado a conservar a coisa como se dela fosse proprietário, a fim de que após o pagamento da dívida garantida ela retorne ao titular em condições adequadas.

Verificando as peculiaridades do caso concreto, e a pedido do devedor anticrético, pode o juiz transformar a relação em arrendamento, em que figurará aquele como arrendatário e o credor anticrético como arrendante. Sendo prudente a referida transformação, o juiz desde logo fixará o valor do aluguel a ser pago pelo arrendatário ao pólo adverso, a vigorar até que a dívida original garantida pela anticrese seja totalmente satisfeita. Depois do esgotamento do crédito, extingue-se o liame jurídico estabelecido entre as partes, volvendo os atributos plenos do imóvel à esfera jurídica do antigo devedor anticrético e arrendatário.

É possível a correção anual do valor do arrendamento pelo juízo, contanto que postulada a medida pelo interessado e demonstrada a defasagem entre o momento do início do liame e a data em que deduzida a pretensão. Analisado o conteúdo da norma legal, resta evidente que autoriza o reajustamento da parte econômica do contrato, ou seja, a reposição do necessário equilíbrio entre os envolvidos, de acordo com as circunstâncias objetivas, *v. g.*, perda do poder de compra da moeda, modificações no débito, etc.

Optando pela exploração direta do imóvel, o credor anticrético permanecerá na posse até que aufira frutos e rendimentos bastantes à solução da pendência, pois esse é o mecanismo essencial de funcionamento do instituto. Todavia, admite-se o arrendamento do imóvel onerado a terceiro (§ 2º), outra forma legítima de obter recursos capazes de quitar a dívida garantida. Arrendando a coisa, o credor anticrético terá direito de retenção sobre ela até ser totalmente pago. O arrendamento a terceiro somente não será tolerado quando as partes convencionarem nesse sentido, vedando a exploração por pessoa diversa e facultando-a exclusivamente ao credor anticrético.

O valor do aluguel correspondente ao arrendamento não é vinculativo para o devedor, exceto se o contrário resultar da avença geradora da anticrese. Com isso, procura-se evitar que o devedor anticrético fique à mercê das cláusulas econômicas do contrato celebrado entre o credor e pessoa estranha à relação original. Se assim não fosse, a dívida garantida pelo ônus real poderia perdurar por tempo muito superior ao inicialmente planejado, eis que a definição de valor baixo para o arrendamento feito a estranho amortizaria o débito em igual proporção. Fica claro, destarte, que o valor da amortização da dívida, para fins de liberação do devedor, será aquele fixado pela vontade dos contraentes primitivos ou o que normalmente seria gerado a partir da exploração do imóvel, independentemente do *quantum* relativo ao arrendamento celebrado por este último com terceiro.

O credor anticrético responde pelas deteriorações que, por culpa sua, o imóvel vier a sofrer, e pelos frutos e rendimentos que, por sua negligência, deixar de perceber (art. 1.508 do Código Civil). Como referido, a anticrese importa na transferência, ao credor, do direito de fruir as utilidades e os proveitos do imóvel até a completa solução da dívida. Dessa atividade arrecadadora de proveitos certamente pode resultar natural desgaste da coisa, submetida que fica à ação do tempo e à normal utilização promovida pelo sujeito ativo. A depreciação econômica decorrente do exercício regular dos direitos emergentes da anticrese não é imputável ao credor, de maneira que dele não se poderá reclamar composição alguma a esse título. O credor anticrético somente responde pelas deteriorações que culposamente provocar no imóvel onerado, como no caso de não zelar adequadamente pela conservação, permitir que estranhos causem danos, etc. Verificado o nexo de causalidade entre o comportamento e o resultado nocivo, fica o devedor legitimado a exigir do credor indenização por perdas e danos, ou a abater da dívida anticrética o valor da depreciação apurada.

Os frutos e rendimentos produzidos pelo imóvel submetido à anticrese servem para amortizar o valor da dívida. Cabe ao credor prestar contas de sua administração e demonstrar que captou e empregou corretamente as vantagens proporcionadas pelo imóvel, conforme avençado na constituição do gravame. Quando o credor anticrético age com negligência e por isso deixa de perceber os frutos e rendimentos com a normalidade e a diligência esperadas, onera o devedor e falta com os deveres contratuais. Lógico, então, que responda pelo valor correspondente aos proveitos que deixou de captar, com imputação da soma no abatimento do débito cujo cumprimento foi garantido pelo gravame.

Embora o dispositivo legal faça menção apenas à negligência como fonte de responsabilização do credor anticrético pelos frutos e rendimentos que deixar de perceber, a imprudência e a imperícia também acarretam igual efeito. Seria ilógico excluir as demais formas de culpa, de vez que a intenção do legislador, à evidência, consiste em proteger o sujeito passivo de quaisquer comportamentos danosos protagonizados pela parte adversa.

11.3. Conseqüências da seqüela

Sendo direito real de garantia, a anticrese oferece ao credor a denominada seqüela, em virtude da qual pode vindicar os seus direitos contra terceiros, mais especificamente o adquirente dos bens, os credores quirografários e os hipotecários posteriores ao registro da anticrese. Assim, o adquirente dos bens gravados recebe-os com o ônus real, sendo certo que o credor anticrético poderá exercer a totalidade dos atributos inerentes à garantia, até a total satisfação do crédito cujo cumprimento está por ela assegurado. Esse efeito independe da natureza onerosa ou gratuita da aquisição, pois em qualquer das hipóteses o adquirente se sujeita às conseqüências da oneração que já incidia sobre o imóvel ao tempo da celebração do negócio jurídico. Como resultado disso, o credor anticrético pode invocar seu direito de retenção e evitar que o adquirente ingresse na posse da coisa, pois é corolário normal da anticrese a atribuição das qualidades possessórias ao sujeito ativo.

Também os credores quirografários têm de se submeter à preferência estabelecida pelo direito real gerado em favor do credor anticrético, do que deriva a sujeição daqueles aos rigores da ordem de excussão e pagamentos estabelecida na lei. Como se sabe, o crédito munido de garantia real prefere aos quirografários, e, na disputa entre direitos reais, cabe a preferência àquele que primeiro for regularmente inscrito. Em razão disso, ao credor anticrético é dado vindicar os seus direitos contra os credores hipotecários posteriores ao registro da anticrese, eis que, sendo ambos direitos reais, prevalece na ordem de solução a dívida assegurada pelo gravame que foi inscrito em primeiro lugar.

O credor anticrético não tem o direito de reclamar preferência sobre o valor alcançado pela coisa quando oferecida em hasta pública por força de execução. A anticrese proporciona ao credor apenas a captação dos frutos e dos rendimentos do imóvel para fins de solução da dívida, mediante amortizações que se vão operando ao longo do tempo. Se os atributos decorrentes da anticrese não forem suficientes para o completo adimplemento da obrigação garantida, e isso levar o credor a optar pela execução dos bens onerados, nenhuma preferência terá ele sobre o valor apurado em hasta pública (§ 1º). Ao lançar mão dos meios comuns de execução do crédito, o sujeito ativo anticrético abdica implicitamente da preferência que tinha em relação aos credores quirografários e aos titulares de direitos reais inscritos depois do seu, passando a disputar o produto da excussão nas condições que a natureza pessoal do crédito executado permitirem.

A perda da preferência por parte do credor anticrético também se verifica no caso de permitir que outro credor execute o imóvel onerado, sem opor o seu direito de retenção ao exeqüente. Pouco importa o fato de ser ou não privilegiado o crédito executado por outrem, pois a destituição da preferência resulta simplesmente da ausência de oposição do direito de reter a coisa gravada, conduta que carrega implícito o desinteresse do titular na conservação da preferência originalmente ínsita na anticrese. Como não mais tem primazia sobre o preço obtido na venda pública do imóvel, o credor anticrético disputará o pagamento de acordo com o caráter pessoal do seu crédito, sem que lhe caiba preferência alguma em razão da anticrese primitivamente constituída.

O credor anticrético tem seu direito resumido à captação da renda imobiliária, ou seja, aos frutos e rendimentos que a coisa gravada produzir. Nada mais do que isso. Portanto, não poderá invocar preferência sobre o valor alcançado em eventual excussão, na disputa com outros credores. Essa realidade justifica plenamente o conteúdo da lei, pois se a renda do imóvel é o único item cabível ao credor anticrético, não terá ele preferência sobre a indenização do seguro e nem sobre a que for paga por desapropriação da coisa onerada (§ 2º). Sobrevindo o sinistro e perecendo o imóvel, de imediato desaparece a garantia real e o credor passa a dispor de mero direito pessoal, ficando legitimado a postular o pagamento pelos meios ordinários. O mesmo se verifica na hipótese de o imóvel ser desapropriado, pois então a garantia real anticrética desaparece, restando somente um direito de cunho pessoal em favor do sujeito ativo.

11.4. Extinção da anticrese

Dado o seu caráter acessório, a anticrese se extingue sempre que fenecer, por qualquer razão (*v. g.*, pagamento, compensação, novação, etc.), a obrigação principal garantida. Por igual fundamento, anulada ou afirmada a nulidade desta, o direito real de garantia segue o mesmo destino. Todavia, o eventual restabelecimento do dever jurídico assegurado também acarreta a retomada do integral vigor do gravame.

Como já referido, se o prédio anticrético é desapropriado ou sofre destruição a anticrese desaparece, por faltar o objeto sobre o qual recaía a garantia. A obrigação principal subsiste, mas sem a vantagem propiciada pelo direito real.

Outro mecanismo de extinção da anticrese é a remição. Com o objetivo de propiciar ao adquirente do imóvel gravado a sustentação de todos os efeitos do negócio jurídico, o legislador admite que, antes de vencida a dívida, seja promovida a remição. É o que diz o art. 1.510 do Código Civil: *"O adquirente dos bens dados em anticrese poderá remi-los, antes do vencimento da dívida, pagando a sua totalidade à data do pedido de remição e imitir-se-á, se for o caso, na sua posse"*. Por intermédio dela, o adquirente deposita em juízo todo o valor da dívida garantida pela anticrese, apurado à data em que efetuado o pedido de remição. Assim agindo, o interessado faz desaparecer a garantia anticrética e libera o imóvel do gravame, haja vista a completa solução da dívida assegurada.

A faculdade de remir permanece à disposição do adquirente apenas enquanto não vencida a dívida, não sendo admitida depois de ocorrido o vencimento. Uma vez promovida a remição, o adquirente pode postular junto ao juiz o deferimento da autorização para imitir-se na posse do imóvel, passando daí em diante a agir como legítimo titular de todos os atributos dominiais, ressalvados os direitos de terceiros em virtude de outras garantias porventura incidentes sobre a coisa.

O art. 1.423 do Código Civil também contempla hipótese de extinção da anticrese: *"O credor anticrético tem direito a reter em seu poder o bem, enquanto a dívida não for paga; extingue-se esse direito decorridos quinze anos da data de sua constituição"*. O limite temporal fixado tem o desiderato de evitar a perpetuidade da retenção autorizada por lei em favor do credor. Decorridos quinze anos sem que o débito seja quitado, extingue-se o direito de retenção e o imóvel retorna ao proprietário completamente liberado do ônus real. Caberá então ao credor ajuizar lide executiva fundada no art. 585, III, do Código de Processo Civil, com o fito de obter o pagamento do saldo creditício restante, buscando no patrimônio do devedor itens patrimoniais aptos a serem constritos para posterior excussão.

BIBLIOGRAFIA

AQUINO, Álvaro Antônio S. Borges. *A posse e seus efeitos*. São Paulo: Editora Atlas, 2000.

ASCENSÃO, José de Oliveira. *Direito civil*. 4. ed. Lisboa: Coimbra Editora, 1987.

BARASSI, Lodovico. *Diritti reali e possesso*. v. I e II. Milão, 1952.

BESSONE, Darcy. *Direitos reais*. 2. ed. São Paulo: Saraiva, 1996.

BEVILACQUA, Clóvis. *Direito das coisas*. v. I e II, 5. ed. Rio de Janeiro: Forense.

BIONDO BIONDI. *La servitù prediali nel diritto romano*. Milão: Giuffrè, 1954.

BITTAR, Carlos Alberto. *Direito das obrigações*. Rio de Janeiro: Forense Universitária, 1990.

CAHALI, Yussef Said. *Nunciação de obra nova*. São Paulo: Saraiva, 1987.

CARVALHO SANTOS, J. M. de. *Código Civil brasileiro interpretado*. Rio de Janeiro: Freitas Bastos, 1934.

CENEVIVA, Walter. *Lei dos registros públicos comentada*. São Paulo: Saraiva, 1979.

COELHO, Fábio Ulhoa. *Curso de direito civil*. v. IV. São Paulo: Saraiva, 2005.

CRETELLA JÚNIOR, José. *Tratado de direito administrativo*. Rio de Janeiro: Forense, 1972.

CUNHA GONÇALVES, Luiz da. *Da propriedade e da posse*. Lisboa: Edições Ática, 1952.

DINIZ, Maria Helena. *Curso de direito civil brasileiro*. v. IV, 22. ed. São Paulo: Saraiva, 2007.

ESPÍNOLA, Eduardo. *Direito reais limitados e direitos reais de garantia*. Rio de Janeiro: Conquista, 1958.

FABRÍCIO, Adroaldo Furtado. *Comentários ao Código de Processo Civil*. Rio de Janeiro: Forense, 1980.

FIUZA, Ricardo. *Novo Código Civil comentado*, vários autores. São Paulo: Saraiva, 2002.

FRANCISCO, Caramuru Afonso. *Estatuto da Cidade comentado*. São Paulo: Ed. Juarez de Oliveira, 2001.

FRANCO, J. Nascimento. *Condomínio*. 5. ed. São Paulo: Revista dos Tribunais, 2005.

FULGÊNCIO, Tito. *Da posse e das ações possessórias*. 5. ed. Rio de Janeiro: Forense, 1980.

GAGLIANO, Pablo Stolze. *Novo curso de Direito Civil*. v. V. Em conjunto com Rodolfo Pamplona Filho. São Paulo: Saraiva, 2008, vol. V.

GOMES, Orlando. *Direitos reais*. 19. ed. Rio de Janeiro: Forense, 2004.

GONÇALVES, Carlos Roberto. *Direito civil brasileiro*. v. V. São Paulo: Saraiva, 2006.

GRECO FILHO, Vicente. *Direito processual civil brasileiro*. v. ... São Paulo: Saraiva, 1983.

IHERING, Rudolf von. *Du rôle de la volonté dans possession*. Trad. Meulenaere. Paris: Libraire A. Maresc, 1841.

LOPES, João Batista. *Condomínio*. São Paulo: Revista dos Tribunais, 1982.

LOPEZ, Tereza Ancona. *Comentários ao Código Civil*. v. 7. Coord. Antônio Junqueira de Azevedo. São Paulo: Saraiva, 2003.

LOTUFO, Renan. *Código Civil comentado*. São Paulo: Saraiva, 2003.

LOUREIRO FILHO, Lair da S. *Condomínio*. São Paulo: Oliveira Mendes, 1998.

MARTINS-COSTA, Judith. *A boa-fé no direito privado*. São Paulo: Revista dos Tribunais, 2000.

MATIELLO, Fabrício Zamprogna. *Código Civil comentado*. 3. ed. São Paulo, LTr, 2007.

_____. *Dano moral, dano material e reparações*. 6. ed. Porto Alegre: Doravante Editora, 2006.

MEIRELLES, Hely Lopes. *Direito administrativo brasileiro*. 16. ed. São Paulo: RT, 1991.

MELLO, Celso Antônio Bandeira de. *Curso de direito administrativo*. 13. ed. São Paulo: Malheiros, 2001.

MENDES, Gilmar. *Curso de direito constitucional*. Vários autores. São Paulo: Saraiva, 2007.

MENDONÇA, J. X. Carvalho de. *Tratado de direito comercial brasileiro*. 3. ed. Rio de Janeiro: Freitas Bastos, 1939.

MONTEIRO, Washington de Barros. *Curso de direito civil*. v. III, 37. ed. São Paulo: Saraiva, 2003.

MOREIRA ALVES, José Carlos. *Posse*. v. I. Rio de Janeiro. Forense, 1985.

NASCIMENTO, Tupinambá Miguel Castro do. *Usucapião*. 5. ed. Rio de Janeiro: Aide, 1986.

NEGRÃO, Theotonio. *Código de Processo Civil e legislação processual em vigor*. 34. ed. São Paulo: Saraiva, 2002.

NERY JÚNIOR, Nelson. *Código de Processo Civil comentado*. 4. ed. São Paulo: Revista dos Tribunais, 1999.

NORONHA, Fernando. *Direito das obrigações*. v. 1. São Paulo: Saraiva, 2003.

PEREIRA, Caio Mário da Silva. *Instituições de direito civil*. v. IV, 8. ed. Rio de Janeiro: Forense, 1990.

PLANIOL, Marcel; RIPERT, Georges. *A tutela constitucional da autonomia da vontade*. Coimbra: Almedina, 1982.

PONTES DE MIRANDA, Francisco Cavalcanti. *Tratado de direito privado*. Tomos X e XI, 3. ed. Rio de Janeiro: Borsoi, 1971.

REALE, Miguel. *O Projeto do novo Código Civil*. 2. ed. São Paulo: Saraiva, 1999.

REQUIÃO, Rubens. *Curso de direito comercial*. 20. ed. São Paulo: Saraiva, 1991.

RIZZARDO, Arnaldo. *Direito das coisas*. Rio de Janeiro: Forense, 2004.

RODRIGUES, Manuel. *A posse*. 3. ed. Coimbra: Almedina, 1980.

RODRIGUES, Sílvio. *Direito civil*. v. V, 27. ed. São Paulo: Saraiva, 2002.

SANTOS, Moacyr Amaral. *Primeiras linhas de direito processual civil*. 14. ed. São Paulo:Saraiva, 1990.

SILVA, José Afonso da. *Curso de direito constitucional positivo*. 16. ed. São Paulo: Malheiros, 1999.

VENOSA, Sílvio de Salvo. *Direito civil*. 4. ed. São Paulo: Atlas, 2004.

WALD, Arnoldo. *Direito das coisas*. 11. ed. São Paulo: Saraiva, 2002.